U0929354

中国新城新区发展报告：2018

主　编　冯　奎

副主编　闫学东　郑明媚

图书在版编目（CIP）数据

中国新城新区发展报告：2018 / 冯奎主编，闫学东，郑明媚副主编．—北京：企业管理出版社，2019.1

ISBN 978-7-5164-1742-3

Ⅰ．①中…　Ⅱ．①冯…　②闫…　③郑…　Ⅲ．①城市－发展－研究报告－中国－2018　Ⅳ．①F299.21

中国版本图书馆 CIP 数据核字（2018）第 300619 号

书　　名：中国新城新区发展报告：2018
作　　者：冯奎　等
责任编辑：尚元经　李　坚
书　　号：ISBN 978-7-5164-1742-3
出版发行：企业管理出版社
地　　址：北京市海淀区紫竹院南路 17 号　　邮编：100048
网　　址：http：//www.emph.cn
电　　话：总编室（010）68701719　发行部（010）68701816　编辑部（010）68414643
电子信箱：qiguan1961@163.com
印　　刷：涿州京南印刷厂
经　　销：新华书店
规　　格：185 毫米×240 毫米　16 开本　33.75 印张　640 千字
版　　次：2019 年 1 月第 1 版　2019 年 1 月第 1 次印刷
定　　价：168.00 元

编辑委员会

2018年调研支持机构

国家发展和改革委员会城市和小城镇改革发展中心

中国城市经济学会

深圳市人民政府

天津市滨海新区人民政府

北京交通大学中国城市研究中心

上海交通大学中国发展研究院

上海交通大学中国城市治理研究院

北京交通大学经济与管理学院

平安集团

龙信数据研究院

深圳市城市空间规划建筑设计有限公司

港中旅国际投资有限公司

智慧足迹数据科技有限公司

前　言

《中国新城新区发展报告》自2015年起已连续出版三部，这是本报告的第四部。

2018年是中国改革开放四十周年。改革开放的历史也是新城新区发展的历史。上个世纪80年代以来，新城新区的发展深度嵌入了改革开放的历程，为中国的改革开放提供了强大的发展动力。十九大报告提出：中国进入新时代，经济发展从高速增长向高质量发展转变。作为引领时代发展的“弄潮儿”，新城新区面临着发展的新机遇，这些机遇包括：科技产业革命助推新城新区站在发展的新风口；都市圈加快成熟带给新城新区富有活力的新空间；绿色智慧创新城市推动新城新区实现新形态；体制机制改革为新城新区提供发展新动力；全面开放为新城新区发展创造更多机遇条件等等。

中国新城新区面临着壮大新动能的机遇，但也面临不少挑战。从新城新区新旧动能变化的角度来看，面临的挑战主要反映在四个方面：一是产业结构上“旧动能”色彩还比较严重，相当数量的新城新区还未能形成现代化的产业体系，新动能色彩不够强；二是城市功能不全，基础设施与公共服务满足不了新型城市发展的需要；三是内部机制活力减弱，阻碍创新的原因甚至有所增加；创新方向不明晰，效果不明显；四是新城新区数量众多，新城新区变“旧”了，变“老”了，品牌影响力相对下降，以开放促改革、以开放促发展的路径没有形成，对外合作的资源没有充分利用等等。

在总结前面三部报告的基础上，《中国新城新区发展报告：2018》以“新城新区新动能”为主题，组织业界专家学者研究新城新区发展动能转换过程中涉及到的宏观环境、政策方向、成功模式以及经验教训等，描绘了中国新城新区发展的现状与趋势。报告的主要内容分为总论、专题发布、咨询报告、案例研究等。其中，总论概述了新城新区动能转换的背景与方向；专题发布包括中国国家级新区营商环境报告、国家级新区资本活力研究等；咨询报告收录了本书编委会成员参与的对滨海新区的咨询研究成果；案例研究部分收录了国内外几个代表性案例的规划研究。

本报告的编写，充分体现了多主体协同合作的特点。中国城市和小城镇改革发展中心与北京交通大学是报告的发起机构，给与了报告各方面的支持。龙信数据研究院、深圳市城市空间规划建筑设计有限公司、上海交通大学中国发展研究院、上海交通大学中国城市治理研究院、北京交通大学经济与管理学院等机构，为新城新区报告的编写贡献了智慧与力量，在此表示感谢！

为客观平实地反映每位作者的研究与写作风格，本书在编辑过程中充分尊重每位作者的基本观点，仅就章节中的一些语句进行修正完善。因时间仓促，水平有限，报告中还存在许多问题，希望读者不吝赐教。

冯　奎

2018 年 12 月

目 录

总 论

2018 中国国家级新区营商环境报告

中国粤港澳大湾区城市资本活力报告

专题研究

案　例

总 论

以改革开放培育壮大新城新区新动能

冯　奎

新城新区是改革开放最重要与最直接的产物；新城新区一经发动又深刻地推进了改革开放的进程。2018 年是中国改革开放 40 年，站在改革与发展的新起点，研究新城新区面临的环境变化，进一步思考新城新区新动能的培育与壮大问题，具有重大的意义。

一、新城新区已经形成较为完整的体系结构

新城新区并没有统一的严格的定义。广义上来讲，它是指为了实现政治、经济、社会、生态、文化建设等一个或几个方面的需要，经由主动规划与投资建设而形成的空间单元。新城新区具有相对性，从历史上讲，是相对于中国几千年几百年的古城古镇而言；从建设周期上讲，它们都是在较短时间内完成的规划与建设；从空间上讲，与老城老区都有一定的独立性或区隔；从性质上讲，新城新区至少在规划、建设、运行等某一方面体现了开拓性、创新性、进步性。

中国的新城新区，一般而言，包括国家级新区、国家级经济技术开发区、国家高新技术产业开发区、保税区、边境经济合作区、出口加工区、旅游度假区、自贸区等

等；还包括产业新城、科教新城（大学城）、高铁新城、临港新城、空港新城、智慧新城、低碳新城等等。

改革开放四十年来，中国的新城新区在类型上不断扩展，在数量上不断增加，在影响力上不断提升，已经形成了庞大的体系。

——国家级新区是新城新区的龙头。从空间上看，19 个国家级新区有 3 个位于东北、8 个位于东部、2 个位于中部、6 个位于西部地区。国家级新区一般特征是：处于国家重要发展轴带上；服务于“一带一路”、京津冀、长江经济带等重大发展战略；主要依托直辖市、省会（副省级、计划单列市）；是实施区域总体发展战略、主体功能区战略和新型城镇化战略的重要支撑面；分布较为均衡。

2017 年 4 月，雄安新区批准设立，成为继深圳经济特区、浦东新区之后又一个具有全国影响的国家级新区，体现了国家级新区不仅在空间上支撑了国家战略，而且在改革开放的不同时代前后呼应，推进中国改革开放的进程。

——国家级和省级各类开发区是骨干。当前我国共有各类型开发区 2543 家，其中国家级开发区 552 家、省级开发区 1991 家①。县及县以下未列入统计范畴的产业园区、集聚区数以万计。国家级和省级的开发区主要分为国家级经济技术开发区与国家级高新技术产业开发区。

从 2543 家省级及省以上开发区的分布来看，呈现出全国布局、区域集聚的特征。山东、江苏、河北、河南、四川、广东、湖南、浙江、安徽、湖北等十个地区共设立 1382 家开发区，占开发区总量的 54.3%，其中，山东和江苏分别拥有各类开发区 174 家、170 家，分别占比 6.8% 和 6.7%，成为我国开发区的主要集聚地，而宁夏、青海、海南、西藏等经济欠发达地区，共设立了 44 家开发区，占比仅为 1.7%。

——类型多样的新城群体展现活力。新城有的独立存在，有的就是新区的构成部分，一些国家级新区、经开区或高新区就包含多个新城。近年来，新城在发展中体现出五个特点，即多样化、小型化、智慧化、柔性化、市场化。

多样化是指新城类型多种多样，具体包括：产业新城、各类交通枢纽型新城（如

① 根据国家发展改革委、科技部等六部门公布的《中国开发区审核公告目录》（2018 年版）。

高铁新城、空港新城）；科教新城（大学城）、行政区型的新城等[①]。小型化是指相比较一些新区尤其是国家级新区，这些新城面积较小，一般数十平方公里，小的甚至仅有几平方公里。智慧化是指新城的发展模式体现绿色、低碳、智慧、宜居等特征，尤其是注重运用技术创新提升智慧化水平。柔性化是指出现了一些新城，将创意产业与文化、旅游、景观等元素融为一体。市场化是指新城在开发过程中，市场主体参与的程度高，市场机制发挥的作用大。2016 年以来，各地开始建设一批特色小镇，可以归为“微新城”的类型。

二、改革开放是新城新区发展的首要驱动力量

中国新城新区与改革开放息息相关，改革开放进程的重大政策与重大事件，深刻影响新城新区的设立、成长、壮大与转型发展。具体表现在四个主要方面。

1. 改革开放基本国策是设立各类新区的依据

从深圳经济特区、上海浦东新区到雄安新区，这些具有时代标志性的国家新区的设立，都源自改革开放的基本国策。经济开发区、高新技术产业开发区、保税区等等，同样是为了推进改革开放的需要。概括地讲，中国的新城新区是国家改革开放的产物，与西方城市的“新区”和“新城”相比，有非常独特的中国特色印记。

1979 年 4 月邓小平首次提出开办“出口特区”，后于 1980 年 3 月提出将“出口特区”改名为“经济特区”。1979～1980 年，深圳、珠海、汕头、厦门四个经济特区和海南（1988）经济特区由此得以成立。1990 年 4 月，党中央、国务院作出了开发开放上海浦东的重大决策，上海市委、市政府按照中央战略部署，制定了“开发浦东、振兴上海、服务全国、面向世界”的开发方针。

1970 年末和 1980 年代，国家开始建立经济技术开发区和高新技术开发区，两者的

---

① 综合各类调研数数据来看，产业新城的数量至少达到 200 个；规划或在建高铁新城约 150 个，已建设较完备的高新新城约 60 个；规划或在建的空港新城约 100 个；科教新城（大学城）约 20 个；承担行政区功能的新城约 40 个。

重点有所不同：前者主要是发展劳动密集型和技术密集型工业为主；后者是促进高技术成果的商品化、产业化和国际化。但两者有相同的方面，即它们都是以吸引出口加工企业布局，建设外向型经济体系的中心环节。从根本上讲，经开区与高新区的设立是经济开放发展的需要。

2017 年 4 月，党中央、国务院通知设立雄安新区，提出要打造新时代改革开放新高地。从历史发展阶段来讲，深圳经济特区、浦东新区承担着改革开放起步、发展阶段的任务；雄安新区承担着改革开放进入高质量阶段通过“雄安质量”引领国家前进的任务。从改革的角度来讲，雄安新区要触碰深层次一系列体制机制的改革。从开放的角度来讲，雄安新区的设立是在新的全球化背景下进行的，要全面融入“一带一路”倡议，推进投资与贸易便利化。

从本质上讲，深圳经济特区、上海浦东新区、雄安新区以及其他国家级新区的建立的主要原因，都是改革开放的需要。同样，近年来，一些新城的规划发展，反映了国家或区域层面改革发展的要求。

2. 体制改革为新城新区发展赋权赋能

对新城新区产生重大影响的体制改革，起于放权，但最根本的影响还是来自于市场经济体制的建立。

放权是从深圳开始的。深圳经济特区是国家级第一个新区。从 1979 年建市到 1992 年宝安县撤县为宝安区和龙岗区，深圳经济特区的成立及发展获得了密集的国家权力垂直下放和转移。如 1979 年设为地区一级省辖市，1980 年设置为经济特区，1987 年土地管理体制改革，1988 年批准为计划单列市、授予特区立法权和住房制度改革权等等，这些分权事件在推动深圳经济高速起步和发展的同时，也对改革开放初期经济特区的规划建设产生了深远影响。

1980 年代，中央政府对设立的沿海开发区和高新技术开发区，主要不是体现在直接给予资金的资助，而是给政策、给自主权，其实质是通过行政分权引入市场机制从而满足对外开放的要求，达到逐步与国际经济接轨的目标。这一时期，各国家级开发区解放思想，大胆探索，艰苦奋斗，为后面阶段的大发展奠定了基础。

1992 年党的“十四大”报告明确提出建立社会主义市场经济体制，1993 年中共十四届三中全会通过《中共中央关于建立社会主义市场经济体制若干问题的决定》，新城新区发展的资源配置开始逐渐转向市场经济体制，这为新城新区的未来走向奠定了体制机制的框架基础。

改革尤其是经济体制改革的任务远远没有完成，2017 年 10 月“十九大”报告提出要加快完善社会主义市场经济体制。经济体制改革必须以完善产权制度和要素市场化配置为重点，实现产权有效激励、要素自由流动、价格反应灵活、竞争公平有序、企业优胜劣汰。按照改革要求，新城新区加快体制改革，例如在产权制度改革这项，南京江北新区针对专利、商标、版权“三合一”进行知识产权综合管理体制改革试点，推进科技创新资源集聚区建设；福州新区研究推进海洋产权交易中心建设。

3. 全面开放为新城新区提升扩展空间

中国的开放从深圳经济特区等地起步，在积累了一定经验之后，开始加快开放步伐。1984 年国家开放大连、秦皇岛、天津、上海、宁波等 14 个沿海港口城市，并在这些沿海港口城市设立了我国最早的 14 个经开区。开放从沿海到内陆，各类新城新区也相继设立。

1992 年邓小平南巡讲话，推动了中国的全面开放。此后各类开发区获批加快，截至 1999 年 12 月底，国家级开发区覆盖了除西藏、青海以外的所有省份，全国共有各类新区 362 个。

中国加入世界贸易组织是重大的开放性事件，全球化为中国新城新区带来了重要发展机遇，中国新城新区获得了发展的新动能。浦东迅速成为中国的金融中心，其成长过程就是全球化力量参与、国家资源投注和地方制度重组的典型案例。大事件和巨型工程对中国城市空间的影响在各大城市普遍呈现，南京河北新区开发、广州的亚运会，以及深圳的大运会等都是其中突出代表。

在全球化浪潮中，各类开发区甚至出现过多过滥现象，一些地方借开发区之名乱占耕地，2003 年 7 月起，国务院部署开展了对全国各类开发区的清理整顿工作，到 2006 年 12 月，全国各类开发区由 6866 个核减至 1568 个，规划面积由 3. 86 万平方公里压缩至 9949 平方公里。

中国正在形成全面开放的新格局，这将对新城新区的规划布局、发展目标、质量提升带来重大影响。近年来，一些新城新区在规划布局时综合考虑“一带一路”建设带来的机遇，统筹考虑新城新区国内外的呼应发展、东西向的互济发展、陆海联动发展。新城新区普遍重视运用自由贸易区的改革成果，引领新城新区走向更高水平。

4. 改革开放为新城新区带来发展模式创新

在改革开放大潮中成长起来的新城新区，最大的特点就是创新。

从改革的角度来讲，新城新区的目标价值模式、路径方法模式与以往不同，因此不能因循旧制，只有依靠创新。曾经打响中国改革开放第一炮的蛇口工业区，仅 1979 到 1984 年间就创造了 24 项全国第一，率先进行经济体制改革，探索出“蛇口模式”。这一模式很快在特区范围内得到广泛推广。深圳人也形成了新的价值观——“时间就是金钱，效率就是生命”。浦东新区在早期开发阶段缺少资金，城市建设资金主要来自于地方政府的土地批租①；同时还进行了财政体制等一系列改革。

从开放的角度来讲，国际前沿的规划与发展理念藉由开放进入中国并与中国实践相结合，必然给新城新区带来创新的烙印。上海浦东新区开发时期诞生的陆家嘴中心区域的规划，是中国历史上是第一次为一个地区规划进行国际咨询，产生了第一个汇集国际智慧的规划方案，这对于国内其他地方新城新区规划带来了诸多观念上的震动。一定意义上讲，成功或者失败的新城新区都成为中国规划与发展领域最为生动的案例与讲堂，培育或教育了中国的城市规划者、建设者、管理者队伍。

三、新城新区成为改革开放进程的动力引擎

改革开放需要新城新区作为平台与抓手，新城新区诞生以后就变成推动展示改革开放成果的窗口以及推动改革开放的动力引擎。新城新区在改革开放中的角色主要体现在七个方面。

---

① 大规模开发离不开大体量投入。捉襟见肘之际，浦东当时创造出“资金空转、土地实转”的新模式，由政府土地部门先与开发公司签订土地出让合同，再由政府、银行、公司在支票上同时背书，最后进行验资后工商注册登记。

一是经济增长的发动机。东部主要国家级新区占所在城市 GDP 总量达到 30%。国家级经开区、高新区贡献 GDP 占全国的近四分之一。开发区成为促进地方经济增长的重要引擎。中国开发区已经为我国经济的持续快速发展做出了重要贡献。2017 年，156 家国家级高新技术开发区实现地区生产总值达 9.52 万亿元，占全国 GDP 比重的 11.5%，营业总收入、企业实际上缴税费的同比增长率分别实现 11%、10.5% 的高增长；219 家国家级经济技术开发区实现地区生产总值 9.1 万亿元，占全国 GDP 比重的 11%，税收贡献、财政收入、出口总额、高新技术产品出口额等多项指标的同比增长率、占全国比重等多项指标均保持了高增长。

二是进城人口的集聚区。以北京和上海为例，新城新区兴办产业和大型社区，对人口形成集聚效应。

北京：20 世纪头十年以来，北京大量人口流入。根据国家统计局北京调查总队发布的 2012 年各区县分区数据，2005 年以来北京增加的常住人口中有近一半集中在城市发展新区，即房山区、通州区、顺义区、昌平区、大兴区等五个区。数据显示，2005 年北京市常住人口为 1538 万，发展新区常住人口为 411.6 万人，占常住人口增加量的 26.7%。

上海：浦东新区是上海人口最多的区，也是我国开发进度最快、人口增长最猛的新城新区之一。2017 年末，新区来沪人员 225.37 万人，在实有人口中的比重为 40.6%。流动人口依然大量集聚在城郊接合部的镇域，其中，康桥、三林、北蔡、川沙新镇、惠南镇、张江 6 个镇的流动人口依然在 10 万人以上。

三是城市困局的突破口。中国新城新区针对和解决的城市问题主要有：

——缓解“城市病”的问题。北京、上海等城市，通过在老城外建设新城，老城新城协同发展，有效化解“城市病”。

——产业转移与升级的问题。例如首钢外迁至唐山曹妃甸，河北省就在唐山市建立了曹妃甸新区。原先首钢区域则开始培育新的创新型产业。

——居住问题。在一些城市周边出现了以房地产为主的新城开发，主要功能就是居住。

——旧城改造与保护的问题。如苏州市老城区东西两侧分别开发建设有新加坡工业园和苏州新城区，新区发展与旧城保护相结合，取得了较好的效果。

——发展空间受限的问题。如杭州由于西湖及山体的限制，在建成区西南发展受到限制，最终制定了跨江发展的战略，建设钱江新城成为新的城市中心。

四是城市功能的新载体。新城新区的建立，往往能够与时俱进，通过增加、优化一些功能，满足城市发展新的需要。

——行政区新城。城市的行政中心位置迁移后，需要进行部分新城建设以满足需要。例如合肥市将行政中心南移，建立了滨源新区以满足需要。

——高铁新城。一些地方围绕高铁站点建立了高铁新城。

——港口新城。港口等重大项目需要新城配套。例如为了建设上海国际航运中心，洋山港项目启动，上海芦潮港项目据此立项、规划并建设。

——科教新城、生态新城、低碳新城等。例如为了进一步吸引海外人才，为科技孵化创造好的空间平台，浙江省杭州市建设了绿色低碳的未来科技城。

五是知识创新的核心区。截止到2017年末，156家高新技术产业开发区中集聚了全国约40%的高新技术企业，全国互联网百强企业中96家诞生于国家高新区，形成了以中关村、深圳等为代表的全球创新高地，诞生了一批以小米、华为等为代表的具有世界影响力的高新技术大公司；拥有近50%的国家级科技企业孵化器和43%的科技部备案的众创空间，拥有研究院所2900多家、各类大学800多所、企业技术中心11000多家、新型产业技术研发机构1100多家、科技企业孵化器2000多个、产品检测检验机构等创新创业服务机构1600多家。

六是对外开放的大平台。新城新区在税收、出口、贸易等多方面通过不断出台完善各项法律法规，成为吸引外资、承接产业转移和开展对外贸易的重要平台。根据商务部统计数据显示，2016年219家国家级经济技术开发区实际利用外资3301亿元，占全国实际使用外资总额的40.6%；2017年，共实现进出口总额5.6万亿元（其中出口3.2万亿元，进口2.4万亿元），占全国对外贸易总量的20%。

七是创新改革的试验田。许多重大的改革，包括政府职能改革、投融资制度改革、土地制度改革、人才使用制度改革等，都是从新城新区开始，再扩大到其他地区。

例如中关村“1+6”政策的推广。2010年底，国务院同意支持中关村自主创新示范区实施“1 +6”系列先行先试政策[①]。在先行先试政策下，中关村示范区取得了良好的成绩。2014 年 12 月国务院常务会议决定，将 6 项中关村先行先试政策推向全国。

又如滨海新区的审批制度改革。仅在 2015 年，滨海新区就实施了“一份清单管理边界”，梳理 42 个部门 16471 项权责事项；放大“一颗印章管审批”效应，减少 30% 审批事项；推动“一个部门管市场”，整合成立市场监管局；设立两级执法监督平台，实现“一支队伍管执法”，进一步完善开放环境。

四、新城新区壮大新动能面临的机遇与挑战

新城新区既变也不变。变是因为四十年前的新城新区现在已经是老城老区，不变是因为新城新区的核心理念是创新，是要引领时代、引领全局、引领进步。改革开放四十年培育了新城新区的存量动能，未来仍然需要通过改革开放进一步壮大新城新区的增量动能。新城新区壮大发展新动能面临着五个机遇。

机遇之一，科技产业革命助推新城新区站在发展的新风口。当前，世界正处于第四次科技产业革命的窗口期。先进制造（包括机器人技术、3D 打印技术、先进材料等）、信息技术（包括云计算、物联网技术、大数据、移动互联网等）、能源技术（包括可再生能源技术、非常规油气资源勘探和开采技术、新能源汽车、新一代储能技术等）、生物技术（新一代基因组技术等）、智能技术（包括自动驾驶汽车技术、知识型工作自动化技术等），正在汇聚成为发展的新动能。由于各种原因，我国错失了第一、第二、第三次科技产业革命的机遇，第四次科技产业革命是我国实现弯道追赶的重要机遇。新城新区在上述科技产业领域具有雄厚的积累，瞄准科技产业前沿，一批新城新区将获得发展的新动能。

机遇之二，都市圈加快成熟带给新城新区富有活力的新空间。中国的城镇化率还有较大提升空间，未来还有 3 亿多人要进入各类城市与新城新区。特别要看到，随着交通、通讯条件的改进，都市圈的形成与发展将成为未来几十年的突出现象。目前相

---

① “1”是指搭建中关村创新平台，“6”是指在科技成果处置权和收益权、股权激励、税收、科研项目经费管理、高新技术企业认定等方面实施 6 项新政策。

当数量的新城新区出现在特大城市周边，这些新城新区正在加速与特大城市的核心区实现一体化发展。从新城新区内部来看，基础设施已基本完备，随着服务功能的增强与完善，这些新城新区具备产城融合的发展条件，将迎来新的发展机遇。

机遇之三，绿色智慧创新城市推动新城新区实现新形态。当前，绿色城市、智慧城市、人文城市、网络城市、创意城市、健康城市等，都在进行试点与推广。未来，新城新区创新发展理念将进一步叠加绿色智慧人文等元素，新城新区建设可能迎来发展的黄金时期。相比较老城老区，新城新区规划设计更容易实现绿色、智慧等发展的要求，更能体现新型城市的发展方向。新城新区发展过程也是各类专业人才培育成长的过程，未来推进绿色智慧创新城市的专业化人才将更加完备，为新城新区发展带来有利条件。

机遇之四，体制机制改革为新城新区提供发展新动力。体制机制创新是中国新城新区建设的逻辑起点，是发展的动力源，是成功的根本经验。40 年来，新城新区建设已经积累了许多体制机制改革的成果，利用这些成果就可以少走弯路，降低成本。同时，在行政管理、规划制度、房地产制度、土地利用制度、多元可持续的投融资制度等方面，创新空间仍然较大。近年来，围绕营商环境的进一步改善，势必为新城新区带来新一轮发展红利。

机遇之五，全面开放为新城新区发展创造更多机遇条件。以纪念改革开放 40 年为契机，中国开放的大门将越开越大。中国正在实施更高水平的贸易和投资自由化便利化政策，大幅度放宽市场准入，扩大服务业对外开放，平等对待在我国注册的企业，这些将会为国内优秀的新城新区带来新一轮开放红利。“一带一路”的效应逐步显现，这也有助于海外园区的建设发展，带动国内产能的国际合作。

中国新城新区面临着壮大新动能的机遇，但也面临不少挑战。从新城新区新旧动能变化的角度来看，面临的挑战主要反映在四个方面：一是产业结构上“旧动能”色彩严重，没有形成现代化的产业体系，新动能色彩不强。二是城市功能不全，基础设施与公共服务满足不了新型城市发展的需要。三是内部机制活力减弱，阻碍创新的原因甚至有所增加；创新方向不明晰、效果不明显。四是新城新区数量众多，各自品牌相对影响力下降，以开放促改革、以开放促发展的路径没有形成，对外合作的资源没有充分利用等等。

五、以改革开放壮大新城新区的新动能

新城新区与改革开放具有内在的深刻的联系。没有改革开放，就没有中国的新城新区体系。没有新城新区，改革开放的推进就缺乏有效的平台与抓手，成效就不会如此显著。当前，需要认真总结新城新区发展的经验、模式、道路，抓住新城新区在新兴产业、城市功能、治理体系、对外开放等主要方面，研究如何壮大新城新区的新动能，推动新城新区再出发。

1. 中国新城新区产业发展新动能

部分传统工业制造业的动能正在消失，新兴科技与产业创新带来的动能正在形成。中国新城新区迫切需要以技术与产业创新为引领，以知识、技术、信息、数据等要素构建创新型的新动能。

（1）抓住颠覆性创新，占领产业发展前沿

支持企业开展具有颠覆性原始创新技术的研发和产业化。推动新一代信息、生物、新材料、能源、环保等产业和技术的跨界融合，促进新技术、新模式向传统产业的渗透。推动数字经济、分享经济、平台经济、智能经济、创意经济和绿色经济的发展。

（2）注入高端资源要素，带动传统产业升级

利用高端资源要素带动新城新区已有传统产业集群的转型升级。支持企业和机构引入高端研发资源，带动产业向价值链高端升级，增强产业集群创新活力，营造创新氛围。引入具有丰富投资经验的天使投资人、风险投资机构，支持其在当地开展业务，鼓励其推荐自身优质项目落户在新城新区，实现借助市场化力量识别具有商业化价值的创新、集聚优质创新资源。

（3）构建企业生态体系，增加企业群体活力

支持大型企业向核心材料、关键元器件、高端部件等价值链高端发展，通过技术并购、国际化发展、跨区域布局等方式增强持续发展的动力。发展“专特精新”类中小企业群体、瞪羚企业和独角兽企业等高成长企业群体、具有潜力初创企业群体，研

究制定专门的支持政策，通过信用融资、贷款担保、贷款贴息、投保贷联动等方式解决企业发展所需资金，引导社会资源向前述企业群体集聚，尽快形成经济的增量。

（4）加强开放平台建设，培育区域创新体系

建立行业领先的研发设计、公共检测、科技信息和专业技术等新型创新平台，提高创新生态系统开放协同性，形成开放合作的创新网络和形式多样的创新共同体。推进众创空间、科技孵化器等创新载体向市场化、专业化、特色化发展，充分发挥其培育科技型中小企业、高新技术产业及完善区域创新体系的功能。打造先进适用的科技成果包转化基地，形成实体经济、科技创新、现代金融、人力资源协同发展的产业体系。

（5）推进智慧制造，推广人工智能产业

鼓励扶持云计算、大数据、数控机床、无人机、3D 打印、智能装备等智能制造相关产业发展，支持企业提升智能制造产品及业务的自主创新能力。引导企业应用自主可控信息技术和人工智能设备，推广应用自动识别、CPS（信息物理融合系统）、人机智能交互、分布式控制和增材制造等先进技术，推动生产方式向数字化、精细化、柔性化转变。

（6）提升生产性服务业，培育新兴服务业

围绕传统产业升级需求，重点培育金融服务、商务租赁、现代物流、商业服务、检验检测等生产性服务业，加快生产性服务业向高端化升级。顺应生活方式转变和消费升级趋势，积极壮大大健康、大消费、全域旅游、智慧生活等生活性服务业，推动生活性服务业向平台化、精细化、智慧化转型。发展大数据、电子商务、云计算、物联网等新兴服务业，推动新兴服务业向价值链高端延伸。

（7）实施“农业+”战略，发掘利用乡土元素

通过农业与商贸物流业的融合，向储藏保鲜、中央厨房、直供直销、私人定制等进行新产业延伸。通过农业与文化、教育、生态、康养等产业融合，向创意农业、绿色农业、养老地产等新业态进行拓展。通过农业与信息产业融合，向在线农业、智慧农业、共享农业等新技术进行渗透。通过农业与城镇化融合，向特色小镇、田园综合体等新模式进行开发。

2. 中国新城新区城市发展新动能

新城新区过去多从产业园区起步，基础设施、公共服务等城市功能欠缺。未来新城新区应弥补城市功能短板，努力建设绿色智慧新一代城市，增强发展的持续动力。

（1）统筹资源要素，促进产城融合发展

注重新城新区空间规划设计，推进新城新区向多中心、网络化模式发展，合理布局各区块的核心功能，促进生态、文游、产业等功能要素有效集聚。完善土地政策、盘活土地资源，提高国土资源利用效率。切实保证耕地和农田用地，合理调控建筑用地的开发时序，促进闲置土地的“腾笼换鸟”及落后产能用地的转型升级。保障教育科研、医疗卫生、文化体育及城市基础设施等社会事业项目用地。合理规划新城新区人口发展规模，促进产城融合。

（2）加强生态保护，建设绿色宜居水平

根据新城新区人口、产业布局及生态承载能力，控制开发力度。增加城市公园、绿地建设数量，提高新城新区绿化覆盖率。加强污染综合防治，全面改善生态环境。制定区域产业负面清单，依法清退高污染、高耗能企业。开展地下水环境调查评估，更新城市污水处理装置，提高新城新区污水处理水准。推广透水建材和雨水收集设施，提高雨水就地蓄积、渗透水平。严守土壤生态红线，推进固体废物堆存场所排查整治。

（3）超前布局信息设施，建设智慧城市

加快新城区通信基础设施建设，进一步优化网络结构、提升网络质量，适时启用5G商业应用。实施光纤入户工程，积极部署下一代互联网技术应用试点，提高IPv6用户普及率和网络接入覆盖率。推动无线新城新区建设，提高公共场所免费WiFi覆盖率。加快“三网融合”进程，促进网络资源互通共享。建设城市综合管理信息平台，依靠大数据分析、人工智能等技术，实现新城治理的智能决策、综合管理。

（4）构建高效交通网络，打造智能交通体系

加快建立新城新区与周边其他城市连接的高速铁路网络，完善与外部连通的高速公路、干线公路网，打造交通出行30分钟都市圈。提升新城新区航空服务水平，依托高速铁路、高速公路网络，加强与本市及周边城市机场之间的快速高效联系。优化停车管理能力，推动立体智能综合停车场规划建设。探索建立基于车联网、互联网、人工智能等技术为支撑智能交通体系，推进智能驾驶交通工具的示范应用。

（5）集聚优质资源，提升教育医疗水平

促进优质初、中等教育资源在新城新区聚集，支持“双一流”高校在新城新区办学，以合作办学的方式引进优质国际教育资源。加大科学家、学科领军人物、创新团队的培养和引进力度，统筹科研平台和产学研用一体化创新中心建设，健全新城新区职业教育培养体系，促进产教融合及校企合作，鼓励企业参与职业教育办学，围绕新城新区产业特色优化职业教育专业布局。推动新城新区居民健康信息平台建设，大力发展智能医疗，建设健康医疗大数据应用中心。加强区域医疗联合体内资源共享和服务协同能力，探索发展远程医疗。

（6）彰显特色文化，打造新城新区的软实力

提升公共文化服务质量，增加博物馆、图书馆、美术馆、剧院等重大文化项目的规划建设。拓宽文化服务覆盖面，推出更多受大众欢迎的公共文化产品。引入国际国内优质文化资源，积极开展文化交流合作项目。在数字网络环境下提升文化节、艺术节、音乐节等文化活动的影响力。促进文化与旅游体育的深度融合，打造地方旅游消费、投资新热点。运用网络化手段塑造新城新区的品牌新形象。

3. 中国新城新区治理改革新动能

新城新区不能依靠过去的政策优惠，而是必须不断提高效能，持续提升高质量营商环境，推动新城新区发展。

（1）完善管理体制，提升行政管理效能

推进行政体制改革，加强对新城新区与行政区的统筹协调，进一步完善新城新区财政预算管理和独立核算机制。进一步整合归并内设机构，优化政务流程，集中精力抓好经济管理和投资服务。深化行政审批制度改革，减少行政审批事项。实施政企分开、政资分开，科学制定权责清单，实现清单内容具体化、约束强制化，提高政府权力运行的规范化水平。

（2）探索行政区划改革，促进整合优化

积极探索调整行政区划，清理整合邻近区域的小散园区，构建有效统筹周边区域间关系的管理运营方式，破解管理体制碎片化难题，提升区域融合发展水平。精简行政层级，推进扁平化管理和大部制优化调整，建立高效协同的协调机制，促进管理职能下沉。避免低水平的重复建设，鼓励形成独具区域个性的特色化发展格局。创新现代区域管理模式，提升新城新区精细化管理水平。

（3）深化经济体制改革，完善基础经济制度

以全面深化改革为动力，进一步完善财税、土地、金融等基础性经济制度，鼓励新城新区开展试点试验，充分释放制度红利，激发发展活力。改革财政体制和运行机制，争取地方税制综合改革试点，落实耕地保护制度和节约用地制度，创新产业用地模式。

（4）深化“放管服”改革，营造优质营商环境

构建亲清的新型政商关系，进一步缩短开办企业所、水电使用等审批所需时间。完善以负面清单为主的产业准入制度。针对新技术、新产业、新业态、新模式，调整优化准入标准。建立企业全生命周期的监管平台，实施精准监管，在及时发现潜在风险的同时尽可能降低对企业正常经营的干扰。

（5）健全信用约束机制，增强信用管理能力

按照强化信用约束和联合惩戒的要求，加快完善社会信用领域立法。完善信用支撑平台建设，升级发展理念，创新服务手段，运用大数据、人工智能等新技术开展征信、授信、风控及保险等应用领域。制定全面系统的信用培育方案，引导并探索将信用管理纳入新城新区企业内部管理的机制。开展企业信用负面清单管理。

（6）创新招商方式，提升引资效率

创新市场化招商方式，依托大数据、区块链等创新技术，围绕重点产业的垂直供需链和横向协作链开展精准靶向招商。探索政府招商与市场化招商相结合的新型招商模式，加强招商引资人员培训，提升招商引资工作专业化水平。推动全方位对外开放，创新外商投资便利化管理和促进机制，完善自由贸易背景下便利化最优的贸易监管制度，创新社会治理模式，促进服务贸易市场拓展、品牌培育和产业发展。

4. 中国新城新区开放合作新动能

新城新区需要积极适应经济发展新常态，以更加积极的姿态主动参与到“一带一路”的建设中，积极探索对外经济合作新模式、新路径、新体制，构建开放型经济新体制的先行区。

（1）完善外商市场准入，提高投资自由化水平

争取率先在新城新区内有序推进金融、教育、文化、医疗等服务业领域开放，放宽建筑设计、会计审计、商贸物流、电子商务等服务业领域外资准入门槛，加大电信、文化、旅游等领域对外开放压力测试力度。鼓励外资企业加大在新区设立研发中心，加大研发投入力度。引导外资更多投向现代农业、环保生态、先进制造业、现代服务业等前沿领域，有效发挥新区在扩大开放吸引外资方面的先行先试作用。

（2）培育创新开放主体，增加国际交往活跃度

鼓励新区企业培育以技术、品牌、质量、服务为核心的外贸竞争新优势；鼓励新区优势企业建立海外生产加工和综合服务体系；创新跨境电子商务合作方式，鼓励企业建设出口产品“海外仓”和海外运营中心，支持开展保税备货、境内交付模式的跨境电商保税展示业务；加快国际租赁业务创新发展，推动装备、技术、资本和管理“走出去”；鼓励符合要求的企业大力发展海外投资保险、出口信用保险、货物运输保险、工程建设保险等业务。

（3）创新跨境服务方式，探索共建园区模式

在专业服务领域率先试点服务贸易跨境交付，探索兼顾安全和效率的数字产品贸易监管模式。借鉴国际先进经验，鼓励外商投资企业参与区中园、一区多园等建设运营。支持新区引进境外创新型企业、创业投资机构，支持外资企业设立联合创新平台。发挥中介机构作用，培育一批国际化的设计咨询、资产评估、信用评级、法律服务等中介机构。

（4）加大人才吸引力度，构建国际智力集聚地

进一步简化工作许可办理程序，在签证、出入境、社会保险、知识产权保护、落户、居留、子女入学等方面享有同等待遇；建立国际人才创业支持服务中心，设立国际高层次人才创业引导基金，鼓励支持高层次人才创办科技型企业，优化外籍人员创办科技型企业的审批流程；支持外籍科学家、外国专家领衔或参与承担重大科技计划，保障在科研经费申请等方面享受同等待遇。

（5）促进区域协作联动，打造协同发展示范区

推动东部新区通过多种形式在西部地区、东北老工业基地建设产业转移园区，推进产业项目转移对接合作。探索建立区域间科技创新合作机制，推动新区与各方在科技金融、技术研发和转化、知识产权保护和运用、人才引进和培养、科技园建设和运营方面的交流与合作。推动地方创新券和科研经费跨区域互认。积极构建综合交通运输网络，打造新区“1 小时经济圈”。

（6）对标国际司法标准，降低制度性交易成本

充分发挥新城新区先行先试的政策优势，对标国际贸易投资准则，积极参与国际经贸法律交流，强化涉外法律服务，不断探索完善涉外法律法规；探索建立健全外商投资企业投诉工作机制，及时解决外商投资企业反映的不公平待遇问题。切实降低外商投资企业经营成本和物流成本，健全完善技术性贸易措施体系，清理进口环节不合理收费，进一步规范进口非关税措施，降低进口环节制度性成本。

（7）创新贸易监管模式，完善外商投资监管体系

按照扩大开放与加强监管同步的总体要求，积极创新国际贸易综合监管新模式，探索开展电子围网监管、海关税款担保、出口货物专利纠纷担保放行、维修监管等新模式，创造条件实施监管等通关便利化措施。进一步完善跨境资金监控体制机制，探索开展金融综合监管试点。

冯奎，国家发展改革委城市和小城镇改革发展中心学术委员会秘书长、研究员。

2018 中国国家级新区营商环境报告

本报告由中国城市和小城镇改革发展中心、龙信数据有限公司联合课题组编制完成。课题负责人：冯奎（中国城市和小城镇改革发展中心研究员）、李钰（龙信数据有限公司创始人兼首席科学家）。

国家级新区提升营商环境的背景与意义

2017 年 6 月 13 日，李克强总理在全国深化简政放权放管结合优化服务改革电视电话会议上强调：营商环境就是生产力。各地要既不忘“抓项目”的老本事，更要学习“造环境”的新本领，由过去追求优惠政策“洼地”，转为打造公平营商环境的“高地”。在国务院第 196 次常务会议上李克强总理又明确提出“抓紧建立营商环境评价机制，逐步在全国推行”的号召。在国家层面，进一步推动优化营商环境的路线越来越清晰。

优化营商环境已成为当前稳定经济增长、全面深化改革、推进产业转型升级、加快新一轮创新发展的一项重要任务，成为稳增长、调结构、惠民生的现实需要，成为国家提升综合竞争力的关键所在。优化营商环境，就是针对我国经济社会面临的发展瓶颈精准发力。在 2018 年的政府工作报告中李克强总理提到“安不忘危，兴不忘忧”，要求充分认识到社会发展中不平衡不充分的一些突出问题中相当一部分，都和营商环境欠佳、“放管服”改革滞后有着千丝万缕的联系。

2017 年 9 月，北京市发布《关于率先行动改革优化营商环境实施方案》的通知，聚焦于营商环境的建设与改善，要求营造更加开放的投资环境、更加便利的贸易环境、更加良好的生产经营环境、更加精细的人才发展环境、更加公平的法治环境等内容。在投资准入放开方面，加快放开部分竞争性领域外资准入限制和股比限制；推动外资企业设立全程电子化，实现外商投资企业备案事项办理时限由 20 个缩短至 3 个工作日；在投资审批效率方面，制定北京市政府核准的投资项目目录（2017 年版），再压减 50% 的核准事项；在商事服务方面，逐步扩大工商登记全程电子化试点范围，实现行政办理人员与企业申请人“零见面”。

2017 年 12 月，上海市发布了《上海市着力优化营商环境加快构建开放型经济新体制行动方案》，实施上海营商环境改革专项行动计划。该计划主要对标世界银行营商环境报告中排名靠前的先进经济体经验，充分吸收 2017 年世界银行提交的对我国优化营商环境政策建议，其中 28 项改革建议已经有 24 项在发布的改革举措中得到采纳；并结合上海实际，对开办企业、获得电力、办理施工许可、登记财产、跨境贸易、纳税 6 项指标，发布了专项政策和配套文件，开发了 20 个新的网上办事系统。从效果看，改革后相关事项的办理时间平均缩短了一半以上，手续环节减少了近 40%。

此外，贵州省、辽宁省沈阳市、浙江省台州市等省市委托专业第三方机构，采用世界银行的营商环境评价指标，开展对本区域内营商环境的指标研究，并通过与世界银行报告中的排名对标，与世界先进经济体对比找差距。安徽、湖南、湖北、陕西、甘肃、宁夏、新疆等中西部省份都在全省范围内开展了营商环境调研、评估、优化提升等专项工作，如安徽发布《2017 年安徽省营商环境白皮书》、甘肃开展营商环境建设年活动、陕西发布优化提升营商环境十大行动方案、湖南和新疆开展全省营商环境测评和评估工作等，多措并举，加快提升本省的营商环境。积极营造优质的营商环境，充分激发全社会创新创业活力，是推进区域发展的新动力，是转型升级的新引擎，更是各地政府亟需认真对待的新任务。

一、国家级新区引领我国经济高质量发展

1. 空间布局满足东中西部均衡发展的需要

截止到 2017 年底，我国已相继设立了 19 个国家级新区，其中 8 个在东部地区，2 个在中部地区，6 个在西部地区，3 个在东北地区，已经形成由点到线，由线及面的发展格局，成为实现党的十九大报告提出的区域协调发展战略的重要举措和抓手。

东部地区设立的国家级新区依托于新兴产业集聚、资本和劳动力集中、自然条件优越、交通设施完善、现代化程度高的地区，从北向南包括天津滨海新区、雄安新区、山东青岛西海岸新区、江苏南京江北新区、上海浦东新区、浙江舟山群岛新区、福建

福州新区和广东广州南沙新区。

中部地区设立的国家级新区主要目的是促进中部崛起、推进长江经济带建设、加快内陆地区开放发展，主要依托于工农业基础雄厚，各类资源丰富，交通便捷的人口集中区、沿海经济腹地、交通枢纽和重要市场，包括江西南昌赣江新区、湖南长沙湘江新区。与此同时，武汉长江新区、合肥滨湖新区、郑州郑东新区正在积极申报国家级新区，成为未来中部崛起的重要依托。

西部地区设立的国家级新区主要是为协调区域发展不平衡，缩小东西部发展差距，激发经济潜力，推进城市现代化建设，包括重庆两江新区、四川成都天府新区、贵州贵阳贵安新区、云南昆明滇中新区，陕西西安西咸新区以及甘肃兰州新区。

此外，为振兴东北，重构区域产业经济核心，在东北设立了三个国家级新区，分别是辽宁大连金普新区、吉林长春新区和黑龙江哈尔滨新区，其中金普新区依托大连和辽中南城市群，处于沿海通道纵轴上，是东北地区海陆联运中心、东北亚国际航线的要冲；长春新区位于长吉图开发开放先导区核心腹地和我国东北地区地理中心，是哈（尔滨）大（连）经济带和中蒙俄经济走廊的重要节点；哈尔滨新区依托哈长城市群，地处（北）京哈（尔滨）通道和绥（芬河）满（洲里）通道“T”字型交汇处，多条干线铁路贯通全域，是连接中蒙俄经济走廊和亚欧国际货物运输大通道的重要节点。

表 1　　国家级新区空间分布情况一览表

	新区名称	地区	所处城市群	交通	地形
1	雄安新区	东部地区	京津冀城市群	到 2020 年构建“四纵两横”“四纵三横”高速路网连通全国	冀中平原中部，为缓倾平原，地形开阔
2	滨海新区	东部地区	京津冀城市群	海、陆、空立体交通网络发达，是连接海内外、辐射“三北”的重要枢纽；沿海通道纵轴和京哈京广通道纵轴的交会处	滨海平原，海拔均在 10 米以下
3	浦东新区	东部地区	长三角城市群	全方位立体化的交通网；沿海通道纵轴和沿长江通道横轴的交汇处	长江三角洲冲积平原，地势坦荡低平，平均海拔 4 米左右
4	舟山群岛新区	东部地区	长三角城市群	港口条件优越；沿海通道纵轴和沿长江通道横轴的交汇处	舟山境内多山，丘陵广布
5	江北新区	东部地区	长三角城市群	便捷的公路、铁路、水路和航空枢纽；沿长江通道横轴上	集低山、丘陵、平原、大江、大河为一体

续表

	新区名称	地区	所处城市群	交通	地形
6	南沙新区	东部地区	珠三角城市群	海、陆、空立体交通网；沿海通道纵轴和京哈京广通道纵轴的南端	沿海冲积平原，地势坦荡
7	西海岸新区	东部地区	山东半岛城市群	世界第七大港口，沿海通道纵轴上	胶莱平原，海拔绝大部分在50米以下
8	福州新区	东部地区	海峡西岸城市群	海、陆、空交通便利；沿海通道纵轴上	丘陵平原相间
9	湘江新区	中部地区	长江中游城市群及长株潭城市群	处于各大铁路沿线交会、长江横轴和京广纵轴的结合点	丘陵、平原为主，地势平坦
10	赣江新区	中部地区	长江横轴和京九发展轴的交汇处	京九大通道和沪昆大动脉的结合处，长江黄金水道和赣鄱水运通道在此交汇	平原、丘陵为主，地势平坦
11	两江新区	西部地区	成渝城市群	规划复合型枢纽机场，优化寸滩港和果园港功能，构建干道网系统	地形相对复杂，以山地丘陵为主
12	兰州新区	西部地区	兰西城市群	多条公路交通干线、高速公路、铁路交会；陆桥通道横轴上	秦王川盆地
13	西咸新区	西部地区	关中城市群	渭河、泾河、沣河贯穿；陆、空交通便利；陆桥通道横轴和包昆通道纵轴的交会处	平原、丘陵为主
14	贵安新区	西部地区	黔中城市群	高铁、高速贯穿全境，航线众多；包昆通道纵轴的南部	以丘陵为主，地势相对平坦
15	天府新区	西部地区	成渝城市群	铁路、高速便利，航线众多；沿长江通道横轴上	丘陵山地为主，地势平坦
16	滇中新区	西部地区	滇中城市群	多条高速公路和多条国道贯穿新区，拥有国家门户枢纽机场；包昆通道纵轴南部	地处云贵高原东西两侧，地势较低
17	金普新区	东北地区	辽中南城市群	处于沿海通道纵轴上，是东北地区海陆联运中心	低山丘陵区
18	哈尔滨新区	东北地区	哈长城市群	地处（北）京哈（尔滨）通道和绥（芬河）满（洲里）通道“T”字型交汇处，多条干线铁路贯通全域	东北平原，地形平坦开阔
19	长春新区	东北地区	哈长城市群	哈（尔滨）大（连）经济带和中蒙俄经济走廊的重要节点	东北平原腹地松辽平原

2. 战略定位体现时代发展特征和区域个性

国家级新区在带动区域经济发展、引领全面改革开放、推动体制机制创新、促进产城融合等方面发挥着重要作用，在不同的历史发展阶段下，各国家级新区的战略定位体现出鲜明时代特征和区域个性，主要表现在以下三个方面。

（1）立足时代发展阶段，落实国家战略规划

国家级新区的设立时间与我国经济社会发展形势的变化基本一致。国家级新区的设立大致分为三个阶段：第一阶段（1990～2009 年），为落实深化改革、进一步实行对外开放的重大部署，改善投资环境，释放发展潜能，增强经济竞争力，在这一阶段批复设立了上海浦东新区和天津滨海新区 2 个国家级新区；第二阶段（2010～2013 年），为了培育新的区域增长极，深化西部地区的改革探索，推动实施区域发展总体战略和海洋发展战略，相继批复设立重庆两江新区、浙江舟山群岛新区、甘肃兰州新区和广东南沙新区等 4 个国家级新区；第三阶段（2014 至今），为了促进体制机制改革、产业发展、区域合作、对外开放，同时布局新型城镇化、生态文明、创新创业等试点，加速和促进“一带一路”建设、京津冀协同发展、长江经济带发展三大国家战略，形成全国经济发展的新空间、新格局，国家相继批复了陕西西咸新区、贵州贵安新区、山东西海岸新区、辽宁金普新区、四川天府新区、湖南湘江新区、江苏江北新区、福建福州新区、云南滇中新区、黑龙江哈尔滨新区、吉林长春新区、江西赣江新区以及河北雄安新区等 13 个国家级新区。

（2）立足区域协同发展，凸显后发战略优势

国家级新区的设立体现出空间布局由南向北、由东向西、由沿海向内陆的非均衡向均衡的转变，正是立足于区域协调发展的要求，同时国家级新区战略定位的差异也与新区所在区域的经济社会发展相适应，充分体现出我国正以国家级新区为抓手，协调解决区域间发展非平衡性的问题。如金普新区、哈尔滨新区、长春新区等定位于引领东北地区全面振兴的重要增长极，贵安新区要打造“西部大开发的新引擎和中国特色新型城镇化的范例”，天府新区要打造“内陆开放经济高地、宜业宜商宜居城市、现代高端产业集聚区、统筹城乡一体化发展示范区”等。

（3）立足区域发展特色，优化战略发展路径

基于国家级新区不同的地理位置、自然生态、交通区位等硬件基础以及产业优势、科研理论、人员流动、资源禀赋等情况，国家根据各个国家级新区情况进行统筹布局，赋予新区不同的战略任务，以培育优势产业，挖掘发展潜力，形成区域核心竞争力。与此同时，作为体制机制创新的样板区和引领示范区，为有效防范经济社会转型和改革攻坚带来的风险，探索多样化发展路径和改革措施，多个新区也被赋予相同的战略任务。如带动东北振兴的金普新区、哈尔滨新区和长春新区；新型城镇化要求的西咸新区、金普新区、湘江新区、江北新区、滇中新区等新区。

表 2　国家级新区战略定位一览表

	新区名称	批获时间	面积（km^2）	战略定位
1	浦东新区	1992/10	1210.41	科学发展的先行区、“四个中心”（国际经济中心、国际金融中心、国际贸易中心、国际航运中心）的核心区、综合改革的试验区、开放和谐的生态区
2	滨海新区	2006/5	2270	我国北方对外开放的门户、高水平的现代制造业和研发转化基地、北方国际航运中心和国际物流中心，经济繁荣、社会和谐、环境优美的宜居生态型新城区
3	两江新区	2010/5	1200	统筹城乡综合配套改革试验区的先行区、内陆重要的先进制造业和现代服务业基地、长江上游地区的金融中心和创新中心、内陆地区对外开放的重要门户、科学发展的示范窗口
4	舟山群岛新区	2011/6	陆 1440 海 20800	大宗商品储运中转加工交易中心、东部地区重要的海上开放门户、海洋海岛综合保护开发示范区、重要的现代海洋产业基地、陆海统筹发展先行区
5	兰州新区	2012/8	1700	西北地区重要的经济增长极、国家重要的产业基地、向西开放的重要战略平台和承接产业转移示范区
6	南沙新区	2012/9	803	粤港澳优质生活圈、新型城市化典范、以生产性服务业为主导的现代产业新高地、具有世界先进水平的综合服务枢纽和社会管理服务创新试验区
7	西咸新区	2014/1	882	我国向西开放的重要枢纽、西部大开发的新引擎和中国特色新型城镇化的范例
8	贵安新区	2014/1	1795	经济繁荣、社会文明、环境优美的西部地区重要的经济增长极、内陆开放型经济新高地和生态文明示范区

续表

	新区名称	批获时间	面积（km^2）	战略定位
9	西海岸新区	2014/6	陆 2096 海 5000	海洋科技自主创新领航区、深远海开发战略保障基地、军民融合创新示范区、海洋经济国际合作先导区、陆海统筹发展试验区
10	金普新区	2014/6	2299	面向东北亚区域开放合作的战略高地、引领东北地区全面振兴的重要增长极、老工业基地转变发展方式的先导区、体制机制创新与自主创新的示范区、新型城镇化和城乡统筹的先行区
11	天府新区	2014/10	1578	以现代制造业为主的国际化现代新区、内陆开放经济高地、宜业宜商宜居城市、现代高端产业集聚区、统筹城乡一体化发展示范区
12	湘江新区	2015/4	490	高端制造研发转化基地和创新创意产业集聚区、产城融合城乡一体的新型城镇化示范区、全国“两型”社会建设引领区、长江经济带内陆开放高地
13	江北新区	2015/6	2451	自主创新先导区、新型城镇化示范区、长三角地区现代产业集聚区、长江经济带对外开放合作重要平台
14	福州新区	2015/8	1892	两岸交流合作重要承载区、扩大对外开放重要门户、东南沿海重要现代产业基地、改革创新示范区和生态文明先行区
15	滇中新区	2015/9	482	我国面向南亚东南亚辐射中心的重要支点、云南桥头堡建设重要经济增长极、西部地区新型城镇化综合试验区和改革创新先行区
16	哈尔滨新区	2015/12	493	中俄全面合作重要承载区、东北地区新的经济增长极、老工业基地转型发展示范区和特色国际文化旅游聚集区
17	长春新区	2016/2	499	创新经济发展示范区、新一轮东北振兴的重要引擎、图们江区域合作开发的重要平台、体制机制改革先行区
18	赣江新区	2016/6	465	构建“两区两地”，即：长江中游新型城镇化示范区、中部地区先进制造业基地、内陆地区重要开放高地、美丽中国“江西样板”先行区
19	雄安新区	2017/4	2000	绿色生态宜居新城区、创新驱动发展引领区、协调发展示范区、开放发展先行区

3. 经济体量成为国民经济的重要组成部分

国家级新区带动区域经济增长的作用尤为明显，已成为区域发展重要的动力源。2017 年，18 个国家级新区①地区生产总值达 3.93 万亿，占全国总量的 4.76%，占所在城市总量的 20.8%；有 11 个国家级新区经济体量达千亿以上规模，其中浦东新区地区生产总值接近万亿水平，达 9651 亿元；有 7 个国家级新区经济体量占所在城市 20% 以上②，其中滨海新区占比达 37.6%，浦东新区占比达 32%，金普新区占比达 29.9%，西海岸新区占比达 29.1%；国家级新区发展增速均高于所在城市水平，2017 年 18 个国家级新区平均增速达 10.7%，高于所在城市 6.9% 的平均增长率，其中贵安新区的增长率高出贵阳市 31%，兰州新区高于兰州市 10%，已成为地区经济发展重要的增长极。

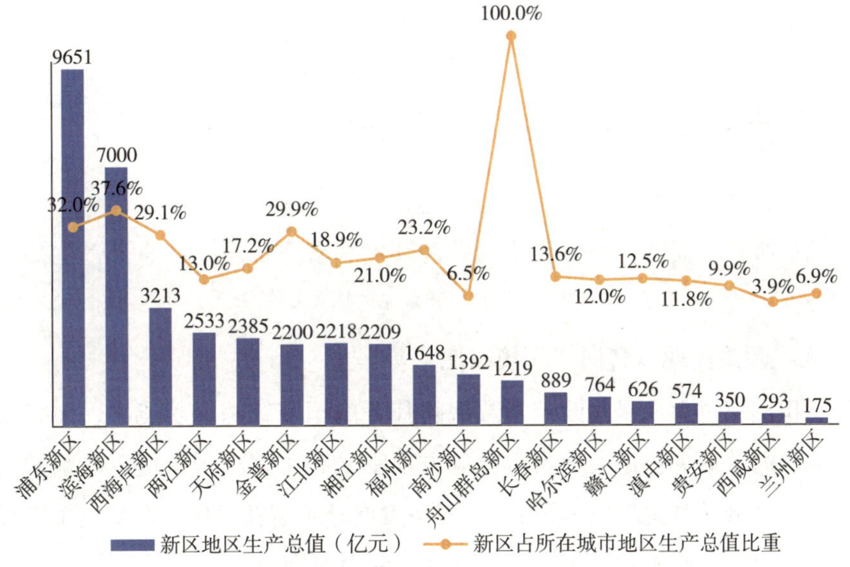

图 1　2017 年国家级新区地区生产总值和占所在城市比重情况③

数据来源：各地统计数据。

---

① 未计算雄安新区。

② 舟山群岛新区地区生产总值以舟山市计算，故占比为 100%。

③ 注：滨海新区和金普新区地区生产总值为预计数据，天府新区、江北新区、福州新区、赣江新区和新区地区生产总值根据往年数据进行推算；仅作为研究参考使用。

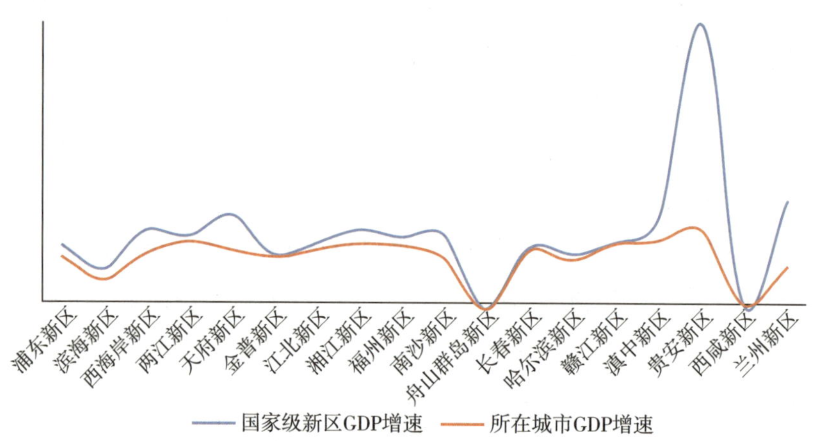

图 2　2017 年国家级新区地区生产总值增速和所在城市地区生产总值增速

数据来源：各地统计数据。

二、优质营商环境为国家级新区提供发展新动能

对于国家级新区而言，培育优质的营商环境有着更加重要的意义，主要体现在以下六个方面。

（1）从“政策洼地”转向“环境高地”

作为承担国家重大发展和改革开放战略任务的国家级综合功能区，国家级新区在税收、土地、海关通关和重大项目审批等方面享受到了多项国家优惠政策的支持，成为区域发展的“政策洼地”。但随着我国经济发展进入了新时代，在高质量发展的要求下，需要打破对特殊政策的过度依赖，通过打造优质的市场化营商环境，构筑区域发展的新高地，以全新的姿态对接国家所赋予的战略定位和发展任务，寻找适宜于自身的发展模式和路径，进而形成强大的“磁场效应”，一方面增强区域影响力、吸引力和竞争力，集聚资金、技术和人才等资源，另一方面凝聚区域发展信心、鼓舞发展斗志、激发创新创业热情，形成区域发展的内生动力。

（2）从“空间拓展”转向“生态培育”

作为实现产业集聚、疏解都市功能的重要载体，国家级新区通过策略性的区域重组和“梯度”差别性制度供给，以优惠的投资政策、充裕的土地供应、良好的人文居住环境和先进完善的城镇基础设施，对区域和城市的人口、技术、资本和信息等各类资源形成强大的吸引力。新时代国家级新区如何实现区域协调发展战略，在日益激烈的国际国内竞争中突出重围，以更好地重塑和拓展城市发展的空间格局，发挥促进区域经济发展、扩大对外开放、推进改革创新的重要作用，营造优质的营商环境就显得更为重要。优质营商环境的营造是一项涉及经济社会改革众多领域的系统工程，包括影响企业活动的社会要素、经济要素、政治要素、法律要素和环境要素等多方面因素。当前，营商环境的优劣直接影响着招商引资和招才引智的成效，企业成长土壤的好坏，并对经济发展状况、财税收入规模、社会就业情况、环境建设等产生连锁反应，最终成为影响国家级新区提升综合竞争力的关键因素。

（3）从“大招大引”转向“培优培新”

当前，我国经济已由高速增长阶段转向高质量发展阶段。面对土地、环境等条件的约束，以及传统产业结构调整和转型升级，各地招商引资形势已然发生重大改变，需要开展招商引资方式的创新和转变，从体制机制的内生性看，需要从“大招大引”式粗放的开展招商工作模式逐步转向以通过优质的营商环境来吸引和留住优质企业、优质项目，使招商引资工作不断适应新时代的新变化。培优培新工作的重点一方面需要引进带动性强、科技含量高、具有引领性的重大项目；另一方面需要塑造一个完整生态系统来辅助优质企业和潜力企业发展。

（4）从“产城分离”转向“产城融合”

随着城市发展进入到以服务经济为主体的时期，区域经济社会的发展需要以产业为保障，驱动城市更新和完善服务配套，以达到产业、城市、人之间有活力、持续向上的发展模式，形成从企业到产业，从产业到城市，从工作到生活，宜居宜业的生态体系。在全国积极推进经济增长方式转变的大背景下，国家级新区亟需通过提升营商环境来创造和培育服务经济发展空间，促进产业区与居住区有机结合，满足产业发展与生活品质之间相互促进、共同发展的内在需求，以修补产城分离导致的功能断裂，达到双赢的产城融合发展要求。为了加快国家级新区社会经济的发展，需要缩短产业与城市之间的距离，推动产城融合发展，构建宜居宜业的“双保障”，不仅需要为新区内企业提供优质的营商环境，大幅度提升综合服务能力，营造宜业环境，同时也需要提高综合居住区内产业服务功能，打造宜居环境。

（5）从“改革试验”转向“国际竞争”

在新的发展条件下，国家级新区在对内改革试验的基础上，更加需要直面国际竞争，营造优质的国际化营商环境。通过理顺政府与市场关系，接轨国际经济运行方式，提升产业在国际分工中的地位，提供良好的城市居住环境，形成高度开放的社会氛围，打造国际接轨的发展模式。从政府运作来看，营造国际化营商环境有助于新区进一步推进简政放权、放管结合、优化服务改革，加快探索法治化、国际化、便利化的市场化体制机制改革；从国际营商规则来看，国家级新区营商环境的不断完善，将有助于区内企业接轨国际规则和惯例、引入国际通用的行业规范和管理标准，为企业参与制定国际标准提供支撑，同时也有利于境外研发机构参与本地科技创新计划，建立符合国际通行规则的科研项目管理和成果分享机制；从国际分工角度，国际化营商环境的建立意味着更加开放的市场与调整产业结构，尤其是要与国际科技发展、产业调整新趋势同步，加速提升产业发展的科技水平和生产水平，以提升新区产业在国际价值链的分工地位；从社会文化环境来看，新区营造国际化营商环境也是对优质社会服务、宜居环境的打造，将有利于吸引全球先进生产要素、高端人才等向区域集聚。

（6）从“数量速度”转向“质量内容”

十九大报告作出中国特色社会主义进入了新时代的重大判断，深刻揭示了中国发展所处的新的历史方位。新时代是中国经济发展进入新阶段的特征，国家级新区作为承担国家重大发展和改革开放战略任务的综合功能区，在由“数量速度”换挡“质量内容”的道路上起着先试先行、示范引领的作用。而优良的营商环境不仅是提高经济发展质量、促进生产力发展的关键，也是新区内各类市场主体健康发展的重要保障。一方面，营造优质的营商环境有利于资金、技术、人才等各类关键发展要素向新区聚集，促进新区形成综合竞争新优势；另一方面，优质的营商环境将降低企业的准入门槛、有效减少企业的经营成本压力、带动资本活跃度、促进科技创新等，有利于激发新区市场主体的创新创业活力，不断形成经济发展的内生动力。

三、国家级新区改善营商环境的主要举措

“天下之治，有因有革，期于趋时适治”，面对新的时代、新的问题需要新的改革措施和手段。目前，各个国家级新区充分发挥在政策和体制机制先行先试、创新发展的优势，对标国际和国内优质的营商环境区域，制定并落实诸多相关措施和改革行动，如浦东新区发布《服务保障浦东新区营商环境建设的十二条意见》、滨海新区发布《关于进一步优化投资服务和营商环境的工作分工方案》等。综合各个国家级新区发布的营商环境改革措施和行动，主要体现在市场准入制度、培育和优化市场经营环境以及宜业宜居环境、招揽人才、培养创新能力等五个方面。

（1）降低市场准入门槛，为企业提供优质政务服务

优化市场准入环境，提升政务公开水平是营造良好营商环境的关键。各个国家级新区都在积极打好优化营商环境“攻坚战”，通过优化市场准入环境，不断厚植新常态下市场发展新活力。主要呈现以下特点：一是推进“只跑一次”改革，如浦东新区的“一网通办”，归集各部门的政务数据，权力运行更透明，也倒逼政府部门从事前审批转向事中事后监管；天府新区开展政务公开创新改革，推进政务公开“仅跑一次”改革，打造事项最简、流程最优、成本最低、服务一流的“至简审批”模式；贵安新区实行“一窗受理、部门协同、专人负责、一办到底”，提供“一站式”免费全程代办的优质高效服务；滇中新区发布《云南滇中新区行政审批“最多跑一次”实施方案（试行）》。二是积极开展“证照分离”改革，加快政府职能转变，破解“办照容易办证难”、“准入不准营”等突出问题。其中，江北新区专门发布《江北新区开展“证照分离”改革试点实施方案》；福州新区《福州市深化“证照分离”改革实行行政审批服务告知承诺制的办法（试行）》；2018 年 1 月西海岸新区正式启动“证照分离”改革等。三是优化建设项目审批流程；大连金普新区发布《金普新区财政投资基建项目优化审批流程方案（试行）》；长春新区改革精简房屋建筑、城市基础设施等工程建设项目审批全过程和所有类型审批事项，推动流程优化和标准化；南沙新区打造企业投资建设工程审批服务新模式，将企业办理投资类建设项目审批时间由 88 个工作日压缩为

25~45 个工作日内完成。四是积极提升“互联网+政务服务”水平，两江新区着力打造线上线下联动的云政务生态系统，2017 年 12 月底两江新区官网改版上线，为建设智慧两江，推进更加开放透明便利的电子政府建设打下了坚实的基础。

（2）改善市场经营环境，为企业提供优质经营环境

打造便利化、法制化、公平化、开放型的市场环境是激发市场活力、促进企业健康成长的重要基础。新区围绕各自不同的改革创新试点任务，为引领区域经济增长，在优化企业生产经营环境、营造良好市场经营环境、激活资本市场流动性等方面进行了积极探索。一是降低企业成本，优化企业生产经营环境，如南沙新区推行“智能体检式”的现代化管税机制。对区内企业涉税管理广泛推行“无风险不应对”“无任务不下户”，为自贸区企业提供更加市场化的税务营商环境；舟山群岛新区专门发布《关于进一步降低企业成本减轻企业负担推进实体经济健康发展的意见》，涉及降低制度性成本、用地成本、用水电气成本、社会保险费等十方面内容。二是提高法制建设，培植良好的司法环境，如两江新区为进一步优化营商环境，公检法纪共同发力，推动执法公正、透明，有法必依、执法必严、违法必究，维护国家及各种群体合法权益；贵安新区加强营商环境建设专项督促检查，完善目标考核评价体系，开展大调研、大查摆、大考评，强化各项任务部署督促落实等。三是强化信用建设，促进公平竞争，为市场经济的运行和商事制度改革的深化奠定基础，如两江新区建设市场信用监管平台，通过大数据采集归纳，整合了 6.3 万多户市场主体相关数据；滨海新区开展了地方信用建设综合示范，开展区县信用体系考核；长春新区实行企业投资项目信用承诺制度，国际国内知名企业落户新区，在办理工商登记时提交材料不规范的，可在企业承诺后当即办理营业执照等。四是优化投资服务环境，构建开放型经济新体制，深化商事制度改革，推动区域经济发展，如大连金普新区发布了《大连金普新区优化营商环境建设实施方案》；滨海新区在《关于进一步优化投资服务和营商环境的工作分工方案》中提出“将着力优化市场环境，积极构建高度开放的新型投融资体系”等。

（3）培养科技创新能力，为企业提供内生动力源泉

创新是引领发展的第一动力，是新区建设现代化经济体系的战略支撑，创新驱动已经成为点燃经济发展的新引擎。作为创新核心力量，企业创新不仅能够增强自身竞争力，满足市场需求变化，而且将通过创新外溢效应驱动区域创新发展，带动区域经济发展，成为各个国家级新区深化商事制度改革重要的组成部分。尤其浦东新区作为国家技术创新的重要基地，成立了浦东新区科技创新促进中心，主要负责浦东新区扶持创新人才政策、浦东新区科学技术奖、浦东新区企业研发机构认定、浦东新区科技发展基金创新资金（现代农业项目）、浦东新区科技发展基金科技重大项目配套资金、浦东新区科技发展基金创新资金（医疗卫生项目）等内容，不仅聚集了大量的高新技术企业，而且助力新区科技企业走向资本市场。截至 2017 年底，浦东新区在营企业数量超 26 万户；众创孵化载体爆发式增长，浦东新区经备案的孵化器和众创空间达到 124 家，是 2014 年的 5.6 倍，其中国家级 24 家、市级 53 家、区级 47 家；企业研发机构成为新区高新技术企业专利发明的主力军。新区共有国家、市和区级重点企业研发机构 547 家，其中国家级 40 家、市级 182 家、区级 325 家，主要分布在电子与信息、生物医药技术、光机电一体化、新材料四个行业，占认定企业总量的 74.2%；“十二五”期间浦东新区共获国家科学技术奖 48 项、上海市科学技术奖 318 项，较“十一五”期间分别增长了 50% 和 35%，获奖项目数量居全市首位；截至 2017 年末，浦东新区新三板挂牌企业 228 家，占全市的 23%，其中创新层 26 家，占全市的比重为 20%；上海股交中心挂牌企业 165 家，包括 77 家科技创新板和 98 家 E 板，占全市的比重分别为 46% 和 25%。

（4）实施人才激励政策，为企业提供智力支持保障

完善人才引进环境，创新人才管理措施，是区域经济发展的重要驱动力。作为经济运行中核心投入要素，人才通过自身形成的递增收益和产业的外部溢出效应，对经济增长作出贡献，因此各个国家级新区在商事制度改革的同时，也积极实施人才激励政策，加强“招才引智”工作，吸引国内外高端人才。其中，浦东新区发布《浦东新区深化人才工作体制机制改革促进人才创新创业的总体方案》中提出“力争到 2020 年，初步形成具有全球影响力的‘国际人才自由港’和‘大众创业策源地’，努力成为中国对外开放度最高、拥有全球资源配置能力的国际化人才高地”。湘江新区着力建设“人才特区”，通过破除创新创业人才跨国界、跨区域、跨体制流动的制度性障碍，争取外籍高端人才绿卡改革试点；开展外国留学生毕业后直接在湖南湘江新区创新创业试点，争取进一步简化来湘创新创业外国人的入境和居留手续等。长春新区在《长春新区打造一流营商环境“二十条”措施》中明确提出完善高端人才激励政策，提高外籍人才签证和工作便利度。南沙新区为加快建设具有全球竞争力的人才制度体系，发布了《广州南沙新区（自贸片区）集聚人才创新发展的若干措施》，分别从人才引进、人才培养、人才留用等方面建立引才引智网络，大力集聚产业发展急需的人才。

（5）构筑宜居宜业生态，为企业提供城市服务功能

构建宜居宜业生态环境是新区带动区域经济发展、促进产城融合重要支撑。国家级新区在推动区域经济发展过程中，不仅要发挥产业集聚作用，还要积极探索新型城镇化建设的模式，为区域发展提供宜居宜业的“双融合”“双促进”“双保障”的可持续发展模式。主要呈现出以下特点：一是产业与城市同步融合发展，打造宜居宜业的产城融合新城，如两江新区从政策、环保、生态、产业、城市构建等方面出发，努力建设“一半山水一半城”的美丽新区、生态新区，先后完成了10多个专业规划，实现了规划全覆盖，划定了蓝线、绿线和生态红线，不仅保护两江新区的生态环境，也营造了良好的营商环境；二是实施优化发展环境专项工作，如大连金普新区开展“创城”工作，主要完善区内基础设施、市政设施、生态环境，营造了良好的工作生活环境，增强新区承载支撑力；三是建设以雄安为代表的宜居宜业示范区，作为推进京津冀协同发展的重大举措之一，雄安新区将建成水城相融、蓝绿互映的生态宜居城市，绿地面积占比超过50%，并且与以往经济开发区先搬迁后开发的模式不同，新区将采取“城乡融合、共同实现现代化”的建设模式，打造成重塑中国生态文明史的新型城乡关系典范。

表3　主要国家级新区营商环境改革行动一览表

新区名称	部分国家级新区商事制度改革行动
浦东新区	《服务保障浦东新区营商环境建设的十二条意见》 《促进营商环境优化的“二十条”措施》 《浦东新区深化人才工作体制机制改革促进人才创新创业的总体方案》
滨海新区	《关于进一步优化投资服务和营商环境的工作分工方案》
两江新区	《关于改革完善两江新区市场监管体制组建重庆两江新区市场和质量监督管理局的通知》 《两江新区进一步优化营商环境“十项行动”方案（试行）》
舟山群岛新区	《关于进一步降低企业成本减轻企业负担推进实体经济健康发展的意见》 《舟山市企业投资项目高效审批实施办法》 《深化以企业投资项目为重点的行政审批制度改革打造全省“三最”城市实施方案》
兰州新区	《兰州新区深入推进“放管服”改革重点任务实施方案》 《兰州新区工商登记“双告知”工作实施方案》

续表

新区名称	部分国家级新区商事制度改革行动
南沙新区	《关于进一步优化营商环境的十项政务公开管理改革措施》
西咸新区	《优化提升营商环境实施方案》
贵安新区	《关于设立新区营商环境管理办公室的通知》
西海岸新区	落实青岛市《开展“营商环境大走访”活动实施方案》 2018 年 1 月西海岸新区正式启动“证照分离”改革
金普新区	《大连金普新区优化营商环境专项整治行动方案》 《大连金普新区优化营商环境建设实施方案》 《金普新区财政投资基建项目优化审批流程方案（试行）》
天府新区	政务公开创新改革，推进政务公开“仅跑一次”改革，打造事项最简、流程最优、成本最低、服务一流的“至简审批”模式
湘江新区	《长沙市优化营商环境三年行动方案》
江北新区	《江北新区开展“证照分离”改革试点实施方案》
福州新区	《福州市深化“证照分离”改革实行行政审批服务告知承诺制的办法（试行）》
滇中新区	《云南滇中新区重大建设项目绿色通道并联并审实施办法》 发布以项目总协调人制度为核心的 5 项制度 《云南滇中新区重大招商引资建设项目审批服务总协调人制度（试行）》 《云南滇中新区重大招商引资项目审批代办服务暂行办法（试行）》 《云南滇中新区行政审批“最多跑一次”实施方案（试行）》 《云南滇中新区政务公开大厅窗口及工作人员考核办法（试行）》 《云南滇中新区政务公开大厅窗口单位领导值班制度（试行）》
哈尔滨新区	《2018 年哈尔滨市深化作风整顿优化营商环境实施方案》
长春新区	《长春新区打造一流营商环境“二十条”措施》
赣江新区	《江西省工商行政管理局支持赣江新区加快发展的实施细则》中积极支持赣江新区推进商事制度改革先行先试

国家级新区营商环境测评指标体系与方法

一、国家级新区营商环境测评思路

1. 测评原则

在研究国家级新区营商环境时，首先需要正视各个国家级新区相互之间存在着诸多先天的差距，不仅仅在于我国东中西部整体的经济发展水平有着体量上的不平等，而且就新区本身而言，各个国家级新区的历史积淀、自然禀赋、社会结构、区位交通以及管理体制机制都存在着一定的差异性。因此在设计新区营商环境指标体系的过程中，应考虑不同新区主客观条件的差异性对于未来营商环境评估结论的影响，尽量缩小主客观条件所带来的误差。此外，即使是处于同一区域内的新区在批准设立时，国家所赋予的任务和定位也不尽相同。这就要求对国家级新区营商环境指标体系的设计不仅要具有通用性，更需要具有较强的适应性，以满足指标的可比性和合理性，从而实现指标体系比较与分析的目的。在构建指标体系的过程中，主要遵循了以下四点原则。

（1）科学性与权威性相结合

评价指标体系从单个指标的选取、计算和分析，到指标集整体框架、结构和赋权，每一步都必须在对营商环境评价对象广泛调研、充分论证和深入研究的基础上，确保整个过程科学、合理，才能客观、真实地评价区域营商环境的真正水平，为区域发展和推进营商环境改善提供可信的参考。另外，每个指标、每级指标的命名、表示、设置也要有科学依据，指标的解释要有理有据，严格遵守学术规范。权威性是指营商环境评价应尽可能使用政府、统计局、相关政府管理结构等官方权威部门统计和发布的指标，确保指标数据统计口径的一致性指标的具体含义变化。即使数据出现小部分缺失，需要使用其他数据推算的，也应该基于来自官方的权威数据。部分指标虽然看似科学，但如需要复杂的理论推导和数学计算或者需要专家介入才能获得，也不予考虑，以避免在推算过程中出现争议。

（2）问题导向与目标导向相结合

优化营商环境，既是问题导向，又是目标导向，需要从解决突出问题入手，如市场准入机制、企业负担过重、“不作为”“乱作为”等，通过探索新机制、新模式、新路径，最终导向营造优质的营商环境的具体方向。因此，在构建监测指标体系时，首先要从问题入手，既要监测已有问题解决的进展及程度，又要通过运行监测，及时发现新问题和营商“短板”，为政府的政策调控和规划引导提供决策依据。同时，还要注重平衡国家级新区自身的总目标、总定位以及各个国家级新区的实际情况和中长期规划，通过指标的标准化计算，反映出各个国家级新区与标杆区域之间的差距，以此来衡量国家级新区营商环境不断改善和优化的程度。

（3）统计数据与大数据相结合

统计指标具有规范性、代表性、稳定性和综合性，便于进行长期性、跟踪性、趋势性研究和跨区际的横向比较研究。大数据拥有海量信息和客观性等特点，具有及时性、鲜活性、多样性等特征，运用大数据分析，可以发现一些用传统统计手段难以发现的一些重要现象和问题，是统计指标的重要补充，避免因统计数据的滞后性对评价结果产生的负面影响。提升营商环境水平是一个包括产业发展、生态环境、城市建设、社会服务等维度在内的全方位、多层次、长期性的任务，所以营商环境指标体系既需要以规范性、稳定性、可比性、综合性的统计指标为基础，又需要有客观性、鲜活性、及时性的大数据为补充。

（4）前瞻性与可操作性相结合

前瞻性是指设立指标要放眼国际，瞄准发达国家或先进地区的营商环境的现实成果，从国际协议、国际公约、国际规则、国家规划等文件中归纳总结出具有政策导向性和居于科学发展前沿的指标，结合特定区情应用到营商环境评价实践中去。可操作性是指所选择的数据指标易于收集和后期计算，能够尽可能减少因主观判断造成的误差。营商环境涉及的指标庞杂、繁多，要求在指标设置的过程中，对于那些特色不鲜明、难以获得和统计的指标要进行取舍，保证指标数据易于收集整理，典型性、代表性高，易于在评估对象之间进行横向对比，并且能长期连续获得，指标含义无歧义，清晰明了。

2. 测评对象选取

为了更加客观、精确和科学地测评国家级新区的营商环境建设的程度和水平，基于国家级新区的发展现状，有必要对现有的19个国家级新区进行筛选，选出综合实力较为接近的新区进去对比和分析。通过对国家级新区的发展成熟度、空间格局分布、战略定位方向、经济发展情况等方面进行综合考察，筛选出其中一批新区作为本次测评的对象。

（1）基于国家级新区发展成熟的筛选

从发展成熟度来看，区域发展需要经历一定时间的发展从而实现资源、产业、人才、技术的集聚以及相关生活配套设施的建设完善等，因此对于测评新区的选择首先要考虑到发展成熟度。以设立时间为标准，首先选取成立3年以上的国家级新区作为测评对象。在19个国家级新区中，有11个新区满足条件，其中东部地区为浦东新区、滨海新区、舟山群岛新区、南沙新区和西海岸新区；西部地区为两江新区、兰州新区、西咸新区、贵安新区和天府新区；东北地区是金普新区。

（2）基于国家级新区空间分布的筛选

从空间格局情况来看，国家级新区布局从东部沿海地区向中部、西部和东北地区有序扩展。特别是2014年国务院批准《新区设立审核办法》后，东部和西部分别增加了4个新区，中部和东北地区新区各增加了2个和3个，国家级新区分布更趋向均衡。与此同时，从新区处于城市群看，长三角城市群（3个）、长江中游城市群（2个）、成渝城市群（2个）、京津冀城市群（2个）、哈长城市群（2个），集聚了11个新区，占比达57.9%；珠三角城市群、关中城市群、黔中城市群、山东半岛城市群、辽中南城市群、兰西城市群等各设有1个新区。

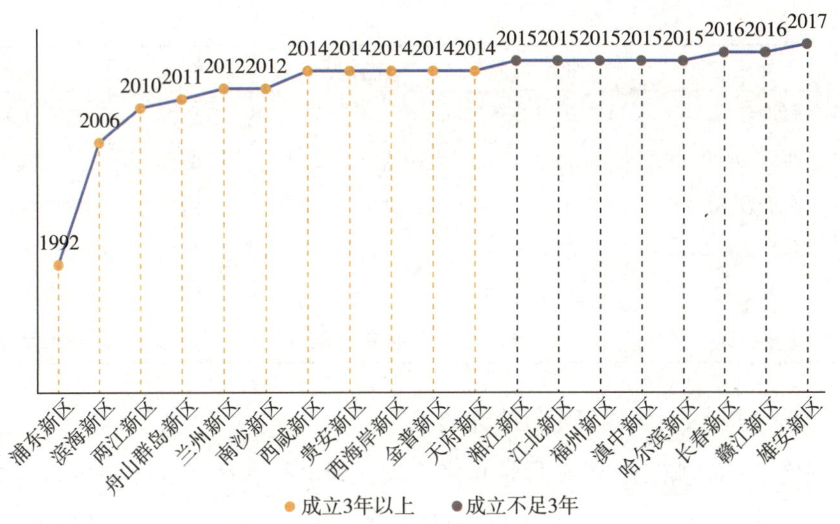

图1　19个国家级新区设立时间一览

基于测评国家级新区的成熟度条件和新区均衡发展需要，仍保留11个国家级新区，即东部地区为浦东新区、滨海新区、舟山群岛新区、南沙新区和西海岸新区；西部地区为两江新区、兰州新区、西咸新区、贵安新区和天府新区；东北地区是金普新区。

表1　国家级新区在我国区域分布一览表

区域	新区数量	占比（%）
东部	8	42.1
西部	6	31.6
东北部	3	15.8
中部	2	10.5
总计	19	100.0

表2　基于国家级新区的成熟度条件和新区均衡发展条件筛选结果

	新区名称	批获时间	主体城市	区域	城市群
1	浦东新区	1992/10/11	上海	东部	长三角城市群
2	滨海新区	2006/5/26	天津	东部	京津冀城市群
3	两江新区	2010/5/5	重庆	西部	成渝城市群
4	舟山群岛新区	2011/6/30	舟山	东部	长三角城市群
5	兰州新区	2012/8/20	兰州	西部	兰西城市群

续表

	新区名称	批获时间	主体城市	区域	城市群
6	南沙新区	2012/9/6	广州	东部	珠三角城市群
7	西咸新区	2014/1/6	西安、咸阳	西部	关中城市群
8	贵安新区	2014/1/6	贵阳、安顺	西部	黔中城市群
9	西海岸新区	2014/6/3	青岛	东部	山东半岛城市群
10	金普新区	2014/6/23	大连	东北部	辽中南城市群
11	天府新区	2014/10/2	成都、眉山	西部	成渝城市群

（3）基于国家级新区战略定位的筛选

从国家级新区战略定位的差异性角度来看，国家级新区作为体制机制创新的试验田，国家在进行战略定位时，针对新区自然条件、区位条件、产业条件等多方面因素，选取条件相近的新区赋予相同的战略定位，以探索多样化发展路径和改革措施，减少经济社会转型和改革攻坚带来的风险。基于测评国家级新区战略定位的差异性要求，西部地区的两江新区和天府新区均位于成渝城市群，处于丝绸之路经济带，不仅自然条件类似，区位相近，而且战略定位也比较相同，从国家战略定位来看，两个新区均为统筹城乡发展区域和内陆地区重要节点，两江新区要发展为内陆重要的先进制造业和现代服务业基地，天府新区定位为现代制造业为主的国际化现代新区，考虑到两江新区设立时间较早，其落实重大政策措施成效明显、积累和创造了较多典型经验做法，并在 2018 年国务院大督查实地督查中予以“免督查”奖励，这里将选取两江新区作为测评对象，保留 10 个国家级新区，即东部地区为浦东新区、滨海新区、舟山群岛新区、南沙新区和西海岸新区；西部地区为两江新区、兰州新区、西咸新区和贵安新区；东北地区是金普新区。

（4）基于国家级新区经济体量的筛选

从国家级新区经济发展情况来看，地区生产总值作为区域经济体一段时期的经济表现和财富积累的最直观数据，也是体现新区作为区域经济新增长极最为直观的数据，对国家级新区测评是为更好地总结先进经验，为新区未来发展决策提供参考依据，这里将排除处于经济总量发展梯队末尾，且占城市地区生产总值不足 10% 的新区，即贵安新区（350 亿元、9.9%）、西咸新区（293 亿元、3.9%）和兰州新区（175 亿元、

6.9%）。其中南沙新区经济总量较高，排名 19 个新区第 10 位，故保留。

表 3　　基于测评国家级新区系列要求的筛选结果

	新区名称	批获时间	主体城市	区域	城市群	2017 年地区生产总值（亿元）	占所在城市地区生产总值比重（%）
1	浦东新区	1992/10/11	上海	东部	长三角	9651	32.0
2	滨海新区	2006/5/26	天津	东部	京津冀	7000	37.6
3	两江新区	2010/5/5	重庆	西部	成渝	2533	13.0
4	舟山群岛新区	2011/6/30	舟山	东部	长三角	1219	100
5	南沙新区	2012/9/6	广州	东部	珠三角	1392	6.5
6	西海岸新区	2014/6/3	青岛	东部	山东半岛	3213	29.1
7	金普新区	2014/6/23	大连	东北部	辽中南地区	2200	29.9

综上所述，根据可统筹数据的难易程度，对于国家级新区营商环境的测评最终选取了浦东新区、滨海新区、两江新区、舟山群岛新区、南沙新区、西海岸新区和金普新区等七个新区作为研究对象。

图 2　国家级新区测评对象选取结果

3. 测评思路

由于国家级新区的发展定位、发展路径、发展目标有别于普通的城市，在指标的设置上更需要考虑到国家级新区企业发展需求的特殊性。作为宏观经济的微观基础，企业成为国民经济“细胞级”活动单位，一个区域企业数量多寡、结构优劣、发展好坏，直接影响到整个区域的经济和社会发展水平。

因此评估一个区域的营商环境，也应以企业为核心，围绕企业的落户意愿、企业的发展需求以及企业群体的发展质量等企业发展要素，构建国家级新区的营商环境指标体系。

首先，营商环境的优劣取决于政府活动效率的高低以及公开透明的程度。建设和完善基础设施、制定和发布政策规划、改革和创新工作机制，政府的各项活动直接影响着区域内企业发展的方方面面，几乎囊括了一个企业从“生”到“死”的整个过程，成为提升优化营商环境的直接推动者和改革者。

其次，取决于生产要素的优质程度以及集聚程度。企业发展离不开生产要素的支持，充裕的产业资本、充足的人才储备和技术资源，优质的自然资源以及便利的交通区位等，都在不同程度上决定了企业的基因乃至于未来发展的高度。

再次，取决于是否拥有完善的配套资源和环境。企业发展面临一方面是业务拓展的问题，需要有各类服务机构提供专业化的服务，需要与相关企业和行业保持及时有效的沟通、联系、合作；另一方面则是人的提升的问题，不仅需要为企业各层次人员解决最基本衣食住行的生存问题，更需要满足人们对高品质生活的需求。

最后，取决于企业群体的发展结构和区域个性。从企业的个体上升为群体，其发展规模、组织形式、产业结构、竞争状态、经营效益、商业模式、创新业态等，与其他区域相比将会呈现显著的差异，从而形成极为明显的“区域个性”，区域个性又会反作用于新创和现存企业对发展路径和模式的选择，最终影响着营商环境的优劣。

综上所述，一个区域的营商环境的好坏反映在企业群体发展程度的高低，而企业群体发展程度又取决于区域能否提供适宜于企业发展的生态系统。结合国家级新区的特殊定位，建立以企业为核心的营商环境网络，主要包括以下十个方面：开办企业便利度、落户企业发展质量、政务活动透明度、社会服务水平、市场服务水平、企业获得投资情况、科技创新资源、人才资源、企业经营成本压力以及城市整体自然环境，简称 DBN－10（Doing Business Network－10）。同时为了兼顾不同的指标内涵，综合采纳了用于判断的评价性指标，用于描述的状态性指标和用于对比的结果性指标。

二、国家级新区营商环境测评指标体系设计

1. 指标构成

根据国家级新区营商环境指标体系的设计原则及思路，并结合国内外相关研究基础，建立了包括10项一级指标和42个二级指标在内的国家级营商环境网络指标体系（DBN－10）。其中指标数据来源于企业大数据的指标项20个，来源于新区统计报告或政府工作报告的指标项12个，通过互联网采集的指标项4个，通过新区门户网站采集的指标项5个，通过中国社会组织社会服务平台采集的指标项1个。

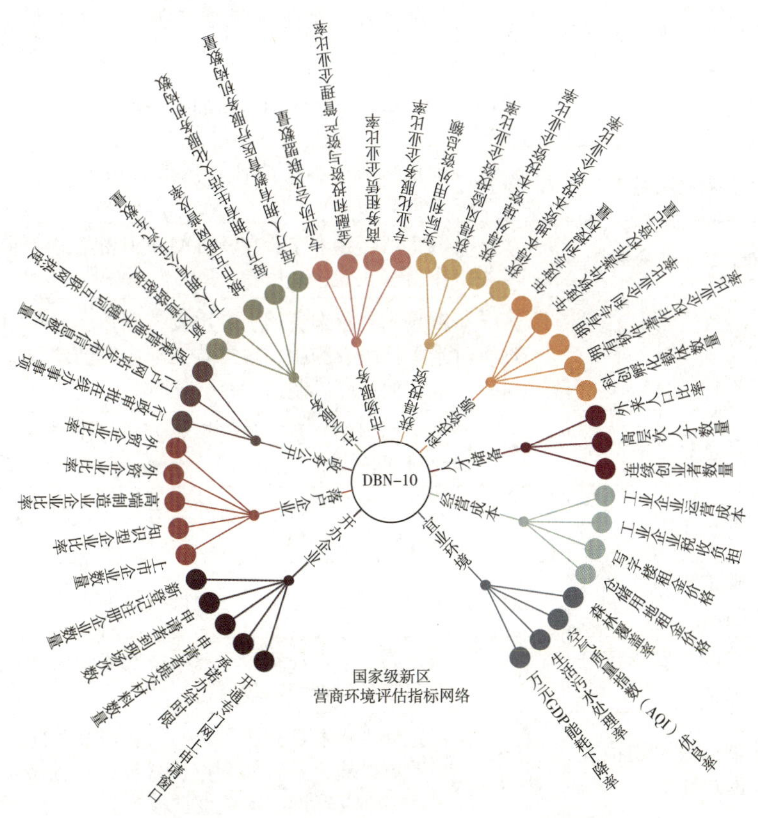

图3　国家级新区营商环境指标体系构成

表 4　　国家级新区营商环境指标体系

一级指标	二级指标	单位	说明	数据来源
开办企业	开通专门网上申请窗口	分	门户首页“法人办事”或“开办企业”栏目（有 1 分，无 0） 需二次查找筛选相关内容（否 1 分，是 0） 从门户首页到最终信息页面的跳转次数（最少 3 分，最多 0） 是否提供详细办事指南（有 2 分，不全面 1 分，无 0） 是否提供在线申请服务（全部 3 分，部分 1 分，无 0）	新区门户
	承诺办结时限	天	各新区市场监督管理局或政务公开中心承诺办理时限	新区门户
	申请者提交材料数量	份	各新区开办企业办事指南中规定提交材料数量	新区门户
	申请者到现场次数	次	各新区开办企业申请者需到线下办事大厅次数	新区门户
	新登记注册企业数量	万户	当年在新区新登记注册的企业总量	企业大数据
落户企业	上市企业数量	户	截止到当年末注册在新区的各类上市企业总量	企业大数据
	知识型企业比率	%	截止到当年末注册在新区的知识密集型企业占新区在营企业比重	企业大数据
	高端制造业企业比率	%	截止到当年末通用、专用设备制造，汽车制造，铁路、船舶、航空航天制造等高端制造业企业占新区制造业企业比重	企业大数据
	外资企业比率	%	截止到当年末新区外资企业占新区在营企业总量比重	企业大数据
	外贸企业比率	%	截止到当年末新区有对外贸易行为企业占新区在营企业总量比重	企业大数据
政务公开	行政审批在线办理事项	个	截止到当年末可在线办理行政审批事项个数	新区门户
	门户网站发布信息被引量	万次	截止到当年末各新区门户网站发布的内容被互联网各门户网站收录量	互联网采集
	政策措施关键词互联网热度	万个	截止到当年末各新区发布的放管服及营商环境改革措施，发布的产业、科技、金融、人才政策在互联网中的关键词搜索数量	互联网采集

续表

一级指标	二级指标	单位	说明	数据来源
社会服务	新区道路密度	km/km^2	截止到当年末各新区道路总里程与新区面积之比	统计数据
	万人拥有公共汽车数量	辆	截止到当年末各新区万人常住人口拥有公共汽车标台量	统计数据
	城市互联网普及率	%	截止到当年末各新区使用互联网人口数量占常住人口比重	统计数据
	万人拥有生活文化服务机构数量	户	截止到当年末各新区万人常住人口拥有餐饮、零售、文化等服务机构数量	企业大数据
	万人拥有教育医疗服务机构数量	户	截止到当年末各新区万人常住人口拥有教育、医疗等服务机构数量	企业大数据
市场服务	专业协会及联盟数量	个	截止到当年末注册在新区的商会、协会、联盟数量	社会组织社会服务平台
	金融和投资与资产管理企业比率	%	截止到当年末新区金融和投资与资产管理企业占新区在营企业总量比重	企业大数据
	商务租赁企业比率	%	截止到当年末新区租赁服务企业占新区在营企业总量比重	企业大数据
	专业化服务企业比率	%	截止到当年末新区广告、咨询、会计、法律、会展等企业占新区在营企业总量比重	企业大数据
获得投资	实际利用外资总额	亿美元	当年新区实际利用外资总额	统计数据
	获得风险投资企业比率	%	当年获得风险投资的企业占新区在营企业总量比重	企业大数据
	获得外埠资本投资企业比率	%	当年获得外埠企业投资的企业占新区在营企业总量比重	企业大数据
	获得本地资本投资企业比率	%	当年获得新区本地企业投资的企业占新区在营企业总量比重	企业大数据
科技资源	年度专利授权量	个	当年新区企业获得专利授权总量	企业大数据
	年度软件著作权登记量	个	当年新区企业获得软件著作权总量	企业大数据
	拥有专利企业比率	%	截止到当年末新区拥有专利企业占新区在营企业比重	企业大数据
	拥有软件著作权企业比率	%	截止到当年末新区拥有软件著作权企业占新区在营企业比重	企业大数据
	科创孵化载体数量	个	截止到当年末新区拥有认定的孵化器和众创空间总数	统计数据

续表

一级指标	二级指标	单位	说明	数据来源
人才储备	外来人口比率	%	截止到当年末新区非户籍人口占新区常住人口比重	统计数据
	高层次人才数量	万人	截止到当年末新区在营企业中法人代表、董事、监事等高管人员数量	企业大数据
	连续创业者数量	万人	截止到当年末两次及以上担任新区企业的法人代表、董事、监事等高级管理人员数量	企业大数据
经营成本	工业企业运营成本	%	当年规模以上工业企业主营业务成本占主营业务收入比率	统计数据
	工业企业税收负担	%	当年规模以上工业企业主营业务税金及附加占主营业务收入	统计数据
	写字楼租金价格	元/平方米	当年新区范围内五个不同区域写字楼租金的平均价格	互联网采集
	仓储用地租金价格	元/平方米	当年新区范围内五个不同区域仓库租金的平均价格	互联网采集
宜业环境	森林覆盖率	%	当年新区的森林覆盖率	统计数据
	空气质量指数（AQI）优良率	%	当年新区的空气质量指数	统计数据
	生活污水处理率	%	当年新区的生活污水处理率	统计数据
	万元GDP能耗下降率	%	当年新区的万元GDP能耗下降率	统计数据

2. 指标说明

（1）开办企业

开办企业是对创业者和投资者在国家级新区新开办一家企业的便利度进行测评。作为国家级新区的网络窗口，新区官方网站成为了解新区的主要渠道，通过对新区官方网站是否开通专门网上申请窗口、承诺办结时限、申请者提交材料数量以及申请者到现场次数等四个分项指标的测度，来判断各个国家级新区所提供的开办企业服务的便捷性、合理性，获取相关信息的难易程度以及为此花费的时间及精力成本，通过测度每年各个国家级新区新登记注册企业数量，来判断营商环境改革措施的实际成效以及创业者和投资人对新区发展信心。

①开通专门网上申请窗口。开通专门网上申请窗口主要评判国家级新区政府是否有意识为申请者提供开办企业最基础的信息咨询服务，重点考察新区官方网站中是否开辟了专门企业登记注册的窗口或设有相关引导链接，为申请者提供较为明晰的访问路径，以此减少因信息不对称带来的阻碍。评判对象数据主要依据各个国家级新区官方门户网站。

该指标项分数区间为0～10分，并且细化为五项评分标准，以期更加客观、全面的对该指标做出合理的评判。具体如表5所示。

表5　“开通专门网上申请窗口”指标评分标准

评判内容	评判依据
门户首页设立“法人办事”或“开办企业”栏目	设立专门栏目（1） 未设立专门栏目（0）
跳转到最终页面次数	最少3分 最多0分 其余按多寡给1到2分
需二次查找筛选相关内容	可直接进入开办企业通道（1） 需再次查找或刷选，才能进入（0）
是否提供详细办事指南	为所有类型企业注册提供详细办事指南（2） 为部分类型企业注册提供详细办事指南（1） 未提供详细办事指标（0）
是否提供在线申请服务	为所有类型企业注册提供在线申请服务（3） 为部分类型企业注册提供在线申请服务（1） 未提供在线申请服务（0）

②承诺办结时限。承诺办结时限主要评判国家级新区的行政审批效率，侧面反映新区在推进简化行政审批环节方面所做出的努力与改进。数据来源于新区官网公布的承诺办结时限。该指标为逆指标，时限值越小，说明新区审批效率越高。

③申请者提交材料数量。申请者提交材料数量主要评判国家级新区在减少申请者前置条件方面所作出的努力和改进。除了相关法律规定必须具备提交的材料之外，开办企业所必需的材料越少，越能减少申请者所花费的时间、人力等各项成本。数据来源于新区官网公布的申报材料数量。

④申请者到现场次数。申请者到现场次数主要评判国家级新区在行政审批流程及服务方面所做出的努力和改进，也能反映新区落实“最多跑一次”改革的措施和成效。

数据来源于新区官网公布的申请者到现场次数（部分新区未直接提供该数据，通过公布的办理流程推测到现场次数）。

⑤新登记注册企业数量。新登记注册企业数量主要评判国家级新区的市场主体的活力以及创业者对新区发展的信心，并且从年度的指标变化上直接反映新区发布的营商环境改革措施的实际成效。数据取值为当年在该新区新注册的企业总量。

（2）落户企业

落户企业是对国家级新区中企业群体的发展质量进行测评。通过对各个国家级新区拥有上市企业数量、知识型企业、高端制造业企业、外资企业和外贸企业占新区企业总量的比重进行统计，并与全国最高水平进行比较，来判断国家级新区的企业群体的发展水平高低，以此反映出国家级新区营商环境的改善与当地企业结构之间的相互关系。

①上市企业数量。上市企业数量主要评判国家级新区的领军企业和龙头企业的发展状态。一般而言，一个区域是否能够高质量发展取决于其主导产业是否具有竞争力，而一个产业是否具有竞争力则取决于其龙头企业在市场中的影响力和竞争力。因此，一个区域上市企业数量的多寡，在一定程度上代表了该区域的企业发展的最高水准以及行业龙头企业的影响力。数据取值为截止到当年末注册在该新区的上市企业数量。

②知识型企业比率。知识型企业比率主要评判国家级新区产业结构是否合理。《京津冀蓝皮书2017》认定知识密集型企业包括金融、商务租赁、信息及软件、科技研究等类型企业，该类企业的主要特征是劳动生产率高、产业技术性能复杂、科研人员比例高。知识型企业比率越高，说明新区传统劳动密集型产业和资源密集型产业比例就越低，创新驱动和产业转型升级的步伐也就越大。数据取值为新区知识密集型企业总量占新区所有在营企业的比重。

③高端制造业企业比率。高端制造业企业比率主要评判国家级新区制造业的高端化水平。结合经济合作与发展组织（OECD）对高端制造业的界定以及国家统计局《高技术产业（制造业）分类（2017）》的标准，依据《国民经济行业分类》（GB/T 4754－2017）将医药制造业、通用设备制造业、专用设备制造业、汽车制造业、铁路、船舶、航空航天和其他运输设备制造业、电气机械和器材制造业、计算机、通信和其他电子设备制造业和仪器仪表制造业等界定为高端制造业，区别于粮油食品、纺织、石油、

金属等一般制造业。数据取值为新区高端制造业企业总量占新区制造业企业总量的比重。

④外资企业比率。外资企业比率主要评判国家级新区对外资企业的吸引能力和外资企业在国家级新区的落户意愿。数据取值为年末新区外资企业总量占在营企业总量比重。

⑤外贸企业比率。外贸企业比率主要评判在国家级新区中，从事外贸活动的企业数量，以此反映国家级新区对外贸易的活跃程度以及企业外向型发展的意愿。数据取值为年末新区从事外贸活动企业总量占在营企业总量比重。

（3）政务公开

政务公开是对国家级新区政府的政务活动的透明度和公开性进行测评。通过对各个国家级新区行政审批在线办理事项、门户网站发布信息被引量以及政策措施关键词互联网热度等分项指标的测度，来判断国家级新区政务行为的透明度和公开性，以此反映国家级新区政府在推进行政体制改革、加强行政权力监督、提供高效便民便企服务方面所采取的措施和收到的成效。

①行政审批在线办理事项。行政审批在线办理事项主要评判国家级新区“互联网+”政务服务改革进展情况。目前，各地方政府正在加快建设和完善“网上政务大厅”，将行政审批事宜尽量网上办、一次办，减少行政审批的环节和流程，使得企业和居民有更平等的机会和更大的创造空间，本指标主要考察当年各个国家级新区行政审批在线服务推进的情况。数据来源于各新区门户网站或政务服务网站公布的可在线办理事项数量。

②门户网站发布信息被引量。门户网站发布信息被引量主要评判国家级新区信息化应用的情况。网站发布信息被引量是互联网网站一个重要的指标，一般来说，决定网站被引量高低的关键因素有：站内文章的数量，尤其是原创文章数据；网站内容的质量；网站物理结构的合理性；网站权重的高低等。因此网站发布信息被引用次数越多，说明该网站发布的内容不仅数量多、质量高，而且传播更加广泛。数据来源于互联网搜索引擎。

③政策措施关键词互联网热度。政策措施关键词互联网热度主要评判国家级新区各项改革措施和创新政策在互联网上的受关注情况，侧面反映发布机构的网络宣传工

作能力。主要关键词包括：新区名称 + “放管服”、新区名称 + “营商环境”、新区名称 + 人才政策、新区名称 + 产业政策、新区名称 + 科技政策、新区名称 + 金融政策。数据来源于互联网专业搜索引擎。

（4）社会服务

社会服务是对国家级新区城市社会服务的供给以及产城融合的情况进行测评。通过对各个国家级新区的道路密度、万人拥有公共汽车数量、城市互联网普及率、万人拥有生活文化服务机构数量和万人拥有教育医疗服务机构数量等分项指标的测度，来判断各个国家级新区提供的交通服务、信息服务、生活服务的通达性、覆盖率以及便捷性，反映国家级新区从“产业区”向“生活区”转变的进程。

①新区道路密度。新区道路密度主要评判国家级新区内部交通的通达性，反映国家级新区在道路基础设施方面建设的投入力度。道路密度是评价城市道路网是否合理的基本指标之一，体现了城市的规模与交通状况。

②万人拥有公共汽车数量。新区道路密度主要评判国家级新区提供的公共交通的便利性，该指标表示一个城市公共交通发展的水平，反映国家级新区在改善区内公共交通方面的努力和成效。

③城市互联网普及率。城市互联网普及率主要评判国家级新区信息化水平的发展现状。该指标反映一个地区互联网用户数占全市常住人口总数比例，通常国际上用来衡量一个地区信息化的发达程度。2018 年 1 月发布的第 41 次《中国互联网络发展状况统计报告》显示，截至 2017 年末，我国互联网普及率已达 55. 8%。

④万人拥有生活文化服务机构数量。万人拥有生活文化服务机构数量主要评判国家级新区满足区内居民基本生活服务需求的能力水平。其中，生活文化服务机构主要包括提供住宿餐饮、百货零售、文化娱乐以及居民服务的各类市场主体。综合反映新区居民所能享受到的基本衣食住娱方面的生活条件。

⑤万人拥有教育医疗服务机构数量。万人拥有教育医疗服务机构数量主要评判国家级新区满足区内居民拓展性生活服务需求的能力水平。其中，教育医疗服务机构主要包括提供各类教育培训的市场主体以及各类医疗服务的市场主体。综合反映新区居民所能享受到的教育和医疗方面的生活条件。

（5）市场服务

市场服务是对国家级新区的市场化服务水平进行测度。通过对各个国家级新区专业协会及联盟数量、金融和投资与资产管理企业比率、商务租赁企业比率、专业化服务企业比率等分项指标的测评，来判断国家级新区为企业提供的企业间组织协调能力、金融及投资服务能力、租赁服务能力以及法律、咨询、会计等服务能力的水平，反映国家级新区是否形成较为成熟的商业服务体系。

①专业协会及联盟数量。专业协会及联盟数量主要评判国家级新区企业间组织协调的能力。专业协会及联盟主要指区域内的各类协会、商会，民间团体等，是一个区域中除了政府以外最大、最重要的服务企业的参与者和组织者。数据来源于中国社会组织社会服务平台。

②金融和投资与资产管理企业比率。金融和投资与资产管理企业比率主要评判国家级新区的金融及投资服务能力。多层次金融体系的建立，为新区企业，尤其是中小企业的融资提供了极大的便利，也为新区的发展建设提供了必要的资金支持。

③商务租赁企业比率。商务租赁企业比率主要评判国家级新区的租赁服务能力。企业通过租赁服务，可以只用较少的租金获取必要的大型设备或技术装备，满足生产经营所需，提升了设备的利用率和资金的使用效果。

④专业化服务企业比率。专业化服务企业比率主要评判国家级新区的专业化服务水平。专业化服务包括广告服务、法律服务、咨询服务、会计审计服务和会议展览服务等，满足企业在发展过程中的不同阶段的经营需求。

（6）获得投资

获得投资是对国家级新区企业的融资环境进行测评。通过对各个国家级新区实际利用外资总额、获得风险投资企业比率、获得外埠资本投资企业比率、获得本地资本投资企业比率进行测度，分别来判断国家级新区对国际资本、风险资本、外地企业和本地企业的投资吸引力，综合反映国家级新区是否已经形成了适宜企业获得融资的市场氛围和环境。

①实际利用外资总额。实际利用外资总额主要评判国家级新区吸引外国资本的能力。数据取值为国家级新区当年统计报告中相关数据。

②获得风险投资企业比率。获得风险投资企业比率主要评判国家级新区企业对风险资本的吸引能力。数值取值为获得风险投资的企业总量占在营企业总量比重。

③获得外埠资本投资企业比率。获得外埠资本投资企业比率主要评判国家级新区

企业对外埠企业投资的吸引能力，反映出外埠企业在国家级新区开展业务的意愿及信心。数值取值为获得外埠企业投资的企业总量占在营企业总量比重。

④获得本地资本投资企业比率。获得本地资本投资企业比率主要评判国家级新区企业对本地企业投资的吸引能力，反映出国家级新区内部企业的股权关联程度以及本地企业发展的能力。数值取值为获得本地企业投资的企业总量占在营企业总量比重。

（7）科技资源

科技资源是对国家级新区的科技创新水平进行测评。通过对各个国家级新区年度专利授权量、年度软件著作权登记量等指标的测度，来判断国家级新区企业的创新产出和创新效率，通过拥有专利企业比率、拥有软件著作权企业比率和科创孵化载体数量等指标的测度，来判断国家级新区的创新潜力，综合反映国家级新区的科技创新实力。

①年度专利授权量。年度专利授权量主要评判国家级新区企业的创造专利能力。数据取值为当年新区企业共获得的专利授权数量。

②年度软件著作权登记量。年度软件著作权登记量主要评判国家级新区企业的软件研发能力。数据取值为当年新区企业共获得的软件著作权的数量。

③拥有专利企业比率。拥有专利企业比率主要评判国家级新区企业技术创新的整体实力。数据取值为新区拥有专利的企业数量占全部企业的比重。

④拥有软件著作权企业比率。拥有软件著作权企业比率主要评判国家级新区企业信息技术的整体实力。数据取值为新区拥有软件著作权的企业数量占全部企业的比重。

⑤科创孵化载体数量。科创孵化载体数量主要评判国家级新区提供的双创孵化载体水平。数据取值为截止到当年末新区拥有的孵化器和众创空间总数。

（8）人才储备

人才储备是对国家级新区的人才资源状况进行测评。通过对各个国家级新区外来人口比率、高层次人才数量以及连续创业者数量等分项指标的测评，来判断国家级新区的人力储备强度，反映国家级新区在外来劳动力、产业高层次人才以及连续创业者这三个人才层次的人力资源状况。

①外来人口比率。外来人口比率主要评判国家级新区吸纳外来普通劳动者的能力，

不仅能反映新区对外来人口的包容性和接纳度，也能反映新区的开放程度。

②高层次人才数量。高层次人才数量主要评判国家级新区产业发展的人才潜力。高层次人才主要指当前在新区企业中担任法人代表、董事、监事等职位的高级管理人员，这批人员是支撑企业发展的核心力量。

③连续创业者数量。连续创业者数量主要评判国家级新区创新创业的人才潜力。连续创业者主要指当前在新区企业中两次或两次以上担任法人代表、董事、监事等职位的高级管理人员。连续创业者拥有跨行业、跨区域的人脉资源，拥有多次创业的经验，可以有效的集聚创业要素和创新动能，是每个地区都需要招引的核心人才。

（9）经营成本

经营成本是对国家级新区企业在经营活动中的成本压力进行测度。通过对各个国家级新区工业企业运营成本、工业企业税收负担、写字楼租金价格、仓储用地租金价格等分项指标的测评，来判断国家级新区经营企业的成本压力。

①工业企业运营成本。工业企业运营成本主要评判国家级新区规模以上工业企业运营的成本负担。数据取值为规模以上工业企业主营业务成本占主营业务收入的比重。

②工业企业税收负担。工业企业税收负担主要评判国家级新区规模以上工业企业运营的税收负担。数据取值为规模以上工业企业主营业务税金及附加占主营业务收入的比重。

③写字楼租金价格。写字楼租金价格主要评判国家级新区企业租用办公用地的负担。数据来源于主流房地产平台。

④仓储用地租金价格。仓储用地租金价格主要评判国家级新区企业租用仓储用地的负担。数据来源于主流房地产平台。

（10）宜业环境

宜业环境是对国家级新区的自然环境进行测度。通过对各个国家级新区森林覆盖率、空气质量指数（AQI）优良率、生活污水处理率和万元 GDP 能耗下降率等分项指标的测评，来判断国家级新区的环境是否足够吸引高新技术企业和高端人才前来落户发展。

①森林覆盖率。森林覆盖率主要评判国家级新区的绿化情况，是否能满足居民对

绿色空间的需求。从年度的变化情况更能看出城市绿化的力度和成效。

②空气质量指数（AQI）优良率。空气质量指数（AQI）优良率主要评判国家级新区空气改善情况。从年度的变化情况更能看出空气污染治理的力度和成效。

③生活污水处理率。生活污水处理率主要评判国家级新区水环境改善情况。从年度的变化情况更能看出水污染治理的力度和成效。

④万元 GDP 能耗下降率。万元 GDP 能耗下降率主要评判国家级新区节能减排的情况。从年度的变化情况更能看出节能减排的力度和成效。

三、国家级新区营商环境测评方法

1. 前沿距离测评方法

为保证营商环境指标计算结果的科学性、权威性、可持续性，采用世界银行公布的“前沿距离（Distance To Frontier）指标计算方法”作为国家级新区营商环境指标得分的计算方法。

前沿距离（以下简称 DTF）显示当前每个区域距离“前沿水平”的差距，有助于客观评估各个区域的营商环境水平的绝对值以及随着时间推移所进行的改革而带来的优化提升的绝对值，更有助于长期以同一标准对国家级新区的营商环境优化程度进行考察。前沿距离得分将在 0 ~ 100 的区间内，其中 0 代表最差表现，100 代表前沿水平。例如，在今年的测评中某新区在某一指标得到 75 分，表示该新区与最高水平相距 25 个百分点；如果在 2019 年的测评中，该新区在同一指标中得到 80 分，则表示该新区正在进步。以此完善了年度营商环境指标的评价标准。

同时考虑对指标权重赋值的客观性，参照世界银行的做法，给所有指标赋予相等的权重，并对每一个指标的每一分项指标也赋予相等权重。

2. 前沿指标设定

为了更加准确的评价国家级新区的营商环境真实的客观水平，在本次测评中，将本年度全国各个城区的发展的最佳状态或国家级新区的发展理想状态设置为前沿指标（Frontier），以此能够将国家级新区的营商环境水平置于全国范围内进行评估，通过对标全国最优质的营商环境，以发现差距和问题。例如北京市海淀区拥有706家各类上市公司、拥有软件著作权企业比率达8.74%、拥有科创孵化载体数量218个；北京市朝阳区知识型企业比率高达45%；深圳市龙岗区2017年新登记注册企业数量多达7.3万家；深圳市宝安区高端制造业企业比率达54.08%；上海市浦东新区外资企业比率达6.4%；宁波市鄞州区外贸企业比率达6.49%；天津市滨海新区拥有专利企业比率达6.97%，均为全国范围内最高标准。此外，还有部分前沿指标根据国家相关城市发展目标进行设置，如根据《中共中央国务院关于进一步加强城市规划建设管理工作的若干意见》中提出的“到2020年，城市建成区平均道路网密度提高到8公里/平方公里”，设置新区道路密度的前沿指标；根据国家相关规定全国文明城市A类的测评标准，万人拥有公交车为12标台，设置万人拥有公共汽车数量的前沿指标。另外将每项指标可能达到的最低值作为落后指标（Worst）来进行测算。

具体如表6所示。

表6　　国家级新区前沿指标一览表

一级指标	二级指标	单位	前沿指标	落后指标
开办企业	开通专门网上申请窗口	分	10	0
	承诺办结时限	天	1	10
	申请者提交材料数量	份	9	20
	申请者到现场次数	次	1	3
	新登记注册企业数量	户	72582	0
落户企业	上市企业数量	户	706	0
	知识型企业比率	%	45	10
	高端制造业企业比率	%	54.08	10.0
	外资企业比率	%	6.4	0.0
	外贸企业比率	%	6.49	0.0
政务公开	行政审批在线办理事项	个	800	1
	门户网站发布信息被引量	万次	70.00	1.00
	政策措施关键词互联网热度	万个	500	1

续表

一级指标	二级指标	单位	前沿指标	落后指标
社会服务	新区道路密度	km/km^2	8.0	0.1
	万人拥有公共汽车数量	辆	12.0	1
	城市互联网普及率	%	77.80	40.00
	每万人拥有生活文化服务机构数量	户	100.0	1.0
	每万人拥有教育医疗服务机构数量	户	40.0	1.0
市场服务	专业协会及联盟数量	个	1000	0
	金融和投资与资产管理企业比率	%	8.00	0.00
	商务租赁企业比率	%	2.00	0.00
	专业化服务企业比率	%	7.50	0.00
获得投资	实际利用外资总额	亿美元	90.0	0.0
	获得风险投资企业比率	%	0.50	0.0
	获得外埠资本投资企业比率	%	3.00	0.0
	获得本地资本投资企业比率	%	3.00	0.0
科技资源	年度专利授权量	个	14000	0
	年度软件著作权登记量	个	7000	0
	拥有专利企业比率	%	6.97	0.00
	拥有软件著作权企业比率	%	8.74	0.00
	科创孵化载体数量	个	218	0
人才储备	外来人口比率	%	63.6	10.0
	高层次人才数量	万人	60.00	0.1
	连续创业者数量	万人	30.00	0.1
经营成本	工业企业运营成本	%	80.0	99.0
	工业企业税收负担	%	0.3	5.0
	写字楼租金价格	元/平方米	0.50	4.00
	仓储用地租金价格	元/平方米	0.50	4.00
宜业环境	森林覆盖率	%	50.00	1.00
	空气质量指数（AQI）优良率	%	99.00	50.00
	生活污水处理率	%	99.00	85.00
	万元 GDP 能耗下降率	%	10.00	0.00

国家级新区营商环境综合测评

一、综合指标测评

新区营商环境呈阶梯式分布，浦东新区位列七大新区之首。浦东新区的营商环境DTF得分为60.86，在七个国家级新区排名第一，且远高于其他六个国家级新区；滨海新区、南沙新区和舟山群岛新区位于第二梯队，营商环境DTF得分分别为53.55、52.86和50.08；两江新区和西海岸新区位于第三梯队，营商环境DTF得分分别为45.07和44；金普新区位于第四梯队，营商环境DTF得分为38.19。

七大新区营商环境各具比较优势，但与前沿水平仍存有较大距离。浦东新区本次测评排名第一，成为国家级新区打造优质营商环境的标杆，领先其他国家级新区。浦东新区在开办企业、落户企业、市场服务和人才储备4个指标排名第一，政务公开、社会服务、获得投资和科技资源等4个指标排名第二，并且落户企业和人才储备指标大幅领先其他国家级新区；但同时，相对高昂的地租成本和城市污染成为浦东新区营商环境的短板。滨海新区本次测评排名第二，总体营商环境水平达到国家级新区前列。滨海新区科技资源排名第一，在国家级新区中具备了较为优质的创新基础；落户企业和人才储备仅落后于浦东新区，具备一定的比较优势；但在产城融合方面，相对发展滞后，社会服务和宜业环境相对较为落后，均排名第六；并且相对其他国家级新区经营成本最高，成为影响营商环境提升的不利因素。南沙新区本次测评排名第三，与滨海新区基本处于同一水平。南沙新区产城融合较为顺利，且备受各类资本关注，社会

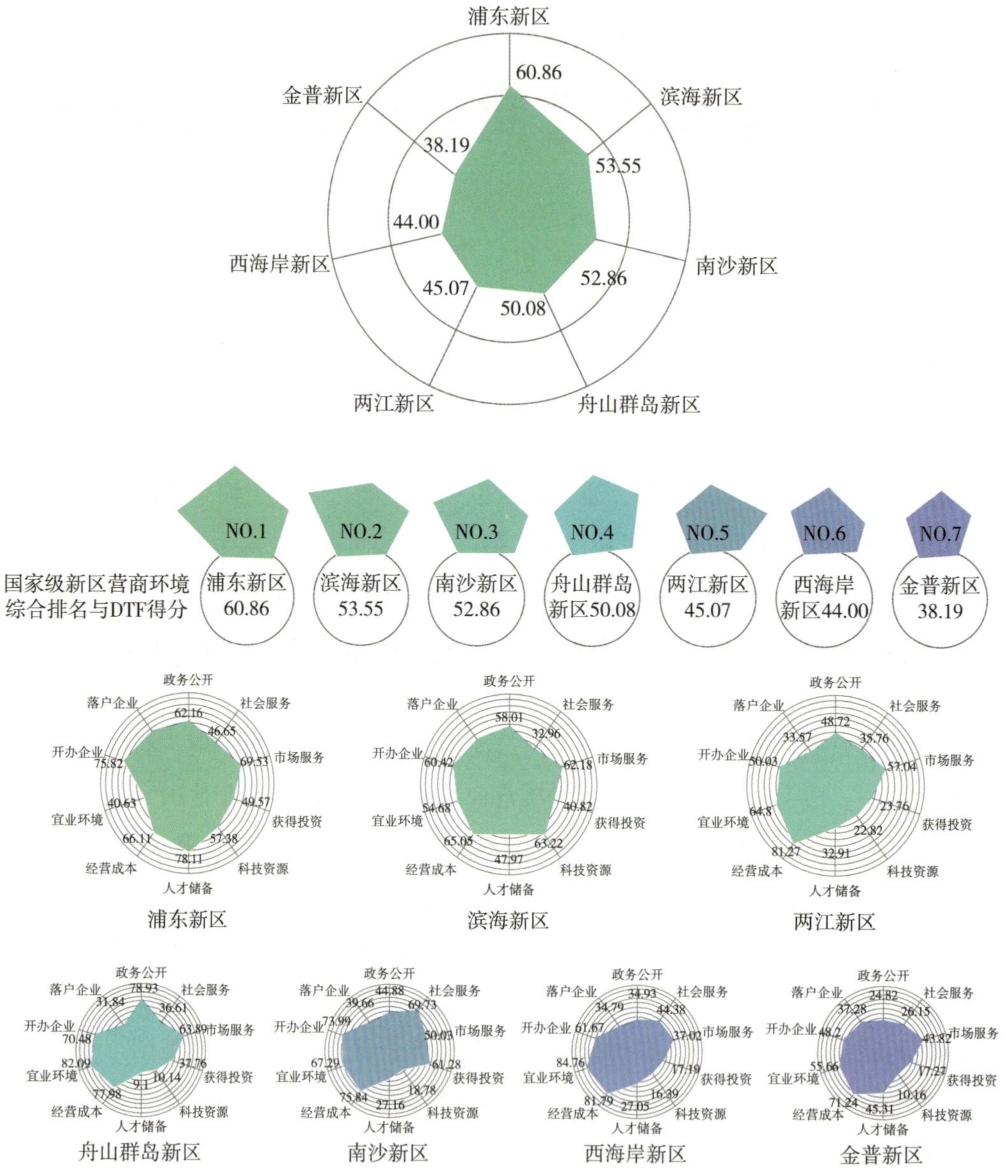
浦东新区
60.86
滨海新区
53.55
南沙新区
52.86
舟山群岛新区
50.08
两江新区
45.07
西海岸新区
44.00
金普新区
38.19
NO.1
NO.2
NO.3
NO.4
NO.5
NO.6
NO.7
国家级新区营商环境
综合排名与DTF得分
浦东新区 60.86
滨海新区 53.55
南沙新区 52.86
舟山群岛新区50.08
两江新区 45.07
西海岸新区44.00
金普新区 38.19
政务公开
社会服务
市场服务
获得投资
科技资源
人才储备
经营成本
宜业环境
开办企业
落户企业
浦东新区
滨海新区
两江新区
舟山群岛新区
南沙新区
西海岸新区
金普新区

图 1　2018 国家级新区营商环境综合排名及 DTF 得分情况

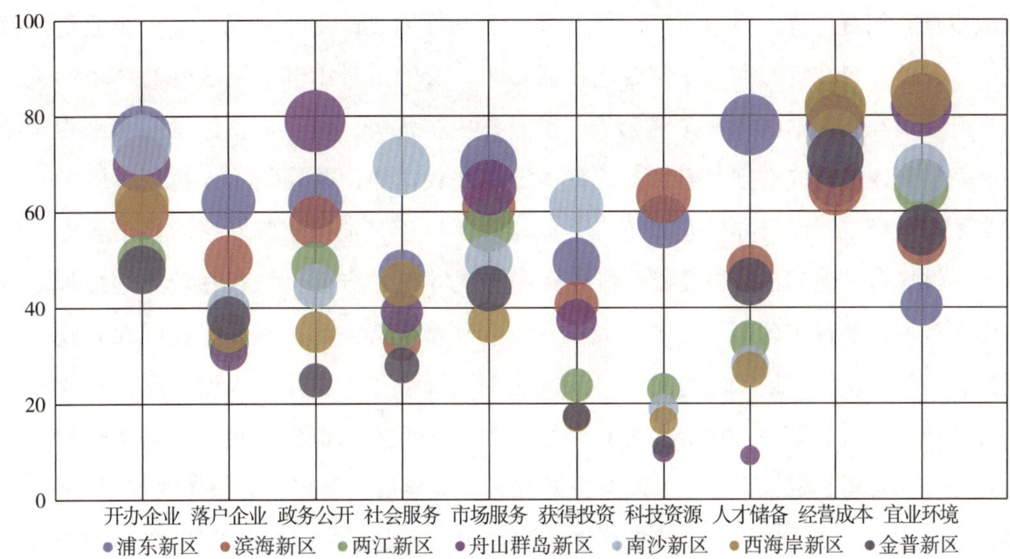

图 2　2018 年国家级新区营商环境一级指标 DTF 得分分布情况

	开办企业	落户企业	政务公开	社会服务	市场服务	获得投资	科技资源	人才储备	经营成本	宜业环境
第一名	浦东	浦东	舟山	南沙	浦东	南沙	滨海	浦东	西海岸	西海岸
第二名	南沙	滨海	浦东	浦东	舟山	浦东	浦东	滨海	两江	舟山
第三名	舟山	南沙	滨海	西海岸	滨海	滨海	两江	金普	舟山	南沙
第四名	西海岸	金普	两江	舟山	两江	舟山	南沙	两江	南沙	两江
第五名	滨海	西海岸	南沙	两江	南沙	两江	西海岸	南沙	金普	金普
第六名	两江	两江	西海岸	滨海	金普	金普	金普	西海岸	浦东	滨海
第七名	金普	舟山	金普	金普	西海岸	西海岸	舟山	舟山	滨海	浦东

图 3　2018 年国家级新区营商环境一级指标排名情况

服务和获得投资指标排名第一，且与第二名拉开了一定距离，此外，南沙新区开办企业、落户企业以及宜业环境指标均排名前列，综合反映了南沙新区较高水平的营商环境；但在科技资源和人才资源的集聚方面，南沙新区相对落后于其他国家级新区。舟山群岛新区本次测评排名第四，政务服务表现最佳，但创新要素成为发展劣势。作为唯一一个将全市行政范围划为国家级新区的特殊新区，舟山群岛新区营商环境优势领域显著，政务公开指标排名第一，市场服务和宜业环境指标排名第二，开办企业和经营成本具有相对优势；但舟山群岛新区的短板同样明显，主要表现为落户企业整体发展水平较低，科技资源和人才储备均排名最末，影响了舟山群岛新区营商环境的进一步提升。两江新区本次测评排名第五，虽具有成本优势，但企业整体发展水平相对滞后。两江新区经营成本排名第二，具有一定的比较优势，并聚集了大量创新资源，科技资源排名第三；但开办企业和落户企业相对落后于其他国家级新区，其余各类指标优势不够显著，尤其在获得投资、科技资源和人才储备方面，均存在较大的短板。西海岸新区本次测评排名第六，经营成本和宜业环境优势突出。西海岸新区地处胶州湾西侧，且为本次测评最年轻的国家级新区之一，环境优美、开发程度较低，宜业环境和经营成本均排名第一，社会服务排名第三，为企业发展提供了良好的基础环境；但市场服务和获得投资排名最末，政务公开方面相对落后，落户企业整体发展质量较低，科技和人才资源尚未集聚。金普新区本次测评排名第七，营商环境整体水平相对较低，但新区外来人口占比较高、工业企业运营成本最低，具备较大的发展潜力。在本次测评中，金普新区落户企业排名中间位置，整体发展水平较好；外来人口比率和工业企业运营成本等二级指标均领先于其他国家级新区，为新区提供了充足的劳动力基础和宽松的企业发展环境，实际利用外资增长率达 51.6%，新增企业同比增长 28.9%，均仅次于南沙新区，排名第二，成为未来金普新区补短板、拉长板的重要抓手。但对比国内最优质的区域，如北京市海淀区、朝阳区，深圳市龙岗区、宝安区等，仍存在较大差距，需要综合补足短板，优化营商环境整体水平。

南部新区的营商环境整体优于北部，且与新区设立时间呈正相关关系。从国家级新区的空间分布上来看，本次测评的 7 个国家级新区中，属于南方地区的浦东新区、南沙新区、舟山群岛新区和两江新区，分别排名第一和三到五位，DTF 平均得分 55.22；属于北方地区的有 3 个，滨海新区、西海岸新区和金普新区，仅滨海新区排名第二，其他新区排名第六和第七位，DTF 平均得分 45.25。无论在营商环境水平的排名还是平均得分上，南部国家级新区均占优势。此外，从国家级新区的设立时间上来看，设立时间越早的新区，营商环境水平也越高，排名前列的浦东新区和滨海新区分别成立于 1992 年和 2006 年，排名最末的西海岸新区和金普新区均成立于 2014 年，仅成立于 2010 年的两江新区与成立于 2012 年的南沙新区排名顺序发生了变化，但整体看营商环境的营造与国家级新区发展的时间存在正相关关系。

经营成本、宜业环境和开办企业优势相对明显，但获得投资、科技资源、人才储备仍为新区营商环境的软肋。从国家级新区 10 项营商环境一级指标 DTF 平均得分情况来看，国家级新区在经营成本、宜业环境和开办企业方面成效较为显著，平均得分高达 74. 18、64. 27 和 62. 94，反映了在全国营商环境改革的大潮之中，为企业服务和为企业减负已成为各个国家级新区的新共识；但在企业发展所需要的关键要素方面，国家级新区尚未集聚足够充分的资本、技术及人才，整体企业发展水平不高，反映在 DTF 得分上，科技资源、获得投资和人才储备指标的平均得分最低，分别为 28. 48、35. 38 和 38. 23，成为国家级新区营商环境的普遍短板和需要优化提升的重点领域。

二、分项指标测评

1. 开办企业

浦东新区开办企业最为便利，相较而言东南沿海新区提供更加便利的企业网上办理服务体验，但仍须加强网上服务窗口的优化建设，国家级新区行政审批服务效能均保持较高水平，并已经成为我国创新创业的新高地。

（1）东南沿海开办企业更为便利

国家级新区开办企业 DTF 得分呈现三级梯队分布，浦东新区（75. 82）、南沙新区（73. 99）和舟山群岛新区（70. 48）分列前三，为第一梯队；西海岸新区（61. 67）、滨海新区（60. 42）列第四和第五位，为第二梯队，与前沿指标有一定的差距；两江新区（50. 03）和金普新区（48. 2）列第六和第七位，为第三梯队，与前沿指标存在较为显著差距。

从地理空间位置分布来看，开办企业最便利的三个新区都位于东南部沿海地区，而最不便利的新区则地处西部及东北地区，并且呈现向西向北的递减趋势，侧面反映了地处东南沿海经济发达地区的国家级新区对创业者的服务意识和重视程度要高于其他地区。

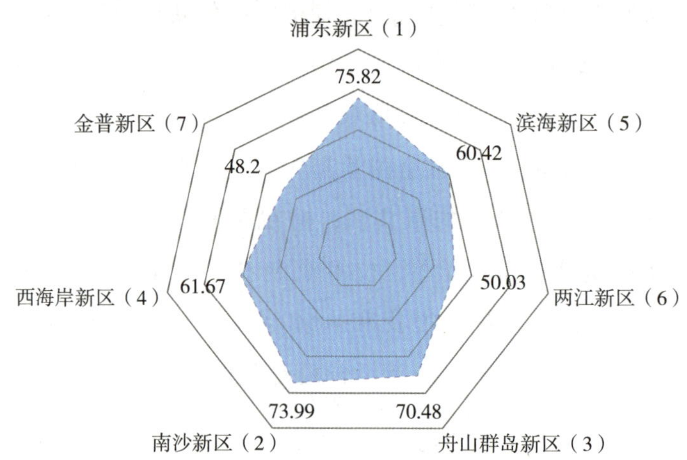

图 4　国家级新区“开办企业”指标 DTF 得分及排名情况

（2）网上窗口建设仍须迭代优化

在各分项指标中，“开通专门网上申请窗口”指标差异最大，其中浦东新区、南沙新区和西海岸新区并列第一（均为 88.89），金普新区（22.22）排名最末。从具体评分标准看，大部分新区均已在门户首页设立“法人办事”或“开办企业”栏目，方便进行信息查找，仅舟山群岛新区未设立该栏目，门户网站以推介为准，服务性内容较少；在跳转次数方面，仅金普新区需进行多次跳转和查找，其他各个国家级新区均能较快跳转到相关页面，其中舟山群岛新区相关功能集成在浙江政务网中，也较为便捷；所有新区均未提供“开办企业”的直达通道或有意识将相关的网页接口放在醒目位置；在提供详细办事指南方面，滨海新区、舟山群岛新区以及金普新区未能提供全面而详细的企业办事指南，其中滨海新区和金普新区未提供全部类型的企业注册或认证指南，舟山群岛新区未提供从新区官网向政务网跳转的提示；提供在线申请服务功能方面，两江新区和金普新区尚未提供相关功能，滨海新区仅开放了部分类型企业的在线申请。因此，各个国家级新区都有必要对门户网站以及开办企业的服务功能进行审视和迭代设计，以满足需求量越来越大以及用户体验要求越来越高的创业者和投资者。

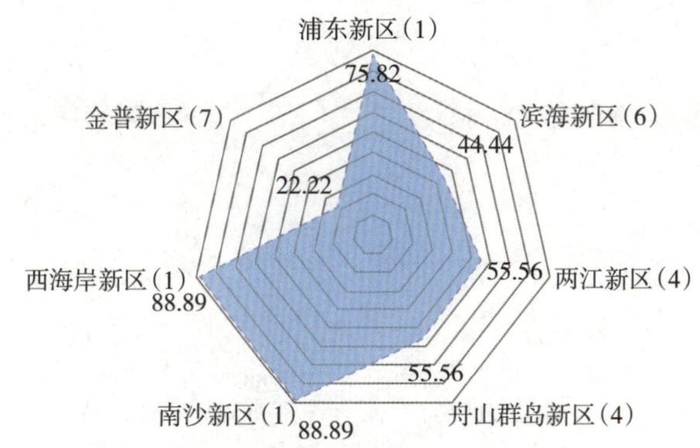

图 5 “开通专门网上申请窗口”二级指标 DTF 得分及排名情况

表 1　　国家级新区“开通专门网上申请窗口”评分表

评分标准	浦东新区	滨海新区	两江新区	舟山群岛新区	南沙新区	西海岸新区	金普新区
门户首页设立栏目	1	1	1	0	1	1	1
跳转次数	3	2	3	2	3	3	1
二次查找筛选内容	0	0	0	0	0	0	0
提供详细办事指南	2	1	2	1	2	2	1
提供在线申请服务	3	1	0	3	3	3	0
合计分值	9	5	6	6	9	9	3

（3）行政审批效能呈现较高水平

各个国家级新区在“承诺办结时限”“申请者提交材料数量”以及“申请者到现场次数”三个分项指标中的得分表现较好，与前沿指标差距均不大，其中滨海新区、舟山群岛新区、浦东新区和南沙新区在不同分项指标达到了前沿指标。从具体数值来看，各个国家级新区的承诺办理时限都压缩在 5 天以内，申请材料数量最多不超过 13 件，到现场次数最多两次，从时间投入和精力花费上为在新区开办企业减轻了负担，综合反映各个国家级新区深化“放管服”改革、全面推进商事制度改革以及优化和提升营商环境方面做出的努力与成效。

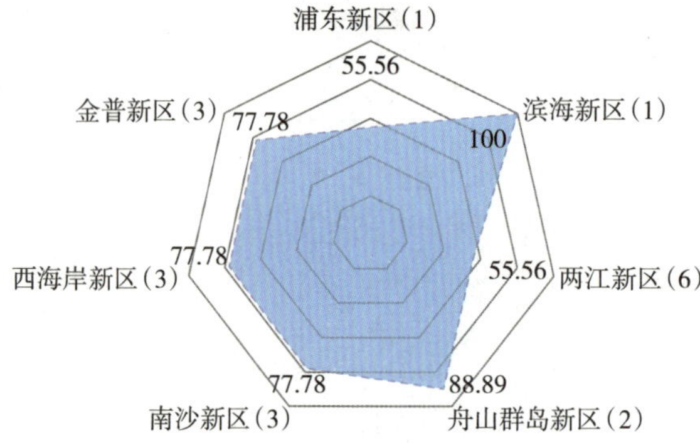

图 6 “承诺办结时限”二级指标 DTF 得分及排名情况

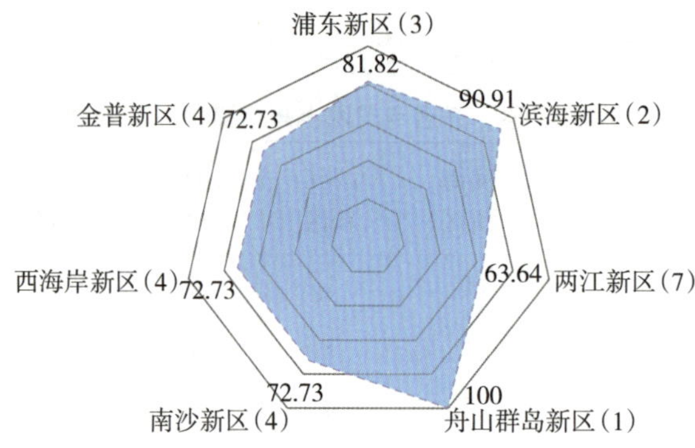

图 7 “申请者提交材料数量”二级指标 DTF 得分及排名情况

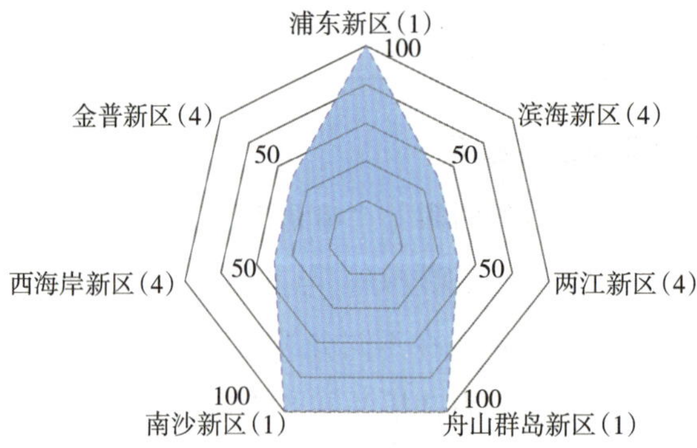

图 8 “申请者到现场次数”二级指标 DTF 得分及排名情况

（4）已成为我国创新创业新高地

“新登记注册企业数量”与前沿指标差距较大，排名第一的浦东新区仅为 52.83

分，但从国家级新区创业活力来看，7 个国家级新区已呈现出较为活跃的创业氛围。2017 年全年 7 个新区共新登记注册企业 12.4 万家，占全国新登记注册总量的 2.2%，其中浦东新区新增企业 3.8 万家，南沙新区新增企业 2.2 万家，两江新区新增企业 1.9 万家，西海岸新区新增企业 1.4 万家，金普新区新增企业 1.3 万家，分别排名全国主要城区新增企业数量的第 8 位、第 19 位、第 26 位、第 44 位和第 48 位。国家级新区已经成为我国创业的新高地，更应充分激发和释放创业活力，营造优质营商环境。

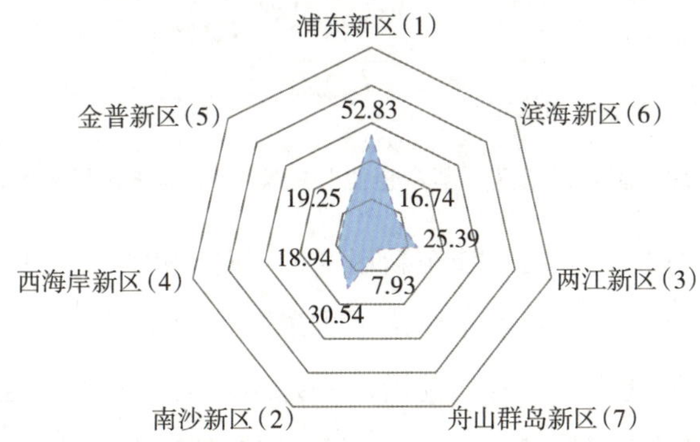

图 9　“新登记注册企业数量”二级指标 DTF 得分及排名情况

2. 落户企业

将国家级新区的落户企业对标国内前沿水平，在发展质量上仍存在较大差距，并且各个国家级新区之间也存在较大的差异性。从内部结构上看，国家级新区上市企业发育不足，缺乏一批行业龙头企业的带动；知识型企业发展较好，但未对制造业的转型升级产生直接影响；对外发展能力有待加强，要积极增强对外资企业落户的吸引力，并进一步强化培育新区企业从事外贸活动的能力。

（1）对标国内前沿仍有一定差距

作为承担国家重大发展和改革开放战略任务的综合功能区，国家级新区企业发展质量的各分项前沿指标均设置为全国最高标准。通过将国家级新区与北京市海淀区、朝阳区，深圳市龙岗区、宝安区等全国最优质的城市区域进行比较，才能找出差距，为下一步发展找准目标和方向。7 个国家级新区的落户企业 DTF 得分与前沿水平差距较为明显，其中排名领先的浦东新区也仅得 62. 18 分，与前沿水平仍有一定的差距，国家级新区仍需优化产业结构，持续打造自身的增长极。

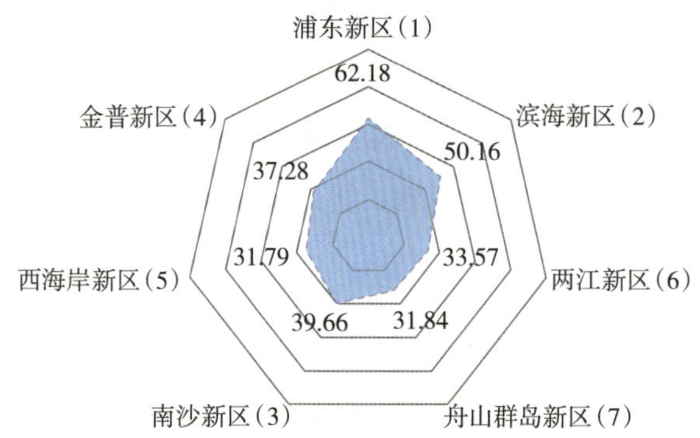

图 10　国家级新区“落户企业”指标 DTF 得分及排名情况

从 7 个国家级新区对比来看，浦东新区（62. 18）和滨海新区（50. 16）作为设立时间最长的国家级新区，落户企业整体水平也最贴近前沿水平；但其他国家级新区落户企业基本处于同一发展水平，且与前沿水平差距较大，南沙新区（39. 66）、金普新区（37. 28）、西海岸新区（34. 79）、两江新区（33. 57）和舟山群岛新区（31. 84）均与前沿水平相差 60 ~ 70 分。在经济新常态下，国家级新区的发展既需要所在城市的“输血”，更加需要提升自身的“造血”功能，才能更好地实现国家赋予的改革目标和任务。

（2）新产业区上市企业发育不足

7 个国家级新区上市企业数量指标 DTF 得分较低，排名第一的浦东新区仅为 13. 74 分，7 个国家级新区 DTF 总得分也仅为 31. 3 分，与前沿水平差距显著。从上市企业的数量绝对值来看，截止到 2017 年末，7 个国家级新区共拥有各类型上市企业 221 家，不到全国前沿水平——北京市海淀区（706 家）的 1/3，国家级新区仍需要重点鼓励和辅导有实力的企业上市。

从国家级新区成立时间来看，本次测评的多数国家级新区设立时间均不超过 10 年，而一家企业从成立到实现上市平均需要十年以上时间，因此国家级新区应重点加强对科技型、创新型核心龙头企业的培育，积极引入独角兽企业、瞪羚企业，支持有能力的企业做大做强，扩展市场的影响力和竞争力，从而带动整个国家级新区产业快速发展。

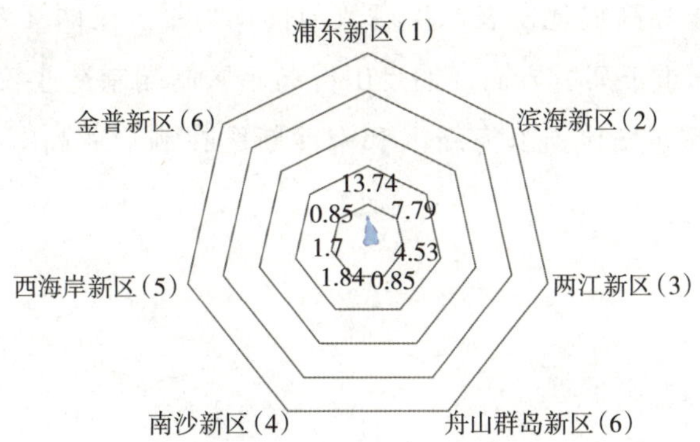

图 11 “上市企业数量”二级指标 DTF 得分及排名情况

（3）知识服务未能支撑制造升级

从指标测评结果来看，知识型企业比率指标 DTF 得分呈现较明显的两级分化的态势，其中浦东新区（89.68）、滨海新区（88.77）、南沙新区（79.6）和两江新区（69.06）均在发展以金融、商务租赁、信息软件、科技研究等行业为代表的知识型经济方面走在了前列，与舟山群岛新区（38.75）、金普新区（37.34）和西海岸新区（28.86）拉开较大差距；高端制造业企业比率 DTF 得分舟山群岛新区（84.92）与两江新区（70.14）远高出其他国家级新区，与排名第三的西海岸新区（54.43）拉开 15.71 分的差距。

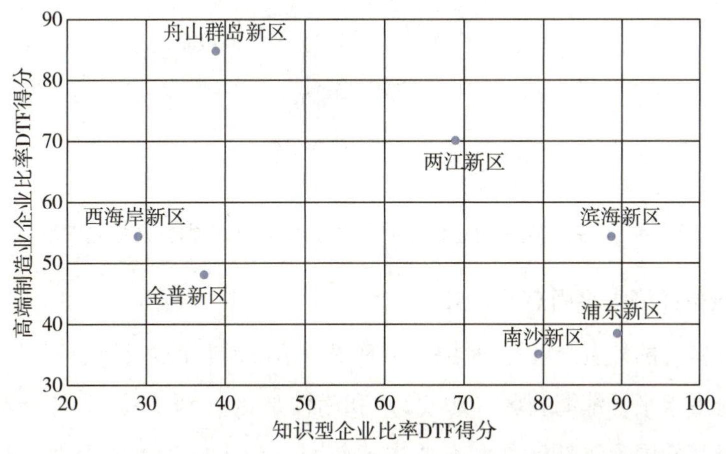

图 12 知识型企业比率与高端制造业企业比率 DTF 得分对比情况

综合国家级新区的知识型企业和高端制造业企业的占比结构来看，知识服务尚未对制造业的转型升级和高端化发展产生有效的推动力量。仅两江新区发展较为均衡，其他国家级新区则偏重于某一方面，如舟山群岛新区高端制造业较为发达，但知识型企业占比较小，而浦东新区、滨海新区和南沙新区在制造业高端化方面则相对较为缓慢。

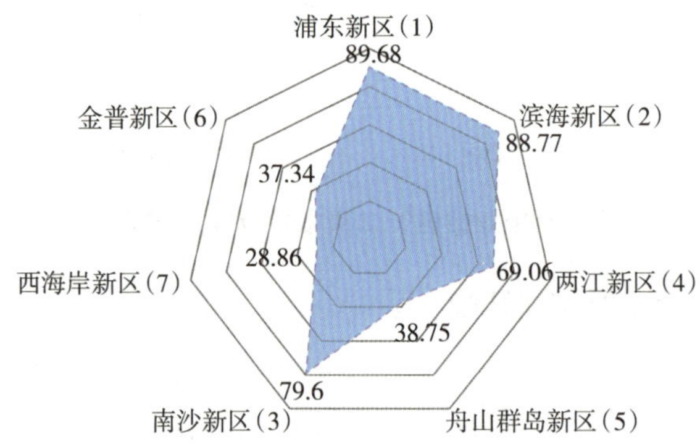

图 13 "知识型企业比率"二级指标 DTF 得分及排名情况

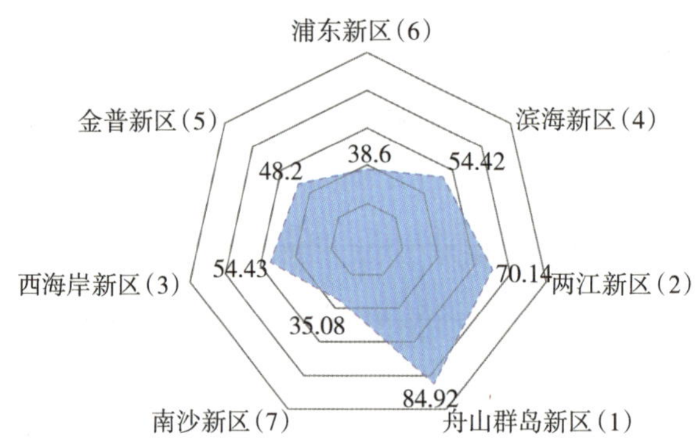

图 14 "高端制造业企业比率"二级指标 DTF 得分及排名情况

（4）外向型经济水平尚有待提升

从国家级新区的外资企业比率指标 DTF 得分情况看，浦东新区最受外资企业关注，已达到全国前沿水平，滨海新区（69.22）和南沙新区（55.55）对外资企业保持较高的吸引力，但其他国家级新区外资企业占比较小，尚未成为外资企业落户的首选；从外贸企业比率指标 DTF 得分情况看，各国家级新区与前沿水平仍有一定差距，浦东新区（68.87）仍保持第一，值得注意的是，作为本次测评最年轻的西海岸新区（65.18）和金普新区（62.17）分别排名第二和第三位，且与排名第四的滨海新区（30.58）拉开较大差距，成为成功发展外向型经济的优势新区。

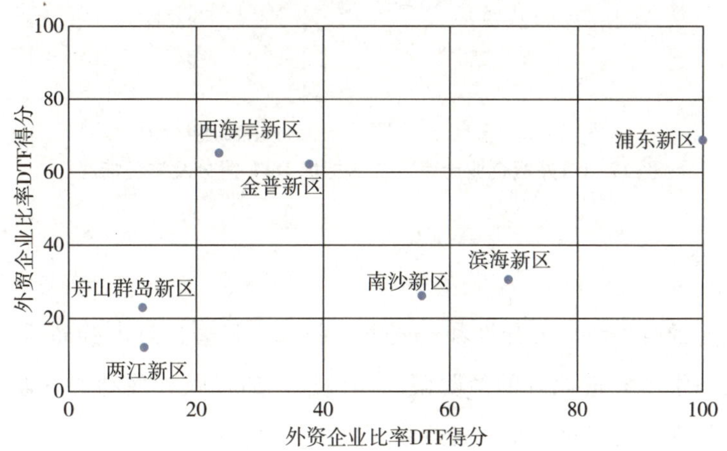

图 15 外资企业比率与外贸企业比率 DTF 得分对比情况

从国家级新区外资企业比率与外贸企业比率 DTF 得分对比情况来看，仅浦东新区外向型经济整体发展水平较高，滨海新区外贸企业比重偏小，西海岸新区和金普新区外资企业数量不足，尤其是地处内陆的两江新区发展外向型经济的能力偏弱，而地处东南沿海的舟山群岛新区则更加缺乏对外开拓发展的动力。

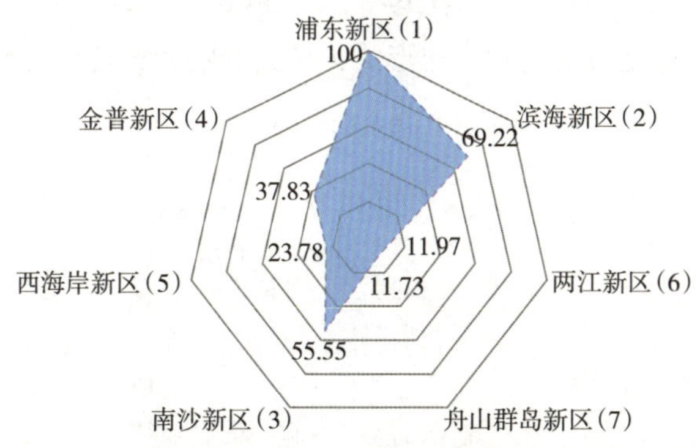

图 16 “外资企业比率”二级指标 DTF 得分及排名情况

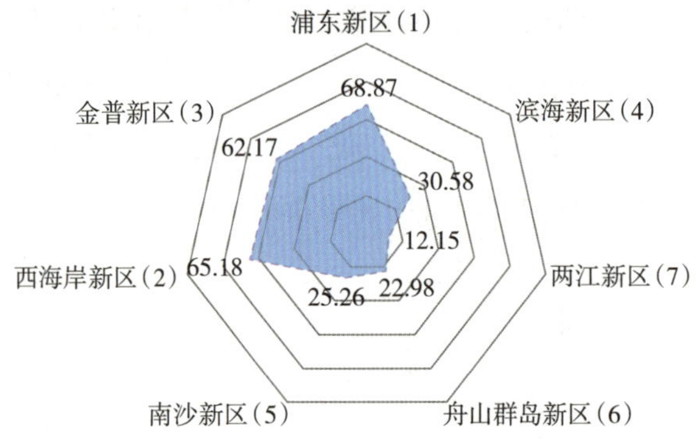

图 17 “外贸企业比率”二级指标 DTF 得分及排名情况

3. 政务公开

国家级新区的政务活动公开性和透明度差距较为显著，舟山群岛新区政务公开评分最高。应积极学习先进地区的经验模式和做法，加强政务活动的互联网应用水平，有效提升社会治理的现代化水平，打造数字政务、智慧政务。

（1）部分新区政务透明度有待提升

国家级新区在推进政务活动透明度方面进度相差较大，排名首位的舟山群岛新区为 78.93 分，比排名末位的金普新区（24.82）高出 54.11 分，此外其他国家级新区 DTF 得分均与前沿指标有一定的差距，浦东新区（62.16）与滨海新区（58.01）政务公开程度较好，两江新区（48.72）和南沙新区（44.88）需优化相关工作的方式方法，西海岸新区（34.93）和金普新区（24.82）更应该进一步提升政务活动与互联网的关联程度，加强政务信息发布渠道和发布形式，扩大影响和宣传的力度。

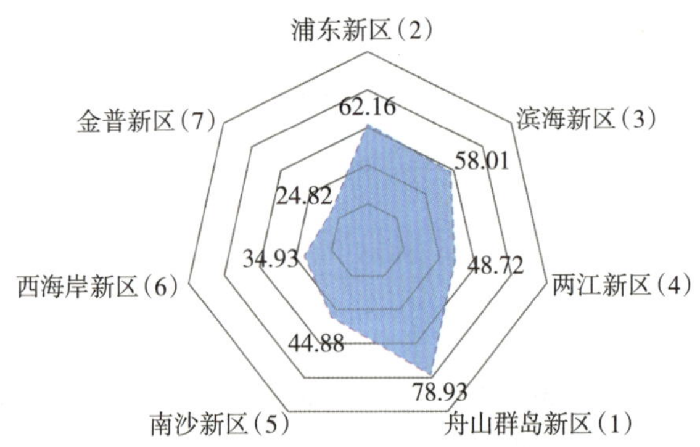

图 18 国家级新区“政务公开”指标 DTF 得分及排名情况

国家级新区需要采取积极措施，有效提升国家级新区政务活动的透明度，打造更加公开、及时、精准的政务发布渠道，推进“互联网+政务服务”工作，提升政务服务的智慧化水平。

（2）在线办事服务便利度仍需加强

在行政审批在线办理事项方面，得益于2016年浙江省在全国率先提出实施“最多跑一次”改革，舟山群岛新区DTF得分73.84，远超其他新区排名第一。截至2017年底，浙江省级“最多跑一次”事项达665项，设区市本级平均达755项，县（市、区）平均达656项，全省“最多跑一次”实现率达87.9%，群众办事满意率达94.7%，截至2018年2月末，浙江省市县三级开通网上申请的比率分别达86.8%、73.7%、73.1%，基本实现服务事项网上办理全覆盖，探索形成“在线咨询、网上申请、快递送达”的行政审批服务新模式。并且舟山还结合新区地理和区位实际情况，分类施策，打造成为浙江省“审批环节最少、速度最快、效率最高”的“三最”城市。

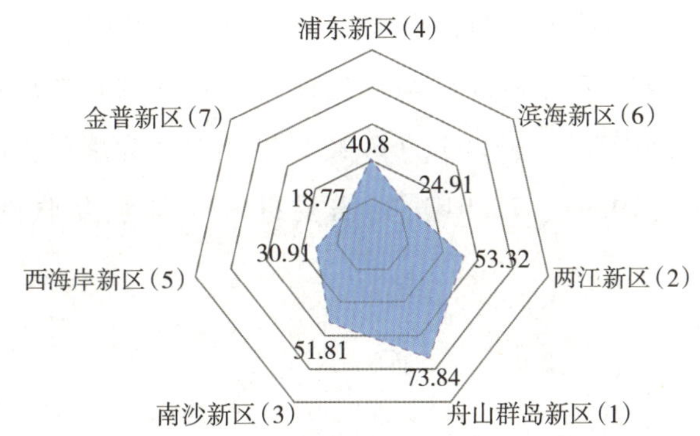

图19 “行政审批在线办理事项”二级指标DTF得分及排名情况

而其他新区与其相比均有一定差距，其中两江新区（53.32）和南沙新区（51.81）位列二三，浦东新区（40.8）排名第四位，西海岸新区（30.91）、滨海新区（24.91）和金普新区（18.77）分别排名五六七位，需要积极学习先进地区做法和经验。

（3）互联网政务应用水平差距显著

国家级新区门户网站发布信息质量越高，被引用次数也会越多，国家级新区的政策措施的互联网关注度也会越高，门户网站发布信息被引量和政策措施关键词互联网热度指标综合反映了国家级新区主管部门在如何使用互联网，建设数字政府，提升社会治理的现代化水平上的差异。

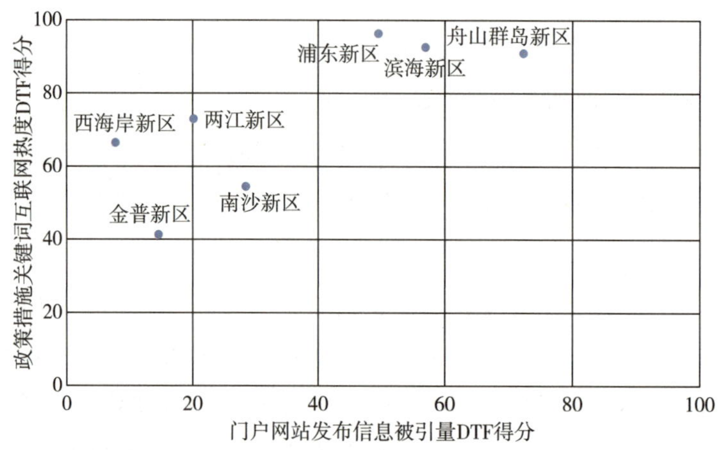

图 20　发布信息被引量和关键词互联网热度指标 DTF 得分对比情况

从 DTF 指标得分可以推断，舟山群岛新区（72. 11、90. 84）、滨海新区（56. 79、92. 32）和浦东新区（49. 57、96. 11）均具备较高的互联网政务应用水平；金普新区（14. 34、41. 34）、西海岸新区（7. 63、66. 25）则相对较为落后；南沙新区（28. 47、54. 35）和两江新区（19. 94、72. 91）则需要进一步加强互联网政务应用水平的建设。

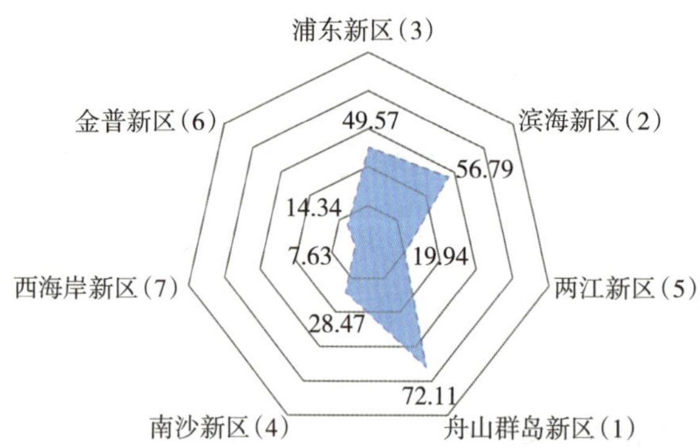

图 21　“门户网站发布信息被引量”二级指标 DTF 得分及排名情况

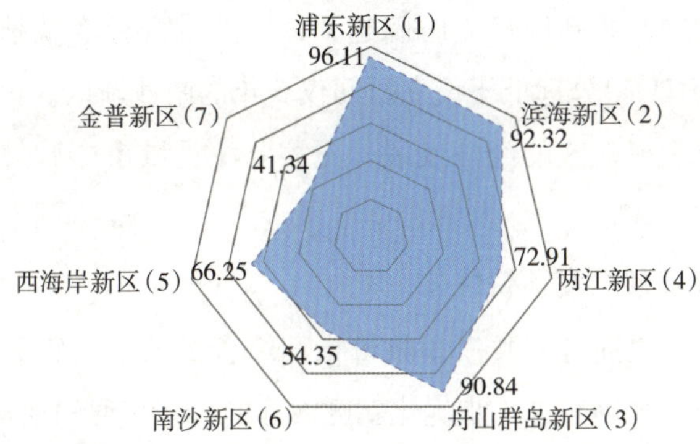

图22 “政策措施关键词互联网热度”二级指标DTF得分及排名情况

4. 社会服务

国家级新区在城市社会服务的满足程度以及产城融合的水平上参差不齐，南沙新区社会服务能力最高。国家级新区在公共交通、信息化建设、满足高质量的生活服务等方面均需加强相关投入。

（1）需加快推进新区产城融合步伐

国家级新区的社会服务指标DTF得分反映各个国家级新区在城市社会服务的满足程度以及产城融合的水平上参差不齐，其中南沙新区（69.73）排名第一位，并与其他新区拉开差距；而滨海新区（32.96）和金普新区（28.15）排名最末两位。

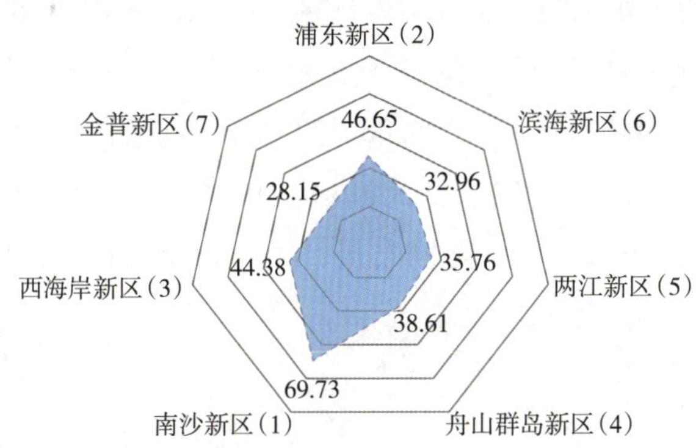

图23 国家级新区“社会服务”指标DTF得分及排名情况

从新区成立的时间与社会服务指标DTF得分的对比情况看，受历史原因以及城市发展规划等因素影响，并非新区设立时间越长，产城融合程度就越高。例如已正式设立12年的滨海新区DTF得分远低于设立时间仅6年的南沙新区。因此，各个新区在未来的发展中，不仅要重视新区的经济发展，更需要注重城市的软规划，加速国家级新区产城融合的步伐。

（2）出行通达性和便利度须待优化

新区道路密度和万人拥有公共汽车数量指标综合反映了国家级新区内部交通网络建设的情况，国家级新区仍需进一步优化新区内部的公共交通的通达性和便利度。

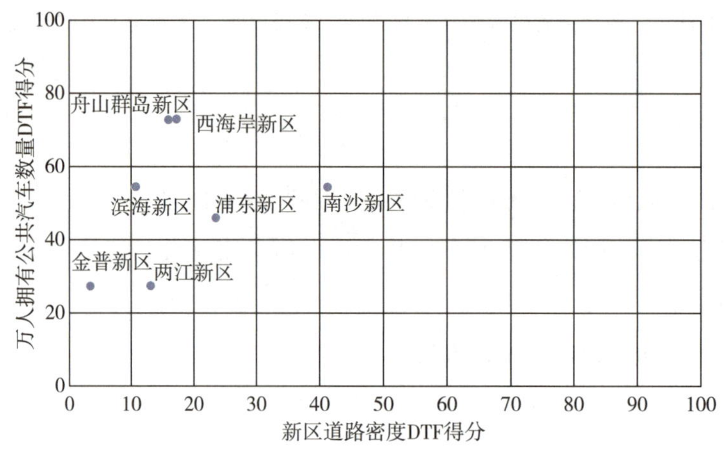

图24　新区道路密度和万人拥有公共汽车数量DTF得分对比情况

从指标的DTF得分可以看出，仅南沙新区（41.3、54.55）和浦东新区（23.55、45.45）能为国家级新区内居民提供较为充足的综合公共交通服务；西海岸新区（17.28、72.73）和舟山群岛新区①（15.86、72.73）为居民提供了较为便利的出行服务；而两江新区（13.12、27.27）、滨海新区（10.71、54.55）和金普新区（3.41、27.27）则更需要加大力度，优化路网布局，提供方便快捷、内联外通的公共交通服务。

① 舟山群岛新区主要由岛屿构成，岛屿之间的联络更多依靠船只进行，本次指标设计未将船只列入，仅仅计算岛内的陆地交通情况。

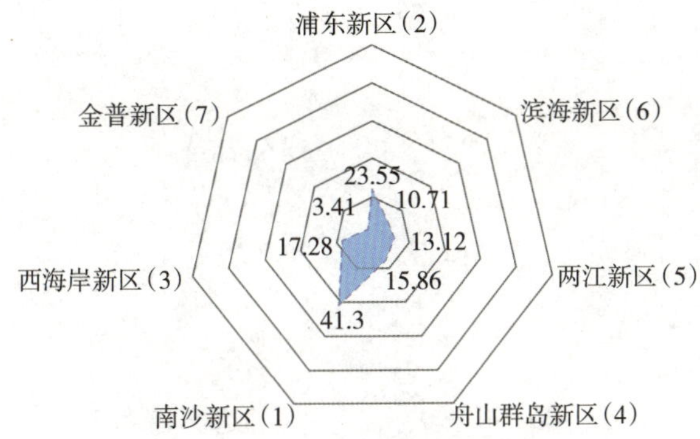

图 25 "新区道路密度"二级指标 DTF 得分及排名情况

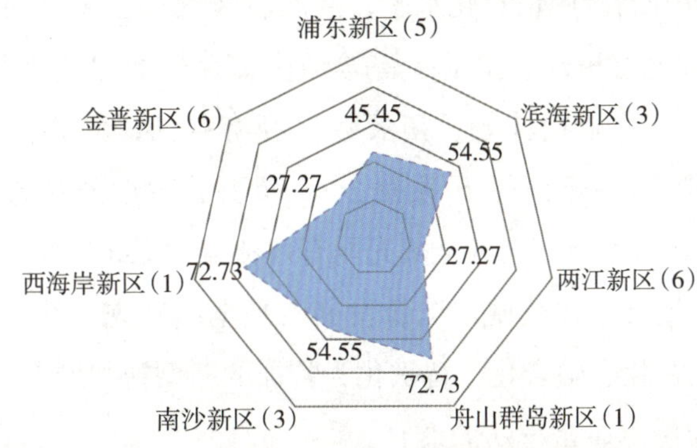

图 26 "万人拥有公共汽车数量"二级指标 DTF 得分及排名情况

(3)信息化水平基本好于全国平均

互联网已经与道路、供水、供电一样，成为基础设施建设的一部分，而国家级新区的网络基础设施建设基本走在了全国的前列，国家级新区城市互联网普及率指标的原始数值反映了这一状况，在本次测评的 7 个国家级新区中，有 5 个新区超过了全国平均水平（55.8%），其中浦东新区（90.21）互联网普及率达 74.1% 排名第一，南沙新区（89.95）普及率达 74% 排名第二，舟山群岛新区（67.72）、滨海新区（65.08）和金普新区（59.79）互联网普及率分别为 65.6%、64.6% 和 62.6%，分列三至五位，仅有西海岸新区（34.13）和两江新区（30.69）互联网普及率分别为 52.9% 和 51.6%，略低于平均水平。

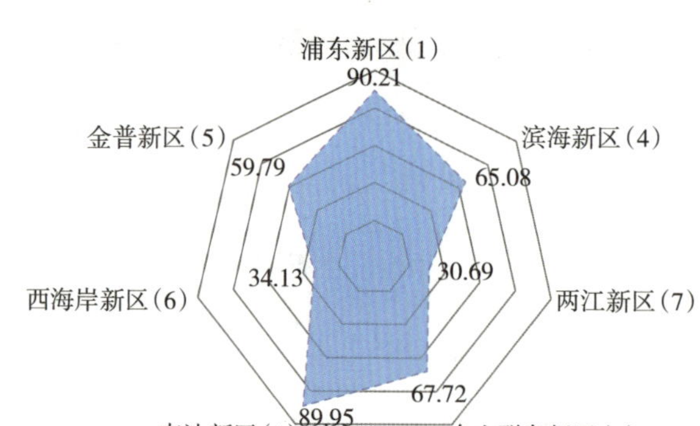

图 27　“城市互联网普及率”二级指标 DTF 得分及排名情况

2017 年末，为提升新区的信息化水平，两江新区发布《智慧两江建设实施方案》，围绕新一代信息基础设施和智慧生活、智慧经济、智慧治理、智慧政务等重点领域，搭建“1＋6＋N”信息化架构体系，拓展数字经济空间，释放信息生产力，力争在 2018 年底前基本实现“百兆到户、千兆到企”，重要公益性公共场所免费 WLAN 覆盖率超过 90%，到 2020 年底前，实现全域光网有效覆盖和无线网络广域覆盖，信息基础设施智能化水平大幅提升。智慧城市综合发展水平全市领先，部分领域达到国内先进水平，初步建成以泛在化、融合化、智敏化为特征的新型智慧城市。

（4）未能满足居民高质量生活需求

万人拥有生活文化服务机构数量和万人拥有教育医疗服务机构数量指标用于衡量国家级新区满足区内居民基本性生活服务以及拓展性生活服务需求的能力和水平。

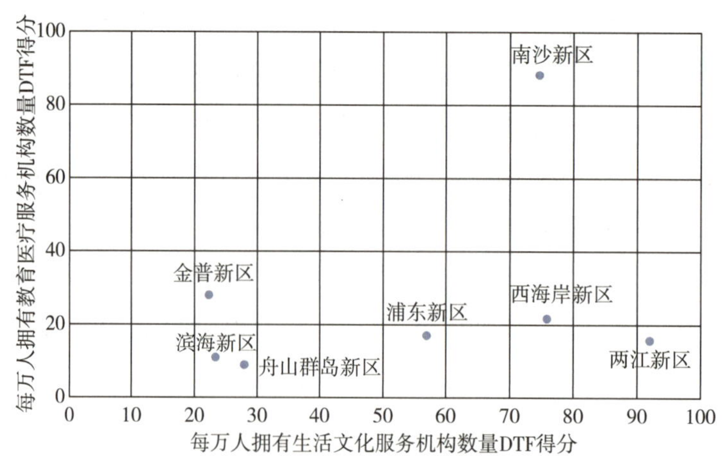

图 28　万人拥有生活文化服务和万人拥有教育医疗服务机构数量指标 DTF 得分对比情况

从指标的 DTF 得分的分布上看，可以将测评的 7 个国家级新区分为三类，第一类是能满足居民高质量生活需求，仅有南沙新区（74.7、88.15）能提供充足的生活文化及教育医疗服务；第二类是能有效满足基本性生活服务需求，两江新区（92.09、15.63）、西海岸新区（76.09、21.67）和浦东新区（57.11、16.94）均能提供较为充裕的生活文化服务，但缺乏教育医疗服务；第三类是未能有效满足居民生活服务需求，金普新区（22.43、27.86）、滨海新区（23.58、10.87）和舟山群岛新区（28.16、8.6）均属于此类。因此，国家级新区在完善城市生活服务，满足居民高质量生活需求方面，还需要进一步引导和鼓励相关市场主体的参与，共同打造宜居生活的新城新区。

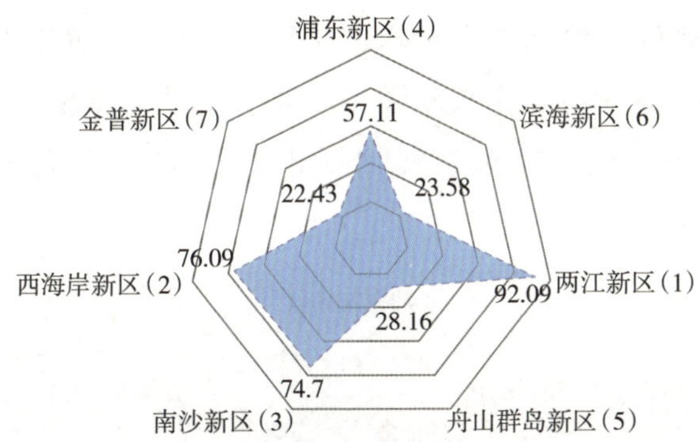

图 29 "万人拥有生活文化服务机构数量"二级指标 DTF 得分及排名情况

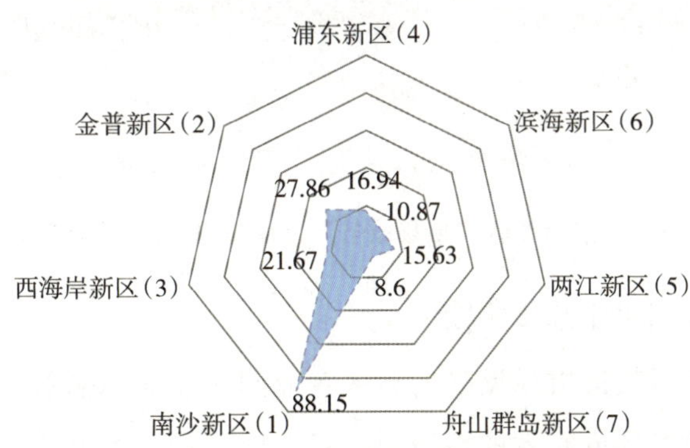

图 30 "万人拥有教育医疗服务机构数量"二级指标 DTF 得分及排名情况

5. 市场服务

国家级新区已形成较为优质的市场服务环境。其中国家级新区具备了较高水平的商务租赁服务和专业化服务，但未形成高效的金融服务体系，企业间协作水平也较低。需要积极发挥社会组织的协调作用，健全和完善金融服务体系，提供更加优质的市场服务。

（1）市场服务呈现较高发展水平

国家级新区市场服务指标 DTF 得分与前沿指标差距较小，市场服务环境整体较为优质，其中浦东新区（69.53）、舟山群岛新区（63.89）、滨海新区（62.18）两江新区（57.04）和南沙新区（50.03）得分均超过 50，各类市场服务能力均已达到一定水平，满足企业发展的多种需求；金普新区（43.82）和西海岸新区（37.02）得分较为落后，但考虑这两个新区设立时间较短，相关市场主体尚未得到充分发育，市场服务体系正在发展形成的过程当中。

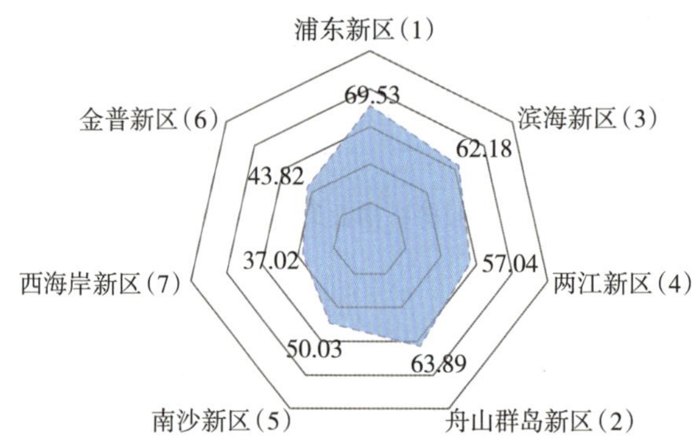

图 31 国家级新区“市场服务”指标 DTF 得分及排名情况

（2）企业协作模式处于起步阶段

从专业协会及联盟数量指标反映的新区企业间协作能力来看，国家级新区企业相互之间的协调发展暂未形成有效的组织形式和发展模式。舟山群岛新区（88.9）排名第一，这主要得益于舟山群岛新区以舟山市为主要行政建制，容纳了众多市一级的区域及行业商会、协会及产业联盟等组织，数量规模得以壮大。而其他国家级新区均为新开发地区，行业商会、协会以及联盟力量较弱，与前沿指标均存在一定差距。

并且通过对比当地企业的总量规模，发现企业越多的地区，专业协会及联盟数量也会越多。其中南沙新区（24.7）虽然企业数量较少，但指标得分接近于排名第四的滨海新区（26），排名本次测评的第五位，说明南沙新区发展企业间协作水平较高。

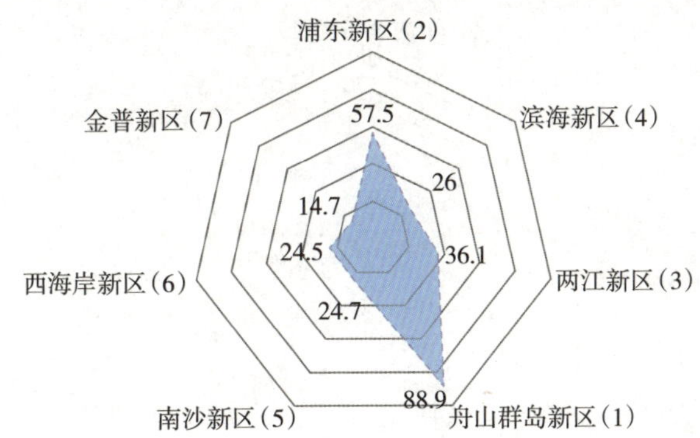

图 32 “专业协会及联盟数量”二级指标 DTF 得分及排名情况

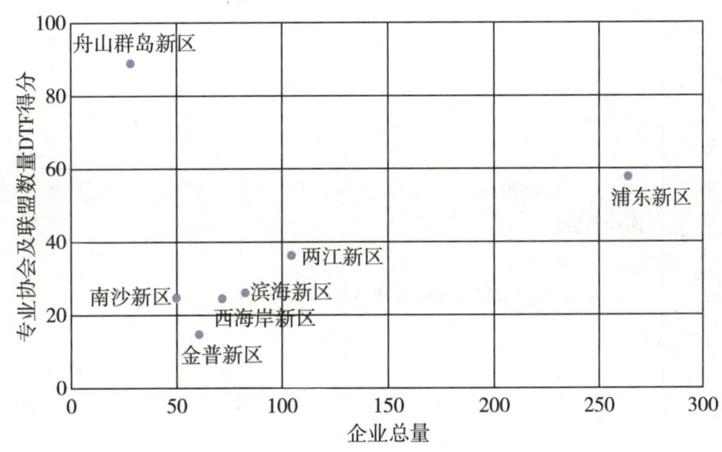

图 33 专业协会及联盟数量 DTF 得分和在营企业总量对比情况

（3）成熟金融服务市场尚未形成

国家级新区金融服务市场尚未发展成熟，从金融和投资与资产管理企业比率的 DTF 得分情况看，浦东新区（100）排名第一，舟山群岛新区（79.68）排名第二，形成了较为成熟的金融服务体系。

通过将该指标与当地企业规模进行对比发现，舟山群岛新区的金融服务能力超过了当地企业的需求，滨海新区（48.16）和南沙新区（43.52）优先发展了本地金融企业，为企业发展提供了充足的金融服务，而两江新区（23.68）、西海岸新区（17.22）和金普新区（9.79）的相关金融服务功能则不够健全，相对滞后于与当地企业的发展规模。

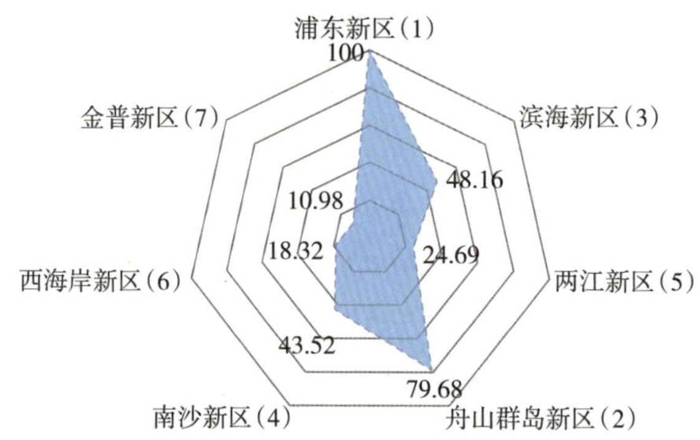

图34 “金融和投资与资产管理企业比率”二级指标DTF得分及排名情况

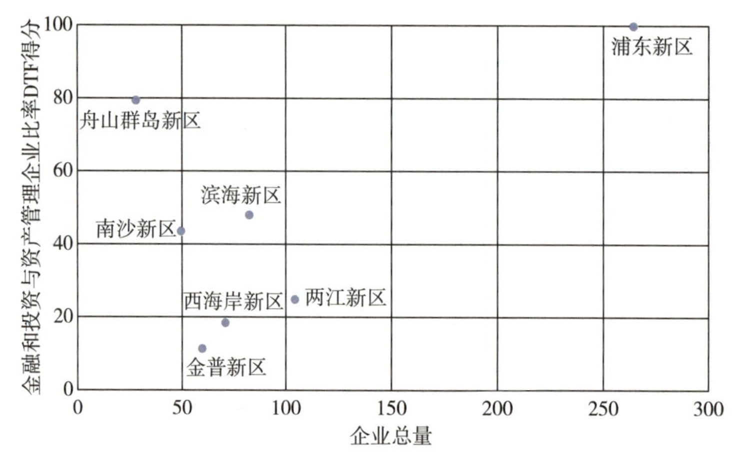

图35 金融和投资与资产管理企业比率DTF得分和在营企业总量对比情况

（4）租赁服务成为新区发展热点

国家级新区商务租赁企业发展较为活跃，从商务租赁企业比率DTF得分情况来看，得分整体较高，仅浦东新区（31.07）的租赁业务发展较为缓慢，滨海新区（100）达到前沿指标，位列第一，南沙新区（86.42）、金普新区（78.54）、两江新区（67.37）、西海岸新区（54.25）和舟山群岛新区（39.14）依次排名二到六位，成为国家级新区发展的热点产业。

商务租赁服务业的发展，尤其是融资租赁业务的蓬勃发展，贴近实体经济实际生产需求，满足了企业机械设备、运转资金、生产建设等需求，促进了企业的生产、经营和销售，从而带动了多种投资需求和消费意愿，让资源得到更加合理的配置，尤其在高端制造业、海洋产业、战略新兴产业中发挥有效的金融调节作用，丰富了金融产品的服务链，满足了多元化的资本需求。

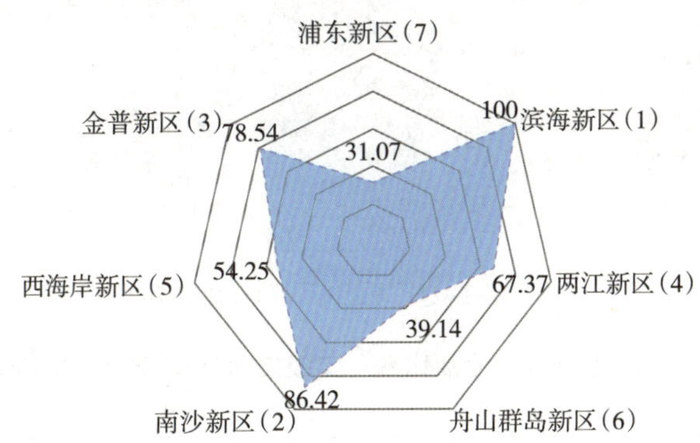

图 36 “商务租赁企业比率”二级指标 DTF 得分及排名情况

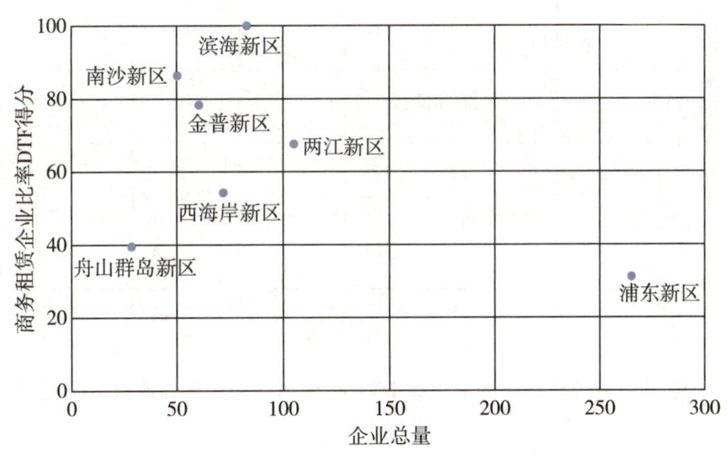

图 37 商务租赁企业比率 DTF 得分和在营企业总量对比情况

（5）专业化企业服务高水平发展

提供专业化服务的企业是一个区域市场主体的重要组成部分，其服务业务主要包括提供管理服务、法律服务、咨询服务、会计审计服务和会议展览服务的企业。从专业化服务企业比率 DTF 得分情况来看，国家级新区专业化服务能力整体水平较高，得分在 70 以上新区有四个，分别是两江新区（100）、浦东新区（89.55）、滨海新区（75.56）和金普新区（71.05），其余新区与前沿指标的差距也相对较小，其中排名最末的南沙新区得分为 45.46。

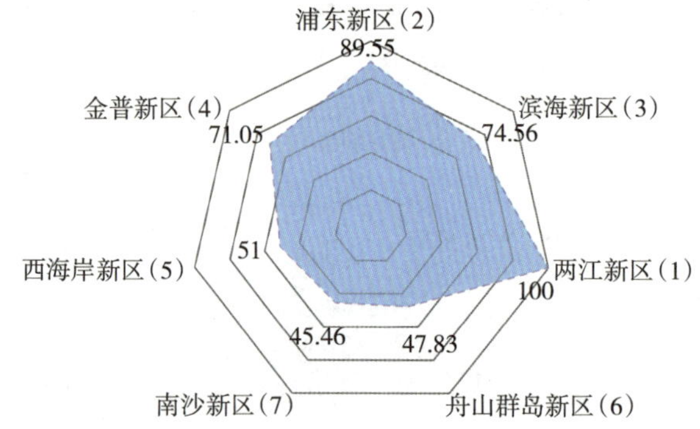

图 38　“专业化服务企业比率”二级指标 DTF 得分及排名情况

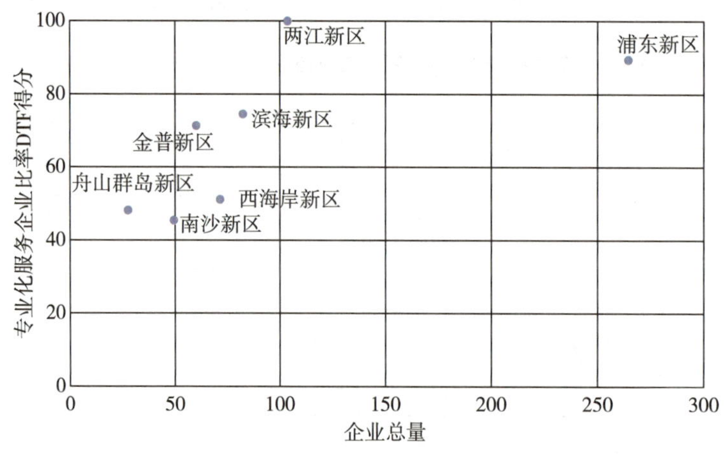

图 39　专业化服务企业比率 DTF 得分和在营企业总量对比情况

6. 获得投资

从整体上看，国家级新区尚未成为全国产业资本关注的热点地区，各个国家级新区利用外资情况差距较为显著，外埠企业资本对国家级新区投资较为谨慎，2017 年南沙新区受各类资本关注度相对较高。

（1）新区尚未成为资本关注热点

当前国家级新区尚未成为资本关注的热点地区，国家级新区获得投资指标 DTF 得分均较低。其中，南沙新区（61.28）成为 2017 年最受资本关注的国家级新区，发展较为成熟的浦东新区（49.57）和滨海新区（40.82）分别排名第二和第三位，舟山群岛新区（37.76）排名中间位置，两江新区（23.76）排名第五，成立时间最短的金普新区（17.27）和西海岸新区（17.19）尚未对资本形成强有力的吸引力，排名最后两位。综合来看，国家级新区虽然具有一系列的政策优惠条件，但新区的整体环境和产业发展暂未能有效吸引全国资本的关注。

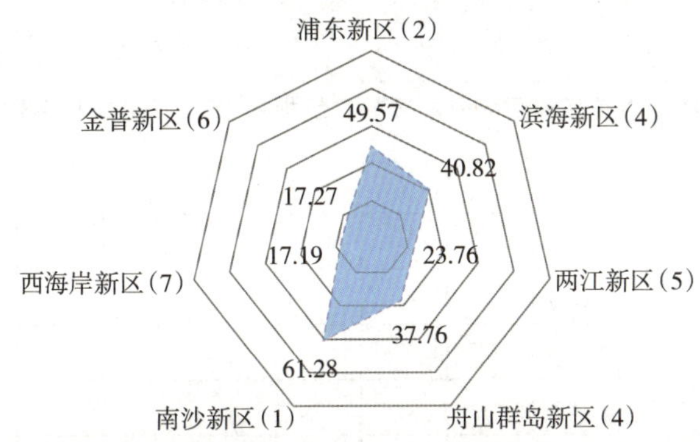

图 40　国家级新区“获得投资”指标 DTF 得分及排名情况

（2）新区利用外资水平差别显著

从外商投资国家级新区的情况来看，2017 年浦东新区（86.96）和滨海新区（86.94）实际利用外资总额基本一致，并远高于其他国家级新区；其中排名第三的两江新区 DTF 得分仅为 29.44 分，金普新区（22.46）和西海岸新区（21.22）实际利用外资总额超过南沙新区（11.58）和舟山群岛新区（3.33），尤其是舟山群岛新区 2017 年实际利用外资仅 3 亿美元，与国家级新区的战略定位不相符合。

从 2017 年实际利用外资的总额和增长情况看，可以将 7 个国家级新区分为三类。一是体量大但增速低，以自身经济发展较为成熟的浦东新区和滨海新区为代表，实际利用外资总额分别达 78.26 亿美元、78.24 亿美元，同比增长 11.2%、10.0%；二是增速高但体量小，以正处于快速发展的南沙新区、金普新区和舟山群岛新区为代表，实际利用外资总额分别达 10.42 亿美元、20.21 亿美元、3 亿美元，同比增长 66.8%、

51.6% 和 44.8%；三是体量和增速均较低，主要是西海岸新区和两江新区，实际利用外资总额分别达 19.1 亿美元、26.5 亿美元，同比增长 10.9% 和 8.2%。

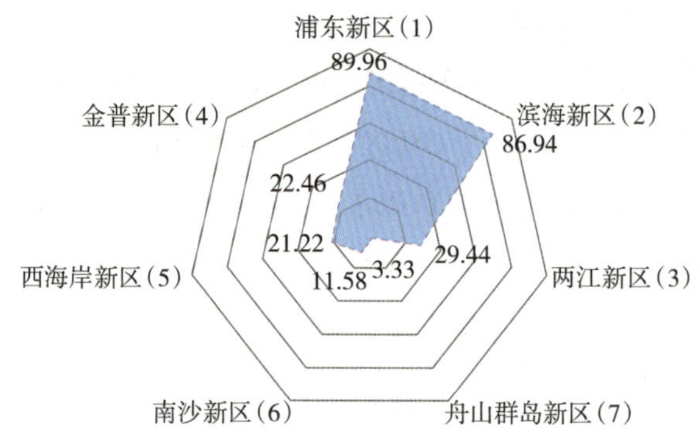

图 41 “实际利用外资总额”二级指标 DTF 得分及排名情况

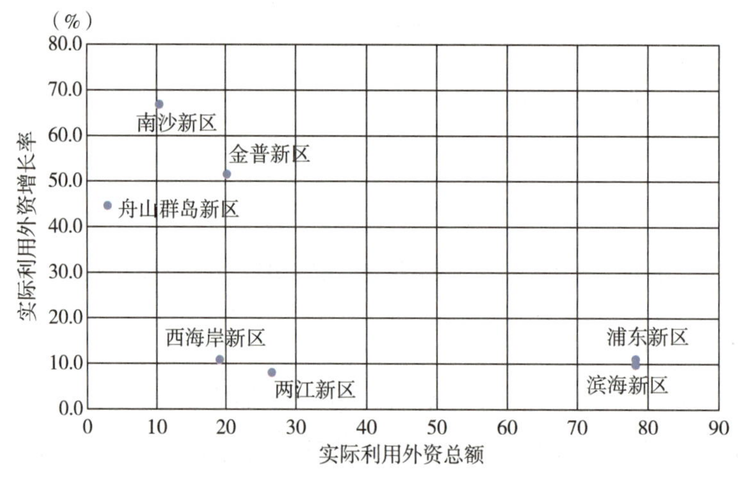

图 42 国家级新区实际利用外资总额及增长率对比情况

（3）南沙新区备受各类资本瞩目

2017 年南沙新区企业受到全国各类资本的关注，获得风险投资企业比率、获得外埠资本投资企业比率、获得本地资本投资企业比率指标南沙新区均排名第一，DTF 得分分别为 64.74、92.98 和 75.8 分，使得新区企业发展拥有了充足的资本，并通过与风险资本和股权资本进行关联，打通行业内部以及行业之间的链接渠道，为企业带来更多的人才、技术和市场讯息；浦东新区获得三类投资分别排名第二、第三和第五位，反映出浦东新区企业对风险资本和外埠企业仍有较强的吸引力，而本地资本则倾向于对外投资，对本地企业投资较少；滨海新区相较浦东新区而言，获得各类投资力度不强，三类投资分别排名第四、第四和第六位；舟山群岛新区获得三类投资分别排名第三、第二和第二位，反映舟山群岛新区正在发挥区位优势，可能成为资本关注的另一热点新区；两江新区、金普新区和西海岸新区尚未形成较为成熟风险投资环境，获得风险投资的新区企业比率 DTF 得分均仅为个位数，并且外埠企业对这三个新区的投资意愿也较低，本地企业间互动较少。

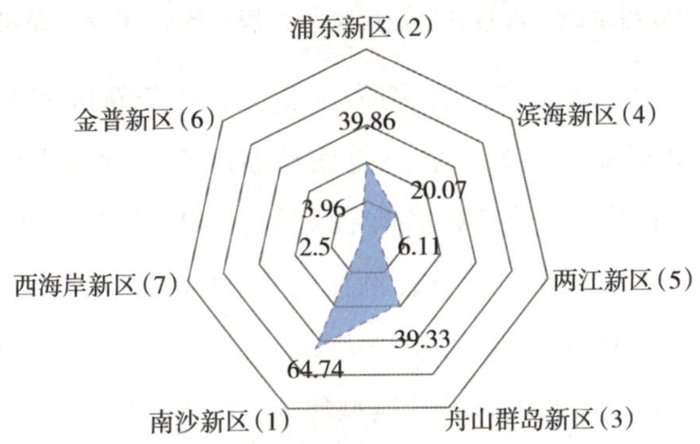

图 43 “获得风险投资企业比率”二级指标 DTF 得分及排名情况

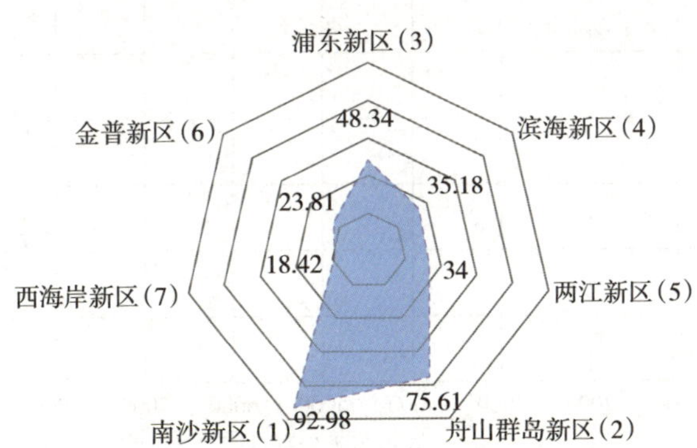

图 44 “获得外埠资本投资企业比率”二级指标 DTF 得分及排名情况

从 2014～2017 年国家级新区企业吸纳各类投资的年度变化情况来看，呈现三种态势。一是 2017 年各类资本对国家级新区的投资趋于谨慎，浦东新区和滨海新区降幅明显，尤其是浦东新区企业吸纳投资总额已小于 2014 年水平；二是部分国家级新区企业

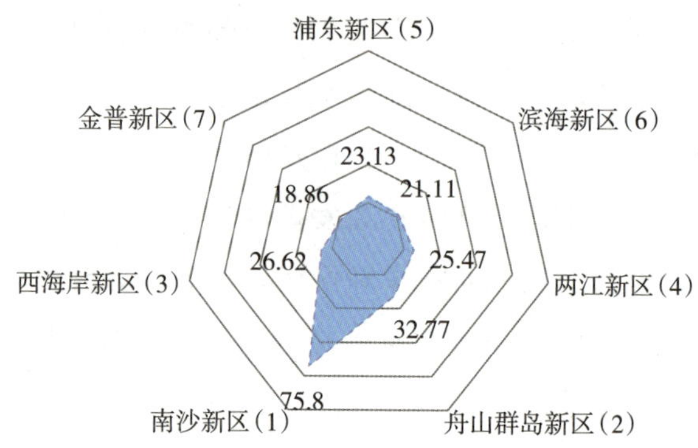

图 45 “获得本地资本投资企业比率”二级指标 DTF 得分及排名情况

获得投资增长缓慢，如舟山群岛新区、西海岸新区、金普新区和两江新区获得各类投资总量、次数体量和增长幅度均较小；三是南沙新区成为唯一亮点，连续四年均呈现上升态势，2014 年南沙新区企业获得各类投资不足 400 余次，投资总额 180 多亿元，2017 年共获得投资近 3300 余次，投资总额接近 2400 亿元，分别增长了 8 倍和 13 倍，同期南沙新区新登记注册企业量达 4.3 万家，占新区 2017 年末在营企业总量的 87.36%，成为高速发展的国家级新区的典型代表。

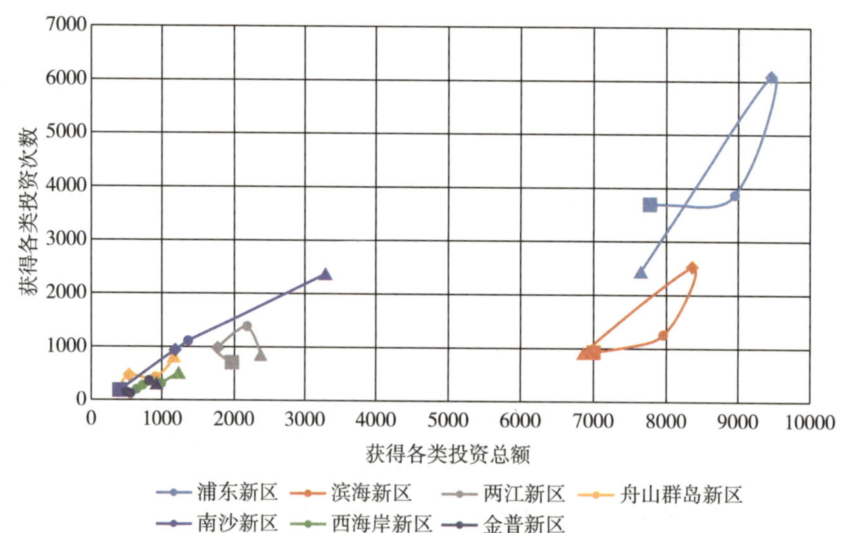

图 46 2014～2017 年国家级新区企业吸纳投资次数变化情况

7. 科技资源

国家级新区整体科技资源水平偏低，各个国家级新区的科技创新成果差距较大，创新载体与前沿水平存在较大差距。应构建良好的创新生态环境，继续加大科技创新投入，提升企业创新积极性，加速打造创新高地。

（1）科技创新整体水平偏低

从科技资源指标 DTF 得分可以看出，7 个国家级新区科技创新的整体水平偏低，仅滨海新区（63.22）和浦东新区（57.88）的科技创新到达了一定的前沿水平，其余新区均与前沿指标差距较大，其中两江新区（22.82）、南沙新区（18.78）和西海岸新区（16.39）具备一定创新能力，而金普新区（10.16）和舟山群岛新区（10.14）的创新能力则较为薄弱。国家级新区应积极加强企业创新能力的培养，引导和鼓励企业加大科技研发力度，推动创新载体功能建设，全面提升和优化区域内部的创新能力和创新水平。

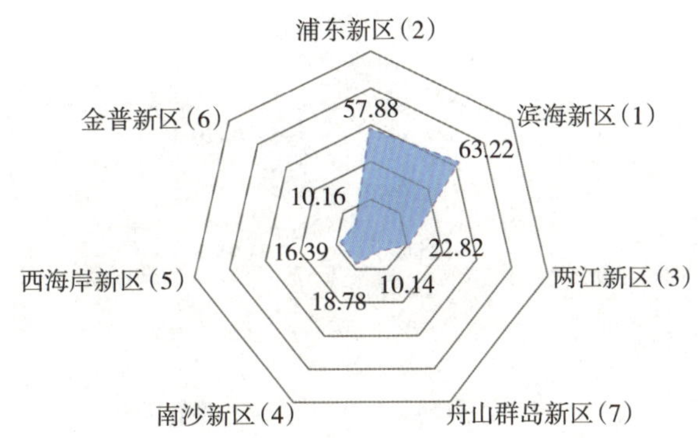

图 47　国家级新区“科技创新”指标 DTF 得分及排名情况

（2）科技创新质量有待提升

在年度专利授权量、年度软件著作权登记量等反映国家级新区科技创新成果的指标上可以看出，国家级新区的企业创新能力差距较大，其中浦东新区（86.29、93.63）成为国家级新区科技创新的引领者和标杆，滨海新区（62.67、61.73）企业具备良好的创新基因，南沙新区（16.76、34.36）企业的创新方向更加偏重于信息技术领域，两江新区（31.35、28.07）虽然企业总量较多，但企业创新效率较低，而西海岸新区（18.83、16.79）金普新区（10.99、4.73）和舟山群岛新区（6.57、1.84）企业创新成效则明显不足，需继续加强支持和引导。

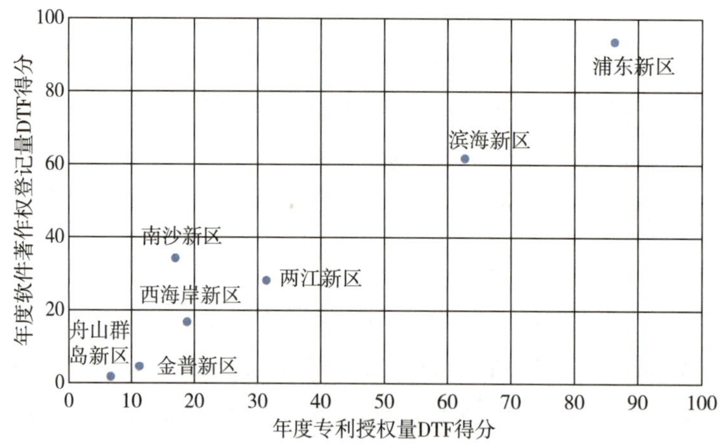

图 48　年度专利授权量和年度软件著作权登记量指标 DTF 得分对比情况

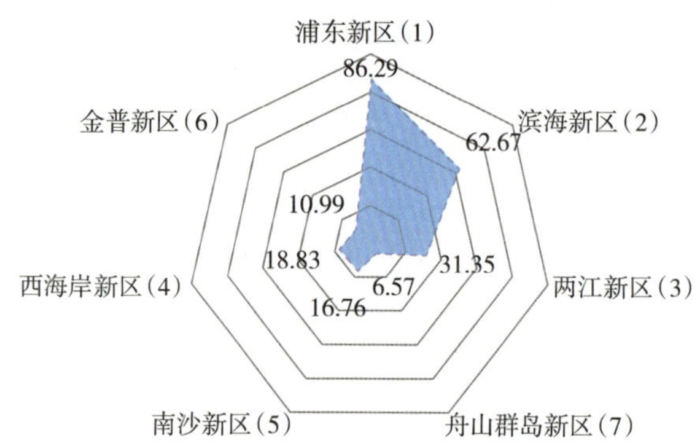

图 49　"年度专利授权量"二级指标 DTF 得分及排名情况

（3）创新孵化载体差距较大

拥有专利企业比率、有软件著作权企业比率以及科创孵化载体数量等指标反映了国家级新区科技创新的内在潜力，从指标 DTF 得分情况反馈看，本次参与测评的 7 个国家级新区均在不同维度上存在短板。

在拥有专利企业比率方面，滨海新区（100）达到了全国前沿水平，而排名第二的浦东新区仅得 35.9 分，并且两江新区（26.12）、南沙新区（24.77）、金普新区（24.48）和西海岸新区（23.45）得分不仅偏低还相近，反映出国家级新区企业的专利创造的能力和氛围还有待培育。

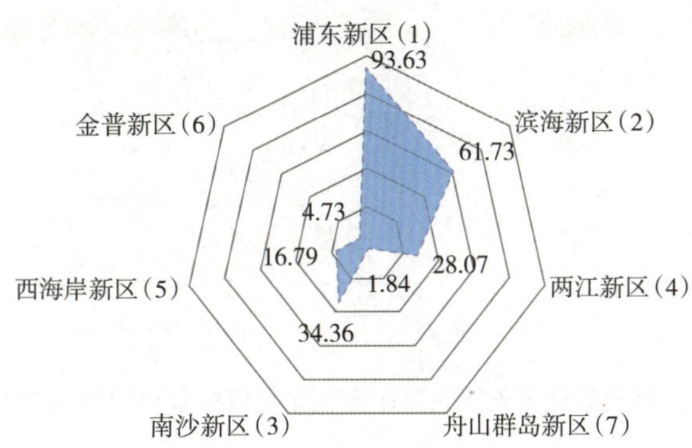

图 50 “年度软件著作权登记量”二级指标 DTF 得分及排名情况

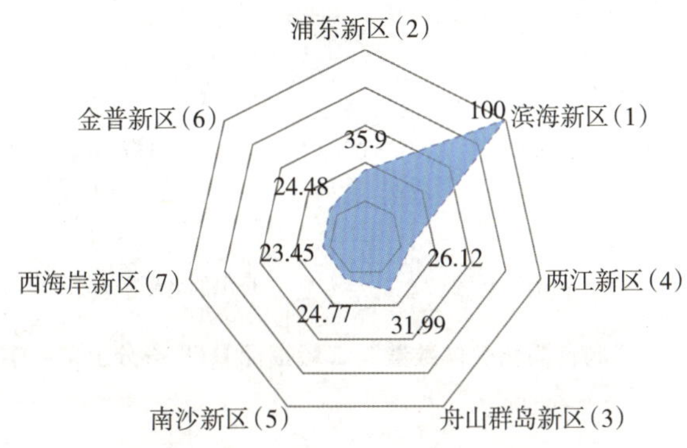

图 51 “拥有专利企业比率”二级指标 DTF 得分及排名情况

在拥有软件著作权企业比率方面，通过对标全国前沿水平——北京市海淀区，7 个国家级新区仅滨海新区（65.1）得分较高，其他新区差距显著，其中南沙新区（14.33）和浦东新区（12.14）虽排名二三位，但与前沿水平差距较大，两江新区（9.64）、西海岸新区（5.29）、舟山群岛新区（3.68）和金普新区（1.67）得分仅为个位数。

在科创孵化载体数量方面，通过对标全国前沿水平北京市海淀区，仅浦东新区（61.47）较为接近前沿水平，其他新区孵化载体数量明显不足，其中金普新区（7.8）、舟山群岛新区（5.5）和南沙新区（3.67）得分为个位数。

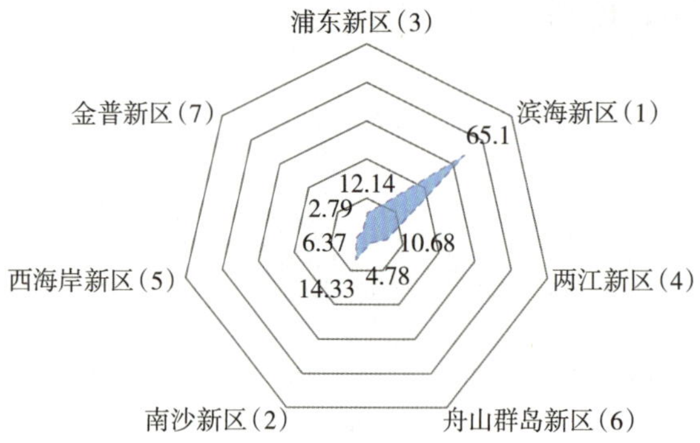

图 52　"拥有软件著作权企业比率"二级指标 DTF 得分及排名情况

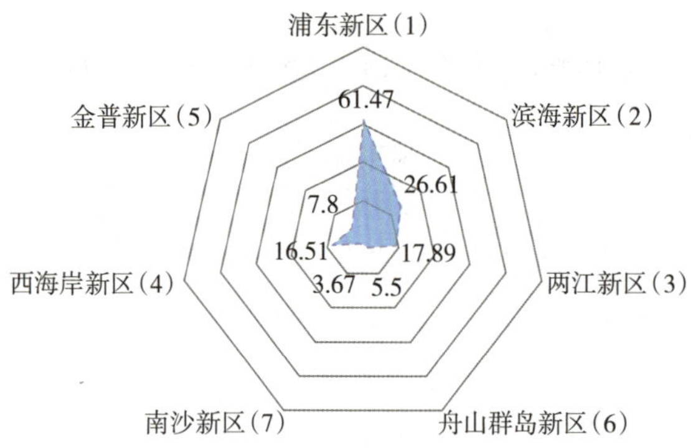

图 53　"科创孵化载体数量"二级指标 DTF 得分及排名情况

8. 人才储备

国家级新区人才现状不容乐观，整体评分较低，尤其在高层次人才和连续创业方面，多数国家级新区均较为缺乏两类产业核心人才。国家级新区需要营造吸引人才、尊重人才的大环境，并重点加强对产业核心人才的吸引和培育。

（1）多地人才储备总量相对较少

人才储备的 DTF 得分显示，浦东新区（78.11）人才储备效果最优；滨海新区（47.97）排名第二，仍需加快人才储备成效，支撑新区发展；金普新区（45.31）排名第三，人才正加速集聚，成为金普新区未来发展的核心动力之一；两江新区（35.98）、西海岸新区（28.68）和南沙新区（28.12）人才储备相对薄弱；尤其舟山群岛新区（9.27）与其他新区相比差距明显，不仅常住人口总量少，而且外来人口比率低，难以提供充足的人力资源和人才储备；南沙新区虽然常住人口总量最低，但外来人口占比大，有效支撑了新区的综合发展。

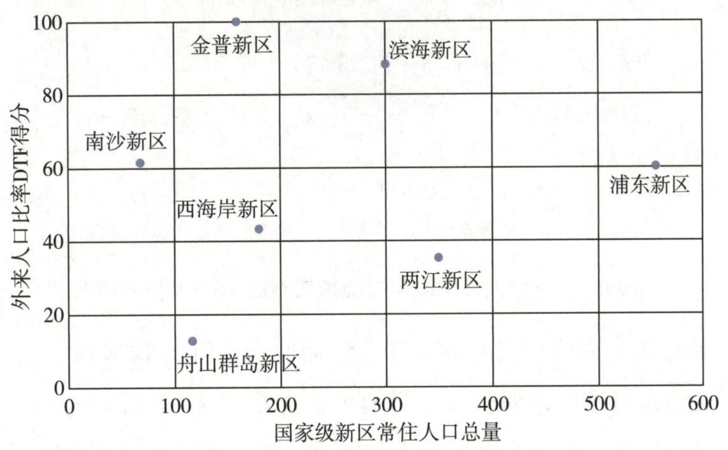

图 54　国家级新区常住人口总量和外来人口比率 DTF 得分对比情况

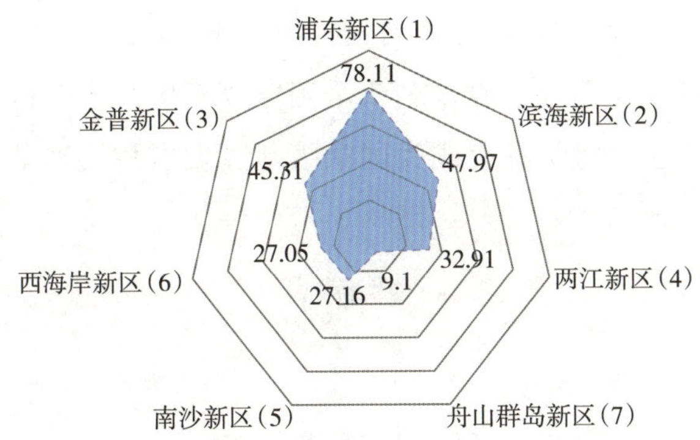

图 55　国家级新区"人才储备"指标 DTF 得分及排名情况

（2）核心产业人才分布极不均衡

浦东新区在高层次人才指标和连续创业者指标方面具备绝对优势，DTF 得分分别为 92.89 和 81.34，集聚了大量产业人才；两项指标排名分别第二的滨海新区（35.86、19.94）和两江新区（34.94、28.48）DTF 得分仅为浦东新区的三分之一，人才储备差距显著，各个国家级新区都需要加强对产业人才的招引力度。

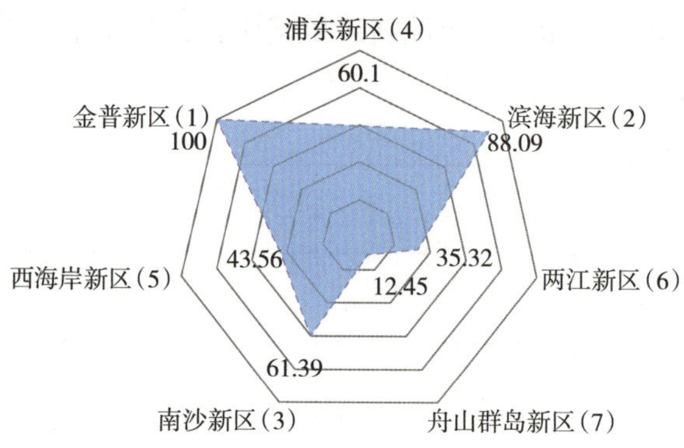

图 56 “外来人口比率”二级指标 DTF 得分及排名情况

通过将国家级新区高层次人才数量和连续创业者数量的 DTF 得分情况与各个国家级新区的在营企业总量进行比对发现，拥有的高层次人才和连续创业者数量越多的新区，其企业总量就越多，新创企业数量也就越多，如浦东新区截至 2017 年末在营企业共有 26. 4 万家，年新增企业量达 3. 8 万家；舟山群岛新区高层次人才（10. 94）和连续创业者（5. 76）指标 DTF 得分排名最末，截至 2017 年末在营企业共有 2. 8 万家，年新增企业量仅 0. 5 万家，也排名 7 个国家级新区最末。因此，培养和吸引高层次人才，重点扶持连续创业者应成为国家级新区发展核心产业，优化营商环境的重要抓手。

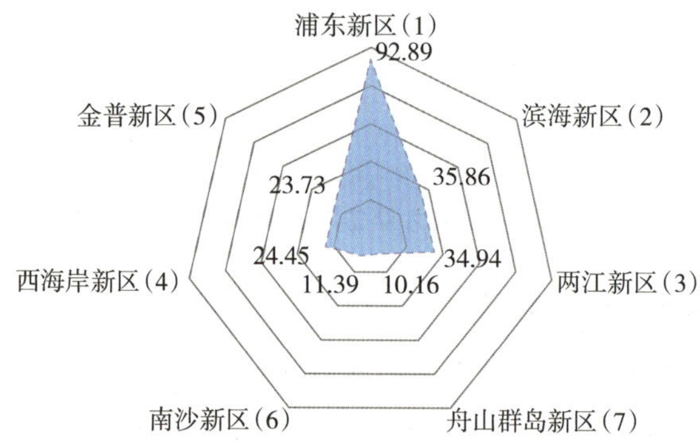

图 57 “高层次人次数量”二级指标 DTF 得分及排名情况

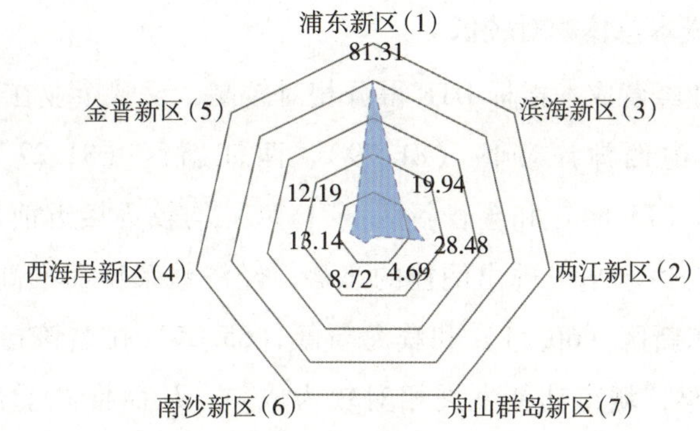

图 58 “连续创业者数量”二级指标 DTF 得分及排名情况

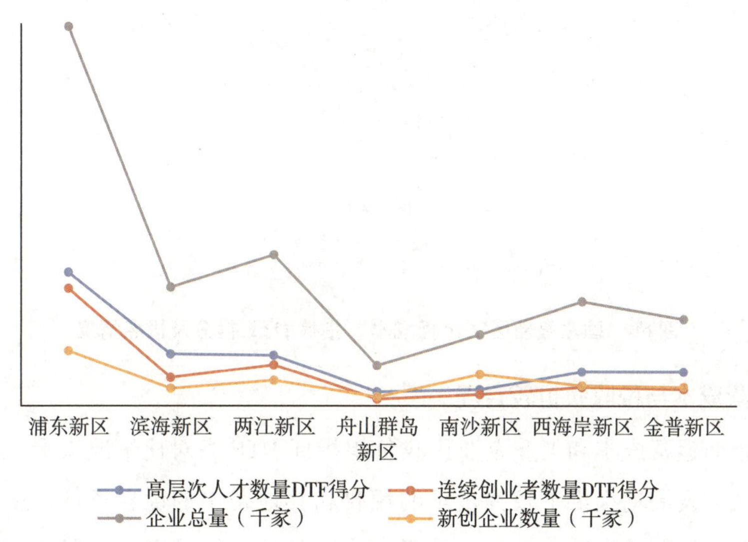

图 59 高层次人才和连续创业者 DTF 得分与企业总量和新创企业数量对比情况

9. 经营成本

企业在国家级新区的经营成本总体处于较为合理的范围中，运营成本和税收负担较为合理，但往往越发达地区地价也就越高，因此国家级新区更需要在结构上做文章，把握好地方经济发展与企业减负之间的平衡点。

（1）企业经营成本总体相对较低

国家级新区企业经营成本指标 DTF 得分相对较高，反映企业在国家级新区中成本压力相对较小，其中西海岸新区（81.79）、两江新区（81.27）、舟山群岛新区（77.98）、南沙新区（75.84）和金普新区（71.24）均较为接近前沿指标；但同时成本负担与地方经济发达水平呈现出倒挂的态势，经济繁荣反而推高企业经营总成本，经济体量最高的浦东新区（66.11）和滨海新区（65.05）排名该指标 DTF 最末两位，这两个新区开发较早，城市功能发展相对较为成熟，从而推高了企业在当地的经营成本。

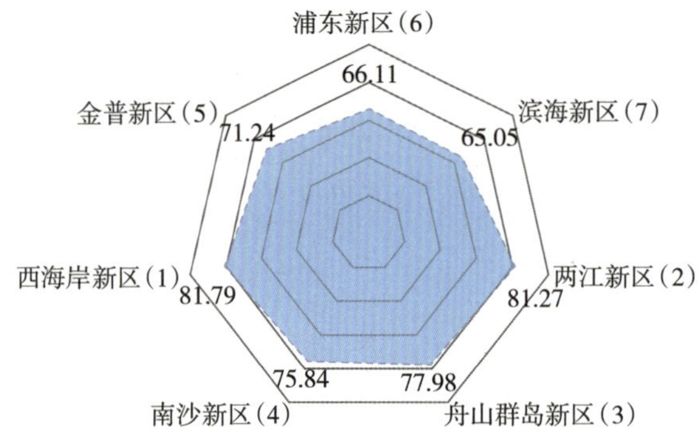

图 60　国家级新区“经营成本”指标 DTF 得分及排名情况

（2）运营成本与税收负担较合理

从工业企业运营成本和工业企业税收负担指标 DTF 的对比情况来看，国家级新区为企业在新区的发展均提供了较为优惠的税收和其他费用的优惠条件，多数国家级新区的工业企业的运营成本和税收负担处于较为合理的区间范围中；但部分新区出现了较为不合理的情况，其中舟山群岛新区工业企业税收负担最轻，DTF 得分 99.82，其规模以上工业企业主营业务税金及附加占主营业务收入比重仅为 0.3%，但是运营成本较高，DTF 得分仅为 37.99，应有针对性地帮助企业减轻相关负担；金普新区与舟山群岛新区情况截然相反，企业运营成本压力 DTF 得分为 93.18，排名各国家级新区首位，但税收负担较重，DTF 得分仅为 19.29，应切实将国家级新区的税收优惠政策落到实处，真正减轻企业负担。

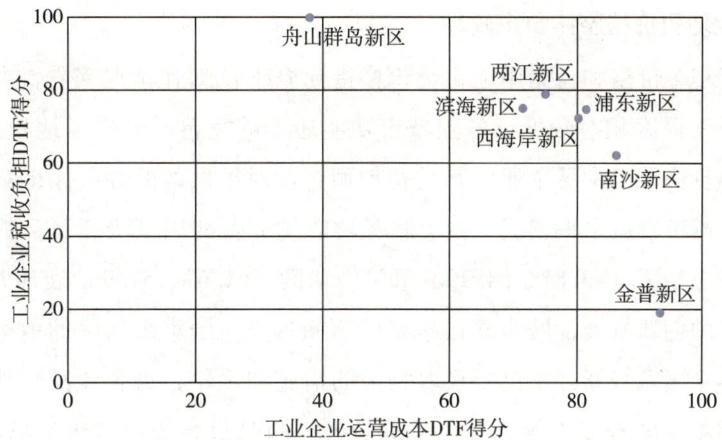

图 61 工业企业运营成本和工业企业税收负担指标 DTF 得分对比情况

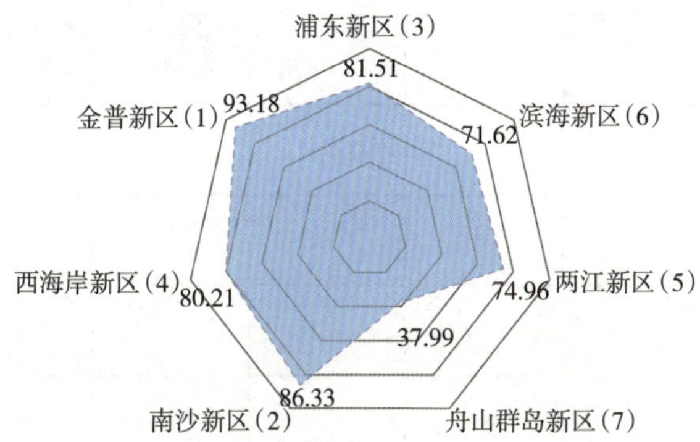

图 62 “工业企业运营成本”二级指标 DTF 得分及排名情况

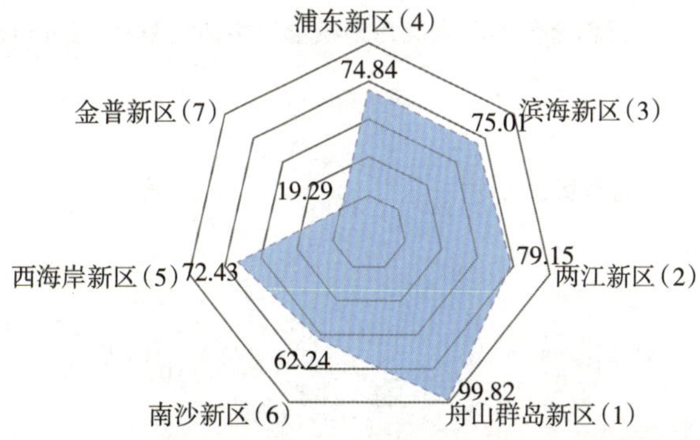

图 63 “工业企业税收负担”二级指标 DTF 得分及排名情况

（3）企业地租价格整体负担较轻

从写字楼租金价格和仓储用地租金价格指标 DTF 的对比情况来看，大多数国家级新区因综合开发程度相对较低，各项城市功能还不够完善，阻碍了地租价格的上涨，反而使得地租价格得以满足企业尤其是初创型企业对于低廉的办公用地和仓储用地的需求；同时，城市发展水平越高、城市服务功能越完备的国家级新区，地租价格也就随之增加，浦东新区（43.81、64.29）和滨海新区（61.67、51.9）表现尤为显著。随着国家级新区的创新发展，城市建设水平的不断提升，国家级新区的地租也会水涨船高，因此，各个国家级新区不仅要采取相关的措施和手段，为企业减轻地租成本，更要在制度性成本、融资成本等方面，多下功夫；同时引导企业增进市场的竞争能力，减少因地租上涨而带来的负面压力。

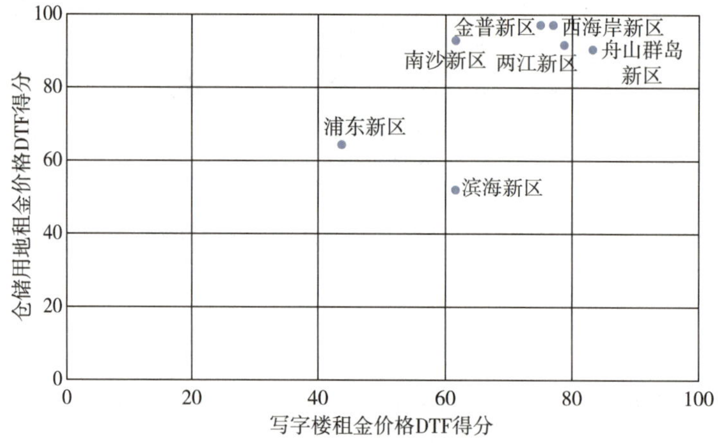

图 64　写字楼租金价格和仓储用地租金价格指标 DTF 得分对比情况

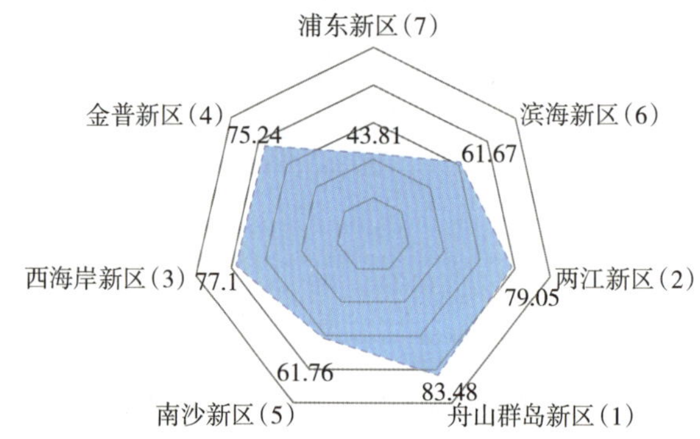

图 65　“写字楼租金价格”二级指标 DTF 得分及排名情况

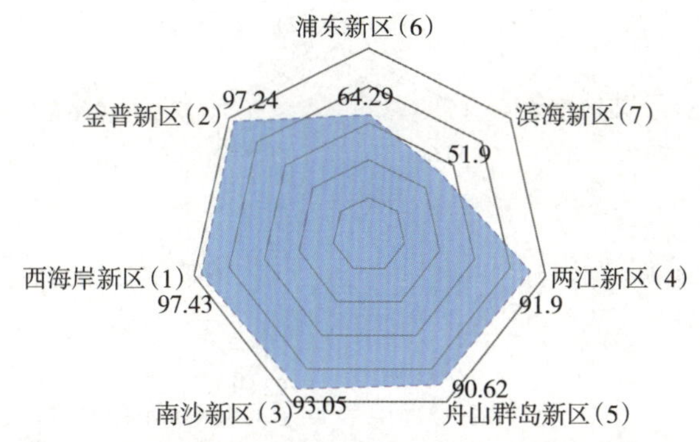

图 66 “仓储用地租金价格”二级指标 DTF 得分及排名情况

10. 宜业环境

西海岸新区和舟山群岛新区成为宜业环境最佳新区，发展较为成熟的浦东新区宜业环境排名最末，并且在森林、大气、水体和能源等方面，各个新区均存在不同的短板。因而更需牢固树立起绿水青山就是金山银山的发展理念，积极利用先进技术手段加强污染治理和防治。

（1）优质宜业环境助力新区发展

国家级新区基本具备了较为优质的自然环境，为发展高技术产业和吸引高端人才提供了有力的硬件条件。西海岸新区（84.76）和舟山群岛新区（82.09）成为本次测评中环境最佳的宜业新区；南沙新区（67.29）和两江新区（64.8）成为第二梯队，正致力于建设环境优美型的产业新城；金普新区（55.66）和滨海新区（54.68）在部分领域还存在环境短板；浦东新区（40.63）须加强大气和水体的综合整治，全面提升城市绿色生态环境。

（2）不同领域存在环境治理短板

城市环境的综合治理是一个系统性工程，在本次测评的城市绿化、空气质量、污水处理和节能减排四个方面，各个国家级新区均存在一定的短板。

在城市绿化方面，舟山群岛新区（100）和西海岸新区（100）达到前沿水平，两江新区（90.61）、南沙新区（83.96）和金普新区（82.65）也均具有较高的森林覆盖率，绿色生态环境优良，而滨海新区（66.24）和浦东新区（31.02）则排名靠后，尤其是浦东新区森林覆盖率远低于其他新区，亟需加强城市的绿色建设。

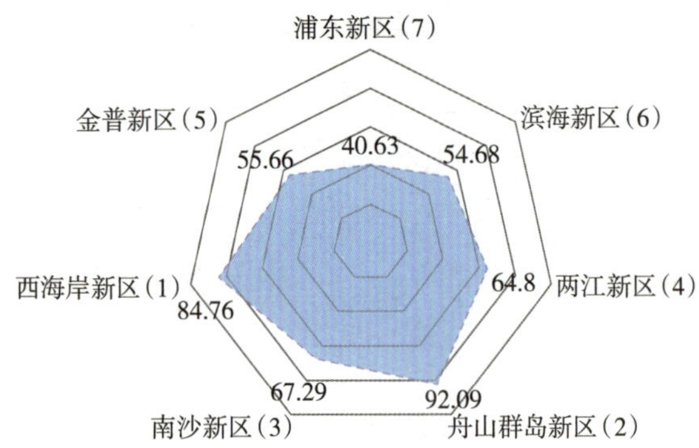

图 67 国家级新区“宜业环境”指标 DTF 得分及排名情况

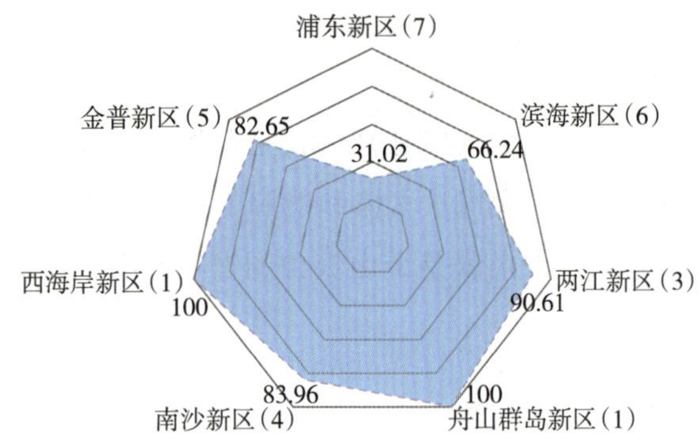

图 68 “森林覆盖率”二级指标 DTF 得分及排名情况

在大气环境方面，舟山群岛新区（88.4）、西海岸新区（83.01）和南沙新区（87.4）空气优良率达 90% 以上；两江新区（67.37）、金普新区（65.14）和浦东新区（51.63）仍需要加强空气污染的防治工作；而地处华北平原的滨海新区（14.52）受雾霾影响严重，达标天数仅 57%，为治理空气污染，新区按照国家整体部署执行并出台了一系列防治政策，但对新区部分企业的发展造成了负面影响，因此环境保护更加需要有针对性，不能“一刀切”。

在城市污水处理方面，西海岸新区（92.86）生活污水处理率高达 98%，而浦东新区（42.86）和金普新区（42.86）为 91%，相对落后于前沿水平。

在节能减排方面，滨海新区（84.1）和舟山群岛新区（82）万元 GDP 能耗下降率大大超过其他国家级新区，而浦东新区（37）、南沙新区（36.2）和金普新区（32）更需要积极引导和推动相关企业进行节能减排的相关工作。

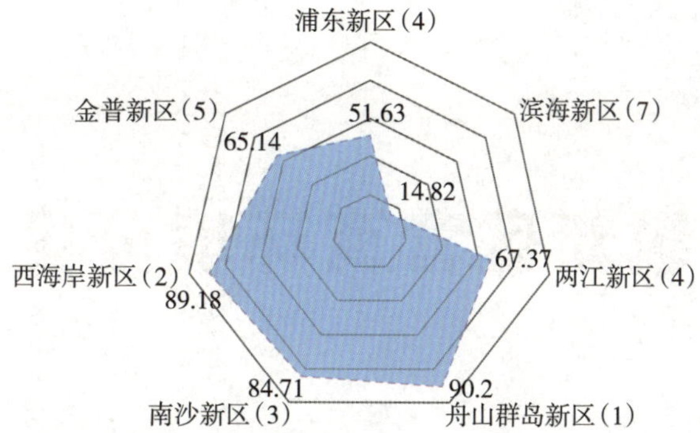

图 69　“空气质量指数（AQI）优良率”二级指标 DTF 得分及排名情况

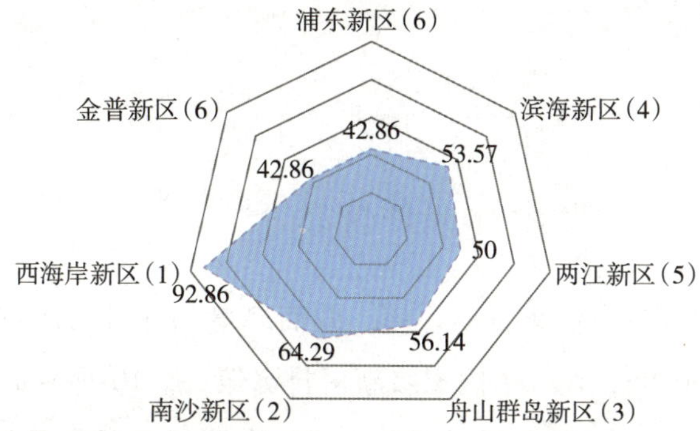

图 70　“生活污水处理率”二级指标 DTF 得分及排名情况

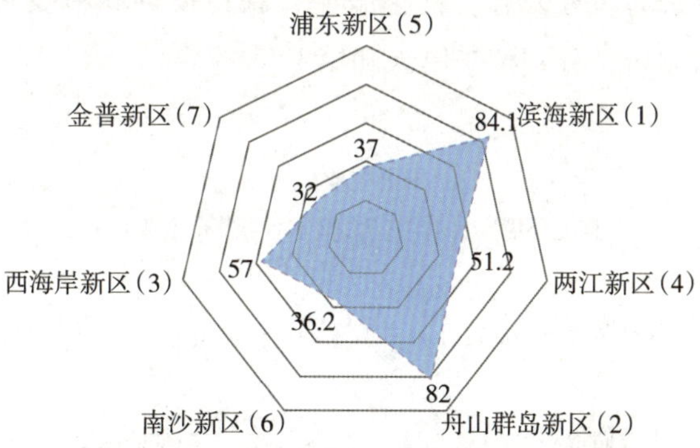

图 71　“万元 GDP 能耗下降率”二级指标 DTF 得分及排名情况

国家级新区营商环境分区测评

一、浦东新区

1. 浦东新区营商环境整体测评情况

浦东新区统筹协调着力优化营商环境，营商环境测评排名居首位。浦东新区的营商环境 DTF 得分为 60.86，在 7 个国家级新区排名第一。10 项营商环境一级指标中浦东新区有 4 项排在首位，分别为开办企业、落户企业、市场服务和人才储备；另有 4 项指标排名第二，分别为政务公开、社会服务、获得投资和科技资源；经营成本和宜业环境 2 项指标排名靠后，分别位于第六和第七位。

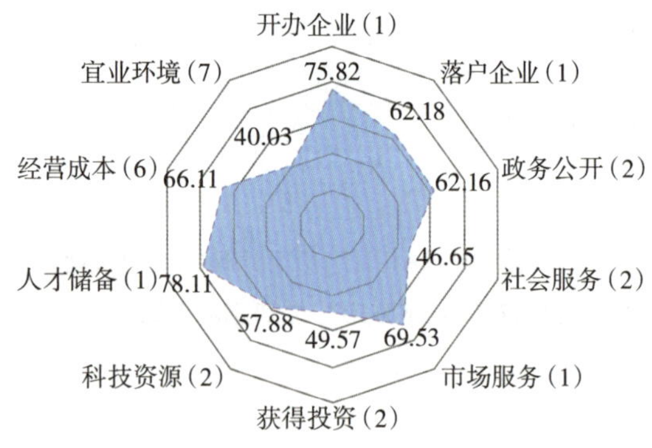

图 1　浦东新区营商环境一级指标 DTF 得分及排名情况

从浦东新区10项营商环境一级指标的DTF得分看，2项指标的DTF得分超过70分，分别是人才储备（78.11）和开办企业（75.82）；DTF得分在60～70之间的指标有4项，其余均低于60分，其中宜业环境DTF得分最低，为40.63分。浦东新区作为国务院批准的第一个国家级新区，营商环境整体水平较高，具有人才资源丰富、资本市场活跃、创新能力强劲、行政效率较高、基础设施完备、服务产业发达等诸多优势，同时也面临企业经营成本上升、宜业的生态环境营造等挑战。

2. 浦东新区营商环境测评指标分析

（1）开办企业便利程度较高，持续优化企业登记流程

浦东新区开办企业指标DTF得分为75.82，在7个国家级新区中居第一位，开办企业便利度仍有提升空间。从二级指标情况看，其中开通专门网上申请窗口指标（88.89）、申请者到场次数指标（100）、新登记注册企业数量指标（52.83）等均居首位，申请者提交材料数量指标（81.82）排名第三，承诺办结时限指标（55.56）排名第六。

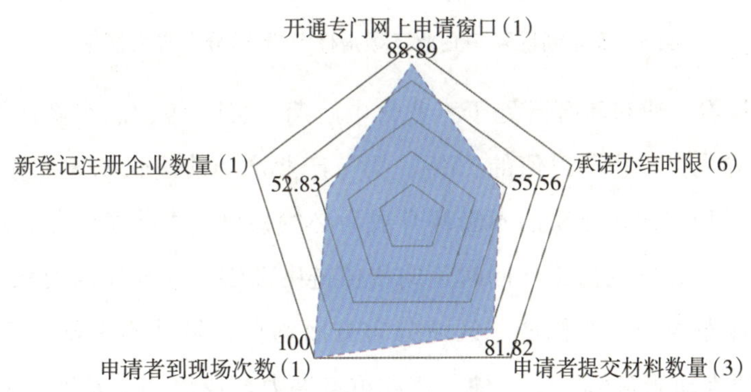

图2　浦东新区开办企业二级指标DTF得分及排名情况

2017年浦东新区创业活力持续迸发，共新登记注册企业3.8万家，占全部在营企业总量的14.5%。2018年1月，浦东市场监管局发布了《优化营商环境“二十条”措施》，该措施实施后将推行“1+1+2”企业登记办理模式，再造登记流程，对使用可选用名称的企业设立登记当场办结，原来企业设立登记需经企业名称预先核准、设立登记两个环节，一般需8个工作日，实行“1+1+2”办理模式后，最多2日办结，至少提速 75%，有效提高了开办企业便利度。

（2）企业发展质量占据优势，制造业高端化发展滞后

浦东新区落户企业指标 DTF 分数为 62.18，在 7 个国家级新区中居首位。浦东新区各类型企业集聚度高，但制造业高端化水平仍需提升。从二级指标情况看，上市企业数量指标（13.74）、知识型企业比率指标（89.68）、外资企业比率指标（100）以及外贸企业比率指标（68.87）等在 7 个国家级新区中均居首位，但高端制造业企业比率指标（38.6）排名第六位，成为发展的短板。

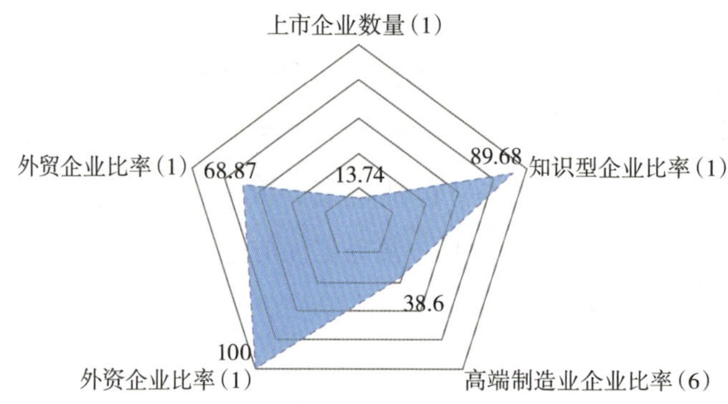

图 3　浦东新区落户企业二级指标 DTF 得分及排名情况

从产业结构看，浦东新区已处于工业化中后期。2017 年，浦东新区第二产业增加值增长 10.5% 左右，占生产总值的 25%；第三产业增加值增长 8.3% 左右，占生产总值的 75% 左右，第三产业比重的不断提升成为必然趋势。当前产业结构的调整关键在于不仅要维持二产 25% 的比重，同时迈向价值链中高端，并且还需要认识到，目前浦东制造业在行业布局、企业构成、区域分布方面均存在发展不平衡、不充分的问题。因此，更加需要推动浦东新区的支柱产业和重点潜力产业集群化发展，如汽车制造业、电子信息产业、装备制造、大健康产业等，迈向价值链中高端，实现从传统产业向现代的梯度迈进，实现产业结构的合理化和高度化；同时继续淘汰低效企业，去除低效产能、低端产品，坚决遏制产能过剩，将产业结构调整工作服务于构建现代化经济体系。

（3）政务活动公开透明度高，在线审批服务看齐先进

浦东新区政务公开指标 DTF 得分为 62.16，在 7 个国家级新区中排名第二位，政务公开透明度较高。从二级指标情况看，政策措施关键词互联网热度指标（96.11）最为接近前沿水平，但行政审批在线办理事项指标（40.8）排名第四，与第一名相差33.04分，政府服务智慧化水平仍有很大提升空间。浦东新区需要继续推进“互联网+政务服务”，通过信息化手段提高行政效率，让更多的“企业少跑腿、数据多跑腿”。

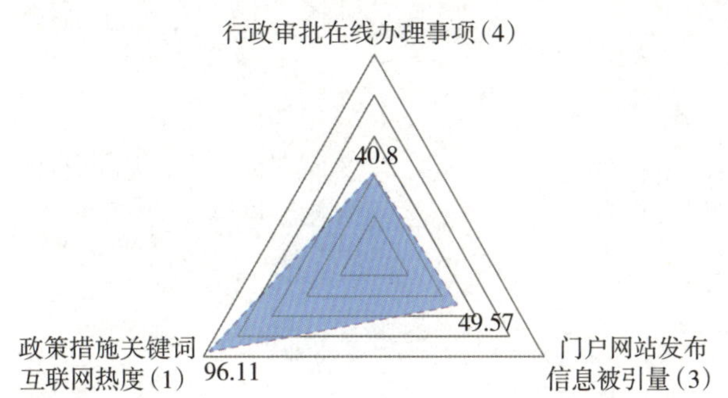

图4　浦东新区政务公开二级指标DTF得分及排名情况

2017年4月，浦东新区举行“三全工程”（市场准入“全网通办”、个人事务“全区通办”、政务信息“全域共享”）新闻发布会，标志着在浦东新区企业的市场准入中，涉及企业登记、金融贸易、食品药品、卫生、文化、新闻出版、治安管理、环境保护、建设交通、人力资源、农业等14个委办局的104项区权审批事项，通过浦东新区网上政务大厅全部实现“全网通办、一次办成”，其中74项实现网上全程一次办成，30项实现网上申报只跑一次。通过网上申报、网上审批，结合数码申请材料和证照文书快递递送方式，实现申请企业足不出户就能办完事、办成事。

（4）社会服务能力较为突出，加强区内基础服务投入

浦东新区社会服务指标DTF得分为46.65，在7个国家级新区中排名第二。从二级指标情况看，浦东新区交通及信息化基础设施建设相对较为完善，其中新区道路密度指标（23.55）排名第二，城市互联网普及率指标（90.21）排名第一，但相关服务供给仍需加强，万人公共汽车拥有量指标（45.45）排名第五，万人生活文化服务机构拥有量指标（57.11）和万人教育医疗服务机构拥有量指标（16.94）均排名第四，仍需强化与上海中心城区的服务对接。

在《2018年浦东新区实事项目计划和浦东新区实施的市政府实事项目》中，浦东新区将在美丽家园与美丽乡村建设，打造15分钟社区生活圈，道路交通服务与设施新建、改造，老旧小区改造，特殊群体关怀，教育设施建设，养老服务体系建设，公共文化服务，卫生与健康服务，推动就业工作等十大方面启动完成37项与人民生活密切相关的实事，如将延伸部分公交线路、开放部分学校体育设施、增加文演次数等，进一步增强浦东新区的社会服务综合能力。

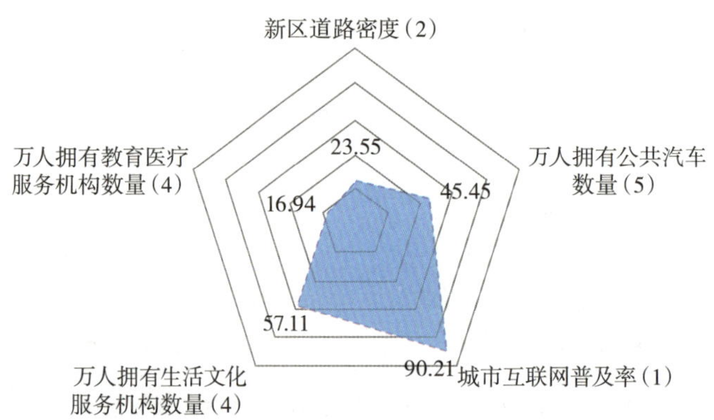

图5　浦东新区社会服务二级指标DTF得分及排名情况

（5）市场服务综合水平最佳，增强租赁服务专业水平

浦东新区市场服务指标DTF分数为69.53，领先于其他国家级新区。从二级指标情况看，金融和投资与资产管理企业比率指标（100）已达7个国家级新区前沿水平，已具备了良好的金融综合服务能力；专业协会及联盟数量指标（57.5）和专业化服务企业比率（89.55）均排名第二，形成了较为优质的企业服务市场主体结构；但商务租赁企业比率指标（26.82）相对落后于其他国家级新区，相关企业数量占比较少，浦东新区的商务租赁服务相对不够活跃，需进一步提升商务租赁服务水平，以增强对企业服务的价值增值效应。

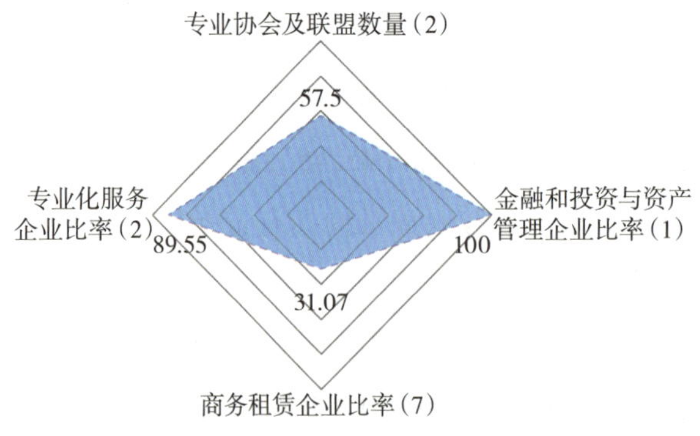

图6　浦东新区市场服务二级指标DTF得分及排名情况

作为“四个中心”（国际经济中心、国际金融中心、国际贸易中心、国际航运中心）的核心区，浦东新区应借助上海金融服务创新的活力，提升金融信贷服务可获得性和便捷性，率先试点金融业对外开放，为国际化人才提供国际化事业舞台。2018 年浦东新区率先落实上海市六个方面先行先试的战略举措；全面推动银行、证券、保险、金融要素市场、支付等行业的开放，拓展 FT 账户功能和使用范围；率先推动一批重点外资项目落户浦东，推动一批国际知名的合资证券、外资银行、外资寿险公司、外资再保险公司、外资保险经纪、外资公募基金、评级机构、清算支付机构落户；拓展境外投资者参与的深度和广度，争取年内推出“沪伦通”。

（6）市场投资环境良好，仍需加强资本关注热度

浦东新区获得投资指标 DTF 得分为 49.57，排名第二，2017 年吸纳各类投资的整体情况相对弱于南沙新区（61.28）。从二级指标情况看，实际利用外资总额（86.96）、获得风险投资企业比率（39.86）和获得外埠资本投资企业比率（48.34）分别排名前三位，说明浦东新区对全国各类资本具有较强的吸引力；但获得本地资本投资企业比率（23.13）相对落后于其他国家级新区。

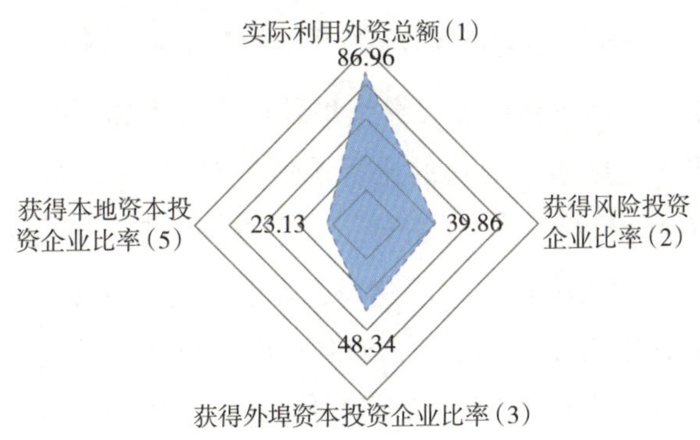

图 7　浦东新区获得投资二级指标 DTF 得分及排名情况

总体来看，浦东新区各方面均处于 7 个国家级新区领先地位，并依托于上海经济的蓬勃发展积蓄了深厚的经济实力，营造了企业发展的资本环境；2018 年，上海市人民政府发布了《上海市着力优化营商环境加快构建开放型经济新体制行动方案》提出“深化推进全方位高水平的投资和贸易便利化自由化”，这将有利于营造良好市场环境，进一步提升浦东新区资本集聚力。

（7）科技创新成果最为丰硕，支撑经济高质量新发展

浦东新区科技创新气氛良好，科技资源指标 DTF 分数为 57.88，在 7 个国家级新区中排名第二。从二级指标情况看，年度专利授权量指标（86.29）和年度软件著作权登记量指标（93.63）均远高于其他国家级新区指标的 DTF 得分；科创孵化载体数量指标（61.47）、拥有专利企业比率指标（35.9）和拥有软件著作权企业比率指标（12.14）分别排名第一二三位，但拥有软件著作权企业比率指标与排名首位的滨海新区差距达 52.96 分，与代表全国前沿水平的北京市海淀区相差 87.86 分。

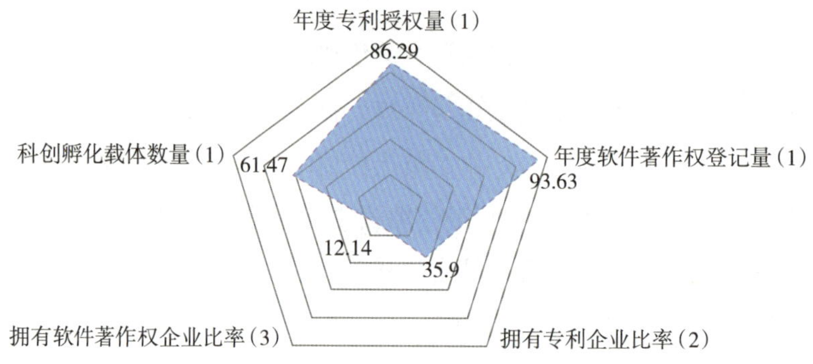

图 8　浦东新区科技资源二级指标 DTF 得分及排名情况

作为科技创新中心，浦东新区需要继续加强创新能力和创新载体建设，使得全社会研发经费支出相当于地区生产总值的比重达到 3.8% 左右，高新技术企业累计超过 2000 家，年内新增专利授权量超过 2 万件，新增众创空间、孵化器和加速器 20 家以上，加快推进张江综合性国家科学中心建设，配合筹建国家实验室，推动集成电路、生物医药等科技公共服务平台功能提升，尤其需要引导和鼓励企业加强在互联网、大数据、人工智能和实体经济融合等方面的创新活动，打造创新引擎，从而更好地成为改革开放创新发展的新标杆。

（8）高端人才资源充分集聚，放眼全球开展招才引智

浦东新区人才储备指标 DTF 分数为 78.11，排名第一，领先第二位的滨海新区 30.14 分，高端人才充分集聚，为产业发展提供了充足的智力支持。从二级指标情况看，高层次人才数量指标（92.89）与连续创业者数量指标（81.34）均达到 7 个国家级新区的最佳水平，并大幅领先于其他国家级新区，分别高于排名第二的滨海新区和两江新区 57.03 分和 52.86 分。

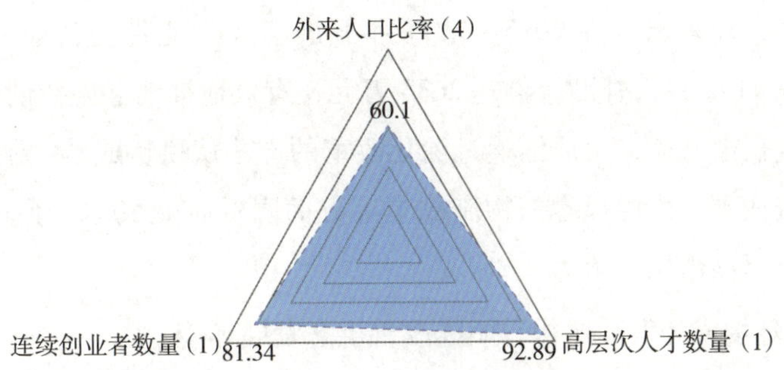

图 9　浦东新区人才储备二级指标 DTF 得分及排名情况

近年来，浦东新区将人才资源作为创新发展第一资源，在承载推进国家战略进程中，不断优化人才综合环境，初步形成具有国际国内重要影响力的人才高地，人才资源增长到 137 万，其中境外人才 3. 6 万人；引进海内外院士 90 人、诺贝尔奖获得者 5 人；入选国家“千人计划”13 批 219 人。在 2018 年 4 月浦东新区发布了《关于支持人才创新创业促进人才发展的若干意见》，将在未来三年建设 15 万套以上人才住房，9000 套以上国际人才公寓，营造更具吸引力的人才环境。

（9）企业发展成本压力较大，需政府和企业齐心协力

浦东新区企业经营成本指标 DTF 得分 66. 11，在 7 个国家级新区中排名第六位，企业发展成本压力相对较大。从二级指标情况看，工业企业运营成本指标（81. 51）、工业企业税收负担指标（74. 84）排名 7 个国家级新区的梯队中间位置，但过高的用地成本拉低了企业经营成本 DTF 得分，其中写字楼租金价格（43. 81）与仓储用地租金价格（64. 29）分别排名最后两位。

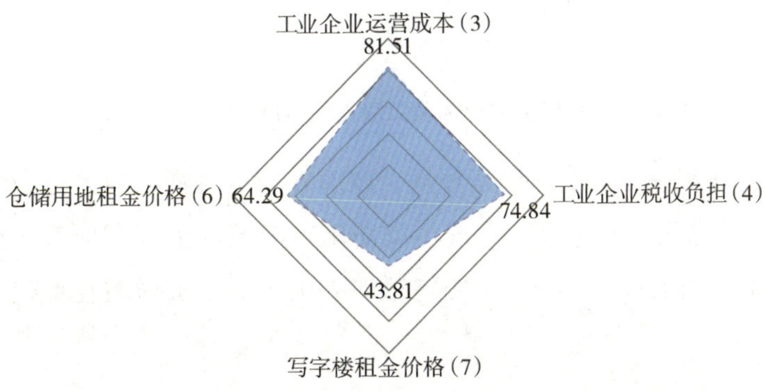

图 10　浦东新区经营成本二级指标 DTF 得分及排名情况

为解决矛盾，浦东新区在2015～2017年开展了《创业带动就业三年行动计划》，发放了房租补贴4192户，补贴金额达2633万元，有效地推动了创新创业，降低了创业成本。但从长远角度考虑，政府需通过深化改革的方法从税负成本、制度性交易成本、人工成本、融资成本、能源成本、物流成本等方面降低企业成本；企业则需要有效进行降本增效，以提高市场竞争力。

（10）宜业环境成为发展短板，亟需改善生态发展环境

浦东新区宜业环境指标DTF得分40.63，排名7个国家级新区末位。从二级指标情况看，万元GDP能耗下降率指标（37）排名第五，空气质量指数优良率指标（51.63）和生活污水处理率指标（42.86）排名第六，森林覆盖率指标（31.02）居于末位，整体环境的质量现状与城市发展的需求有较大差距，亟需加强空气、水体污染排放控制，强化空气、水污染综合整治。

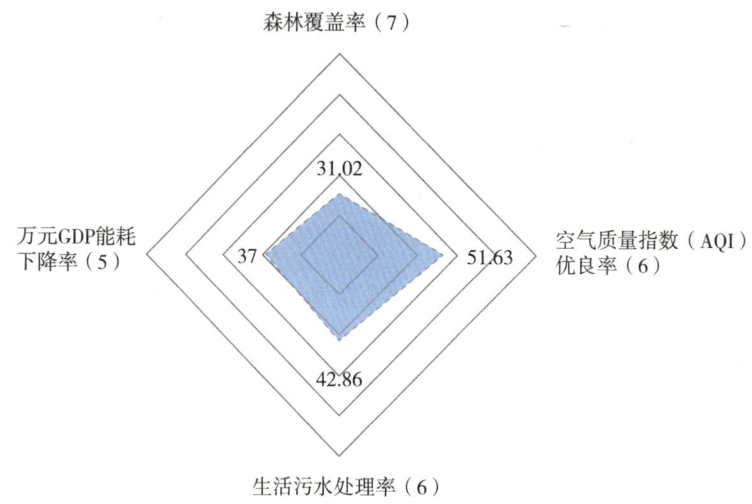

图11　浦东新区宜业环境二级指标DTF得分及排名情况

为全面提升浦东新区未来的生态环境，政府发布了《浦东新区生态环境保护“十三五”规划》，从绿化林业建设、大气污染防治、湿地保护等方面着手建设，并提出“到2020年将新增森林面积5万亩，新增绿地2400公顷，森林覆盖率到18%”。

二、滨海新区

1. 滨海新区营商环境整体测评情况

滨海新区持续优化营商环境，营商环境测评排名第二位。在7个国家级新区营商环境测评中，滨海新区的营商环境 DTF 得分53.55，位居第二，与浦东新区（60.86分）相比仍有一定差距。10项营商环境一级指标中滨海新区仅有科技资源指标排名第一，落户企业和人才储备等两项指标排名第二，政务公开、市场服务和获得投资等三项指标排名第三，开办企业指标排名第五，社会服务、宜业环境和经营成本等三项指标排名靠后，分处第六、七位。

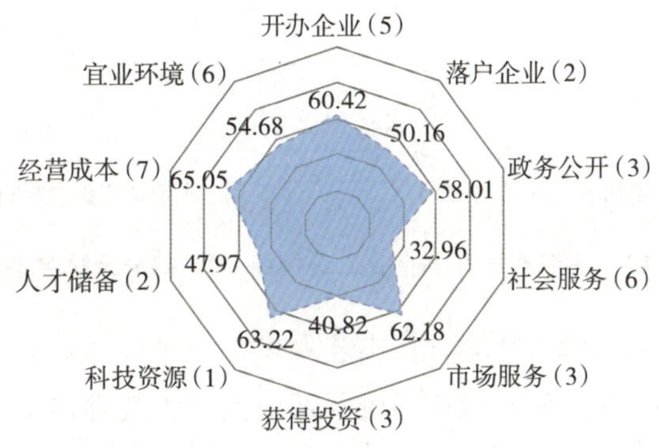

图12　滨海新区营商环境一级指标 DTF 得分及排名情况

从滨海新区10项营商环境一级指标的 DTF 得分看，各项指标均未超过70分，其中，DTF 得分在60~70之间的指标有4项，在50~60分的指标有3项，在50分以下的有3项，其中经营成本指标虽然排名7个国家级新区最后一名，但 DTF 得分为滨海新区最高，社会服务指标 DTF 得分最低，产城融合发展相对较为滞后。

滨海新区发展处于历史性窗口期，为最大程度地把机遇优势变成发展优势、竞争优势，需要做好统筹协调工作，进一步优化社会服务和投资环境，补齐营商环境中的短板，以期在新的起点上谋求更大发展、展示更大作为、实现更大突破。

2. 滨海新区营商环境测评指标分析

（1）开办企业服务有待完善，着力提升网络服务水平

滨海新区开办企业指标 DTF 得分为 60.42，在 7 个国家级新区中居第五位。滨海新区开办企业便利程度相对较为一般，新增企业数量大大落后于前沿水平。从二级指标情况看，滨海新区开办企业的承诺办结时限（100）与提交材料数量（90.91）较少，但网上服务窗口（44.44）和到现场次数（50）仍需优化；新登记企业数量指标排名第六，DTF 得分仅为 16.74 分。

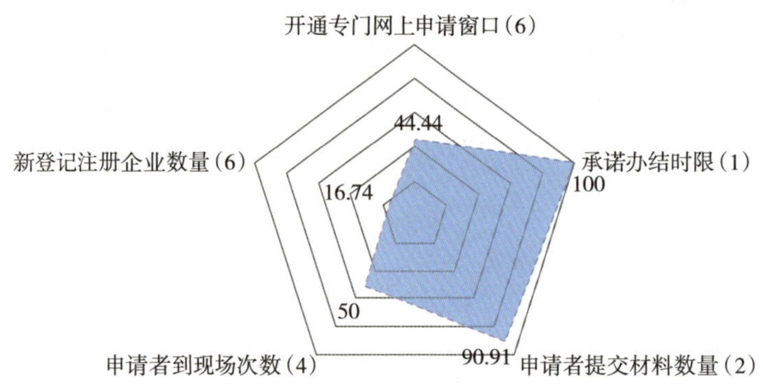

图 13　滨海新区开办企业二级指标 DTF 得分及排名情况

2017 年滨海新区共新登记注册企业 1.2 万家，占全部在营企业总量的 14.7%，创业活力得到释放。2018 年滨海新区市场监管部门提出将统筹推动“多证合一”和“证照分离”改革，推进电子营业执照和企业登记全程电子化，以期完善“互联网 + 政府服务”，提供便利、快捷、多元的网上窗口服务。

（2）企业发展保持较高水准，增强企业内生发展动力

滨海新区落户企业指标 DTF 分数为 50.16，在 7 个国家级新区中居第二位，与浦东新区相差 12.02 分，落户企业群体发展质量仍有待提升。从二级指标情况看，知识型企业比率（88.77）和外资企业比率（69.22）均排名第二，反映滨海新区的科技型知识型企业发展态势良好，对外资吸引力较高；上市企业数量指标同样排名第二，反映出滨海新区在国家级新区中具有较明显的比较优势，但 DTF 得分仅为 7.79，与前沿水平有显著的差距；作为高端装备制造产业基地和北方地区对外开放的门户，高端制造业企业比率指标（54.42）和外贸企业比率（30.58）均排名第四，需要积极促进高端装备制造业的发展。

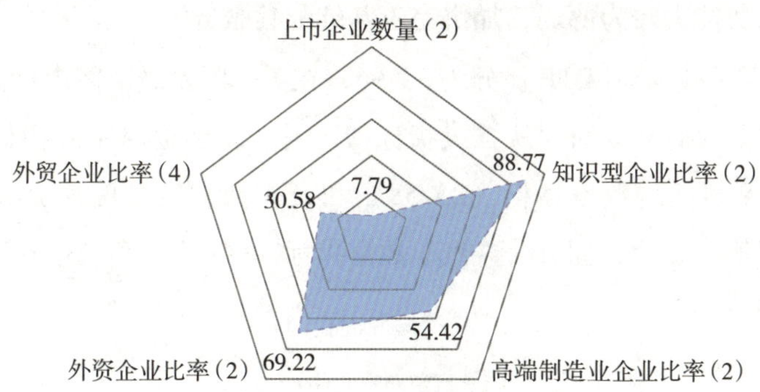

图 14　滨海新区落户企业二级指标 DTF 得分及排名情况

（3）政务信息发布渠道畅通，提升行政在线服务水平

滨海新区政务公开指标 DTF 得分为 58.01，在 7 个国家级新区中排名第三位。从二级指标情况看，门户网站发布信息被引量指标（56.79）和政策措施关键词互联网热度指标（92.32）均排名第二。但二级行政审批在线办理事项指标（20）仅排名第六位，影响了滨海新区政务公开的总体评价。

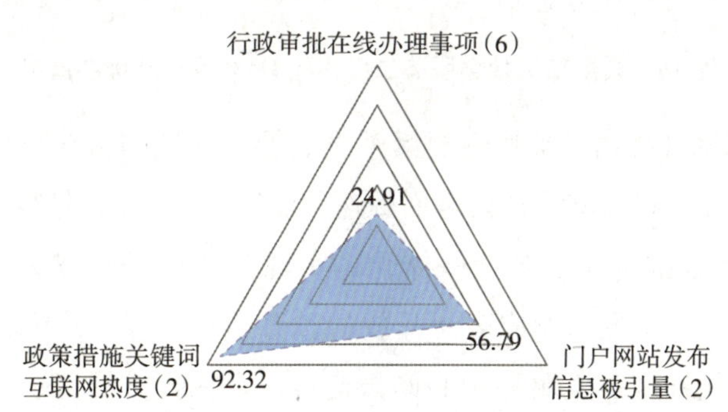

图 15　滨海新区政务公开二级指标 DTF 得分及排名情况

近几年，滨海新区积极推动政务公开和政务新媒体建设，目前已经形成政务新媒体服务体系，共开设了 100 多个官方微博账号、100 多个官方微信公众号和 10 个客户端，拉近百姓与政府之间的距离。2017 年 12 月发布的《滨海新区关于进一步优化投资服务和营商环境的工作分工方案》中提出“全面提升‘互联网+政务’服务水平，加快推行企业网上申报、年检、备案、咨询、办理和投诉，为企业和居民提供及时准确政策信息服务；推行便民集中服务，优化服务水平，建设公共资源交易平台等”，这将有利于进一步提高滨海新区在线办理事项服务水平。

（4）社会服务能力较为薄弱，加快完善基础配套服务

滨海新区社会服务指标 DTF 得分为 32.96，在 7 个国家级新区中排名第六，在产城融合方面还有较大的提升空间。从二级指标情况看，新区道路密度指标（10.71）、万人拥有生活文化服务机构数量指标（23.58）和万人拥有教育医疗服务机构数量指标（10.87）均排名第六；万人拥有公共汽车数量指标（54.55）和城市互联网普及率指标（65.08）排名第三和第四。

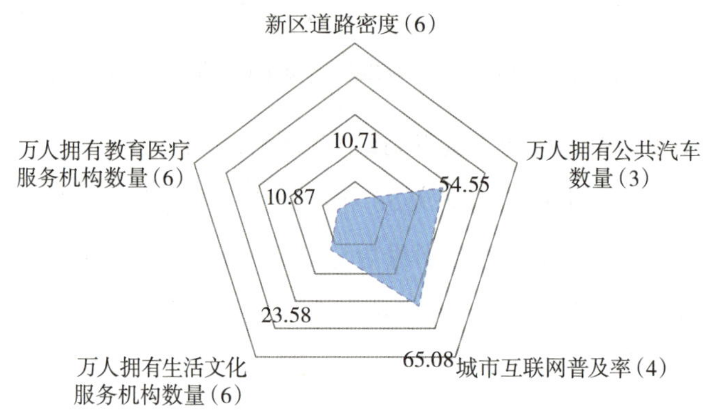

图 16　滨海新区社会服务二级指标 DTF 得分及排名情况

2017 年，滨海新区提出了加快创建繁荣宜居智慧新城的奋斗目标，并采取了一系列举措：在交通方面，轨道交通建设全面提速，滨铁 1 号线、2 号线开工建设，新开并优化 25 条公交线路，推进城乡公交一体化，实现全区建制村公交全覆盖；在教育方面，大力引进优质教育资源，形成多元开放的教育格局；在医疗方面，开展公立医院改革试点工作，加快社区卫生服务中心站点建设，全面提升社区卫生服务能力，发展智慧健康和智慧医疗，开发建设大健康数据服务平台。

（5）市场服务环境较为优质，做优做强金融服务体系

滨海新区市场服务指标 DTF 分数为 62.18，在 7 个国家级新区中排名第三，市场服务整体环境排名国家级新区前列。从二级指标情况看，商务租赁企业比率指标（100）已达 2017 年 7 个国家级新区最佳前沿水平；专业化服务企业比率指标（74.56）、金融和投资与资产管理企业比率指标（48.16）均排名第三，但作为国家金融改革创新试验基地，滨海新区金融服务体系仍需加快建设完善，并与浦东新区相差 51.84 分，尚有较大的差距，未来需要依托自身的产业优势、区位优势、技术优势等，创新金融业态，为区域经济发展提供更加优质的金融和资本服务环境；专业协会及联盟数量指标（26）排名第四，滨海新区仍未形成有效的企业间协作，新区企业之间的联系和交流相对较少，产业发展的自组织能力相对薄弱，影响了滨海新区的整体发展。

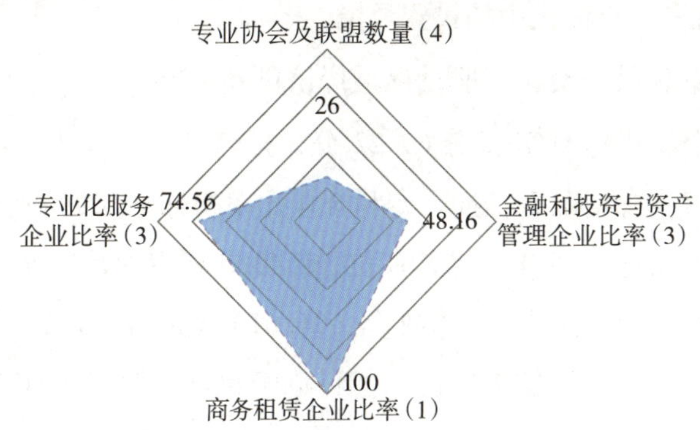

图 17　滨海新区市场服务二级指标 DTF 得分及排名情况

（6）吸引资本投资能力较弱，继续优化投资发展环境

滨海新区获得投资指标 DTF 得分为 40.82，在 7 个国家级新区中排第三。从二级指标情况看，实际利用外资总额指标（86.94）排名第二，仅低于浦东新区 0.02 分；获得风险投资企业比率（20.07）和获得外埠资本投资企业比率（35.18）均排名第四，获得本地资本投资企业比率（21.11）排名第六，DTF 得分较低，与前沿指标差距显著，有待进一步增强对各类投资的吸引力。

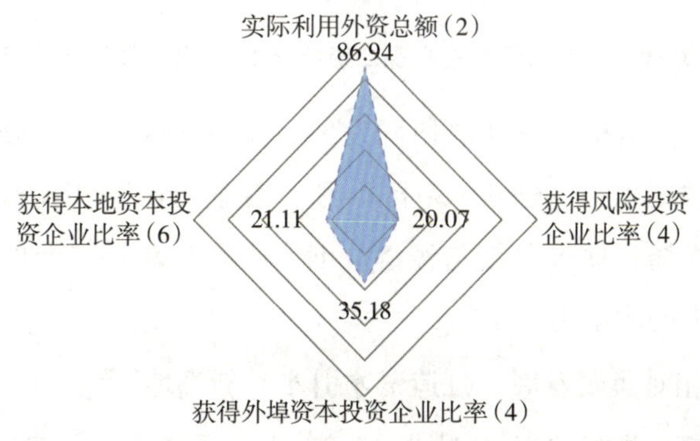

图 18　滨海新区获得投资二级指标 DTF 得分及排名情况

滨海新区正处于从“滨海速度”向“滨海效益”转型的关键阶段，需要进一步加强城市投资软硬环境建设，吸引资本流入，以促进城市活力不断增强，推动地区经济发展。在2017年12月发布的《滨海新区关于进一步优化投资服务和营商环境的工作分工方案》中提出“构建高度开放新型投融资体制，放宽市场准入并放开竞争性领域，清单以外的各类市场主体皆可依法平等进入，消除阻碍民营经济公平参与竞争的壁垒和歧视性政策”，将进一步优化市场投资环境。

（7）科技创新载体较为突出，驱动区域经济创新发展

滨海新区科技资源指标DTF得分63.22分，排名第一，成为科技创新水平最高的国家级新区。从二级指标情况看，拥有专利企业比率指标（100）达到前沿水平，拥有软件著作权企业比率指标（65.1）排名首位，年度专利授权量（62.67）、年度软件著作权登记量（61.73）和科创孵化载体数量（26.61）均排名第二，领先于其他国家级新区，科技创新载体及成果均较为突出；但科创孵化载体数量DTF得分分值与前沿水平差距较大，仍需进一步培育新区创新孵化器。

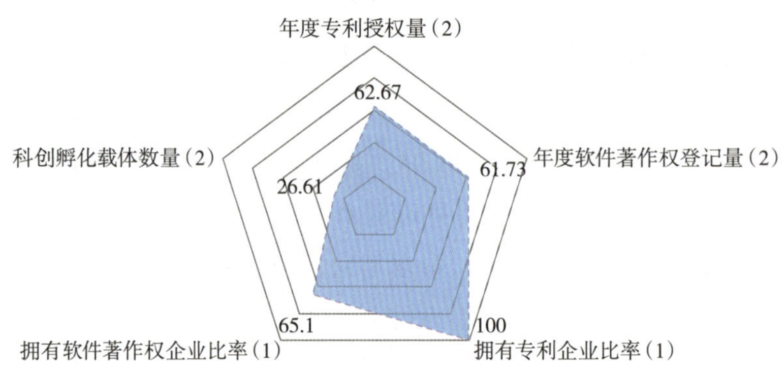

图19　滨海新区科技资源二级指标DTF得分及排名情况

目前，滨海新区紧紧把握京津冀协同发展、滨海新区开发开放等重大国家战略叠加的机遇，以建设“国家自主创新示范区”和“双创特区”为突破口，主动把科技创新融入经济建设主战场，促进科技与经济、创新成果与新兴产业的深度对接，为新区创新发展提供了强大的驱动力。

（8）产业人才相对集聚发展，打造聚才引才“新高地”

滨海新区人才储备指标DTF分数为47.97分，排名第二，但落后浦东新区30.14

分，仍需进一步吸引人才。从二级指标情况看，外来人口比率指标（88.09）、高层次人才数量指标（35.86）和连续创业者数量指标（19.94）均排名国家级新区第二三位，但与前沿水平仍有较大的差距。

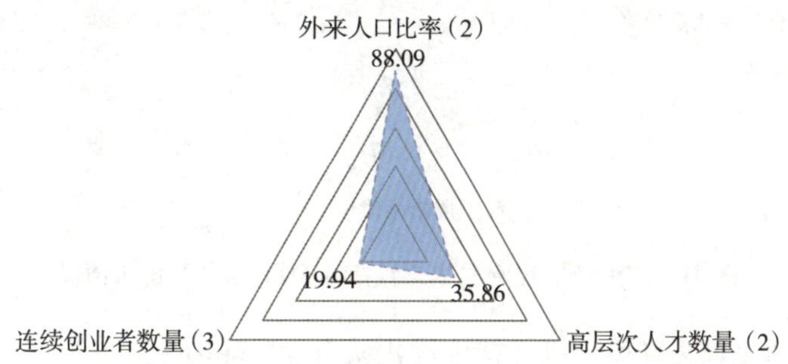

图 20　滨海新区人才储备二级指标 DTF 得分及排名情况

为集聚人才资源，最大限度激发人才创新创业活力，滨海新区在 2017 年 1 月发布了《滨海新区关于进一步集聚人才创新发展的若干措施》，通过深化人才发展体制机制改革和推进人才政策创新，实施一系列人才工作新举措。需要持续优化人才环境，全力打造人才集聚新高地。在 2017 年 12 月发布的《滨海新区关于进一步优化投资服务和营商环境的工作分工方案》中，明确指出“新区将着力优化人才环境，全力打造聚才引才新高地”，以完善人才引进机制和人才激励机制。

（9）企业发展非税成本较高，减轻企业不必要的负担

滨海新区经营成本指标 DTF 分数为 65.05，在 7 个国家级新区中排名末位，滨海新区企业经营的非税成本较高，在国家级新区中的比较优势不够明显，对滨海新区企业发展造成了一定的影响。从二级指标情况看，工业企业税收负担指标（75.01）排名第三，企业税收负担较轻；但工业企业运营成本指标（71.62）、写字楼租金价格指标（61.67）和仓储用地租金价格指标（51.9）均排名靠后。

为促进地区经济发展，滨海新区深入开展降低实体经济企业成本行动，积极落实《天津市进一步推进供给侧结构性改革降低实体经济企业成本措施》，从降低企业税费负担、人工成本、融资成本、能源资源成本、物流成本、制度性交易成本、创新创业成本以及生产经营成本管理费用等 8 个方面着手，切实为企业减负，增强区内企业竞争力。

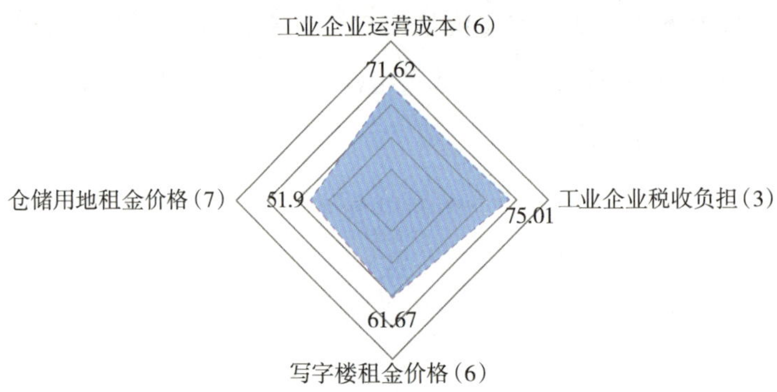

图 21　滨海新区经营成本二级指标 DTF 得分及排名情况

（10）空气质量成为环境短板，持续优化城市发展环境

滨海新区宜业环境指标 DTF 分数为 54.68，在 7 个国家级新区中排名第六，有待进一步改善城市环境。从二级指标情况看，万元 GDP 能耗下降率指标（84.1）排名第一，新区企业节能减排工作扎实推进；生活污水处理率指标（53.57）排名第四位，相对滞后新区发展；森林覆盖率指标（66.24）和空气质量指数优良率指标（14.82）分别排名第六位和第七位，成为滨海新区宜业环境的短板所在。

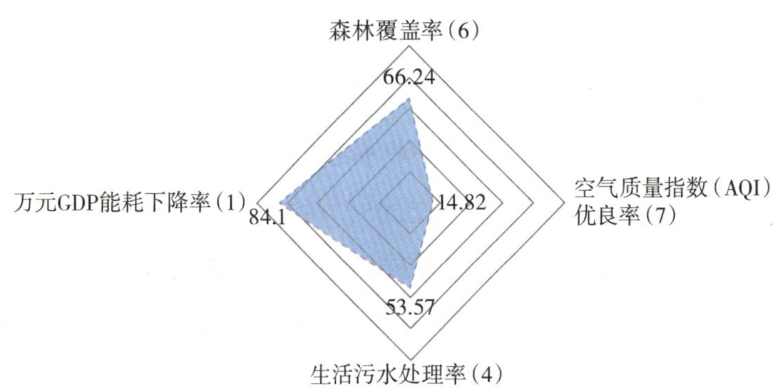

图 22　滨海新区宜业环境二级指标 DTF 得分及排名情况

滨海新区在环境治理方面开展了多项工作，发布《滨海新区“十三五”控制温室气体排放工作实施方案》《滨海新区商业企业节能减排工作实施方案》等；启动实施农村生活污水处理工程，以实现达标排放；积极推进垂直绿化、屋顶绿化、高架绿化等建筑物立体绿化，增强绿地系统生态服务功能；贯彻落实《天津市“十三五”生态环境保护规划》工作实施方案和《打赢蓝天保卫战三年行动计划》，以期改善滨海新区生态环境质量，加快推进美丽滨海建设。

三、两江新区

1. 两江新区营商环境整体测评情况

两江新区营商环境各方面发展不均衡，营商环境测评排名第五位。两江新区的营商环境 DTF 得分45.07，在7个国家级新区排名第五，营商环境有待进一步优化。10 项营商环境一级指标中仅有2 项指标排名靠前，其中经营成本排名第二，科技资源排名第三；开办企业指标和落户企业指标排名靠后，均排名第六；其余指标均排名中间位置。

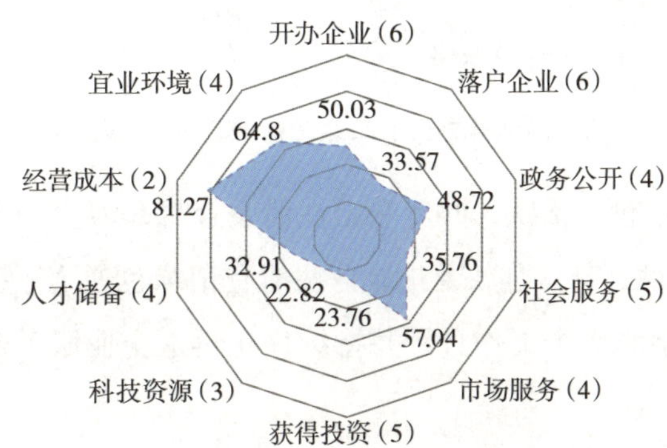

图 23　两江新区营商环境一级指标 DTF 得分及排名情况

从两江新区 10 项营商环境一级指标的 DTF 得分看，仅有经营成本（81.27）和宜业环境（64.8）两项指标 DTF 得分超过 60 分；市场服务（57.04）和开办企业（50.03）两项指标 DTF 得分在 50 ~60 分之间，其余 6 项指标得分均低于 50 分，其中科技资源得分最低，仅 22.82 分。

2. 两江新区营商环境测评指标分析

（1）开办企业便利程度较低，综合优化涉企服务手续

两江新区开办企业指标 DTF 得分 50.03，在 7 个国家级新区中排名第六，开办企业

便利度相对较差。从二级指标情况看，承诺办结时限指标（55.56）、申请者提交材料数量指标（63.64）分别排名第六和第七位，开通专门网上申请窗口指标（55.56）和申请者到现场次数指标（50）均排名居中，开办企业服务环节具有较大的优化空间，新登记注册企业数量指标（25.39）排名第三，相对新增企业数量较多，但与前沿水平差距仍然显著。

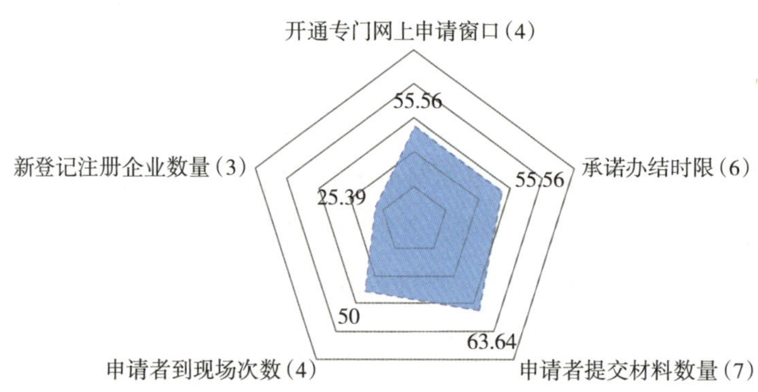

图 24　两江新区开办企业二级指标 DTF 得分及排名情况

2017 年，两江新区创业活跃，共新登记注册企业 1.8 万家，占全部在营企业总量的 17.6%。2018 年，两江新区加快落地企业注册登记绿色通道服务制度，将企业注册登记审批时限压缩至平均 2 个工作日，并持续优化再造企业服务流程，打造更加便捷高效的营商环境。

（2）落户企业发展相对落后，注重培育和发展新动能

两江新区落户企业指标 DTF 得分为 33.57，排名第六，落户企业群体发展水平有待进一步提升。从二级指标情况看，高端制造业企业比率指标（70.14）排名第二，知识型企业比率指标（69.06）排名第四，知识型企业的发展和制造业高端化相得益彰，保持了较高的发展水平；上市企业数量指标（4.53）虽然排名第三，但与前沿指标差距较大；外资企业比率指标（11.97）和外贸企业比率指标（12.15）排名第六和第七位，外向型经济发展水平相对滞后。

当前两江新区制造业正逐渐向高端化迈进，积极引进机器人、智能装备、轨道交通、航空等领域的领军企业和重大项目，打造制造业发展新高地。同时需要积极引导和鼓励核心企业做大做强，带动优势产业创新发展，进一步吸引外资企业落户发展，推动企业进行国际贸易，提升带动两江新区的对外开放水平。

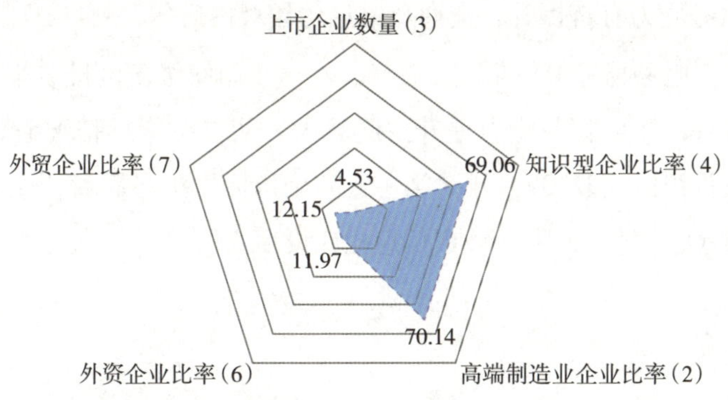

图 25　两江新区落户企业二级指标 DTF 得分及排名情况

（3）政务在线服务水平较高，仍需扩大互联网影响力

两江新区政务公开指标 DTF 得分为 48. 72，在 7 个国家级新区中排名第四位。从二级指标情况看，行政审批在线办理事项指标（53. 32）排名第二，两江新区行政服务在线办理工作进展较快；但政策措施关键词互联网热度指标（72. 91）和门户网站发布信息被引量指标（19. 94）排名第四和第五，需进一步加大政策措施宣传力度，提高政策措施的互联网关注度。

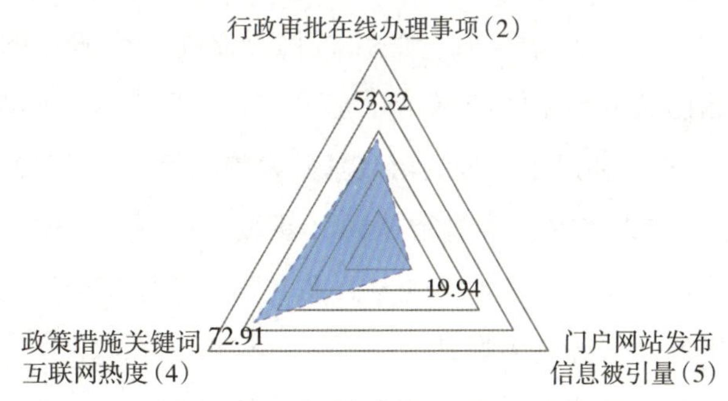

图 26　两江新区政策公开二级指标 DTF 得分及排名情况

近年来，两江新区积极实施“互联网 + 政务”改革，搭建网上行政审批大厅，实现了行政审批事项网上申报、办理、查询、结果反馈等“一条龙”服务，节约办事时间和成本，提高审批工作效率。当前两江新区行政审批事项精简率高达 52. 8%，平均办理时限由 24. 4 个工作日缩减为 9. 3 个工作日，并成功改版和上线了两江新区官网，为推进更加开放透明便利的电子政府建设打下了坚实的基础。

（4）社会服务能力有待提升，交通及信息化相对落后

两江新区社会服务指标 DTF 得分 35.76，在 7 个国家级新区排名第五，各类社会服务功能均相对落后，社会服务能力提升空间较大。从二级指标情况看，万人拥有生活文化服务机构数量指标（92.09）排名第一，其余指标均排名靠后，尤其是城市互联网普及率指标（30.69）排名最末，城市信息化建设短板明显。

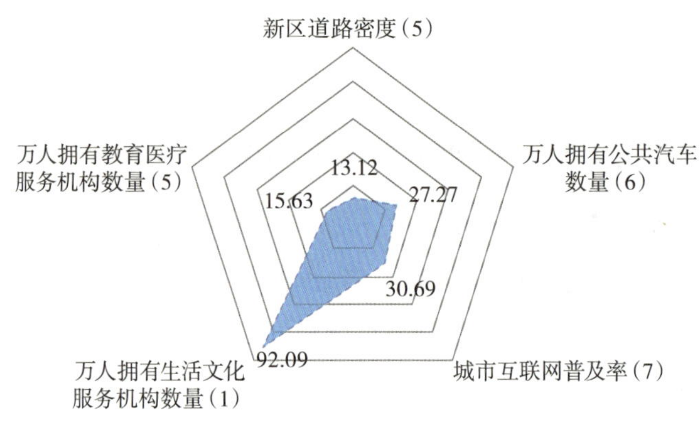

图 27　两江新区社会服务二级指标 DTF 得分及排名情况

两江新区需继续加大基础设施投资力度，加快路网、公共交通设施建设，完善基础设施支撑体系，建设引进高水平教育医疗机构，提高民生服务水平。截至 2017 年底，两江新区直管区已建成投用学校 30 所、落户三甲医院 5 家，同时计划在 2018 年投资 38.6 亿元，实施 159 项补民生短板的市政基础设施项目；并于 2017 年底发布《智慧两江建设实施方案》，方案将深入推进智慧两江建设，计划在 2018 年将完善信息基础设施，更加加强网络覆盖能力，基本实现“百兆到户、千兆到企”。这些规划项目的实施将有利于两江新区社会服务能力提升。

（5）涉企专业化服务能力强，金融服务优势不够显著

两江新区市场服务指标 DTF 得分 57.04，排名 7 个国家级新区第四位。从二级指标情况看，专业化服务企业比率指标（100）达到 7 个国家级新区前沿水平，专业协会及联盟数量指标（36.1）排名第三，两江新区市场服务供给初具规模；但商务租赁企业比率指标（65.36）排名第四，金融和投资与资产管理企业比率指标（23.68）排名第五，金融服务体系尚未健全，成为市场服务能力的短板。

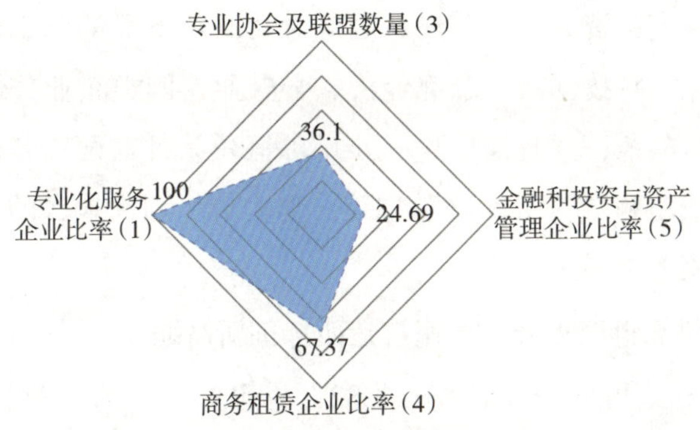

图 28　两江新区市场服务二级指标 DTF 得分及排名情况

经过多年发展，两江新区已初步形成了以高新技术为基础的现代服务业体系，现代服务业初具规模，但与浦东新区相比仍有较大差距。为促进现代服务业发展，两江新区需要紧抓推进中新示范项目、自贸试验区、自主创新示范区等契机，继续加快物流、金融、专业化服务等项目引进，规划建设一批现代服务业聚集区，尽快形成服务业的竞争优势。

（6）获得投资能力相对较好，综合打造优质资本洼地

两江新区获得投资指标 DTF 得分 23.76，位居 7 个国家级新区第五位，投资市场未能充分发育。从二级指标情况看，实际利用外资总额指标（29.44）排名第三，仅次于浦东新区和滨海新区，但分值差距较大；并且对各类资本吸引力不足，其中获得本地资本投资企业比率指标（25.47）排名第四，获得外埠资本投资企业比率指标（34）排名第五，尤其是获得风险投资企业比率指标 DTF 得分仅为 6.11 分，两江新区风险投资环境有待进一步完善。

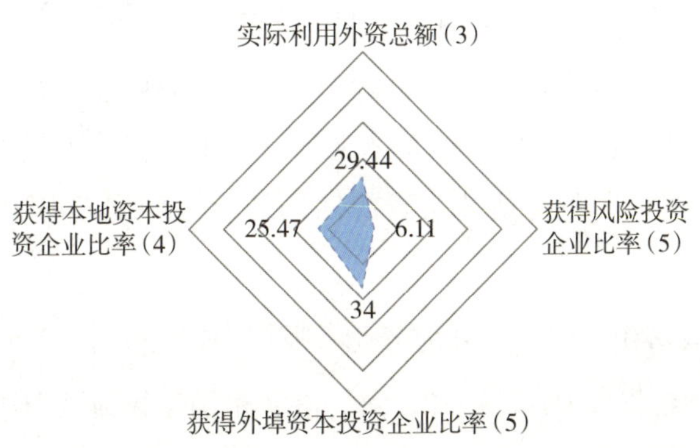

图 29　两江新区获得投资二级指标 DTF 得分及排名情况

为全方位加大招商引资力度，两江新区针对性地发布了 4 个“黄金 10 条”，目的在于招揽先进制造业、科技创新、总部经济、金融业这四类企业，借此打造成为中西部地区重要的投资目的地；并且需要进一步破除区位条件对两江新区发展的阻碍，积极响应西部大开发战略和“一带一路”倡议，努力成为西南地区的产业辐射中心和长江上游地区的金融服务中心。

（7）创新能力仍需继续提升，加速打造西部创新高地

两江新区科技资源指标 DTF 得分 22.82，排名第三，落后位居首位的浦东新区 40.4 分，科技创新能力和水平仍有较大提升空间。从二级指标情况看，各项指标均排名 7 个国家级新区中游，并且 DTF 分值也相对较低，与前沿水平差距显著。

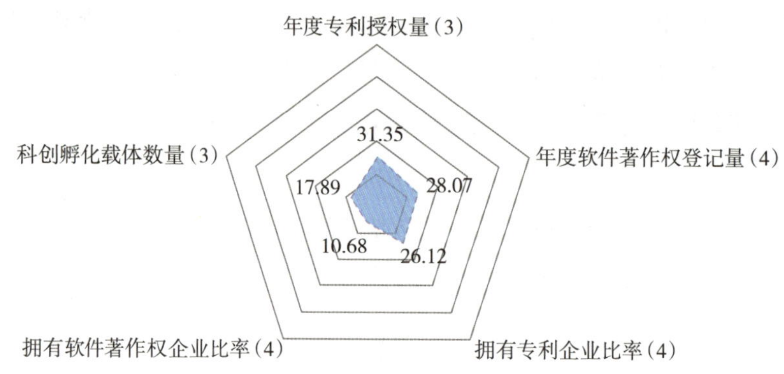

图 30　两江新区科技资源二级指标 DTF 得分及排名情况

作为内陆第一个国家级新区，两江新区在科技创新领域取得一定成效，截至 2017 年底，两江新区有高新技术企业 261 家、市级以上孵化平台 33 家，2017 年技术合同成交额达 3.88 亿元，并先后获批成为国家双创示范基地及国家自主创新示范区。为进一步激活科技创新活力，两江新区发布了一系列创新驱动发展政策，包括《重庆两江新区促进科技创新发展办法》《重庆两江新区促进创新创业的若干政策（试行）》等，加快推动人才、技术、资本、服务等要素资源向两江新区聚集，加速建设成西部创新中心的“窗口”。

（8）产业人才数量相对偏少，外地劳动者吸引力较弱

两江新区人才储备指标 DTF 得分 32.91，在 7 个国家级新区中居第四位。从二级指标情况看，连续创业者人才数量指标（28.48）和高层次人才数量指标（34.94）虽然分别排名第二和第三，DTF 分值仅为浦东新区的三分之一左右，仅相对于其他国家级新区有比较优势，人才绝对值数量仍然偏少；外来人口比率指标（35.32）排名第六，对普通劳动力吸引能力较弱。

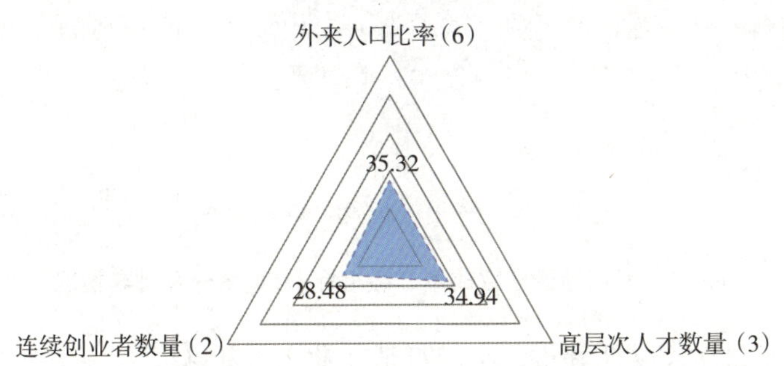

图 31　两江新区人才储备二级指标 DTF 得分及排名情况

近年来，两江新区重视人才队伍建设，不断加大高端人才引进扶持力度，在引进高层次人才和创业者培育方面取得一定成效，如 2017 年重庆启动实施引进海内外英才的“鸿雁计划”，两江新区通过实施人才集聚“2211”工程，设立人才专项资金、提供安居政策、创业平台等措施增强高端人才吸引力，截至 2017 年底两江新区有各类海外高层次人才 361 人，其中院士 9 人，国家“千人计划”专家 8 人，百千万人才工程计划 24 人，为打造西部地区人才高地奠定坚实基础。

（9）企业综合经营成本较低，需针对性减轻运营负担

两江新区企业经营成本指标 DTF 得分 81.27 分，在 7 个国家级新区中居第二位，企业经营成本仅略高于西海岸新区。从二级指标情况看，工业企业税收负担指标（79.15）、写字楼租金价格（79.05）排名第二，仓储用地租金价格（91.9）排名第四，工业企业运营成本指标（74.96）排名第五，整体经营成本较低。

两江新区成立之初即发布了一系列税收优惠政策，包括 2020 年以前两江新区可以全方位按 15% 的税率征收企业所得税，而沿海、中部地区企业所得税的税率为 25%；高新技术产业产值加技术性收入达到年产值 60% 以上的所得税可以按 10% 来征收；对重点支持的产业用地实行双优政策等，这些优惠政策极大的减轻了企业的税费负担，降低了企业经营成本。但是两江新区企业自身运营成本较高，企业自身需加强管理，减少生产消耗，提高经营效率，降低运营成本。

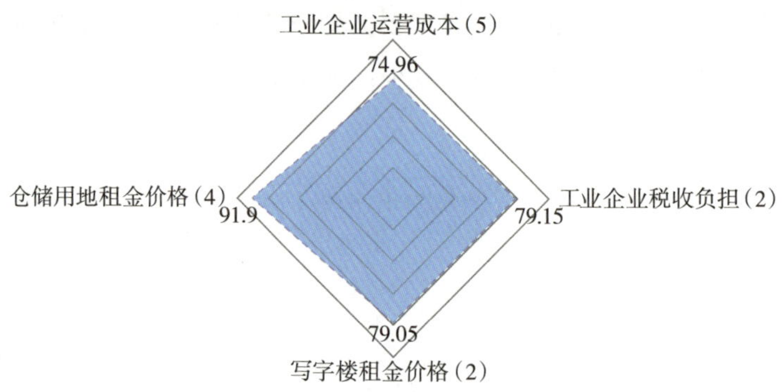

图 32　两江新区经营成本二级指标 DTF 得分及排名情况

（10）综合推进生态文明建设，全面打造宜业山水新区

两江新区宜业环境指标 DTF 得分 64.8，居 7 个国家级新区第四位。从二级指标情况看，森林覆盖率指标（90.61）排名第三，整体绿色生态环境较为优良，但生活污水处理率指标（50）排名第五，空气质量指数（AQI）优良率指标（67.37）和万元 GDP 能耗下降率指标（51.2）排名第四，整体宜业环境还有待进一步优化。

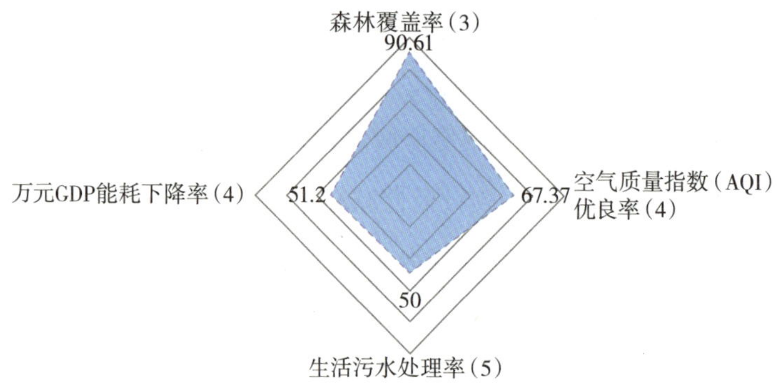

图 33　两江新区宜业环境二级指标 DTF 得分及排名情况

为进一步加强生态文明建设，全面提升招商引资和人居环境，2018 年两江新区将投入 84.89 亿元用于生态环境建设和节能减排等领域，包括园林绿化、空气污水治理、河道整治等环保项目，目前两江新区已建成公园 64 个，绿地面积超过 4390 公顷。此外两江新区还需加大对入驻企业监管力度，要求企业做好环保设施建设，从源头杜绝污染排放。

四、舟山群岛新区

1. 舟山群岛新区营商环境整体测评情况

舟山群岛新区营商环境的优劣势显著，DTF 得分 50.08，排名第四，亟需补足营商环境的短板。10 项营商环境一级指标中有 5 项指标排名前列，其中政务公开指标排名第一，市场服务和宜业环境 2 项指标排名第二，开办企业和经营成本 2 项指标排名第三，成为舟山群岛新区营商环境的优势；但落户企业、科技资源、人才储备 3 项指标均排名最后，营商环境的短板显著；社会服务和获得投资 2 项指标排名第四，仍需着力优化。

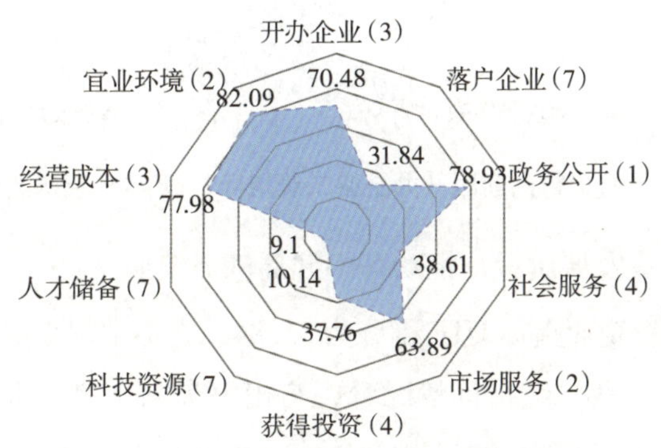

图 34　舟山群岛新区营商环境一级指标 DTF 得分及排名情况

从舟山群岛新区 10 项营商环境一级指标的 DTF 得分看，宜业环境指标 DTF 得分超过 80 分，开办企业、政务公开和经营成本指标超过 70 分，而人才储备仅 9.1 分，科技资源也仅有 10.14，舟山群岛新区营商环境分值差距悬殊。

2. 舟山群岛新区营商环境测评指标分析

（1）企业落户程序最为便利，创业活力未能充分激发

舟山群岛新区开办企业指标 DTF 得分为 70.48，在 7 个国家级新区中排名第三。从

二级指标情况看，申请者提交材料数量和申请者到现场次数指标均达到前沿水平，承诺办结时限指标（88.89）排名第二，开办企业便利度较高；但开通专门网上申请窗口指标（55.56）排名第四，舟山群岛的国家级新区官方网站还需迭代更新，企业在舟山群岛新区进行登记注册的服务引导链接和服务窗口建设还需加紧完善；并且舟山群岛新区新登记注册企业数量指标排名第七，DTF 得分仅有 7.93，创业活力较低。舟山群岛新区未能利用国家级新区的优势，充分激发新区的创业活力，2017 年新增企业数量不到 6000 家，远低于其他国家级新区。

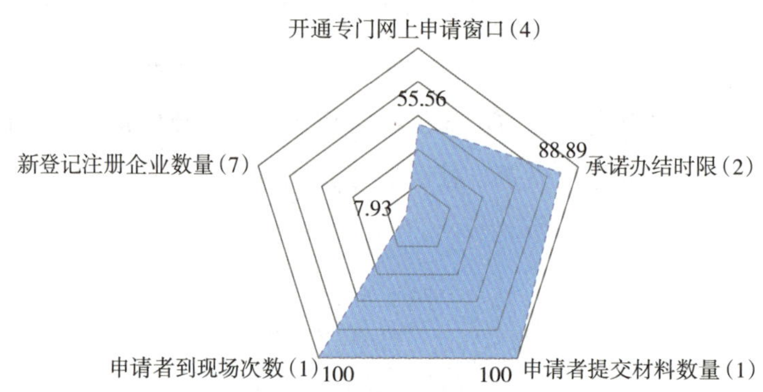

图 35　舟山群岛新区开办企业二级指标 DTF 得分及排名情况

（2）亟需提升企业发展质量，推动舟山群岛创新发展

舟山群岛新区落户企业指标 DTF 得分为 31.84，在 7 个国家级新区中排名第七，企业发展水平相对较低。从二级指标情况看，舟山群岛新区高端制造业成为唯一亮点，高端制造业企业比率指标（84.92）排名第一，但受区位条件、发展空间等诸多不利因素影响，知识型企业比率（38.75）、外贸企业比率（22.98）、上市企业数量（0.85）、外资企业比率（11.73）等指标不仅排名靠后，而且 DTF 得分与前沿水平差距较大。

作为全国唯一以群岛设市的地级行政区划，舟山群岛新区地处我国东部沿海中心，处在我国东部海岸线和长江出海口的组合部，承载着大宗商品储运中转加工交易中心作用，需要更加积极建设以船舶与海工装备、现代航空产业、海洋电子信息等为代表的海洋产业集群，从而带动新区整体产业的创新发展。

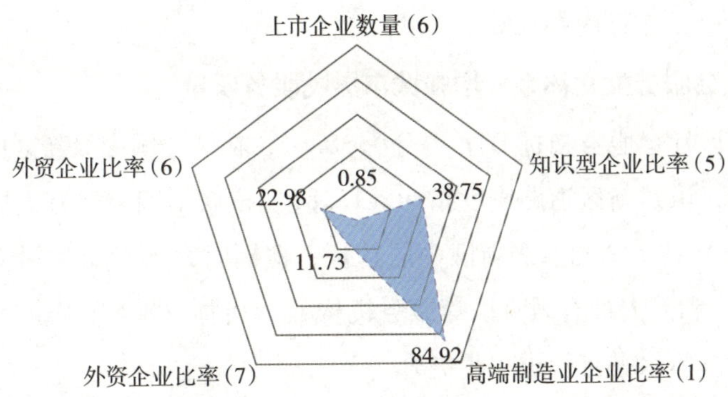

图 36　舟山群岛新区落户企业二级指标 DTF 得分及排名情况

(3) 政务活动透明程度最高，网络应用水平相对最优

舟山群岛新区政务公开指标 DTF 得分为 78.93，在 7 个国家级新区中排名第一，高于排名第二的浦东新区 16.22 分，成为政务活动透明度最高的国家级新区。从二级指标情况看，行政审批在线办理事项（73.84）和门户网站发布信息被引量（72.11）指标均排名首位，政策措施关键词互联网热度指标（90.84）排名第三，政务服务互联网应用程度较高。

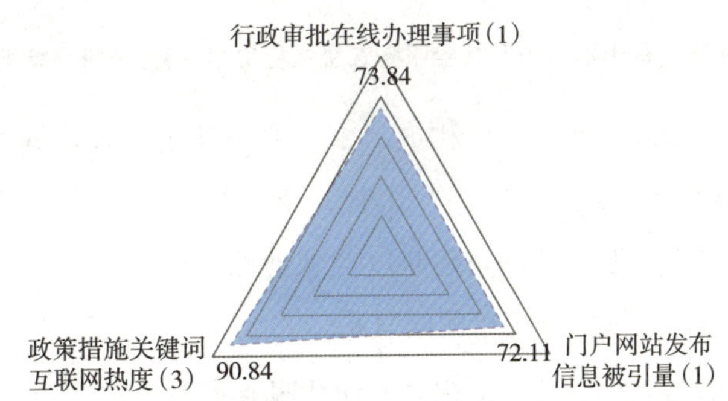

图 37　舟山群岛新区政务公开二级指标 DTF 得分及排名情况

2017 年舟山市积极推动“最多跑一次”改革，“最多跑一次”事项覆盖率达到 97.7%，80% 常办事项实现“办事不出岛”，取消社区证明 153 项；加快实施“1113 行动计划”，优化政务服务移动客户端平台功能，实现 834 项社会服务事项在线办理；推进新区“12345”平台与统一政务咨询投诉举报平台融合，完成政务服务网“一窗受理”系统，推动社会服务事项库、电子证照库、公共信用信息库开放；实现“五小行

业”一窗受理5个工作日内办结等。

（4）完善社会服务配套体系，增强城市居民服务质量

舟山群岛新区社会服务指标DTF得分为38.61，在7个国家级新区中排名第四。从二级指标情况看，虽然新区道路密度指标（15.86）排名第四，但万人拥有公共汽车数量指标[①]（72.73）在7个国家级新区中居首位；但同时万人拥有生活文化服务机构数量指标（28.16）和万人拥有教育医疗服务机构数量指标（8.6）均排名梯队末尾，城市居民生活服务整体水平有待进一步提升。

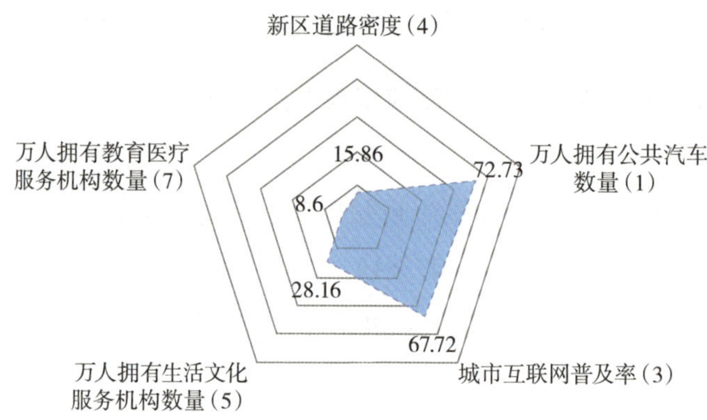

图38　舟山群岛新区社会服务二级指标DTF得分及排名情况

舟山群岛新区主要是由十大岛屿构成，由于地理环境所限降低了道路密度，同时新区在2017年实施了综合交通“1128”工程，新建停车泊位2673个，新增更新公交车100辆，并将在“十三五”期间搭建起以“快速路+快速公交”双快体系，支撑城市空间结构和用地布局，增强城市组团间联系。

（5）金融市场服务较为完善，需提升专业化服务水平

舟山群岛新区市场服务指标DTF得分为63.89，在7个国家级新区中排名第二，与首位的浦东新区相差7.35分，形成了较为成熟的市场服务体系。从二级指标情况看，专业协会及联盟数量指标（88.9）排名第一，超出第二名浦东新区31.4分，反映企业间自组织协调能力强；金融和投资与资产管理企业比率指标（79.68）排名第二，已经

---

① 舟山群岛新区主要由岛屿构成，岛屿之间的联络更多依靠船只进行，本次指标设计未将船只列入，仅仅计算岛内的陆地交通情况。

形成较为完善的金融和投资服务能力；商务租赁企业比率指标（39.14）和专业化服务企业比率指标（47.83）均排第六位，为企业提供的专业化服务还未能形成一定规模，商务租赁业务也未能支撑海洋产业发展。

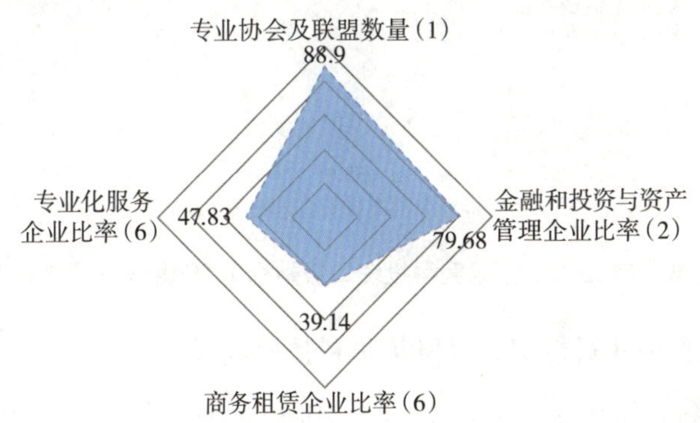

图 39 舟山群岛新区市场服务二级指标 DTF 得分及排名情况

在“十三五”时期，舟山群岛新区将推进服务业强县（区）建设，推动生产性服务业向专业化和价值链高端延伸，加快发展金融信息、商务会展、软件设计、批发分销、策划营销等现代生产性服务业，以期改造提升传统产业，营造良好的市场服务氛围。

（6）亟需提升利用外资水平，促进企业对外开放发展

舟山群岛新区获得投资指标 DTF 得分为 37.76，在 7 个国家级新区中排名第四位，需进一步加强新区的投资吸引能力和水平。目前，舟山群岛新区对各类投资具备一定的吸引能力，其中获得外埠资本投资企业比率指标（75.61）和获得本地资本投资企业比率指标（32.77）均排名第二，获得风险投资企业比率指标（39.33）排名第三，获得投资的比较优势较大；但实际利用外资总额指标排名最后，DTF 得分仅有 3.33 分，2017 年实际利用外资仅 3 亿美元，未能形成对外商投资的吸引力。

在“十三五”时期，舟山群岛新区规划建设中国（浙江舟山）自由贸易试验区，积极推动大宗商品贸易自由化、海洋产业投资便利化、海洋现代服务产业开放发展，同时加快建设舟山港综合保税区，积极复制上海、广东、天津、福建等自贸试验区政策，大力推进贸易投资领域，进一步综合提升区域投资吸引力。

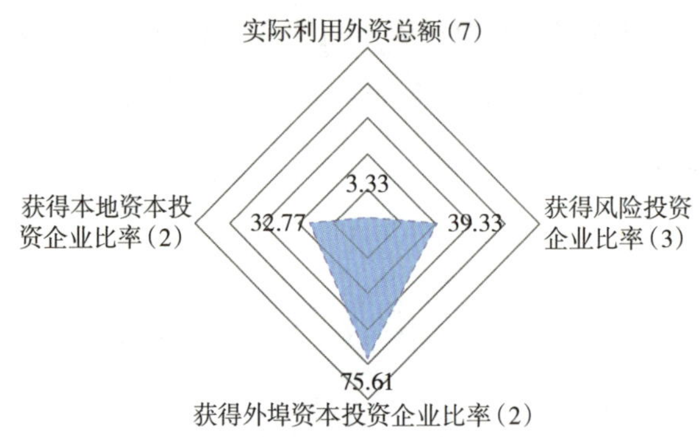

图 40　舟山群岛新区获得投资二级指标 DTF 得分及排名情况

（7）科技创新水平相对最弱，鼓励增加科技创新投入

舟山群岛新区科技资源指标 DTF 得分为 10. 14，在 7 个国家级新区中排名末位，亟需全面深化改革创新，增强区域创新活力。从二级指标情况看，仅拥有专利企业比率指标（31）排名第三，其他各项指标排名均处于末位，且 DTF 得分与前沿指标差距显著，年度专利授权量指标、年度软件著作权登记量指标、拥有软件著作权企业比率指标和科创孵化载体数量指标得分均为个位数。

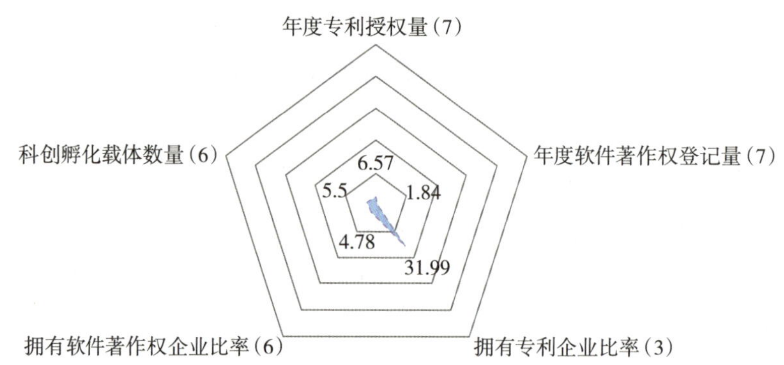

图 41　舟山群岛新区科技资源二级指标 DTF 得分及排名情况

为推动经济发展质量变革、效率变革、动力变革，不断增强经济创新力和竞争力，2017 年 11 月舟山市委、市政府联合发布了《“创新舟山”建设三年（2017—2020 年）行动计划》，提出“力争到 2020 年，科技进步对经济增长的贡献率达到 65% 以上；成功创建国家高新技术产业开发区，高新技术产业增加值占规模以上工业增加值比重 45% 以上，省级及以上科技孵化器（众创空间）总数达到 10 家，省级及以上企业研究

院、企业技术中心（研发中心）总数达到110家。”

（8）核心人才储备严重不足，要大力吸引集聚专业人才

舟山群岛新区人才培养指标DTF得分为9.1，在7个国家级新区中排名最后，亟需实施人才引领战略，发挥人才在科技创新和带动区域发展中的先导作用。从二级指标情况看，舟山群岛新区对外地人口、高层次人才和创业者的吸引魅力有待提升，均位于梯队最后，需要进一步优化人才发展环境。

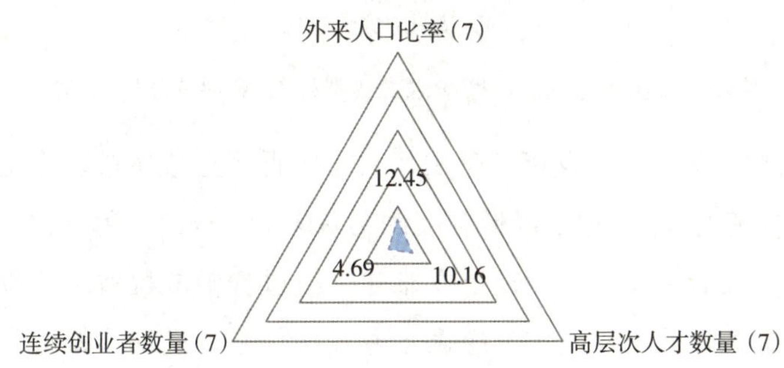

图42　舟山群岛新区人才储备二级指标DTF得分及排名情况

为加快引进和集聚一批优秀专业人才，更好地支撑和引领新区建设，舟山群岛新区定期发布《人才需求白皮书》，面向全球招募人才。在2017年11月发布的《“创新舟山”建设三年（2017—2020年）行动计划》中，提出“三年内，新引进‘高精尖’专业创新人才70人，引进新区‘5313’科技创业领军人才（团队）企业60家，新引进来舟就业创业高校毕业生3万名，新培养技能人才4.5万人”的目标，以期努力培养造就一支数量充足、素质优良、结构合理、支撑发展的创业创新人才队伍。

（9）用地成本具备比较优势，企业运营成本相对较高

舟山群岛新区经营成本指标DTF得分为77.98，在7个国家级新区中排名第三。从二级指标情况看，工业企业税收负担指标（99.82）和写字楼租金价格指标（83.48）均排名第一，仓储用地租金价格指标（90.62）虽然排名第五，但DTF得分超过90，仓储租金仍处于较低水平；但工业企业运营成本指标（37.99）与税收负担呈倒挂态势，不仅排名最末，DTF得分也与其他国家级新区有较大差距。

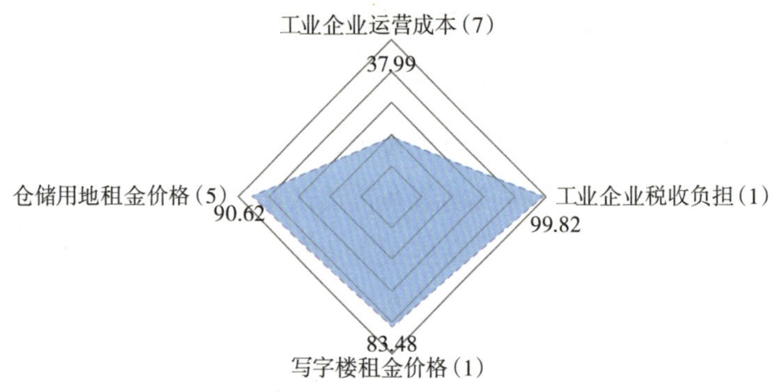

图 43　舟山群岛新区经营成本二级指标 DTF 得分及排名情况

2016 年舟山群岛新区就已发布《舟山市关于降低企业成本减轻企业负担推进实体经济健康发展的实施意见》，通过降低制度性交易成本，取消、免（停）征、降低部分行政事业性收费和政府性基金，减轻企业兼并重组过程中的税费负担以及加快出口退税进度等措施，综合降低企业成本，提振企业发展信心，进一步推进舟山群岛新区实体经济的健康发展。

（10）城市自然生态条件优越，继续守护绿色发展底线

舟山群岛新区宜业环境指标 DTF 得分为 82.09，在 7 个国家级新区中排名第二，形成了优质的生态环境。从二级指标情况看，作为全国唯一的群岛型森林城市，舟山群岛新区的森林覆盖率指标（100）已达前沿水平，空气质量指数（AQI）优良率指标（90.2）排名第一，万元 GDP 能耗下降率指标（82）和生活污水处理率指标（56.14）分列第二和第三位，城市整体生态环境优良。

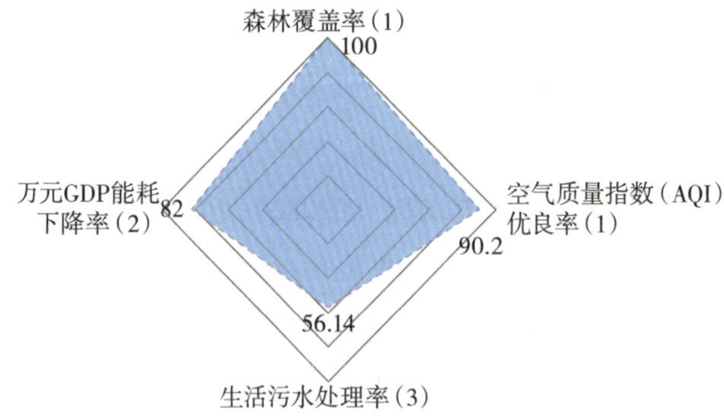

图 44　舟山群岛新区宜业环境二级指标 DTF 得分及排名情况

从2017年生态环境保护成果来看，舟山群岛新区生态保护和环境治理投资增长了87.8%，同时全面实施《舟山市国家级海洋特别保护区管理条例》，发布全国首个海钓管理办法，打好水气土污染防治攻坚战，剿灭426处劣V类小微水体，县级以上集中式饮用水水源地水质全部达标，空气质量保持全国前列，尤其是舟山群岛最北部的嵊泗县获评为首批浙江省级生态文明建设示范县。

五、南沙新区

1. 南沙新区营商环境整体测评情况

南沙新区营商环境部分指标表现最佳，营商环境测评排名第三位。南沙新区的营商环境DTF得分为52.86分，在7个国家级新区排名第三。10项营商环境一级指标中，有5项指标位居前列，分别是排名第一的社会服务和获得投资指标，排名第二位的开办企业指标，排名第三的落户企业和宜业环境指标；其余指标均排名第四和第五位，从排名上没有显著落后的指标项。

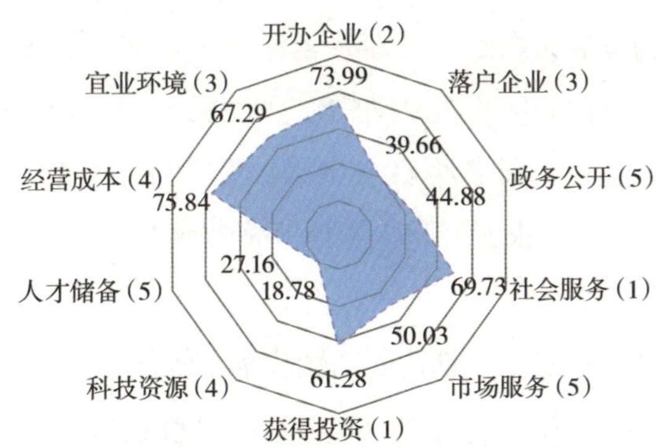

图45　南沙新区营商环境一级指标DTF得分及排名情况

从南沙新区10项营商环境一级指标的DTF得分看，开办企业和经营成本2项指标DTF得分超过70分，DTF得分在60～70之间的指标有3项，其中经营成本指标DTF得分最高，为75.84分，科技资源指标DTF得分最低，为18.78分。

2. 南沙新区营商环境测评指标分析

（1）开办企业程度较为便利，推动新区企业快速发展

南沙新区开办企业指标 DTF 得分 73.99，在 7 个国家级新区中排名第二，与居于首位的浦东新区仅差 1.83 分。从二级指标情况看，申请者到场次数指标（100）和开通专门网上申请窗口指标（88.89）均居 7 个国家级新区首位，新登记注册企业数量指标（30.54）排名第二，开办企业的服务及新增数量均走在国家级新区前列。

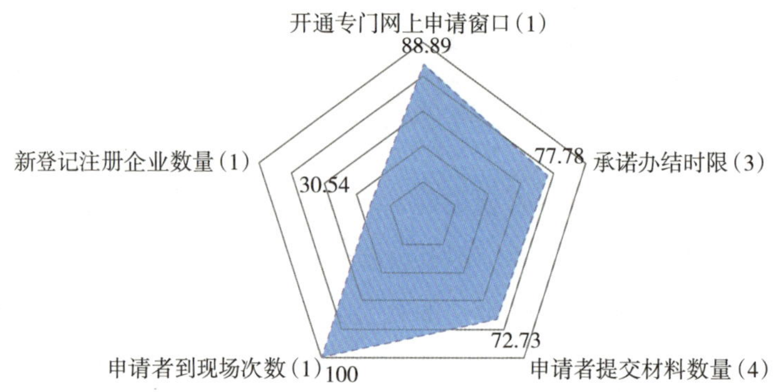

图 46　南沙新区开办企业二级指标 DTF 得分及排名情况

2017 年南沙新区创业活力高涨，共新登记注册企业 2.2 万家，占全部在营企业总量的 44.3%。近年来，南沙新区积极推动构建"互联网 +"服务体系，深化审批流程再造，放宽政策限制，实行企业名称自主申报、经营范围申报备案、住所自主申报，将原来商事登记、刻章备案、银行开户 3 个环节整合成 1 个，开办企业所需时间从 7 个工作日缩减至 3 个工作日。

（2）知识型企业集聚程度高，制造业高端化水平较低

南沙新区落户企业指标 DTF 得分 39.66，居 7 个国家级新区第三位。南沙新区知识密集型企业比重较高，但制造业高端化、智能化水平有待进一步提升。从二级指标情况看，知识型企业比率指标（79.6）和外资企业比率指标（55.55）均排名第三，外资企业比率指标虽排名第四，但 DTF 得分仅有 1.84，与前沿水平差距较大，仍需进一步培育上市企业；但制造业高端化水平指标（35.08）居 7 个国家级新区末位。需加快引进汽车制造、装备制造等领域的核心企业或重大项目，提高南沙新区高端制造业水平。

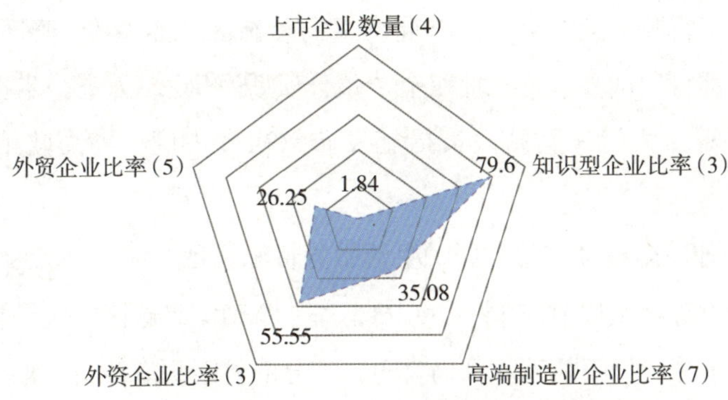

图 47　南沙新区落户企业二级指标 DTF 得分及排名情况

当前，南沙新区正在打造现代服务业与先进制造业并重的产业框架，汽车、船舶、众多装备等先进制造业和航运物流、服务外包、创新金融、融资租赁、跨境电商、总部经济等现代服务业正处于快速发展的阶段，2018 年将坚持质量第一、效益优先，加快新旧动能转换，打造与门户枢纽相匹配的现代产业新高地。

（3）政务公开程度相对较低，优化新区在线宣传渠道

南沙新区政务公开指标 DTF 得分 44. 88，居 7 个国家级新区第五位。从二级指标情况看，行政审批在线办理事项指标（51. 81）排名第三，而门户网站发布信息被引量指标（28. 47）和政策措施关键词互联网热度指标（54. 35）排名靠后，分别居于第四和第六位，南沙新区的政务发布的互联网关注度相对较低。

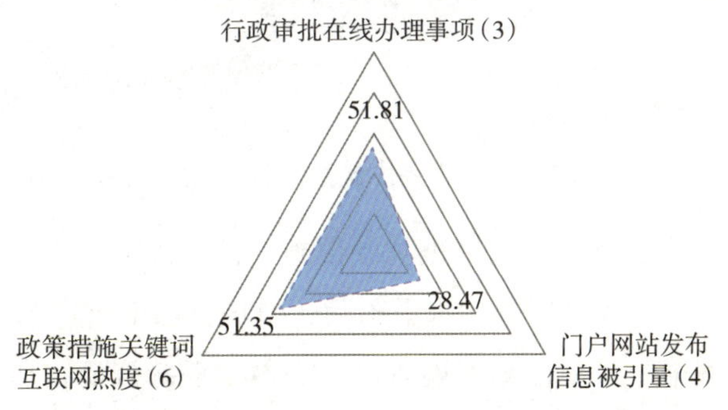

图 48　南沙新区政务公开二级指标 DTF 得分及排名情况

近年来，南沙新区推行“互联网 + 政务服务”改革成效显著，建立了“一窗一网”政务服务信息体系，并实施了先照后证“多证合一、一照一码”“证照分离”等改革，大大提高了行政审批效率。2017 年 7 月南沙新区“企业专属网页”政务服务新模式，入选商务部自贸试验区第二批四个“最佳实践案例”。为进一步提升政务公开透明度，南沙新区需加大门户网站政策措施发布频次和力度，提高政策措施互联网关注度。

（4）公共基础设施建设完善，居民生活服务资源充足

南沙新区社会服务指标 DTF 得分 69.73，居 7 个国家级新区首位，较排名第二的浦东新区高出 23.08 分，但距前沿水平仍有 30.27 分的差距，南沙新区形成了相对较为优质的社会服务体系。从二级指标情况看，新区道路密度指标（41.3）、万人拥有教育医疗服务机构数量指标（88.15）在 7 个国家级新区中均排名第一；城市互联网普及率指标（89.95）居第二位，信息化基础设施较为完善；万人拥有公共汽车数量指标（54.55）、万人拥有生活文化服务机构数量指标（74.7）均排名第三，仍需进一步优化和提升相关社会服务的供给。

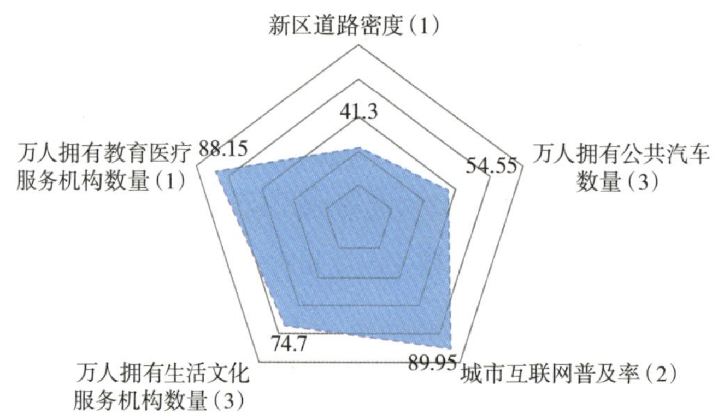

图 49　南沙新区社会服务二级指标 DTF 得分及排名情况

2018 年，南沙新区将继续全力推进基础设施、社会民生、城市更新等领域项目建设，计划投资 941 亿元，致力打造高水平国际化新城。已引进广州二中（南沙）实验学校、中山大学附属第一（南沙）医院等高质量教育医疗资源，加快构建粤港澳大湾区“半小时交通圈”，规划建设与周边地区紧密联系的大交通网络。

（5）商务租赁服务优势显著，专业化企业服务成短板

南沙新区市场服务指标 DTF 得分 50.03，在 7 个国家级新区中排名第五。从二级指标情况看，商务租赁企业比率指标（86.42）排名第二，金融和投资与资产管理企业比率指标（43.52）排名第四；但专业协会及联盟数量指标（24.7）、专业化服务企业比率指标（45.46）分别排名第五和第七位，产业组织能力和企业专业化服务水平相对较低。

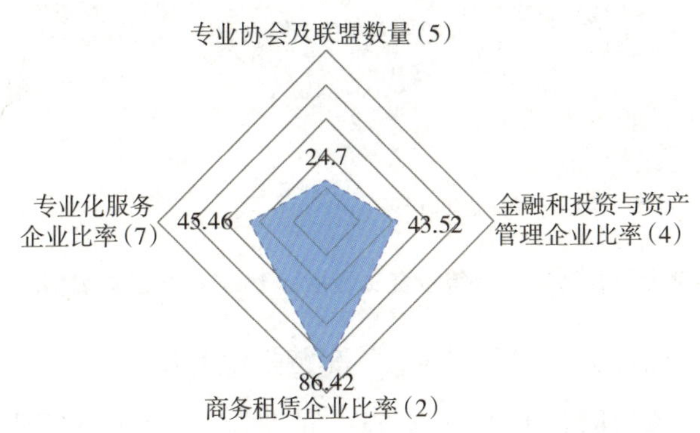

图 50　南沙新区市场服务二级指标 DTF 得分及排名情况

近年来，南沙新区商务租赁业务与金融服务稳步发展，融资租赁尤其是飞机租赁产业规模持续扩大，对区内企业金融方面服务能力不断提升，但仍需进一步加快生产性服务业、现代服务业的发展，为企业发展提供充分的法律、咨询、会展等相关服务，鼓励和引导成立相关产业联盟和行业协会，提升南沙新区企业的综合服务水平。

（6）区域资本引力不断增强，超越浦东成为关注热点

南沙新区获得投资指标 DTF 得分 61.28，排名第一，高于排名第二的浦东新区 11.71 分。从二级指标情况看，获得风险投资企业比率指标（64.74）、获得外埠资本投资企业比率指标（92.98）和获得本地资本投资企业比率指标（75.8）均排名 7 个国家级新区第一，南沙新区企业显示出对各类投资资本的强大吸引力；但实际利用外资总额指标（11.58）仅排名第六，仍需进一步加强对外商资本的吸引和使用力度。

南沙新区依托自贸区挂牌以来的政策优势及快捷的商事登记服务机制，吸引了大批金融及融资租赁产业项目。2017 年“1＋1＋10”产业政策体系发布以来，海尔、京东等数十家世界 500 强企业投资项目纷纷在南沙落户，2017 年南沙新区新设企业 22736 家，较上年增长 60%，新增注册资本近 5500 亿元，较上年增长 246%，带动了新区整体资本市场的活跃。

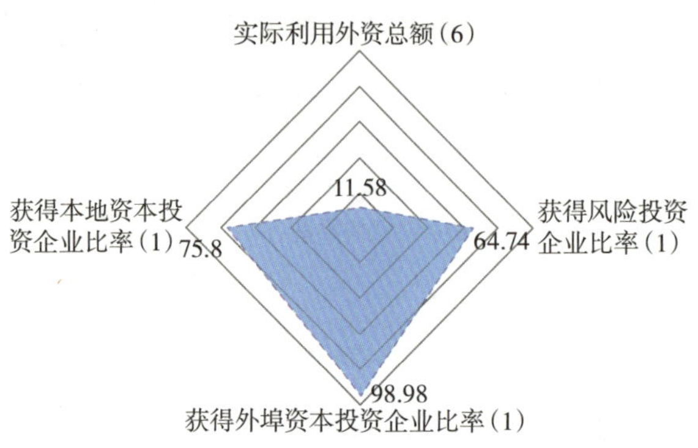

图 51　南沙新区获得投资二级指标 DTF 得分及排名情况

（7）企业科技创新能力较弱，创新载体有待强化提升

南沙新区科技资源指标 DTF 得分 18.78，居 7 个国家级新区第四位，虽在创新潜力和信息技术创新方面具备一定的比较优势，但也成为南沙新区营商环境中的显著短板。从二级指标情况看，南沙新区拥有软件著作权企业比率指标（14.33）排名第二，年度软件著作权登记量指标（36.69）排名第三，相对其他国家级新区具有一定优势，但分别与排名第一的滨海新区及排名第二的浦东新区相差 50.77 和 59.27 分，差距明显；科创孵化载体数量指标排名第七，得分仅 3.67，亟需加速培育新区孵化器发展，增强内生发展的动力。

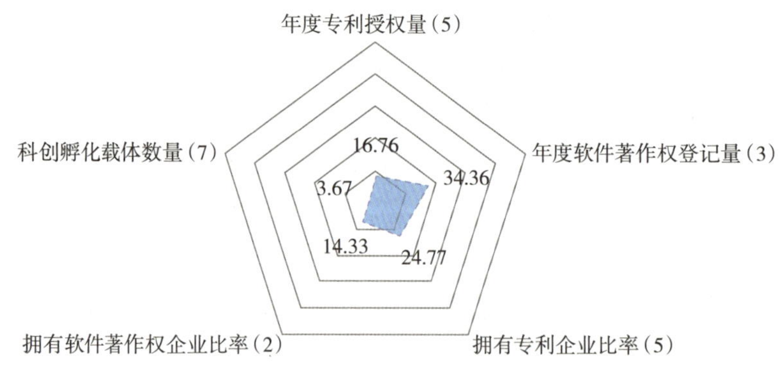

图 52　南沙新区科技资源二级指标 DTF 得分及排名情况

为鼓励引导企业科技创新，加速区内创新要素聚集，南沙新区发布了《南沙区科技创新平台贡献奖励办法》《广州市南沙区科技型中小企业扶持办法》等政策，鼓励高水平孵化器建设，加大对企业高层次技术人员及创业团队的支持力度，推动企业创新发展。

（8）人才储备滞后新区发展，重点加强产业人才引进

南沙新区人才储备指标 DTF 得分 27.16，居 7 个国家级新区第五位，对外来人口吸引力需要进一步提升，以吸引高层次人才和创业者。从二级指标情况看，外来人口比率指标（61.39）居第三位，高层次人才数量指标（11.39）和连续创业者数量指标（8.72）均居第六位。南沙新区外来人口吸纳能力较强，但高端人才储备不足，创新创业活力有待进一步激活。

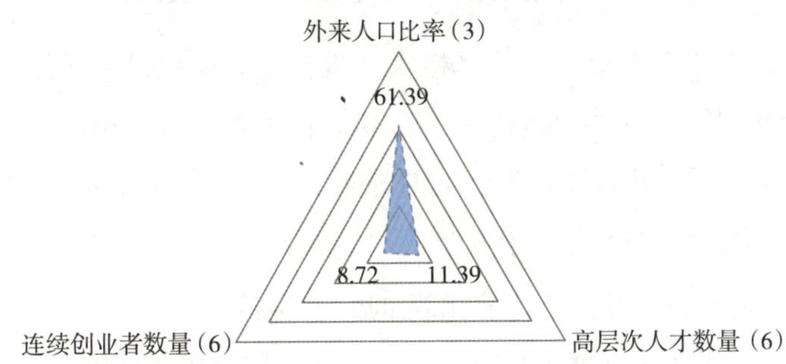

图 53 南沙新区人才储备二级指标 DTF 得分及排名情况

2018 年南沙自贸区发布《广州南沙新区（自贸片区）集聚人才创新发展若干措施实施细则》，对领军人才、重点发展领域港澳及外籍人才给予高额补贴、奖励，对短期创新人才，按天给予补贴。2017 年南沙新区发布的“1 +1 +10”产业政策体系中有 13 条细则涉及到人才，领军人才和高端人才可享受不同级别的安家补贴和住房安置，港澳籍人才和外籍人才也有专门的优惠。

（9）企业成本压力相对较重，亟需降低企业涉税负担

南沙新区经营成本指标 DTF 得分 75.84，在 7 个国家级新区中排名第四。从二级指标情况看，工业企业运营成本指标（86.33）和仓储用地租金价格指标（93.05）分别排名第二和第三，企业整体运营成本较轻，企业仓储用地价格较低；但写字楼租金价格指标（61.76）和工业企业税收负担指标（62.24）分别排名第五和第六位，企业税负负担相对较重，并且由于南沙新区城市发展水平较快，商务办公区相对集聚，地租价格上涨较快，对企业发展造成一定不利影响。

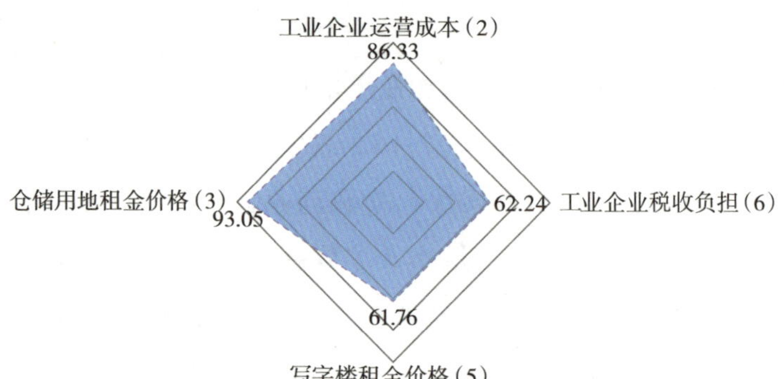

图 54　南沙新区经营成本二级指标 DTF 得分及排名情况

当前南沙新区正建立完善“智能体检式”现代化管税机制，运用企业各类涉税信息大数据，主动甄别符合条件的纳税人，对其进行优惠政策的精准推送和提醒，确保纳税人能及时全面享受税收优惠政策，同时探索实行税收优惠“不来即享”，让自贸区纳税人第一时间享受到税收政策红利，实现“税企共赢”。

（10）城市绿色生态环境优良，节能减排成为环境短板

南沙新区宜业环境指标 DTF 得分 67.29，居 7 个国家级新区第三位，宜居宜业环境建设良好。近年来南沙新区一直加大环保执法力度、加强环保设施投资力度，空气、水环境建设成效显著。

从二级指标情况看，南沙新区生活污水处理率指标（64.29）、空气质量指数优良率指标（83.01）和森林覆盖指标（83.96）分别排名第二、三、四位。为检测全区空气质量，建成 7 个空气自动监测子站，并推动一百余家重点废气、废水排放企业安装

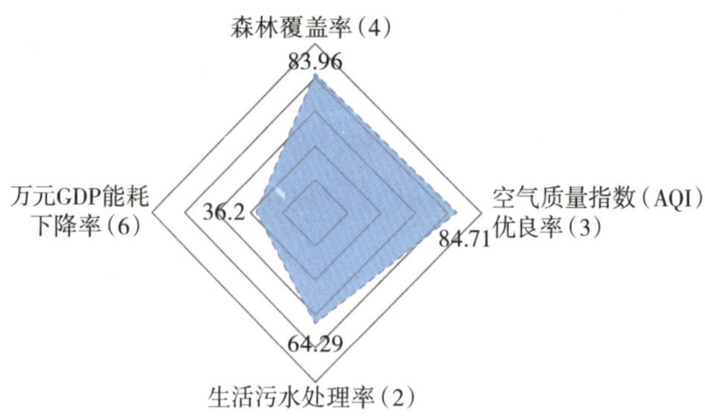

图 55　南沙新区宜业环境二级指标 DTF 得分及排名情况

了自动监测设备；但南沙新区万元 GDP 能耗下降率指标（36.2）排名第六，相对落后于新区发展质量，需进一步优化能源结构，加大节能减排力度，提高能源利用水平。

六、西海岸新区

1. 西海岸新区营商环境整体测评情况

西海岸新区营商环境指标排名两极分化，营商环境测评排名第六位。西海岸新区的营商环境 DTF 得分为 44 分，在 7 个国家级新区排名第六。10 项营商环境一级指标中有 3 项指标排名靠前，其中经营成本指标和宜业环境指标均排名第一，社会服务指标排名第三；其余指标排名均较为靠后，其中市场服务指标和获得投资指标均排名末位，政务公开指标和人才储备指标均排名第六。

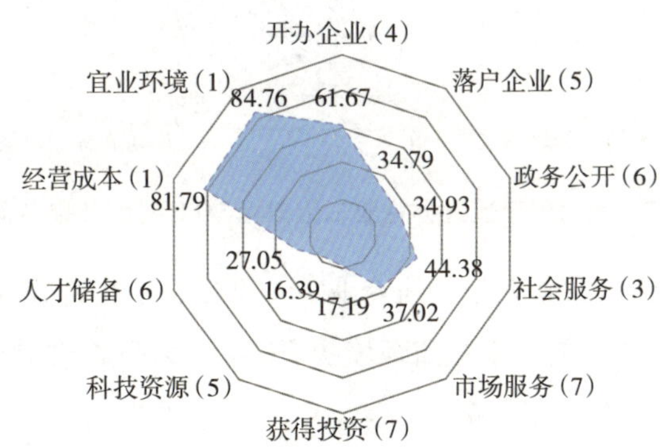

图 56　西海岸新区营商环境一级指标 DTF 得分及排名情况

从西海岸新区 10 项营商环境一级指标的 DTF 得分看，经营成本和宜业环境等 2 项指标的 DTF 得分超过 80 分，开办企业指标 DTF 得分为 61.67 分，其余指标 DTF 得分均低于 50 分，其中获得投资和科技资源指标 DTF 得分在 20 分以下，分别为 17.19 和 16.39 分。

2. 西海岸新区营商环境测评指标分析

（1）网上窗口服务水平较高，还需加速提升创业活力

西海岸新区开办企业指标 DTF 得分为 61.67，在 7 个国家级新区中居第四位，有待进一步提高开办企业便利度，激发创业活力。从二级指标情况看，开通专门网上申请窗口指标（88.89）排名第一，承诺办结时限指标（77.78）排名第三，申请者提交材料数量指标（72.73）和申请者到现场次数指标（50）排名第四，建成了较为便捷的网上申请服务渠道；但创业活力不足，新登记注册企业数量指标 DTF 得分仅 18.94，与前沿水平差距较大。

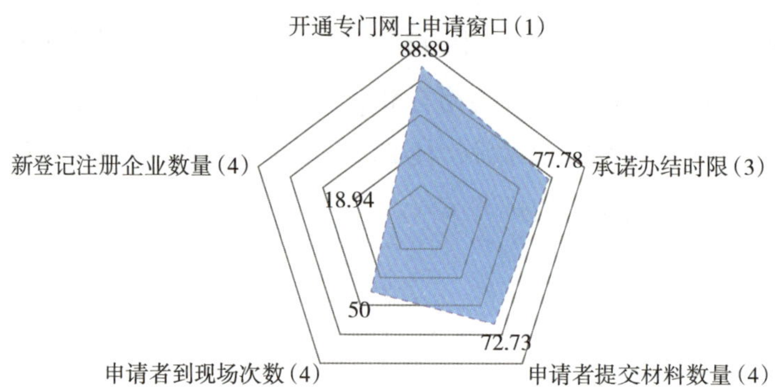

图 57　西海岸新区开办企业二级指标 DTF 得分及排名情况

2017 年，西海岸新区共新登记注册企业 1.4 万家，占全部在营企业总量的 19.1%。青岛市把 2018 年定为“全市一流营商环境提升年”，力争将实现行政审批和政务服务事项“最多跑一次”一单清、全覆盖，西海岸新区还被列为山东省“证照分离”改革试点，以此全面优化企业登记注册的环节和手续。

（2）企业发展水平成为短板，重点优化行业生态结构

西海岸新区落户企业指标 DTF 分数为 34.79，在 7 个国家级新区中排名第五，外贸企业和高端制造业较为集聚。从二级指标情况看，外贸企业比率指标（65.18）排名第二，西海岸新区从事国际贸易企业集聚程度较高；高端制造业企业比率指标（54.43）排名第三，制造业高端化发展成就显著；但上市企业数量指标（1.7）和外资企业比率指标（23.78）均排名第五，尤其是上市企业数量相对稀少，还有巨大的提升空间；知

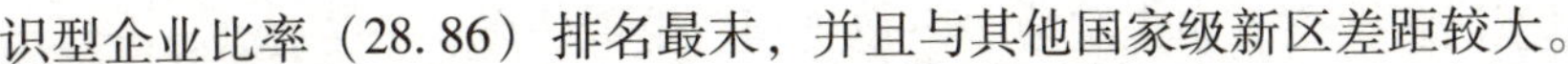

识型企业比率（28.86）排名最末，并且与其他国家级新区差距较大。

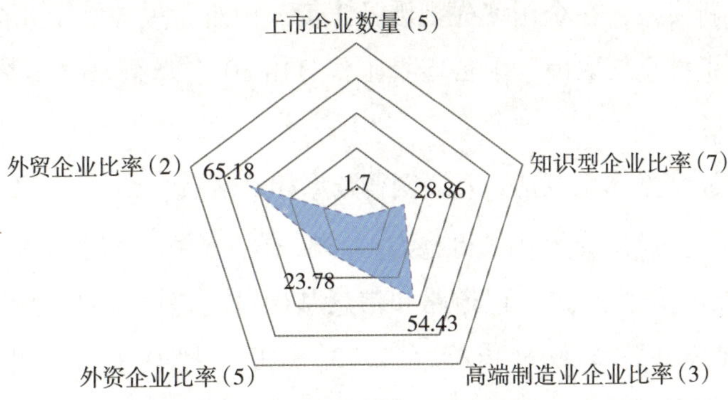

图 58　西海岸新区落户企业二级指标 DTF 得分及排名情况

西海岸新区以深化供给侧改革为主线，在全省率先实施存量变革、增量崛起等新旧动能转换十大工程，获得全国首批智能化工业园区试点和全国首个智能制造创新中心落户，进一步推动质量变革、效率变革和动力变革，率先建设成海洋特色鲜明的现代化经济体系。

（3）政务发布公开程度不足，重点提升网络应用水平

西海岸新区政务公开指标 DTF 得分为 34.93，在 7 个国家级新区中排名第六，亟需加大政务公开和政府信息公开透明度。从二级指标情况看，行政审批在线办理事项指标（30.91）和政策措施关键词互联网热度指标（66.25）均排名第五，门户网站发布信息被引量指标（7.63）排名第七，且 DTF 得分仅为个位数，与其他国家级新区形成显著差距，综合反映西海岸新区各项改革措施和创新政策在互联网上的受关注程度和信息化应用的情况相对较低，需要积极开展政务公开和政府信息公开建设。

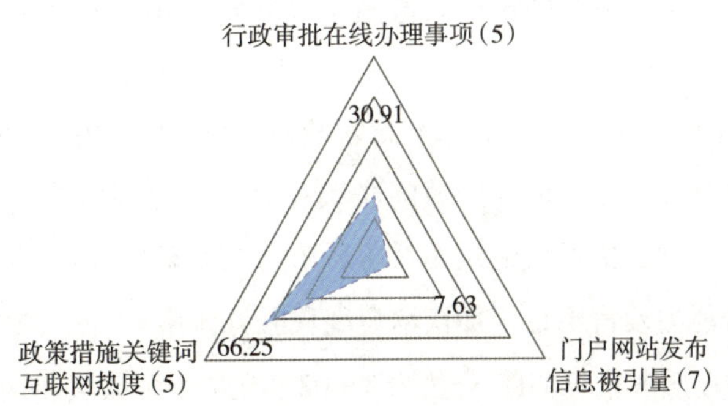

图 59　西海岸新区政务公开二级指标 DTF 得分及排名情况

2018 年西海岸新区将在全省率先实施“一窗受理、受审分离、一网通办、一口出证”的政务服务新模式，在全国率先把涉及工商、国土、税务等十几个部门的“社会投资项目”前置审批全部取消，项目审批工作日由 80 个降至 28 个，努力打造法治化便利化的营商环境。

（4）公共交通网络体系发达，互联网普及率相对落后

西海岸新区社会服务指标 DTF 得分为 44.38，在 7 个国家级新区中位于第三位，城市居民生活服务供给较为充足，但道路和信息基础设施建设相对落后。从二级指标情况看，万人拥有公共汽车数量指标（72.73）、万人拥有生活文化服务机构数量（76.09）和万人拥有教育医疗服务机构数量（21.67）分别排名第一、二、三位，但新区道路密度指标（17.28）和城市互联网普及率指标（34.13）与前沿水平差距较大，发展程度略显不足。

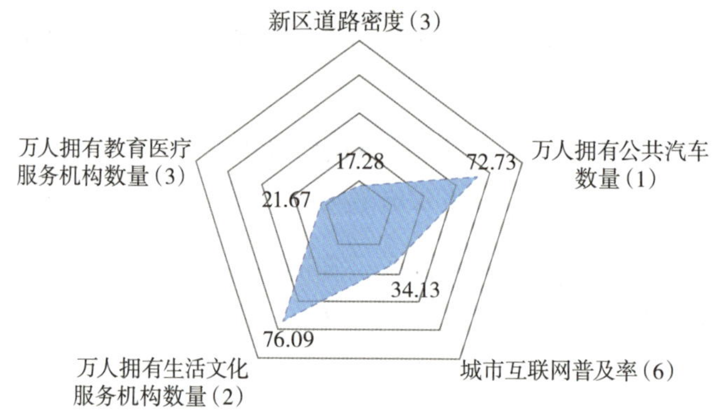

图 60　西海岸新区社会服务二级指标 DTF 得分及排名情况

近年来，西海岸新区为促进东西城区与十大功能区相互联系和融合发展，积极加强城区道路建设及公共交通系统，将在“十三五”时期构建“七纵七横”快速路网体系，并于 2018 年 6 月发布了《西海岸新区综合交通规划（2017—2035 年）》，以更好地统筹西海岸交通设施资源，增强区域间联系和对外交通辐射能力；但城市互联网普及率（25.8）排名第六，信息化建设相对落后于其他国家级新区。

（5）市场服务能力发育不足，加快培育现代服务体系

西海岸新区市场服务指标 DTF 分数为 37.02，在 7 个国家级新区中排名第七，亟需提升综合市场服务水平。从二级指标情况看，各项指标均排名靠后，其中商务租赁企业比率指标（54.25）和专业化服务企业比率指标（51）均排名第五，专业协会及联盟数量（24.5）和金融和投资与资产管理企业比率（18.32）均排名第六，西海岸新区市场服务水平有待大幅度提升。

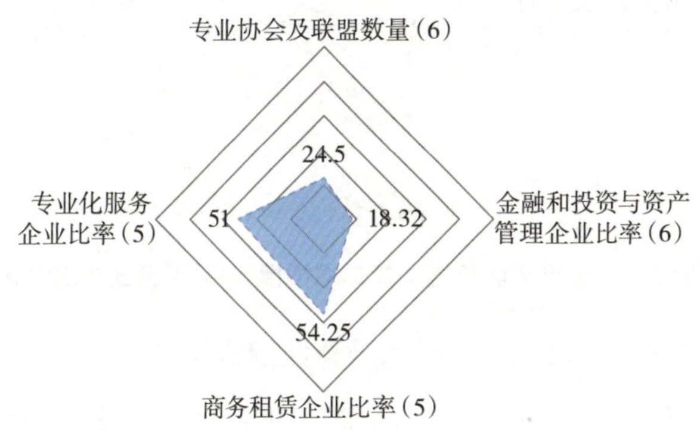

图 61　西海岸新区市场服务二级指标 DTF 得分及排名情况

为加快培育服务经济新动能，努力集聚更多的服务业企业，西海岸新区发布《青岛西海岸新区服务业“一业一策”行动计划（2017—2021）》，提出“到 2021 年，初步形成较为发达的服务经济结构，逐步形成以总部经济、影视文化、会议展览、现代物流、绿色金融、科技研发等高端服务业为引领的现代服务业产业体系”，以期提升市场服务水平，对新区经济发展起到有效支持保障作用。

（6）对外获得投资能力不足，仍需培育资本集聚环境

西海岸新区获得投资指标 DTF 得分为 17.19，在 7 个国家级新区中排名最末，对各类投资的吸引力较弱。从二级指标情况看，西海岸新区企业以本地投资为主，获得本地资本投资企业比率（26.62）排名第三；但对外商资本、风险资本和外埠企业的吸引力相对较低，其中实际利用外资总额指标（21.22）排名第五，获得风险投资企业比率（2.5）和获得外埠资本投资企业比率（18.42）均排名第七，尤其是西海岸新区获得风险投资能力较差，与前沿水平差距悬殊。需要进一步拓宽企业融资渠道，增强企业获得投资力。

“十三五”时期，是西海岸新区承接国家战略、担当国家使命、实现跨越发展的关键五年，如何减少市场准入限制，加大市场开放力度，推进投资贸易便利化改革，优化投资服务，厚植资本集聚土壤，促进全球产业资本向新区集聚将成为发展的关键。

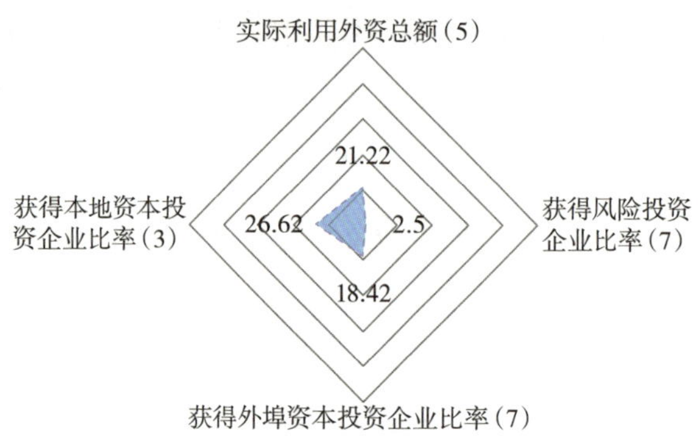

图 62 西海岸新区获得投资二级指标 DTF 得分及排名情况

（7）科技创新活力相对较低，积极引导企业创新发展

西海岸新区科技资源指标 DTF 数为 16.39，排名第五，科技资源集聚程度较低，与滨海新区相差 46.83 分。作为国家知识产权示范区，西海岸新区亟需加快提升科技创新支撑力和驱动力，打造全要素科技创新体系。从二级指标情况看，年度专利授权量指标（18.83）和科创孵化载体数量指标（16.51）均排名第四，年度软件著作权登记量指标（16.79）和拥有软件著作权企业比率指标（6.37）均排名第五，拥有专利企业比率指标（23.45）排名最末。

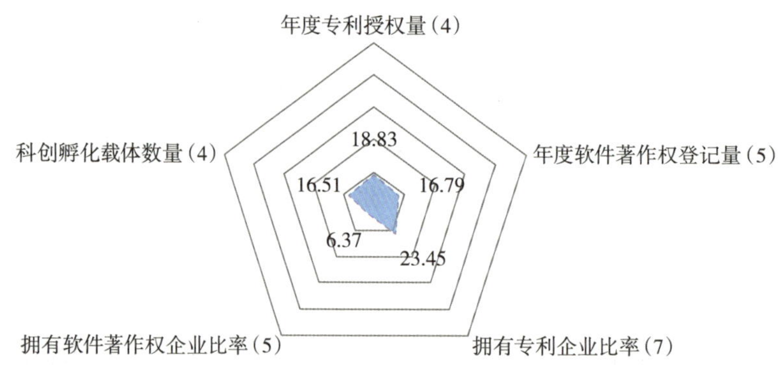

图 63 西海岸新区科技资源二级指标 DTF 得分及排名情况

近年西海岸新区建成了船舶海工、绿色制造等 5 个应用型科技创新中心，国家海洋基因库、海藻活性物质重点实验室等一批“国字号”科研平台投入使用，市级以上重点实验室、工程技术研究中心等机构平台 520 家，研发创新组织能力得到有力增强，为实现以科技创新推动产业转型升级，推动新区经济向高质量发展，需要大力实施创

新驱动发展战略，构建全要素科技创新体系。

（8）人才建设水平未显优势，打造海洋人才集聚高地

西海岸新区人才储备指标 DTF 分数为 27.05，排名第六位，缺乏产业人才的支撑。从二级指标情况看，高层次人才数量指标（24.45）和连续创业者数量指标（13.14）均排名第四，外来人口比率指标（43.56）排名第五，需要积极高效对接人才发展新需求，统筹整合各方资源，释放人才发展活力。

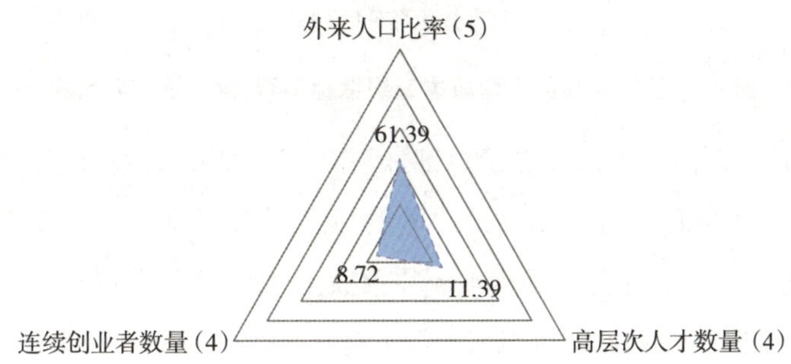

图 64　西海岸新区人才储备二级指标 DTF 得分及排名情况

2017 年西海岸新区正式成立招才中心，统筹分散在组织、人社、科技等部门的人才工作职能和相关资源，实现人才工作的步调一致、统一发力；2018 年发布了《关于打造“国际海洋人才港”的实施意见》，并结合“616”现代产业体系，优化人才结构布局，以核心政策、承载平台、优质服务吸引高层次科技创新人才在新区落户创业；2018 年 4 月发布了《关于实施“梧桐树”聚才计划的若干政策》，制定人才新政“20 条”，力聚天下英才。一系列人才政策措施的发布，将推动人才工作再上新台阶，夯实新区发展的智力基础。

（9）企业地租成本负担最小，需结构性优化经营成本

西海岸新区经营成本指标 DTF 分数为 81.79，在 7 个国家级新区中排名首位，企业在西海岸新区经营活动中的成本压力相对较小。从二级指标情况看，仓储用地租金价格指标（97.43）排名第一，写字楼租金价格指标（89.94）排名第三，比较优势显著；工业企业运营成本指标（80.21）和工业企业税收负担指标（72.43）分别排名第四和第五，成本压力处于较为合理范围内。

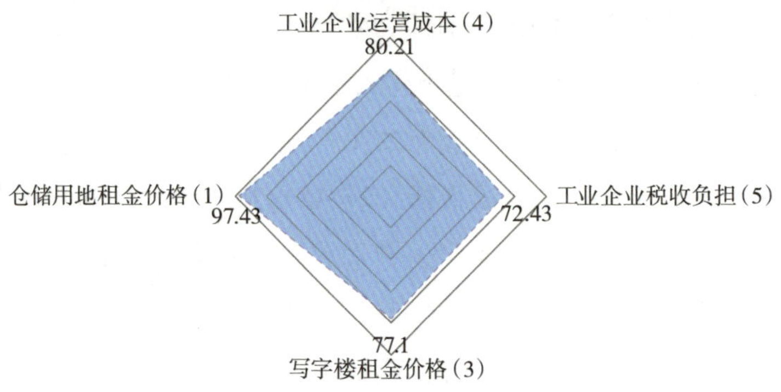

图 65　西海岸新区经营成本二级指标 DTF 得分及排名情况

2017 年 12 月，西海岸新区发布了总部经济招商“新政”，在用地用房上给予企业补助；新区海水淡化项目获得优惠电价，电费标准下降约 20%，每年可节约用电成本 4100 多万元。此外，降低企业经营成本还需要企业和政府共同进行管理创新，降低企业不必要的成本负担，以有效应对当前经济下行压力，扶持企业快速发展。

（10）成为最佳宜业环境新区，坚持绿色发展生态优先

西海岸新区宜业环境指标 DTF 分数是 84.76，排名 7 个国家级新区首位，为企业发展、人民生活营造了良好的生态环境。从二级指标情况看，森林覆盖率指标（100）、生活污水处理率指标（92.86）均排名第一，空气质量指数（AQI）优良率指标（89.18）排名第二，万元 GDP 能耗下降率指标（57）排名第三，均位居国家级新区前列。

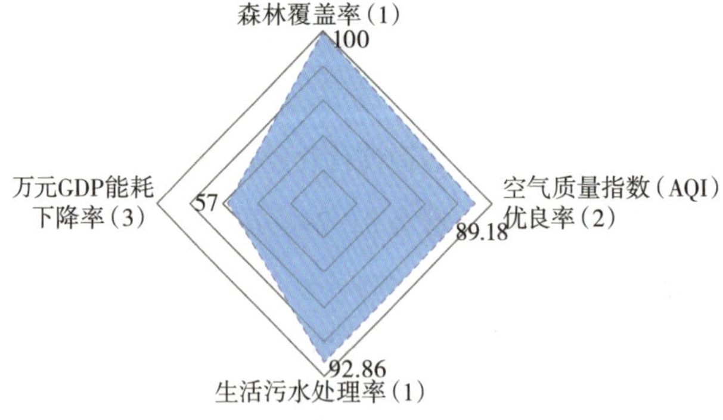

图 66　西海岸新区宜业环境二级指标 DTF 得分及排名情况

作为首批入选国家级生态保护与建设示范区，西海岸新区坚持“生态优先”发展战略，将山系、水系、森林、海岸、岛屿作为城市的天然基质和依托，把城市发展的“蓝图”描绘在生态建设的“绿图”之上，发布了《青岛西海岸新区环境保护规划》等一系列政策措施，并于2018年2月正式启动智慧型生态环境保护大数据系统，努力打造以生态产业、生态文化和生态景观为特征的经济发达、社会进步、生态良好、资源永续的美丽海洋新城。

七、金普新区

1. 金普新区营商环境整体测评情况

金普新区营商环境亟待优化，营商环境测评排名末位。金普新区的营商环境DTF得分为38.19分，在7个国家级新区排名第七。10项营商环境一级指标中，只有人才储备指标排名第三，落户企业排名第四，其余指标排名均排名靠后，其中经营成本和宜业环境指标排名第五，市场服务、获得投资、科技资源3项指标排名第六，开办企业、政务公开、社会服务3项指标排名最末。

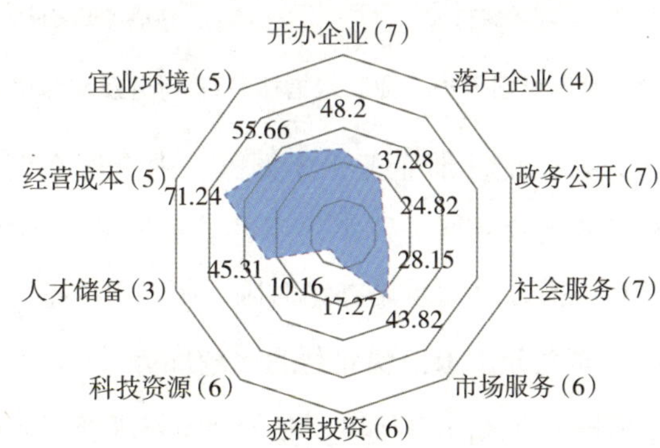

图67　金普新区营商环境一级指标DTF得分及排名情况

从金普新区10项营商环境一级指标的DTF得分看，经营成本指标（71.24）DTF得分超过70分，另9项指标DTF得分均低于60分，其中有4项指标DTF得分在30分以内，科技资源指标 DTF 得分最低，为 10.16 分。

2. 金普新区营商环境测评指标分析

（1）网上申请渠道尚未贯通，综合服务能力相对较弱

金普新区开办企业指标 DTF 得分 48.2，在 7 个国家级新区中排名末位，金普新区开办企业的互联网服务较其他国家级新区建设相对滞后，新增企业数量较为活跃。从二级指标情况看，承诺办结时限指标（77.78）排名第三，申请者提交材料数量指标（72.73）、申请者到场次数指标（50）排名第四，但开通专门网上申请窗口指标（22.22）排名最末，与其他国家级新区差距较大；新登记注册企业数量指标（18.25）排名第五，与前沿水平仍有一定差距。

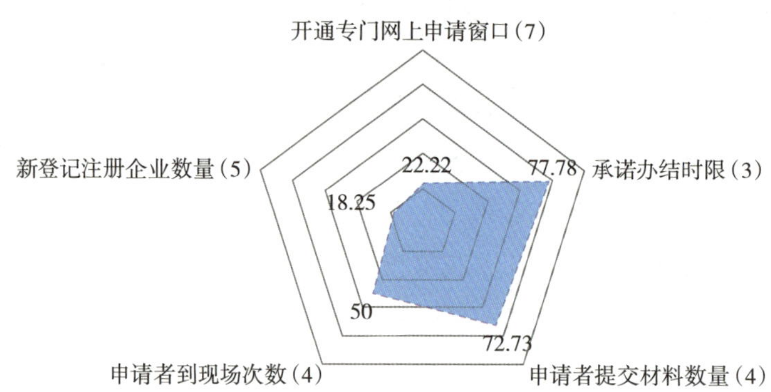

图 68　金普新区开办企业二级指标 DTF 得分及排名情况

2017 年，金普新区共新登记注册企业 1.3 万家，占全部在营企业总量的 21.9%。金普新区需要进一步深化推进政务服务改革，丰富政务服务平台的功能，落实“同城免费邮寄送达”等服务新举措，缩短承诺办结时限，提高开办企业便利度。

（2）落户企业发展不够充分，未出现显著的比较优势

金普新区落户企业指标 DTF 得分 37.28，在 7 个国家级新区中排名第四位，整体企业发展水平有待提升。从二级指标情况看，外贸企业比率（62.17）和外资企业比率（37.83）指标具有一定的比较优势，分别排名第三和第四位；但上市企业数量指标（0.85）、知识型企业比率指标（37.34）均排第六，且上市企业相较于前沿水平数量过少；尤其是高端制造业企业比率指标（48.2）排名第五，与金普新区“国家新型

工业化产业（装备制造）示范基地”的定位不相匹配，仍需进一步强化高端制造业的优势。

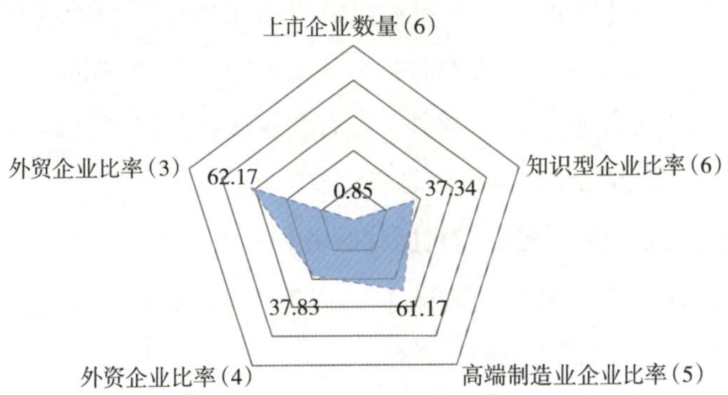

图 69　金普新区落户企业二级指标 DTF 得分及排名情况

金普新区需要进一步引导装备制造、电子信息、石油化工等传统产业广泛应用智能化、数字化、低碳环保技术，逐步向高科技含量、高附加值、高投资密度、低污染、低消耗的新型工业迈进；推进制造业与服务业、业务化与信息化深度融合，打造区位特色突出、国际竞争力强的产业集群。

（3）政务公开工作相对落后，亟需提升政务网络服务

金普新区政务公开指标 DTF 得分 24. 82，在 7 个国家级新区中排名末位。从二级指标情况看，门户网站发布信息被引量指标（14. 34）排名第六，政策措施关键词互联网热度指标（41. 34）、行政审批在线办理事项指标（18. 77）均排名 7 个国家级新区最末。

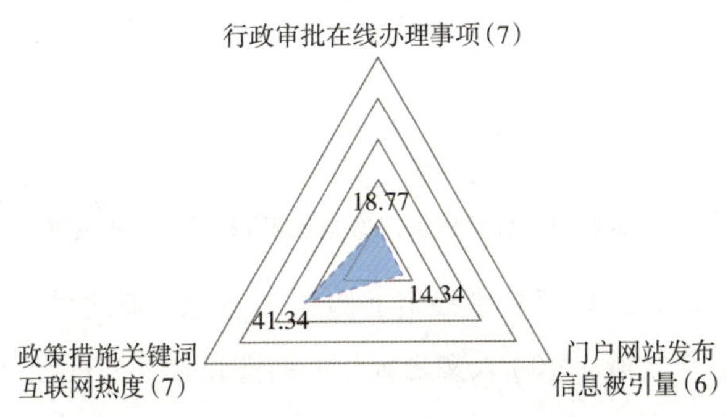

图 70　金普新区政务公开二级指标 DTF 得分及排名情况

金普新区在2015年已经开通了网上办事大厅，进驻新区公共行政服务大厅的151项行政许可审批事项已全部纳入网上服务系统，但与其他新区行政审批在线办理事项相比存在较大差距。为进一步扩大全程在线审批事项，金普新区在2018年全面推行“不见面审批”模式，并于4月份发布首批“不见面审批”事项目录，21个行政许可、备案事项首批实行“不见面审批”。此外，金普新区还将开通“延迟咨询”模式，在8小时工作时间外，利用微信平台提供信息咨询服务。

（4）社会服务能力发展不足，教育医疗服务相对领先

金普新区社会服务指标DTF得分28.15，居7个国家级新区末位。金普新区设立时间较短，区内道路、文娱机构、通信设施、交通设施等建设有待进一步完善，但教育医疗体系相对健全。从二级指标情况看，仅万人拥有教育医疗服务机构数量指标（27.86）位居7个国家级新区前列，排名第二，其他指标均排名靠后，其中城市互联网普及率指标（59.79）排名第五，万人拥有公共汽车数量指标（27.27）排名第六，新区道路密度指标（3.41）、万人拥有生活文化服务机构数量指标（22.43）均居末位。金普新区需持续推动基础设施建设，整合教育、医疗、文娱资源，健全社会保障体系，提升新区社会服务水平。

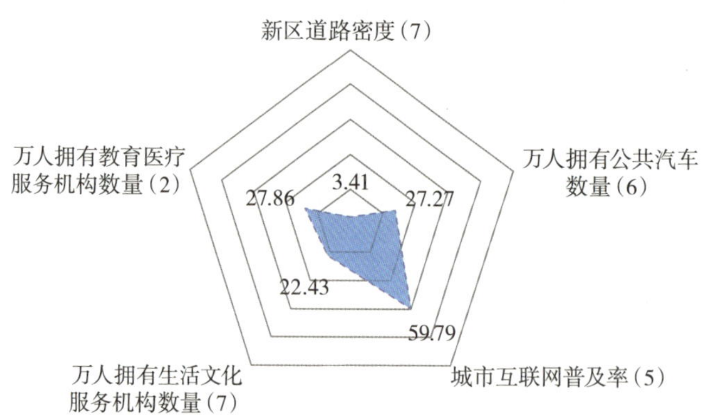

图71　金普新区社会服务二级指标DTF得分及排名情况

2018年金普新区政府工作报告中提出了构建“现代产业之城、创新活力之城、开放合作之城、生态宜居之城、幸福人文之城”的蓝图目标，并已经确定13件年度“惠民实事”，涵盖出行、医疗、养老、教育等，综合提升社会服务水平。

（5）市场服务要素集聚度低，金融服务行业发展缓慢

金普新区市场服务指标 DTF 得分 43.82，在 7 个国家级新区中居第六位，市场服务水平有待进一步加强。从二级指标情况看，商务租赁企业比率指标（78.54）、专业化服务企业比率指标（71.05）分别排名第三和第四位，但金融和投资与资产管理企业比率指标（10.98）和专业协会及联盟数量指标（14.7）排名最末，尤其是金融行业的发展远落后于其他国家级新区，成为营商环境的显著短板。

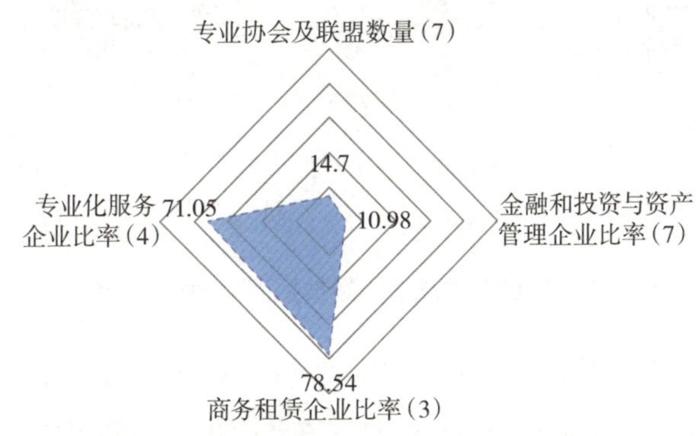

图 72　金普新区市场服务二级指标 DTF 得分及排名情况

在 2017 年召开的商贸服务业工作会议中，金普新区提出要以建设东北亚国际航运中心、国际物流中心、国际贸易中心和区域性金融中心目标为引领，着力加快商贸服务企业发展，为实现国际贸易中心做支撑，进一步加快服务业产业集聚，发挥服务业要素资源集聚优势，加快形成以现代服务经济为主的产业结构。

（6）获得投资能力并无优势，难以吸引产业资本落地

金普新区获得投资指标 DTF 得分 17.27，在 7 个国家级新区中排名第六，与其他国家级新区相比，资本吸引能力较弱。从二级指标情况看，各项指标均排名梯队末尾。2017 年，金普新区企业共获得风险投资和外埠资本投资 920 余次，投资总额约 308 亿元，获得投资的规模在 7 个国家级新区中最小，仅为南沙新区企业获得投资的 28.1% 和 13%。

为吸引更多产业资本集聚，积极探索国际和国内投资合作新方式，金普新区在 2017 年制定了《金普新区促进招商引资发展的若干办法（试行）》，安排了 3 亿元招商引资产业引导资金，用于智能装备制造、生物医药、新能源汽车等战略性新兴产业、航运物流业、总部经济、文化创意产业等现代服务业项目；金融、类金融、大宗商品交易等新业态企业的引进，以期吸引更多产业资金和企业落户发展，打造新区经济发展新优势。

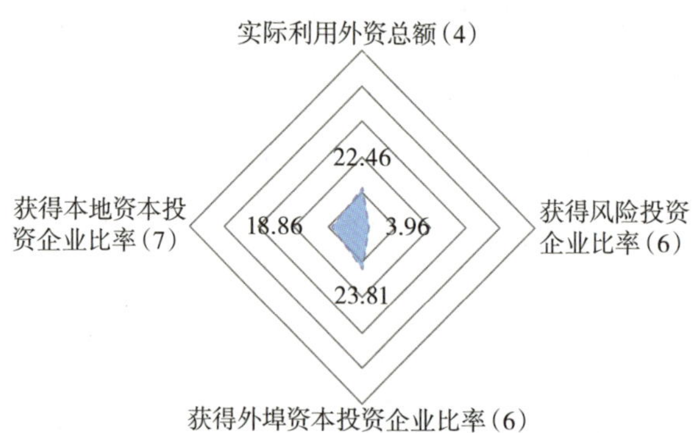

图 73　金普新区获得投资二级指标 DTF 得分及排名情况

（7）科技创新水平相对较低，未能形成创新活跃氛围

金普新区科技资源指标 DTF 得分 10.16，在 7 个国家级新区中排名第六位，需进一步强化创新载体培育，加强创新孵化载体建设，激活区内创新活力。从二级指标情况看，各项指标排名均居梯队末尾，其中仅拥有专利企业比率指标（24.48）和年度专利授权量指标（10.99）DTF 得分达两位数，其余得分均为个位数，与前沿指标差距显著。

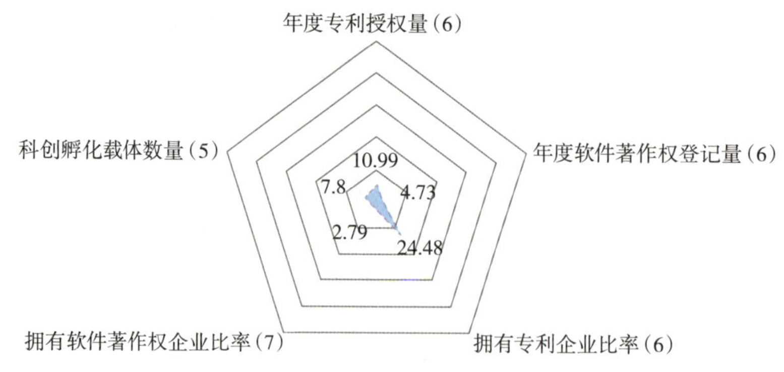

图 74　金普新区科技资源二级指标 DTF 得分及排名情况

2018 年金普新区发布了一系列促进科技创新的政策，包括《关于促进科技创新的若干措施（试行）》、《金普新区科技创新投资引导基金管理暂行办法》、《金普新区利用闲置厂房（仓库）发展科技孵化载体管理办法（试行）》等，对龙头企业、跨国企业、省级以上高校科研机构、发展潜力大的科技型企业及孵化载体公共技术服务平台建设等给予大额补贴，将极大推动金普新区科技创新，加速构建完善的创新生态体系。

（8）产业人才集聚水平较高，仍然较为缺乏高端人才

金普新区人才储备指标 DTF 得分 45.31，在 7 个国家级新区中排名第三，仍需要不断优化人才发展环境，创新人才引进制度，加大人才引进力度。从二级指标情况看，外来人口比率指标（100）达到 7 个国家级新区最佳前沿水平；高层次人才数量指标（23.73）、连续创业者数量指标（12.19）均排名第五，人才储备水平相对滞后于新区发展的需求。

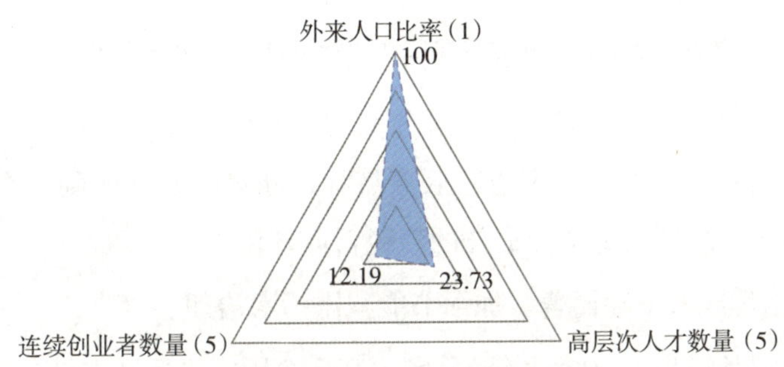

图 75　金普新区人才储备二级指标 DTF 得分及排名情况

2017 年金普新区发布了《大连金普新区引进人才安居实施办法》《关于推进大连金普新区、中国（辽宁）自由贸易试验区大连片区人才工作的若干措施》《大连金普新区引进高层次人才奖励实施办法》《大连金普新区引进人才安居实施办法》，并建设有 15 个国家企业博士后工作站、15 个辽宁省博士后创新实践基地，这些制度措施和平台的搭建为金普新区人才队伍建设和人才储备提供了保障。

（9）运营成本倒挂税收负担，综合地价租金相对适中

金普新区经营成本指标 DTF 得分 71.24，在 7 个国家级新区中居第五位。从二级指标情况看，工业企业运营成本指标（93.18）排名第一，距离前沿指标仅差 6.82 分；仓储用地租金价格指标（97.24）排名第二；写字楼租金价格指标（75.24）排名第四；但工业企业税费负担指标（19.29）排名末位。金普新区仓储用地租金、写字楼租金方面成本较低，但在工业企业运营和企业税收负担方面呈现倒挂态势，差距极其显著，需要金普新区进一步找准方向，有针对性的为企减轻税收负担，有效落实税收优惠政策。

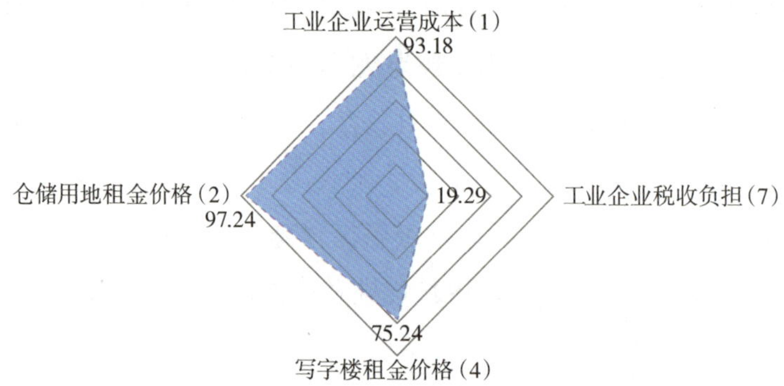

图 76　金普新区经营成本二级指标 DTF 得分及排名情况

2017 年以来金普新区持续打造税收服务品牌，升级办税服务模式，在“首问责任制”的基础上，打造全新的“首税通”服务品牌，涵盖企业准入到生存发展的全方位涉税服务，推动金普新区营造全国最佳的涉税营商环境。

（10）环境治理成效不够显著，加强节能减排污水治理

金普新区宜业环境指标 DTF 得分 55.66，在 7 个国家级新区中排名第六，金普新区生态环境质量有待进一步提升改善。从二级指标情况看，森林覆盖率指标（82.65）、空气质量指数优良率指标（63.14）排名第五，生活污水处理率指标（42.86）排名第六，万元 GDP 能耗下降率指标（32）和第七位，整体排名靠后。

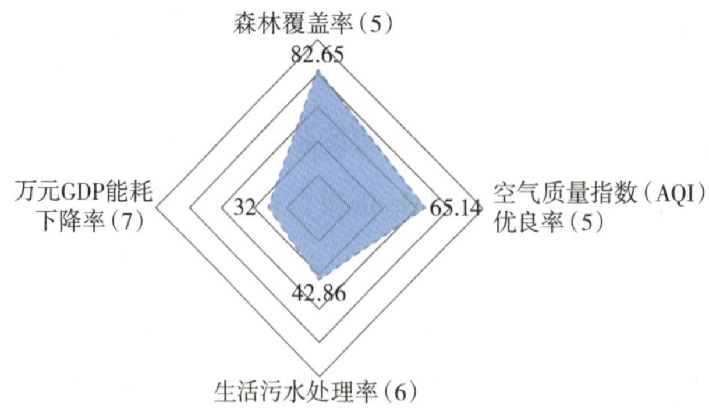

图 77　金普新区宜业环境二级指标 DTF 得分及排名情况

为构建生态宜居之城，2018 年金普新区环保部门启动以“打基础、强执行、抓落实”为主题的“基础建设年”活动，践行“绿水青山就是金山银山”的理念，将对大气、水、土壤污染综合防治，严控机动车、燃煤锅炉等空气污染排放源头，加大造纸、印染、医疗等行业企业监管力度，集中治理工业园区水污染，强化土壤污染风险管控，守护金普新区的蓝天、碧水和净土。

国家级新区营商环境优化建议

（1）深化审批机制改革，提升开办企业便利度

当前创新创业活力得到充分释放，市场主体数量快速激增，截至 2017 年末，7 个国家级新区共拥有在营企业 66.3 万余家，而在 2018 年前 6 个月共新注册企业 6.3 万家，比 2013 年全年新注册总量还要多出 2 万余家。面对如此众多的新增企业群体以及更多的正准备进入各个国家级新区谋求新发展的创业者，国家级新区应在加速推进各项改革的基础上，不仅要把线下的一站式办事服务大厅建设好，继续优化和提升面对面服务的质量和满意度，同时也要积极探索和应用互联网和大数据等技术手段，不断迭代更新现有新区官方网站，打造简易明了、操作便捷、反馈及时的专业化网上服务窗口，将网上申请、网上受理、网上审核、网上公示、网上发照集成于一体，使之成为国家级新区对外宣传，对内服务的重要抓手，真正实现让“数据多跑路，群众少跑腿”。

办理企业申请事项时限的缩短，提交申请材料数量的减少以及让申请者跑现场次数的削减，综合反映的是新区内部行政审批管理的机制性改革创新的进展。当下随着商事制度改革以及“放管服”工作不断向纵深推进，“多证合一”“全程电子化登记”等具体措施能有效落地执行的背后是行政机关在审批流程的各个环节不断突破阻碍、打破壁垒、“苦练内功”的成果。在现有改革成效的基础之上，国家级新区应进一步树立服务意识，开拓服务领域，增加服务渠道，从一个环节、一个点上的服务拓展成为一条线、一条链的服务，建立健全企业从生到死的全生命周期的服务体系。

（2）激发企业潜力活力，增强落户企业效益

作为区域增长的核心动力，落户企业群体更应受到国家级新区的重点关注。国家级新区需要建立健全涉企服务体系，挖掘企业发展的潜力和活力，引导加强技术创新和商业模式创新的相互融合，对标国内前沿地区，不断学习先进经验和做法，全面营造合适企业发展的区域氛围和区域个性。

当前区域间的相互竞争的维度和发展目标的导向，已经从数量与速度的比拼转向成为质量和结构的比较，国家级新区需要进一步优化自身产业结构，鼓励引导科技型企业发展，支持知识密集型企业、技术密集型企业和资本密集型企业做大做强，加大力度扶持战略性新兴产业的发展，优先发展先进制造业企业，深入调研，针对企业发展的关键领域和关键环境，精准施策，打造有特色、差异化的竞争发展新格局；同时积极应用大数据、云计算等前沿技术手段，探索建设具有国家级新区特点的企业信用体系，为新区企业发展提供优质的信用服务，为企业融资贷款、商务合作等提供更加便利、及时和高效的信用信息。

（3）深化互联网 + 政务服务，提升政务活动透明度

国家级新区应积极响应党中央、国务院关于“互联网 + 政务服务”的重大决策部署，充分运用信息化手段解决企业和群众反映强烈的办事难、办事慢、办事繁的问题，加快推进政务服务“一网通办”和企业群众办事“只进一扇门”“最多跑一次”，并在现有建设成果的基础上，积极学习和对接先进地区的成功经验，推动更多政务服务事项网上办理，拓展政务服务向“两微一端”延伸拓展，结合全国一体化的网上政务服务平台建设，提供更加多样性、多渠道、便利化的服务渠道和措施，并积极对接第三方互联网媒体平台，以更加积极的心态，学习和利用极具人气的新媒体工具和平台，推出“政务网红号”，打造“网红新区”，让更多人了解新区、落户新区、投资新区。国家级新区的官方“两微一端”平台需要善于从自身工作中挑出民生热点信息进行强化推广，不仅能够第一时间将国家级新区的声音发布出去，形成自传播路径，扩大自身的影响力，更能够拉近与群众的距离，提供更加便捷的服务渠道。例如北京市公安局反恐怖和特警总队用不到一个月时间，便在某短视频平台上收获 360 多万粉丝的关注；某短视频平台数据显示，一个月时间就有 200 多家政府机构入驻。

（4）提供便利生活服务，打造美好宜居新区

国家级新区的基础设施首要是满足公共交通方面的出行需求，否则新区的建设和发展无从谈起。为了进一步优化国家级新区的营商环境，应把新区城市的交通基础设施提到更加重要的位置上来，做为改善新区硬件环境的首要工作和抓手。不仅要改善新区内部的交通出行情况，增加道路密度，增添公共出行工具，更要提升所处城市中心与国家级新区核心区之间的通达性，为人员、信息、资金、技术的往来提供更加便利的通道，还要发展国家级新区与邻近城市以及与全国性城市之间的沟通联系渠道，在有条件的新区争取新建或扩建高铁站、支线机场、国际港口等重要交通枢纽设施，进一步优化提升国家级新区的交通区位优势。

城市的发展离不开人口的大量集聚，人口的集聚离不开生活服务的有效供给，因此一个区域能不能吸引人、留住人，很大程度上取决于当地能否提供充足的居民生活服务。因此，国家级新区需要采取积极措施，发展和优化居民服务业的数量规模、行业结构以及空间布局，引进和培育一批高水平、国际化、有影响力的服务机构，学习和探索多种类型的服务体验模式，从多方面、多维度提升本地居民生活服务的水平与质量，将国家级新区建设成为美好的宜居城市。

（5）优化服务主体结构，提高市场服务水平

各类行业商会、协会以及产业联盟等社会性组织，作为区域性和行业性企业的组织者、协调者以及企业与政府之间沟通者，在区域经济发展中正发挥着越来越重要的作用，国家级新区应支持和鼓励行业商会、协会的发展和运作，引导产业联盟带领企业抱团发展，促进形成良好的政商关系。此外，国家级新区还应该在政策、资源、人才以及激励方面向专业化服务机构进行倾斜。专业化服务机构的发展，不仅能够优化整个区域的产业结构，提高现代服务业的发展水平，还能为实体经济的发展提供更加专业和多样的服务渠道，助推实体经济高质量发展，更能降低创业企业的经营成本，集中力量发展主营业务，提高创业的成功率。

从测评结果来看，部分国家级新区金融服务机构比例较低，对国家级新区创新发展、转型升级尚未形成有力的支撑作用。国家级新区应发挥自身的多区叠加的政策红利，先行先试的制度优势，加快推进金融体制改革，建立现代金融体系。围绕供给侧改革的重心任务，在国家级新区健全多层次、多元化、互补型、功能齐全和富有弹性的金融服务市场，重点建设科技金融、绿色金融、普惠型农村金融和特惠型扶贫金融体系，补齐金融发展短板，降低实体经济融资成本，提高金融服务实体经济的能力和水平，充分发挥金融手段在市场资源配置当中的决定性作用，推进金融法制和信用体系建设，有效防范和化解金融风险，营造良好的金融生态环境。

（6）搭建融资服务平台，以资本投资促发展

从测评结果看，当前大部分国家级新区未对各类投资资本形成较强的吸引力，产业资本尚未对国家级新区形成足够的关注热度。国家级新区除了需要继续支持区内企业发展状态之外，还应牵头搭建面向全国的公共投融资服务平台，扩大新区企业在全国资本市场的影响力，为区内企业拓宽发声渠道和融资渠道，降低融资风险。

吸引投资最为关键的是打消投资者的顾虑，让投资者看好国家级新区的发展，对新区企业实现高速增长充满信心。国家级新区对外应加大宣传力度和途径，在推介区内有实力企业的同时，通过各种措施和手段提升国家级新区的整体形象，树立国家级新区的品牌价值，扩大国家级新区的资本影响力和号召力；对内“练好内功”，不断提升国家级新区的社会经济发展水平，改革创新行政管理体制机制，丰富完善投资及产业政策体系，持续加大基础设施建设力度，建立健全知识产权保护和信用服务体系，挖掘和培育国家级新区的内生增长力。通过吸引更多优质资本的投资，为国家级新区企业带来更先进的技术、更高层次的人才、更广泛的人脉链接、更高水准的管理经验、更加市场化的运营模式，促进高质量生产要素向新区加速流动，从而丰富国家级新区的要素市场，进一步优化企业营商环境。

（7）加大创新研发投入，构建良好创新生态

从测评结果看，多数国家级新区企业创新成果无论在数量上，还是在质量上都与前沿水平有较大的差距。国家级新区需要为企业创造更加优质的创新氛围，采取积极措施鼓励企业增加研发投入，引导企业通过科技创新实现高质量发展。例如，加强对新型研发机构、国家高新技术企业、高成长性科技型企业和知识产权密集型企业的培育和引进；通过培育有实力、有品牌、有业绩的高端创新创业服务机构，推动高技术服务业发展；支持企业培育创新人才团队，为科研人员的引进提供便利条件，支持产学研的合作以及科技成果的转化；在企业科研经费投入、创新人才收入等方面提出有针对性的优惠政策；鼓励高校科研机构的科研设备、技术平台等科技资源向企业开放共享，形成重视科研、重视人才的创新环境。

同时，多数国家级新区的各类创新载体与前沿指标还存在一定的差距。需要国家级新区统筹协调，加大区内创新平台载体的建设力度和水平，增强企业技术创新能力。在政策层面，进一步优化创新载体建设的顶层设计，落实政府经费资助、监控跟踪、考核评估、激励培育、退出制度衔接的工作机制和手段措施；在载体建设中，进一步优化资源配置，引导各类机构和组织参与创新载体建设，打造创新载体集群，丰富和强化创新配套设施和服务；在模式创新方面，进一步提升创新载体的孵化和研发能力，建立并完善创客群体和科技工作者信息共享和合作交流的知识社区，推动创新载体与产业资本、金融资本深度融合，为创新载体提供多元化、多渠道、多层次的科技金融体系。

（8）培育引进核心人才，营造人才发展环境

当前城市发展和产业升级对人才的渴求表现的越来越显著，根据不完全统计，自2017年至2018年5月，已有50多座城市陆续发布了百余次人才政策文件，围绕人才本地化、落户、购房补贴、生活补贴、配套保障等方面给予多层次、多维度的激励。国家级新区需要重点加强对产业核心人才的吸引和培育工作，因为真正能够推动企业跨越式发展、实现重大技术突破、引进重大项目和资源的，还需要依靠企业高级管理人才、技术人才、金融人才、创业人才等类型的专业化、高水平的产业核心人才。国家级新区应研究这类型人才在新区的储备现状、发展现状、生活状态等，制度相对应的人才激励和管理办法，针对行业领军人才和特殊人才，争取做到“一人一策”“一事一议”，营造出适合核心人才发展成长的区域环境和氛围。

从更加长远的角度看，人力资源发展、核心人才的培养并不是一时之争，一地之策，不管是人才的自我成长，还是重点培育，都是需要区域整体人才大环境的扶持，是一个长期的过程。因此，国家级新区应该加强人才环境的营造和培育，建立吸引人才、尊重人才的区域大环境和氛围，从当地实际出发，从新区的区位禀赋出发，从产业发展的需求出发，制定具有国家级新区特色的人才发展规划，并利用大数据手段，建立健全新区人才数据库，以满足企业对多层次人才的真实需要。

（9）积极释放改革红利，减轻企业经营负担

当前各级政府大力推进简政放权，释放改革红利，激发市场活力，切实减轻企业负担。2017年，营改增全面推开，全年减税近万亿元，除了税收之外，企业生产经营过程中的其他成本，也正在加速降低。国家级新区更应主动作为，积极减轻企业税费负担，并要多在结构上做文章，深入调研企业成本升高的核心原因，在落实税收优惠政策，减免部分政府性基金，降低（停止）部分涉企费用，坚决杜绝不合理经营服务性收费特别是与行政职能挂钩的各种中介服务收费的同时，为有条件的企业切实降低用电、用水、用气、用能、用地的成本，对企业反映强烈的物流成本高的重点问题，要专门研究，多措并举降低企业的经营成本，增强区内企业在国内外市场竞争中的优势。

在通过行政手段寻找降低企业成本路径的同时，还需要注意到随着国家级新区发展建设水平逐年提升，新区城市化率越来越高，发展越来越繁荣，地租价格也会随之企高，这一问题在浦东新区表现的最为明显。这就需要注重平衡城市繁荣发展与企业尤其是创业企业寻求底价房租之间的矛盾，既不能让高房价、高地租阻拦创业者和投资者的热情和信心，更不能因噎废食，打压合理的市场价格，破坏核心商务区的商业凝聚力。因此，国家级新区应学习国内外的先进经验、典型做法，依托政策杠杆，通过市场调节，为企业发展营造一个价格合理的办公和经营用地环境，满足租赁双方的需求，形成多方共赢的格局。

（10）坚定生态发展理念，坚持科学治理方式

党的十九大报告指出，建设美丽中国，为人民创造良好生产生活环境。国家级新区在创新发展的过程中更应牢固树立绿水青山就是金山银山的理念，自觉践行保护生态环境就是保护生产力、改善生态环境就是发展生产力的理念，更加积极地推动绿色发展、循环发展、低碳发展，建立健全绿色低碳循环发展的经济体系，坚持产业生态化，生态产业化的发展方向，通过供给侧结构性改革优化产业和产品结构，推进产业生态化改造，开辟生态产业的新路径，将绿色生态科技成果转化作为生态经济发展的重要支撑，在节能环保产业、清洁能源产业、生态环境、社会管理等方面广泛实施生态科技项目，推进能源生产和消费革命，推进绿色低碳循环发展的经济体系建设，实现绿色发展。

当前信息技术正成为推进生态环境治理体系和治理能力现代化的重要手段，对打好污染防治攻坚战具有重要的支撑作用。国家级新区应创新环境监管模式，进一步运用互联网、大数据、物联网、云计算、人工智能等现代信息技术手段，提高生态环境保护综合决策水平、提升环境监管效率，如通过建立环境监管网格从而全面、高效调度环境执法资源，从源头减少环境隐患；充分运用卫星遥感、传感器等新技术推动天地一体化环境监测，实现从传统环境监测向生态环境监测转变；通过架设智慧环保管理平台，消除监管盲点，有效提升环境治理和监管能力。

李钰，龙信数据研究院院长、首席数据科学家，京津冀大数据研究中心首席数据科学家，首都经济贸易大学特大城市经济社会发展研究院理事会理事；王成刚，龙信数据研究院执行院长；刘涛，龙信数据研究院副主任；杨洋，龙信数据研究院研究总监；蔡宇轩，龙信数据研究院研究总监。

中国粤港澳大湾区城市资本活力报告

《中国粤港澳大湾区城市资本活力报告》课题组

《中国粤港澳大湾区城市资本活力报告》由国家发改委城市和小城镇改革发展中心与上海交通大学中国发展研究院合作主持编写，支持单位包括上海交通大学中国城市治理研究院和北京交通大学经济与管理学院。课题组成员包含李铁（国家发改委城市和小城镇改革发展中心理事长，首席经济学家）、冯奎（国家发改委城市和小城镇改革发展中心学术委员会秘书长）、范毅（国家发改委城市和小城镇改革发展中心研究院院长）、魏劭琨（国家发改委城市和小城镇改革发展中心研究处副处长）、张秋生（北京交通大学经济管理学院院长，博士生导师）、温华军（民盟中央研究室）、王成刚（龙信数据研究院院长）、陈宪（上海交通大学安泰经济与管理学院教授，中国发展研究院研究员）、夏立军（上海交通大学安泰经济与管理学院教授，会计系主任）、陆铭（上海交通大学安泰经济与管理学院特聘教授，中国发展研究院院长）、俞俊利（上海交通大学中国城市治理研究院助理研究员）、林欢（上海交通大学安泰经济与管理学院博士生）、臧蓉（上海交通大学安泰经济与管理学院博士生）、何雄就（上海交通大学安泰经济与管理学院博士后）和崔婷婷（上海社科院博士生）。

引　言

本报告基于 Compustat、Wind、同花顺、交易所网站等信息渠道，选取 2001 ~ 2017 年度归属于粤港澳大湾区内城市的内地上市企业（主板 + 中小板 + 创业板）及海外上市企业作为研究样本，包含 11 个城市、1803 家企业，共计 18291 条观测值（其中：内地 9 市共有 653 家上市公司，5281 条观测值；港澳地区共有 1150 家上市公司，13010 条观测值）。进行统计分析时，相关的宏观经济数据来自《中国统计年鉴》和各地区的地方统计年鉴，人口数据来自《中国城市统计年鉴》。此外，表 1 至表 3 阐释了本报告涉及的相关概念的定义及行业分类标准。

表 1　概念定义

	概念	定义
1	粤港澳大湾区	“粤港澳大湾区战略”包括的城市为：香港特别行政区、澳门特别行政区及广州、深圳、佛山、东莞、珠海、中山、肇庆、江门和惠州（定义来源于《粤港澳大湾区城市群发展规划》）
2	粤港澳大湾区（内地城市）	“粤港澳大湾区战略”包括的内地城市为：广州、深圳、佛山、东莞、珠海、中山、肇庆、江门和惠州等 9 个地级市
3	京津冀地区	“京津冀都市圈区域规划”包括的城市为：北京、天津两个直辖市，以及保定、廊坊、唐山、邯郸、邢台、衡水、张家口、承德、沧州、秦皇岛和石家庄等 11 个地级市（定义来源于《“十三五”时期京津冀国民经济和社会发展规划》）
4	环杭州湾地区	“环杭州湾城市群”包括的城市为：上海，以及杭州、湖州、嘉兴、宁波、绍兴和舟山等 6 个地级市（定义来源于 2003 年浙江省人民政府印发的《浙江省环杭州湾产业带发展规划》，在此基础上加入临近杭州湾的上海市）
5	归属内地的上市公司	若某上市公司的注册地/经营地/总部所在地任一地址位于中国内地城市，则视作内地公司；若三个地址归属多个城市，则按照注册地、经营地、总部所在地的优先顺序判断

续表

	概念	定义
6	归属港澳的上市公司	若某上市公司的注册地/经营地/总部所在地任一地址位于中国香港或澳门，且三个地址都不属于中国内地城市，则视作中国香港或澳门公司
7	上市公司总数量	截至当年底归属于某地区上市公司总数量
8	上市公司总市值	截至当年底归属于某地区所有上市公司市值总和（以人民币计价）
9	经济贡献度	截至当年底该地区上市公司总市值与全国 GDP 比值，反映该地区资本活力对中国经济的贡献程度
10	资本化程度	截至当年底该地区上市公司总市值与当地 GDP 比值，反映该地区资本活力对当地经济的参与程度
11	人口效率	截至当年底该地区上市公司实力（即上市公司总数量和上市公司总市值）与当地总人口比值，反映该地区人均资本活力产出

因涉及海外上市企业，本报告的行业分类以 GICS 国际通行行业分类标准为基础。报告进一步将粤港澳大湾区（内地城市）的上市企业划分为三大产业，以考察区域的总体产业分布特点，并研究了第二产业和第三产业的具体内部结构。表 2、表 3 展示了三大产业及细分行业与 GICS 行业分类标准的对应关系。

表 2　行业大类分类标准

	内容
第一产业	农产品
第二产业	能源、材料、资本货物、汽车、耐用消费品、日常消费品、医疗保健、信息技术
第三产业	工业 - 商业服务与专业服务、运输、消费者服务、媒体、零售业、金融、电信业务、公用事业、房地产

表 3　第二产业行业分类标准

	内容
劳动密集型	容器包装、纸与林木产品、纺织服装、食品饮料、家庭与个人用品
资本密集型	能源、化工、建材、采矿、资本货物、汽车、耐用消费品
技术密集型	医疗保健、信息技术

粤港澳大湾区总体资本活力状况及演变

一、粤港澳大湾区介绍

本报告中的湾区是指围绕一个或数个相邻港湾、海湾、岛屿形成的发展共同体。当今世界普遍认为，湾区是带动区域经济发展和和引领技术变革的领头羊，由此衍生的经济被称为湾区经济①。目前，东京湾区、纽约湾区和旧金山湾区是世界公认的三大知名湾区。为了更好地发展珠三角区域经济，更全面地发挥粤港澳地区的区域联动作用，2017 年 3 月 5 日，李克强总理在第十二届全国人大五次会议作《政府工作报告》时提出，要推动内地与港澳深化合作，研究制定粤港澳大湾区城市群发展规划，发挥港澳独特优势，提升港澳在国家经济发展和对外开放中的地位与功能。自此，粤港澳大湾区规划成为国家继“一带一路”、“长江经济带” 和 “京津冀协同发展” 三大战略布局后的又一重大战略布局。

21 世纪以来，粤港澳大湾区的资本市场呈现出快速增长的良好态势。除了上市公司实力稳步增长外，粤港澳大湾区的人口效率也逐年提升。就粤港澳大湾区自身的经济发展而言，资本市场和上市企业贡献了不可忽视的力量，且越来越显著。

---

① 中国指数研究院：《粤港澳大湾区城市群发展规划解析》，2017 年 5 月。

二、粤港澳大湾区（含港澳）总体资本活力状况

1. 粤港澳大湾区（含港澳）总体资本活力状况——上市公司实力

总体而言，粤港澳大湾区的上市公司实力保持了稳定良好的增长态势。2001 年至 2017 年，粤港澳大湾区（含港澳）的上市公司数量从 626 家增长至 1803 家，年均增速为 16. 94%；上市公司总市值则从 3. 6 万亿元增长至 25. 9 万亿元，年均增速达 42. 32%（图 1 和图 2）。

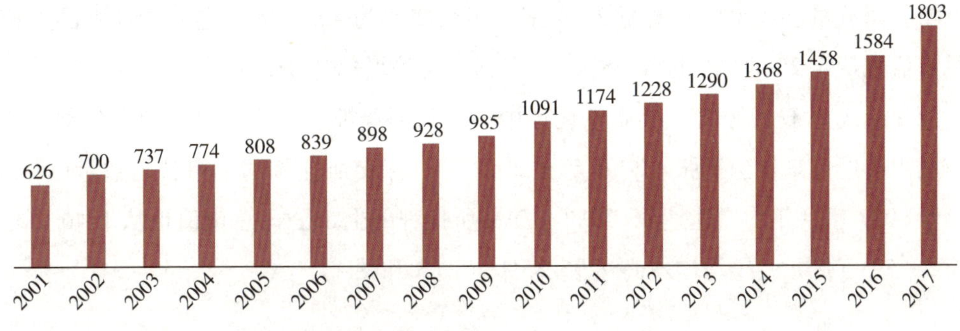

图 1　粤港澳大湾区（含港澳）上市公司总数量

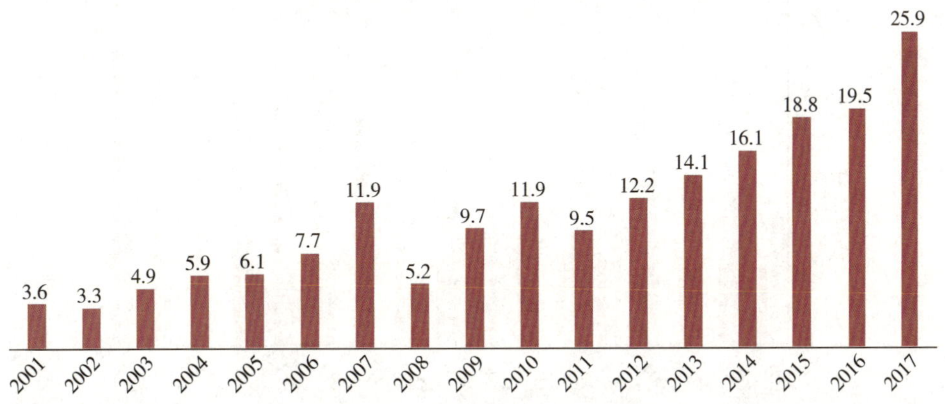

图 2　粤港澳大湾区（含港澳）上市公司总市值（万亿元）

2. 粤港澳大湾区（含港澳）总体资本活力状况——证券交易所发展状况

不仅本地上市公司快速发展，外地企业在港、在深不断上市对粤港澳大湾区的资本活力也有积极的影响。本区域内有两个证券交易所，分别是香港联合交易所（下文简称“港交所”）和深圳证券交易所（下文简称“深交所”），汇集来自中国大陆和全世界各地的众多上市公司，承担着金融中心的角色。尽管两者地理位置十分接近，但由于监管体制和政策的差异，两者在发挥资本市场作用方面呈现出不同的特征。

港交所成立于1986年，得益于香港国际金融中心的独特地位，以及内地优质公司不断在港上市的现实，其资本市场规模持续稳定增长。2001年至2017年，港交所挂牌的上市公司数量已从809家增至2118家，年均增速为15.40%；港交所挂牌的上市公司总市值也从5.25万亿元增至28.42万亿元，年均增速达31.84%。

深交所成立于1990年，得益于内地中小板和创业板在该所交易的政策优势，其资本市场规模近年来快速扩张。2001年至2017年，深交所挂牌的上市公司数量已从467家增至2087家，年均增速达26.29%；深交所挂牌的上市公司总市值也从1.46万亿元增至23.79万亿元，年均增速高达95.85%（图3和图4）。

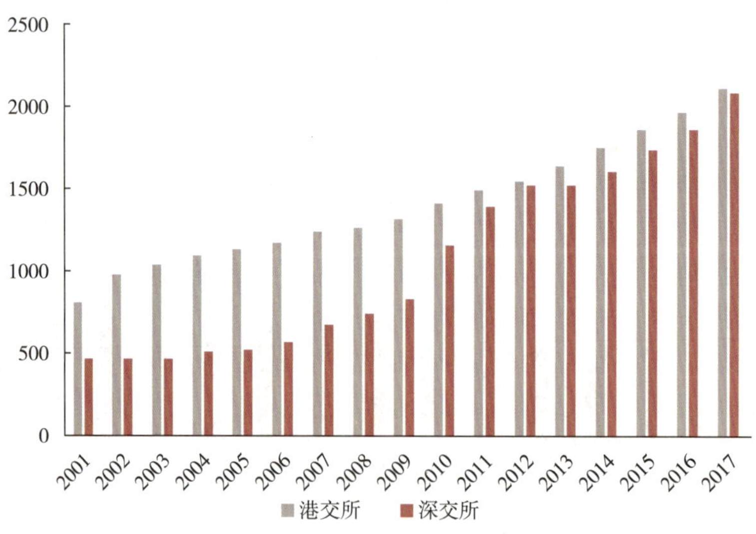

图3 港交所与深交所上市公司数量对比

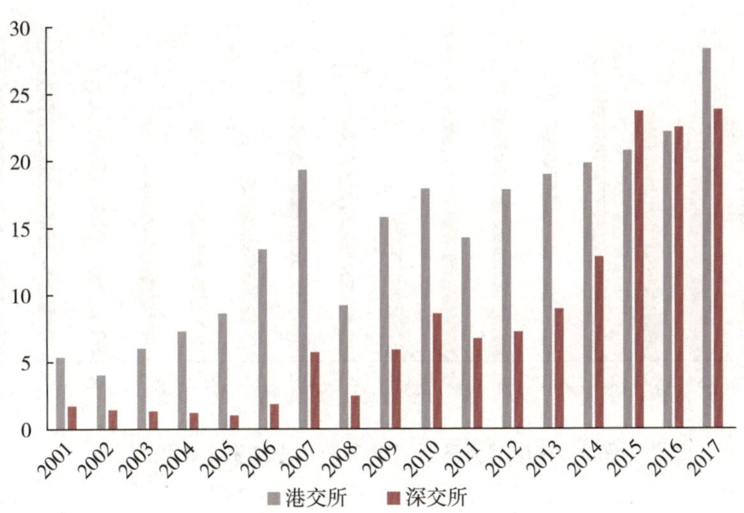

图 4　港交所与深交所上市公司总市值对比（万亿元）

从交易所规模来看，深交所虽然起步较晚，但其数量和市值绝对数已经逼近港交所，且增速数倍于港交所，发展势头更为迅猛。目前，深交所为粤港澳大湾区的内地新创企业提供了广阔的发展平台。港交所作为重要的国际金融中心，上市公司和资金来源则更加国际化，今后将在粤港澳大湾区更好地与国际资本市场接轨等方面发挥重要作用，助力区域建立更加多元、国际、优质、均衡的资本市场，进一步提高粤港澳大湾区的国际经济地位。

3. 粤港澳大湾区（含港澳）总体资本活力状况——资本化程度

粤港澳大湾区（含港澳）内所有城市拥有的上市公司总市值占粤港澳大湾区 GDP 比重一直保持在 100% 之上，具体数据受金融周期影响有所波动，但大体上呈上升趋势。截至 2016 年，粤港澳大湾区（含港澳）上市公司总市值占粤港澳大湾区 GDP 比重已经达到 209%。可以说，上市公司为粤港澳大湾区的经济发展贡献了充足的发展动力（图 5）。

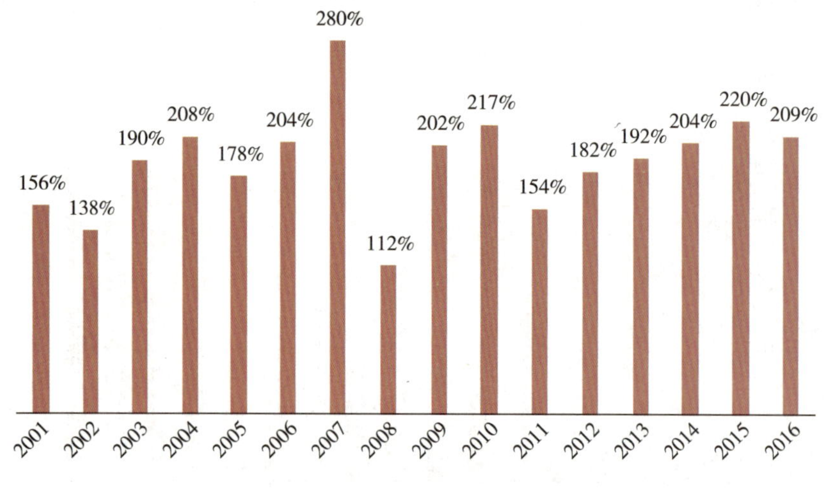

图 5　粤港澳大湾区（含港澳）总体资本化程度

4. 粤港澳大湾区（含港澳）总体资本活力状况——人口效率

从人口效率来看，粤港澳大湾区城市资本活力的发展效率保持着稳定而快速的增长。2001 年至 2017 年间，大湾区（含港澳）内百万人均上市公司数量从 18.9 家增长至 44.5 家，年均增速为 13.85%；人均市值从 10.9 万元增长至 63.8 万元，年均增速 34.43%（图 6 和图 7）。

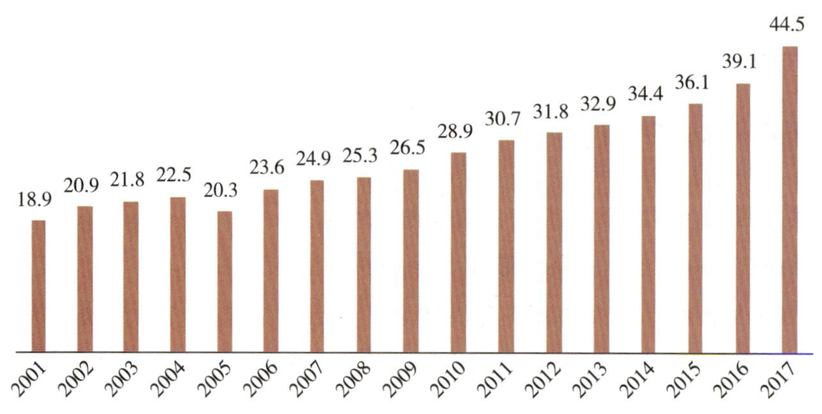

图 6　粤港澳大湾区（含港澳）百万人均上市公司数量

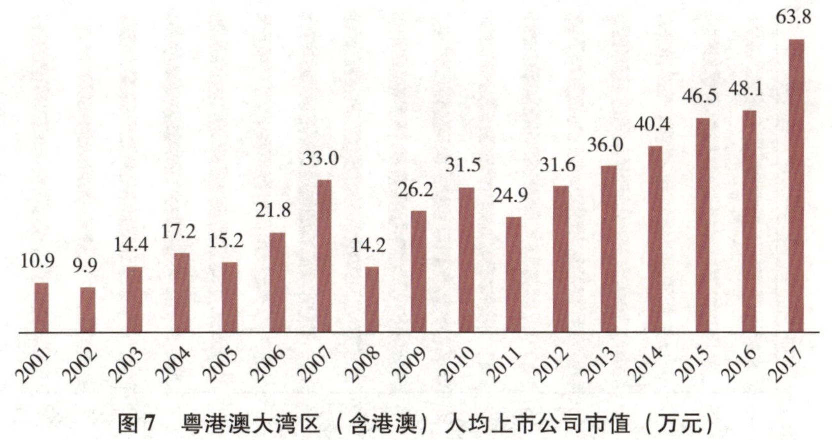

图7　粤港澳大湾区（含港澳）人均上市公司市值（万元）

5. 粤港澳大湾区（含港澳）总体资本活力状况——产业分布

总体而言，粤港澳大湾区（含港澳）上市公司的产业分布呈现出以服务业为主，农林牧渔业占比极低，制造业占比不断上升的特点。2001 年，第一、第二和第三产业上市公司数量占比分别为 0.48%，40.73% 和 58.79%，上市公司总市值占比分别为 0.01%，22.00% 和 77.98%。2017 年，第一、第二和第三产业上市公司数量占比分别为 0.22%，57.35% 和 42.43%，上市公司总市值占比分别为 0.06%，39.83% 和 60.11%。17 年间，制造业公司数量不断上升，超越服务业成为占比最高产业。但在市值方面，制造业仍与服务业存在较大差距（图 8 和图 9）。

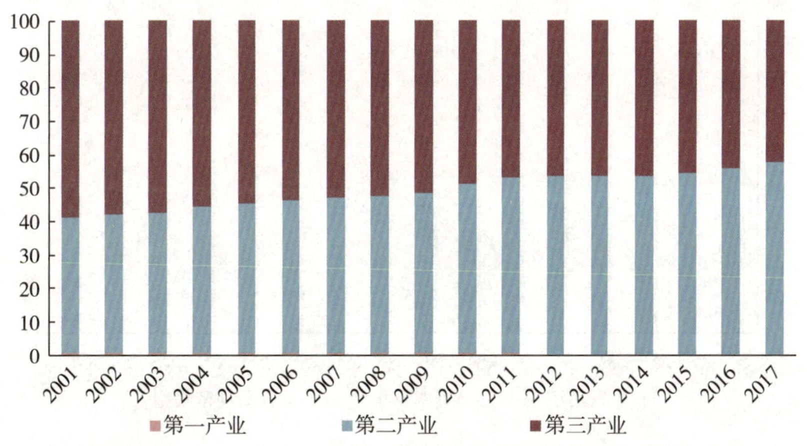

图8　粤港澳大湾区（含港澳）总体产业分布情况（上市公司数量）

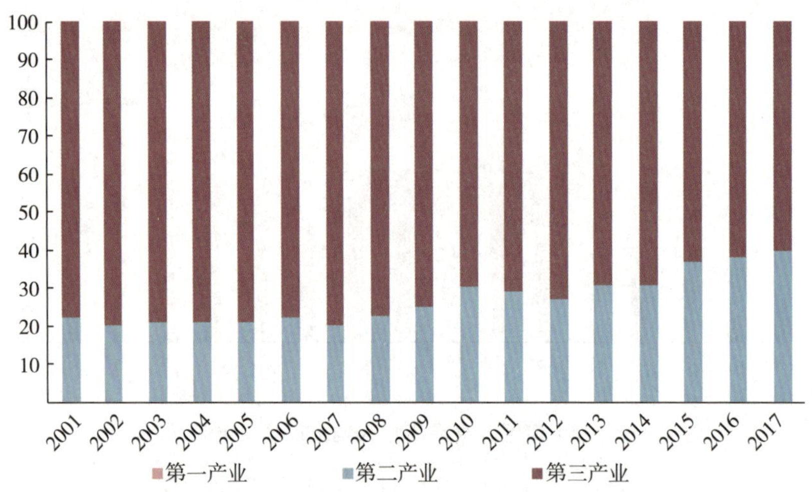

图9 粤港澳大湾区（含港澳）总体产业分布情况（上市公司总市值）

粤港澳大湾区（含港澳）第二产业结构较为均衡，数量分布均衡稳定，资本密集型产业市值占比不断下降，技术密集型产业市值占比不断上升。2001 年，劳动、资本、技术密集型产业的上市公司数量占比分别为 21.96%，45.49% 和 32.55%，上市公司市值占比分别为 12.25%，71.48% 和 16.28%。2017 年，劳动、资本、技术密集型产业的上市公司数量占比分别为 18.28%，43.52% 和 38.20%，上市公司市值占比分别为 15.33%，27.49% 和 57.18%（图 10 和图 11）。

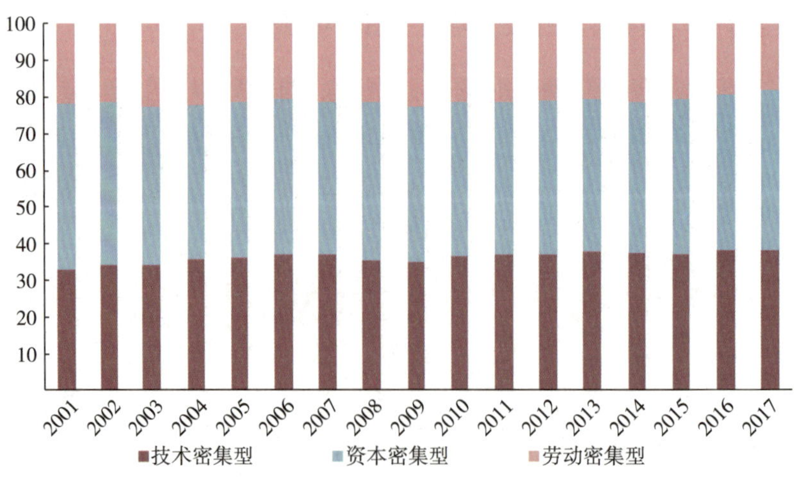

图10 粤港澳大湾区（含港澳）第二产业分布情况（上市公司数量）

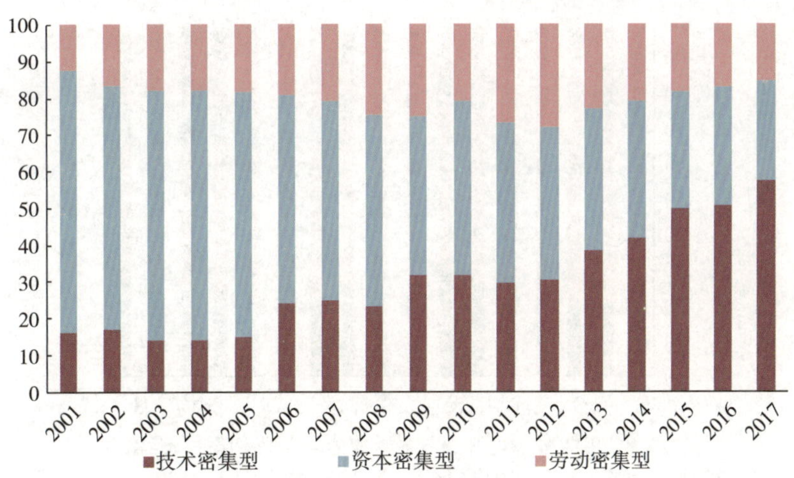

图 11　粤港澳大湾区（含港澳）第二产业分布情况（上市公司总市值）

就第三产业而言，粤港澳大湾区（含港澳）的产业分布逐步往均衡的方向发展，但房地产和金融行业仍占主导地位。2001 年，金融业和房地产行业的上市公司数量占比分别为 17.66% 和 32.61%，上市公司市值占比分别为 46.18% 和 27.50%。2017 年，金融业和房地产行业的上市公司数量占比分别为 17.52% 和 22.48%，上市公司市值占比分别为 40.32% 和 27.04%（图 12 和图 13）。

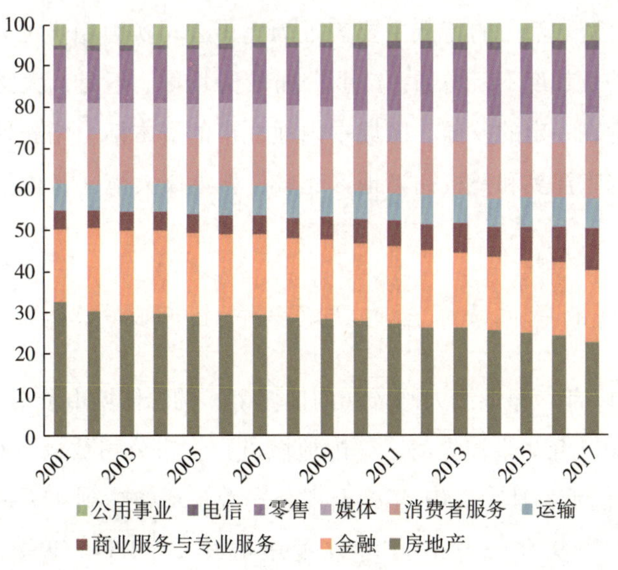

图 12　粤港澳大湾区（含港澳）第三产业分布情况（上市公司数量）

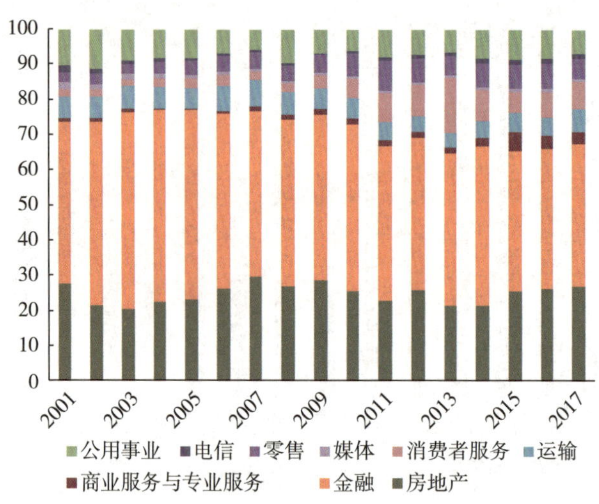

图 13　粤港澳大湾区（含港澳）第三产业分布情况（上市公司总市值）

三、粤港澳大湾区（内地城市）总体资本活力与京津冀、环杭州湾地区比较

粤港澳大湾区资本活力的特点主要表现为上市公司实力稳步增长，人口效率不断增长，资本对经济贡献度不断增加，产业分布较为均衡。但是，大湾区内地城市的资本市场发展进程存在一定的差异，区域中内地九市的资本活力增长速度和产业分布特点也有所不同。与京津冀和环杭州湾地区比较，粤港澳大湾区（内地城市）呈现出独特的发展特质。

1. 三大区域的总体资本活力状况——上市公司实力比较

2001 年至 2017 年，粤港澳大湾区（内地城市）的总体城市资本活力保持了稳中向好的发展态势。2017 年粤港澳大湾区（内地城市）上市公司数量为 653 家，上市公司总市值为 13.7 万亿元。对比 2001 年，上市公司数量增幅达到 477.88%，市值增幅达到 3325%；对比 2009 年，上市公司数量增幅则达到 145.49%，市值增幅达到 356.67%。与两个“老牌”经济发展区域——环杭州湾和京津冀相比较，粤港澳大湾区（内地城市）的资本活力增长速度明显高于其他两区域。截至 2017 年，粤港澳大湾区（内地城市）在上市公司数量及总市值方面的综合实力已跃居第二（图 14 和图 15）。

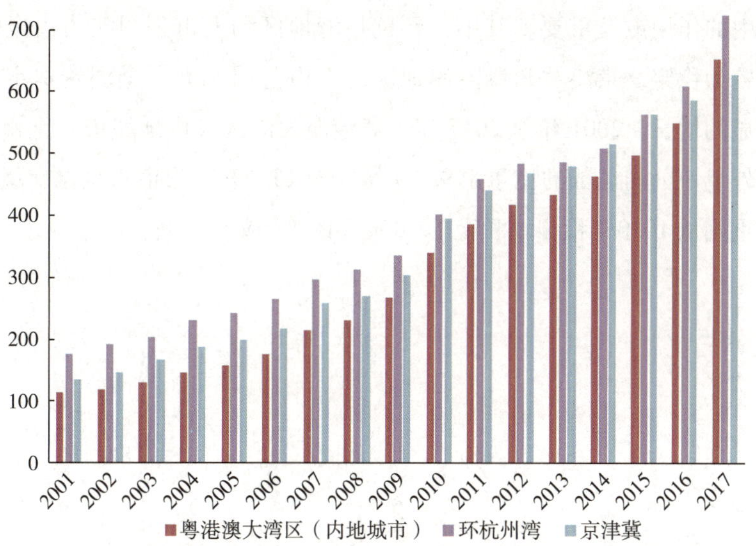

图 14　三大区域上市公司数量对比

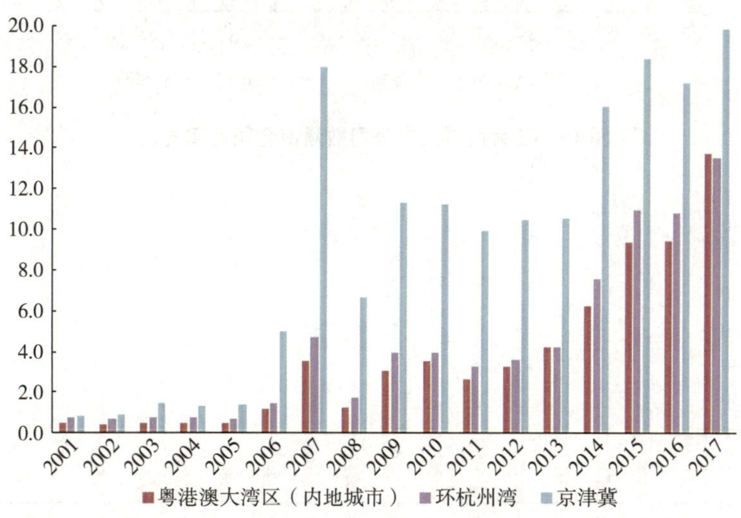

图 15　三大区域上市公司总市值对比（万亿元）

2. 三大区域的总体资本活力状况——总体经济贡献度比较

2001年以来，三大区域（粤港澳大湾区（内地城市）、环杭州湾、京津冀）在我国资本市场中的作用愈发重要。其中，环杭州湾地区的上市公司实力占全国资本市场规模的比重较为稳定，京津冀和粤港澳地区的上市公司实力占全国资本市场规模的比重则有较明显的增长。2001年至2017年，粤港澳大湾区（内地城市）上市公司数量占全国在境内外上市公司总数的比重由9.3%增长至15.1%，市值占全国在境内外上市公司市值的比重则从10.0%稳步增长至19.0%（图16和图17）。

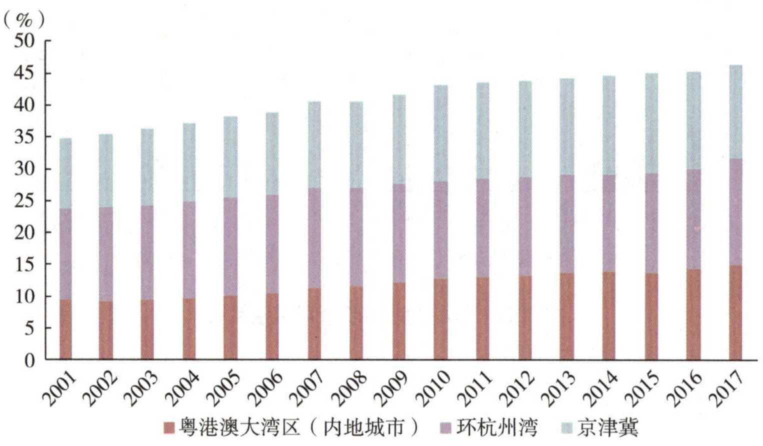

图16　三大区域上市公司数量占全国比重对比

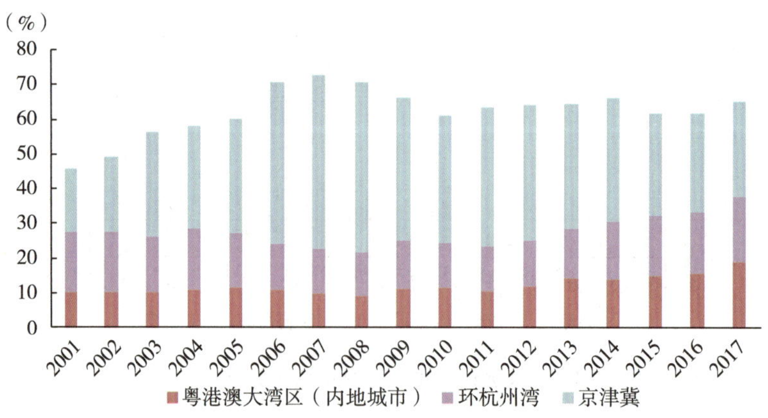

图17　三大区域上市公司总市值占全国比重对比

除了资本市场贡献度上升外，三大区域对中国整体经济的贡献度①也在增加。截至2017年，三大区域总市值占全国GDP比重从2001年的18.2%增长至56.9%，其中，粤港澳大湾区（内地城市）的上市公司总市值占全国GDP比重由2001年的4%增长至16.6%，与京津冀和环杭州湾地区齐头并进（图18）。

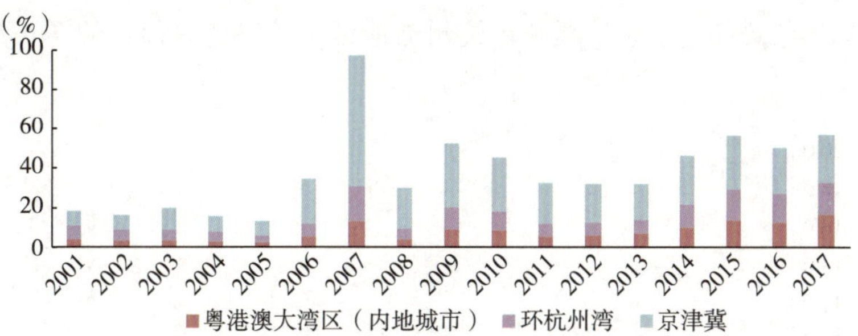

图18　三大区域上市公司总市值占全国GDP比重对比

3. 三大区域的总体资本活力状况——资本化程度比较

此外，三大区域经济的资本化程度②也在增加。截至2016年，三大区域上市公司总市值占各区域GDP比重均已超过100%。其中，粤港澳大湾区（内地城市）的资本化程度从2001年的51.52%上升至138.61%，资本市场为粤港澳地区经济的蓬勃发展发挥了越来越重要的作用（图19）。

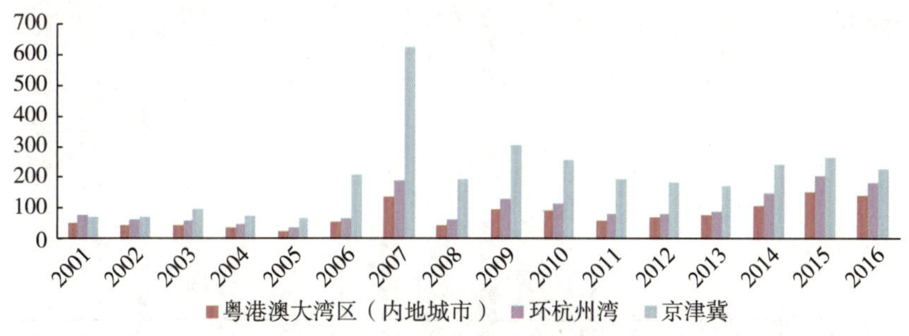

图19　三大区域资本化程度对比

① 经济贡献度：指某地区上市公司年末总市值与当年全国GDP的比值，反映了该地区上市公司对中国经济的贡献程度。

② 资本化程度：指某地区上市公司年末总市值与当年该地区GDP的比值，反映了该地区经济发展过程中，上市公司和资本市场的贡献程度。

4. 三大区域的总体资本活力状况——人口效率比较

2001 年至 2017 年，三大区域城市资本活力的人口效率均稳步提升，粤港澳大湾区（内地城市）的表现尤为突出。截至 2017 年，大湾区（内地城市）的百万人均上市公司数量和人均市值均超过了京津冀和环杭州湾地区，并保持着稳定的增长速度（图 20 和图 21）。

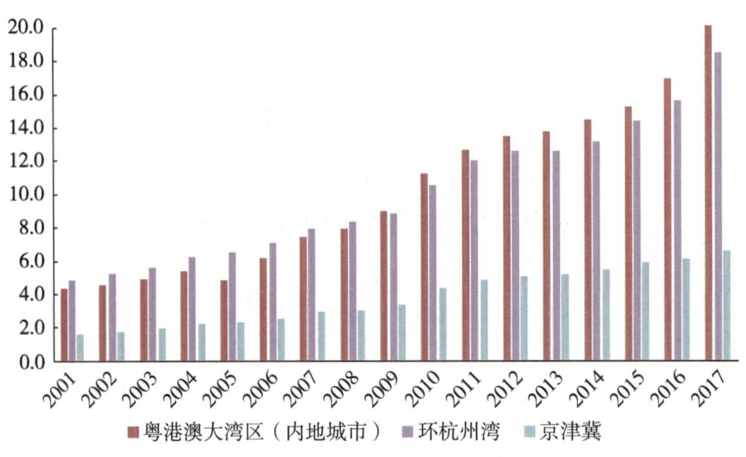

图 20　三大区域百万人均上市公司数量对比

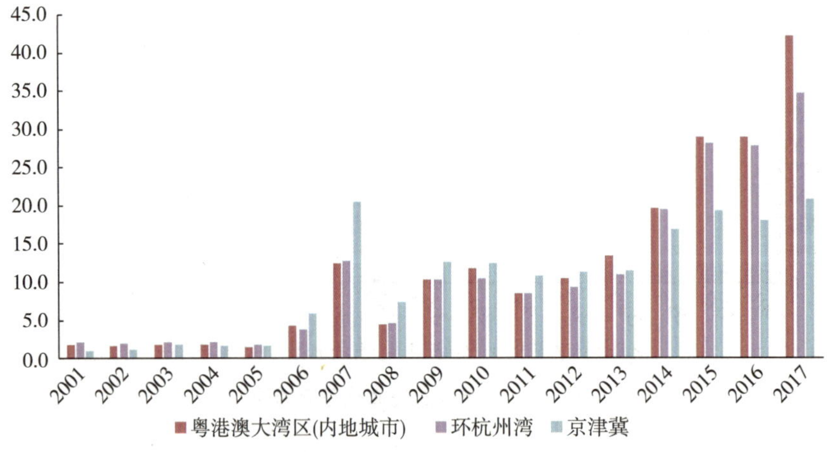

图 21　三大区域人均上市公司市值对比（万元）

粤港澳大湾区各城市资本活力状况及演变

回顾过去17年，粤港澳大湾区内地九市在资本活力方面均获得了一定提升。上市规模方面，深圳和广州始终处于粤港澳大湾区（内地城市）的第一梯队，佛山、珠海、东莞相对稳定在第二梯队，江门、肇庆、中山、惠州的城市资本活力排名则较为靠后。人口效率方面，深圳和珠海一直保持较高的人口效率，其余城市之间的排名则存在激烈的竞争。

与粤港澳大湾区内地城市中资本最活跃的深圳相比，香港在上市公司实力、资本化程度和人口效率等方面仍然保持着较为明显的优势，澳门则呈现出资本市场发展相对较弱，增长速度较慢，人口效率较低的特点。

一、粤港澳大湾区（内地城市）各城市资本活力状况

1. 粤港澳大湾区（内地城市）各城市资本活力状况——上市公司实力

粤港澳大湾区内地九市的资本活力均有一定的增长，但是城市之间存在着明显的差距。深圳和广州是整个大湾区（内地城市）的核心经济区域，在上市规模方面具有绝对领先地位；佛山、珠海和东莞则是中坚力量，其上市公司实力相对稳定在第二梯队，为大湾区（内地城市）提供了足够的经济储备；第三梯队的江门、肇庆、惠州和中山，在排名上则存在着激烈的竞争。其中，中山和惠州的上市公司实力增长速度相对更快（图1至图4）。

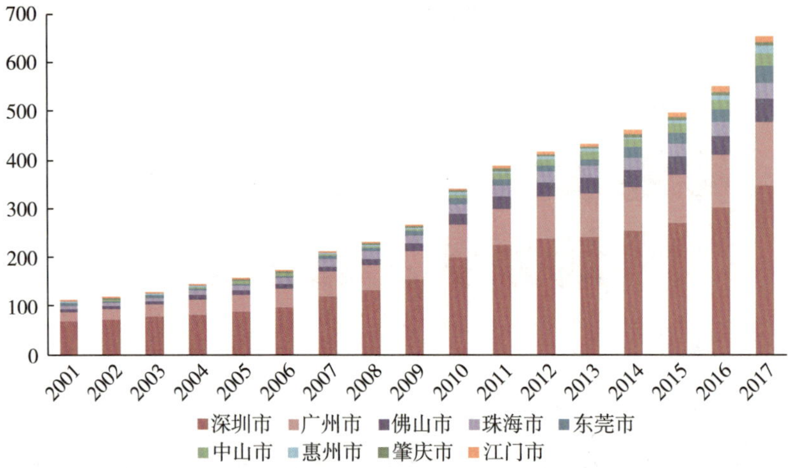

图1　粤港澳大湾区（内地城市）各城市上市公司数量

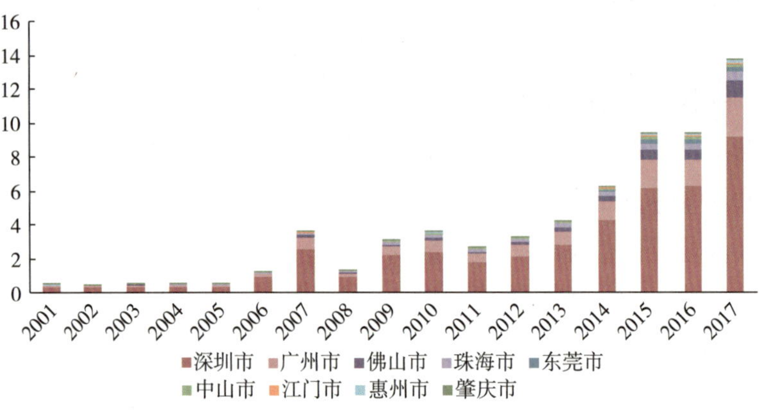

图2　粤港澳大湾区（内地城市）各城市上市公司总市值（万亿元）

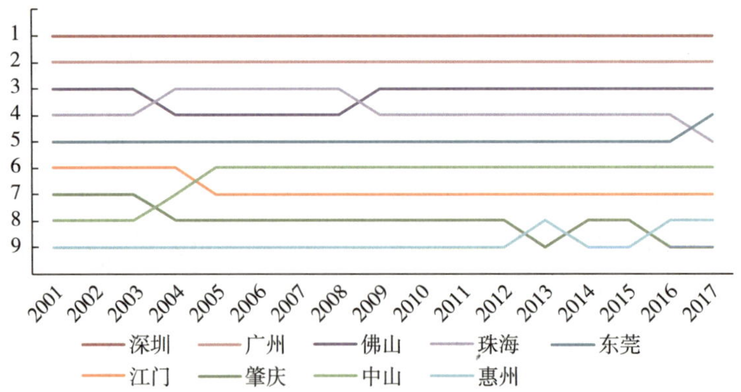

图3　粤港澳大湾区（内地城市）各城市上市公司数量排名

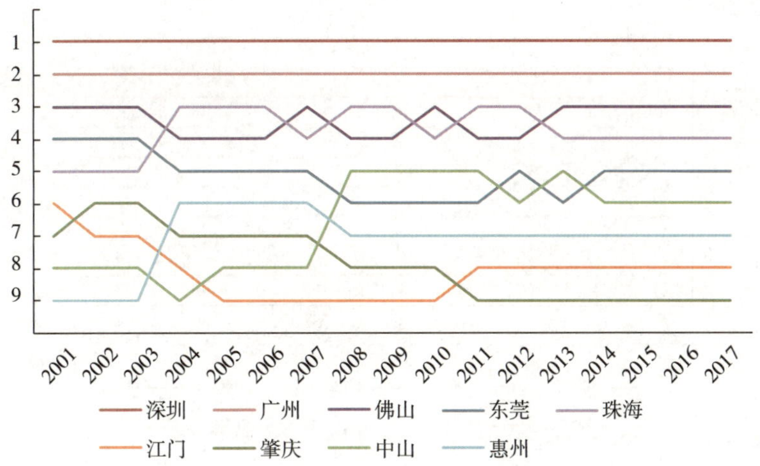

图 4　粤港澳大湾区（内地城市）各城市上市公司总市值排名

2. 粤港澳大湾区（内地城市）各城市资本活力状况——资本化程度

从各城市资本化程度来看，粤港澳大湾区内地城市均保持良好发展态势，但城市间存在较大差距。深圳和珠海的资本化程度一直位列粤港澳大湾区（内地城市）前两名，且仍在逐年增长。截至 2016 年，深圳和珠海的资本化程度分别为 322% 和 178%。其余城市的资本化程度也有了明显增长，但仍低于 100%（图 5 和图 6）。

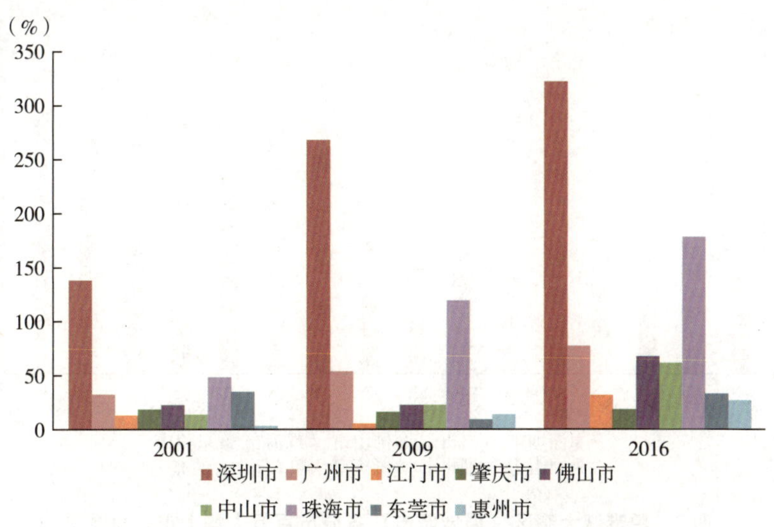

图 5　粤港澳大湾区（内地城市）各城市资本化程度

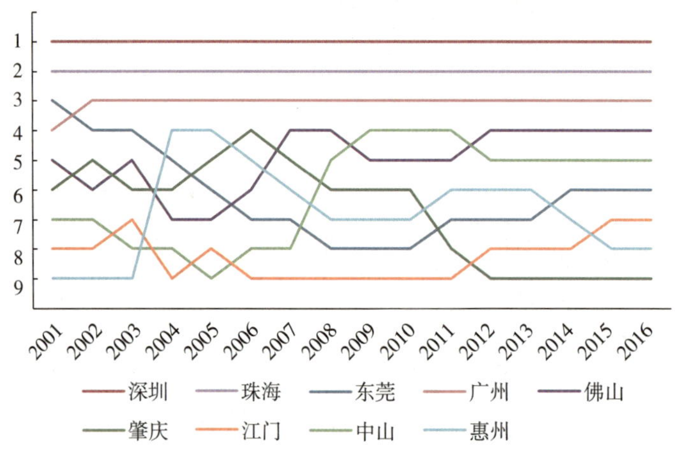

图 6　粤港澳大湾区（内地城市）各城市资本化程度排名

3. 粤港澳大湾区（内地城市）各城市资本活力状况——人口效率

总体而言，各城市人口效率均有所提升。深圳在内地九市中具有绝对优势，珠海持续位列第二，其余城市在排名上的竞争则较为激烈（图 7 至图 10）。

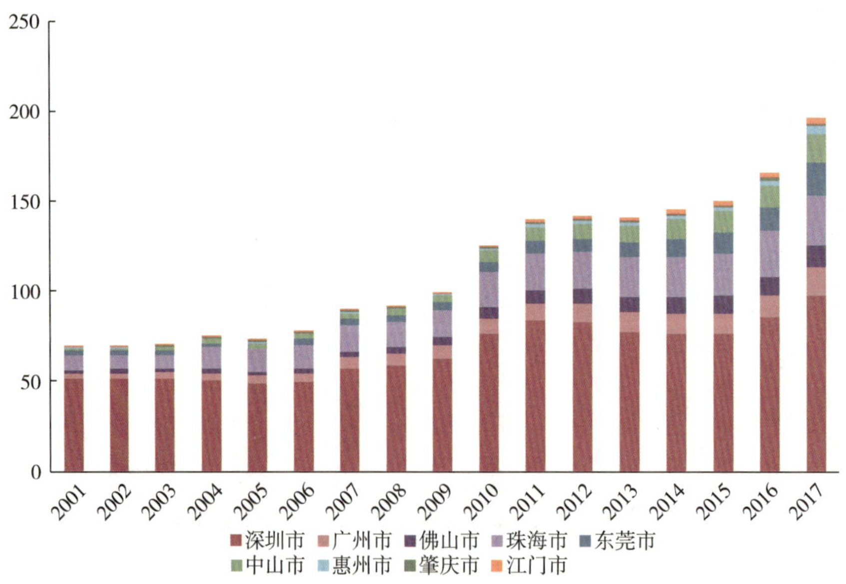

图 7　粤港澳大湾区（内地城市）各城市百万人均上市公司数量

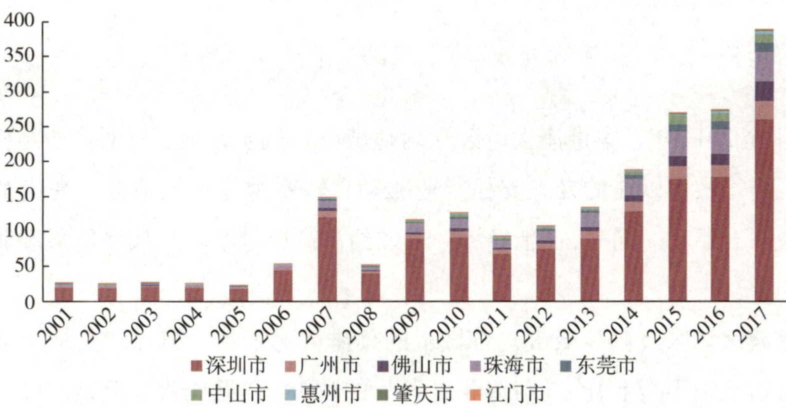

图 8　粤港澳大湾区（内地城市）各城市人均上市公司市值（万元）

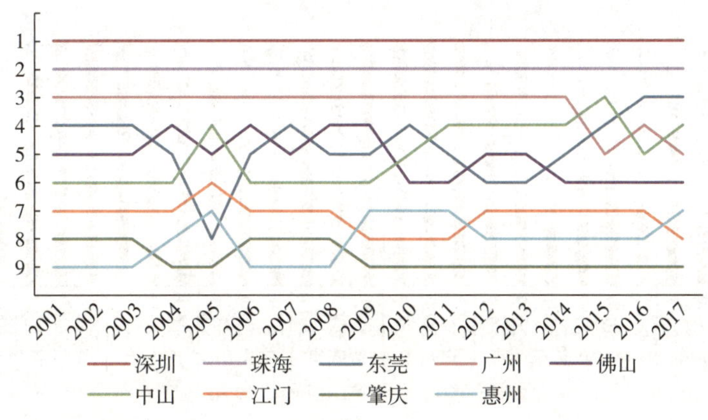

图 9　粤港澳大湾区（内地城市）各城市百万人均上市公司数量排名

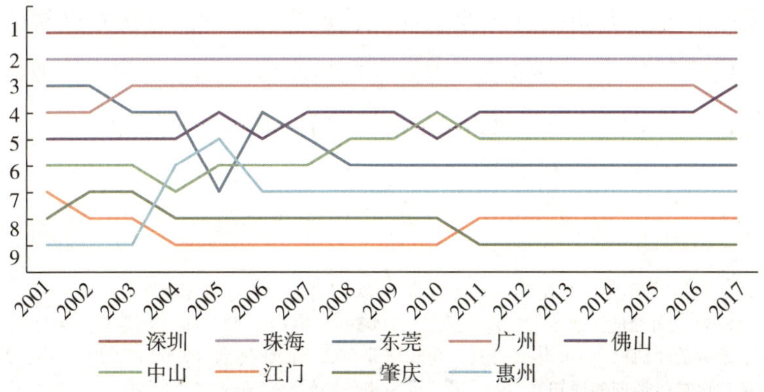

图 10　粤港澳大湾区（内地城市）各城市人均上市公司市值排名

4. 粤港澳大湾区（内地城市）各城市资本活力状况——产业分布

2001 年至 2017 年，粤港澳大湾区（内地城市）逐步开展了针对产业结构优化调整的改革，经济增长由以往的九大支柱产业驱动，转变为先进制造业、现代服务业和高新技术产业联合驱动。同时，“新经济”引领经济高质量增长，战略新兴产业成为经济增长的新引擎。①

从粤港澳大湾区（内地城市）各城市的具体情况来看，第二产业是经济增长的主要动力，且占比在不断上升，“制造业立省”的政策②初见成效。但是，第三梯队城市（惠州、肇庆、江门）存在产业结构单一的情况（图 11 和图 12）。

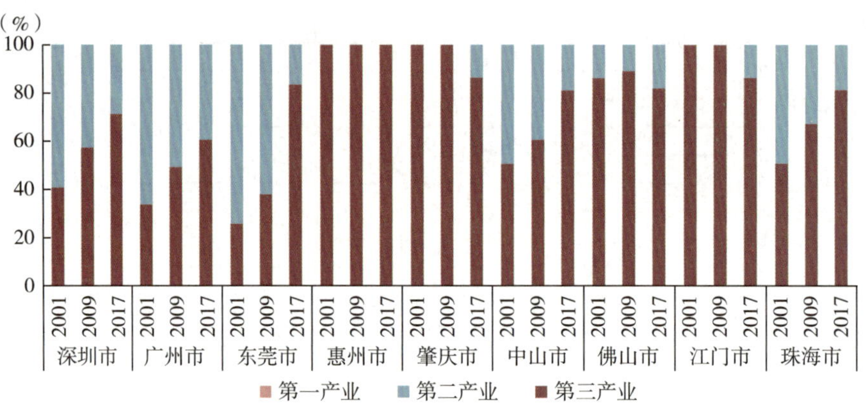

图 11　粤港澳大湾区（内地城市）各城市产业分布情况（上市公司数量）

2001 年起，广东省开始推进产业结构优化调整改革③，重视先进制造业、高新技术产业发展。截至 2017 年，粤港澳大湾区（内地城市）九市的第二产业结构均得到了不同程度的优化，技术密集型产业占比也逐渐增加（图 13 和图 14）。

---

① “深圳东部发展‘新引擎’启动”，《南方日报》，2017 年 8 月 9 日第 OD01 版。

② 2009 年《珠江三角洲地区改革发展规划纲要（2008—2020）》，2009 年《国务院办公厅关于印发促进生物产业加快发展若干政策的通知》，2010 年《珠江三角洲产业布局一体化规划（2009－2020 年）》，2010 年《印发广东省现代产业体系建设总体规划的通知》，2011 年《进一步鼓励软件产业和集成电路产业发展的若干政策》等。

③ 2001 年《广东省工业产业结构调整实施方案》，2005 年《广东省工业产业结构调整实施方案》（修订版），2006 年《广东省国民经济和社会发展第十一个五年规划纲要》等。

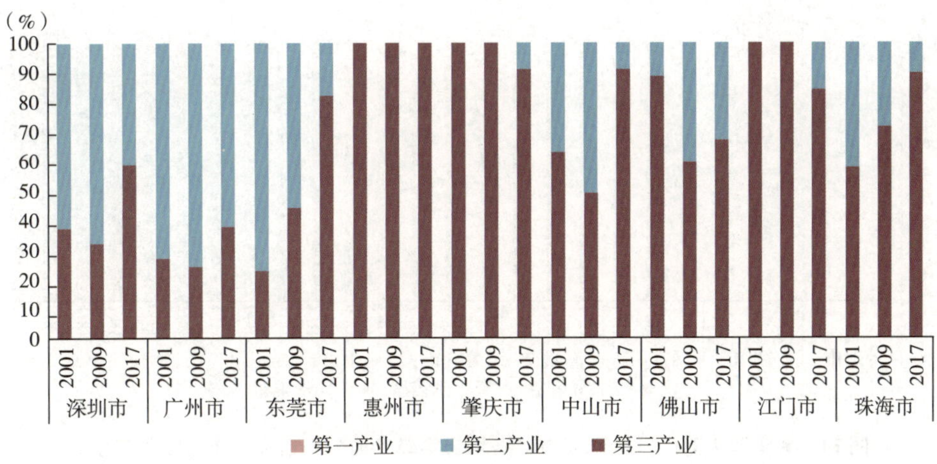

图 12　粤港澳大湾区（内地城市）各城市产业分布情况（上市公司市值）

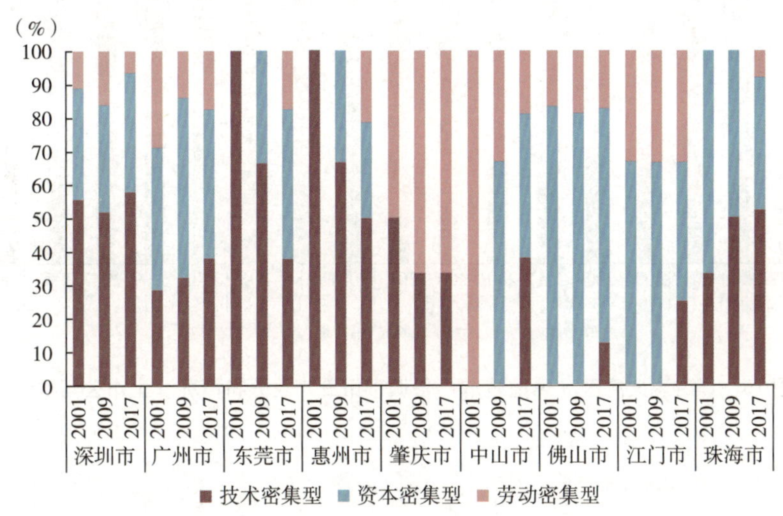

图 13　粤港澳大湾区（内地城市）各城市第二产业分布情况（上市公司数量）

粤港澳大湾区（内地城市）第三产业分布较不均衡，第三梯队的肇庆市、江门市、惠州市几乎没有第三产业的上市公司。其余城市的主导行业则各有特点：深圳的产业结构较为均衡，金融业影响愈发显著；广州和珠海以房地产行业和运输业为主要产业；东莞则以运输业为核心产业，并不断引入和发展金融产业；中山和佛山第三产业结构较为单一，中山以公用事业为主，佛山的房地产行业则占据主导地位（图 15 和图 16）。

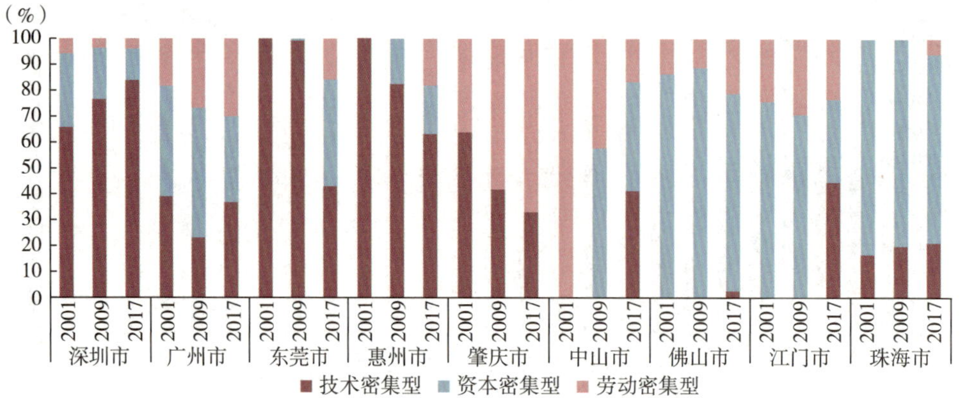

图 14　粤港澳大湾区（内地城市）各城市第二产业分布情况（上市公司市值）

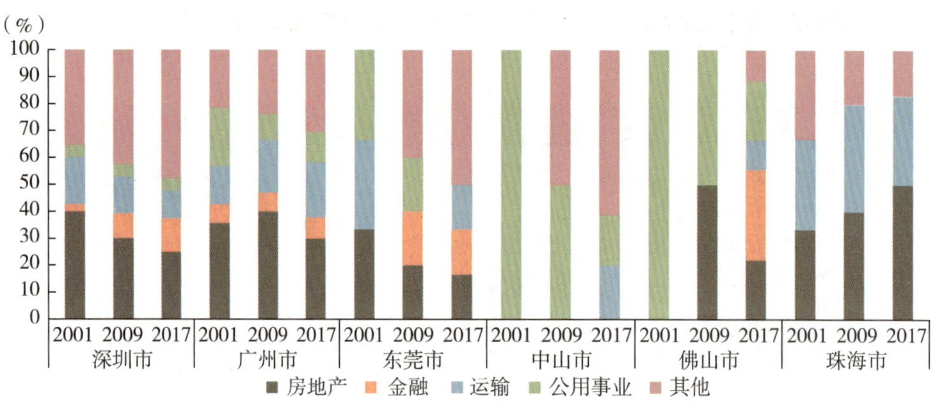

图 15　粤港澳大湾区（内地城市）各城市第三产业分布情况（上市公司数量）

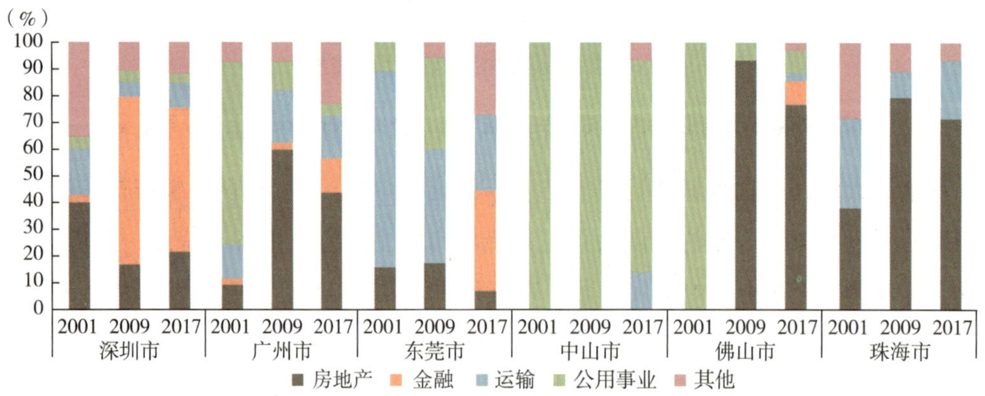

图 16　粤港澳大湾区（内地城市）各城市第三产业分布情况（上市公司市值）

二、粤港澳大湾区（内地城市）与京津冀、环杭州湾典型城市的比较

1. 深圳资本活力状况与北京、上海的比较

深圳、上海、北京作为粤港澳大湾区（内地城市）、环杭州湾、京津冀地区最具活力的城市，在三个区域的经济发展中也一直承担着“排头兵”的角色，三个城市的上市公司数量和总市值均保持快速增长。随着时间推移，深圳与上海的差距正逐步缩小。2017 年深圳的上市公司数量已达 345 家，上市公司总市值则已超过上海，达 9.2 万亿元（图 17 和图 18）。

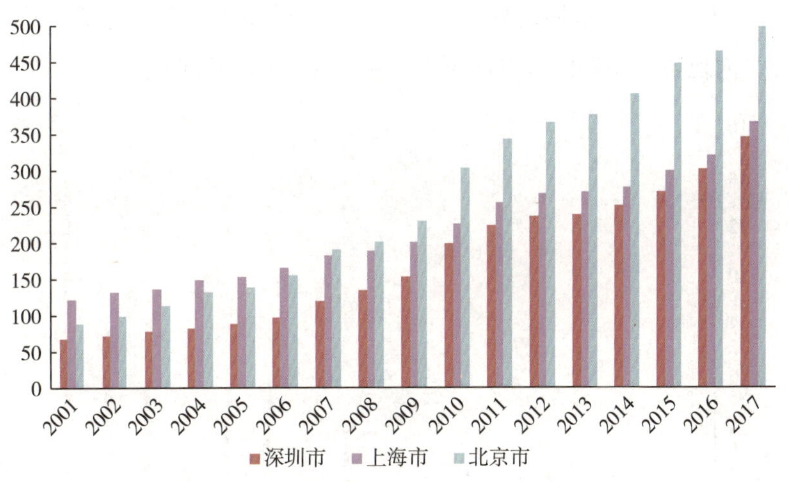

图 17　三大区域首位城市上市公司数量对比

2. 惠州资本活力状况与承德、舟山的比较

惠州、舟山、承德作为三区域早期活力欠佳的城市，在资本活力发展趋势上表现出较大的差异。2001 年至 2017 年期间，舟山市和承德市始终只有 1 家上市企业。位于粤港澳大湾区的惠州市，上市公司数量却从 1 家增长至 14 家，上市公司总市值则增长

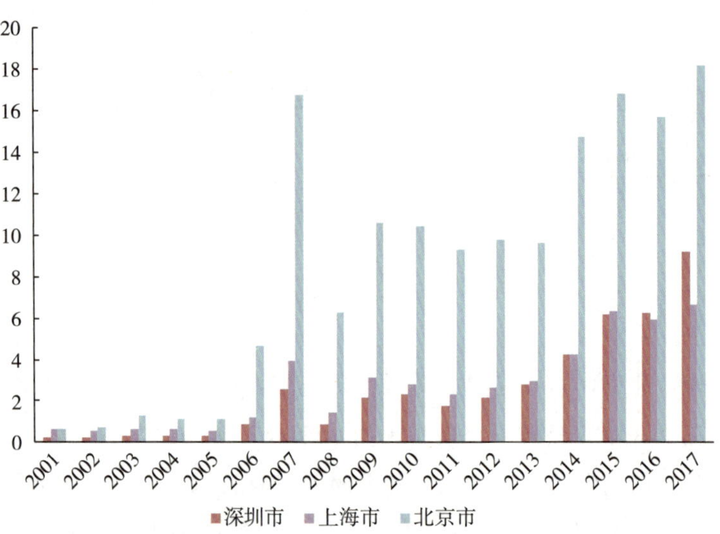

图 18　三大区域首位城市上市公司总市值对比（万亿元）

至 1430 亿元。从三个区域早期最具活力和活力欠佳的城市资本活力演变趋势来看，粤港澳大湾区（内地城市）的区域发展更为均衡（图 19 和图 20）。

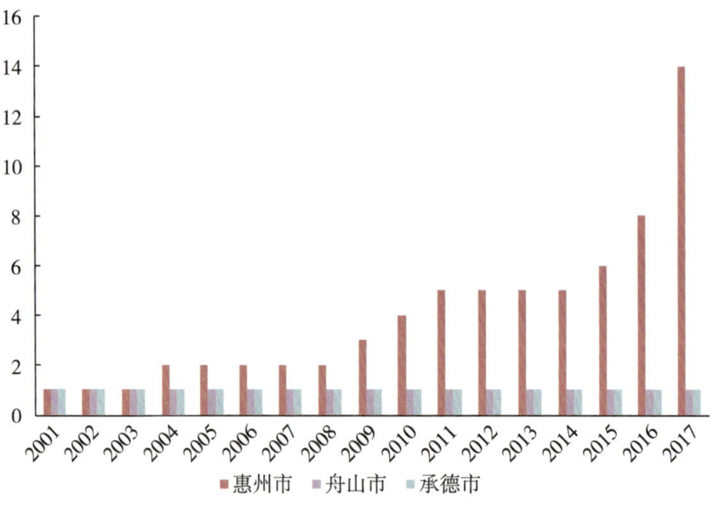

图 19　三大区域末位城市上市公司数量对比

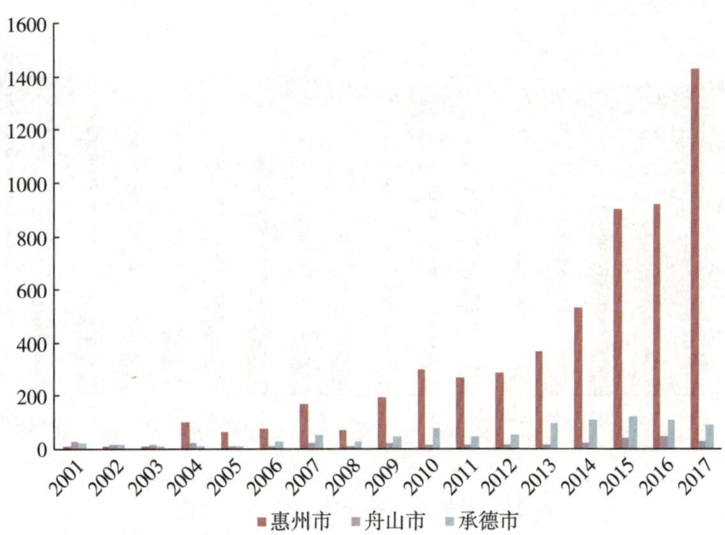

图 20　三大区域末位城市上市公司总市值对比（亿元）

三、港澳城市资本活力状况

1. 港澳城市资本活力状况——上市公司实力

从上市公司数量来看，深圳作为粤港澳大湾区中资本最活跃的内地城市，与香港的上市公司实力仍存在较大的差距。2001 年至 2017 年，香港的上市公司数量从 513 家增长至 1141 家，年平均增速为 13.08%。从市值方面来看，两地也有差距，但差距越来越小。2001 年至 2017 年，香港的上市公司总市值从 3.17 万亿元增长至 11.66 万亿元，年平均增速为 21.64%（图 21 和图 22）。

澳门的资本市场发展相对较为薄弱。截至 2017 年，澳门仅有 9 家上市公司，上市公司市值为 4632 亿元（图 23 和图 24）。

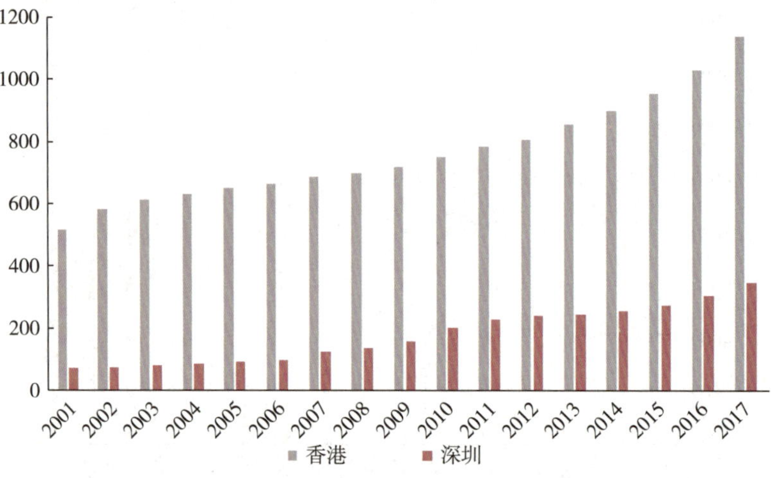

图 21　香港与深圳上市公司数量对比

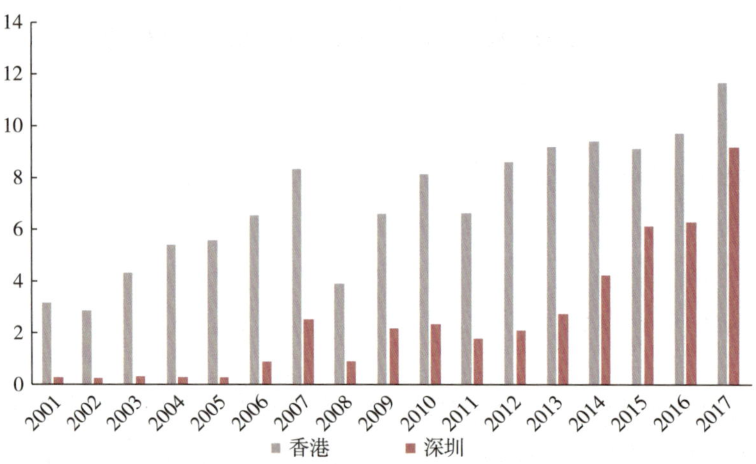

图 22　香港与深圳上市公司总市值对比（万亿元）

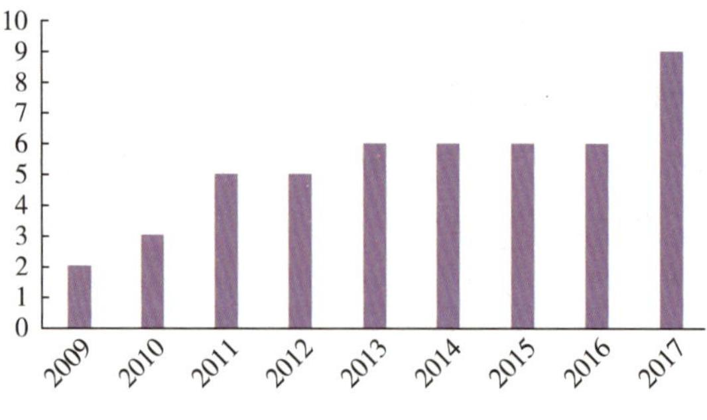

图 23　澳门上市公司数量

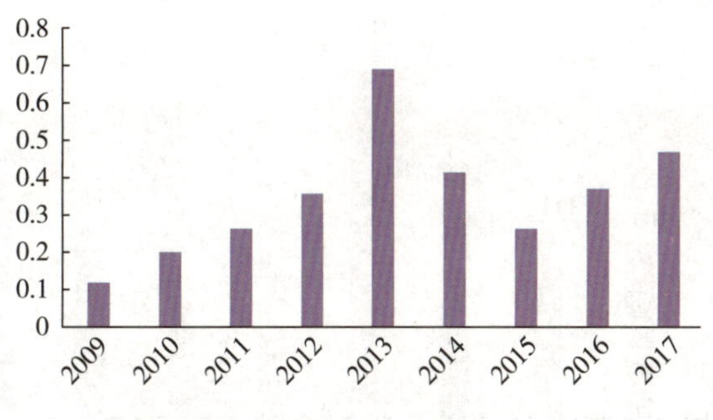

图 24　澳门上市公司总市值（万亿元）

2. 港澳城市资本活力状况——资本化程度

香港作为国际金融中心，资本化程度处于极高的水平。2001 年，香港的资本化程度就已超过 200%。2016 年，香港的资本化程度更是达到了 437%。资本市场对香港的经济发展起到了举足轻重的作用（图 25）。

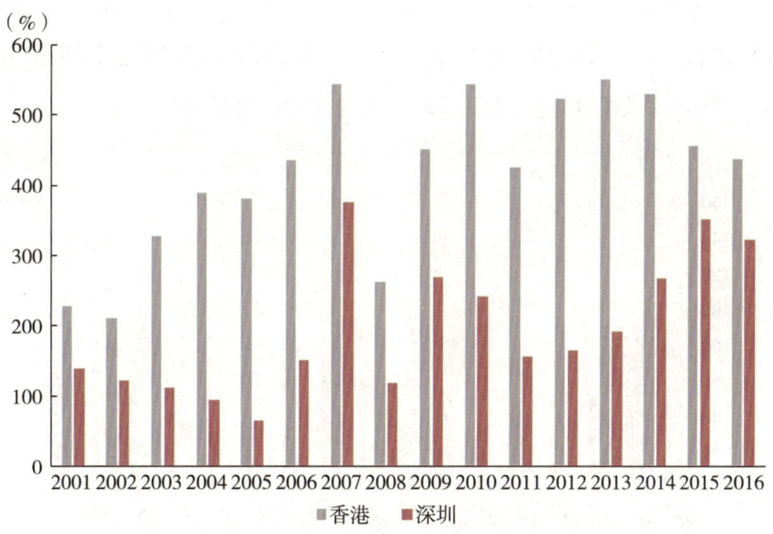

图 25　香港与深圳资本化程度对比

澳门虽然资本市场规模较小，但是资本化程度也达到了 141%，资本市场对澳门经济的贡献不容小觑（图 26）。

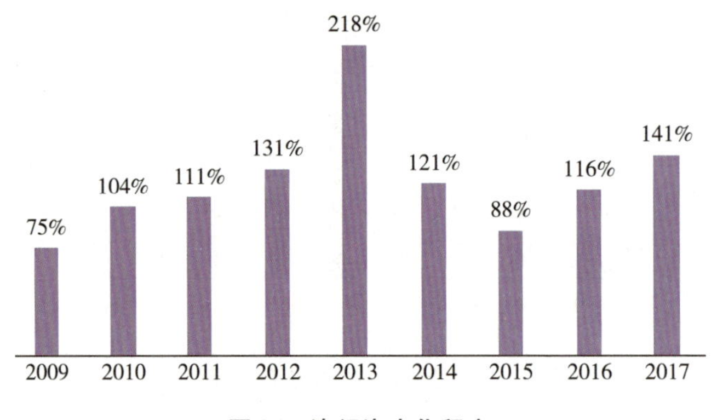

图 26　澳门资本化程度

3. 港澳城市资本活力状况——人口效率

从百万人均上市公司数量来看，即使与粤港澳大湾区内地城市中效率最高的深圳市相比，香港的人口效率也要高出不少。2001 年至 2017 年间，香港的百万人均上市公司数量从 76. 45 家增长至 153. 99 家，年平均增速为 11. 85%。从人均上市公司市值来看，深圳和香港的人口效率差距相对较小，近三年深圳的人口效率甚至超过了香港。截至 2017 年，香港的人均市值为 157. 39 万元（图 27 和图 28）。

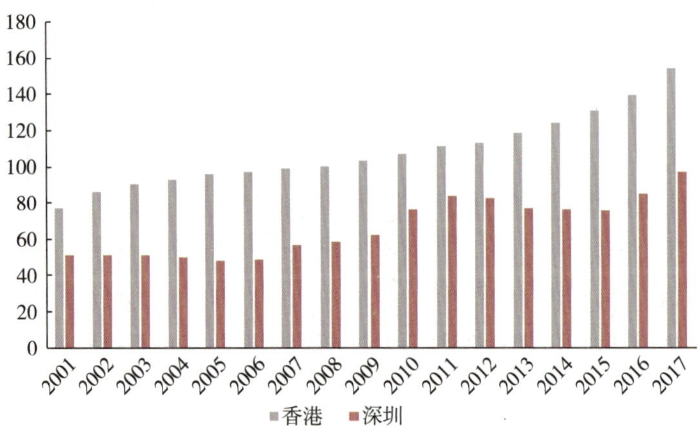

图 27　香港与深圳百万人均上市公司数量对比

相对香港和深圳，澳门的人口效率则比较低。截至 2017 年，澳门的百万人均上市公司数量为 14. 46 家，人均上市公司市值为 74. 41 万元（图 29 和图 30）。

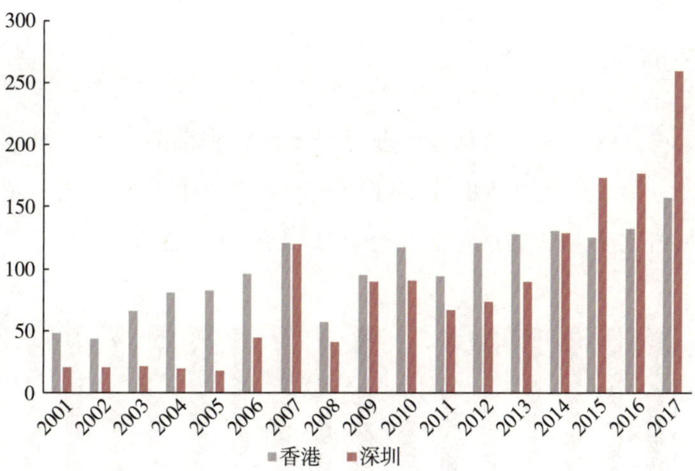

图 28　香港与深圳人均上市公司市值对比（万元）

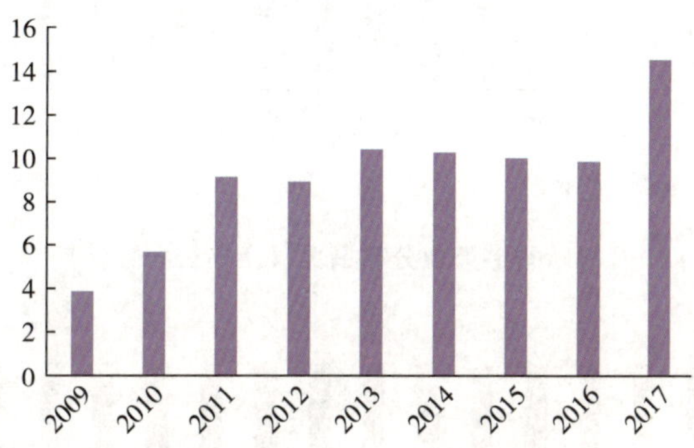

图 29　澳门百万人均上市公司数量

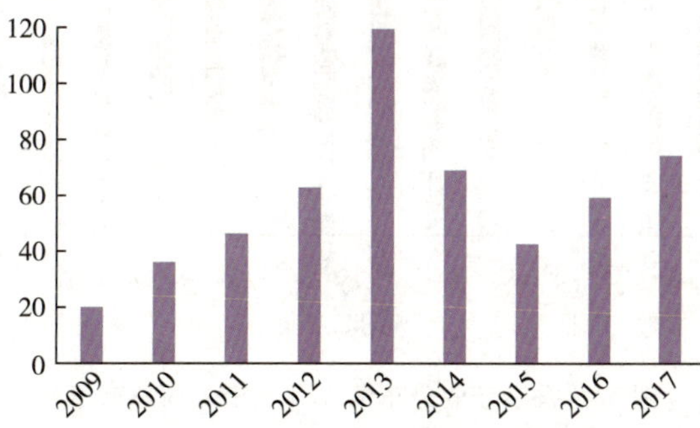

图 30　澳门人均上市公司市值（万元）

4. 港澳城市资本活力状况——产业分布

与粤港澳大湾区内地城市的总体产业分布不同，香港的上市公司呈现出以第三产业为主导的特点，第二产业总市值稳定在第三产业总市值的四分之一左右，但第二产业上市公司数量占比从40%的逐年上升至49%（图31和图32）。

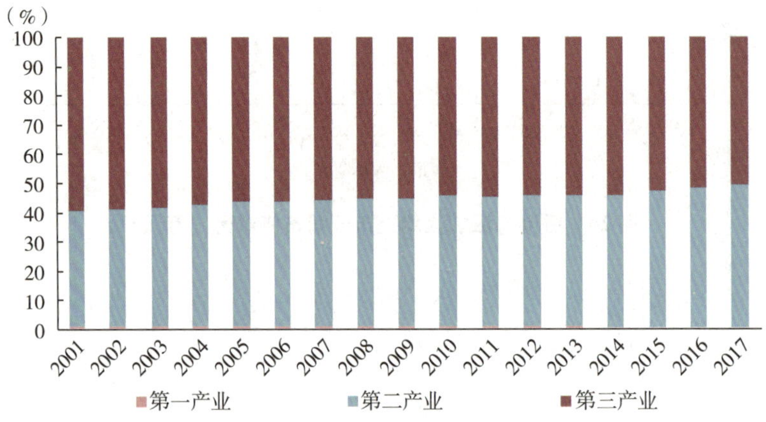

图31　香港产业分布情况（上市公司数量）

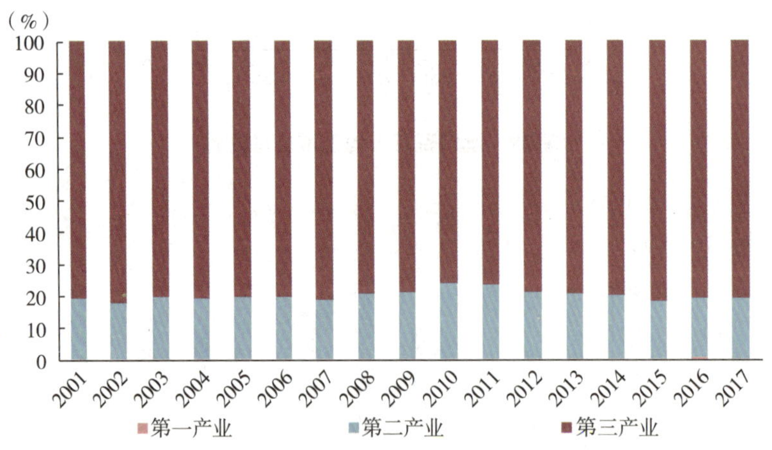

图32　香港产业分布情况（上市公司总市值）

澳门的产业分布也是以第三产业为主，第三产业的市值占据了绝对的优势地位，从2010年起澳门才出现了第二产业的上市公司（图33和图34）。

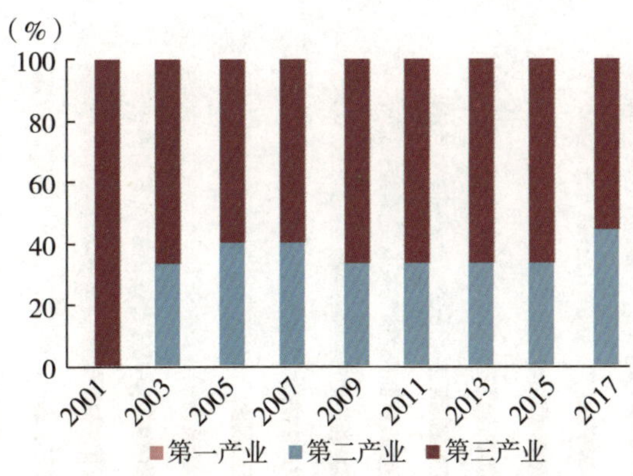

图 33　澳门产业分布情况（上市公司数量）

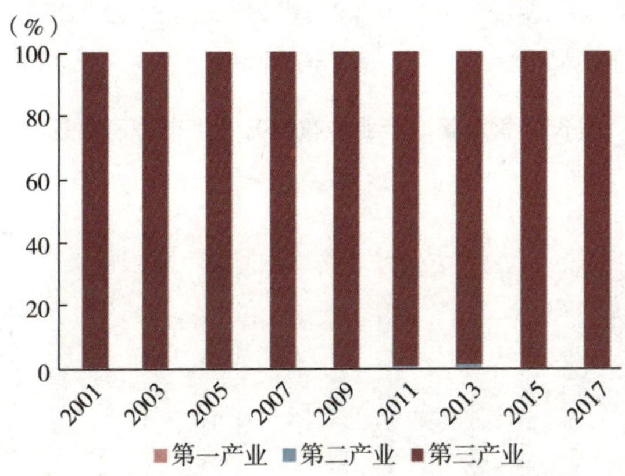

图 34　澳门产业分布情况（上市公司总市值）

从上市公司数量来看，香港第二产业的分布较为均衡和稳定。截至 2017 年，香港劳动密集型、资本密集型和技术密集型上市公司的数量占第二产业上市公司数量的比重分别为 23%、46% 和 31%。从上市公司总市值来看，香港第二产业呈现出了一种趋势，即劳动密集型、技术密集型产业市值占比逐年增加，资本密集型产业市值占比逐年下降。截至 2017 年，香港劳动密集型、资本密集型和技术密集型上市公司总市值占第二产业上市公司总市值的比重分别为 36%、37% 和 27%，分布较为均衡（见图 35 和图 36）。

与香港不同，澳门的第二产业上市公司只包括资本密集型公司，主要以建筑工程类的企业为主，产业结构较为单一。

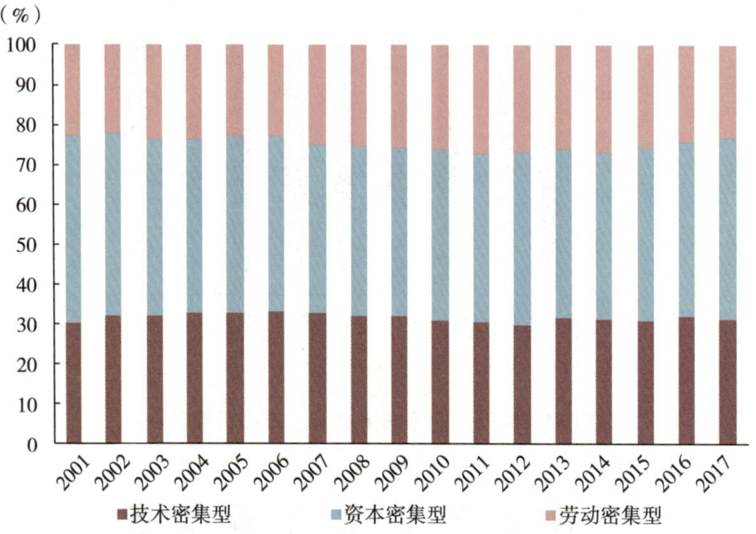

图 35　香港第二产业分布情况（上市公司数量）

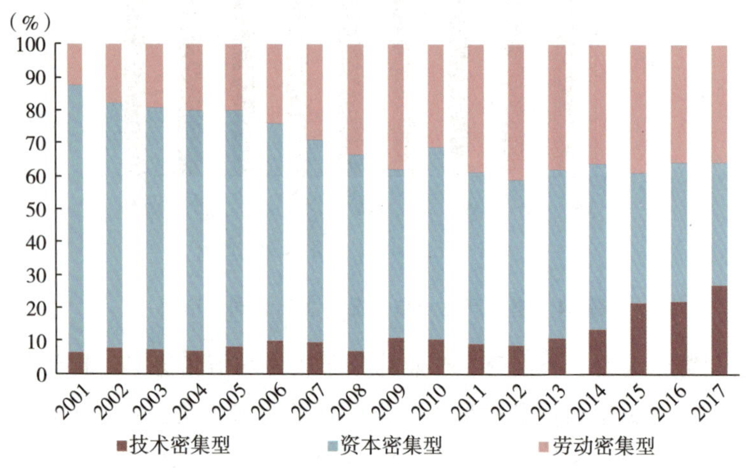

图 36　香港第二产业分布情况（上市公司总市值）

就第三产业而言，香港的第三产业主要特点是以金融和房地产为主导产业，各产业分布相对稳定。截至 2017 年，香港金融和房地产行业的上市公司数量分别占第三产业的 20% 和 22%，金融和房地产行业的上市公司总市值则分别占第三产业的 43% 和 26%（图 37 和图 38）。

澳门的第三产业上市公司只包括消费者服务行业的公司，以赌场经营类的企业为主，产业结构比较单一。

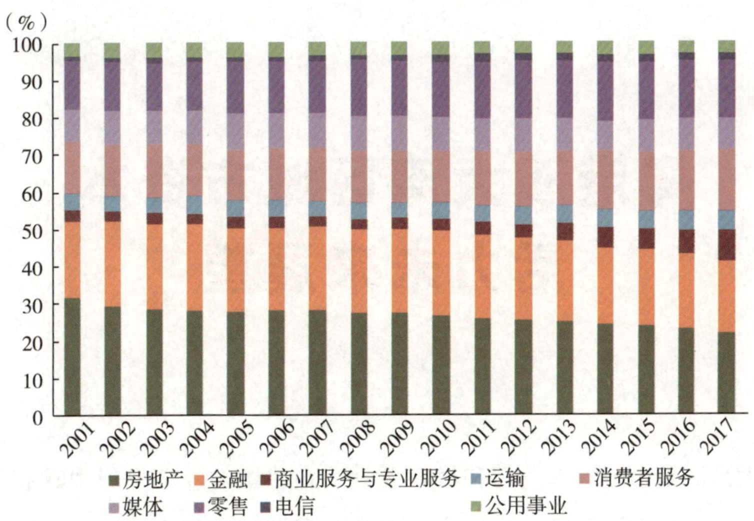

图 37　香港第三产业分布情况（上市公司数量）

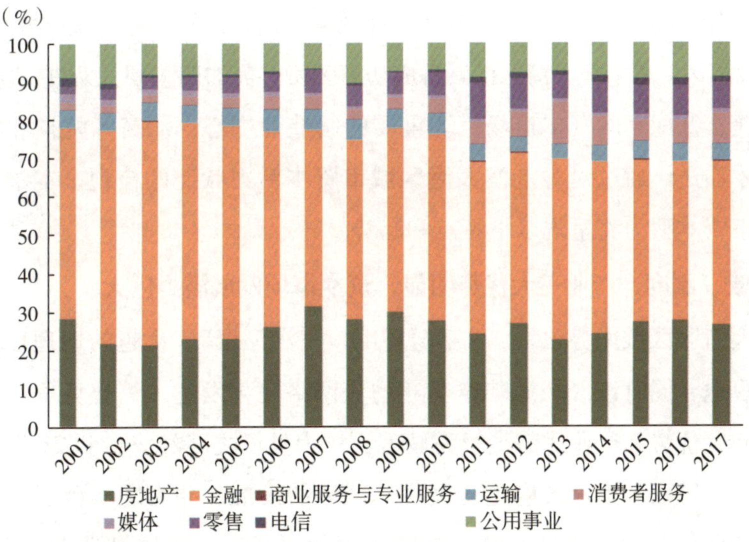

图 38　香港第三产业分布情况（上市公司总市值）

粤港澳大湾区城市资本活力未来展望

粤港澳大湾区是中国的南大门和战略要地，在我国的经济发展中具有举足轻重的地位。当前，粤港澳大湾区已初步形成以香港、深圳和广州为核心，珠江三角洲“二区九市”（二区：香港特别行政区和澳门特别行政区，九市：广州、深圳、佛山、东莞、珠海、中山、肇庆、江门、惠州）为主体区域的湾区经济形态，整体发展态势良好。对标世界三大湾区，粤港澳大湾区已具备成功湾区所必需的四大硬件条件：①天然良港，陆上交通便捷；②配套的资本市场；③重要的制造业中心；④高等院校和科研机构源源不断的人才输送。通过对粤港澳大湾区城市资本活力状况的梳理，本报告认为，未来该区域城市资本活力将呈现以下特点和趋势。

（1）区域、制度、产业三大优势明显，资本市场发展潜力巨大

粤港澳大湾区区域优势独特，“三面环山，三江汇聚”，优越的地理环境使其拥有广阔的经济腹地，同时该区域海陆空交通物流网络完善发达，综合竞争优势明显。粤港澳大湾区制度优势和产业优势也极为显著，作为丝绸之路经济带和21世纪海上丝绸之路的交汇点，国家和当地政府广泛关注该区域的发展，并为之出台了一系列政策和措施。随着产业结构改革不断推进，该区域逐步形成了“先进制造业、现代服务业、高新技术产业联合驱动”的新型产业结构，也为区域发展提供了新动能。与环杭州湾、京津冀相比，粤港澳大湾区的城市资本活力发展潜力巨大，该区域各项资本活力指标已遥遥领先。未来依托三大优势，结合港深资本市场的地域制度优势，依靠区域内充足的创新创业驱动力，区域内两大城市资本市场（深圳、香港），以及区域内上市公司的增长空间和潜力尤为可观。

（2）城市间产业和创新不均衡，亟待区域内一体化深入发展

由于大湾区各城市所处的地理区位差异，临近港澳地区的环珠三角地区城市产业群更为集聚，在资金与政策扶持、技术创新和国际合作的推动下，当地上市公司实力增长迅速，资本市场持续发展。但是，必须看到部分大湾区边缘城市产业结构较为传统和单一，优势新兴产业发展不突出，也没有享受到省内产业转移的红利。同时，虽然政府出台了各项促进企业利用资本市场发展壮大的政策（如产业扶持、金融促进、创新协同等），但地方政府推进和实施的力度和效度各不相同。展望未来，大湾区需要不断建立开放性创新体系，打破“一廊十核多节点”的空间格局行政壁垒，助力形成产业联动、空间联结、功能贯穿的创新经济带。同时，区域内部要明确分工、优势互补，形成三大城市群产业带：东岸知识密集型产业带、西岸技术密集型产业带和沿海生态环保型重化产业带，合力打造国际一流湾区和世界级城市群。

（3）推进金融创新改革试验，实现市场可持续性发展

基于金融顶层规划设计，大湾区应充分借助香港和深圳两个证券交易所的资源，明确港深金融中心的发展定位，推进金融创新改革试验，围绕金融科技、市场创新以完善企业资金链，合力形成多品种、多方位的资本要素市场。同时，进一步依靠香港、澳门等在国际税制、法制以及知识产权保护等方面的独特制度优势，贯彻和运用沪港通、深港通等接连推出的改革措施，广泛、有效地对接湾区的内地城市，促进本区域建设出世界级金融中心，实现大湾区上市企业和资本市场良性可持续发展。

（4）发挥政府引导监督作用，发展多元化城市分工体系

地方政府应站在地区长远可持续发展的角度制定政策，秉承创新、协调、绿色、开放、共享的五大发展理念，加快推进合理、有序的城市群产业分工改革，发展多元化城市分工体系，整合各类资源，引导更为合理的产业集聚与扩散。同时，以港深为核心，聚焦全球优势资源，推动基础创新，推进股权投资技术化，鼓励核心新兴产业关键技术跨地域合作创新，打造基础产业新优势，促进形成世界级智慧城市群。

（5）探索适合粤港澳大湾区的中国特色湾区治理模式

政府部门应继续重视开放性创新体系的构建实施，可比照全球卓越城市，在规避系统性风险的前提下，探索更多的可盈利模式，迈向更为多元化的发展，而非局限于单一的结构模式。同时，必须看到在“一国两制”的特殊背景下，粤港澳大湾区中内地与港澳之间存在制度差异，从而产生了一定的协调成本，需要从顶层为大湾区设计出更为有效的协调发展机制，提高区域合作效率，实现优势互补、共赢共荣。此外，也要结合世界上其他大湾区城市治理的先进经验与教训，通过实践逐步探索出适合粤港澳大湾区发展的中国特色湾区治理模式。

参考文献

[1] 风飞伟. 深圳东部发展“新引擎”启动 [N]. 南方日报，2007-08-09 (OD01).

[2] 国家发展和改革委员会. 珠江三角洲地区改革发展规划纲要（2008-2020）[Z]. 2009-01-08

[3] 国务院. 促进生物产业加快发展的若干政策 [Z]. 2009-06-02

[4] 广东省人民政府. 珠江三角洲产业布局一体化规划（2009-2020 年）[Z]. 2010-07-30

[5] 广东省人民政府. 广东省现代产业体系建设总体规划 [Z]. 2010-09-28

[6] 国务院. 进一步鼓励软件产业和集成电路产业发展的若干政策 [Z]. 2011-01-28

[7] 广东省人民政府. 广东省工业产业结构调整实施方案 [Z]. 2001-08-31

[8] 广东省人民政府. 广东省工业产业结构调整实施方案（修订版）[Z]. 2005-02-18

[9] 广东省人民政府. 广东省国民经济和社会发展第十一个五年规划纲要 [Z]. 2006-06-29

专题研究

滨海新区提升区域竞争力的路径探索

本研究以问题为导向，从整体上分析与把握滨海新区竞争力问题，按照产—城、内—外两个维度，从产业体系、城市功能、体制机制、品牌形象等四个主要方面，积极探索一条符合滨海新区特点和规律的竞争力提升新路子，以实现繁荣新区、宜居新区、高效新区、魅力新区的建设目标。

2018年是我国改革开放40周年，天津滨海新区取得显著成就，是我国改革开放辉煌历史进程的一个生动缩影。当前，我国已进入全面深化改革开放和建设社会主义现代化强国的新时代，滨海新区正处于新旧动能接续转换、爬坡过坎的关键期，产业体系不健全、城市功能欠缺、内部体制机制掣肘等问题依然突出，亟待破解深层次矛盾和瓶颈短板，加快转型升级和提升区域竞争力。

一、滨海新区发展历程与主要成效

1. 滨海新区发展历程

滨海新区位于天津东部沿海，地处环渤海经济带和京津冀城市群的交汇点，是亚

本报告由“滨海新区竞争力”课题组编制完成。课题组长：徐林（时任中国城市和小城镇改革发展中心主任），课题负责人：冯奎（中国城市和小城镇改革发展中心学术委秘书长），郑明媚（中国城市和小城镇改革发展中心智慧低碳城市处处长）。

欧大陆桥最近的东部起点。行政区划面积 2270 平方公里，海岸线 153 公里，常住人口 298 万人，下辖天津经济技术开发区、天津港保税区、天津高新技术产业开发区、东疆保税港区和中新天津生态城等 5 个经济功能区和 18 个街镇。滨海新区是改革开放的见证者，前身可以追溯到 20 世纪 80 年代。1986 年 8 月，邓小平指出天津“在港口和市区之间有这么多荒地，这是个很大的优势，潜力很大。可以胆子大点，发展快点”。

综观滨海新区的发展历程，整体上历经四个发展阶段：第一，初创与起步阶段（1984 ~2006 年）。1994 年 2 月，天津市委市政府成立滨海新区领导小组，次年 9 月完成天津市滨海新区总体规划编制。2006 年 5 月，国务院下发《关于推进天津滨海新区开发开放有关问题的意见》，天津滨海新区开发开放上升为国家发展战略。第二，加速发力阶段（2006 ~2013 年）。标志性的事件是 2006 年 5 月，国务院下发《国务院推进天津滨海新区开发开放有关问题的意见》（国发［2006］20 号）。第三，调整转变阶段（2013 ~2017 年底）。标志性的事件是 2013 年 5 月习近平总书记到滨海新区调研指出，天津要以滨海新区为龙头，积极调整优化产业结构，加快转变经济方式。第四，质量提升阶段。2017 年 10 月，党的十九大召开。根据新时代的发展要求，滨海新区正式确立了追求高质量产城融合的发展目标，并且展开了一系列的措施。以上四个发展阶段，大致可以分为两个重要时期，前期是高速或较高速增长阶段，关键是加快提高规模速度；经过不断转型升级与结构性调整，未来将进入质量引领发展阶段，首重质量兼顾速度，关键是提升质量效益。

2. 滨海新区建设成效

天津滨海新区紧紧把握难得历史机遇，启动实施“三步走”战略和抓实体、强功能、树标志、惠民生、优环境“五大战略举措”，经济社会各领域取得显著成就。

（1）经济发展保持良好势头，产业结构不断优化调整

滨海新区经济保持快速发展，“十二五”期间，地区生产总值年均增长 17.9%。从产业结构变化情况看，三次产业构成也已从 2010 年的 0.1∶68.3∶31.6 调整为 2017 年的 0.2∶51.2∶48.6，其中，第二产业基本形成了以高端装备制造为核心的制造业产业体系，航空航天、汽车、装备制造、新材料、生物医药等八大优势产业支撑作用明显，战略性新兴产业产值占规模以上工业总产值比重达到 29.6%，制造业企业也一直保持平稳增长的趋势，过去十年间年新增企业数量达250余家（如图1）①，此外，服务业发展实现较好发展，增加值年均增长15.1%，占GDP比重不断上升。

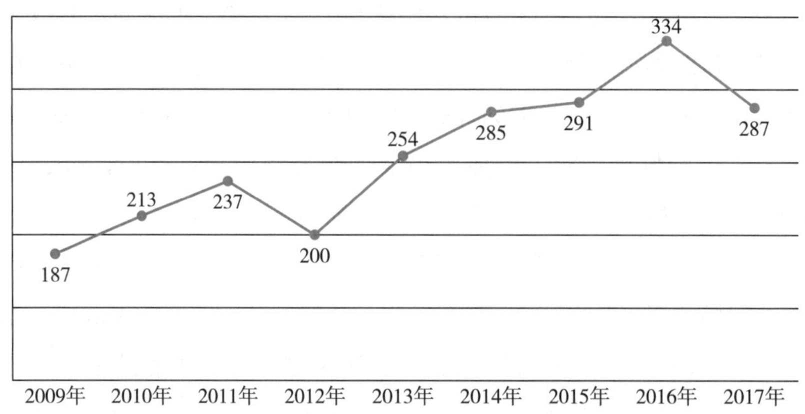

图1　滨海新区制造业年新增企业数量情况

（2）功能区和街镇竞相发展，城市载体功能不断完善

滨海新区坚持产业集群化、功能集成化、资源集约化，招商引资与开发建设同步推进，基本形成“东港口、南重工、西高新、北生态、中服务”五大产业板块。开发区主要经济指标在国家级开发区中保持领先地位，保税区由单一功能区向综合开放区域成功转型，滨海高新区生产总值和工业总产值双过千亿，东疆保税港区主要经济指标快速增长，中新天津生态城起步区建设基本完成。不仅如此，滨海新区还建成了京津城际延伸线，实现滨海新区与北京一小时互通。城市轨道交通积极推进，货运铁路进港三线、南港一线、西南环线全面开建。连续多年实施清新空气、清水河道、绿化美化等专项行动，绿化覆盖率达到37.3%，生态环境进一步优化。

（3）创新驱动战略深入实施，内生发展动力持续增强

滨海新区国家自主创新示范区、创新型城区和863计划伙伴城区试点建设取得明显成效，“双创特区”顺利挂牌运营。飞腾CPU、国内首款28nm手机芯片等一批重大自主创新和产业化项目启动实施，“天河一号”“曙光星云”超级计算机达到国际领先水平。国防科大军民融合创新研究院、华为云产业研究院、清华大学天津电子信息研

① 数据来源：根据国家企业信用信息公示系统数据计算。

究院等落户滨海新区。到2017年，国家级孵化器15家、国家级高新技术企业1939家、科技型中小企业达到3万多家，全球精度最高的步态识别系统、世界首款虹膜识别智能手机、国内安全级别最高的麒麟操作系统等一批自主核心技术实现产业化。

（4）深化改革力度逐步加大，对外开放水平不断提升

滨海新区贯彻落实重大国家战略，持续深化改革，在全国率先成立行政审批局，推行行政审批集中，审批环节的109个印章已变成1个印章。推行行政执法下沉，强化各街道在城市管理中综合执法职能。深化“放管服”改革，创新企业帮扶方式，不断调整创新人才引进机制。伴随着改革持续推进，滨海新区对外开放水平也不断提升，外资企业总数达到6300家，注册资本1300亿美元，其中世界500强企业之中有150多家在新区投资，新型贸易业态快速发展，成功试点了平行进口汽车、跨境电子商务等业务，自贸试验区加快制度创新步伐，国际化、便利化、法治化营商环境逐步形成，到2017年实现实际利用外资78.3亿美元。

二、滨海新区发展面临的机遇与挑战

1. 重要机遇与优势基础

滨海新区的发展具有一系列优势基础与机遇条件。从优势条件来看，滨海新区拥有优越的区位、港口经济门户、充足的土地空间、长期积淀的对外开放历史、制造业基础、较为多样较高层次的科技平台、较为完整的金融服务体系、较有成效的行政审批体制改革、丰富的自然资源等。滨海新区发展还面临诸多有利机遇，主要包括：全球科技与产业正在掀起新一轮革命；北京疏解非首都核心功能、京津冀区域之间要素流动更加通畅；一带一路倡议深入实施，天津自由贸易区建设和未来的自由港建设不断提速；中国再改革、再开放的力度加大、步伐加快，天津滨海新区承担多项改革创新的任务，一系列重大国家级机遇在新区叠加等等。

中国已经建立了十九个国家级新区（如图2、表2）。其中，滨海新区已形成巨大的经济发展存量，2017年经调整后的GDP总量将近7000亿元，低于上海浦东新区，是第一阵营里的第二名，比第二阵营高出4000亿元以上①。特别是，浦东新区对上海的贡献率经过历年提升，2016年达到31.79%，而滨海新区占天津GDP的比重从2007年的45.01%一路攀升，2010年后的比重一直超过50%。可以说，滨海新区对天津，对京津冀协同发展和北方经济举足轻重（如表1）。

综合判断可以得出，滨海新区的优势条件仍然突出，一系列重大机遇有利于滨海发展。

表1　国家新区根据经济体量划分三大梯队

三大梯队	经济体量	包含新区
第一梯队	7000亿元～8000亿元之间	天津滨海新区、上海浦东新区
第二梯队	1000亿元～3000亿元之间	西海岸新区、两江新区、金普新区等超过2000亿元，天府新区徘徊在2000亿元左右，湘江新区、南沙新区、舟山群岛新区则是1000多亿元
第三梯队	不足1000亿元	福州新区、贵安新区、兰州新区等

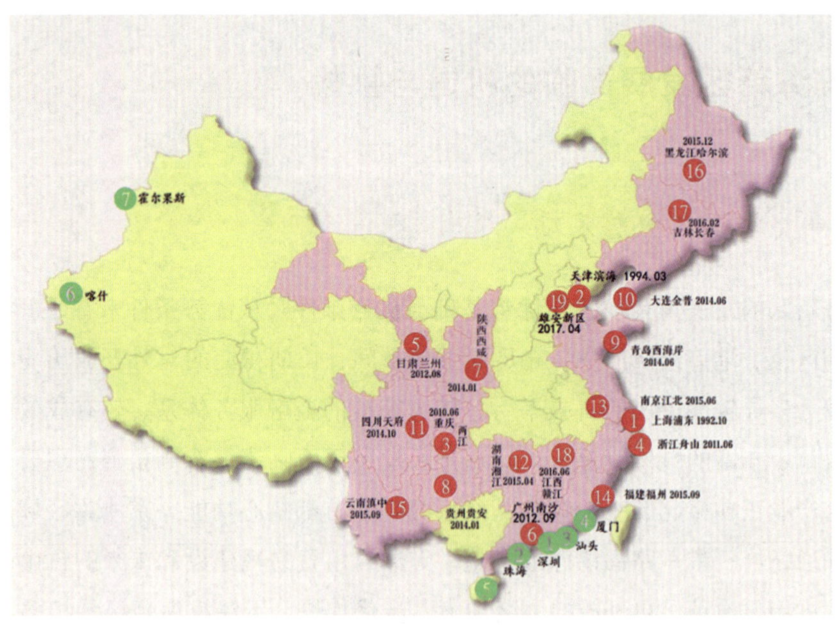

图2　国家级新区、经济特区分布图（https：//0x9. me/sNVul）

① 两江新区、金普新区、天府新区处于1000～3000亿元区间，其他国家级新区低于3000亿元。

表 2　　　　国家级新区信息一览表

新区	主体城市	设立时间	规划面积（平方千米）	2016 年 GDP（亿元）	发展目标和功能定位
浦东新区	上海	1992 年 10 月 11 日	1210	8731.84	科学发展的先行区，“四个中心”（国际经济中心、国际金融中心、国际贸易中心、国际航运中心）的核心区，综合改革的试验区，开放和谐的生态区
滨海新区	天津	2006 年 5 月 26 日	2270	6654①	我国北方对外开放的门户，高水平的现代制造业和研发转化基地、北方国际航运中心和国际物流中心，经济繁荣、社会和谐、环境优美的宜居生态型新城区
两江新区	重庆	2010 年 5 月 5 日	2010.5	2261	统筹城乡综合配套改革试验的先行区，内陆重要的先进制造业和现代服务业基地，长江上游地区的经济中心、金融中心和创新中心等，内陆地区对外开放的重要门户，科学发展的示范窗口。
舟山群岛新区	舟山	2011 年 6 月 30 日	1440	1228.51	大宗商品储运中转加工交易中心、东部地区重要的海上开放门户、海洋海岛综合保护开发示范区、重要的现代海洋产业基地、陆海统筹发展先行区
兰州新区	兰州	2012 年 8 月 20 日	806	150	西北地区重要的经济增长极、向西开放的重要战略平台和承接产业转移示范区
南沙新区	广州	2012 年 9 月 6 日	803	1278.76	粤港澳优质生活圈、新型城市化典范、以生产性服务业为主导的现代产业新高地、具有世界先进水平的综合服务枢纽和社会管理服务创新试验区
西咸新区	西安咸阳	2014 年 1 月 6 日	882	398（2014 年）	向西开放的重要枢纽、西部大开发的新引擎和中国特色新型城镇化范例
贵安新区	贵阳、安顺	2014 年 1 月 6 日	1795	240	经济繁荣、社会文明、环境优美的西部地区重要的经济增长极、内陆开放型经济新高地和生态文明示范区
西海岸新区	青岛	2014 年 6 月 3 日	2096	2765.7	海洋科技自主创新领航区、深远海开发战略保障基地、军民融合创新示范区、海洋经济国际合作先导区、陆海统筹发展试验区

① 根据 2018 年 1 月天津滨海新区第三届人民代表大会第四次会议，滨海新区地区生产总值更改统计口径，2016 年 GDP 调整为 6654 亿元。

续表

新区	主体城市	设立时间	规划面积（平方千米）	2016 年 GDP /亿元	发展目标和功能定位
金普新区	大连	2014 年 6 月 23 日	2299	2250	我国面向东北亚区域开放合作的战略高地、引领东北地区全面振兴的重要增长极、老工业基地转变发展方式的先导区、体制机制创新与自主创新的示范区、新型城镇化和城乡统筹的先行区
天府新区	成都 眉山	2014 年 10 月 2 日	1578	1955.88（计算）	以现代制造业为主的国际化现代新区，打造成为内陆开放经济高地、宜业宜商宜居城市、现代高端产业集聚区、统筹城乡一体化发展示范区。
湘江新区	长沙	2015 年 4 月 8 日	490	1801	高端制造研发转化基地和创新创意产业集聚区、产城融合城乡一体的新型城镇化示范区、全国“两型”社会建设引领区、长江经济带内陆开放高地
江北新区	南京	2015 年 6 月 27 日	788	–	自主创新先导区、新型城镇化示范区、长三角地区现代产业集聚区、长江经济带对外开放合作重要平台。
福州新区	福州	2015 年 8 月 30 日	1892	–	两岸交流合作重要承载区、扩大对外开放重要门户、东南沿海重要现代产业基地、改革创新示范区和生态文明先行区
滇中新区	昆明	2015 年 9 月 7 日	482	501.11	我国面向南亚东南亚辐射中心的重要支点、云南桥头堡建设重要经济增长极、西部地区新型城镇化综合试验区和改革创新先行区
哈尔滨新区	哈尔滨	2015 年 12 月 16 日	493	–	中俄全面合作重要承载区、东北地区新的经济增长极、老工业基地转型发展示范区和特色国际文化旅游聚集区。
长春新区	长春	2016 年 2 月 3 日	499	–	创新经济发展示范区、新一轮东北振兴的重要引擎、图们江区域合作开发的重要平台、体制机制改革先行区
赣江新区	南昌 九江	2016 年 6 月 6 日	465	–	建设成为中部地区崛起和推动长江经济带发展的重要支点。作为实施国家区域发展总体战略、推动长江经济带发展的重要举措，为促进江西经济社会发展和中部地区崛起发挥更大的作用。

续表

新区	主体城市	设立时间	规划面积（平方千米）	2016 年 GDP /亿元	发展目标和功能定位
雄安新区	保定	2017 年 4 月 1 日	前期 100，后期达 2000	–	北京非首都功能疏解集中承载地，以新发展理念引领的现代新型城区。绿色生态宜居新城区、创新驱动发展引领区、协调发展示范区、开放发展先行区，努力打造贯彻落实新发展理念的创新发展示范区。

2. 面临的主要挑战与问题

当前，滨海新区也面临着诸多劣势与挑战因素。滨海新区的劣势主要表现在：产业结构高度不合理；功能空间碎片化；产城高度分离；多种体制机制尚未理顺；中小企业活力不足；专业和管理型人才缺乏；生态与安全比较脆弱；品牌形象的标志性与引领性不够等。不仅如此，从未来较长一段时期来审视，滨海新区还面临来自多方面的重大挑战，包括：发达经济体和国内各类新区普遍实施“再工业化”与新型工业化战略，高端产业布局的拼抢竞争加剧；京津冀协同不断深入，各类功能平台之间的竞争加剧；自贸区效应扩散，多方向多领域的开放通道与平台的竞争加剧；各地加快构建现代产业体系，科技、人才、金融要素的争夺战加剧。

滨海新区成立以来，素以速度增长著称。2006～2012 年多年维持 20% 以上增长速度。从体量上说，2010 年滨海新区的经济总量超过浦东新区。滨海新区的增长速度与经济体量缺乏有效有力的支撑，在宏观经济形势发生变化的情况下，就开始进入急速的下降通道。滨海新区在 2011 年之后一直迅速回落，从 25% 急跌到 2017 年的 6%①，而同期浦东新区的增速从 12.4% 下降到 9%②，较为稳健（如图 3）。这是滨海新区发展模式中深层次的、持久的、累积的、互为因果的劣势因素的综合反映。当前，滨海新区发展的旧有动能正在失速，新的动能尚未完全形成，产业结构、产城分离等问题较为严重，难以适应高质量发展的要求。

---

① 数据来源：《天津统计年鉴 2017》。

② 数据来源：《上海统计年鉴 2017》。

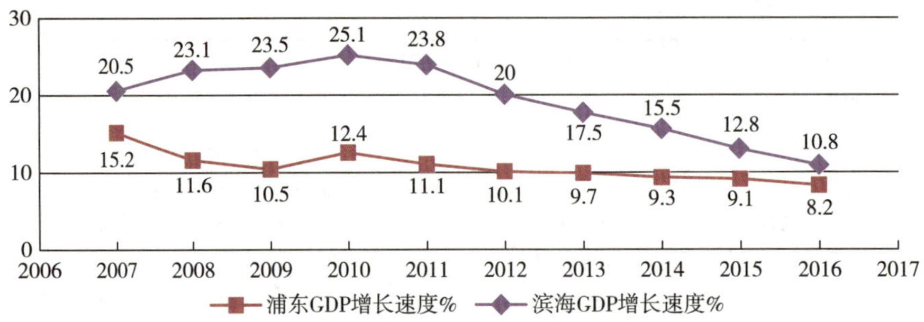

图 3　浦东新区与滨海新区 GDP 增速对比

三、滨海新区区域竞争力提升的主要思路

滨海新区作为超大型国家级新区，其竞争力构成具有复杂系统的特征，为了进一步提升滨海新区整体竞争力，必须着眼于实现“四个突破”。

1. 突破就产业论产业的思维，着力从构建现代化产业体系的角度来发展滨海新区

滨海新区的实体经济有存量基础，但行业、产业、产品结构不强不优；注册性金融机构众多，服务实体经济的深度不够；科技创新平台众多，但研发投入偏少；市场对产业投资的引导作用发挥不明显；存量人才的作用没有完全发挥出来，增量人才的源头活水还没有形成，因而不足以支撑未来高质量发展。

滨海新区基础条件在于它的实体经济、现代金融、科技创新、人力资本都有一定程度发育与发展。从现代产业体系的角度来看，经济活力取决于各组成部分的发育，但关键是要看各组成部分在整体中的协同作用如何发挥。以金融业为例，从滨海新区规模 10 亿元以上企业行业分布来看，滨海新区的金融业占比 38. 2% （如图 4）。另一方面，我们看到 2013 年商事制度改革以后，滨海新区未能保持市场主体的增长态势，改革红利迅速消失，2015 年和 2016 年企业新增数量连续负增长（如图 5）。这其中的原因固然很多，但其中一条就是金融业与实体经济融合的深度、力度、广度还不够，

因而没有显现出滨海新区金融业支持实体经济转型发展带来的欣欣向荣的局面。更进一步来讲，这么高的金融业比例，是发展实体经济之利器，但也可能成为抢占发展资源，挤压实体经济的泡沫。我们认为，滨海新区未来的一个突破口，就是要以实体经济为中心，推进实体经济、现代金融、科技创新与人力资本的持续提升、协调发展。滨海新区构建现代化产业体系，要从“抓点”“抓条条”到“抓体系”，形成强有力的“组合拳”套路。

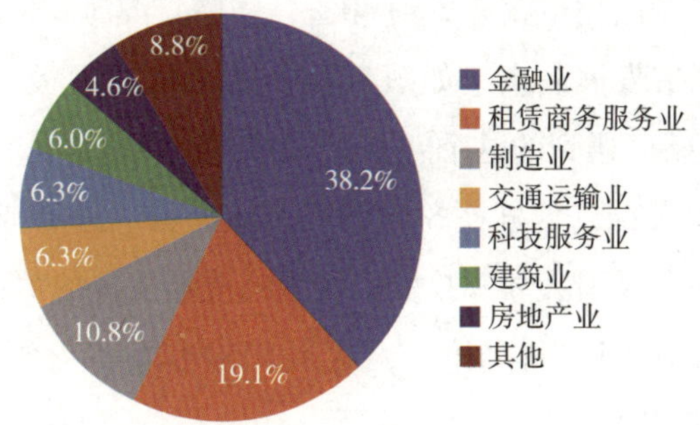

图 4　滨海新区规模 10 亿元以上企业行业分布情况

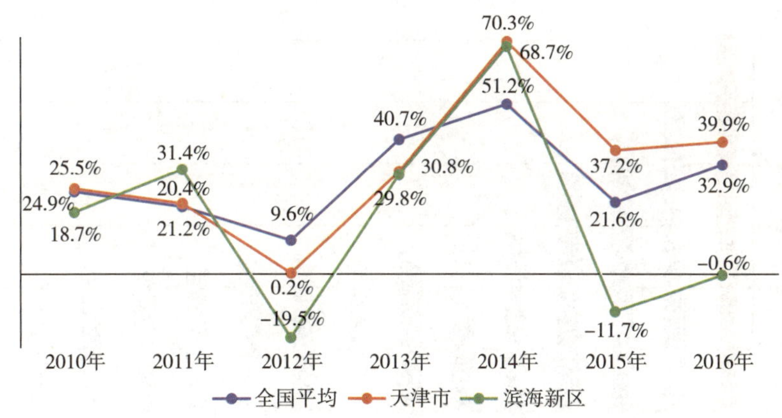

图 5　2010 ~ 2016 年企业增长率对比情况

2. 突破园区开发惯性思维，着力从现代化城市的角度来发展滨海新区

滨海新区的前身是经济园区，工业园区发展的思路根深蒂固。单就经济开发区、

高新区这些老牌的园区发展来看，滨海新区具有一定竞争力，2016 年国家级经济技术开发区 GDP 排名，天津经济技术开发区排名第一（如图 6），天津高新区的综合排名在全国也居于第 12 位左右（如图 7）。但是需要看到的是，所有经济园区实际上是依托滨海新区这座城市，如果城市得不到高质量的可持续发展，未来园区发展就缺少支撑与依托。滨海新区常住人口已有 300 万人，已达到大城市规模，但当前产城融合程度仍不高，每天新区与市区通勤人口有超过 30 万人，交通基础设施、教育、医疗服务已不能满足发展需求，服务业的比重仅有不到 40%，当前，滨海新区的第二产业占比较高，究其原因是第三产业没有发展起来（如图 8）。城市功能的短板，已经成为滨海新区发展明显“软肋”。滨海新区遇到的这个问题，既有自身特色，也有同类国家级新区的普遍性。从长远发展角度来看，尽早补齐城市功能的短板，是形成有效投资和发展动能的务实之举，是滨海新区吸引人才和投资，实现高质量发展的关键之举。

天津经济技术开发区 GDP 排名第一，达到 3050 亿元，大幅超过排在其后的广州、苏州、青岛经开区，其 GDP 均低于 2500 亿元。

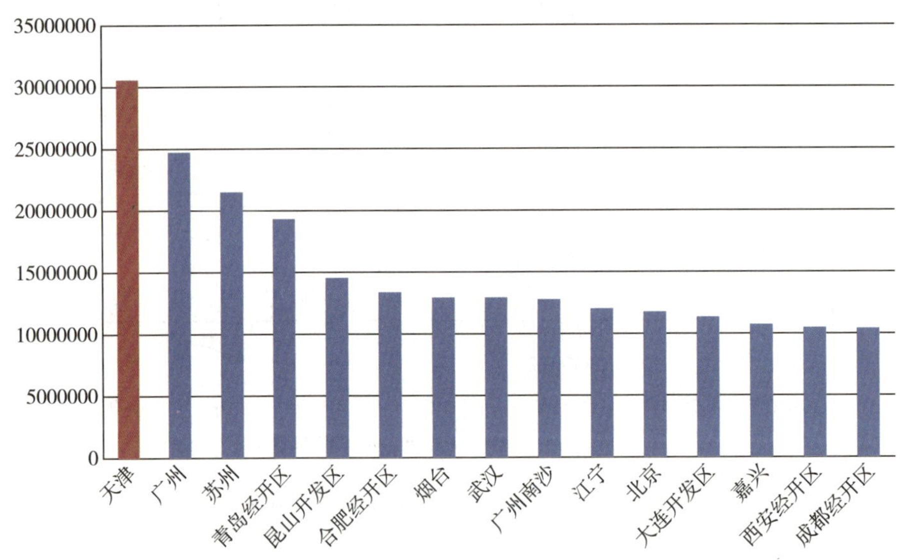

图 6　2016 年国家级经济技术开发区 GDP 排名①（单位：万元）

① 数据来源：《中国商务年鉴 2017》

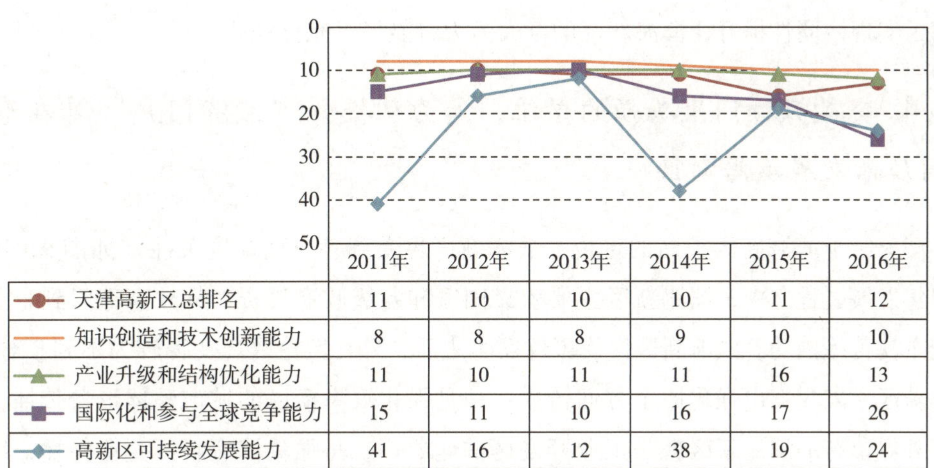

	2011年	2012年	2013年	2014年	2015年	2016年
天津高新区总排名	11	10	10	10	11	12
知识创造和技术创新能力	8	8	8	9	10	10
产业升级和结构优化能力	11	10	11	11	16	13
国际化和参与全球竞争能力	15	11	10	16	17	26
高新区可持续发展能力	41	16	12	38	19	24

图 7　天津高新区总排名和四个一级指标排名变化图

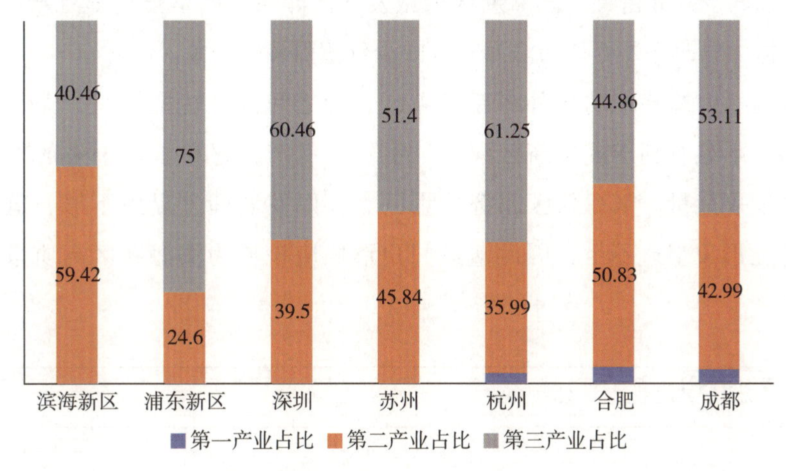

图 8　滨海新区与对标城市三产占比对比

3. 突破“一亩三分地”思维，着力从提高内部协同性的角度来发展滨海新区

滨海新区发展涉及市区—新区、港口—新区、新区—功能区、功能区之间、功能区—街镇、委办局—街镇、自贸区—功能区等各种复杂的体制机制关系。根据多方面反馈的有关情况，新区各部门、平台、功能区之间的协调要耗费较大的成本，但从另一个角度来说，众多的平台、机构都是创新创造的主体。如果能够突破“一亩三分地”

束缚，实现协同性提升，滨海新区的巨大活力将能得以充分释放。

4. 突破只顾门里头强的思维，着力从提升“经济门户”外在形象的角度来发展滨海新区

国家给予滨海新区很高的定位，滨海新区也受到各方面高度关注（如图 9，10）。在多年发展过程之中，滨海新区主要依靠国家和各级政府投资，从政府部门到企业都比较重视苦练内功。滨海新区爆炸事件发生之后，外在舆论环境变得较为不利。对此，滨海新区未来应突出强化四个方面传播：一是强化滨海新区的城市整体形象传播，以改变外界留有的滨海新区就是工业开发区的印象；二是强化滨海新区企业传播，以改变外界留有的滨海新区企业活力不足的印象；三是强化滨海新区经济门户改革创新形象的传播，以改变外界留有的滨海新区内敛发展的印象；四是强化滨海新区发展愿景与理念的传播，以改变外界认为滨海新区缺少价值引领的印象。

我们认为，内练基本功与外树新形象，二者之间具有转换关系，尤其是打造良好的经济门户形象有利于滨海新区引人、引资、引产，有利于将未来的发展预期折现为现实的发展能量。滨海新区经济总量巨大，但发展理念提炼不够、道路模式展示不力，外在形象塑造不足，因此塑造门户形象应该成为滨海新区高质量发展的重要方面。

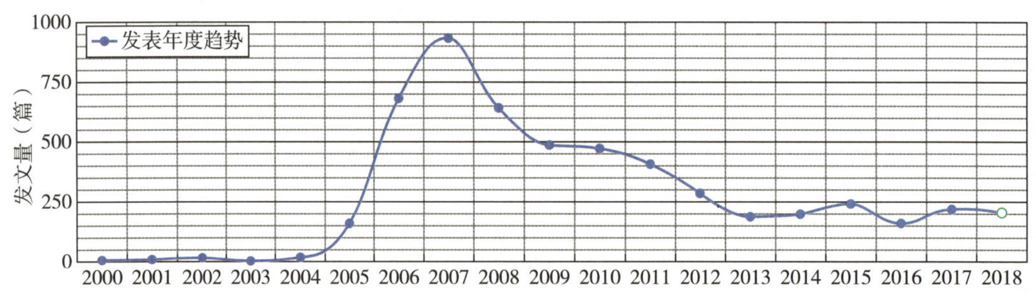

图 9　2000～2017 年中国重要报纸全文数据库文献量（关键词：“天津滨海”）①

① 重要报纸全文数据库的数据与前文的学术期刊文献数据呈现出相似特征，即 2004～2008 年飞速上升，紧接着连续回落，在 2013 年后保持稳定。

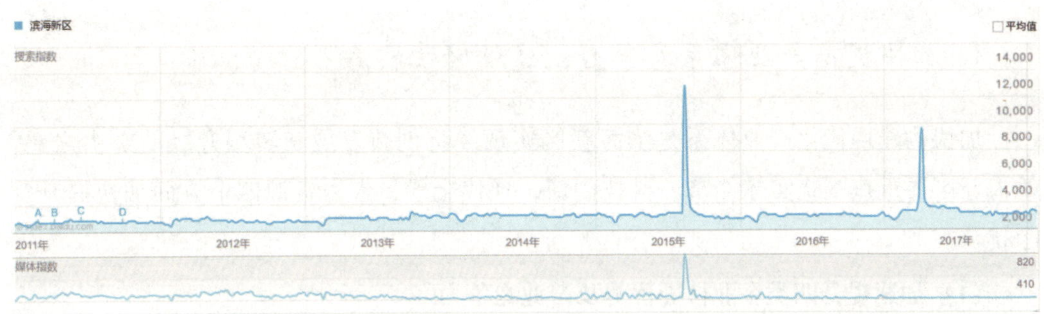

图 10　2011～2017 年百度指数走势（关键词："滨海新区"，范围：全国）

总体而言，滨海新区作为超大型国家级新区，其发展构成具有复杂系统的特征。为了提升发展综合竞争力，加快实现高质量发展，必须着眼于从产业体系、城市功能、体制机制、品牌形象等四个主要方面实现"四个突破"，以实现繁荣新区、宜居新区、高效新区、魅力新区的建设目标。

四、滨海新区进一步提升竞争力的对策措施

按照"四个突破"的思路，滨海新区要聚焦在构建现代化产业体系、完善城市功能、优化体制机制、提升品牌形象等方面加快提升竞争力，持续推动创新发展与转型升级。

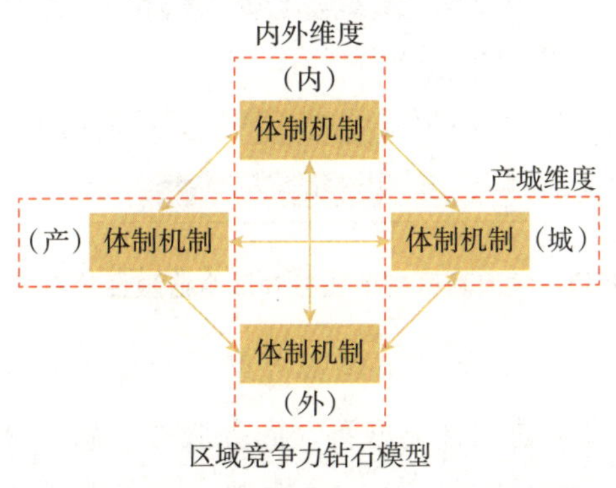

图 11　滨海新区的竞争力分析框架

1. 加快提高产业体系竞争力，建设繁荣滨海

加快构建现代化产业体系是滨海新区实现经济创新发展和转型升级的必由之路，滨海新区要重点围绕实体经济、科技创新、现代金融、人力资源四个方面加快提升竞争优势。

（1）加速提升四类企业核心优势及产业竞争力

对于既有优势主导产业，滨海新区基本形成了以高端装备制造为核心的制造业产业体系，其中，传统制造业企业占制造业产业企业总量的83.5%（如图12），先进制造业尚未形成集聚效应，对整个区域带动和产业辐射作用不够显著。因此，建议滨海新区一是重点加大对“新高精”类快速成长企业的支持，发挥滨海新区的特点，加大对高新技术新兴领域、具有较高技术含量和附加值、且需要一定土地空间精品制造业，特别是在“北京孵化、天津制造”类的企业；二是支持区内民营科技型龙头企业联合国内外科研机构建设新型产业技术研究院。推动区内企业在文化创意、信息技术服务、大数据等国家支持的产业领域组建联盟，形成产业链协同创新机制。

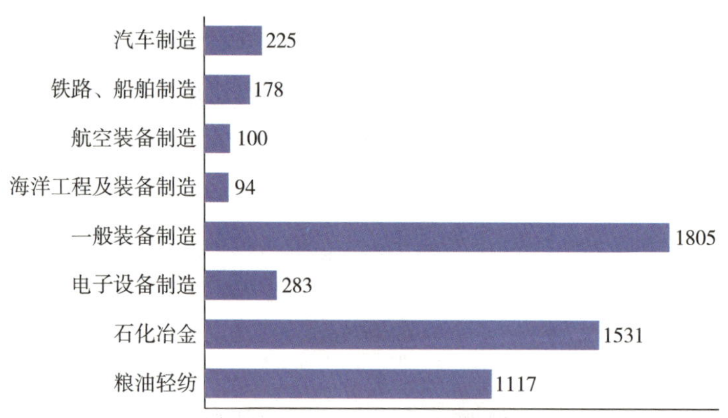

图12　滨海新区制造业各领域企业数量分布情况

对于市场服务型企业，滨海新区市场服务型企业总量最少，仅为深圳的十分之一（如图13），从市场服务型企业细分类型看，商务服务、软件开发服务占比较少，科技推广服务已成为滨海新区服务市场主体。建议更进一步优化滨海新区的营商环境和服务结构，应重点支持和鼓励商务服务企业的发展，巩固核心优势，鼓励金融业的快速

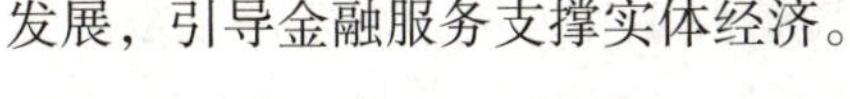

发展，引导金融服务支撑实体经济。

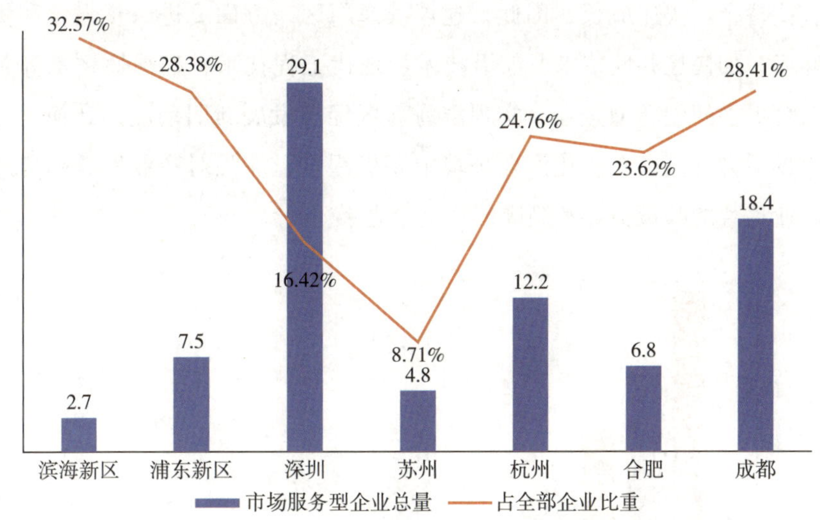

图 13　滨海新区与对标区域市场服务型企业数量比较

对于注册资本 100 万或以下企业，滨海新区大企业集聚效应显著，小微企业发展存在缺陷，注册资本 100 万以下企业占比低于全国及天津市 10 个百分点以上，另外通过与各对标区域中注册资本在 100 万元以下企业占全部企业的比重情况，其中深圳占比第一，达到 65.9%，滨海新区占比为 43.2%，在全部区域的排名中最低。建议在对大企业支持的同时，逐步加大对创新型中小企业的支持力度，为滨海新区提供更为多样化的动力，此外进一步缩短中小企业登记注册所需的时间，提高便利度。

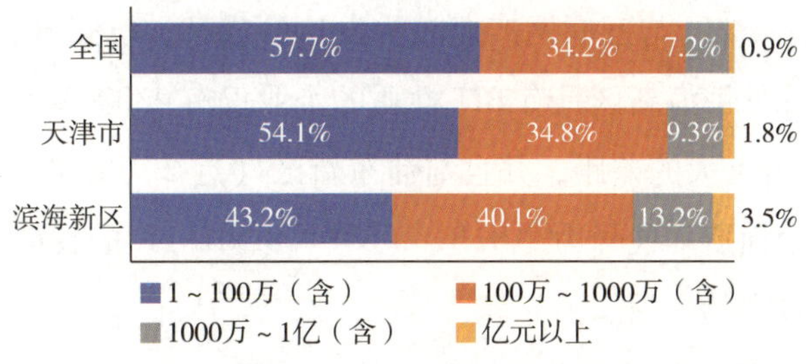

图 14　滨海新区与全国及天津全市企业规模分布对比情况

对于高成长企业，滨海新区瞪羚企业和独角兽企业严重不足，数量仅为浦东新区的五分之一，苏州的三分之一，深圳的二分之一（如图 15）；独角兽企业数量更为稀少，仅有三家，高成长企业数量与滨海新区整体发展情况不相匹配，需要进一步落实相关政策，扶持企业快速成长，因此，建议滨海新区一方面要进一步强化和优化区域整体营商环境，加快在共性技术、前沿技术、现代工程技术、颠覆性技术等领域的创新研究，培育更多的创新型企业，实现滨海新区经济发展新旧动能的转换，另一方面要在提升市场活力、完善专业化产业环境上积极跟进，加强对产业发展趋势的前瞻性研究，在产业培育的政策引导和制度创新上抢先手。

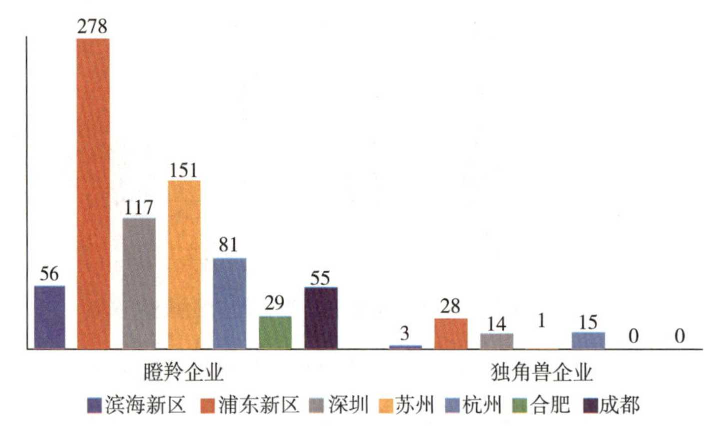

图 15　滨海新区与对标区域瞪羚和独角兽企业数量比较情况

（2）实施“BIT +”战略，推动信息技术产业高质量发展

一是加速信息技术产业发展，推动传统企业智能化转型。滨海新区信息技术服务产业尚未形成规模化发展，2017 年 10 月末，滨海新区信息技术服务业在营企业数量仅占全区企业总量的 2.3%，与互联网产业较为发达的成都、杭州（占比接近 10%）相比存在较大差距，此外滨海新区具有 BIT 性质的企业仅有 4300 多家，与排名第一的深圳（19 万家）存在着巨大的差距，并且与浦东新区（近 2 万家企业）相比也有差距，未来滨海新区可以全面启动代号为“B2B”（BIT + BINHAI）的智能化战略，扩大与加深信息技术在各领域中的应用。

二是抓住发展机遇，积极推动智能经济快速发展。近年来滨海新区在智能家居、无人机、智能硬件及可穿戴设备、工业机器人领域集聚了一批行业领先企业（图 17），形成一定产业基础。未来滨海新区应针对相关行业领域出台具体扶持政策，加强服务水平，努力提升相关行业持续快速发展。

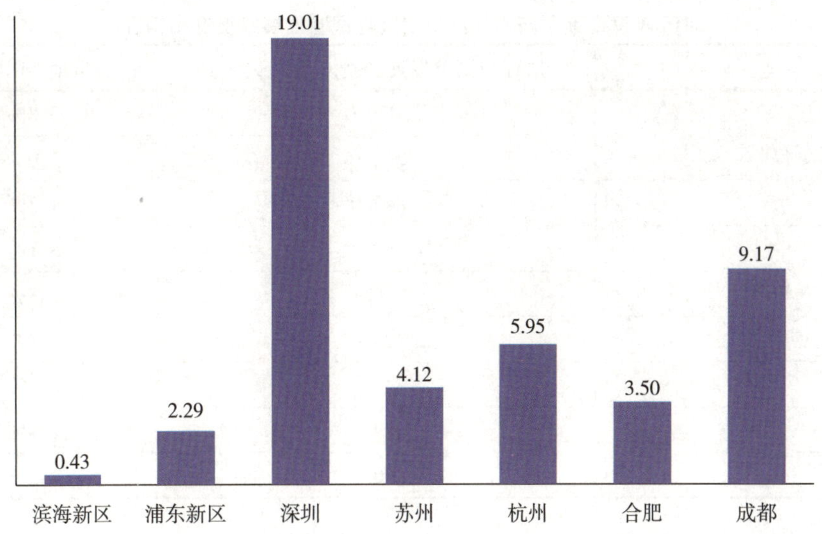

图 16　滨海新区与对标区域 BIT 性质企业拥有量情况

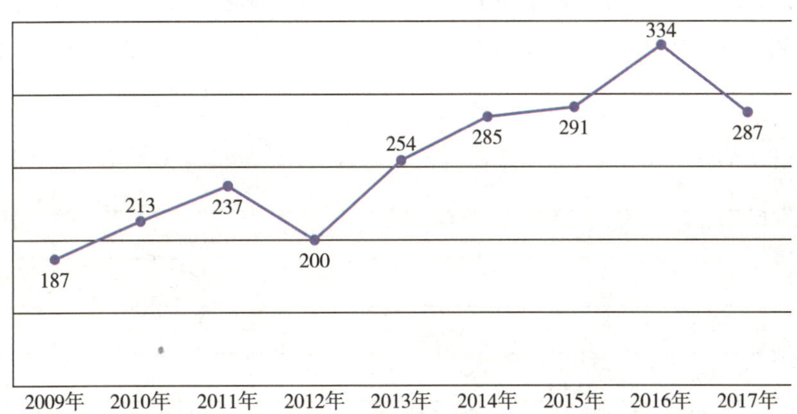

图 17　滨海新区生产智能产品各类型企业数量情况

（3）引导企业加强研发投入，扩充研究与实验发展经费

一是制定研究经费扩充计划。滨海新区对研究与实验发展经费支出相对偏小。2016 年，滨海新区研究与实验发展经费支出占本地 GDP 的比重较低，仅为 2.7%，低于多数可比城市（如表 3），为达成到 2020 年全区 R&D 占 GDP 的比例超过 3.0% 的目标，需要进一步加强对研究与实验发展经费投入强度，完善研究与试验发展经费投入奖励机制等，制定 R&D 投入计划，确保科技进步对工业的贡献率超过 60%。

表 3　　2016 年滨海新区与对标区域研究与试验发展经费支出情况

地区	研究与试验发展经费支出（亿元）	占本地 GDP 比重
上海	1030. 0	3. 8%
其中：浦东新区	260. 0	3. 0%
深圳	843. 0	4. 3%
天津	554. 4	3. 1%
其中：滨海新区	270. 1	2. 7%
苏州	425. 0	2. 8%
杭州	342. 6	3. 1%
成都	289. 1	2. 4%
合肥	200. 0	3. 2%

二是引导企业加大研发投入力度。2015 年，企业 R&D 投入占企业销售收入的比重为 1. 05%，如图 18，但与北京中关村（4. 4%）、深圳科技发达区域相比还有很大距离。未来滨海新区要突出发展质量和发展效率，鼓励企业加大研发投入，提升发展质量。

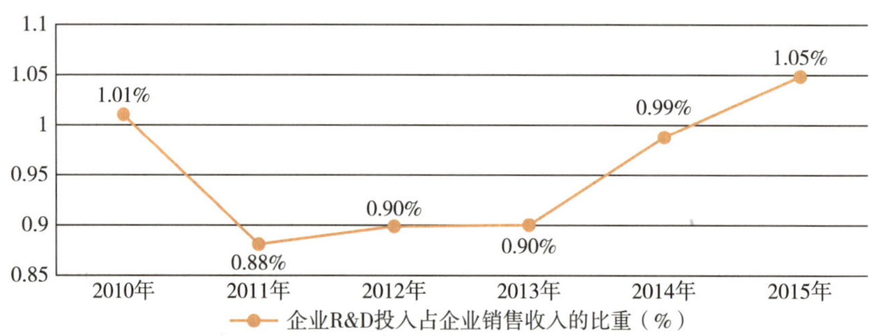

图 18　2010～2015 年企业 R&D 投入占企业销售收入的比重

（4）提升对人口与人才的吸引力

一是采取更加包容的政策吸引人口。未来城市的竞争将首先是人口的竞争，特别是在服务业比重逐渐扩大的背景下，人口增加一方面有利于降低生产成本，扩大消费；另一方面也能促使政府提供更好的公共服务。建议滨海新区抓住京津冀协同发展战略机遇，对标人口政策先发区域，制定更加包容与灵活的政策，吸引人口落户滨海。

二是落实政策吸引产业高端人才。经济发展靠创新，科技创新靠人才，人才是区域发展的第一生产力，目前滨海新区人才数量为20万，不足排名第一的深圳市的二十分之一，是排名倒数第二的浦东新区的三分之一。滨海新区相关人才政策因各种原因落实不力，已经影响到对高端人才的吸引，需要抓紧落实相关政策内容。

三是加大人力资源开发力度。人才实力竞争的关键在于人力资源开发力度的竞争，其实质是对价值和资源的分配。建议新区积极购买培训服务，加强职业培训基础能力建设，遴选建设一批公共实训基地。加快推广职业培训包管理模式，开发应用培训包数字培训资源。

（5）推进产业与金融资本相结合

一是鼓励产融结合的业务创新。深化产融结合服务实体经济，以振兴实体经济为导向，充分借用区内大型工业企业数量和规模优势，建立和完善产业集团与金融企业之间长效、多元、高效的产融结合模式，搭建沟通平台，分类协调推进。研究制定产融结合需求清单，联合相关委办加强政策研究，不断丰富工作内涵，指导和督促金融企业不断改进金融服务，完善体制机制，巩固提升实体经济能级。

二是围绕国家战略进行金融改革创新。打造“一带一路”跨境金融平台，推动成为“一带一路”产能输出和资本输出的桥头堡。与亚洲基础设施投资银行合作，争取在新区设立其分支机构。深化京津冀区域金融产业一体化，争取在滨海新区设立京津冀开发银行。

三是整合推出滨海新区创新性金融产品。全面整合于家堡金融改革创新基地、东疆港航运蓝色金融品牌、开发区全国股权基金聚集高地、高新区互联网金融、空港保险产业园、中新天津生态城跨境人民币业务试点建设等，加强统筹协调，成果互鉴共享，扩大对外影响力。

2. 逐步增强城市功能竞争力，建设宜居滨海

滨海新区要坚持问题导向，破解瓶颈制约，加强统筹协调，进一步完善城市功能，提升城市品位，打造和谐优美的宜居环境。

（1）明确滨海新区城市发展性质形态，明确目标与方向

滨海新区的城市性质可以确定为繁荣宜居的智慧城市，滨海新区的城市形态为由中心城区—功能组团—特色小镇组成的紧凑型城市。滨海新区要充分认识到城市功能

就是滨海新区最大的短板，应立足于现代化繁荣宜居智慧的滨海城市的目标，更新规划、建设、运营理念，将投资与发展重点转向城市发展，发挥城市发展对滨海新区补短板、带增长、调结构作用。

（2）完善滨海新区的城市形态，减少对中心城区依赖

一是建设产城融合的组团城市。滨海新区市区与新区往返通勤量每天 35 万人左右，（如图 19）（轻轨 10 万～12 万人，铁路 2 万人，公交 1 万人；其余私家车，流量极大）。鉴于以上现状，建议在天津轨道交通规划的基础上，借鉴其他城市（如上海 2040 规划）城镇圈、生活圈规划，建设若干个 15 分钟的生活圈、30 分钟的休闲圈、90 分钟通勤圈。

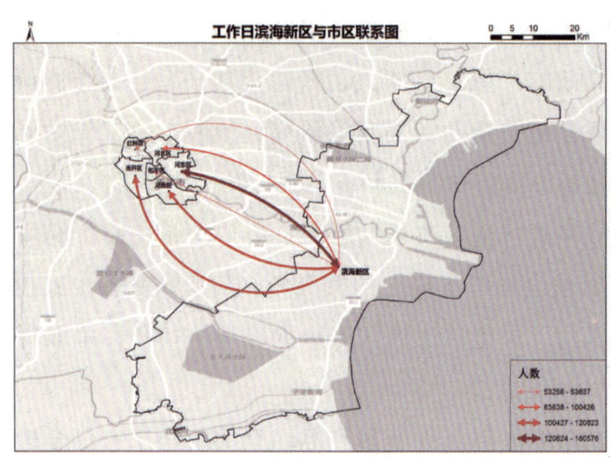

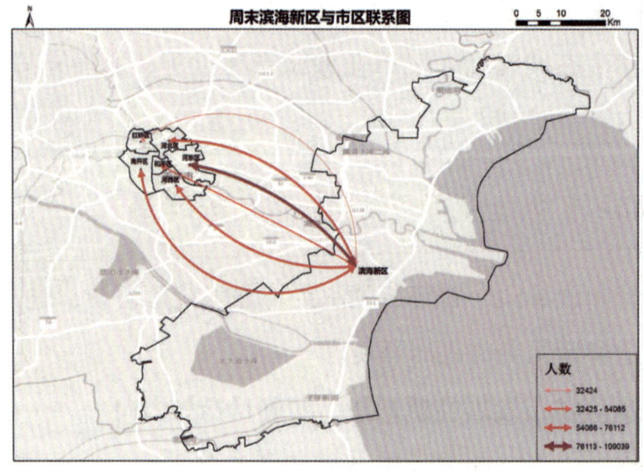

图 19　滨海新区与市区人口迁徙图

二是建设现代化的中心城区。科学识别并合理确定塘沽、开发区、中心商务区作为核心区范围，进一步强化现代化商务服务功能，形成中心城市形象，集聚高端要素，发挥中心城区对其他功能区、组团片区的辐射带动。

三是构造低碳发展的绿色城市。在三个层面加快核心区绿地系统的提升和连通。一是加强中新天津生态城等重点区域的海绵城市建设，为探索集约、智能、绿色、低碳的新型城镇化道路发挥示范引领作用。二是公园绿地系统性提升改造，三是城市绿道系统建设。在公共开放空间合理布局，建设5分钟步行距离可达的骨干绿道网，构建城市慢行系统，将新区生态体系串联，并与天津市和滨海新区之间缓冲区的绿地系统相连通。

四是培育功能多样的特色小镇。选择在有条件的功能区，依托产业园和大企业，发挥市场化力量，启动若干个区中镇、园中镇、镇中镇，标准建设，成为具有影响力的智能科技小镇、康养休闲小镇、物流商贸小镇。

(3) 提高基础设施与公共服务水平，促进人口集聚

一是统一规划交通基础设施。滨海新区现阶段应重点推进两横一纵线路轨道交通线路建设，建立中心城区和滨海新区、滨海新区内部的快捷通道。同时在人口主要集中加强主要道路建设，打通交通节点，加快实现核心区主要组团的高效连通。统筹考虑产业、人口与空间布局，推进通过轨道交通引领与支撑新区发展。

二是提高公共交通分担率。东京、上海、北京公共交通分担率分别为60%，滨海新区只有13.5%，滨海新区未来应优化交通线路、站点等布局，将公共交通分担率从目前的13.5%逐步提高至40%左右的水平，再逐步提高到更高水平。

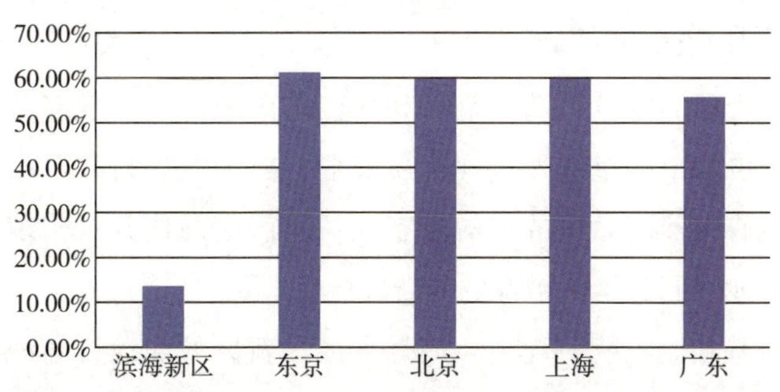

图20　2015年不同地区公共交通分担率

三是逐步增加医疗机构数量。滨海新区常住人口逐渐增多，每万人拥有医疗机构的水平为0.5个，低于深圳的2.4个，成都1.6个，如图21，滨海新区医疗机构不足，更重要的是医务工作人员数量不足，应充分利用现有医疗机构，尤其是注重引进高端医疗设备医疗人才，加强医疗服务，建设一批医联体。

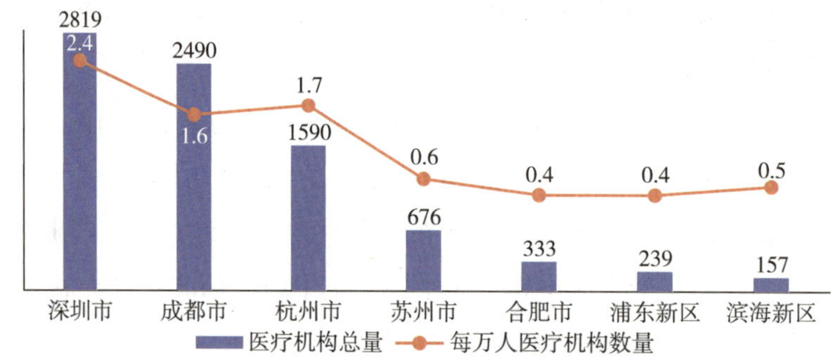

图21　滨海新区与对比区域医疗机构对比情况

三是引进高质量的教育机构。滨海新区每万人拥有教育机构数量低于深圳、杭州、合肥、苏州、成都这些城市，但大体上与浦东数量持平。未来一方面要继续提高万人教育机构的数量，另一方面是提高教育质量。建议滨海新区与北京、天津著名的中小学、幼儿园合作办学、办园，引入国际著名教育培训机构。

3. 不断提升体制机制竞争力，建设高效滨海

滨海新区要打破体制机制掣肘，释放发展活力，重点要推动市区与新区、新区与功能区、功能区之间、新区与港区协同发展。

（1）推动市区与新区协同发展

一是进行科学合理的定位。基于市区和新区的区位特点和现有基础，对市区和新区进行科学合理定位。市区重点发展现代服务业，成为实施科教兴市的主导区，传承天津历史文化的核心区及高品质的宜居生态区；新区应加快升级传统产业，发展高端制造业和现代服务业，同时尽快培育更多新兴产业。

二是进行交通基础设施统一规划。加强市区和新区的交通设施统一规划，解决好区间交通协调问题，加快新区的交通基础设施建设，完善新区道路网络，尤其是轨道交通建设，提高公共交通出行率。

三是公共服务向新区延伸。积极推动公共服务向新区延伸，加强新区与市区的合作，加快优质公共服务资源向新区转移，健全新区教育、医疗、文化、体育等公共服务设施，完善新区的城市功能。

四是新区与市区产业联动。加强区间产业联动，市区的工业向资源优势明显的新区转移，市区集中发展现代服务业，新区承接市区转移来的工业，共同实现市区和新区的产业结构优化升级。同时产业联动会促进资金、人才、技术等生产要素进一步向新区流动，加快新区的经济发展。

五是鼓励市区人口落户新区。加快新区的城市功能培育，完善城市配套设施，提高公共服务水平，采取更多优惠激励措施，鼓励市区人口落户新区，真正实现新区从产业区向成熟城市的转变。

（2）推动新区与功能区协同发展

一是要明确新区与功能区职能重点。理顺新区与各功能区的功能职责，推动新区政府相关权力下放，赋予功能区更大的项目及相关事项审批权、用人管理权、财政支配权，真正做到权责统一，功能区被赋予更大的改革自主权和经济发展权。

二是发挥新区大统筹平台作用。新区对各功能区的发展方向进行统一规划，统筹各功能区协调发展，起到大统筹大平台作用。

三是制定新区产业发展一张蓝图。对新区内的各功能区的产业进行合理规划定位，制定新区产业发展一张蓝图，优化产业结构，加快传统产业升级，加强高端制造业发展，提升现代服务业水平，培育壮大更多新兴产业，形成规模强大、结构合理的产业集聚地。

四是建立新区与功能区协调机制。加快建立新区与功能区的协调机制，强化新区和功能区之间的密切联系，共同协商解决一些矛盾难点，尤其在重要政策实施上，新区应加强与功能区的协作，减少中间审批流程，加快政策落地实施，及时发挥新政策的优势。

（3）推动各功能区的协同发展

一是实行差异化考核办法。各功能区的经济基础不同，产业布局也各有特点，采用统一的考核办法，会导致功能区为完成经济指标而大肆引进落后产业，与最初的规划定位不符，造成产业结构滞后、布局混乱等问题。尽快对各功能区应实行差异化考核办法，依据不同的经济基础和产业结构，制定不同的考核标准，实施分类考核。

二是增强生产性服务业。加快生产性服务业的发展，加强生产性服务业与先进制造业融合互动，增强生产性服务业对先进制造业研发、生产、商务、运营、管理等全过程服务供给能力，提高科技含量、创新能力和服务能力，努力实现为先进制造业发展关键环节的精确服务，构建以现代物流、现代金融、国际贸易、科技信息与专业服务四大行业为主体的高效生产服务体系。

三是建立税收分享机制。在功能区间建立税收分享机制，可通过设立税收分享缓冲期，保证原功能区的财力不受较大影响，企业能够顺利迁出，从而加快功能区的产业布局调整。

四是推动人才共享机制。推动人才共享机制，健全人才共享中的政府职能和管理机制，搭建区域人才共享交流平台，加强功能区间的人才政策衔接协调，促进人才合理流动，解决功能区的人才短缺和竞争问题。

（4）推动新区与港区的协同发展

一是充实自贸区的经济产业功能。自贸区在改革开放和制度创新方面具有巨大的优势，应加快自贸区的产业发展，利用制度优势，吸引更多企业落户自贸区，形成融资租赁、航运物流、高端制造等产业集聚区。同时，最大限度发挥自贸区的制度创新优势，促进区内产业水平提高，以此充实自贸区的经济产业功能。

二是面向功能区推广自贸区制度创新成果。自贸区作为改革开放和制度创新的先行区，取得了一批制度创新成果，一些成果在自贸区施行效果非常好，应加快自贸区向功能区进行制度创新成果推广。通过加强功能区和自贸区间的联系，双方建立对接合作渠道，促进双方各类资源要素的自由流动与合作，实现自贸区的制度创新成果向功能区快速推广，加快功能区的产业发展。

三是建立自贸区与功能区区际联席制度。自贸区与功能区间缺乏互动，联系不够紧密，自贸区的制度创新成果不能很快在功能区推广，功能区的丰富经验也不能为自贸区参考。建立自贸区与功能区区际联席制度，定期以召开联席会议的形式，相互学习成果经验，探讨共同事项解决方案，实现自贸区和功能区的协同发展。

四是积极推进自贸区向自由贸易港转变。自由港是设在一国（地区）境内关外、货物资金人员进出自由、绝大多数商品免征关税的特定区域，是目前全球开放水平最高的特殊经济功能区。自贸港将对标更高的标准、实现更大的开放，包括高水平的贸易及投资自由化政策、适度放宽监管、促进要素自由流动，以发挥市场经济的扩张潜力。天津自贸区应抢先抓住机遇，加快自由贸易港研究探索，积极开展自贸港申报建设工作，为自由贸易区向自由贸易港的转变做足做好准备工作。

4. 着力打造城市品牌竞争力，建设魅力滨海

滨海新区要进一步提升门户形象，打造城市品牌，展现文化内涵，不断提高滨海新区的知名度和美誉度。

（1）着力培育滨海新区软实力

舆情大数据显示，公众常将滨海新区与浦东新区进行比较（如图22），因此滨海新区要重视与其他国家级新区，尤其是浦东新区的交流和联动。同时，随着时间推移，百度PC端搜索指数出现略微下行趋势；而在移动端，“滨海新区”“天津滨海”的搜索指数均出现上行趋势，移动端搜索总量甚至常年持续达到PC端的两倍。因此，在城市形象线上传播方面，滨海新区未来应更加重视在移动端的宣传。此外，滨海新区应积极回应外界关切，在未来发展中坚持特色，在国家级新区发展中走差异化道路，在保持国家级新区总体经济规模第一的背景下，更加注重发展质量，进一步宣传新区创新驱动发展方向，回应网络舆论质疑。

关键词搜索量		上海浦东新区	天津滨海新区
公众	百度	21800000个	18700000个
主流媒体	新华网	44篇	339篇
	人民网	3827篇	5735篇
	央视网	2686篇	3991篇
学界	中国知网	7580条	11285条

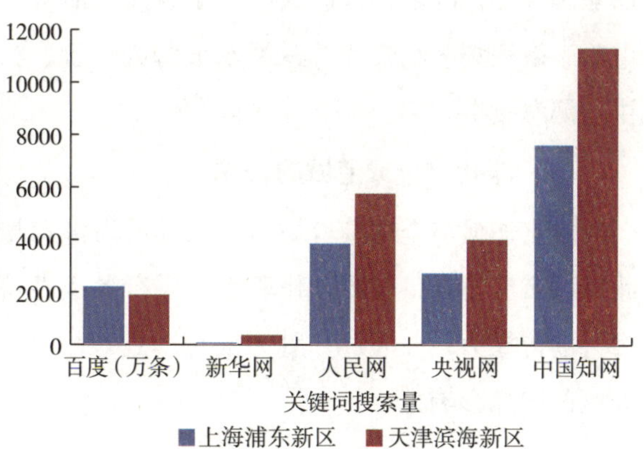

图22 滨海、浦东媒体关键词搜索量对比

（2）积极传播滨海新区的城市品牌新形象

滨海新区一些功能区具有自身传播口号与logo等，但是这些品牌传播目前没有形成合力，而且各自的品牌传播力相对较低。建议滨海新区精心确定新区宣传重点，各

功能区对外宣传活动可以围绕“北方经济门户 滨海魅力名城”这个品牌形象定位，集中火力、形成合力。

专栏　**滨海新区品牌形象定位**

课题组给滨海新区品牌形象定位为：北方经济门户滨海魅力名城，也可简化为“魅力滨海：北方经济门户”。这个定位的要点是：①着力传播滨海新区充满张力的国家战略定位；②独具风情的自然人文特征；③产城融合的绿色智慧形象。

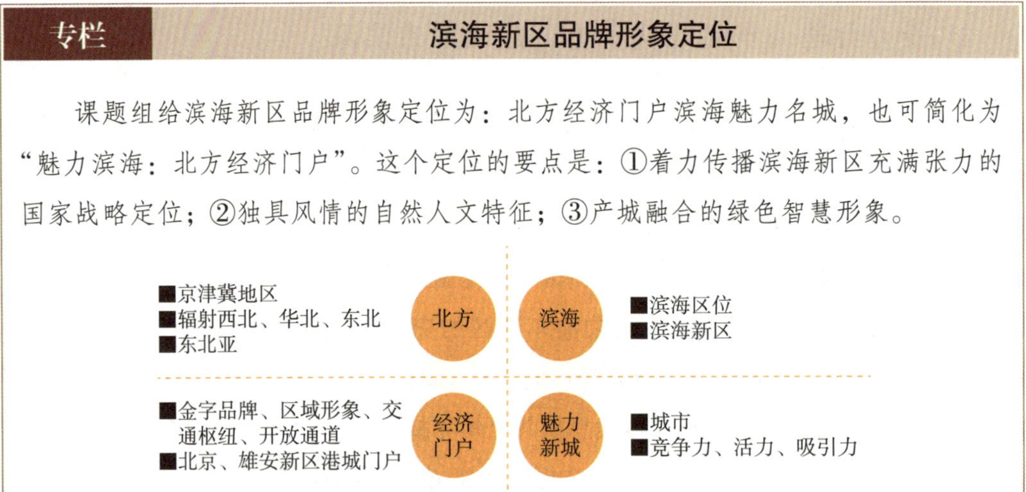

（3）引进推广各类文化活动

深入挖掘城市的文物、文化、非物质遗产、城市老艺人、当地著名诗人、民歌作曲家等等文化因素，打造城市文化名片和品牌活动。运用活泼多样的新媒体形式如微电影、微视频、纪录片等，展示滨海人、事、物，凸显城市文化内涵，注重在传播中讲述滨海故事。

（4）深化与全球港城的合作

重点加强与全球港口城市、东部沿海港口城市、与滨海新区有业务联系的内地无水港城市三类港口城市合作联系，举行各类经济贸易与文化交流活动。进一步强化对海外的传播力，在通过“魅力滨海”建设增强对国外受众的吸引力的同时，加强滨海新区的国际影响力。

课题组：中美绿色基金董事长：徐林；国家发改委城市和小城镇改革发展中心：冯奎、郑明媚、张劲文、吴晓敏、赵蕃蕃、黄曦颖、彭璐、李庆、梁泽华、梅正；龙信数据研究院：王成刚、杨洋；北京交通大学：苏林森、孙景丽

新城新区新旧动能的内涵、特征与转换模式

张衔春

中国经济发展进入新常态以来，新城新区的发展面临着新旧动能转换的新局面。如何理解新旧动能的内涵以及如何实现新旧动能转换引发了各界关注。在此宏观背景下，本报告首先从供给侧、需求侧和结构转换三个维度对新旧动能的内涵进行了解析，进而结合现阶段中国经济发展实际分析了中国新城新区新旧动能的特征。最后，结合当前宏观政策与未来发展需求对中国新城新区新旧动能转换模式进行了讨论。

一、序言

在新一轮的产业变革和科技创新浪潮的影响下，中国经济发展经历了由高速增长阶段向高质量发展阶段的转变，中国原有的经济发展格局正在发生变化。一方面，智能制造、“互联网+”、数字经济等新经济不断为中国经济发展注入活力；另一方面，传统依靠土地、资本、廉价劳动力等要素投入的发展模式在推动中国经济发展的进程中动力不足。随着传统经济发展模式中资源环境约束紧张，区域经济发展不均衡、发展方式粗放等问题日益凸显，中国新城新区迈入了通过转变发展理念，调整经济发展

方式等来实现新旧动能转换的关键时期。

二、中国新城新区新旧动能的内涵

1. 新旧动能内涵解析

“动能”一词来源于物理学，指物体由于运动产生的能量。在经济学分析框架中，“动能”通常指推动经济发展的能量。从不同的角度分析，动能还可以细分为供给侧动能、需求侧动能以及结构转换动能（郑江淮，宋建，张玉昌等，2018）。具体而言，供给侧动能是指由于区域产业发展水平、行业业态、生产技术以及商业模式的变化所产生的动能；需求侧动能来自于国民收入水平增长，国民消费需求和结构等变化带来的国民整体消费水平变化；结构转换动能则来源于社会整体经济发展理念变化、产业结构调整、资源配置优化，全球价值链攀升等。

从定义上看，“新动能”和“旧动能”是相对的概念。一般来说，新动能与旧动能的划分依据是当前的经济发展动能是否能够符合区域经济发展实际以及能否有效促进区域经济可持续发展。具体而言，旧动能通常是指阻碍或者无法维持区域经济健康发展的产业、业态、技术和制度等，而新动能则是指新一轮科技革命和产业变革中形成的能够促进区域经济社会发展新技术、新产业、新业态、新模式和新制度等。因此，新旧动能内涵的界定并非是绝对的，而是随着区域经济发展而动态变化的。

此外，由于区域经济发展水平在不同时间和空间上存在明显差异，使得对于新旧动能内涵的认识应结合区域经济发展实际，从动态、发展的视角来对新动能和旧动能的内涵进行界定（杨蕙馨，焦勇，2018）。

从横向对比看，区域经济发展水平的差异使得对于发达国家（地区）而言的旧动能可能在发展中国家（地区）却属于新动能。以越南、泰国等东南亚国家为例，在这些国家，劳动密集型的加工制造业能够有效提升区域经济发展水平，带动区域就业增长，属于这些区域发展的新动能。而对于同一时期的美国、日本等发达国家，劳动密集型的加工制造业则已不再能够支撑当前的区域发展增长，成为了区域发展的旧动能。这样的情况不仅出现在国家与国家之间，在同一国家的不同地区之间也同样存在。例如中国的东、中、西部地区间区域经济发展水平的显著差异使得各区域间的新旧动能存在明显差异，这种差异也使得中国内部的产业转移成为了可能。

从纵向对比上看，随着区域经济持续增长，早期的经济发展新动能会逐渐失去活力，逐步成为旧动能。而新的发展动能则会逐渐强大，引领新一轮的区域经济发展。以《财富》世界500强企业数据为例，2008年到2017年的数据分析显示，《财富》世界500强企业中石化、冶金、化学等传统行业上榜企业营业收入占比不断萎缩，从2008年的20.9%降至16.17%。尤其在2017年，多家石油公司甚至处在亏本状态，其中，排名75位的巴西国家石油公司和排名152位的墨西哥石油公司的亏损分别到达了4838万美元和10256.3万美元。而互联网服务和零售等新经济领域的上榜企业营业收入占比虽然较低，但是呈现明显的上升趋势，2008年到2017年，互联网服务和零售业营业收入从212.5亿美元上升至3394.4亿美元。从企业层面上看，亚马逊从2009年第一次进入榜单排名第485位，到2017年已经排位升至第29位，而中国的阿里巴巴和腾讯两家互联网企业也在2017年首次进入了世界500强的榜单，分别排在第462位和第478位。由此可以看出，在世界范围，传统的资源型行业在持续支撑经济发展的过程中已经呈现疲态，已然成为了经济发展的旧动能，而以互联网，数字经济和共享经济等为代表的新经济发展势头强劲，正逐渐成为促进世界新一轮经济发展浪潮的新动能。

2. 新旧动能转换的内涵

新旧动能转换指培育发展新动能，改造提升传统动能的区域经济发展过程。具体来说，新旧动能转换有以下几点含义：一是通过加快发展新技术、新产业、新业态、新模式和新制度以培育新的经济增长点，通过新动能的增长来弥补旧动能的衰弱。二是通过发展新动能来改造旧动能，盘活旧动能的存量，让旧动能焕发出新的活力，实现“老树发新芽”。因此，在新旧动能转换的过程当中需要认识并处理好新动能与旧动能二者互利共生的关系，即新动能的发展离不开旧动能的支撑，旧动能的转换升级也离不开新动能的引导和推动。

新旧动能转换是社会生产力发展到一定阶段的必然产物，是世界经济演进的客观规律。经济发展过程中，任何一种经济发展动能都会有一个从新生到强劲，再到衰落的过程，当原有的经济发展动能已经进入动力不足的阶段时，就需要通过实现新旧动能转换，释放新的经济发展活力来保持区域经济持续稳定发展。由此看出，新旧动能转换的目的是帮助区域经济实现更高水平、更加均衡和更高质量的发展。因此，新旧动能转换并不是简单的生产技术变革或是生产方式创新，而是整个社会生产技术的迭代更新，社会发展理念转变和社会经济发展方式升级的复杂发展过程。

从演化发展的角度看，新旧动能转换的过程是一个动态平衡的过程。在新旧动能转换的初期，旧动能依旧在经济发展中拥有较大的体量，仍然在经济发展中扮演着重要的角色，而这一时期新动能还处于发展阶段，大部分新动能的发展还需要依附于旧动能。在新旧动能转换的中期，新动能逐步实现独立自主的发展。旧动能的发展则可能出现两种情况，一种情况是部分旧动能开始逐渐退出历史舞台，而另一种情况是部分旧动能通过和新动能的融合重新焕发新的活力演变成为新动能。在新旧动能转换的后期，新动能已经在社会经济发展的各个层面发挥关键作用，成为了区域社会经济发展的主导力量（见图1）。

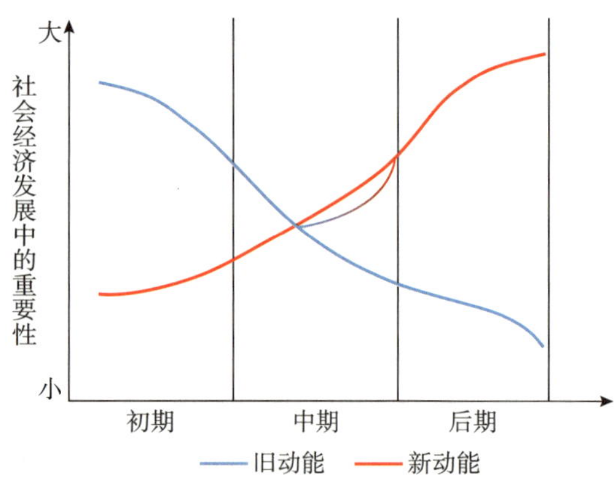

图1　新旧动能转换过程动态示意图

3. 中国的新旧动能转换

从中国经济的发展进程来看，改革开放以来，中国的经济发展动能发生过两次重大转换，第一次是在 2001 年中国加入 WTO 之后，中国经济发展模式开始向外向型经济转变，大量的海外资本、技术的引入为中国经济发展注入了新的活力，同时国内市场化改革红利进一步释放，二者间强有力的补充和相互促进作用推动了中国新城新区工业化和城镇化的快速发展。第二次是在 2008 年金融危机之后，世界经济发展下行趋势初现，中国经济发展导向开始转向刺激内需，一系列宽松的宏观经济政策在一定程度上维持了中国经济的高速增长，但是出口产品附加值较低、技术创新等动能不足使得这次动能的增长效应仅持续了短暂的几年。

现阶段，我国再次处于新旧动能转换的重要时期。当前中国经济已经进入了新常态，主要特征就是：经济由过去高速增长变为中速增长，经济增速由过去 30 年的平均 10% 下降到如今的 6% 左右。在经济新常态背景下，消费和服务业将取代投资、出口，成为拉动经济增长的主要动力，新经济对于中国区域经济增长贡献和重要性日益提高，但是传统产业仍然是经济发展的重要支撑。

虽然“新旧动能”作为政府官方用语已经被广泛使用，但目前无论在学术界还是政府都没有结合中国发展实际对新旧动能进行严格的内涵界定。“新旧动能”这一概念于 2015 年 10 月首次出现在中国政府主要领导的讲话中，李克强总理在政府会议中对当时中国经济做出了“我国经济正处在新旧动能转换的艰难进程中”的初步判断。随后，在 2016 年 3 月，《十三五规划纲要》（以下简称“《纲要》”）再次提及了“新旧动能”。《纲要》提出要拓展发展新空间，增强发展新动能。2017 年 1 月 20 日，国务院办公厅印发了《关于创新管理优化服务培育壮大经济发展新动能加快新旧动能接续转换的意见》，这是中国培育新动能加速新旧动能接续转换的第一份文件。同年 3 月，国务院发布的《2017 年国务院政府工作报告》中提出，要依靠创新推动新旧动能转换和结构优化升级。4 月 18 日，李克强总理在贯彻新发展理念培育发展新动能座谈会上强调，实现经济结构转型升级，须加快新旧动能转换。

通过对相关政策文件及领导讲话的总结可以看出，在中国，“新旧动能转换”的内涵包含两方面，一方面是做强“存量”，即改造旧动能，积极推动传统产业转型升级。

推进传统产业供给侧结构性改革。另一方面做大“增量”，即增加新动能，通过转变社会经济发展理念，大力培育和发展新技术、新产业、新业态、新模式，形成新的经济增长点。

从国际上看，当前阶段的国家或地区推动新旧动能转换是世界范围内的普遍现象。不仅是中国处在新旧动能转换的重要阶段，世界上大部分国家和地区也都处在新旧动能转换的重要时期。对世界各国经济发展转型战略的总结可以发现“绿色经济”、“创新驱动”、“包容”和“平等”等概念成为了各个国家和地区推动区域新旧动能转换计划中关键词。在西方等发达国家和地区，以美国和欧盟为例，2006 年，美国联邦政府提出了《美国区域发展新战略（2050）》，该战略在继续强调维持美国经济发展的基础上，突出强调了“平等”和“包容”的原则，强调美国未来发展战略应该更加以“人”为中心，建立超越阶层、种族、民族界限的平等包容的社会以促进美国各区域之间，美国与世界各国间的资源流动。欧盟于 2010 年提出的“欧盟 2020 战略”也同样指出未来欧盟将重点关注科技创新、绿色经济以及劳动力市场的自由化。在新兴经济体国家也可以看到同样的情况。以印度为例，2016 年印度国家转型委员会发布的《印度三年行动议程》也同样强调了环境可持续发展和创新创业发展的重要性。

三、中国新城新区新旧动能的特征

1. 供给侧

（1）生产要素：更加重视无形生产要素的投入

生产要素是供给侧新旧动能发挥作用的基础。对比新旧动能所需生产要素的特征可以看出，旧动能所投入的生产要素主要以资本、土地和劳动力等有形要素为主。而与旧动能相比，新动能在投入土地、劳动力、资本等传统有形生产要素的基础上，更加突出了对信息、数据和知识等无形生产要素的需求。此外，在生产要素的结构上，新动能更加强调有形生产要素投入与无形生产要素投入并重。这种对知识、技术、专利、信息等无形生产要素投入的重视使得新动能更加重视“人”的因素，因此，新旧动能在生产要素投入上最大的区别在于，旧动能强调对劳动力数量投入的追求，而新动能更加突出了对劳动力素质的投入的追求。

由图2可以看出，2001年到2006年，中国劳动力要素最为明显的特征是劳动力数量投入水平持续上升，但是劳动力的整体教育水平较低。2001年中国就业人口占总人口的比例为57.22%。2006年，中国累计增加就业人口3375万人，占总人口的比例达到了58.12%。但在这一时期中国本专科毕业生人数占高中及以上毕业生人数的比例却较低，2006年，中国本专科毕业生仅占高中及以上学历毕业生总人数的23.84%。

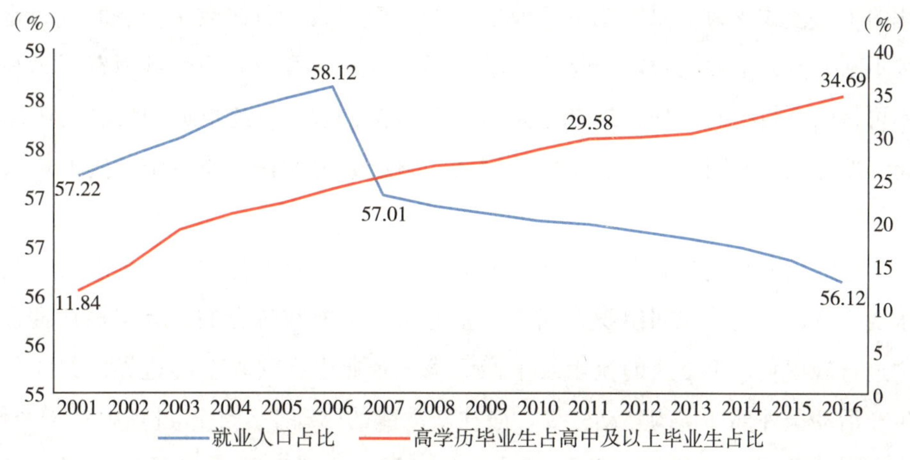

图2　2001~2016年中国劳动力要素变化情况

数据来源：《中国统计年鉴2002-2017》。

但是，随着中国人口红利带来的劳动力成本优势逐渐消失，劳动力数量的增长逐渐降低，新增劳动力素质开始提升成为了中国现阶段劳动力要素的新特征。2007年到2016年，中国就业人口占总人口的比例由57.01%下降到了56.12%，劳动力数量的投入水平开始出现下降趋势。与此同时，本专科毕业生人数占高中及以上毕业生人数的比例却持续上升，2016年这一比例达到了34.69%。根据教育部数据显示，2016年，中国新增劳动力平均受教育年限达到了13.3年，达到了大学一年级的水平。而同年中国整体劳动力的平均受教育年限仅为9.02年①。由此可以看出，对比两个时期，中国

① 数据来源：《中国劳动力动态调查：2017年报告》。

劳动力要素的投入呈现出明显的“量的投入”和“质的追求”两大特征。

（2）生产方式：由规模化、标准化转向个性化、定制化

新旧动能中的生产方式也有着各自明显的特征，二者在生产方式上最为明显的差异主要体现在生产模式和生产活动的空间布局上。

在生产模式上，旧动能主要以标准化生产模式为主，而新动能的生产模式更加强调个性化、差异化和定制化。因为在工业经济时代，基于提高生产效率和降低生产成本的目标，规模效应成为了大多数企业的生产模式，因为规模效应有助于企业控制成本、获取高额利润。因此，为了寻求企业利润和生产价值的最大化，标准化、规模化、统一化的生产模式成为了旧动能下企业主要的生产方式。而在数字经济时代，市场和产品被不断分割，个性化和定制化的需求不断被激发，消费者的市场消费行为和企业生产不再是两个封闭的过程，二者逐渐紧密联系在一起。因此根据消费者的需求进行个性化、差异化和定制化的产品研发、设计、制造成为了新动能下企业生产模式最主要的特征。

在生产活动的空间布局上，旧动能中生产活动在空间上的主要表现形式为集中化的流水线作业。在这种空间组织模式下，企业员工只能在特定的、有明显地理边界的空间内进行规模化、重复式的流水线生产活动。企业生产活动空间边界的封闭使得企业的生产活动与外部环境的互动较少。而在新动能的驱动下，生产过程中对于个性化、柔性生产系统的需求升级。与此同时，在互联网、物联网等技术的支撑下，传统生产过程中的某些环节从流水线生产过程中被抽离出来，转而通过分包或者众包等方式从企业外部环境中获得发展所需资源。模块化生产和社会化协同使得企业生产活动的空间边界得到拓展，企业生产的空间布局呈现出分布式的空间形态。

结合数据分析可以在一定程度反映出中国企业生产方式的改变。统计数据显示，2013 年到 2016 年，电子商务在中国企业中的普及程度越来越高。4 年间，中国开展电子商务活动的企业占所有企业的比重从 5.2% 上升到了 10.9%，占比增幅超过 100%。同时企业电子商务采购和销售额增长明显且势头良好，由此看出，通过电子商务的形式进行采购和销售正逐渐成为企业主要的商务活动形式（见图 3）。

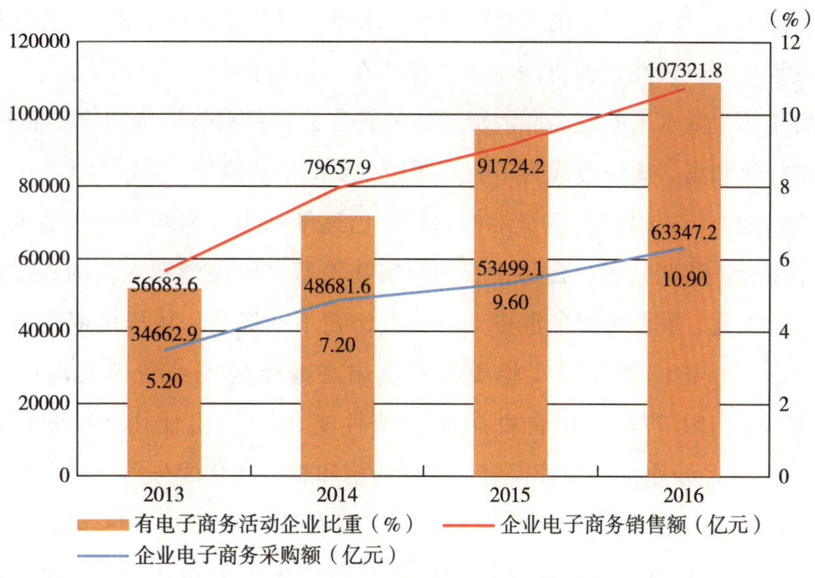

图3　2013年到2016年中国企业电子商务发展情况

数据来源：《中国统计年鉴2014－2017》。

2. 需求侧

在需求侧，中国新旧动能主要在消费模式、消费需求和消费结构等方面上存在明显差异。从居民总体消费情况来看，2000年以后，中国进入了高速城镇化时期，随着住房改革红利的进一步释放和居民生活收入水平的稳步提高，住房消费和汽车消费成为了中国居民消费最主要的消费类型。2014年以来，中国整体经济增长下行压力较大。在这种形势下，居民收入增速略有放缓。随着宏观经济环境的改变和居民消费水平和理念的转变，中国居民在消费模式、消费需求和消费结构上都呈现出了一些新变化和特征。

在消费模式上，网络消费已逐渐成为中国居民主要的消费模式。近年来，中国电子商务迅猛发展，居民网络消费额大幅增长，2016年全国网上零售额51555.7亿元，比上年增长26.2%。其中，实物商品网上零售额41944.5亿元，占网上零售总额的81.36%，比上年增长25.6%。而同一时期的社会消费品零售总额为332316.3亿元，比上年增长比例仅为10.4%，增速明显低于网上零售额增速。

在消费需求上，旧动能中中国整体消费需求属于“模仿型排浪式”，即居民整体消费需求具有较高的一致性，创新性不足。往往在一段时间内，消费热点比较集中。而现阶段随着整体生活水平的提高和消费主体的转变，居民整体消费需求特征开始转变，个性化、多样化和高品质消费成为了更多居民主要的消费需求。

在消费结构上，中国居民消费结构的特征已逐渐从生存型转变为发展型，从温饱型转变为小康型。数据显示，食品、衣物等实物消费在居民消费支出的占比在逐渐降低，而医疗、文化、教育等服务消费支出的占比在不断提升。从居民消费八大类支出看，食品、衣着、居住等 3 项实物类消费支出在城镇居民消费性支出中的占比由 56.95% 下降到了 52.77%，在农村居民消费性支出中的占比由 59.08% 下降到了 51.32%。生活用品及服务、医疗保健、交通通信和教育文化娱乐等 4 项服务类消费支出在居民消费性支出的比例不断上升，4 项消费在城镇居民消费性支出中的占比由 39.55% 上升到了 44.18%，而在农村居民消费性支出中的占比由 38.39% 上升到了 46.43%（见表 1 和表 2）。

表 1　　　　中国城镇居民消费性支出构成（%）

年份	食品烟酒	衣着	居住	生活用品及服务	交通通信	教育文化娱乐	医疗保健	其他
2005	36.69	10.08	10.18	5.62	12.55	13.82	7.56	3.50
2010	35.67	10.72	9.89	6.74	14.73	12.08	6.47	3.71
2016	34.37	9.01	9.39	7.35	16.42	13.67	6.73	3.05

数据来源：《中国统计年鉴 2006、2011、2017》。

表 2　　　　中国农村居民消费性支出构成（%）

年份	食品烟酒	衣着	居住	生活用品及服务	交通通信	教育文化娱乐	医疗保健	其他
2005	36.11	6.93	16.04	5.20	11.48	13.84	7.87	2.54
2010	34.03	6.82	20.76	6.05	11.95	9.50	8.45	2.44
2016	34.00	7.07	10.25	7.26	16.71	13.16	9.30	2.25

数据来源：《中国统计年鉴 2006、2011、2017》。

3. 结构转换

（1）发展动力：以投资拉动为主转向消费、投资、出口协调拉动

旧动能驱动下的中国新城新区的经济发展动力主要来自于大规模的投资，新动能下的中国新城新区的经济发展动力则呈现出消费、投资、出口协调拉动的特征。长期以来，中国采用的是以投资为主导的经济发展战略，较高的投资率支撑了改革开放30多年来中国经济持续快速的发展。“高投资、低消费”成为了这一时期中国粗放式经济增长的重要特征。数据显示，2001到2010年，投资一直是促进中国经济发展最主要的动力，这十年间投资对中国经济增长的年均贡献率达到了56.15%，而同一时期的消费对中国经济增长的年均贡献率仅为46.95%。

而在新旧动能转换时期，投资对中国经济增长的拉动作用逐渐减弱，消费逐渐成为了中国经济增长的第一动力。2011年到2016年，消费对中国经济增长的年均贡献率上升到了56.15%，而投资对中国经济增长的年均贡献率则下降到了45.93%。尤其从2014年以来，消费对中国经济增长的贡献率一直保持在第一位，且上升态势明显（见图4）。由此看出，中国经济发展进入新常态以来，新的宏观调控政策和供给侧改革，

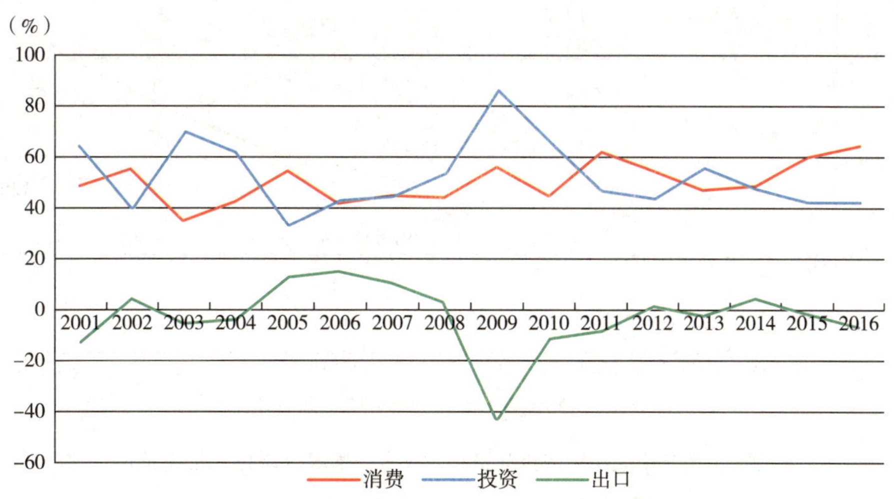

图4　三大需求对国内生产总值增长的贡献率

数据来源：《中国统计年鉴2002－2017》。

有效刺激了国内消费市场总需求，深入发掘内需消费潜力，使得中国新城新区经济发展的动力呈现出消费、投资、出口协调拉动的特征。相比过去过度依赖出口和投资的旧动能，现阶段消费、出口、投资协调拉动的发展模式所产生的新动能拥有相对较小的波动性，对于中国经济的稳定可持续发展、经济韧性的增强都具有重要意义。

（2）对外开放：由被动融入转向主动参与

对外开放一直以来都是中国的基本国策，坚持独立自主参与全球化是中国对外开放的原则和主要方式。新旧动能中中国参与全球化的方式和领域存在明显差异。

在参与全球化的方式上，中国由通过招商引资的“被动融入”逐渐转变成为海外扩张的“主动推动”。加入 WTO 以来，中国凭借着国内劳动力、资源、市场等要素优势，通过招商引资吸引大量跨国公司在华设厂等方式被动地参与到全球化的进程当中。数据显示，2001 到 2008 年，中国实际使用外资金额从 496.72 亿美元上升到了 952.53 亿美元（见图 5）。但是，2008 年金融危机以后，美国、日本等发达国家开始了“再工业化”的进程，西方发达国家对外投资额明显减少，全球化进程进入了新一阶段，受此影响中国实际使用外资自 2008 年以来一直保持较低增长（见图 5）。

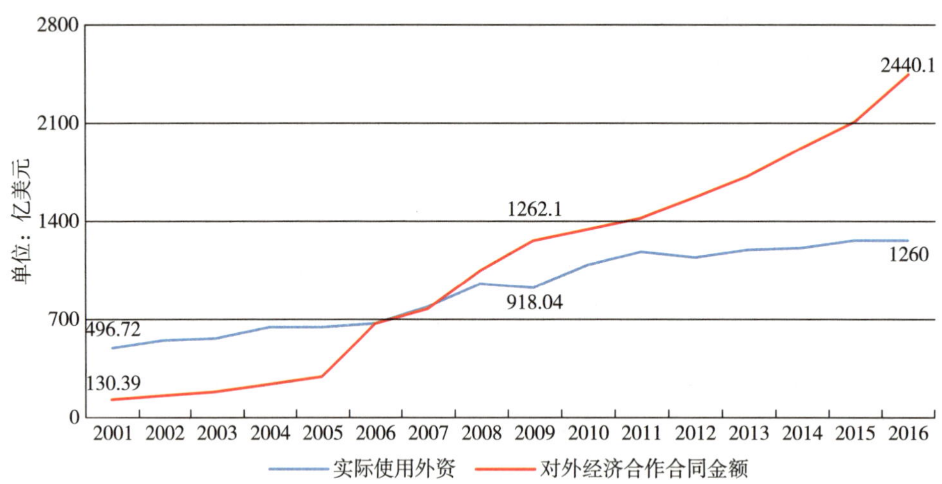

图 5　历年中国实际使用外资和对外合作情况（单位：亿美元）

数据来源：《中国统计年鉴 2002 - 2017》。

面对新一轮的全球化进程，2013 年中国政府提出了“一带一路”倡议以推动中国主动融入全球化。商务部数据显示，“一带一路”倡议自提出以来，已经得到全世界

140 多个国家和地区的积极响应和参与，在经贸领域取得了丰硕成果。2017 年，中国与“一带一路”相关国家进出口总额达 1. 1 万亿美元，增长 14. 8%，高于全国外贸总体增速 3. 4 个百分点。同时，“一带一路”的开展也促进了投资领域的不断拓宽。中国对相关国家累计直接投资已经超过 600 亿美元。此外，重大项目也得到扎实推进，中国在“一带一路”相关国家已经建设 75 个境外经贸合作区，累计投资达 270 多亿美元。与此同时，中国对外经济合作情况也保持良好的上升势头。联合国发布的《2017 年世界投资报告》显示，中国 2016 年对外投资上升 44%，达到 1830 亿美元，中国也首次成为全球第二大对外投资国。

在对外合作领域，对外投资和外商直接投资方面都存在明显差异。首先，直接对外投资上，2008 年中国主要集中在租赁和商务服务业和采矿业，两个行业对外投资额占到了当年中国对外投资额的 38. 85% 和 10. 42%，而制造业和信息传输、计算机服务和软件业对外投资额分别只占了 3. 16% 和 0. 53%。2016 年租赁和商务服务业和采矿业对外投资额占比下降到了 33. 54% 和 0. 98%，而制造业和信息传输、计算机服务和软件业的对外投资额占比上升到了 14. 81% 和 9. 51%（见表 3）。

表 3　　2008 年与 2016 年主要行业对外投资情况　　单位：亿美元

	2008		2016	
行业	金额	占比（%）	金额	占比（%）
租赁和商务服务业	2171723	38. 85	6578157	33. 54
采矿业	582351	10. 42	193020	0. 98
制造业	176603	3. 16	2904872	14. 81
信息传输、软件和信息技术服务业	29875	0. 53	1866022	9. 51
总额	5590717		19614943	

数据来源：对应年份《中国统计年鉴》。

在外商直接投资额的行业分布上，中国外商直接投资的产业流向呈现明显的不均衡分布状态，2008 年中国制造业和房地产业实际利用外商直接投资的比重分别达到了 54% 和 20. 12%。而金融业和信息传输、计算机服务和软件业所用外资比重仅占 1. 15% 和 3%。2016 年中国制造业和房地产业实际利用外商直接投资的比重分别下降到了 28. 17% 和 15. 60%，而金融业和信息传输、计算机服务和软件业所用外资比重分别上升到了 28. 99% 和 6. 7%（见表 4）。

表 4　**2008 年与 2016 年主要行业外商直接投资额情况**　单位：亿美元

行业	2008		2016	
	金额	占比（%）	金额	占比（%）
制造业	4989483	54.00	3549230	28.17
房地产	1858995	20.12	1965528	15.60
信息传输、软件和信息技术服务业	277479	3.00	844249	6.70
金融业	57255	1.15	1028901	28.99
总额	9239544		12600142	

数据来源：对应年份《中国统计年鉴》。

四、中国新城新区新旧动能的转换模式

1. 供给侧

①推动“人口红利”向“人才红利”的转换。

首先，在培养人才方面，通过大力发展高等教育和职业教育来提高我国人力资本的素质和高层次人才的供给。高等教育是人才培养的关键，当前中国高等教育存在培养模式不足，高等院校定位不清晰、高等教育资源分布不均等弊端。国务院发布的《国家中长期教育改革和发展规划纲要（2010－2020 年）》指出，中国高等教育应以人才培养为定位，明确不同类型高等学校办学特点和核心要素，引导高等学校根据自身特点和经济社会发展需要合理定位、办出特色。使高等学校根据办学定位深化改革人才培养模式，优化学科专业设置。针对高等教育资源空间分布不均的问题，应发挥高等教育在东部地区高度集聚的优势，补齐在中西部地区的发展短板，优化区域布局结构，进一步推动东中西部高等教育协调发展。针对高等教育资源的在职业教育领域分布的不足，应推行高等院校、职业学校、企业三方协作培养模式，推动综合性高技能人才实践培训基地的建设，加快急需高技能人才培养。

其次，通过完善福利政策和奖励机制吸引人才。从政策制定层面，各级政府应对企业、人才进行信用评级、归档管理、流动监管、政策扶持、福利补贴等；同时鼓励

和扶持有吸引人才需求的企业制定更加有吸引力的优惠政策，从政策、资金等多个方面加快引进国内和海外高层次人才；加强企业之间、行业之间人才流动的程序监管，促进人才的流动。从企业战略层面，企业应提高人才与企业的联系度，建立有效的人才奖励机制和完善人才报酬制度，增加人才黏性。

最后，加强企业与高校、科研院所的产学研合作，充分发挥人才在区域经济发展中的作用。企业与科研机构间的信息不对称和合作风险是阻碍产学研合作的两大主要原因。通过加强校企间的人才交流能够降低二者间的信息不对称，一方面企业可以通过聘请高校教师担任顾问、安排科研人员挂职等形式吸引高校人才到经济发展第一线工作。另一方面高校通过对企业的科技人员进行培训和与企业的科研合作加强企业的能力；通过技术入股和智力入股等风险共担与利益共享的合作机制可以减少合作风险。

②以技术进步、效率提升提高全要素生产率。提高全要素生产率是转变增长动力、实现高质量增长和经济可持续发展的变革重点。从经济学的角度说，提高全要素生产率通常有两种途径，一是通过技术引进和自主研发创新来提升要素生产率。改革开放初期，中国企业的整体技术水平与世界前沿的差距较大，凭借后发优势，中国企业通过引进技术就能实现全要素生产率的提升。但是随着中国企业技术水平的不断提升，引进技术对于中国企业要素生产率的提升空间逐渐缩小，尤其在生产制造方面，这使得通过自主研发创新来提升中国企业要素生产率的可持续性和紧迫性日益突出。因此，中国新旧动能转换应鼓励企业通过自主研发不断采用新技术、新工艺等手段促进要素生产率的提升，进而推动整个中国社会经济发展的全要素生产率。

提升全要素生产率的第二个途径是通过生产要素的重新组合、流通提升要素的配置效率，主要表现为通过监管体制优化、规模效应提升、组织管理改善等举措推动经济增长。当前由于财税制度、户籍制度等制度层面的限制制约了生产要素在空间上的流动，尤其是以高素质人才为依托的智力要素。为了打破阻碍生产要素流动的壁垒，中国新城新区的规划应从区域尺度的视角出发，构建区域尺度的要素交流平台，如人才交流平台、企业供需信息平台等，实现区域内部、区域之间供需信息的有效交流。在此基础上，各级政府制定相应的管理政策在保障要素有效流通的同时规范要素流通的各环节，以此通过促进和保障生产要素的流通来提升全要素生产率。

③强化产业抓手，推进新旧动能有序转换。提升传统产业，培育新兴产业，是本

轮新旧动能转换在供给侧的主要抓手和着力点。这一模式的实现主要通过以下四条途径。

首先，通过产业智慧化升级传统产业。产业智慧化是指传统行业借助信息、知识、智力等因素，进一步转型升级。产业智慧化的关键是利用新技术、新业态，通过互联网、物联网、智能机器人等技术改造制造工艺和流程，推动主导产业智能化。同时，促进产业集聚发展和融合发展，提高产业集聚化水平，延伸产业链，提升价值链，整合技术链，推动“三链融合”，打造传统产业竞争新优势。

其次，通过智慧产业化壮大新兴产业。智慧产业化是指以信息、知识、智力等要素组合形成的无形与有形智慧产品并将其产业化的过程。这一途径的关键是实施国际化战略，吸收新思想，抓住现有优势产业和理清未来产业发展方向，加强核心技术研发和引进。重点围绕大数据、互联网、新能源等前沿领域，发展平台经济，构建全产业链的发展格局，打造独角兽企业，努力形成世界级领军企业。

再次，通过跨界融合化释放产业要素的乘数效应。随着新兴技术的快速发展和应用，现阶段产业与产业之间的边界日益模糊，产业跨界融合成为了新一轮产业升级的大趋势。因此，中国新城新区新旧动能转换中的跨界融合不再只是简单地通过将三大产业形态进行融合，而是在消费需求的驱动下，以互联网、大数据等新技术为支持，依托共享经济、电子商务等新商业形式将现有产业要素相互渗透、融合的过程。

最后，通过品牌高端化打造国家品牌。“大而不强”和“大而不优”一直以来是中国产业发展中存在的问题，究其原因在于现阶段中国不少经济发展领域缺少全球知名品牌。因此通过品牌高端化，有助于提升中国经济发展领域的全球竞争力。与前三个途径相比，品牌高端化是一个更加综合复杂的过程，在制造端，品牌高端化要求企业通过自主知识产权和核心生产技术打造品牌的高端性。在销售端和服务端，品牌高端化要求企业能够树立良好的声誉和口碑提升品牌的高端性。同时，国家还应为企业的自主知识产权提高完善的保护，以维护品牌的高端性。

2. 需求侧

①提升居民收入水平，刺激消费需求。提升居民收入水平是促进国内居民消费需

求的重要手段，尤其是对于中低收入阶层的居民（杨天宇，侯玘松，2009）。减少居民生活支出和增加居民劳动收入是提升居民收入水平的两个方面。在减少支出方面，健全完善福利保障体系能够减轻居民生活负担，降低居民储蓄率进而刺激居民消费，因此政府应当加大财政对社会保障的支出力度。进一步完善居民最低生活保障制度，改善中低收入群体的生活状况。

与此同时，政府应根据现阶段我国社会保障制度发展的特点以及居民收入增长的现状，建立起多层次的社会保障制度。通过改革税制，规范劳资关系合同和建立劳资协商调节机制增加居民劳动报酬，实现居民收入与经济发展水平齐头并进。

②保护消费者权益，构建良好消费环境。为了切实保护消费者权益，构建良好的消费环境，监管部门应通过法律法规对商品流通环节的成本核算、价格形成机制进行监管和疏导，防止中间商、销售商过分加价损害消费者利益。而对于网络消费环境的监管，相关监管部门应该提高网络监管能力，加大对网路消费平台入驻企业的审核、督促网络消费平台建立和完善赔偿机制。

3. 结构转换

一要贯彻新发展理念，打开新旧动能转换新思路。二要加强制度建设，为新旧动能转换提供保障。三要积极开放合作，推动新旧动能转换新格局。

五、总结

结合不同阶段中国新城新区的发展实际，现阶段中国新城新区经济发展中的旧动能主要指在以经济发展为中心的发展理念下，依靠劳动力、土地、资本等要素粗放式投入，以投资、出口拉动区域经济发展的经济发展模式。而新动能则是指在创新、协调、绿色、开发、共享的新发展理念下，强调知识、信息、数据等无形生产要素投入，依托互联网、大数据、云计算等新技术手段，以消费、投资、出口协调拉动区域经济发展的发展模式。通过对比可以看出，中国新城新区新旧动能在供给侧、需求侧和结构转换等方面都存在明显的差异（见表5）。

对中国新城新区新旧动能转换模式的讨论可以看出，中国新城新区新旧动能转换是一个长期复杂的系统性工程，要求中国新城新区转变原有发展理念，构建消费、投资、出口协调驱动的发展模式。同时在生产方式上，坚持以提高发展质量和效益为中心，着力推动产业智慧化、智慧产业化、跨界融合化和品牌高端化的“新四化”，实现生产模式由“要素驱动”向“创新驱动”的转换。在政策监管上，新城新区各级政府应转变角色，全面深化“放管服”改革。在对外放开上，要求新城新区积极主动融入国家战略，走高层次、全方面、多领域的开放合作之路。

作为中国区域经济发展的“发动机”和“试验田”，新城新区在新旧动能转换中应多积累可复制可推广的经验，切实发挥在中国经济发展中的辐射带动作用。

表 5　　　　中国新城新区新旧动能特征对比

动能类型	类别	新动能	旧动能
供给侧动能	生产要素类型	知识、信息、数据	劳动力、土地、资本
	生产方式	个性化、差异化、定制化生产	规模化、标准化、统一化生产
		分布式布局	集中化布局
需求侧动能	消费模式	以网络购物为主	以实体店购物为主
	消费需求	追求高品质、个性化、品牌化	模仿性排浪式
	消费结构	文化、教育、健康等服务成为消费新趋势	食品、衣物等商品为主
结构转换动能	发展动力	消费、投资、出口协调拉动	投资、出口拉动
	对外开放方式	主动推动	被动融入
	发展理念	创新、协调、绿色、开发、共享	以经济建设为中心

参考文献

[1] 郑江淮，宋建，张玉昌等．中国经济增长新旧动能转换的进展评估［J］．中国工业经济，2018（06）

[2] 杨蕙馨，焦勇．新旧动能转换的理论探索与实践研判［J］．经济与管理研究，2018（07）

[3] 杨天宇，侯玘松．收入再分配对我国居民总消费需求的扩张效应［J］．经济学家，2009（09）

张衔春，博士，香港大学建筑学院高级研究助理。主要研究方向为城市空间发展的政策分析与城市区域治理研究，有十余篇相关论文发表。

国家级新区产业新旧动能转换路径探析

冯长春　李佳鸣

国家级新区作为国家及区域发展的增长极，其产业动能的转换对周边城市起引领与引擎作用。本文通过对国家级新区区位条件、产业结构特征、主导产业经济价值与潜力的分析，实现对不同国家级新区新旧产业动能的判别，并对其产业发展阶段进行划分。结合各国家级新区的发展潜力，与不同产业在区域层面的发展位序，从产业调整方向、产业协同、创新驱动三个层面提出新旧动能转换路径与策略，以保证区域经济产能的持续创造和稳定输出。

一、国家级新区新旧动能转换的认识

1. 国家级新区的设立与国家战略部署和经济发展质量提升相匹配

国家级新区担负着区域经济和社会发展的使命，其空间格局的建构服务于国家总体的战略部署（王佳宁、罗重谱，2012）。新区的设立将地区的发展上升为国家战略，而国家区域发展政策的差异往往是导致经济差异的宏观因素（冯长春等，2015）。依照主体功能区划，目前现有的19个国家级新区均位于我国优化开发区与重点开发区，在空间上地处陇海—兰新陆桥、长江黄金水道及沪昆铁路“三横”和沿海通道、哈大铁路及京广铁路“三纵”的我国国土开发主要轴带上（图1）。在“三横三纵”轴带上，集中了我国十个以上的主要城市群。国家级新区的区位条件使其在空间布局上起到战略支点的作用，也增加了其对区域整体经济发展的辐射能力。同时，国家级新区直接服务于“一带一路”、京津冀协同发展和长江经济带三大国家战略。19个国家级新区中有3个位于东北地区、8个位于东部地区，2个位于中部地区，6个位于西部地区，是实施区域发展总体战略、主体功能区战略和新型城镇化战略的重要支撑点。除舟山群岛新区外，各新区主要依托特大和大城市，均设在直辖市、计划单列市或省会城市（见表1）。基于良好的区位优势，新区的设立可以较好地承接国家重大战略部署，带动区域整体经济活力。

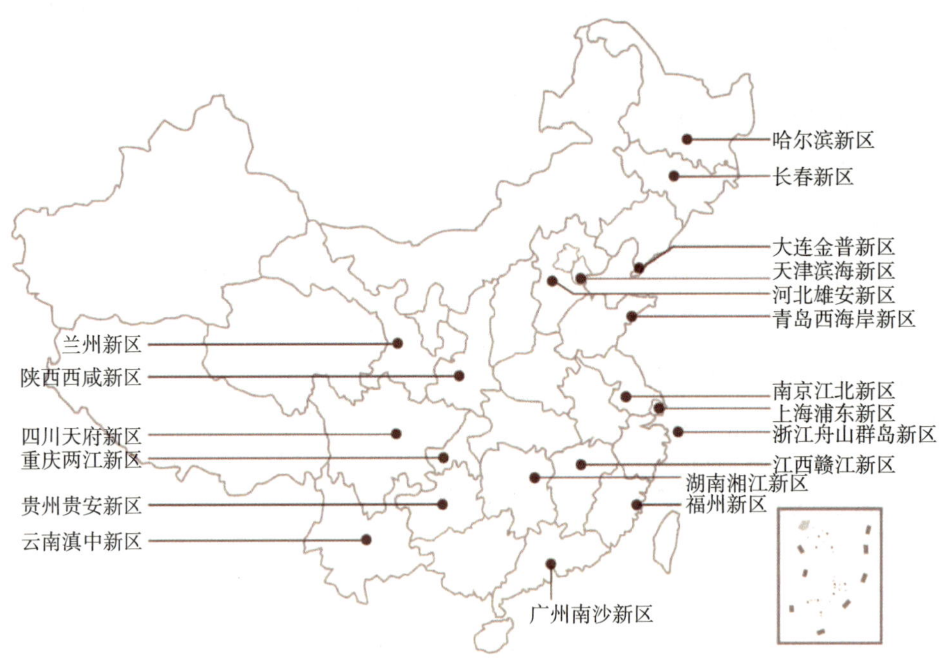

图1　国家级新区空间分布

表 1　　国家级新区空间分布格局与依托国家战略①

所在地域	新区	所处轴带	依托国家战略	主要依托城市
东北	大连金普	沿海－哈大	一带一路/东北振兴	大连－计划单列市
	哈尔滨	哈大	一带一路	哈尔滨－副省级省会
	长春	哈大	一带一路	长春－副省级省会
东部	上海浦东	沿海－长江－沪昆	一带一路/长江经济带	上海－直辖市
	天津滨海	沿海	京津冀协同发展	天津－直辖市
	浙江舟山群岛	沿海	一带一路	舟山－地级市
	广州南沙	沿海－京广	一带一路	广州－副省级省会
	青岛西海岸	沿海	蓝色经济	青岛－计划单列市
	南京江北	长江	长江经济带	南京－副省级省会
	福州	沿海	一带一路	福州－省会
	雄安	京－津	京津冀协同发展	雄县、容城、安新
西部	重庆两江	长江	一带一路/长江经济带	重庆－直辖市
	兰州	陇海－兰新陆桥	一带一路	兰州－省会
	陕西西咸	陇海－兰新陆桥	一带一路	西安－副省级省会
	贵州贵安	沪昆	长江经济带	贵阳－省会
	四川天府	长江	长江经济带	成都－副省级省会
	云南滇中	沪昆	一带一路	昆明－省会
中部	湖南湘江	京广	一带一路/中部崛起	长沙－省会
	江西赣江	长江－沪昆	一带一路/长江经济带	南昌－省会

国家经济发展的战略重点在不同时期有所差异，当前“新常态”背景下的“新经济”更侧重于新技术、新产业与新业态。经济发展新动能一方面体现在需求端的持续活力，即全球化市场扩张与消费能力的提升，另一方面体现在供给端的稳定与创新，即经济的稳定增长与第三产业与高新技术产业的快速发展（谢广靖，2016）。就国家级新区的设立与经济发展的具体表现而言，从国家级新区开发建设与国内生产总值及各产业增速的互动关系（图 2）可以看出，自 1990 年浦东新区设立之后，国家级新区的设立进入近 15 年的停滞期，此时的区域发展战略主要着重于经济技术开发区、高新技术开发区及经济特区等的建立。以 2011 年为分界点，之前的 20 年内仅设立了浦东新

① 依据各国家级新区国务院批复文件、“十三五”规划文件等整理。

区、滨海新区及重庆两江新区 3 个国家级新区，而 2011 年至今共设立新区 16 个，仅 2015 年一年就设立了 5 个新区。可见，新区已成为国家实现战略意图和发展要求的重要落脚点。就三大产业增速与新区设立的互动关系而言，大部分新区的设立是在国家宏观经济，尤其是第二产业增速放缓，第三产业稳步提升的“新常态”时期。国家级新区的功能定位并非以高经济增长为核心，而是以驱动新型产业、激发创新活力、建设城乡统筹发展的多功能区为目标。以 2015 年后设立的国家级新区的功能定位来看，中部地区的湖南湘江新区以建设全国“两型”（资源节约型和环境友好型）社会建设引领区、发展高端制造研发转化基地和创新创意产业集聚区为目标；东部地区，南京江北新区将功能定位于新型城镇化示范区、自主创新先导区、现代产业集聚区，以及对外开放合作重要平台；东北部地区，哈尔滨新区则作为中俄全面合作重要承载区、东北地区新的经济增长极、老工业基地转型发展示范区和特色国际文化旅游聚集区。可以发现，“新常态”背景下国家级新区的设立更多关注生态环境和资源要素配置、人居环境与城镇化健康发展，以及产业结构向高端转型。国家级新区经济发展动能的“新”就是要将单纯追求经济增长速度的发展模式，转向注重人居环境，促进新兴战略性产业、高新技术产业和高端服务业等高质量增长，带动城市地域功能和服务水平综合提升的发展模式。

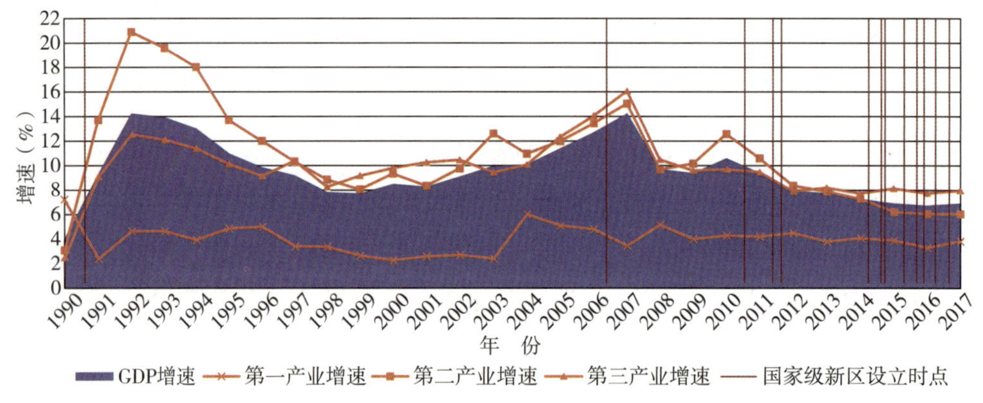

图 2　国家级新区设立时点与国家经济发展速度互动关系①

① 数据来源：国家统计局。

2. 区域层面，国家级新区的增长极效应为区域产业动能转换提供驱动力

按照设立国家级新区的目的，其在产业发展方面对区域起引领与引擎作用。2017年，从河北雄安新区除外的17个国家级新区的生产总值及其生产总值占核心城市的比重来看，尽管差异较大，但仍呈现出明显的增长极效应（图3）。

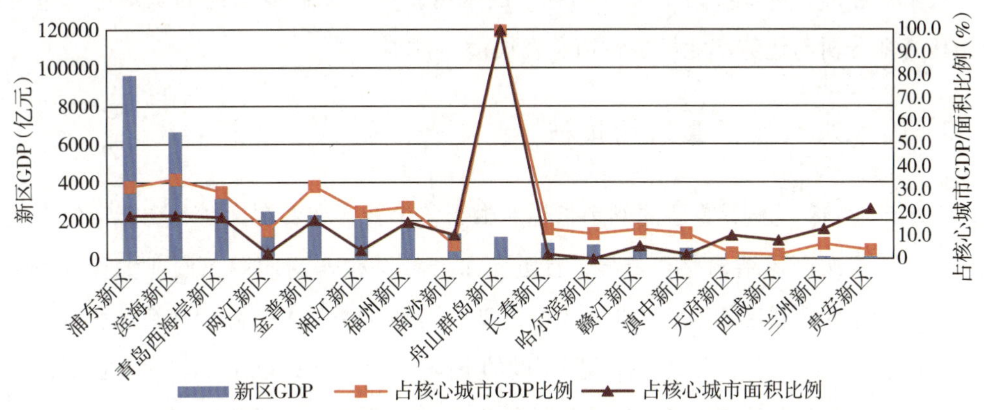

图3　2017年部分国家级新区GDP及其占核心城市GDP与土地面积百分比①

浦东新区与滨海新区的生产总值极化效果明显，分别为9651亿与6654亿元；位于中部和西部内陆地区的西咸新区、兰州新区和贵安新区经济规模较小，均未达到200亿元。新区经济整体呈现出由沿海向内陆经济规模递减、发展水平不一的趋势。南沙新区、天府新区、西咸新区、兰州新区和贵安新区的新区GDP占比低于土地面积占比，经济的增长极效应并不突出，甚至滞后于城市平均水平。其余新区虽然经济规模与浦东新区、滨海新区存在较大差距，但其经济集聚性良好，如长春新区以占据长春市2.4%的土地面积贡献了14%的生产总值，湘江新区以4.1%的土地面积贡献了21%的生产总值。因此，在区域层面，国家级新区仍具有增长极效应，其产业动能转换的先试先行可以为区域整体新旧产业动能转换提供驱动力，并起到示范和带动作用。

① 数据来源：各新区政务网公开的统计数据。

二、国家级新区新旧产业动能的判别

发掘新产业动能，首先需对国家级新区现有产业的特征及发展潜力进行分析，从而根据不同国家级新区的发展现状和特征识别新旧产业动能，避免依照刻板范式发展导致的增长停滞、区域活力下降等问题。国家级新区新旧产业动能的识别过程包含产业结构特征分析与优势产业经济价值及发展潜力判别。

1. 国家级新区产业结构特征

三次产业结构比例是重要的判别指标。由于各个新区在资源禀赋和功能定位上的不同，各新区三次产业结构存在差异，且近年来产业结构普遍向第三产业偏移（图4）。2017年，图中8个新区的第三产业占比相较2014年都明显提升，除湘江新区和贵安新区外其余6个新区第二产业占比均有不同程度的下降。青岛西海岸新区、两江新区和南沙新区已由第二产业占主导的产业结构特征转变为第三产业为主导。滨海新区工业及制造业基础深厚，第二产业仍占主导地位；但在去除过剩产能背景下，滨海新区中心商务区等重点区域商务服务、现代金融、科技研发等现代服务业高速发展，开发园区逐渐向环境友好型、技术密集型现代制造业转型，其第二产业比重正在下降，形成二、三产业并重的产业格局。湘江新区、贵安新区、兰州新区仍处于产业发展初级阶段，其产业结构的变化特征为第一产业向第二、三产业转化，工业化与城镇化正在加速发展。

为进一步说明各国家级新区三次产业的集中性，引入区位商研究方法，对8个新区的三次产业的区位商进行计算，以此判别各产业构成的专业化部门情况。一般而言，区位商大于1，可以认定该产业专业化水平与集中性较强，产业在区域水平上是发展领先且具有扩散效应的。由于贵安新区地域范围横跨贵阳、安顺两市，基于与其他单依托城市的可比性原则，选择贵阳市作为贵安新区的核心城市。根据计算结果可知（表2），除浦东新区外其余新区的第二产业区位商均大于1，兰州西区与贵安新区第二产业的专业化程度尤为明显。第三产业方面，仅有浦东新区与两江新区的区位商大于1。与产业结构结果进行对比，可以发现当前国家级新区产业发展呈现如下特征。

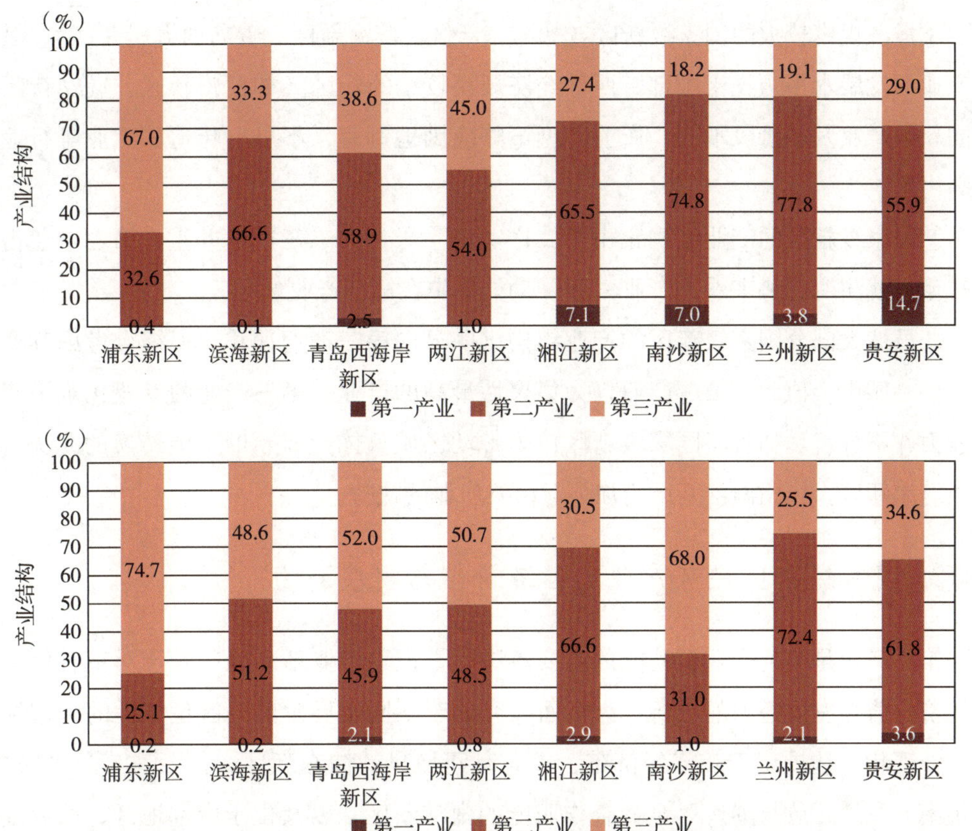

图4　2014 年（上）、2017 年（下）部分新区产业结构特征对比①

表 2　　2017 年部分新区产业区位商②

新区	第一产业	第二产业	第三产业
浦东新区	0. 69	0. 82	***1. 08***
滨海新区	0. 17	***1. 25***	0. 84
青岛西海岸新区	0. 61	***1. 11***	0. 94
两江新区	0. 12	***1. 10***	***1. 03***
湘江新区	0. 80	***1. 40***	0. 62
南沙新区	0. 92	***1. 11***	0. 96
兰州新区	0. 86	***2. 08***	0. 41
贵安新区	0. 86	***1. 59***	0. 61

① 数据来源：各新区政务网公开的统计数据。

② 数据来源：各新区政务网公开的统计数据；上海市、天津市、青岛市、重庆市、长沙市、广州市、兰州市、贵阳市 2017 年社会经济统计公报。基于数据可比性，贵安新区选择贵阳市作为核心依托城市。

①经济规模较大的国家级新区（如浦东新区、滨海新区、青岛西海岸新区），其二三产业的发展水平领先于中部、西部经济规模较小的新区（如兰州新区、贵安新区）。不同新区产业发展阶段不同，产业转型策略应因地制宜，不可一味追求工业等行业的超高占比。

②国家级新区的产业结构正由第二产业为主导，向二三产业并重、第三产业占主导转型，就演变趋势来看，产业“新”动能集中在第三产业。

③虽然大部分国家级新区的产业结构已明显向第三产业偏移，但综合考虑其产值与其核心城市产值后，第二产业仍为集聚性最高的产业，第三产业的专业化水平与辐射能力并不显著。如若将国家级新区作为带动区域整体产业新旧动能转换的龙头，青岛西海岸新区、广州南沙新区应加强对第三产业的扶持。

2. 国家级新区优势产业的经济价值与发展潜力

第三产业是当前产业新动能的主要落脚点，识别产业新动能应基于对现有优势产业经济价值与发展潜力的分析。为全面探究处于不同发展阶段或区位条件的国家级新区产业现状，选择位于长江经济带、成立时间最早的浦东新区，位于珠三角经济带、承担南方对外开放与港澳粤全面合作职能的南沙新区，以及位于中部地区、产业基础较为薄弱的湘江新区。以各行业增长率、人均产值与产值占核心城市比重三个指标为基础对国家级新区产业的经济价值与发展潜力进行识别，结果见表3。产值增长率从行业潜力方面表征该行业的未来预期，人均产值从规模层面表征当前行业的发展体量，而产值占核心城市比重则表征新区的行业发展是否在区域层面位于领先地位。同时，行业指标中加入工业总产值与高新技术产品产值，以体现新区高新技术发展的潜能。

从横向比较来看，同一产业在以上三个国家级新区的发展存在差异。浦东新区的增长率均低于其他新区，其行业发展已趋于成熟，从高增长过渡到稳增长阶段，批发和零售业、金融业及其他服务业的人均产值最高，且总产值、第三产业及细分行业在核心城市中所占比重也为三个新区中最高值，可见浦东新区在第三产业规模上增长极效应明显。湘江新区第二产业的增长率、人均产值与占核心城市比重为最高值；第三产业中住宿和餐饮业、房地产业的发展速度快于浦东新区和南沙新区，“人居”型服务业在湘江新区正呈上升趋势，但第三产业相关行业的人均产值为三新区的最低值，可见湘江新区第三产业仍处于迅速发展的容量扩张初期；同时，湘江新区的工业增加值与高新技术产值表现最优，高新技术增长率达16.2%为南沙新区的3倍，占核心城市比重更是达到41.7%，与浦东新区基本持平，表明湘江新区的发展策略一直以高附加值产品为先，产业结构高级化在新区发展起步阶段已纳入规划。南沙新区的功能定位为生产性服务业的示范区，其交通运输业、仓储业、邮政业和批发零售业增长率为三新区最高值，但各行业占核心城市比重均位于低值区，表明相较浦东新区与湘江新区，南沙新区在区域内无明显龙头地位，其竞争优势仍低于广州市天河区、黄埔区，产业发展仍需引入新动力。

表3　2017年浦东新区、南沙新区与湘江新区产业指标对比①

产业分类	浦东新区			南沙新区			湘江新区		
	增长率（%）	人均产值（万元/人）	占核心城市比重（%）	增长率（%）	人均产值（万元/人）	占核心城市比重（%）	增长率（%）	人均产值（万元/人）	占核心城市比重（%）
新区生产总值	10.6	15.9	31.8	13.8	16.2	6.5	11.2	16.3	23.7
第一产业	-9.4	0.0	22.3	2.1	0.7	***21.7***	-3.0	0.5	17.2
第二产业	-0.9	3.9	27.1	9.1	10.4	14.3	11.0	10.8	32.6
工业	-1.0	3.6	26.4	9.4	9.7	14.7	12.0	9.3	33.7
建筑业	0.6	0.3	20.1	4.5	0.7	9.3	13.7	1.6	27.0
第三产业	15.0	11.9	33.3	28.6	5.1	3.0	12.4	5.0	15.2
交通运输、仓储业、邮政业	8.7	0.5	21.2	***109.8***	0.8	4.5	25.7	0.3	13.5
信息传输、计算机服务和软件业	17.2	1.3	41.9	–	–	–	–	–	–
批发和零售业	8.1	2.5	33.4	18.3	1.3	3.4	18.0	0.6	11.0
住宿和餐饮业	-1.6	0.1	17.7	1.2	0.2	2.9	27.2	0.4	24.4
金融业	16.7	4.4	***50.3***	–	–	–	18.6	0.3	7.8
房地产业	***35.0***	0.9	23.8	10.3	1.0	5.0	44.2	0.9	38.2
其他服务业	14.5	2.3	23.0	27.2	1.3	1.5	–	–	–
工业总产值	0.2	***16.9***	28.6	9.7	***38.8***	14.5	12.0	8.6	31.5
高新技术产品产值	-1.0	5.3	44.3	5.4	19.8	16.1	***16.2***	***29.4***	***41.7***

① 数据来源：各新区政务网公开的统计数据；上海市、广州市、长沙市2017年社会经济统计公报。部分行业缺乏数据，暂未列示。

从纵向比较而言，同一新区在不同行业间发展状况也存在明显差距。浦东新区的行业增长集中在第三产业，且比重持续攀升；信息传输、计算机服务和软件业增加值增幅达17.2%，金融业增幅达到16.7%；房地产业投资规模扩大，增幅达到35%；金融业仍为浦东新区的优势产业，在区域内具有明显的增长极效应与外溢条件。另一方面，新区工业结构优化进程放缓，高新技术产品呈现负增长，慢于整体工业增加值。南沙新区在交通运输行业中增速达到109.8%，为各行业最高；人均工业总产值达38.8万元/人，位于较高水平。但就新区在整个区域中所处地位而言，产值占核心城市比重最高的却是第一产业，新区的产业价值尚未体现。湘江新区中，各行业增长率、人均产值与占核心城市比重三项指标表现最优的为高新技术产业产值，为产业结构优化夯实了基础，发展后劲较强。

综合来看，当前旧动能集中于第二产业，结合区域可持续发展战略方针，诸如能源粗放利用主导的煤炭、石油、天然气工业，以及资源消耗型的钢铁、矿物原材料一次利用的重工业是各新区旧动能转换需要关注的重点；相对应地，以精细化利用的太阳能、核能等新能源工业，以及以可再生工艺、新材料为基础的高新技术工业为各新区因地制宜探索新动能时的落脚点。此外，以互联网+、科技金融等为途径实现的一二三产联动也是推动旧动能转型的有效途径。目前，国家级新区大致处于三个产业发展阶段：①稳增长—大体量—产业领先阶段，如浦东新区已处于工业化中后期，第三产业比重显著提升，产业动能迈向价值链中高端；②高增长—小体量—产业集聚阶段，如湘江新区受制于所处区域的开放程度，产业规模偏小，其侧重于高新技术的产业发展路径表现出加强的后劲，在区域上具有领先优势；③高增长—小体量—产业滞后阶段，如南沙新区具备一定的产业发展潜力，但在区域内其发展位序靠后，尚未成为高端产业的龙头，对高新技术产业与其他新动能的吸引力弱于同区域内其他功能片区。

三、国家级新区产业动能转换的途径

1. 结构调整：发展高新技术产业与战略性新兴产业，加速传统动能进入产品调整期

国家级新区新旧产业动能转换的核心是找到具有稳定发展潜力、处于全球价值链

中高端的新动能，主要包含两个方面。

一是全新业态的发现与创新。技术的进步和普及带来了人们生产组织形式和商业运作模式的深刻变革，催生了诸多新型产业组织和新兴业态，经济发展的新动能可以从新型生产方式和新兴业态中寻找和拓展。当前，新区对高新科技的引入呈政策利好态势，以互联网、大数据、人工智能为代表的新一代信息技术，以3D打印、新材料为代表的智能化生产技术，以可再生能源为代表的新兴能源技术，可作为新区的创新驱动力，催生新兴产业。移动互联网与大数据是我国制造业产业升级的必备技能。西咸新区沣西新城的信息产业园集聚了微软、中国联通、中国电信、中国移动、广电网络等运营企业，吸引了未来国际、中国软件、巅峰软件等上下游配套企业，云计算产业已初步形成集群效应。贵安新区作为国家大数据综合试验区，功能定位落脚于大数据与实体经济的深度融合，华为、苹果、腾讯、微软、IBM、浪潮等大型企业相继落位，形成了一定的磁场效应，一系列大数据资产运营平台——贝格大数据小镇、数据宝平台、FAST数据处理中心等进一步助推大数据+产业深度融合。同时，新业态的引入不宜盲目，要与新区区位与发展战略相协调。例如，浦东新区作为长三角经济带发展的经济中心，新业态的特点为“轻”固定资产、产业边界融合和小企业三大特征，多为电子商务与文化创意产业的发展；滨海新区依托良好工业基础，近年来在智能网联汽车、无人机等新型智能终端方面企业活力较强；两江新区作为全国汽车生产基地与笔记本生产基地，继续巩固数字经济优势，以京东方、莱宝、奥特斯、康宁等企业为代表，实现在集成电路、显示面板、智能终端、核心配套等多领域的新兴技术企业布局。

二是传统产业动能的改造与提升。培育新兴产业，与传统产业改造升级两者不能对立，需有机结合。传统产业通过改造升级以后也可重构为新动能，而新业态也需不断发展壮大的高新技术产业来保障。当前，传统动能的重构与转型仍以制造业为主，制造业的创新可以快速推进国民经济动能的整体转换，占据全球产业链的中高端地位。传统产业的转型基于新区主导产业的识别，可以通过主导产业占工业总增加值的比重与其增速分别衡量该产业发展的规模与潜力。以浦东新区为例，新区工业企业种类多样，确立了“三大三新”战略性新兴产业制造业，分别为电子信息产品制造业、汽车制造业、成套设备制造业三大主导产业，以及生物医药业、航天航空业余新能源三大新兴产业，2012年至2016年发展情况如表4所示。一方面，“三大”产业中电子信息产品制造业继续维持产值最大份额，但增长难以实现强力上扬；汽车制造业的发展增速波动较大，处于产品转型的震荡期，围绕重点龙头企业上汽通用、上汽乘用车的产业集聚与产业发展方向逐渐清晰。通过金桥、张江、临港、外高桥等园区的协同，浦东汽车制造正在向电动化、智能化、互联化演进，实现汽车行业生产组织结构与产业结构的优化提升；成套设备制造业受国际经济低迷与产能过剩影响，近年来发展疲软，需寻求新的消费动力。另一方面，“三新”产业虽占比处于低位，但增长较快，尤其是航天航空业经历了2015年下滑后继续维持两位数增长态势，生物医药制造业在三大新兴产业中占比最高，逐步形成以药明康德、睿智化学、国家新药安评中心等为龙头企业的全周期研发产业链；新能源产业增长不明显，2014至2015年呈下降趋势，太阳能、核能、风能、和智能电网等重点发展产业的市场仍较为有限。整体来看，在经济创新驱动效果凸显的同时，浦东新区重点行业工业总产值小幅下降，战略性新兴产业发展呈低位运行态势。产业新动能的激发应着力于产业联动，形成互补互助、相互促进的发展格局，推动支柱产业和潜力产业集群发展，在保持研发活力的同时，探索新的消费空间，实现产能的持续创造与稳定输出。

表4　　上海浦东新区三大三新产业发展情况①

主导产业		2012年		2013年		2014年		2015年		2016年	
		占比（%）	增速（%）	占比（%）	增速（%）	占比（%）	增速（%）	占比（%）	增速（%）	占比（%）	增速（%）
三大产业	电子信息产品制造业	28.54	6.30	26.71	-6.89	25.95	-1.61	27.59	5.90	27.41	-0.48
	汽车制造业	13.86	-10.16	15.02	7.79	16.42	10.71	15.58	-5.47	18.26	17.41
	成套设备制造业	11.31	-6.04	11.15	-1.93	12.01	9.14	12.59	4.39	12.33	-1.87
三新产业	生物医药	3.35	11.09	4.19	24.57	4.34	4.83	4.30	-1.21	4.42	2.95
	航天航空	0.08	80.28	0.12	41.57	0.13	9.09	0.10	-20.83	0.13	25.37
	新能源	0.86	55.39	1.00	15.61	0.98	-0.43	1.04	4.77	0.93	-10.17

① 数据来源：浦东新区统计年鉴（2017）。

2. 多产业协同：规避单一产业动能，部署多专项功能区以提供产业创新环境

新经济增长理论指出，知识溢出源于知识的外部性特征，其中波特外部性显示同一产业集聚产生的区域竞争对区域创新与区域增长的作用，雅各布外部性则阐明了不同产业空间集聚产生的互惠影响。对于国家级新区，单一化的产业动能不利于产业创新，新区应成为多种国家战略和专项先行先试的叠加区域。当前，除雄安新区外的17个新区中，有5个新区被赋予国家综合配套改革试验的先导区，有7个新区包含有或正在建设保税区等海关特殊监管区，上海浦东、天津滨海、重庆两江、广州南沙、大连金普新区均为自由贸易试验区的核心片区，各新区均设立国家级或省级开发区以为产业集聚提供优惠政策与创新环境（表5）。

表5　国家级新区重点产业开发区

序号	新区名称	重点开发区
1	上海浦东新区	上海自由贸易试验区（陆家嘴金融贸易区；金桥经济技术开发区；南汇工业园区；张江高科技园区；康桥工业开发区；国际医学园区；外高桥保税区；洋山保税港区；临港产业区）
2	天津滨海新区	经济技术开发区；天津港保税区；滨海高新区；东疆保税港区；中新天津生态城
3	重庆两江新区	中国（重庆）自贸试验区核心区
4	浙江舟山新区	浙江舟山高新技术产业园区、舟山港综合保税区
5	兰州新区	综合保税区
6	广州南沙新区	中国（广东）自贸试验区广州南沙新区片区；保税港区
7	陕西西咸新区	国际文化教育园区
8	贵州贵安新区	综合保税区；全国大数据产业园区
9	青岛西海岸新区	青岛经济技术开发区、保税港区、出口加工区、中德生态园、青岛新技术产业开发试验区
10	大连金普新区	中国（辽宁）自由贸易试验区大连片区
11	四川天府新区	成都高新技术产业开发区；成都经济技术开发区；成都临空经济示范区；彭山经济开发区；仁寿视高经济开发区
12	湖南湘江新区	长沙高新技术开发区；宁乡经济技术开发区；望城经济技术开发区；岳麓产业园；宁乡高新技术产业开发区

续表

序号	新区名称	重点开发区
13	南京江北新区	南京高新技术产业开发区；南京化工园；浦口经济开发区；六合经济开发区；海峡两岸科技工业园区；紫金科创特别社区
14	云南滇中新区	嵩明杨林经济技术开发区；昆明空港经济区；安宁工业园区；安宁太平新城；崇明职教基地；安宁职业教育基地
15	哈尔滨新区	综合保税区；内陆港
16	长春新区	长春高新区；北湖科技开发区；常德经济开发区；空港经济开发区
17	江西赣江新区	国家南昌经济技术开发区；南昌临空经济区；永修云山经济开发区

复合型功能区组合为产业新动能起到培育与扶持作用，重点开发片区在产业政策、土地政策和金融政策的倾斜下应着力于发展在全球产业链中位于高值区的差异化产品。例如，保税片区在贸易、航运物流、加工制造等传统动能平稳发展的同时部署相应租赁产业、科技研发、技术培训等技术服务业以实现多产业联动，提升对外出口的竞争能力；中央商务区与金融片区需重视金融科技、互联网金融等新增长点，搭建企业融资平台，对接多产业融资，以实现金融业对实体经济动能的扶持作用；工业园区、高新技术开发区要抓住与诸如“一带一路”沿线国家或地区的国际产能合作，基于对新区优势产能不同的需求和承接能力，针对新区所处区域资源禀赋的比较优势进行动能转换。

3. 创新驱动：构建产业新动能的高活力与新区自主创新之间的双向强化链条

创新资源的密集、创新活动的活跃是区域产业得以可持续散发经济活力的基础。国家级新区在人才引进培育政策的倾斜下，人才创新发展平台的搭建与创业服务体系的建设都具有其他产业园区无法比拟的优势，促使高附加值产业与高潜力朝阳产业有向新区流动的吸引力。因此，无论是维持新区产业活力，还是推动区域经济动能转换，提升新区内生创新能力都是新区发展的核心任务。

一方面，要完善技术人才的培育机制。对创新型技术人才要解决人才服务问题，如滨海新区的“团队＋项目”经费补助计划，青岛西海岸新区的安家补贴等。同时，要建立起高新技术发展的全方位支持服务体系，吸引和鼓励社会资本、民营资本等共同推进科技研发、企业孵化和众创空间建设。

另一方面，应加大创新资源投入与创新活动支持力度。作为国家高新技术产业的集聚区，国家级新区应是科技研发活动最为活跃的区域。2016 年，湘江新区、两江新区、浦东新区的 R&D 科技研发支出占新区 GDP 的比重大于其核心城市的 R&D 水平，上述新区高新技术产值增速与其占工业增加值的比重也较大，新区科研活动密集、创新强度较高、创新成果也较为丰硕；滨海新区与南沙新区的 R&D 支出占 GDP 比例低于核心城市水平，新区的科研能力滞后于城市，宜加大应用型科研机构、研发中心、国家实验室等创新载体的建设力度，鼓励和强化企业学术创新，联合高等院校等开展对诸如航空航天、新能源、生物医药等战略性新兴产业核心技术的突破。

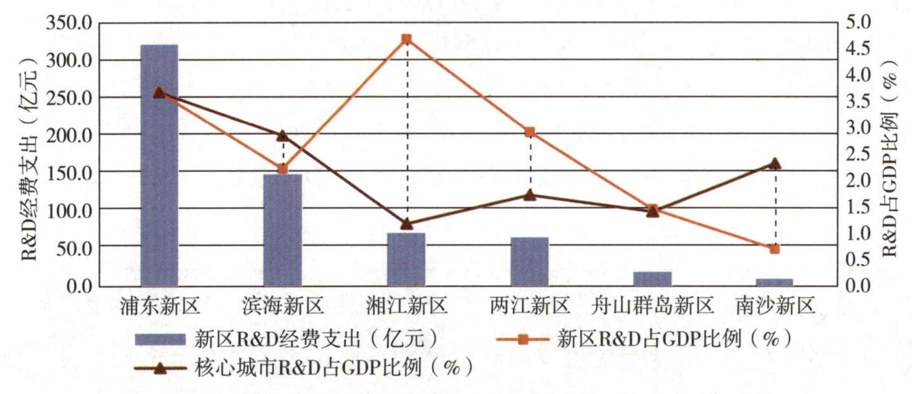

图 5　2016 年部分新区 R&D 经费支出及其占 GDP 比例①

综合上述分析，国家级新区产业新动能重在培育，而非单纯引进，产业新动能的识别需基于现有区位条件、战略部署与主导产业的经济价值与潜力。旧动能在产业特征上表现为高耗能、高污染与低增速的重型工业；在产权特征上表现为人为干预、不符合市场配置的国有企业。煤炭、石油、天然气等能源工业，以纺织、服装、家具等初加工为基础的制造业，以及粗钢等粗放利用的重型冶炼工业是旧动能的集中产业，这些在新常态前支持中国经济增长的资源密集型和劳动密集型产业目前优势已不再。通过供给侧改革，新动能应落足于包括新能源、新材料、生物医药、互联网等高附加值的新产业，也包含通过生产工艺网络化、智能化与生产模式可深层循环等技术升级

① 数据来源：各新区政务网公开的统计数据。

实现对传统工业赋予新经济活力。产业新旧动能转换要以质量效益为目标，注重产业结构调整，提高技术水平和附加值率与国际分工地位。产业集聚要基于产业协同和多产业交叉服务，规避粗放式企业集聚带来的用地压力和单一产业功能。在创新层面，为增强学习效应和集体效率，新区建设应构建创新型企业和科技人才等主体间的合作关系，搭建科技创新服务平台以实现知识共享，形成产业集聚与创新驱动的正反馈网络，带动新区与整个区域的产业升级。

参考文献

[1] 王佳宁，罗重谱. 国家级新区管理体制与功能区实态及其战略取向. 改革，2012（03）

[2] 冯长春，曾赞荣，崔娜娜. 2000 年以来中国区域经济差异的时空演变. 地理研究，2015（02）

[3] 谢广靖，石郁萌. 国家级新区发展的再认识. 城市规划，2016（05）

[4] 张晓宁，金桢栋. 产业优化、效率变革与国家级新区发展的新动能培育. 改革，2018（02）

[5] 冯奎主编. 中国新城新区发展报告：2017. 北京：企业管理出版社，2017

[6] 周小平，徐美芳主编. 浦东新区蓝皮书：上海浦东经济发展报告（2018）. 北京：社会科学文献出版社，2018

冯长春，北京大学城市与环境学院城市与经济地理系、城市与区域规划系教授、博士生导师，北京大学首都发展研究院副院长，北京大学未来城市研究中心副主任、未来城市实验室主任，北京大学不动产研究鉴定中心主任，北京大学城市规划设计中心副主任，国土资源部国土规划与开发重点实验室主任；李佳鸣，北京大学城市与环境学院硕士研究生。

文化创意产业驱动国家级新区发展研究

周继洋

文化创意产业具备的高附加值、强融合性、资源消耗低等特征，使其在后工业时代脱颖而出，成为驱动城市发展的新动能，发达国家和地区重视发展文化创意产业，并成功地刺激了当地经济发展，提升了城市形象。我国国家级新区已达19个，新区发展文化创意产业已成共识，但在发展现状上有较大差异，整体上存在发展定位不清晰、政策支持力度不足及发展同质化严重等问题。上海浦东新区是批复成立最早，也是文化创意产业发展情况最好的国家级新区，发展经验值得其他国家级新区借鉴。各国家级新区应该在结合本地实际情况的基础上，因地制宜制定文化创意产业发展战略，助推文化创意产业成为支柱产业，成为国家级新区发展的新动能。

一、国家级新区文化创意产业发展现状

截至2017年4月，我国共设立19个国家级新区，2014年和2015年是国家级新区批复密集期，各有5个国家级新区陆续成立，被誉为千年大计的雄安新区则是目前我国获批的最后一个国家级新区。2016年，全国19个国家级新区实现地区生产总值约4

万亿元，以占全国0.2%左右的人口和面积，创造了占全国5.4%经济总量，成为国民经济发展的重要引擎。

表1　　我国国家级新区基本情况表

序号	新区名称	获批时间	主体城市	面积（平方千米）
1	浦东新区	1992.10	上海	1210.41
2	滨海新区	2006.05	天津	2270
3	两江新区	2010.05	重庆	1200
4	舟山群岛新区	2011.06	浙江舟山	陆地1440，海域20800
5	兰州新区	2012.08	甘肃兰州	1700
6	南沙新区	2012.09	广东广州	803
7	西咸新区	2014.01	陕西西安、咸阳	882
8	贵安新区	2014.01	贵州贵阳、安顺	1795
9	西海岸新区	2014.06	山东青岛	陆地2096，海域5000
10	金普新区	2014.06	辽宁大连	2299
11	天府新区	2014.10	四川成都、眉山	1578
12	湘江新区	2015.04	湖南长沙	490
13	江北新区	2015.06	江苏南京	2451
14	福州新区	2015.08	福建福州	1892
15	滇中新区	2015.09	云南昆明	482
16	哈尔滨新区	2015.12	黑龙江哈尔滨	493
17	长春新区	2016.02	吉林长春	499
18	赣江新区	2016.06	江西南昌、九江	465
19	雄安新区	2017.04	河北保定	起步区约100，发展期约200

资料来源：根据资料整理。

19个国家级新区批复成立时间长短不同，文化创意产业发展现状差异巨大，可大致分为三类，分别是文化创意产业发展已成规模的国家级新区、文化创意产业发展有一定基础和规划的国家级新区以及文化创意产业发展基础较差和尚无明确规划的国家级新区。

1. 文化创意产业发展已成规模的国家级新区

上海浦东新区文化创意产业发展起步较早，也是目前国家级新区中文化创意产业发展成绩最好的区域。经过二十多年的发展，浦东新区依托产业、区位、体制和政策等优势，构建了较为完整的文化创意产业链和文化创意产业发展体系，初步形成以数字出版、网络游戏、动漫、新媒体等为主的新兴文化创意产业，2017 年增加值历史性突破千亿元，达 1056.03 亿元，文创园区总数达到 35 家。2018 年，浦东新区将加快推进上海大歌剧院等一批重大文化设施建设，着力推进电竞之都和度假区国际影视基地建设，进一步提升浦东文创企业的竞争力、影响力、辐射力和带动力。

天津滨海新区已初步形成了影视动漫、设计创意、广告会展、数字传媒、互联网应用、文化旅游、文化用品制造等主导产业，吸引 5000 多家文化企业聚集，其中资产过 10 亿的文化创意类公司 17 家、国家文化产业示范基地 6 家，天津环球磁卡股份有限公司在上交所上市、58 同城在纽交所上市。同时，滨海新区“一区多园”产业总体布局趋于完善，滨海新区国家级文化和科技融合示范基地、国家动漫产业综合示范园、中国天津 3D 影视创意园区、国家影视网络动漫实验园、国家数字出版基地、中国旅游产业园、滨海国家级广告产业实验园、国家海洋博物馆 8 个国家级园区，基地不断壮大。①

2. 文化创意产业发展有一定基础和规划的国家级新区

重庆两江新区重点发展影视产业和文化旅游产业，打造两江国际影视城，目前已引入重庆金山文化创意产业园、重庆华侨城大型文化旅游综合体、重庆创意公园创意集市、华谊兄弟电影小镇等文化项目。其中重庆金山文化创意产业园将打造创意设计、文化艺术、观光休闲和创业平台。重庆创意公园作为重庆唯一的国家级广告产业试点园区，创意集市样板区已经亮相，将最终被打造成以文化创意产业聚集为核心，集文化艺术体验、主题创意商业、新媒体创意办公于一身的先锋文创产业基地。两江新区正在成长为重庆新的文化地标。

舟山群岛新区作为首个国家级海洋新区，提出要把海洋文创产业做成舟山第一支柱产业，使舟山成为中国海洋文化创意产业高地及世界顶级海洋文创城市。目前舟山共有各类海洋文化企业 1000 余家，海洋文化创意产业及相关产业增加值已占 GDP 总量

---

① “文化产业将成天津滨海新区支柱产业”，《中国经济网》，http：//www.ce.cn/culture/gd/201706/01/t20170601_23368366.shtml，2017 年 6 月 1 日。

的3.8%，文化创意产业已初具规模。

广州南沙新区2016年编制《南沙新区“十三五”文化产业发展专项规划》，从产业链角度明确了南沙新区文化产业的总体目标和重点任务，提出重点发展文化贸易、创意设计、文化旅游、影视、数字内容、演艺娱乐、出版印刷、创业文化等产业。羊城晚报集团与南沙新区合作，在南沙新区打造榄核文创小镇、国际文创传播中心、羊城创意产业园及生态旅游文化产业园。

西咸新区提出打造历史文化旅游、文化创意为主导的千亿级文化旅游产业集群的目标，陆续开放茯茶小镇、诗经里小镇、昆明池、乐华城文化发展空间，区内秦汉新城努力成为中国文化创意产业服务外包创新示范区。2017年成立文化创意产业协会，并由西咸文旅集团携手西咸金控集团共同发起设立西咸新区第一支文化创意产业引导基金——“西咸新区文化创意产业双创投资基金”，首期规模1亿元。2018年西咸新区发布首个支持文创产业发展的政策性文件《西咸新区文化创意产业发展的奖补政策》。批复成立时间虽不长，但西咸新区发展文化创意产业的决心不容小觑。

西海岸新区持续实施文化引领战略，重点发展影视文化产业、美术创意产业和数字文化产业，打造“啤酒之城、影视之都、音乐之岛、会展之心”四张国际名片。据统计，截至目前，西海岸新区文化创意企业达3000余家，从业人员7万余人，企业主营业务收入超千亿元；引进和培育总投资超过3000亿元的63个亿元以上重点文化项目；集聚市级以上重点文化产业项目40余个，其中国家级重点项目3个，省级重点园区（基地）、项目（企业）8个。①

金普新区高度重视文化产业的重要战略地位，相继出台《大连金普新区文化产业“十三五”发展规划》《金普新区关于进一步加快文化产业发展实施意见》等政策文件，提出到2020年实现文化产业GDP占全区GDP达到5%以上的目标。文化产业发展以文化休闲、文博会展和数字娱乐三大产业为主，并大力支持创意设计、艺术品展示与交易、文化装备制造和文化生产服务产业发展，形成“三主四新”产业发展格局。

---

① “西海岸新区振兴文化软实力打造四张国际城市新名片”，《青岛新闻网》，http://news.qingdaonews.com/qingdao/2018-06/16/content_20164435.htm，2018年6月16日。

3. 文化创意产业发展基础较差及尚无明确规划的国家级新区

兰州新区提出到2020年将建成文化特色鲜明的多类型文化产业集聚区，文化产业增加值占GDP比重上升到5%的发展目标。目前在“一带一路”国家战略的的历史机遇下，虽有丝绸之路文化遗产博览园、国际文商旅综合生态产业园，奥特莱斯商业广场，绿地金融智慧城，嘉年华、蓝天城职业体验教育中心等一批重大的文化旅游业态在引进、洽谈中，但具体落地实施尚需时日，因项目工程浩大，本身存在着巨大的不确定性因素。

贵安新区文化创意产业发展尚无明确规划，已有的贵安国际数字文化产业园是一个大数据产业综合体，采用“文化 + 科技 + 电商”产业融合发展模式，致力于打造一个大数据之下的数字文化全产业链平台。另根据资料显示，贵安新区花溪大学城将新增一个文化创意产业园开发项目，产业类别包括文化旅游业，产业园区项目，民族特色文化产业等。

2015年成都市天府新区文化创意产业行业协会成立，天府新区将大力发展创意设计、数字媒体、数字出版等文化业态，形成符合时代新潮流并具有天府新区特色的“经营、生产、服务、运作”模式。2017年中意文化创新园区落户天府新区南部文创产业园区，集中打造文化旅游板块、特色小镇板块、文化产业板块、体育赛训板块和现代都市农业板块五大功能区。

2016年《关于省市共同推进福州新区文化产业加快发展的实施方案》出台，提出福州新区将重点布局文化旅游、动漫游戏、影视传媒、文化会展、创意工业五大文化产业，力争到“十三五”末期产业增加值达到150亿元，并争取到2020年培育出5家总资产超过30亿元的文化龙头企业。

2015年及以后批复成立的湘江新区、江北新区、滇中新区、哈尔滨新区、长春新区、赣江新区由于成立时间较短，对文化创意产业的重视程度不够等原因，目前尚未出台促进文化创意产业发展的具体规划，文化创意产业发展的具体方向和路径皆不明晰。

二、国家级新区文化创意产业发展特点与存在的问题

1. 国家级新区文化创意产业发展的特点

国家级新区文化创意产业发展呈现出以下三大特点。

①不同国家级新区文化创意产业发展呈现出巨大的差异。上海浦东新区和天津滨海新区这两个成立时间最长的新区文化创意产业无论是在发展规划还是在发展规模上都处于遥遥领先的地位。而2015年以后批复的滇中新区、赣江新区等国家级新区文化创意产业发展几乎是一片空白。

②文化创意产业的发展与主体城市的经济发展水平密切相关。一般来说，经济越发达的城市给新区发展的带动辐射力就越强，文化创意类企业无论在数量或是体量上都更具竞争力。浦东新区、滨海新区、两江新区、南沙新区、西咸新区、西海岸新区、金普新区的主体城市分别是上海、天津、重庆、广州、西安、青岛、大连，其中上海、天津、重庆是直辖市，广州和西安位列国家中心城市，大连和青岛均为计划单列市，经济实力雄厚。

③中西部国家级新区文化创意产业发展模式单一。如兰州新区、贵安新区等，虽提出发展文化创意产业的口号，但实际上引进文化旅游综合体项目重心都在旅游地产上，以文创之名行圈地之实，文化产业发展规模及能级都有巨大提升空间。

2. 国家级新区文化创意产业发展存在的问题

19个国家级新区文化创意产业发展的现状暴露出一些普遍存在的问题，具体可归纳为以下三点。

①产业定位不清晰。除浦东新区、滨海新区文化创意产业因起步早，已形成一定产业规模，并根据自身区位特点因地制宜制定了优势文化创意产业发展的规划外，绝大部分国家级新区在文化创意产业发展上没有形成清晰的产业定位。受经济发展规律和国家政策影响，文化创意产业近些年热度大增，已成为高附加值产业和绿色产业的

典型代表，成为提升居民幸福感和促进文化消费提振内需的重要手段，但新区政府往往忽略了文化创意产业丰富的内涵外延，只是喊口号式地提出促进文化创意产业发展，在细分领域的选择上却缺乏周密的考虑，未能与当地目前优势资源及未来城市发展方向统筹起来考虑。脱离区域发展实际的文化创意产业发展规划只能停留在表面，无法真正整合现有资源，带动经济发展，进一步为新区发展提亮增色。

②政策支持力度不够。文化创意产业培育周期较长，且作为新兴产业，其发展的土壤还不够深厚，需要政府补充养分。目前绝大多数国家级新区在尚未搞清楚文化创意产业发展的内涵时，没有意识也没有能力出台真正对文化创意产业发展起推动作用的政策，已出台的政策离真正落到实处尚需时日，且政策执行过程中存在巨大的不确定性。新区政府普遍缺乏对国家相关政策的系统性研究，缺乏配套的规范措施，无法真正与国家战略衔接起来。

③文化创意产业发展同质化严重。文化创意产业不是无源之水无本之木，其发展壮大必然是基于现有资源特色基础上的文化创意再开发。但目前国家级新区文化创意产业同质化严重，且核心文化创意产业份额占比较小。把原有产业进行简单包装后贴上创意标签的做法在文化创意产业园区较为普遍，且文化创意产业园区供大于求的现状比比皆是，存在大量跟风上马的文化项目。离开了以当地特色资源为依托的文化产业发展必然流于表面，无法有效拉动经济增长，刺激经济繁荣。

三、浦东新区文化创意产业发展经验总结

文化创意产业早已成为浦东的支柱产业。2017 年浦东文化创意产业实现了历史性地增长，在数字文化产业和休闲娱乐等行业强劲发展带动下，文化创意产业所有门类都实现了增长，增幅由 2016 年的 2.6% 迅速增加至 19.9%，增加值历史性突破千亿元，达 1056.03 亿元[①]。浦东文化创意产业发展成绩令人瞩目，浦东文化创意产业发展从无到有，从有到强的经验值得所有国家级新区借鉴。

---

① “数字文化产业等发力，浦东文创结束四年低增长”，《澎湃新闻》，https：//www.thepaper.cn/newsDetail_forward_2097246，2018 年 4 月 16 日。

1. 引入龙头企业，形成产业生态链

数据显示，2017 年，浦东新区文化创意产业规模以上企业增长较快，全年营业收入达 3615.62 亿元，增长 14%。规模以上企业尤其是龙头企业对文化创意产业发展带动作用非常明显，浦东新区重点扶持的数字文化产业在阅文、B 站、喜马拉雅 FM 等龙头企业拉动下，迅速形成了新的产业生态链，相关企业营收连续翻倍增长，数字文化产业在基数较大（约占全区 40%）的情况下也实现了 18% 的快速增长，取得了高达 43.4% 的行业平均利润率①。

龙头企业对浦东新区文化创意产业发展而言象征意义与实际意义都非常大，全产业链上的上下游企业因龙头企业而集聚，更好地提高了生产效率，并形成规模效应，从而降低成本。2016 年，喜马拉雅 FM 发起国内首个内容消费节——“123 知识狂欢节”，24 小时销售额超过 5000 万元。2017 年第二届“123 知识狂欢节”72 小时销售额高达 1.96 亿元，2017 年销售总额达 8 亿人民币，是移动互联网领域成长最快的企业之一。2017 年 11 月 8 日，阅文集团在香港上市，主打正版数字阅读平台和文学 IP 培育平台的阅文集团，实现营业收入同比 92.5% 的增长速度，创下 19 亿元新高。通过联动全产业链，打造泛娱乐文化品牌，阅文集团旗下优秀文学作品实现 IP 改编运作，打造出电影、电视剧、动画、漫画、舞台剧等多种文艺形态。

2. 打造文创园区，形成产业集群

2017 年，浦东新区文创集聚区呈高速发展态势，面积大于 8000 平方米的文创园区 2017 年猛增 15 家，总数达到 35 家。浦东新区已形成陆家嘴、外高桥、张江、金桥、临港、迪士尼乐园、前滩共七个核心文化创意产业集聚区，分别聚焦不同文化创意产业领域进行差异化发展，整体带动了浦东文化创意产业的腾飞。

张江文化创意产业园区作为第一批国家文化产业示范基地，累计入驻企业近 500 家，其中包括阅文集团、B 站、盛大游戏、WiFi 万能钥匙、喜马拉雅等独角兽企业。

---

① “数字文化产业等发力，浦东文创结束四年低增长”，《澎湃新闻》，https：//www.thepaper.cn/newsDetail_forward_2097246，2018 年 4 月 16 日。

经过数年的努力，张江文化创意产业园区已逐步成为全国知名度和集约程度最高的文化创意产业园区之一。2017 年张江文创规模占全区比重超过四成，实现营业收入 1563 亿元，增长 13.4%，占新区文创产业比重达 43%。张江文控编撰的《2017 张江文化创意产业园区发展报告》指出，园区文化创意产业集群式发展模式体现了强劲的创新活力，实现了以 IP 为核心的网络文学、视听、游戏、动漫及周边多元产品全产业链融合；人工智能、VR/AR 等先进技术与文化内容融合；手机、电脑、智能终端等多媒体媒介融合；产业、技术、平台的跨界融合。2017 年张江文创园区文化与科技融合产业再创新高，全年营业收入达 489 亿元，连续 5 年复合增长率大于 18%；形成了数字出版、文化装备、动漫游戏影视、数字创意技术四大产业集群。

3. 大力吸引文创人才

早在 1995 年，浦东就推出针对国际人才的“五不限”的政策，即不限户籍、不限年龄、不限资历、不限企业属性、不限职称，成功引进一批高级人才。2008 年，再次出台《浦东新区人才户籍引进实施办法》，为特殊人才优先办理上海户籍，并开始实施人才安居工程，建设设施齐全的各类人才公寓。从“十二五”开始，浦东新区开始探索建设“浦东国际人才创新试验区”，以“海外高层次人才创新创业基地”为载体，先行先试有关人才引进、培养、使用的新政策、新机制。2018 年出台《浦东新区关于支持人才创新创业促进人才发展的若干意见》，提出到 2020 年使浦东成为全球高峰人才集聚、海内外人才交流融合、创新活力竞相迸发的国际人才高地的目标。意见明确，在文化创意、人工智能和大数据等领域的独角兽创业团队，均可享受浦东“百人计划”政策及定制化扶持政策。除制定人才政策，破除吸引人才的体制机制障碍外，浦东新区还大力引进名家，并为入驻名家开展学术文化研究和创作项目提供平台支撑。首批已引进陈钢、刘诗昆、葛剑雄、周国平、易中天、叶辛、何建明、张维为、陈琪、郎朗等十位文化艺术名家。

4. 持续出台扶持政策

浦东新区文化创意产业的发展离不开政府的扶持，早在 2005 年，新区政府颁布《浦东新区扶持文化发展的若干意见（试行）》，并颁发《上海市文化科技创意产业基地文化科技创意企业（机构）认定办法（试行）》《浦东新区张江文化科技创意产业发展基金管理办法（试行）》，重点扶持张江文化科技创意产业基地。之后陆续出台《浦东新区文化创意产业“十二五”规划》《浦东新区文化创意产业发展专项资金使用实施细则》等，通过发展方向引导、发展资金扶持等方式支持文化创意产业发展。2018年浦东新区还在全市范围内率先制定“上海文化”品牌专项行动方案，相继推出了“15亿+15亿”文化事业、产业专项资金，用于扶持文化重点项目。

5. 着力提高政府服务水平

在出台对文化创意产业利好的政策之后，浦东新区还着力改善营商环境，提高政府服务水平，为文创产业提供更宽松、优质的发展环境。近年来浦东率先试点的“证照分离”改革，为相关企业的业务发展进一步松绑。文广与新闻领域共涉及的9个行政审批改革事项，有1项取消、4项实行告知承诺、2项实行备案、2项提高透明度和可预期性，为文创企业发展提供了更优的软环境。如今，在浦东开办一家影院，只要在网上备案就能轻松拿到许可证，这些“松绑”的举措，极大地激发了文化创意产业的活力。

有研究表明，人类社会是沿着“农业社会—工业社会—后工业化社会”的轨道加速前行的。一座城市要迈入后工业化时代，经济就必须经历“发展工业—发展现代服务业—发展文化创意产业”三个阶段，文化创意产业发展至关重要。国家级新区作为承担国家重大发展和改革开放战略任务的综合功能区，必须要在文化创意产业发展方面有所作为，成为本市、本省乃至全国的发展标杆，形成系列可复制可推广的经验供其他地区参考。文化创意产业本身作为新兴产业，具有广阔的市场前景和巨大的发展空间，各国家级新区应充分吸收、利用浦东新区的发展经验，结合自身资源禀赋，制定符合本区特色的文化产业发展战略。湘江新区、西咸新区、滇中新区应充分利用长沙市、西安高新技术开发区、昆明市成为第一批国家文化出口基地的优势，培育一批具有较强竞争力的文化企业，带动文化贸易乃至文化产业繁荣发展。

周继洋，就职于上海市发展改革研究院，研究方向主要为文化产业、城市文化。

智慧新城新区发展趋势研究

杨 滔

一、智慧新城新区国内发展趋势

1. 发展建设现状

截至2015年9月，全国95%的副省级以上城市、76%的地级以上城市，总计约500多个城市提出或在建智慧城市。智慧城市成为“十三五”时期投资建设的重点领域，在相关信息化领域估计将达到两万亿的市场规模。目前智慧城市重点在信息化基础设施建设，政务管理、便民服务等应用服务方面都取得了较好成绩，北京、上海、深圳、宁波等城市的整体智慧城市解决方案也走在全国前列。

智慧城市的技术标准体系逐步完善。在国家标准化管理委员会和国家发改委的指导与协调下，多个部委联合推进智慧城市标准化工作，并取得了重要成果。当前智慧城市涉及的顶层设计框架、支撑技术与平台、基础设施、建设与宜居、管理与服务、产业与经济、安全与保障等七个类别的标准都逐步完成。2015年底，国家标准化管理委员会正式立项开展标准研制的智慧城市标准有15项。

网络提速与各类城市数据中心建设为智慧新城新区发展奠定坚实基础。截至2015

年9月，我国光缆总长度超过970万公里，互联网宽带接入端口数量达4.7亿个，20Mbps及以上宽带用户总数占宽带用户总数的比重达25.3%，这些都为智慧城市发展奠定了良好基础。以公共WIFI为媒介的数字交换节点持续增加，城市覆盖显著提升，WiFi成为医院、车站、机场、景区、酒店等场所的重点网络建设项目，为公众获取出行信息、景区导航、商务办公提供了极大便利。近年来，数据中心快速发展，成为承载智慧城市各类计算资源的主要容器。区域性数据中心成为智慧城市集约化建设的有力抓手。

当前智慧新城新区的大数据应用市场呈现爆发式增长。大数据在各垂直领域的应用和运营成为新经济增长点，尤其是在智慧交通、智慧安防、智慧医疗等方面是当前应用服务的重点。

2. 存在的主要问题

从过去的实践来看，我国的智慧新城新区建设强调更多的是实现智慧的技术手段，忽略了智慧城市的本质是城市管理治理的本质；同时强调了单个城市的智慧建设，忽略了区域、城镇群的智慧规划的调控管治；重视硬件设施投入，但缺少应用服务系统的整体架构；重视顶层设计架构，但是对于实施项目落地的技术标准、建设方案研究不足，如与生态城市、人文城市、宜居城市等相关技术标准的结合有待进一步加强；对于各部门间的信息孤岛局面改善不够，与此同时社会资本参与建设和运营的渠道、机制和水平有待提高；城市整体的规划、建设、管理与运营的架构还不完善，相关的政策与技术标准还有待进一步健全。

当前我国城镇化已经达到56%，城市发展建设已经进入到了快速增长的后期，建立精细化的城市管理机制更有赖于智慧城市的全面推进。更由于雄安新区作为京津冀城市群的重要节点，北京非首都功能重要承接地，理应在智慧城市整体性的谋划和全过程的落地实施与管理方面起到表率作用。

3. 新技术将为智慧新城新区注入新活力

云计算、大数据、物联网、5G、人工智能等新一代信息技术，将对新智慧新城新区建设中发挥越来越重要的作用，云计算将从IaaS向PaaS跃升，大数据与云计算的深度融合和普及，物联网将取得更深入的应用，人工智能技术将应用到诸多细分领域。

（1）云计算技术的支持

云计算能够支撑信息服务社会化、集约化和专业化，云计算中心通过软件的重用和柔性重组去进行服务流程的优化与重构，能提高利用率，促进软件之间的资源聚合、信息共享和协同工作，形成面向服务的计算。云计算还能够快速处理全国的海量数据，并同时向上千万的用户提供服务。基于云计算技术，建立从基础设施、数据、平台到服务的一体化的时空信息云平台，将空间大数据、视频大数据以及各类应用中的大数据进行有效管理，并按照实际需求进行处理、存储、管理，并提供相应服务，能够满足交通、物流、城市管理、旅游、安防、应急等各行业和城市综合的智慧应用，推动智慧新城新区的完善和发展。

（2）大数据

随着云计算技术的逐步成熟，各地的智慧新城新区数据中心建设均加入了云计算的概念，通过数据中心的云化建设，更大化地提升数据中心海量数据的支撑能力。而作为大数据采集的终端，基于物联网的智慧终端设备将在智慧交通、智慧零售、智慧医疗、智慧教育、智慧自助终端等多个领域普及应用，成为智慧新城新区物联网系统的数据集散中心。通过大数据发掘等方式实现智慧新区体验提升以及商业的变现。

（3）物联网

物联网能实现人与人、人与机器、机器与机器的互联互通，各类型的传感器能通过各类有线和无线网络为用户提供固定、游牧和移动式无所不在的应用和服务。根据技术发展趋势，2020 年前后，第五代移动通信技术（5G）的应用将趋于成熟。随着 5G 时代的来临，大容量、低时延的网络传输将变为现实，人类将进入万物互联的物联网时代。物联网技术的发展在智慧新城新区发展中能在市政管理智能化、农业园林智能化、医疗智能化、楼宇智能化、交通智能化、旅游智能化及其他应用智能化等方面起到基础技术支持的作用。

（4）5G

虽然第五代移动通讯技术（5G）仍在起步阶段，但它已然成为全球通信行业的风暴口。尚在孵化中的 5G 将可能使用比现有移动网络更高的频谱，因此能够提供极快的传输速度，支持更多的终端接入，以及更短的延迟时间。在物联网的基础之上，5G 将扮演“万物互联”的关键载体角色，并将成为“智慧新城新区”的重要基石。而受制于4G网络的限制的行业，如车联网、物联网、智能家居等，都将随着5G正式商用后得到快速发展。

（5）人工智能

目前，人工智能技术已经渗透到智慧城市众多领域，在安防、医疗健康、个人助理、金融等领域有着诸多应用。《2016年乌镇指数：人工智能发展报告》统计，人工智能企业的主要应用领域有安防、医疗健康、个人助理、金融、电商零售、自驾领域、教育等，堪称“入侵”了生活的方方面面。在AI技术与智慧城市的结合方面，杭州市走在了全国的前列。2016年10月，杭州市政府公布了“城市大脑”计划。即通过杭州5万多路道路摄像头做信息采集，相关数据汇集到后台进行交换与处理，由人工智能系统做出算法决策，然后再传回到交通设施上执行。人工智能技术将为城市大脑提供内核支持，通过操作系统，将百万级的服务器连成一台超级计算机，可对整个城市进行全局实时分析，自动调配公共资源。

4. 智慧城市服务功能呈多元化趋势

未来，智慧新城新区建设将在应用方向上更加多元化，包括智慧经济、智慧服务和智慧资源三大领域。“智慧经济”应用侧重强调新城新区产业的优化升级，即通过信息技术在生产领域的应用，提高信息化对经济发展的贡献率，转变经济增长方式和结构。其发展的平台主要在新工业园区和新卫星城中，各项服务和技术都是为了企业发展服务，一些老工业园区也在进行智能化改造。

“智慧服务”关注新城新区和谐发展的支柱是智慧型、人性化城市服务。通过智能化改造提高公共服务和居民生活便利性，推动城市就业、医疗卫生、交通运输、社会安全监管等问题。

“智慧资源”侧重优化智慧新城新区的生存环境，充分挖掘利用各种潜在的信息资源，加强对高能耗、高物耗、高污染行业的监督管理，并改进监测、预警手段和控制方法；合理调配和使用水、电力、石油等资源，达到资源供给均衡，实现资源节约型、环境友好型社会和可持续发展的目标。

5. 生态文明将融入智慧城市的建设

随着经济的飞速发展，经济发展与资源环境问题的矛盾日益突出，环境污染、生态破坏、能源枯竭等环境问题成为社会发展面临的重要问题。在城市的发展当中，经济水平的提升固然重要，但同时也需要将环境保护作为其建设发展重点，避免城市生态环境遭到严重破坏，因此要平衡考虑新城新区的经济发展以及环境保护之间的关系。新城新区智慧化的发展需要以保护环境以及节约资源为前提，在智慧城市规划、设计、建设和发展过程中需更高关注重视城市生态环境保护，重视生态文明建设。

目前我国部分城市已将绿色、生态理念融入到了智慧新城新区建设方案指引或建设中。如雄安新区将“建成国际一流、绿色、现代智慧城市”列为七大任务之首；《成都临空经济示范区总体方案》提出，要建设新型生态智慧空港城，坚持生态绿色发展理念，积极发展低能耗、低排放的循环经济产业，构建绿网交融的生态屏障，建设绿色航空都市。广州明珠湾提出落实“低碳节能、绿色生态、智慧城市、岭南水城”的城市设计理念，创建可持续发展城市的新示范，成为智慧生态城市标杆。

未来我国智慧新城新区将不断完善环境能源监测体系、能耗控制体系、污染排放检测体系，积极推进绿色建筑和低碳城市建设，努力构建人与自然和谐相处的社会环境，从而实现城市的创新、互联化和智能化的发展。

6. 信息安全将成为智慧城市建设的战略重点

信息安全作为辅助支撑体系，是智慧新城新区建设的重中之重。基础设施和信息资源是智慧新城新区的重要组成部分，其建设的成效将会直接影响智慧新城新区的体现。政府将着力将基础设施分级分类，继续深化在网络基础设施及信息资源方面的安全防护；企业将加强产业合作，形成合力，推动中国安全信息产业的发展。目前智慧新城新区安全行业的发展趋势概括成以下几点。

智慧新城新区及其安全标准体系正在不断完善。目前我国相关组织在进一步规划和完善智慧城市安全标准的研究和制定工作。智慧新城新区安全保障体系正在逐步建立。构建智慧城市安全保障体系的目的，是服务于城市经济发展与转型，保证国家、企业及个人的信息资产安全，保障城市信息资源安全和城市信息系统与关键基础设施的安全运行。

智慧新城新区安全的关键技术正在突破。在物联网安全方面，基于密钥的身份认证技术已经取得突破。在云安全技术方面，正着力解决面向云计算平台和应用提供的保障性服务，以及在安全领域用云计算技术对外提供网络攻击防护。

智慧新城新区安全厂商正在抓紧布局。智慧城市的安全厂商通过深入了解政府发展智慧城市和新型城镇化建设的实际需求，将自身的技术方案融合到智慧城市产业及新型城镇化建设的各项技术解决方案中，加快建设自主可控的信息安全系统，服务于智慧城市的安全保障，以促进智慧城市的工业化、信息化、城镇化、农业现代化的共同发展。

7. 智慧新城新区建设更注重数据的开放共享、资产化

智慧新城新区的建设与发展建立在不同领域数据资源充分整合和开发利用的基础上，数据的开放共享和开发利用情况将极大地影响智慧新城新区推进的步伐。因此，未来智慧城市建设将更注重数据的开放共享、资产化。

目前，我国相关政策大力推动数据开放共享。“十三五”规划纲要草案提出，未来五年要实施国家大数据战略，加快政府数据开放共享，包括加快建设国家政府数据统一开放平台，并鼓励企业和公众发掘利用。并明确指出，2018 年底，要建成国家政府数据统一开放平台。2020 年底，逐步实现信用、交通、医疗、卫生、就业、社保、地理、文化、教育、科技、农业、环境、安监、气象、企业登记监管等数据集开放。李克强总理针对政府数据现状明确指出，相较企业来说，政府部门在数据连接方面还存在一定的差距，有关部门在政府数据建设时首先要实现所有部门的数据共享。

数据的开放共享对智慧新城新区的发展起着极为重要的作用。

①数据开放共享激活智慧新城新区，通过开放数据的分析、挖掘等，可以了解城市运行、社会需求及消耗、公共服务等情况，从而有助于提升社会效率，激发巨大的潜在商业价值。

②数据开放共享丰富智慧新城新区应用，数据的开放范围直接影响未来数据的共享与利用，通过医疗、交通、教育、环境等领域的数据开放共享，将产生更为丰富的应用内容，从而更好地服务于公众。

③数据的开放共享可帮助新城新区消除“孤岛”。数据开放共享有助于打通壁垒，实现不同部门间的数据共享，实现部门异构数据的资源整合，并形成统一的标准，从而消除“信息孤岛”。

④数据是智慧新城新区的核心资产，大数据资产利用的深度与广度，一定程度上决定了智慧城市建设的效用高低。因此，未来基于数据开放共享，将形成数据资产。

二、雄安智慧城市研究构想

围绕“开放、共享、包容、精明”原则，融合“营造智慧、生态智慧、管理智慧、人工智能”四大智慧理念为一体建设绿色智慧城市；搭建与真实城市同步建设的虚拟雄安，确定雄安智慧城市建设的三大目标：一是时空城市，建设一座跨越时空的信息城市，以时间优化新区资源配置；二是数据特区，建设一张数据驱动的资产网络，以开放数据带动新区发展；三是智慧界面，建设一套智慧交互的立体界面，以人人共享的界面面向未来生活。

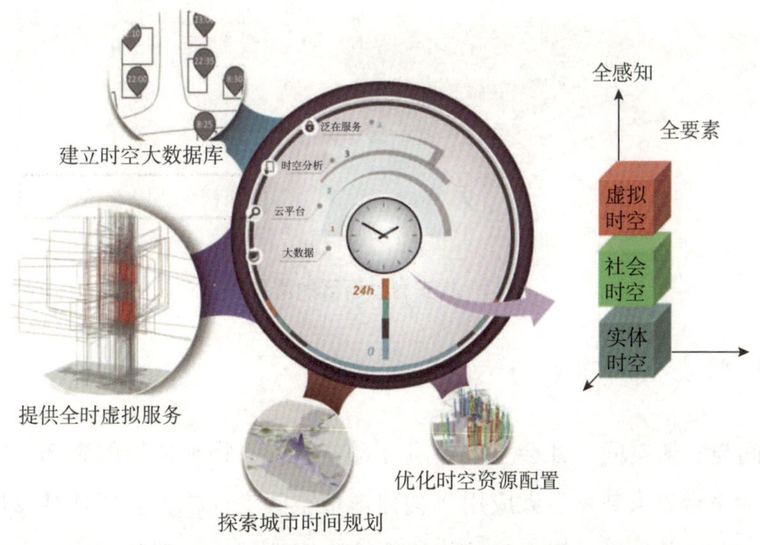

图 1 雄安时空城市概念框架

1. 整体性智慧新区顶层设计框架构想

在信息基础设施网络、基础地理信息平台、数字化管理平台和业务化应用平台等方面搭好框架，从智慧家庭、智能建筑、智慧社区、智慧园区、智慧城市等领域切入，将各类技术标准、行业规范融合好；在应用业务层面实现平台级的整合，包括部门横向多规合一、应用服务的纵向贯通。

设施：构建实时感知的基础设施网。

数据：建立全球化跨行业数据资产。

创新：推进智慧型的创新产业体系。

管理：整合分散业务流程提高效率。

合作：搭建开放平台试验落地项目。

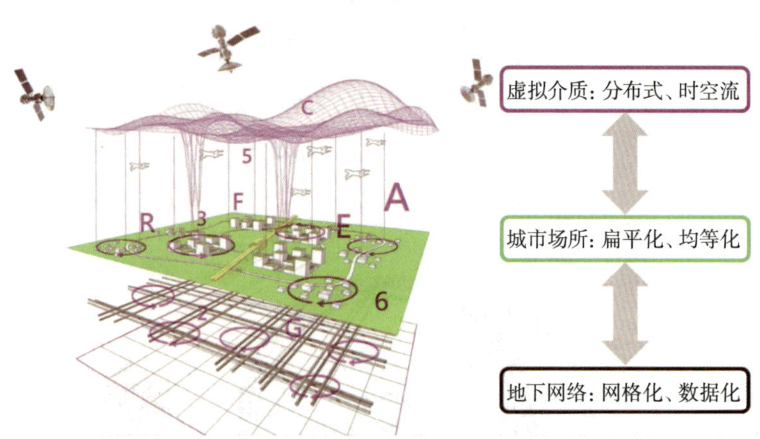

图 2　雄安智慧新区的愿景

2. 虚拟雄安空间布局与六大任务

虚拟空间与实体空间、社会空间共融互动，从人、物理世界的感知、同步搭建智慧设备以“大平台、大数据、大应用”构建虚拟空间支撑雄安新区智慧发展；明确智慧化管理的六大任务，包括智能化的物流系统、韧性城市与智慧减灾、生态的弹性支撑体系、规划方案实时模拟评估、包容性创新公共空间、智能化的市政基础设施管理。

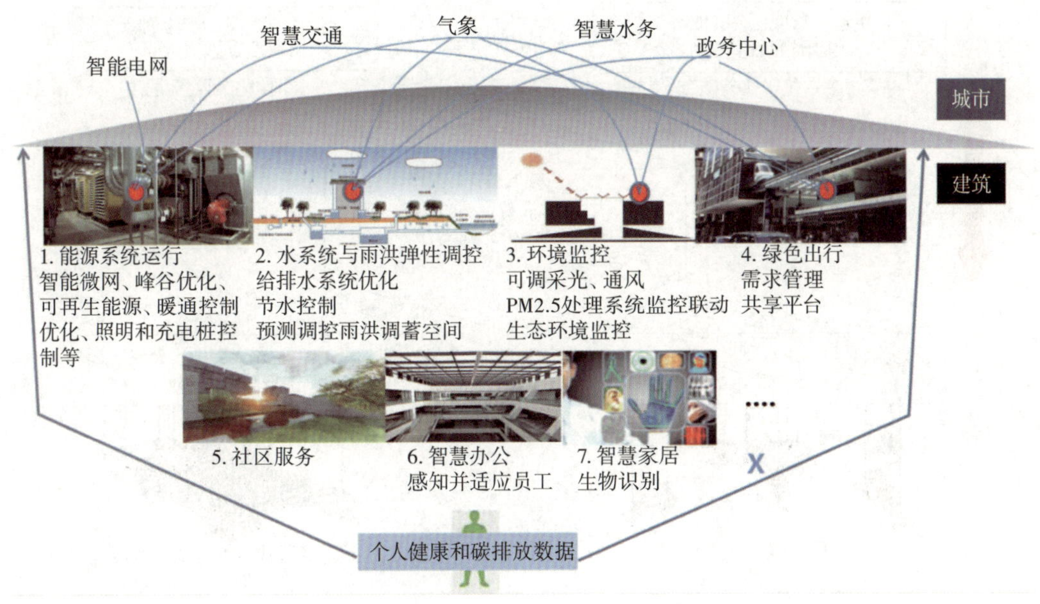

图3 以人民为中心的跨行业智慧联通

（1）智能化的物流系统

提出以“生态友好”、“合理利用地下空间”、“自动化”等为理念的智能物流系统，建设区域和城市智能地下物流和地面物流系统。以无人车和无人机为主体，建立地下物流主支廊道和地面物流主廊道；协同三级物流调度中心（如图4）；运用物联网整合智能物流车辆系统，高效解决最后一公里问题。

在空间布局上，地上地下物流空间布局强调均好性；结合铁路和高速公路，均衡设置城市物流集散中心；结合组团，建立社区物流集散中心；结合城市水网和绿廊，配置地下无人物流管廊。

（2）韧性城市与智慧减灾

建设智慧安全的韧性雄安新区，是千年大计、千年发展的基础支撑。在规划伊始引入弹性（韧性）城市理论，同时注重科技智能的引领作用，以社区为基础单元，规划建设未来气候适应性的弹性新区。制定弹性雄安的建设标准，并将社区协同减灾体系建设、白洋淀生态管理、新区洪涝灾害的防范为作为韧性城市建设的重点。

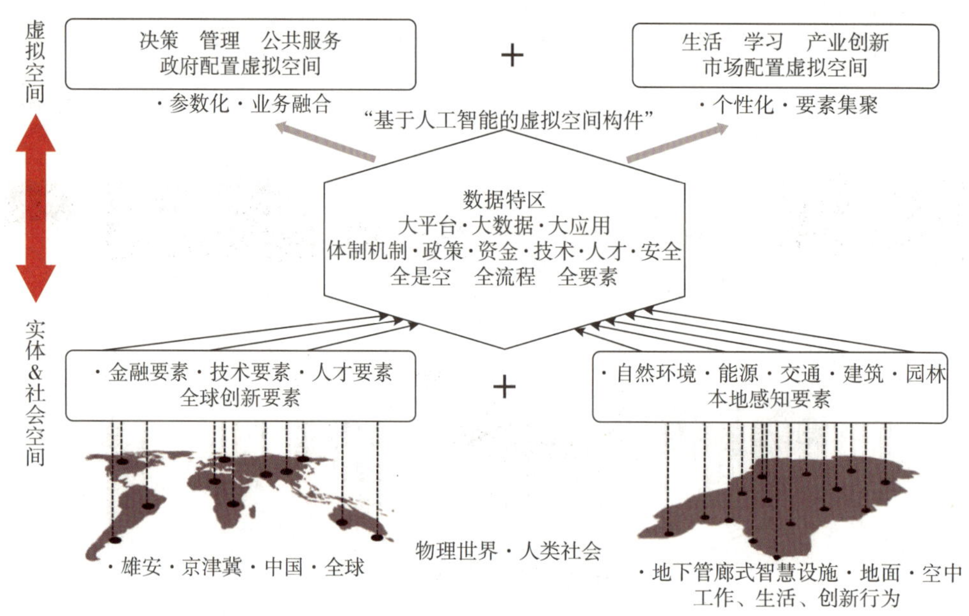

图 4 雄安虚拟空间与实体空间、社会空间共融互动

以智慧减灾应急管理创新、灾害保险创新、社区协同减灾创新为三大抓手，建立韧性城市和智慧应急减灾应急预案系统，推行“政府引导、社区运作、社会协同”的运行模式，提高风险防范能力；引入社会资本推行保险运作模式，推动灾害保险的创新，实现“风险灾害转移”。

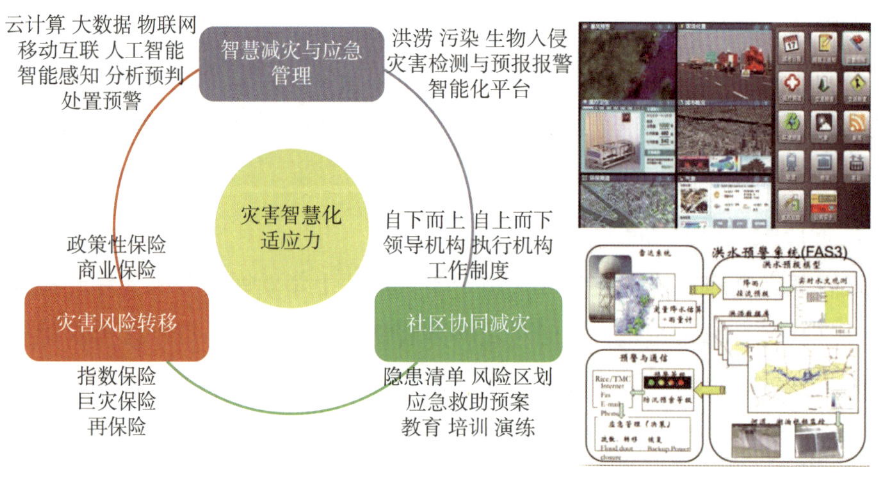

图 5 雄安新区智慧应急减灾应急预案系统

(3) 生态的弹性支撑体系

贯彻落实雄安新区生态优先的建设原则，把白洋淀湿地的保护开发放在突出地位，立足新区建设全生命周期的生态监测和生态信息资产融合服务。通过研究全周期生态监测评价网络和区块链生态资产链接，结合生态环境模型，形成城市的生态弹性支撑环境。

构建天空地一体化生态监测系统，实现雄安新区内生态环境信息网格化监测；

建立开放式生态评价服务体系，实现生态服务产品化与开放共享；

定期开展生态环境绩效评估，为优化生态建设方式提供科学支撑；

提供生态宜居规划基础服务，实现新区生态监测数据和评价产品的互联互通与开放式共享；

加强生态信息跨行业融合应用，推动生态信息服务应用；

利用生态细信息建立生态资产的价值衡量（“生态货币”），推动能源结构优化。

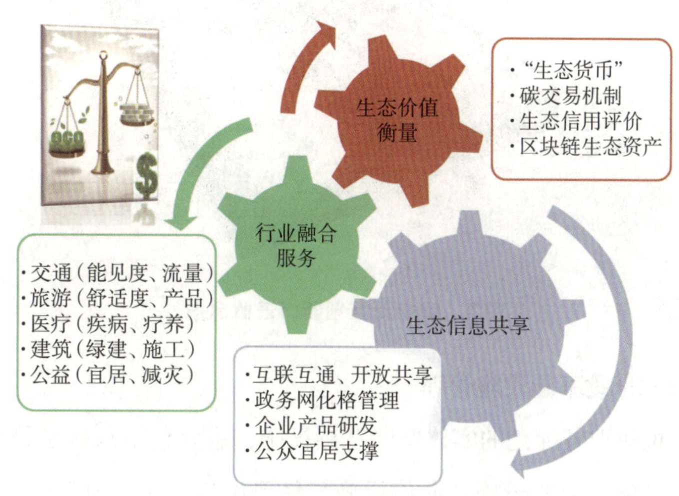

图6 雄安新区生态价值实现路径

(4) 规划方案实时模拟评估

基于城市信息模型（CIM）和物联网（IOT），建立虚拟雄安的规划模拟和评估平台。综合城市空间AI算法原型与大数据，在空间评估（土地价值、街道活力、功能混合度等）、环境效果评估（空间通风和热环境评估、开发强度气候环境评估、区域洪涝风险评估等）和城市碳足迹绩效评估基础上，完成对城市规划设计的实时动态综合评估；及时协同规划、设计、建设、管理以及投资，优化城市建设模式。

（5）包容性创新公共空间

构建包容性创新公共空间，建立并完善涵盖政务服务、公共服务、生活服务等内容的服务体系，搭建政府、企业、居民互动的精准服务共享平台，实现在空间、时间、人等多个维度的深度共享（图7）。结合“3+1”高端创新产业体系，将产业定位与虚拟空间相融合。提倡协同创新，构建政府、企业、个人间的协同机制。按照众筹、共享模式，召集科研机构、研发机构、人工智能企业共同参与，围绕着符合世界一流的智慧城市规划建设标准、模型推演建立开放共享实验室，建立公众参与平台，便于未来雄安新区形成具有创新型的产业链或功能群。

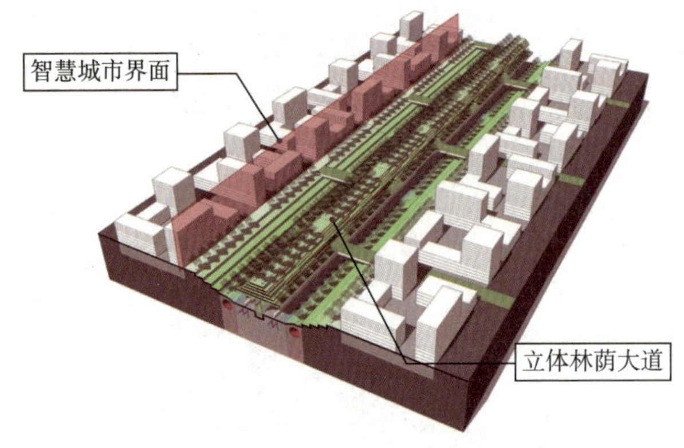

图7　雄安新区创新街道概念图

（6）智能化的市政基础设施管理

在雄安新区构建智慧绿色的实体空间基础设施，主要包括给排水设施、供气设施、供热设施、供电设施、交通设施、通信设施、环卫设施、防灾设施等，坚持智慧雄安基础设施与“智慧设施”同步设计建设，避免重复建设，实现数据和服务的共享，实现基础设施的主动响应和灵活扩展。

对市政基础设施进行精细管理，精细的内涵在于对市政设施、活动人群、信息流通能够实现全时空全方位的监控和管理，要“一人一码、一物一编、一事一号”；以市政管理部门为核心开展大部制改革，将市政管理职能集中，融合业务与部门；以管理数据为抓手，把握管理数据流，以数据流、信息流促进融合的智能化应用系统，实现市政管理闭环。

在大部门制的城市管理体制下，充分发挥业务的牵引作用，以业务协同为目标，通过统一的大数据、大管理平台开展城市市政基础设施智能感知和城市管理的精细化管理，包括对城市运行态势的监测、管理数据的应用分析、统一应急指挥调度、辅助城市管理决策，并最大限度公开管理信息，进一步避免政府与公众信息不对称，提高公众多角度、多渠道参与城市管理。

三、小结

智慧新城新区将重点解决实体城市、虚拟城市以及社会城市之间的复杂互动联系，以新兴 IT 通讯技术为手段，加强人们之间面对面的直接交流，极大地降低人们彼此交流的成本，推动新型的创新性城镇发展模式，让人们的生活更美好。因此，满足人们日常生活的高品质需求，智慧新城新区将探索人民的大迁徙。

杨滔，中国城市规划设计研究院创新中心副主任、注册城市规划师、博士。曾主持雄安智慧城市和数字规划平台建设、北京城市副中心行政核心区控规、北京城市副中心总体城市设计竞赛、伦敦城市空间设计等项目。

“两步现代化”背景下的国家级新区产业配置

盛毅　陈东

按照十九大确定的“两步现代化”目标，中国必须在30多年时间内，完成中低端产业体系向中高端产业体系转换的艰巨任务。国家级新区作为重点培育知识型产业、引领中国产业进入全球价值链中高端的承载区，应瞄准世界先进水平发展制造业和服务业，在产业集群规模和水平、产业创新和组合能力、先进生产要素凝聚能力、产业发展生态、产业发展的制度和政策等方面，都具有示范区作用，真正形成实体经济、科技创新、现代金融、人力资源协同发展的产业体系。

一、现代化国家具有的产业特征和关键影响因素

按照目前关于现代化发展阶段的划分标准，中国在2020年全面建成小康社会以后，基本完成了第一次现代化的任务，将全面开启第二次现代化征程。第二次现代化有哪些特征，相关理论认为，现代化既是人类发展的世界前沿以及达到和保持世界前沿的过程，也是人类文明的一种深刻变化。第一次现代化是从农业经济向工业经济、农业社会向工业社会的转变，经济发展是第一位的，反映在产业发展上，大规模生产

工业产品，工厂化、城市化、规模化、集聚化是最大特征，扩大物质生活空间和满足人类物质追求是核心任务。第二次现代化则是从工业经济向知识经济、工业社会向知识社会的转变，生活质量追求上升到第一位，知识化、创新化、生态化、信息化、网络化、全球化是最大特征，反映在产业发展上，加快发展高新技术和先进服务业满足消费者需求是核心任务。

表 1　　现代化的基本特征

变化领域	主要表现
社会形态	从农业社会转向工业社会、或者从工业社会转向知识社会
生产方式	生产组织方式变化，社会生产力和经济质量持续提高
生活方式	消费需求和观念发生深刻变化，新的消费成为主流
人的素质	适应知识经济发展需要，国民文化和健康素质大幅提高
社会保障	发展更加平衡，国内社会福利与社会公平得到根本改善
国家地位	许多领域领导世界潮流，国际社会地位显著提高

第二次现代化在三次产业结构上呈现的特征，是适应消费者对产品有更高质量、更丰富多样的需求，第三次产业成为经济发展的主体，高速数字网络系统、教育及研发等发展迅速，服务业的价值链越来越长，有的国家占比高达70%，三次产业特别是制造业与服务业形成深度融合。在制造业领域呈现出的特征，是突出“高价值制造”战略的取向，大力发展生物技术、风力发电、纳米技术、空间技术、电动汽车等高新技术，并以此改造传统制造业，建立新兴产业部门。在要素供给方面呈现的特征，是各产业普遍实现知识化、信息化、智能化，知识创新、知识传播成为重要任务，技术进步和创新是主要动力，科技战略成为国家重点战略。在信息化上呈现的特征，是把信息化作为重要手段，不仅与信息通信技术相关的产业已经占据主导地位，而且大企业基本上都设立了首席信息官，工业生产向数字化、智能化转型，形成以智能制造为代表的工业4.0，以及催生许多新的业态和商业模式。在高端要素集聚上呈现的特征，是引才政策不断加码，针对需要的人才实行更宽松的“绿卡”制度，大力吸引高素质、知识化的外国移民进入高校、研究机构和大企业，形成创新要素集聚的“马太效应”。在政策措施上呈现的特征，是采取法律、经济、行政等手段，创造先进要素能够引得来、留得住、用得上的政策环境，创造先进项目投资和运营的有利

条件。其中，对知识产权和创新行为的保护，鼓励和支持知识产权有偿转让等，相关法规和政策十分完善。同时，政府还不断推进和加强国内“产、学、研、官”的合作，充分发挥行业协会在资格审核、职业行为监督、职业能力提升等方面的管理服务作用。

表 2　　2011 年 10 个实现二次现代化国家的研发投入

国家	瑞典	美国	丹麦	芬兰	日本	瑞士	澳大利亚	德国	比利时	英国
研发投入占 GDP 比重（%）	3. 30	2. 77	3. 09	3. 10	3. 39	2. 30	1. 70	2. 88	2. 04	1. 78

数据来源：OECD 数据库。

表 3　　主要发达国家的再工业化战略

国家	扶持先进制造业的策略
美国	《重振美国制造业框架》《先进制造业国家战略计划》《制造创新国家网络》《制造业促进法案》《先进制造伙伴计划》《国家出口计划》《综合性能源计划》《美国复苏和再投资法案》《清洁能源安全法案》《绿色能源与安全保障法案》《科学技术基本计划》
英国	《创新国家》《高价值制造战略》《制造业新战略》《低碳产业战略远景》《低碳转型计划》《可再生能源战略》《能源规划草案》《低碳工业战略》《低碳社会行动计划》《新能源和可再生能源项目》《生物能源资金拨款计划》《我们能源的未来——创建一个低碳经济体》
日本	《创新 25 战略》《低碳社会行动计划》《光伏发电路线图 2030 修订版》《能源基本计划修正案》《制造基础白皮书》《制造技术国家战略展望》
法国	《新工业法国Ⅱ》《数字国家》《新产业政策》
德国	《德国制造 2025》《工业 4. 0》《信息与通信技术 2020 创新研究计划》《循环经济与废弃物管理法》《节约能源法案》《国家可持续发展战略报告》

资料来源：根据有关公开资料整理。

从这些动向可以清楚地看到，中国要完成二次现代化任务，成为现代化强国，必须建成以知识和信息经济和以现代服务业为主导的产业体系，与发达国家站到同样的产业起跑线上。目前，按要素密集程度划分，中国产业仍然以劳动密集、资源密集、资金密集为主，战略性新兴产业增加值占比还不到 15%。按三次产业划分，第三产业比重刚超过 50%，并且在第三产业中，传统的生产和生活服务业占有很大比重。中国要用 30 多年时间进入现代化强国行列，产业必须加速向知识经济转型，这就需要众多产业领域实现跨越发展。

二、国家级新区承担着引领产业转型升级的任务

关于构建支撑二次现代化的产业体系和内在规定，十九大报告已经从五个方面作了全面部署，为国家级新区的产业发展作了明确定位。首先要坚持向高质量发展转变的根本导向，其次要瞄准建设实体经济、科技创新、现代金融、人力资源协同发展的产业体系这一目标，第三要把推动互联网、大数据、人工智能和实体经济深度融合，在中高端消费、创新引领、绿色低碳、共享经济、现代供应链、人力资本服务等领域培育新增长点，促进我国产业迈向全球价值链中高端，培育若干世界级先进制造业集群产业作为主攻方向。第四要将建设创新型国家，强化战略科技力量，为建设科技强国、质量强国、航天强国、网络强国、交通强国、数字中国、智慧社会提供有力支撑作为主要动力。第五要加快培育具有全球竞争力的世界一流企业，激发各类市场主体活力。

落实十九大关于产业发展的部署，率先形成以上产业发展水平和格局，需要国家级新区作为和担当。国家级新区是引领中国经济转型升级、优化区域开发格局、推动新型城镇化发展、抢占产业发展制高点、培育新的经济增长极的战略平台和载体。在这些功能定位中，核心是推动产业向高端攀升，建立起实现二次现代化需要的产业体系，形成强大势能辐射国内外。而承担这一历史使命，新兴产业的集聚和集群发展是根本支撑，产业发展水平必须加快与中国建设社会主义现代化强国目标对标。

目前，各国家级新区都有自己的产业定位和发展规划，并且迅速在逐一落实。如浦东新区对标上海国际金融中心定位，股权投资、融资租赁、财富管理、互联网金融等行业迅速发展。滨海新区对标先进制造业定位，引进了一批航空航天、环保、生物医药等领域的重大项目。天府新区对标成都市新经济定位，重点布局云计算、大数据、人工智能、虚拟（增强）现实、智能信息终端、机器人、信息安全、智能服务等产业。浙江舟山群岛新区对标海洋经济的定位，海工装备、海洋服务、石化等产业升级步伐加快。贵安新区对标大数据的定位，信息产业规模快速扩大。此外，一些才崭露头角的新兴产业，如区块链等，正在成为各城市“抢夺人才大战”之后新的抢占对象。

尤其是在创新功能建设方面，各新区大力推进大众创业、万众创新，进一步优化创新环境，积极承接国家重大示范项目。滨海新区中心商务区、福州新区、湘江新区、两江新区、贵安新区、西咸新区成为国家首批“双创”示范基地。浦东新区获得专利授权数、完成高新技术成果转化项目数大幅度增加。滨海新区以科技“小巨人”为抓手培育创新企业，金普新区通过“创业服务超市”等举措扶持创业带头人。西海岸新区出台加快科技经济发展提升的实施意见提出，几年之内科技经济要占 GDP 的 30% 左右，培育 800 家高新技术企业、100 家“瞪羚”科技企业、50 家创新领军企业。

表 4　国家级新区“十三五”产业发展重点

浦东新区	金融、航运、贸易、文化、健康、信息、装备、汽车、电子商务、旅游会展、物联网和下一代通讯、智能制造、民用航空、总部经济、高端研发（含科技服务业）、新能源、新材料
滨海新区	航空航天、海洋工程装备、高性能医疗器械、机器人、3D 打印设备等高端装备、新一代信息通信技术、节能与新能源汽车、生物医药、航运物流、金融创新、国际贸易、海滨旅游
两江新区	新能源及智能汽车、电子核心部件、机器人及智能装备、云计算及物联网、可穿戴硬件及智能终端、通用航空、能源装备、生物医药、节能环保、新材料
天府新区	汽车、电子信息、航空航天、高端制造、新能源新材料、生物医药、新兴金融、研发设计、会展商务、现代物流
南沙新区	航运物流、高端制造、金融商务、科技创新、旅游健康
江北新区	智能制造、生命健康、新材料、高端装备制造、现代物流、科技服务
赣江新区	光电信息、生物医药、智能装备制造、新能源与新材料、有机硅和现代轻纺
湘江新区	互联网、军民融合、智能制造产业、科技研发、文化旅游、医疗健康、现代金融
舟山群岛新区	绿色石化、船舶与海工装备、港贸物流、海洋旅游、现代航空、海洋电子信息、船舶修造、水产品加工
贵安新区	大数据信息产业、高端装备制造、大健康医药产业、文化旅游产业
金普新区	智能装备制造、软件及电子信息设备制造、集成电路与半导体、生物医药、新能源汽车、节能环保与储能、航运物流、金融
福州新区	新一代信息技术、高端装备制造、海洋新兴产业、云计算、物联网、大数据、生物医药与新材料、服务外包、高端商贸、电子商务、会展
滇中新区	石化、汽车及现代装备、电子信息、生物医药、新材料、服务业
哈尔滨新区	高端装备、绿色食品、新一代信息技术、生物医药、新材料、节能环保、金融商务
长春新区	汽车、高端装备制造、生物医药、光电信息、新能源新材料、科技金融、信息服务、文化创意、商贸物流、健康养老、旅游会展

续表

兰州新区	以石油化工、装备制造、生物医药、食品加工、现代物流等产业为主导产业
西咸新区	电子信息、机电制造、轨道交通设备、现代物流、科技服务、信息技术研发、旅游、教育、文化、保税经济、商务会展
西海岸新区	船舶海工、生物医药、电子信息、航天航空、新材料、海洋新兴产业、研发、会展
雄安新区	新一代信息技术产业、现代生命科学和生物技术产业、新材料产业、高端现代服务业、绿色生态农业

注：西咸新区、西海岸新区、雄安新区等由于缺乏"十三五"规划资料，仅根据有关报道整理。

为支持国家级新区创建新兴产业发展的环境，国家发改委、国土资源部、环境保护部、住房和城乡建设部出台了《关于促进国家级新区健康发展的指导意见》（发改地区〔2015〕778号），明确支持新区产业集群发展，支持国家级和省级重大产业项目优先向新区集中；支持人才引进培育政策向新区倾斜，探索实行国际通用的人才引进、培养、使用、评价、激励机制；支持新区申报国家重点（工程）实验室、工程（技术）研究中心等各类科技创新平台，鼓励设立产业化示范基地和科技成果转化服务示范基地；支持新区以新产业、新业态为导向，大力发展新一代信息技术、生物、高端装备制造、高端服务、现代物流等战略性新兴产业和高新技术产业。2017年，国家发改委在《关于印发2017年国家级新区体制机制创新工作要点的通知》（发改地区〔2017〕583号）中，重点围绕新区的产业创新环境营造，对各新区创新功能建设有明确的任务要求。

表5　　2017年各国家级新区创新服务业态和体制机制的任务

浦东新区	自由贸易试验区改革创新、科技创新中心建设，推动张江从科技园区向科学城转型，完善科技综合服务体系，加强综合配套改革试验区、自贸试验区、科技创新中心、国家人才改革试验区建设等融合联动
滨海新区	加快建设天津滨海—中关村科技园和"双创"示范基地，率先形成个性化定制、服务型制造等新模式，深化自由贸易试验区制度创新，创新港产城融合发展方式
两江新区	创新"产业链+价值链+物流链+信息链+资金链"的内陆加工贸易发展方式，探索构建开放型产业新体系，打造内陆战略性新兴产业集聚区，探索科技创新服务新机制
舟山新区	开展自由贸易港区建设探索，提升大宗商品储备加工交易能力，加快江海直达船舶研究应用和江海联运公共信息平台建设，开展全业态船舶供应服务探索
兰州新区	探索促进产业集聚和科技创新的新机制，完善"创业苗圃+孵化器+加速器+产业园"的孵化链条，聚焦核心功能区建设，加快创新要素集聚，提高产业集聚度

续表

南沙新区	建设粤港澳专业服务集聚区、港澳科技成果产业化平台和人才合作示范区，创新与港澳在资讯科技、专业服务、金融、科技研发及成果转化等领域合作方式，构建资源国内外双向流动投资促进服务平台
西咸新区	注重绿色集成创新、推动与广州南沙新区等共建产业合作基地、创新型孵化器等，在跨国、跨区域园区共建和产业孵化引领产业发展方面积累新经验
贵安新区	大力打造集储存、挖掘、分析、清洗、展示、应用、数据产品评估和交易等为一体的大数据核心产业链条，构建“研发＋孵化＋制造＋融合＋平台＋应用”科技创新模式
西海岸新区	探索构建集产业、科技、人才、保障为一体的军民综合创新体系，推进面向深海、深地、深空、深蓝的科技创新中心建设，加快全要素孵化加速的众创平台建设
金普新区	加快大连东北亚航运中心建设探索，推进沈大国家自主创新示范区高端装备、集成电路、通用航空等产业创新基地和专业技术研发、创新创业服务等创新平台建设
天府新区	在军民融合、产学研协调创新等关键环节和重点领域实现率先突破，创新推动产业动能转换再提速方式，构建有效统筹各片区间关系的管理运营方式
湘江新区	在推进绿色集约高效发展与产城融合、城乡一体化发展等方面有所突破，完善多元化生态补偿机制，建设生态技术指标体系，积极参加全国碳交易市场建设
江北新区	开展专利、商标、版权“三合一”知识产权综合管理体制改革试点，推进科技创新资源集聚区建设，促进众创空间、创客联盟、创业学院发展，运用大数据促进政府管理方式创新
福州新区	研究推进海洋产权交易中心和海域使用二级市场建设探索，提升海产品跨境结算平台功能，建立健全特色化综合服务平台，推进各类功能区深度融合
滇中新区	理顺管理体制，健全要素保障机制，推进市区融合发展体制机制创新，探索推动构建沿边开放新高地的体制机制，加快构建新型投融资体制
哈尔滨新区	探索促进老工业基地转型发展新路径，继续推进扁平化管理体制和大部门制优化调整，促进管理职能下沉，开展功能区运营模式改革，深化对俄全方位合作，推动贸易结构优化升级
长春新区	加快长东北科技创新中心、北湖科技园等创新平台建设，积极打造创新创业平台，深化人才改革试验区建设探索，促进物流、健康养老等特色化产业集聚
赣江新区	完善管理体制机制、创新发展平台、促进产城融合发展，建设科技创新及成果转化的示范区，多举措探索创新创业新方式，打造“双创”平台

对照以上要求分析新区的产业结构和创新能力，还存在着以下几个方面的问题：

一是产业层次还不具备抢占制高点的能力。尽管新区的产业一起步就有更高的门槛，与所在区域的产业比较普遍高一个层级，但处于不同区域的新区，差别却非常明显。位于东部的新区，已经集聚了一批在国内外领先的高端产业，开始发挥引领区域甚至全国产业升级的作用，而位于中西部地区的新区，也包括少数东部的新区，尽管产业整体水平高于所在区域，但有不少产业仍然是资源密集和资金密集产业，从抢占国内外产业发展制高点的要求看，产业层次还需要有很大程度的提升。

二是产业集聚效应还不足以吸引产业链入驻。除浦东新区、滨海新区形成了现代金融、装备制造、研发设计、航运物流等有规模和辐射面大的产业链外，大多数新区由于建设的时间不长，入驻的大企业数量少，更缺乏联系较密切的产业集群或链条。有的新区即使有大公司入驻，也仅仅作为一般办公场所或某类专业功能使用，并没有成为总部核心业务经营所在地。这些新区在充当新兴增长极引领区域发展方面，还不具备足够实力。

三是现代服务业还没有成为新区的产业主体。除浦东新区外，其他新区的产业结构以制造业为主，尤其是中西部地区的新区，排位居前的主要是制造业，服务业处于从属地位。而作为国家级新区，应当担当为区域甚至全国的制造业提供高水平服务的职能，以现代服务业尤其是高端生产服务业的辐射力带动区域发展。在这方面，新区还存在明显不足。

四是环境还不能充分满足创新需要。在推进新区的高端产业发展过程中，无论是引进国内外先进要素和企业，还是在新区建立科技创新功能，抑或与新区外的各类创新组织建立广泛协作关系，都需要有适应开放、支撑创新、吸引人才的体制机制。国家赋予新区的重要使命之一，就是要试验新的体制机制。实际上，克服前述的三个不足，也必须在率先构建新的体制机制基础上，来逐个解决面临的难题。

三、“两步现代化”背景下的国家级新区产业配置

国家级新区的产业发展定位和目标，是进入国内外先进行列，其产业配置不仅要遵循生产力按时序演进的规律，确定“两步走”的目标，而且也要尊重生产力在区域布局上有层次性的特征，分层次来配置产业。同时，要围绕高端产业和产业高端配置需要，建设一流的科技创新体系，加快完善支持创新创业和开放合作的制度环境。

1. 新区产业配置总体上可分“两步走”

新区的产业配置，不可能一步到位，尤其是中西部地区的新区，依托的城市普遍

才完成工业化中期任务，还需要经过几年甚至十几年时间，才可能完成工业化后期的任务。在这类新区中，第一步是继续将中高端制造业作为发展重点，并且要立足做大规模，形成有影响的产业集群和链条，成为国内外重要的制造基地。同时，积极培育现代服务业，争取用较短时间完成由制造业为主体向服务业为主体的转变。制造业进入的门槛，以国内或区域先进水平为标准，对不符合要求的产业，要加快升级或从新区迁出。第二步是当产业进入一定阶段后，将重点转向产业结构的优化升级，形成以服务业为主体和高端产业占主导的发展格局，着力推动产业迈向全球价值链中高端，培育若干世界级先进制造业集群，培育具有全球竞争力的世界一流企业。浦东新区、滨海新区的产业配置，虽然已经明显高于其它新区的水平，但与世界城市和国际上的先进产业集聚区相比，无论是规模和层次都存在差距，下一步提升的方向，是对标卓越的世界城市要求，加快发展以知识经济为代表的产业，重点推动新一代信息技术、生物医药、物联网、云计算、大数据、人工智能、机器深度学习、区块链、生物基因工程、数字化、网络化、智能化服务在新区落户，大幅度提高其在新区产业中的比重，让有的产业规模成为世界领先。同时壮大新经济、名牌企业的集聚规模，促进先进制造业与现代服务业的深度融合，打造成为全球性的产业高地之一。

2. 新区产业配置落到区域容许有梯度差

由于各区域的生产力水平差距较大，位于不同区域的国家级新区在产业发展水平上不可能保持同步。比较现实的选择是，类似按东中西划为三个梯度，处于最高梯度的是东部沿海的几个新区，其产业有能力引领东部沿海发展。位于第二梯度的则为个别东部新区，多数中部新区，以及部分西部新区等，这些新区成为国家级新区的二梯队，引领中西部地区产业追赶东部地区。位于第三梯队的除个别为中部的新区外，主要由西部的一些新区组成，这些新区的任务，是加快集聚先进制造业，成为所在区域的新的增长极。当然，这种梯度划分，并不影响东部的新区发展经过技术改造，有品牌、有质量的传统制造业，也不影响中西部地区的新区发展一些以知识经济为代表的高技术制造和服务业，使新区的产业生态更加丰富，在总体上成为先进产业集聚区，具有引领、辐射和服务所在区域的能力。

3. 新区产业配置必须以科技创新为支撑

新区的产业要普遍进入国内外先进行列，企业必须拥有自主知识产权，产品和服务必须具备高质量，这就要靠强大的科技创新能力支撑。目前新区的许多企业，在产品和技术的自主研发方面，投入明显不足，对外部技术依赖度较大，这种情况在近期虽然还能有竞争力，主要靠传统的比较优势和经营业态和模式的调整，但随着现代化进程向纵深推进，尤其是随着这些产业的传统优势进一步削弱，将面临被淘汰的命运。因此，推动国家级新区的产业超常发展，一方面政府要针对企业创新需求，制定更有力度的支持政策，国家在安排重大科技项目和实验装置时，重点向国家级新区倾斜。另一方面各省市要促进科研设施、人才、机构向新区集聚，联合产学研企共同搭建公共创新平台，组建各类技术联盟和科技协同创新体，建设科学城等。

4. 新区产业配置要注重形成良好的“生态”

国家级新区要实现宜业和宜居的目标，至少要加快形成四个方面的“生态”环境，真正形成实体经济、科技创新、现代金融、人力资源协同发展的产业体系。一是产业内部的生态环境，即同一产业链条中，各个环节、各相关企业，都存在着密切的分工协作关系，真正能够产生集聚效应，这是建设世界级产业集群的重要条件之一。应改变现在各自为战居多的情况。二是各产业之间建立起紧密协作关系，金融、物流、信息、咨询、研发、商务、法律、财务、其他中介等服务业，与制造业之间形成良好的互动，各服务业之间形成功能互补，各制造业之间也存在共用基础设施、技术平台、信息网络、后勤服务等。三是人才、资金、技术、能源等要素市场完善，政府服务、行业服务规范，文化教育质量高且丰富多彩，能够充分满足新区产业发展需要。四是一流的人才队伍、一流的产业、一流的创新功能，需要良好的生态环境，这也是新区留住高端人才，留住高端产业的重要条件之一。要按照公园城市的要求来建设新区，创新生态文明建设运作机制，实施生态功能分区控制。

5. 新区产业配置要有完善的制度作保障

新区建设经过多年探索，已经形成了许多适合新区产业发展的制度设计，今后一段时间除聚焦重点改革任务，充分利用建设自贸试验区、全面创新改革试验区等有利条件，深入推进体制机制创新，把国家拟开展的制度创新试验，优先安排给新区外，也要注重总结和集成前期改革成果，将产业发展模式、集聚先进要素政策措施、加强产业运行的服务、引导金融机构支持创新项目、构建产业集群发展机制等成熟做法固定下来，使其成为新区产业管理的规范。尤其是人才奖励扶持政策，市场化的人才认定方式，引进高层次人才和创业团队，是新区未来高端产业发展的最关键任务，要通过建立完善的人才体系，来吸引和稳定人才，通过人才来吸引技术、投资和项目，创新经营模式和业态。在转向知识性产业发展的阶段，这是新区必须抢占的高地。

盛毅，四川省社会科学院研究员，享受国务院津贴专家，主要从事产业经济、区域经济研究，出版《国家级新区建设与产业发展》《迈向2025年的四川工业发展新体系》等专著，公开发表论文300多篇，获省部级以上奖励10余次；陈东，四川省社会科学院研究生。

新旧动能转换时期产业新城的机遇与路径

刘爱华

实施新旧动能转换是在我国资源优势改变、发展理念更新、消费结构升级以及技术革命推动背景下提出的，具有重要的战略意义。产业新城是新旧动能转换的重要抓手，可在改造提升传统产业、培育壮大新兴产业、加快推进创新创业和大力实施绿色发展等方面发挥积极作用，并通过高标准定位高起点谋划产业新城、建设配套完善的智慧新城、坚持创新发展和环境优化以及构建促进新动能的体制机制等路径加快推进新旧动能的转换。

一、产业新城在推动区域动能转换中的机遇

产业新城是城镇化和工业化发展到成熟阶段的产物，已经成为承载我国工业化、信息化和城镇化进一步发展的新空间，是实现产业集群效应的现代化载体和平台。不同于早期的开发区和工业园区，以及一些经济比较发达的大城市周边出现的“睡城”，

产业新城以“产城融合”为显著特征，集生产功能、城市功能和生活功能于一体，在推进新型城镇化建设、打造强劲区域发展引擎、促进产业结构优化调整等方面发挥着日益重要的作用。由于产业的健康发展是产业新城的灵魂，产业新城正成为中国产业升级的重要平台。实现新旧动能转换，产业升级发展是核心，因此作为承接创新生态的重要载体，产业新城有条件也有责任成为新旧动能转换的重要抓手，能够从以下四个方面促进新旧动能的转换。

1. 改造提升传统产业

虽然新经济对于经济增长的贡献日益提高，但是不可否认传统产业仍然是我国经济发展的重要支撑。新旧动能的转换不可能完全抛弃已有的传统产业，因此国内产业面临着用新技术、新业态全面升级改造传统产业的大命题。一般情况下，可从以下几个方面对传统产业进行改造。在能源利用上，将以煤炭、石油、天然气等矿物能源粗放利用为主导的模式转变为以矿物能源的精细化利用或风能、太阳能、核能等物理能源为主导；在原材料上，将以对矿物原材料一次性利用为主导模式转变为以对原子设计、分子制造的新材料以及深层循环利用为主导；在生产工艺上，将以机械化为主导的模式转变为以高度网络化、人工智能化为主导；在生产模式上，将“资源—产品—废物”的单向生产方式转变为“资源—产品—废物—再生资源—再生产品”的深层次循环式生产方式（山东社会科学院课题组，2017）。

产业新城，顾名思义是以产业为支撑的综合城区，一部分产业新城也是由开发区、工业园区发展起来的。早在2016年《国家创新驱动发展战略纲要》提出“创新驱动发展已是大势所趋”之前，华夏幸福、张江高科等产业新城运营商已经认识到创新的战略意义，纷纷自建孵化器、收并购孵化管理公司或引入优质孵化器，培育孵化小微企业，通过提供创新服务、引入创新资源，借助科技创新力量，不断促使产业结构从低端制造向高端创新升级改造。在利用新技术、新业态改造提升传统产业的过程中，通过互联网、物联网、智能化等技术，改造制造工艺和流程，推动产业的智能化和品牌的高端化。和早期开发区不同的是，产业新城特别重视打造产业集群的能力，通过提高产业集聚化水平，延伸产业链向资金密集型、技术密集型等经济附加值高的环节转移，打造传统产业竞争新优势。

2. 培育壮大新兴产业

产业新城是城镇化和工业化发展到较为成熟阶段的产物，大多建设年代较近，其中多数新城是在远离主城的郊区地段进行新的建设，都有经过充分论证的前瞻性规划，多数产业新城的产业定位均与国家发展战略相吻合，充分发挥地区的资源和产业优势，更为关注新兴产业和附加值高的研发、营销等环节，注重延长产业链条和培育产业集群。

例如，作为国内领先的产业新城运营商，华夏幸福一直以来积极推进实施“产业优先”战略，将产业发展作为产业新城建设的核心重点，通过整合全球资源，围绕新一代信息技术、高端装备、航空航天、生物医药等十大国家产业创新发展方向打造产业集群，并通过全球布局创新孵化器，建立新兴产业基金和上市公司平台等方式，以创新与资本双轮驱动培育壮大产业集群，建立起显著的产业优势。其所运营的固安产业新城、大厂产业新城和香河产业新城围绕新型显示、文化创意、机器人与人工智能等前瞻领域积极布局新兴产业集群，大力培育京津冀区域经济转型升级新动能。嘉善产业新城则以科技研发为产业发展重点方向，重点打造了软件信息、影视传媒、智能网联汽车、医疗健康器械等新兴产业集群，为县域经济发展注入了新动力，极大促进了嘉善的产业转型升级。

表1　　华夏幸福部分产业新城新兴产业集群

新城名称	产业集群
固安产业新城	新型显示、航空航天、生物医药、智能网联汽车
来安产业新城	新型显示、新能源汽车整车及零部件、智能制造装备
溧水产业新城	智能网联汽车、智能制造装备
舒城产业新城	光电显示、新能源汽车、智能制造装备
江门高新产业新城	智能硬件、智能制造装备、新能源汽车及零部件

资料来源：华夏幸福官网 http：//www. cfldcn. com/

3. 加快推进创新创业

“大众创业、万众创新”已经成为我国落实科学发展观的一项重要举措，是我国经济社会发展的新理念、新形态。“创业”是实施新旧动能转换的平台和活力，“创新”

是推动新旧动能转换的引擎和重要突破口（余东华，2018）。加快新旧动能转换，核心是从要素驱动向创新驱动转换。

产业新城有条件打造创新创业服务平台，通过整合创新要素和激发创新活动，不仅能够提供创客空间、孵化器、加速器等多样化的公共平台形式，而且还可以通过发展生产性服务业，提供包括科技研发、资产管理、客户融资、法律援助、人员培训、物业运营等完整的产业链服务体系，鼓励企业实现前沿技术创新，培育自主品牌，提高产品质量，解除创新主体的后顾之忧，将其发力点集中到培育以技术、品牌、质量、服务为核心的国际竞争新优势中去，提升我国产业在全球产业链、价值链中的地位。中关村车库咖啡店、联想之星、创新工场、微软加速器等打造众创空间的成功经验，可以在众多产业新城中进行借鉴和推广。苏州工业园累计备案众创空间 64 家，其中有 13 家为国家级，孵化项目超千个，金鸡湖创业长廊还被评为全国“2017 十佳创业园区”（张洪洋，2017）。华夏幸福则实施“全球技术—华夏加速—中国创造”的创新发展战略，建立“孵化器—加速器—专业园区—产业新城”的产业培植链条，通过孵化器、校企合作平台、研发机构等多层次创新平台体系加速成果转化，让创新成果落地产业新城（前瞻产业研究院，2018）。

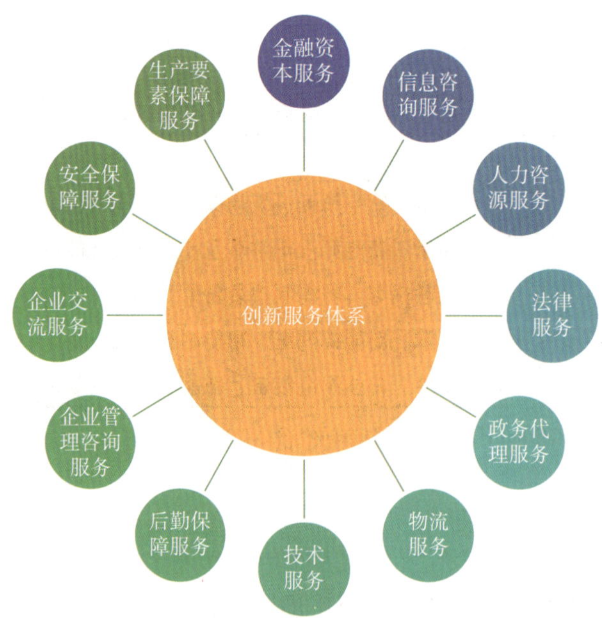

图 1　创新服务体系构成

4. 大力实施绿色发展

绿色发展是以效率、和谐、持续为目标，建立在生态环境容量和资源承载力的约束条件下，将环境保护作为实现可持续发展重要支柱的一种新型发展模式（冯莎莎，2011）。早期园区建设主要是围绕土地和基础设施搞“几通一平”（通路、通电、供排水、通讯、通宽带等和平整土地）。如今产业新城的建设多以低碳发展为目标，对建筑、产业、环境、服务要求越来越高，总体上要进行整体环境影响评价，达到全域绿色、低碳、节能减排等环保标准；微观上要增加绿色建筑比例，提高区域生态化水平和绿色空间比重，因此，产业新城是绿色经济的实践载体，有条件走绿色发展的道路。

以苏州工业园为例，为顺应国际惯例与趋势，园区从一开始就建立了非常高的环保标准，并第一个在中国试点“循环经济”和“生态园”。通过推行清洁生产、控制污染排放、循环利用水资源、高效利用清洁能源以及废弃物资源化实现园区循环经济重要性逐年提高，将经济活动对自然资源的需求和生态环境的影响降低到最小程度，努力从根本上解决经济发展与环境保护之间的矛盾。除了一流的“绿色”设施，如空气和废水处理设施外，园区还具备高品质的环境监测系统，包括监控化学品使用和防汛应急预案，并在污水处理厂、污泥干燥站和热电厂之间建立起循环回收“共生系统”。此外，园区在选择投资项目时执行非常严格的环境标准。园区自成立 20 多年来，已拒绝了 300 多个投资项目，涉及金额达 20 亿美元（曾智华，2017）。园区的整体环境质量通过了 IS014000 认证，良好的生态环境已成为苏州工业园吸引人才和资本、提升全球竞争力的重要因素。

二、产业新城推进新旧动能转换的路径

1. 高标准定位高起点谋划产业新城

产业新城在区域中的重要地位决定了必须审慎确定它的定位与布局。无论是由开发区、工业园转型升级而来的产业新城，还是在规划指引下新建设的产业新城，都需要依据区域整体优势、市场环境特征、技术进步趋势、绿色低碳潮流以及政策鼓励方向等找

准自身定位。产业新城的设立是为了促进地区整体产业链的提升，在更大的区域尺度优化城镇分工，因此，要站在参与全球竞争的高度，采用科技创新、集约高效、低碳环保等新的发展模式，培育以战略性新兴产业和创新型企业为主的新型产业体系。在产业新城内部组织方面，要突出创新发展，通过生活、生产、生态等功能混合开发，提升地区整体环境质量，合理布局工业、交通、商贸和人口，形成有利于创新的地区空间新格局。

苏州工业园在建设之初，就引入新加坡先进的城市开发理念，明确提出了建设“具有国际竞争力的高科技工业园区和国际化、现代化、园林化的新城区”的目标。近年来，根据中心城市和园区发展的新格局、新变化，在二次规划与开发时，更多地关注以人为本、产城融合、协同善治、集约紧凑、绿色发展等理念，注重提升软环境、软实力，将发展目标提升为“建设具有全球竞争力的国际化、现代化、信息化高科技园区和可持续发展的创新型、生态型、幸福型综合商务区”。城市发展从硬件建设转向软件与功能的完善，金鸡湖中央商务区、独墅湖科教创新区、阳澄湖半岛旅游度假区和

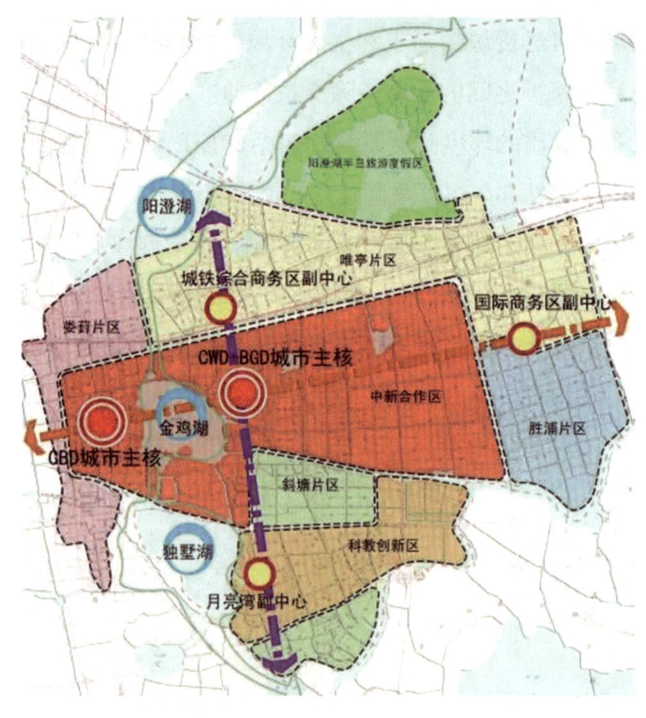

图 2　苏州工业园园区规划结构图

资料来源：苏州工业园总体规划（2012 版）

高端制造与国际贸易区等四大功能板块联动发展。近年来，园区还实施了智能公交、数字城管、智慧环保等智慧城市项目，为园区品牌建设和品质塑造发挥了积极作用。为满足不同层级和不同人群的功能需求，园区还建设了“城市中心—片区中心—邻里中心—居住小区中心”四级公共服务体系。邻里中心是其中的亮点，它集商业服务和社会服务于一身，集中配置农贸市场、银行、邮政所、卫生服务站、阅览室、理发店、修理铺等社区服务设施，实现了便民服务与人居环境的高度统一（何磊等，2015）。

2. 建设配套完善的智慧新城

软环境是产业新城发展新动力。依据软环境的功能和作用，产业新城软环境由产业配套、生活服务、智慧管理、文化建设四个方面构成，并由此加速新城的创新与转型升级。一是可通过完善产业新城内部的产业配套，实现基础设施和要素资源的共享、综合交易成本的降低、技术溢出、创新环境的形成等集聚经济效应。二是作为新城保障性要素的生活服务，与新城居民的幸福度紧密相关，很大程度上决定了新城对人才的吸引力，新城管理机构要在科学引导市场的同时，将商业、物业、医疗、文体等生活服务交给市场，提高城市运转效率。三是将互联网、物联网、大数据、云计算等现代信息技术运用于民生服务、生态建设和城市治理之中，使新城产业发展和新城管理更智能、更高效，有利于提升新城的集聚功能；四是新城文化建设所形成的开拓进取、协作共享的创新文化，广纳英才、全面发展的人本文化，能源结构改善、能源效率提高的绿色文化，有利于扩大招商引资和吸引优秀人才力度，促进新城可持续发展（甄杰，2017）。

韩国松岛新城是智慧城市的代表。新城运营者通过“U. Life 解决方案”向客户提供无线网络、物联网响应、环境控制、远程教育、远程医疗综合平台等“智能 + 互联社区”管理服务；通过运用全球定位、无线通信、先进传感和测量等高新技术，打造智能化社区、地下综合管廊示范区、智能公交系统示范区、智能建筑示范区等，最终实现构建“智城中枢”的总目标，使松岛新城成为韩国的增长新动力（毕治方等，2018）。

3. 坚持创新发展和环境优化

要通过创新实现新旧动能转换，产业新城应重点聚焦两大核心：一是强化科技创新研发，营造好基础型技术研究开发环境。参考台湾新竹工业园的成功经验，设立工业技术研究院之类的机构，跟踪产业前沿，针对新城中产业重大关键共性技术问题进行研发；或对接高校院所和科研机构，链接创新源，提升产业新城的核心竞争力。二是强化科技创新应用服务，优化创新环境。以“创新+”为理念，构建以创新研发、科技服务和创业转化为主导的创新体系，加速研发成果转化率，促进科研成果转化和创业孵化，实现创新活动的社会和市场价值，进而促进更多创新活动的开展。

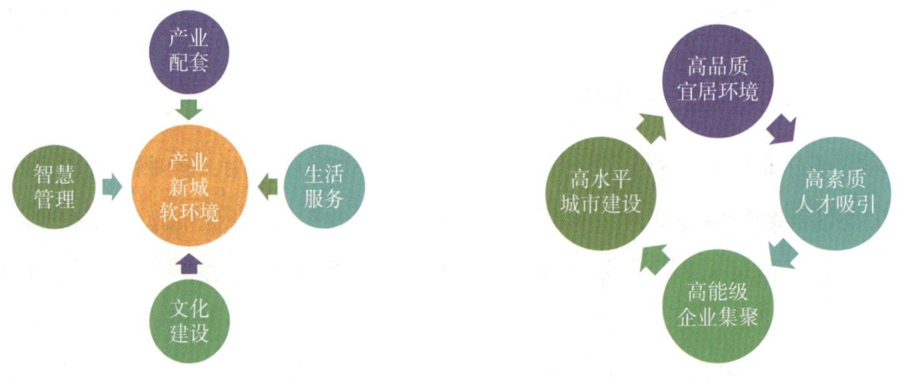

图3　产业新城发展软环境构成　　**图4　产业新城的良性循环**

同时，产业新城还可以发挥自身城市规模不大、生态环境资源更为优越的本底条件，建设成为生态环境友好型地区（李文彬等，2017）。可借鉴全球知名科技新城——瑞典Kista新城的成功经验，通过规划绿色公园、林荫道、绿化带等生态廊道来优化生态环境，打造宜居宜业的氛围，提升新城的活力与吸引力，真正实现通过高品质环境吸引高级人才，高级人才带动高端产业，高端产业收益又进一步促进宜居环境改善这一良性循环。

4. 构建促进新动能的体制机制

人才和技术是创新的两大核心要素。首先，要建设产业新城的人才吸引与激励制度。可建设高校、科研院所与企业相互合作共赢的模式，探索以科研成果、技术入股等新的人才激励机制，充分用好政府的财政、税收等优惠政策以实现高校科研人员到企业任职，充实企业人才储备。在人才的培育上，利用合作的科研机构、大学的资源，邀请专家定期讲座，对新城企业员工进行培训，并鼓励新城科技人员在职进修。其次，建立研发机构引进和支持机制。可通过成立研发机构引进专项资金、提供研发用地和办公场所等政策对研究机构建设和发展给予支持。

为保护好科技人才与机构的创造热情，须建立知识产权扶持机制。可成立专项部门管理资金，在发明专利、申请授权专利以及专利年费缴纳等项目上给予支持。建立以提升知识产权服务能力、规范各种服务行为的知识产权服务机构，大力开展专利代理、咨询、评估、交易等服务，持续提高其综合服务水平。努力争取国家知识产权质押融资试点资格，扩大企业的融资渠道。

三、结语

在我国开始实施创新驱动发展战略的背景下，产业新城作为集中承载创新活动的载体，是引领我国自主创新能力提升、实现新旧动能转换的重要平台。未来将实现由主要依靠增加物质资源消耗向主要依靠科技进步、劳动者素质提高、管理创新转变，加速提升自身核心竞争力，完善区域产业链条，协助核心城市共同参与全球竞争与合作，进而不断推动我国整体发展动能持续升级，迎接城镇化后半场的全新挑战。

参考文献

[1] 毕治方，孙斌，王路路等．国内外智慧城市群研究与实践述评［J］．科技和产业，2018，18（05）：21－27

[2] 冯莎莎．世界主要国家绿色发展进程及对我国的启示［J］．中国人口·资源与环境，2011，21（Z）：52－54

[3] 何磊，陈春良．苏州工业园区产城融合发展的历程、经验及启示［J］．税务与经济，2015，(2)：1－6.

[4] 李文彬，顾姝，马晓明．产业主导型地区深度产城融合的演化方向探讨——以上海国际汽车城为例［J］．城市规划学刊，2017，(08)：57－62

[5] 山东社会科学院课题组．抓住新旧动能转换这一重大机遇［N］．大众日报，2017－06－29

[6] 余东华．以“创”促“转”：新常态下如何推动新旧动能转换［J］．天津社会科学，2018，(01)：105－111

[7] 张洪洋．产城融合成果显著产业升级追寻未来——以苏州工业园区为例［J］．中国房地产（市场版），2017(9)

[8] 甄杰．软环境：中国产业园区转型升级的新动力［J］．区域经济评论，2017（02）

刘爱华，博士，深圳市城市空间规划建筑设计有限公司北京研究中心主任，高级规划师，国家注册城市规划师；主持或参与各级研究课题与规划项目几十项，曾获省部级规划设计优秀奖两项。

产业新城推动中国都市圈动能转换研究

吴昊天　李穆琦

产业新城是我国新城新区中的重要组成部分。产业新城的产生和发展与我国都市圈经济能级提升、产业转型升级密切相关。本报告论述了我国都市圈演化的基本过程和空间特征，通过回顾产业新城的发展历程，提出其在都市圈范围内、在支撑核心城市、服务中小城镇、带动乡村地区等领域具有重要意义，特别是在促进都市圈动能转换升级的过程中，起到不可替代的作用。

一、产业新城发展概述

我国都市圈核心城市正在进入或即将进入产业外溢、区域协同的时代，产业新城即是在我国城镇化中期出现，受城市核心辐射并对其产生反作用力的位于核心区外围的宜居宜业新城。它不同于传统的“园区”或“卧城”，不是城市中的一个单一功能片区，而是可以解决居住、工作、游憩与交通四大城市核心功能的独立城市。

1. 产业新城产生的必然性

在都市圈的形成和发展过程中，核心城市产生的城市问题和外溢现象，客观上有助于形成区域经济的新增长极，积极发展外围产业新城是都市圈内各要素空间结构优化和健康协同发展的必然选择。

从都市圈的经济发展角度看，单一城市无法完全承担区域的所有职能，核心城市也不可能全方位对周边中小城镇进行高度辐射影响，不同城市需各司其职，共同促进都市圈均衡发展，产业新城的产生有助于促进都市圈经济一体化发展。

从各个地方竞争型的政府管理体制看，政府有经济发展的诉求就需要积极寻求与市场的结合点，加快自身城市的发展，产城融合的产业新城是新型城镇化背景下的地方经济新的增长极，在新空间、新动力及新模式方面具有突出表现，正成为各地方政府积极发展实体经济的优先选择路径。

从生态与环境的压力看，在生态文明建设的新时代思维下，城市发展的生态意识逐渐增强，城市生态的底线思维正在转变成为城市发展的前提。我国主要大城市的发展规模受到严格限制，无法以蔓延性方式进行土地扩张，都市圈发展中空间拓展的需求必然以外围的产业新城的形式出现。

从我国的城市的治理水平看，我国当前大城市病问题突出，其中固然有城市发展规律必然性的原因，但我国城市政府普遍治理大城市的经验不足、能力有限，制约了城市规模在当前基础上进一步扩大的可能。以人为本的可持续发展城市导向鼓励城市缓解大城市病，都市圈外围的产业新城可以有效疏解核心城市外溢人口，减小核心城市发展的压力。

我国大部分都市圈都处在兼具集聚和分散特征的阶段，鉴于城市经济发展的必然需求和地方竞争型政府的管理导向，以及生态底线和治理水平的约束，必然出现以产业新城为主体的外围重要节点城市，以支撑整体都市圈健康发展。

2. 产业新城产生的历史过程

通过对我国改革开放以来一些历史事件的分析梳理，可以将中国新城新区的发展分为三个阶段：产业导向发展阶段，住区、主题新城和开发区均衡发展阶段，产城融合导向的产业新城发展阶段。

第一个阶段是产业导向发展阶段（1980～1995 年），主要发展目标是成为城市经济增长极，其发展主要依托母城，呈现有产无城状态。此阶段又可以分为国家级园区开发和开发区的全域开放两个时期，国家级园区开发的标志是 1980 年蛇口工业区的设立；开发区全面兴起建设的开端则始于 1992 年南巡讲话。

第二个阶段是住区、主题新城与开发区均衡发展阶段（1995～2008 年）。1995 年税制改革后，土地出让金成为地方财政的重要组成，由此兴起城市边缘地区大规模住区建设以及主题性质的新城新区开发，会展、旅游、行政、体育等主题新城纷纷登上历史舞台；与此同时，各级各类经济开发区的建设步伐并未停滞，全国逐渐形成了涵盖国家、省、县三个行政级别的开发区体系。

第三个阶段是产城融合导向的产业新城发展阶段（2008 年至今）。在新城镇化下，第一批经开区面临城镇化提质增效的要求，开始自觉转型成为产城融合的产业新城。同时 PPP 模式被广泛采用，政企合作的以产城融合为导向的产业新城建设开始成为主流，除专业新城运营商外，房企背景开发商及产业主体企业均开始向产业新城运营拓展业务。2013 年上海自贸区的成立，标志着我国对外开放领域向服务业拓展，服务业投资及服务贸易发展与城市高质量生活功能融合度较高，也一定程度上促进了我国新城新区向产城融合方向加速。

总体上看，产业新城产生的历史过程也即是我国大城市、新城不断功能升级的过程。

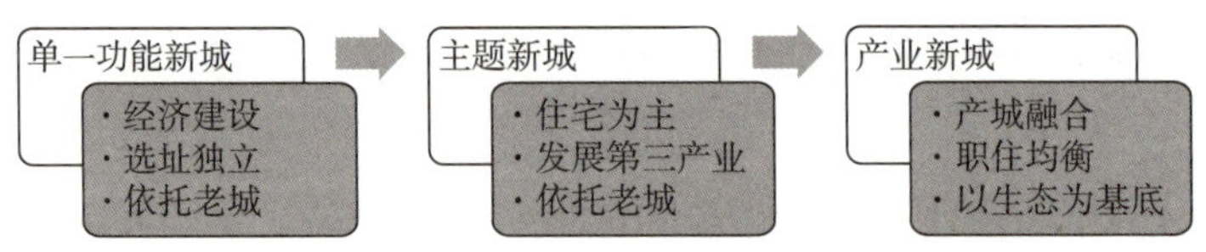

图 1　产业新城的发展历程

3. 产业新城支撑都市圈动能全面转换提升

产业新城借助交通廊道实现与都市圈内核心城市、中小城市和乡村地区间的人才、技术与资本要素的流通，从而为都市圈提供支撑，以做到在经济上紧密联系，在功能上分工合作，在交通上联合一体，促使都市圈动能全面转换提升。

（1）支撑核心城市的动能升级

当前城市间的竞争愈演愈烈，已逐步演变为以核心城市为主体的区域之间的竞争，核心城市的实力和竞争力的提升是都市圈发展的主要目标之一。核心城市面临人口膨胀、交通拥挤、住房困难等大城市病，产业和人口的疏解是核心城市进一步提升发展质量过程中亟需解决的问题。

产业新城是缓解大城市病的有效手段，初具规模且显现产城融合特征的产业新城可以承担核心城市的部分职能。在人口方面，产业新城一方面可以承接核心城市疏解的外溢人口，另一方面对涌入核心城市的外来人口进行截留；在产业方面，产业新城既可以承接核心城市的劳动密集型和资源密集型产业的外溢，又可以通过对自身产业链的整合升级对核心城市的产业动能提升形成高效支撑，引导核心城市在人口、功能及资源方面进行合理配置和分布，帮助核心城市“瘦身健体”，缓解大城市病。

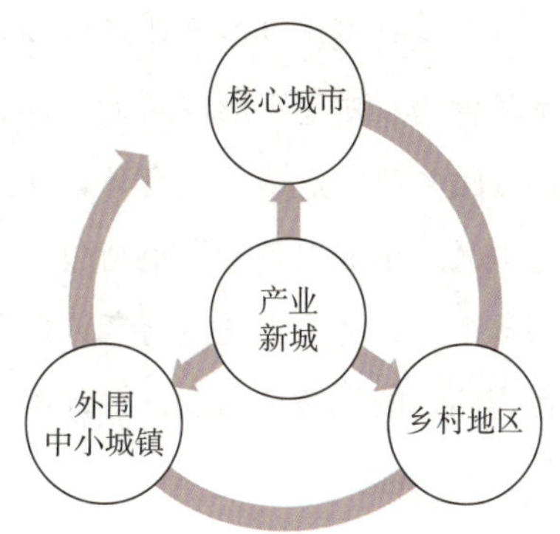

图2　产业新城与都市圈内各要素的支撑关系

（2）服务外围中小城镇加快发展

由于都市圈内各城市行政级别有高低之分，调动资源的能力差别较大，造成现阶段都市圈的建设往往重在核心城市的扩张，而外围圈层的中小城镇面临被边缘化的风险，导致其存在经济基础薄弱、城市配套缺失、创新能力不足、人才资源外流等问题。我国的城市化水平处于高速发展阶段，在核心城市容量已逐步尖顶的环境下，都市圈外围中小城镇是城市化发展的战略重点，这需要依靠多个发展引擎带动来实现，单一的核心城市难以完成（崔开俊，2009）。

一方面产业新城作为中等城市的组成部分之一，是有效提升都市圈城市化水平、缩小区域间差距、形成都市圈一体化发展模式的手段，通过廊道与核心城市形成有效联结，成为承载核心城市的转移人口和产业的载体，且在建设过程中逐步减小对核心城市的依赖，成为都市圈中的次级核心。另一方面产业新城在产业导入与城市建设上具有领先性，是小城市的发展范本，通过推广复制以引领小城市发展高品质的产城融合，优化都市圈均衡发展。

（3）带动乡村地区全面提升

城市化的推进在快速扩张城市和迅速发展经济的同时，还导致乡村地区出现衰败和凋敝，出现乡村病。乡村地区一般经济发展缓慢且缺乏技术流与资金流的支撑，大批农民工因缺少工作岗位而选择进入大中城市发展，出现了大量的“空心村”，这是城市化导致的负面结果。

都市圈外围出现的产业新城与乡村和小城镇形成网络化城镇布局，从而在经济上与原本孤置的乡村地区形成联动关系，一方面为大量农村剩余劳动力提供就业岗位，另一方面鼓励乡镇企业整合现有分散工业进行发展，从一定程度上缓解了农村病。另外由于乡村地区严重缺失基础设施与公共服务设施，产业新城以较近的地理区位成为乡村的主要服务中心，为留守儿童与老人的基本教育与医疗需求提供支撑。产业新城有望成为弥补都市圈内的发展空白点，补齐都市圈内中小城镇发展的短板，促进城乡一体化发展。

（4）小结

产业新城具备强落地性和可复制性，通过以产业发展带动城市优化、以城市建设促进产业集聚的方式，实现产、城、人一体化可持续发展，为核心城市、外围中小城镇和乡村地区提供强有力的经济及社会服务支撑，最终成为促进都市圈高质量发展的新引擎、培育壮大新动能的重要载体、中国县域经济转型升级的重要抓手。①

表 1　　产业新城对都市圈不同主体的支撑作用

对象	面临问题	产业新城的角色	产业新城的支撑作用
核心城市	人口膨胀、交通拥挤、住房困难等大城市病	承接载体	疏解核心城市外溢的人口和产业、对外来人口起到截留作用、缓解大城市病
外围中小城镇	经济基础薄弱、城市配套缺失、创新驱动能力不足、人才大量外流等问题	次级核心	提升都市圈城市化水平、缩短区域间差距、带动配套产业发展、提升居民生活质量
乡村地区	经济发展缓慢、缺乏技术流、资金流及就业岗位、缺乏基础设施和公共服务设施等乡村病	服务中心	提供就业岗位、鼓励乡镇企业整合发展、提供公共服务设施

① 宋若铭：“都市圈特征初现，华夏幸福搭建合作新平台”，《中国改革报》，2018 年 2 月 2 日。

二、产业新城促进都市圈动能转换的要点

产业新城的核心动能是产业发展，是通过产业注入、发展、升级带动新城整体的良性运转，并进一步促进都市圈整体能级不断提升。在都市圈辐射范围以内，产业新城的产业发展受核心都市影响较大，也会影响周边中小城市、镇村发展。本报告认为需在以下三个方面关注与都市圈协同发展的要点。

1. 与区域内现有城市相协同发展

1980 至 1990 年代，我国的城市新区建设普遍以产业园区和大型居住社区建设为主。2000 年后，职能较为单一的新区、园区在经历了早期的大规模土地开发后，面临发展瓶颈。通常的应对方案是扩大新区面积，以更大的土地开发一次收益支撑地区发展。但事实上，2001 年我国加入世界贸易组织后，整体城镇化发展面临的形势与早期新城新区有明显不同，从增量扩张型发展迅速向存量提升型转变。目前，我国各级城市均面临不断升级发展的需求，特别是主要的大城市正在面临后工业化产业结构调整，而中小城市数量多、分布散，加之不断发展的经济全球化进程，在承接大城市产业转移方面亟待破题。

十九大报告中明确提出实施区域协调发展战略，以城市群为主体构建大中小城市和小城镇协调发展的城镇格局，加快农业转移人口市民化。由于大城市在我国当前发展环境中具有较高水平的社会服务能力，农村转移人口向核心城市及其周边集聚仍是未来我国城镇化快速发展时期的主要现象。与此同时，一些超大城市在二十余年前已开始显现产业外溢，也逐渐出现对生活环境要求更高的人群寻找第二居所的现象。

(1) 合理布局，促进核心城市转型升级

当前我国大城市普遍进入存量发展甚至是减量发展的时期，北京、上海已公布的城市总体规划对城市人口规模进行严控，并对建设用地总规模进行缩减。深圳受自身行政区划所限，早在十年前即开展进行城市更新，对“三旧”地区进行系统改造。预

计未来10年左右，我国其他大城市也将更多采取控制总量、提升质量的城市总体发展思路，在交通、信息技术的支撑下，在更大区域以城镇集群的方式协同发展，这为产业新城的健康快速发展创造了良好条件。

在核心城市外围建立起具有产业支撑和良好环境的产业新城，一方面需要承接核心圈外溢产业和人口，为核心区域“腾笼换鸟”“退二进三”创造空间条件，另一方面，有效截留涌入城市核心区的外来转移人口，避免核心区承担超出限度的公共服务压力。因此，产业新城在发展建设过程中，应首先着眼于与核心城市的发展需求相对接，做好空间与功能支撑，承接并积极吸引核心城市的人口、产业、消费等职能的外移。

例如，大厂产业新城2007年启动建设，其时北京的第三产业外溢已有迹象，但不明显。大厂产业新城在产业选择上，以长远视野出发，预判北京东部文化类产业将会进入快车道。因此，大厂产业新城培育根植本土的战略新型产业，选择以影视文化、总部商务为主体的产业集群。2008年后，北京的影视娱乐、文化创意等产业迅猛发展，北京通州环球影城落地启动建设又进一步加速了相关产业的聚集。2015年后，人工智能和智能硬件技术在影视文化等领域的应用快速增加，大厂产业新城又进一步加大相关投入和引资引智力度，将人工智能产业集群发展提高到战略地位，加快借力北京市在这一领域的资金和技术优势，增强自身产业造血功能。

京津冀协同发展战略实施后，北京通州与包括大厂在内的北三县地区将“统一规划、统一政策、统一管控”，进一步协同发展，大厂产业新城的合理定位，促进了核心城市（北京）和新城自身的健康、快速发展，避免了由于定位偏差而造成两地城市功能和布局相互掣肘，以“双赢”替代“零和”，是都市圈内跨区域协同发展较为成功的实践案例。

（2）协同区域，助力现有中小城市加快发展

我国早期的新城建设发展可分为三类：一类是以经济发展为主要目标的园区，包括各级各类开发区、高新区、物流区，如北京亦庄开发区、上海张江高新区等；二是以集中式高密度住区开发为特征的外围远郊居住区，如北京回龙观文化居住区、天津中北镇居住区等；三是在城市总体发展规划指导下，选择部分具有发展前景的中小城镇，倾斜资源，优先安排高能级重大项目，如上海松江新城等。这些新城区的规模位于大城市辖区内，受市一级政府规划引导力量强，规划规模普遍较大。

总体上看，这些区域发展建设均较快，经过十到十五年的时间，大多已建成规模较大的外围新城。但是进入到2010年代之后，许多上述类型的新城发展进入瓶颈期。特别是由于功能单一，造成城市发展后劲不足，增长动力缺失，原有的工业企业推动、住宅开发推动等单一模式均难以持续。各个新城陆续提出进一步增强发展动力、注入新功能的规划设想。

北京回龙观地区建设初期是著名的“卧城”，职能单一。2015年，回龙观联合中关村强化本地创新业态的培育，通过引入知名众创空间和孵化器，盘活存量建筑空间，建设了全国首个“双创社区”。在回龙观双创社区启动后，不到一年的时间里就引入创业团队百余个，总人数千余人，为整个地区的综合功能提升创造了积极条件，推动原职能单一的城区向综合型城区转型。

2. 选址与都市圈“核心—廊道—节点”结构匹配

都市圈整体经济社会发展及域内城镇间的协同，根本是空间布局的合理。由于城市的空间绝对距离是固定的，产业新城的选址不可逆，如果新城选址发生严重误判，后期改善出行和配套设施的成本将会难以承受，因此，基于区域空间格局的合理选址，对产业新城建设、发展具有重大意义。从空间关系上看，城市核心达到一定规模和能级后，产业与人口集聚的态势向城区外围转移。在城镇化快速发展时期，这种转移和外溢并非是同心圆式向外扩张，而是具有以下特征。

①沿廊道向外围进行辐射。由于产业和人口的集聚寻求便捷的交通出行条件，因此，这种廊道的载体通常是市域内快速路和城市间高速公路。近十余年来，随着我国高速铁路建设的加快，部分高铁车站选址在城市外围边缘地区，在这种城市围绕站区也极有可能形成具有增长潜力的新城。

②核心城市的功能外溢多呈串珠状跳跃式。虽然距离核心城市越近，所能接收的外溢资源越多，但综合各种限制性因素，在我国当前阶段的新城发展中，这种功能辐射通常并非线性匀速扩张，而多沿廊道跳跃式布局。形成这种现象的原因一般包括：沿线原有城镇基础条件较好；高速铁路站点或高速公路出入口的位置；不同行政区划城市间土地、人力等成本落差较大；大城市核心区生态管控约束力较强。

③廊道与节点可进行规划管控和塑造。我国当前仍处于城镇化快速发展时期，高速公路、高速铁路、市郊铁路等基础设施还需持续建设、网络不断完善。因此，在未来一段时期，基于对区域基础设施建设的判断，核心城市外围的产业新城仍有较大发展的空间。

④产业新城距核心城市的距离与核心城市能级成正比。根据对我国主要大城市都市圈影响范围和结构的研究，可发现核心城市的规模越大，其都市圈影响范围也越大，产业新城所能选址建设的空间距离也更具弹性。

表 2　　不同类型都市圈特征

类型	核心圈规模	都市圈辐射半径	都市圈总面积	代表都市圈
发达型都市圈	1000km^{2}以上	120～150km	4万～5万km^2	北京都市圈
成熟型都市圈	500～800km^2	80～100km	2万～3.5万km^2	成都都市圈
发展型都市圈	200～300km^2	50～80km	1.5万～2.5万km^2	贵阳都市圈

基于以上分析，都市圈的时空结构具备"核心—廊道—节点"的特点。总体上看，"核心—廊道—节点"的格局在大城市周边较为常见，廊道与节点的作用在都市圈、城市群的发展过程中起到越来越重要的作用，一些城市已充分享有这种红利。

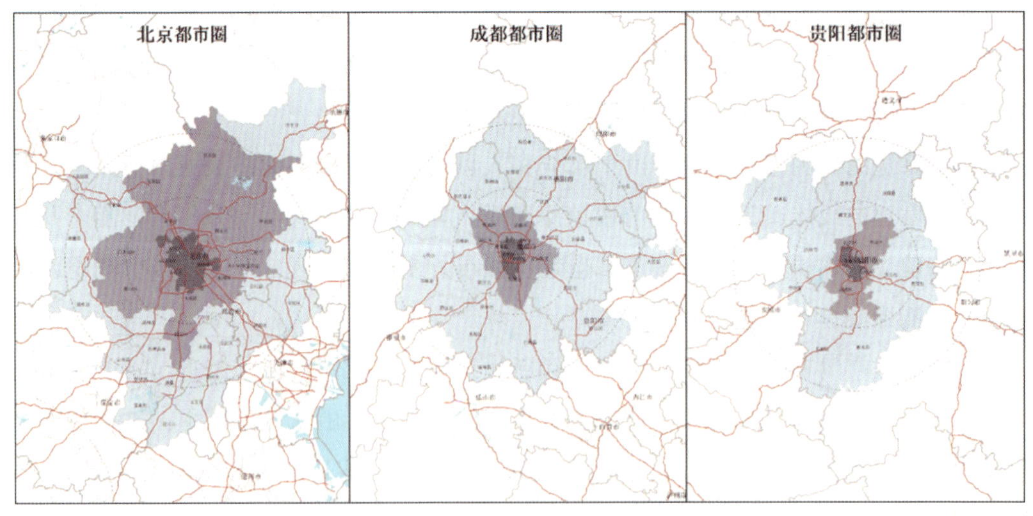

图 3　北京、成都、贵阳都市圈示意图

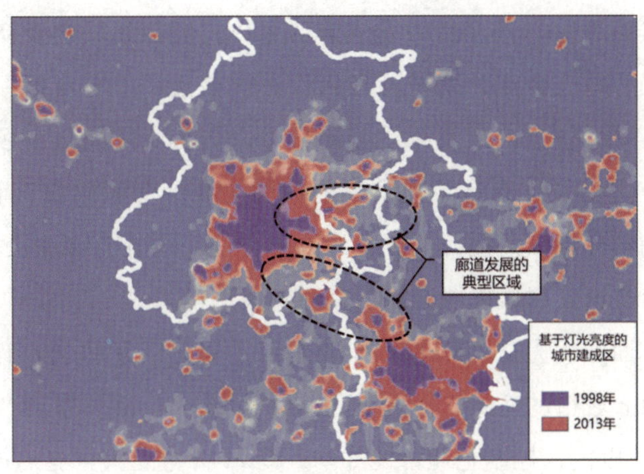

图 4　大城市外围廊道发展示意图

例如，河北省廊坊市位于京津两大直辖市之间，受到两座城市辐射影响。2005 年后，廊坊充分依托区域高速廊道密集带来的北京产业外溢优势，迅速由河北省中等城市发展成为全省人均 GDP 第二位的强市。特别是辖区内位于 G1、G2、G3、G106 等高速沿线的北三县①、广阳、永清、固安等县市区，均已成为区域发展态势较好的地区。在珠三角地区，东莞与中山距广州距离接近，但前者发展态势较后者更好，主要原因即是广州 - 深圳的廊道要强于广州 - 珠海走廊。又如，长三角地区城镇密集，沿沪宁、沪杭、杭甬等廊道也形成类“Z”型的城镇带。

因此，产业新城的选址，应密切结合都市圈外围主要发展廊道，在沿线选择具有较好交通条件、产业基础的地区开展选址和建设，便于与核心城市协同构建区域产业体系。

3. 产业新城不同时期各具侧重点

产业新城的建设发展也需要较长的时间周期，每个时期产业新城均会面临来自产业发展、城市建设等各方面的挑战。在建设的初期、成长期以及成熟期，产业新城的建设重点各有不同。

（1）建立初期

在城市方面，早期首先需进一步完善通达区域的交通基础设施，完成启动区域内

① 指三河市、大厂回族自治县、香河县，总面积 1277 平方千米，常住人口约 115 万。

部骨架路网。虽然商品住宅开发是市场供应的主体，但在新城建设初期，居住功能的提供不能完全依赖房地产企业，新城管理机构必须在全局上有所把控，注重提供适合中等收入阶层的可支付住宅，以及劳动密集型企业员工所需的蓝白领公寓。新城管理机构在建立初期应主动引导具有专业开发能力的企业参与基础设施和土地开发建设，培育起良好互信的营商氛围，提升地区经济活跃程度，这既能够加快城市建设的速度，也有助于塑造一个快速发展城市所必需的良性整体文化。

在产业选择方面，优先从本地原生产业基础上演化，有助于原有产业的升级。另一方面，强化与核心城市的主导产业发生互动，形成产业链关系。产业类型的选择宜聚焦在3、4 个产业以内，控制企业拿地冲动，以1、2 个龙头企业的投资落地入驻为主要目标。此外，早期的产业布局，在空间上既要注重于城区距离不至于太远，便于日常通勤，又不能距生活区太近，避免可能产生噪声、交通等各种干扰。

（2）发展中期

经过5 年左右的启动期后，城市发展需要以“产城融合、综合平衡”为目标，争取留住外来就业者，并转化为本地居民。为此，需要不断提高公共配套服务设施水平，特别是提供高质量的教育、医疗设施，服务于核心人群的带眷人口。

产业发展过程中，则重点需要对产业结构进行充实、细化，一般制造业向先进制造业提升，常规服务业向特色服务业转化，不断提高本地区产业在国际国内两个市场上的竞争力。

此外，在当前创新经济飞速发展的环境下，这一时期要注重创新业态的培育，特别是针对基础科学研究和应用技术研究机构，供给具有弹性组合利用方式的办公空间。新城管理机构需引导社会资本投资创新经济活动，充分借力核心城市在创新环境建设、创新制度完善、创新要素集聚等方面已有的资源，培育本地创新土壤，为协同核心城市创新经济链条发展创造基础条件。

（3）成熟时期

产业新城的最终目标是一座成熟、完整的城市，当城市能够自我运转之后，产业区和城市生活区的互动关系将更加紧密，产业转型、城市提升成为新城整体的主题，新城居民对城市生活的要求也不断升级——工作上从稳定就业到创造性劳动，城市上从有秩序的环境到高水平的公共服务设施。

从产业发展方面，产业与城市的协同更加重要，城市中的产业空间与城市生活相融合，支柱产业必须由第二产业向第三产业延伸，特别是向生产性服务业扩充。

与发达国家生产性服务业占国民经济总量的50%左右相比，我国生产性服务业还处于能级较低的水平，2017 年的占比仅为21%左右①，还有非常大的上升空间。特别是一般加工制造业和生活性服务业的用人需求随着智能化设施的普及被逐渐取代，生产性服务业将成为支撑区域发展、容纳就业人口的主要产业。

对于新城建设而言，经历了早期的基础设施建设、一般制造业引入、中期先进制造业提升、城市服务功能改善等阶段后，需要进一步打造成熟的新型城市。

固安产业新城位于北京市和雄安新区之间，是以固安工业园区为基底打造的产业新城。自 2002 年启动建设以来，迅速将原有的钓具、滤芯、塑料、肠衣的传统“四大金刚”一般制造产业升级为新型显示、航空航天、生物医药三大主导产业，建设了电子商务产业园、肽谷生物医药产业园、卫星导航产业园、航天产业园、环保产业港等高端制造与研发产业园区。经过十多年的发展，彻底从一个传统农业县改造成为全国县域经济创新力和潜力的十强县。

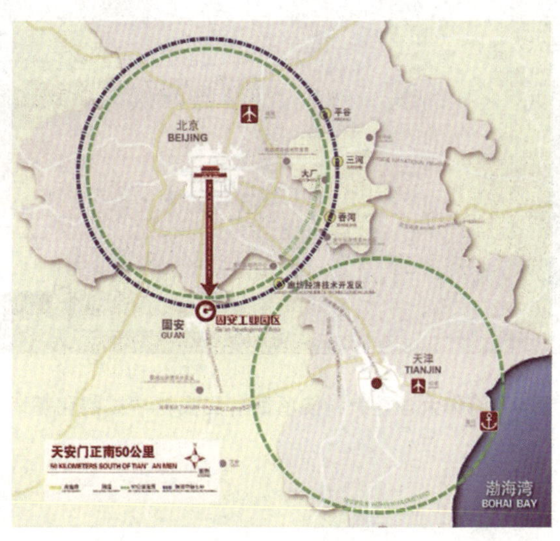

图 5　固安工业园区区位图

① 刘振华：“前瞻布局生产性服务业，华夏幸福为区域高质量发展赋能”，http：//finance. hebnews. cn/2018 -07/25/content_ 6965979. htm，2018 -07 -25.

此后，固安不断创新城市发展理念、改善产业经济业态，进一步完善城市级高端产业配套设施，搭建了金融服务平台、人才服务平台、科技创新平台、创业服务平台四大产业促进平台，已经完成或建设中的主要城市功能设施包括：以中央大道金融街区、锦绣大道 SOHO 办公街区和迎宾大道高端总部商务办公街区为载体，建设百万平方米商务楼宇，形成集金融服务、商贸服务、总部办公为一体的楼宇经济示范区①。通过种种举措，固安产业新城正在逐步夯实生产性服务业的产业基础，逐渐成为京津冀区域最具吸引力的标志性商务办公与创新经济活力地区。

当产业新城能够与核心城市形成良性互动，具有更加完善的创新环境和产业发展环境时，就不能仅仅局限于承接核心城市外溢的人口和产业，更应成为能够服务、辐射区域的都市圈内主要城市之一。在进一步向城市群演化的过程中，产业新城必须扮演更重要的角色，尽快培育出自身独特的城市文化与特质，提高城市认同度，成为整个都市圈中不可替代的独立城市。

图 6　清华大学重大科技项目（固安）中试孵化基地

4. 小结

总体而言，产业新城的建立，能够促进都市圈整体快速发展。在空间上，产业新

① 华夏幸福．新城介绍，http：//nic. cfldcn. com/index. php? m = content&c = index&a = lists&catid = 79&pc_hash = Am3HYG，2018 - 10 - 08.

城的选址要与都市圈内核心城市、节点城镇、主要发展廊道相契合；在时间上，产业新城与核心城市的关系并非一成不变，而是在与核心城市的经济联动过程中，先后经历被动承接、主动培育、良性互动的过程。经过较长一段时期的发展，未来甚至可在一些领域与核心城市形成充分竞争，提高都市圈整体发展水平。

表3　都市圈与不同阶段新城的关系

发展阶段	与都市圈内核心城市（核心城区）的关系				主要代表
	空间距离	交通联系	产业关系	新城功能	
第一代 工业区、工业小区 1980～1995	核心城区近郊 5公里以内	自行车 公交车 城市道路	城内居住 城外工业 厂区就业	以制造业工厂为主 满足城市就业	北京东南郊工业区
第二代 居住区 1995～2005	核心城市郊区 5～10公里	城市主干道 城市轨道	无主导产业	以居住功能为主，无主导产业，配套服务少	北京回龙观 天津梅江 居住区
第三代 主题新城 2000～2012	核心城市远郊 10～20公里	城市快速路 高速公路 城市轨道	有一定产业基础	以行政、文化、旅游等产业为主，一定配套居住功能	天津生态城
第四代 产业新城 2004～今	都市圈外圈层 20～30公里 30～50公里	高速公路 高速铁路 市郊铁路	主导产业实力强，错位发展，创新驱动	实体产业 城市综合服务	北京未来科技城 固安产业新城 嘉善产业新城
第五代新城 （未来）	都市圈外圈层 50～80公里	高速公路 高速铁路 市郊铁路 城市轨道	独特的产业类型，不可复制，与核心城市良性竞争	独立城市 环境优美 配套设施完善	

三、结论与展望

基于我国当前城镇化发展的阶段和趋势，产业新城必将在都市圈协同发展过程中扮演重要角色，但目前我国产业新城和都市圈相关理论仍不完善，具体实践也仍在探索。距离我国城镇化进入较高水平的稳定阶段仍有20年左右的时间，产业新城在推动都市圈动能转换升级的过程中，仍需持续进行构建理论框架、升级产业结构、优化空间组织、完善治理机制等方面的研究。

1. 构建理论框架，完善“都市圈 + 产业新城”协同发展理论

现代城市规划科学的起源普遍公认是田园城市理论，这一理论即是以区域视角建立了核心城市与外围新城的空间关联。在此基础上发展的中心地、有机疏散、卫星城等理论极大推动了城市区域科学的发展。

我国近现代城乡规划和区域经济有关的理论也在不断发展。随着我国城镇化进程进入新时期，大城市的直接影响范畴不断突破行政区划的边界，跨行政区的各级城市协同发展正在成为主流。在国家政策和学术理论方面虽然已经公认“城市群是我国城镇化的主体形态”，但由于我国幅员辽阔，不同区域板块发展阶段差距很大，城市群也存在较大差异。长江三角洲等个别地区已经形成城镇连绵发展，但更多的地区仍是以大城市为核心，处在都市圈协同的阶段。在都市圈外围以产城融合为主要理念的产业新城是支撑核心城市的主要力量。

然而，我国有关“核心都市 + 产业新城 + 区域腹地”的相关理论建设还有很大差距。核心城市与产业新城之间在发展阶段、空间联系、产业协同、生态控制等各方面均缺乏成熟的理论支撑，因此，尽快建立我国都市圈协同发展理论势在必行。

本报告已初步构建起“核心都市 + 产业新城 + 区域腹地”理论在三个方面的框架：

一是都市圈空间认知，搭建“都市—廊道—节点”的区域空间架构，强化廊道与节点在都市圈区域协同发展的作用；二是产业新城的实践意义，在都市圈的空间尺度内，对于协助核心城市升级、支撑中小城市发展、带动乡村地区繁荣等方面发挥重要作用；三是产业新城实践的具体操作，在新城选址、开发时序、产业定位等方面初步进行了探讨。

2. 升级产业结构，产业新城经济发展动能持续升级

城市是一个复杂、动态的系统，产业结构不断升级是城市发展的核心动力，而城镇集群（包括都市圈、城市群）则更为复杂。在当前经济全球化不断深入的背景下，国家间竞争将主要是以都市圈为核心的城市群的竞争。产业新城是支撑核心城市升级发展的重要支柱，也将成为参与全球产业链分工合作的主体之一，其主导产业和经济结构也必须伴随全球政治经济环境的变化而不断升级。当前大城市产业升级的有关研

究已经比较充分，但产业新城通常规模较小，支柱产业较少，抗击风险能力偏低，如何进一步做强做精、保障长远发展动力仍有待研究。

产业新城良性健康发展的内生动力是科学合理的实体产业基础。但与相对独立中小城市不同，产业新城受都市圈内核心城市影响较大。这种影响通常体现在产业协同、人口承接、交通联系等方面，其中尤以与核心城市产业结构转变关系密切。

我国即将成为全球最大的消费市场，至2030年左右，我国人口总量将趋于稳定。未来10年，我国仍将有2亿新增城市人口，就业与消费需求仍有较大空间。人民对幸福生活的向往和需求不断攀升，要求城市能够提供更多适宜的就业岗位和高质量商品与服务。近年来，我国实体经济受国内外经济环境冲击较大，而大城市由于土地、人力等生产要素成本高，面临虚实经济脱节的困境，产业新城有条件、有能力承担起支撑国家宏观经济健康发展的责任。但是，当前我国产业新城以承接核心都市外溢的第二产业为主，也有一些产业新城立足做强自身环境和政策优势，希望通过不断提高的服务水平，在研发、金融等服务行业与核心都市充分协同、互利合作。

3. 优化空间组织，构建产城融合的新兴组织模式

虽然以大城市为核心、以产业新城为支撑的跨行政区域都市圈空间规划体系尚未建立，但我国发达地区已有较为成熟的城镇体系规划、城市群规划经验，有条件也有必要在此基础上建立都市圈规划体系。对于单一都市圈而言，需要在传统的“核心－边缘”理论的基础上，对外围重要发展廊道和节点予以特别关注，通过合理的发展廊道、重要节点规划，留足生态空间，避免整个都市圈连绵蔓延。

对产业新城自身而言，其规划、建设、运营要与时代需求相适合。在现有的城市和产业发展过程中，重要产业的发展、提升常与城市规划布局发生冲突，其原因主要是产业发展的不确定性较高，不同产业类型对特定空间要素资源的需求不同，而城市规划常管控时间较长，且以生活空间品质为首要出发点，对优质的土地、景观、交通等资源也有强烈诉求，二者较难取得一致。在当前我国空间规划体系进行深度改革的大环境下，有条件对城市与产业发展的有关规划进行协调，将产业空间布局与城市生活空间布局纳入同一个空间规划体系，宏观上管控总量与底线、微观上预留弹性和灵活性，从产城融合、职住均衡的角度构建新型空间组织模式。

4. 完善治理机制，全面提升都市圈治理能力

由于都市圈是基于经济活动联系存在，已经逐渐突破行政区划边界的约束，因此相关治理机制也亟待完善。虽然党的十八次三次全会明确要"使市场在资源配置中起决定性作用和更好发挥政府作用"，但在实际的经济活动中，我国城市政府在城市经济活动中的主导地位仍然较强，政府与市场更需要明确边界。

2017 年后，我国已进入新时代，需要都市圈内的各城市强化协同予以应对国际环境变化，单纯依靠政府或市场的力量都是显然不足的。在我国城镇化发展的过程中，大城市会利用自身在行政层级中的优势地位，向市场提供更多的低成本优质资源，在促进了本地区发展的同时，却挤压了其他中小城市的合理发展空间（王垚，2015）。而市场也有一定盲目性，政府组织和引导作用又不可忽视。

基于都市圈跨行政区划、城市间行政层级差异较大的特征，本报告认为政府协同治理作用应首先体现在基础设施互联互通、公共服务设施共建共享、民生服务均衡普惠等阻力较小的领域。目前在大城市周边，跨行政区划的高水平服务对加快城镇集群协同发展具有重要作用，能够推动强化人口与要素资源集聚，给核心城市和周边产业新城在经济活跃、产业升级方面提供更大空间。因此，为能够更好提升大城市治理能力、促进区域协同、健康、快速发展，以上一级行政机构（通常为省级层面机构）为总体统筹、各城市政府协调的治理机制不可或缺。

吴昊天，清华大学硕士，博士生（在读），高级规划师，国家注册城市规划师，华夏幸福城市规划研究院都市圈与城镇化研究中心主任规划师，深圳市城市空间规划建筑设计有限公司副总规划师；李穆琦，香港理工大学硕士，深圳市城市空间规划建筑设计有限公司北京研究中心，助理研究员，规划师。

案 例

新城新区发展动力研究
——中外案例的启示

谢鹏飞

本研究阐明新的国际国内形势和时代背景，介绍国内外八个新城新区案例，对其进行分析，总结得到使新城新区保持长久繁荣与活力的动力：产业、政策、设施和功能。对每一动力进行进一步分析，并得出推动新城新区发展的有益启示。

一、相关案例

（1）嘉善产业新城

新城简介：产业新城是城镇化和工业化各自发展又相互结合而产生的一种城市发展创新模式，一般指在主城区外，以产业为引导、以城市为依托，实现产业高度聚集、城市功能完善、生态环境优美的新城区，是推动地方经济社会发展和产业转型升级的动力引擎①。嘉善产业新城位于嘉兴市嘉善县南部，毗邻高铁嘉善南站，占地约 12km^2，区位条件优越。新城范围及附近拥有 4 大国际机场、3 大国际货运港

① 亢亚娟：“产业新城模式——房地产业创新方向及案例”，《上海房地》，2016 年第 6 期。

口、1 条高铁线路、2 条高速公路及 2 条国道的全方位现代化海、陆、空立体交通体系，为新城融入长三角城市群，参与全球产业分工创造了有利条件。新城由华夏幸福投资开发。

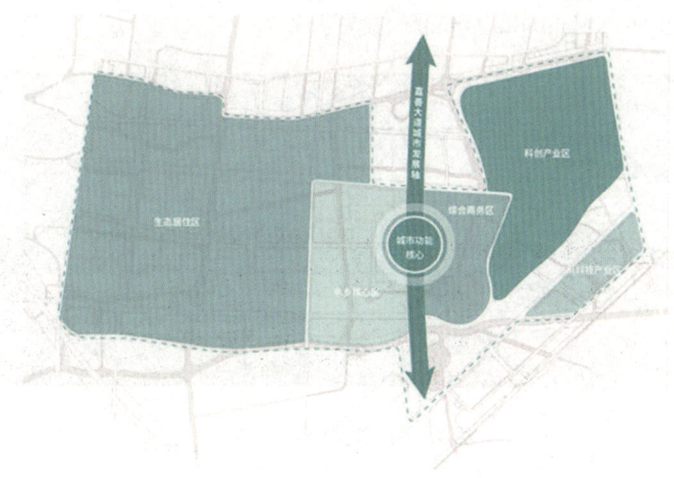

图 1　嘉善产业新城空间规划

资料来源：嘉善产业新城官网 http：//www. jscyxc. cn/index. php？ c = explore&a = city

规划与开发特色：从新城空间规划看，产业用地占比重较大，达到 1/3 ~ 1/4 左右。同时，产业区与其他功能片区合理结合，形成“一轴”“一心”“两片”的用地结构。“一轴”指纵贯城市南北的嘉善大道，串联起城市公共服务体系，联系高铁南站和嘉善县城；“一心”指嘉善大道两侧的综合商务区和水乡核心区，是新城商务活动的核心区域；“两片”指位于城东的产业区，以及位于城西的生态居住区①。嘉善产业新城开发特色体现在：积极创新升级“政府主导、企业运作、合作共赢”的市场化运作模式，以公私合营（PPP）模式对新城进行开发，重在引导高端产业不断进入，形成产业集群，打造“产城融合”、宜居宜业的城市空间。目前，新城已初步形成软件信息、影视传媒、科技研发和商贸服务四大产业集群②。

① 嘉善产业新城官网：www. jscyxc. cn/index. php？ c = explore&a = city

② 秦正长：“嘉善产业新城崛起四大产业集群”，《浙江日报》，2017 年 11 月 7 日。

（2）马恒达世界城（Mahindra World City）

新城简介：马恒达世界城位于印度拉贾斯坦邦西北部的斋普尔市（Jaipur），处在德里—孟买工业走廊，离斋普尔机场 25km，8 号国道线经过世界城，地理位置优越。面积约 12km^2（3000 英亩），规划人口 30 万人（2025 年）。马恒达世界城由印度著名跨国企业马恒达集团（Mahindra Group）投资开发。

图 2　马恒达世界城一角

资料来源：马恒达世界城官网 - https：//www. mahindraworldcity. com/jaipur/

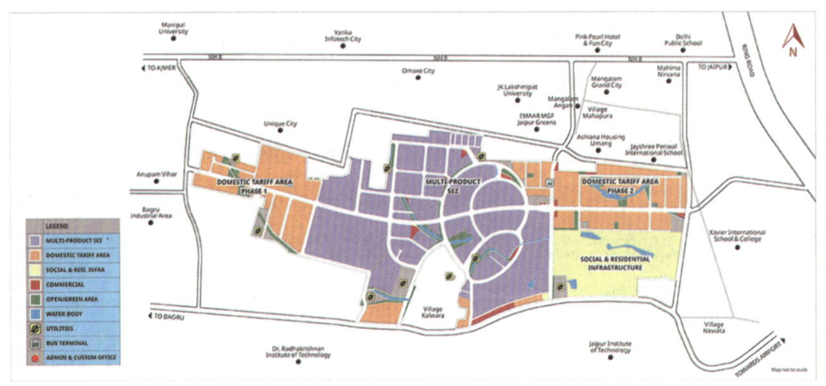

图 3　马恒达世界城（斋普尔）总体规划

资料来源：马恒达世界城官网 - https：//www. mahindraworldcity. com/jaipur/

规划与开发特色：由图可见，世界城产业用地（紫色部分 + 橙色部分）几乎占到规划建设用地的 1/2，可见产业发展在马恒达世界城的突出地位。其他功能性用地（商业、游憩、居住、设施、交通）配合产业用地，穿插其中，构建了较为平衡的城市空间格局。马恒达世界城意在打造城市可持续发展的“亚洲样板”，环保、生态、低碳、包容、开放、共享，是世界城的开发原则和建设理念。其特色主要体现在：①采用公私合营模式（PPP），由马恒达集团出资，与拉贾斯坦邦政府合作开发；②绿色发展，和谐发展。大力引入绿色及其他高端产业（目前已有80多家企业进驻），解决地区就业；在建筑、交通、废弃物处理等领域，采用低碳环保措施。

（3）珠海横琴新区

新城简介：横琴新区位于珠海市横琴岛所在区域，毗邻港澳，面积约106km^2，是澳门面积的3倍多。横琴地处珠三角核心，周边有5个国际国内机场、4个深水港、8条高速公路和3条轨道交通，区位优越。2009年8月，国务院正式批准实施《横琴总体发展规划》，将横琴岛纳入珠海经济特区范围，要将其建设成为“一国两制”下探索粤港澳合作新模式的示范区；2011年3月，横琴开发纳入国家“十二五”规划。2012年，时任国务院总理温家宝在《政府工作报告》中明确提出：“推进横琴新区建设，促进经济适度多元发展”。2014年底，国务院正式批准将横琴纳入广东自贸试验区。2017年，国务院总理李克强在《政府工作报告》中，提出研究制定粤港澳大湾区城市群发展规划，横琴是大湾区的核心区域之一。

规划与开发特色：规划作为一种重要的公共政策，引领着新区发展。新区编制《横琴总体发展规划》及《横琴新区城市总体规划2009—2020》，作为宏观层面的指导文件，并编制各专项规划。根据规划，新区的发展目标是：经过10～15年努力，把横琴建设成为连通港澳、区域共建的“开放岛”，经济繁荣、宜居宜业的“活力岛”，知识密集、信息发达的“智能岛”，资源节约、环境友好的“生态岛”。在相关政策指引下，经短短几年建设，新区目前已初具规模。截至2016年，新区地区生产总值比2009年增长了60多倍，常住人口增长了5倍①。横琴新区的开发在于政策的推动，其后续发展动力，很大部分来源于政策的激励和制度的创新，这是其最大特色之一。

① 彭高旺：“积极的财政政策助力中国自贸区发展——以横琴新区为例”，《预算管理与会计》，2018年第1期。

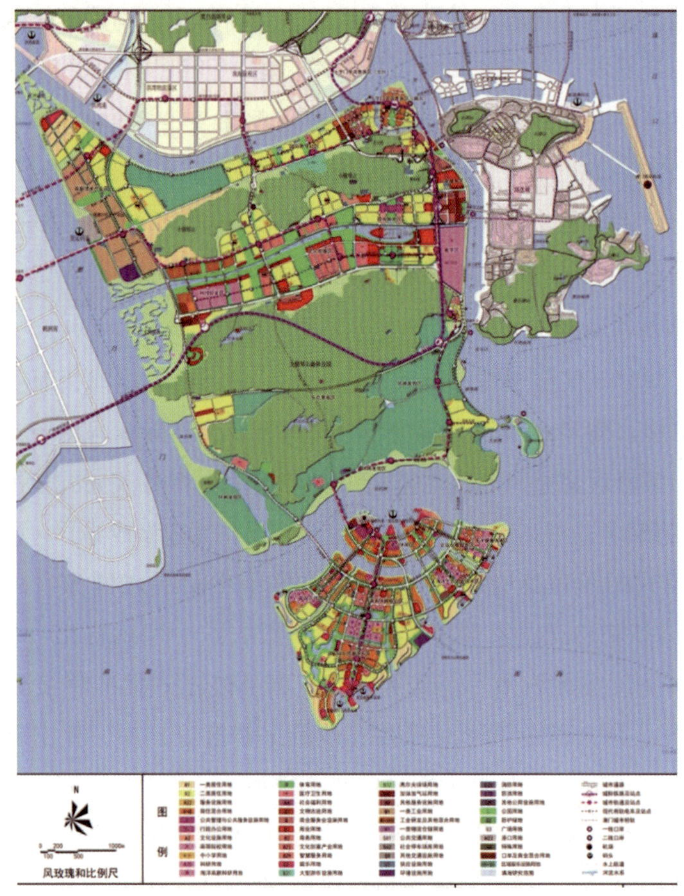

图4　横琴新区城市总体规划 2009 - 2020

资料来源：横琴新区官网 - http：//www. hengqin. gov. cn/

（4）斯德哥尔摩皇家海港（Stockholm Loyal Seaport）

新城简介：皇家海港在瑞典斯德哥尔摩市区东北方向，离市中心约3km，项目区域沿波罗的海海岸呈长条形分布，且与皇家城市公园相邻，海、陆、空交通均较发达，区位优越。项目占地2. 36km^2，原为临港工业用地及客货码头，由于常年油气污染，环境破败。2009年，斯市议会提出皇家海港更新计划。2010年，市政府着手进行关闭油气设施、土地整备等前期准备工作，正式发起实施更新计划①。

① 斯德哥尔摩皇家海港官网 - http：//www. stockholmroyalseaport. com/

图5　皇家海港鸟瞰

资料来源：斯德哥尔摩皇家海港官网 - http：//www. stockholmroyalseaport. com/

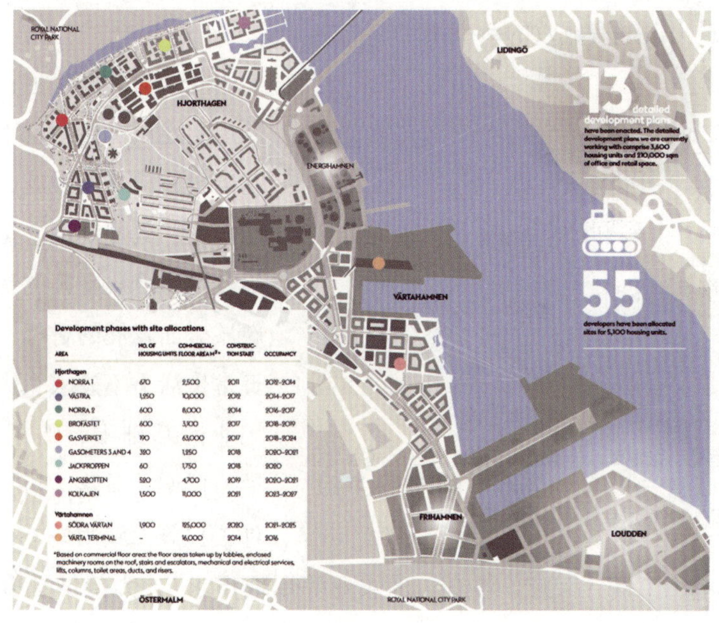

Development phases with site allocations

AREA	NO. OF HOUSING UNITS	COMMERCIAL-FLOOR AREA M²*	CONSTRUC-TION START	OCCUPANCY
Hjorthagen				
NORRA 1	670	2,500	2011	2012-2014
VÄSTRA	1,250	10,000	2012	2014-2017
NORRA 2	600	8,000	2014	2016-2017
BROFÄSTET	600	3,100	2017	2018-2019
GASVERKET	190	63,000	2017	2018-2024
GASOMETERS 3 AND 4	320	1,250	2018	2020-2021
JACKPROPPEN	60	1,750	2018	2020
ÄNGSBOTTEN	520	4,700	2019	2020-2021
KOLKAJEN	1,500	11,000	2021	2023-2027
Värtahamnen				
SÖDRA VÄRTAN	1,900	125,000	2020	2021-2025
VÄRTA TERMINAL	-	16,000	2014	2016

*Based on commercial floor area: the floor areas taken up by lobbies, enclosed machinery rooms on the roof, stairs and escalators, mechanical and electrical services, lifts, columns, toilet areas, ducts, and risers.

图6　皇家海港详细发展规划

资料来源：Stockholm Royal Seaport Sustainability Report 2017

规划与开发特色：皇家海港的规划建设目标，一是要通过老旧工业区的改造，盘活部分棕地，兴建公共设施，吸引企业入驻，从而缓解斯市住房和就业问题。预计2025年前，将建成可供1万户家庭居住的公寓楼，并创造3.5万个新的就业岗位①；二

① 屠锐："走访未来的'共生城市'——瑞典斯德哥尔摩皇家海港生态城"，《公关世界》，2014年第8期。

是通过政策和制度创新，构建欧洲乃至全球可持续城市更新样板。以低碳理念为核心，将减排目标与环保要求强制性融入土地开发合同，并出台相关管理规定，以政府行政权力监督和保障其规范实施①。皇家海港的开发始终以政府为主导，密切协调各利益相关方参与。

（5）香港荃湾新市镇

新城简介：荃湾是香港新界的海湾，横跨蓝巴勒海峡，对面是青衣岛，距九龙仅5km，离香港市中心的尖沙咀仅10km。荃湾有优良的海港，是通往新界西北屯门、元朗和开发大屿山岛的门户，水陆交通便利，且有相当工业基础②。新城用地规模54km^2，人口现已超过80万。荃湾新城于上世纪60年代开始快速发展，现已成为香港新市镇中规模最大，最有成效的新市镇之一③。

图7　荃湾新市镇地理位置

资料来源：解瑶、张军民、单建树：《浅析轨道交通引导下的创新型城市空间发展——以香港荃湾市中心和上海同济联合广场为例》载《2015中国城市规划年会论文集》。

规划与开发特色：荃湾新市镇从规划建设伊始，就十分重视各类基础设施、公共设施，及商业设施的配建，其规划理念是建设一个自给自足、自我平衡的新城。为满足新城全面发展的目标，保证居民在日常生活上不外求，规划在原有老工业区基础上，除了保证建设河道、桥梁、道路、给排水及污水处理工程等设施用地外，还预留足够土地，以供住宅、工商、医疗、教育、渔农业等用地需求④，为接纳更多人口创造条件。目前，新城功能完善，经济繁荣。区内有港铁西铁线与荃湾线两条轨道交通线，并设有荃湾西站与荃湾站两处站点⑤。进入1990年代，随着香港新机场及迪士尼乐园

---

① 景璨、陈可石：“政府主导下城市棕地向低碳社区转变的探索研究——以斯德哥尔摩皇家海港为例”，《城市发展研究》，2016年第7期。

② 郑天祥：“香港荃湾新市镇人口发展的特征”，《南方人口》，1986第5期。

③ 郑天祥：“荃湾——香港建设规模最大最有成效的一个新市镇”，《城市问题》，1986年第6期。

④ 郑天祥：“荃湾——香港建设规模最大最有成效的一个新市镇”，《城市问题》，1986年第6期。

⑤ 解瑶、张军民、单建树：“浅析轨道交通引导下的创新型城市空间发展——以香港荃湾市中心和上海同济联合广场为例”，载《2015中国城市规划年会论文集》。

等重大设施的建设，新城又一次迎来了重大发展机遇①。

图 8　荃湾新市镇鸟瞰

资料来源：www. quickiwiki. com/zh/。

（6）日本品川国际城（Shinagawa Inter – City）

新城简介：日本东京品川区西望富士山，东凭东京湾，是东京的海关区。2003 年建成了 JR 东海道新干线品川新站，使品川成为东京圈铁路交通网的核心地区之一。品川站是连接东京和横滨的主要车站，区位极其重要②。品川国际城紧邻地铁品川站，围绕该铁路站进行高强度开发，打造东京新的商务中心。项目区域部分用地原为品川站东口的日本旧国铁车辆基地，及货物站用地。根据品川国际城再开发规划，项目用地 35 公顷③，呈狭长型分布，主要以商务办公和商业功能为主，并辅以部分集中的居住功能。

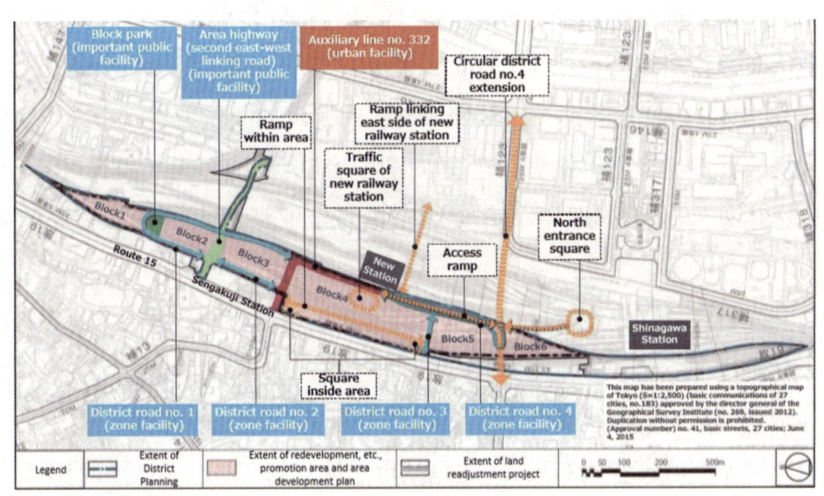

图 9　品川国际城用地示意图

资料来源：东日铁官网 http：//www. jreast. co. jp/e/press/2015/pdf/20150801. pdf

① 邹涵、夏欣：“香港市区更新策略与实践的回顾——以荃湾、观塘市中心项目为例”，《华中建筑》，2012 年第 6 期。

② 刘子铭：“时空中流动的车站——以东京品川地铁站东口商务中心为例”，《中外建筑》，2012 年第 6 期。

③ 东京都港区大林组：“品川国际城中央花园”，《世界建筑导报》，2005 年第 8 期。

图10　品川国际城

资料来源：品川国际城官网 - http：//www.sicity.co.jp/information/index.html

规划与开发特色：品川国际城之所以能保持长期繁荣和活力，其重要原因，在于高起点、全方位、便捷高效的公共服务设施的支撑。尽管新城用地规模较小，但各种设施的配建使新城功能得到充分发挥，都心区土地效益得以彰显。公寓和酒店建筑面积，占新城建筑总面积的20%左右①，居住功能的规划是新城保持其商业活力和空间人气的关键之一。尽管新城位于寸土寸金的东京都地区，其绿化率仍达到19%，一个长400m，宽45m的中央花园的规划和设计②，提升了新城的人气和环境品质。

（7）北京回龙观社区

新城简介：回龙观社区位于北京市昌平区南部，是北京市近郊区，与海淀区中关村临近。社区总建设用地面积约11.3km^2，规划总建筑面积约800万m^2，规划居住人口约30万。从1990年代起，北京市政府明确：回龙观社区作为清河边缘组团的重要组成部分，大规模开发经济适用住房，建设以居住功能为主的超大规模社区③。目前，回龙观社区的居住总人口已突破40万，成为全国乃至亚洲最大的相对独立的居住社区之一。

规划与开发特色：回龙观社区规划有明确的功能定位，即“居住”，为北京日益增长的城市人口提供住所，缓解住房紧张的压力。过去20年北京城镇化的快速发展，加之北京作为国家首都的资源优势，吸引着大量外来人口向北京集聚，使住房需求急剧增长。政府及时调整城市空间布局，《北京城市总体规划2004－2020》明确要从单中心发展模式转变为多中心组团式发展，建设回龙观这样的边缘集团成为当务之急。回首回龙观社区20年来的开发历程，应该说它已成功完成了赋予的使命，缓解了首都的住

---

①　金俊、张静宇、范旭艳：“城市开放街区步行环境质量评价初探——以南京河西CBD和日本品川国际城为例”，《上海城市规划》，2017年第7期。

②　吴庆书、三谷徹、曲赛赛：“现代景观设计中叙事手法的应用——以日本东京都品川中心花园设计为例”，《中国园林》，2011年第4期。

③　赵景伟：“浅论北京回龙观社区的规划与建设策略”，《青岛理工大学学报》，2011年第12期。

房紧张问题，为40多万人提供了居住空间。今天的回龙观社区人气畅旺，其繁荣发展的动力，来自于从开发之初就被赋予了的功能——居住，而这种功能也是促使城市发展的核心动力之一。

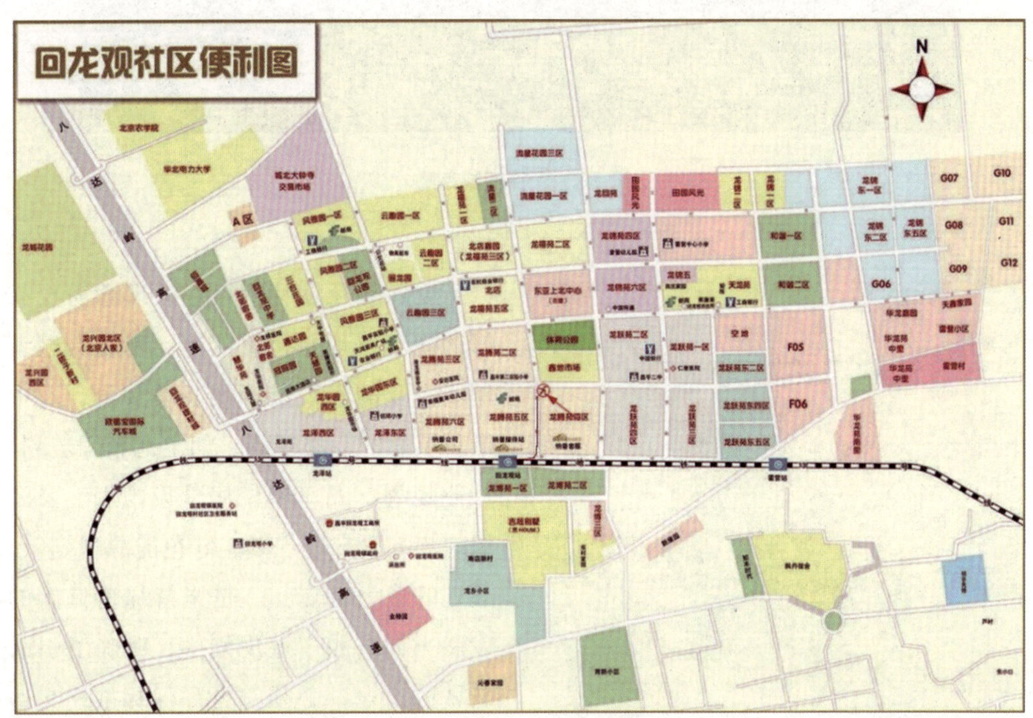

图11　回龙观社区平面图

资料来源：回龙观社区官网 - bbs. hlgnet. com/

（8）首尔麻谷新城（Magok）①

新城简介：麻谷新城位于韩国首尔西南部，在江西区麻谷洞、佳阳洞一带，面积 3. 66km^2，是连接首尔市内外的交通要塞。新城距金浦机场仅两个地铁站的距离，附近有高速公路，多条地铁线及仁川机场铁路贯穿其中。麻谷新城号称“未来城市”（The Future City MAGOK），其定位非常明确：欲建成韩国最大、亚洲领先的高新技术研发基地，引领21世纪的未来。

---

① 文中提及的马恒达世界城、斯德哥尔摩皇家海港、日本品川国际城、首尔麻谷新城，由于其在低碳发展领域的领先规划与突出表现，获C40城市气候领导联盟颁发的“正气候”项目认证。

图 12　麻谷新城鸟瞰

资料来源：麻谷新城官网 www. i - sh. co. kr/magok/index. do

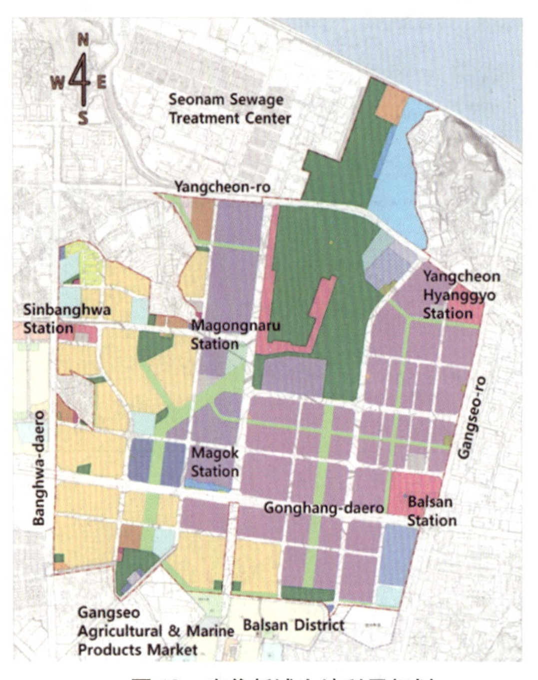

图 13　麻谷新城土地利用规划

资料来源：麻谷新城官网 - www. i - sh. co. kr/e_ mgk/m_ 20/wpge/plan_ use_ drawing. do

规划与开发特色：好的理念需要有好的规划体现并付诸实施。麻谷新城编制了专业的宏观层面的总体规划，及中微观层面的专项规划。如土地利用规划、产业规划、人口和住房建设规划、公园绿地规划、交通规划、绿色能源规划等。规划的最大特点：一是坚持绿色低碳的发展方向。如产业规划中，明确了引入新城的产业，必须符合环保标准；交通规划倡导公交和慢行交通优先发展；其他相关规划也体现了绿色发展的原则；二是以打造高新技术研发基地为新城主要功能和终极目标，规划建设始终围绕此功能和目标，为其提供保障和服务。如人口和住房建设规划的编制，以麻谷成为一流研发基地时的规划人口数量为基础。正是由于这样超前的规划指引，新城功能和既定目标正在不断变为现实。已有大批高端企业进驻新城，其中包括全球知名企业如 LG、乐天、S - OIL 等。

二、发展动力

以上展示的8个中外新城新区案例，其发展模式不同，规模也有差异，但有一个共同点：它们都处在不断上升发展的过程中，具有繁荣和活力。这种繁荣和活力，尤其体现在人流和资金流上，即新城的人口数量能长期保持稳定和增长，并且能够有持续的资金流入。那么，是什么因素促进了人、资金及其他相关要素的正向流动，并进而推动新城新区发展，使其保持持久的繁荣和活力？通过案例分析，总结出四种可能的发展动力：产业、政策、设施以及功能。

（1）产业

产业的发展带动了就业，保障和改善了民生，直接推动了经济和社会发展。无论是一产、二产或三产，其发展都会为当地带来直接或间接投资，创造新的就业岗位，吸引人口留驻，并通过依法缴税，承担社会责任等方式，拉动地方经济社会发展，使其保持持久活力。国内外许多新城，其繁荣发展离不开相关产业的强有力支撑[①]，如英国的米尔顿．凯恩斯，美国的尔湾新城，日本的筑波科学城，以及中国的天津滨海新区等。产业是推动新城发展最强大、最有效的动力之一。

案例中的嘉善产业新城和马恒达世界城，位于世界上最大的发展中国家——中国和印度，具体分别位于中国经济发达的长三角地区，以及印度的旅游胜地斋普尔。两个新城开发项目有许多共同之处：①以产业发展为引导建设产业新城。从规划设计阶段开始，在土地利用和空间布局上，就已经为相关产业的导入和发展预留了足够空间；并以城市为依托，拉动公共设施建设和其他功能配置，使新城各项功能逐步完善，“产业”与“城市”形成良性互动，最终达到“产城融合”的良好局面。新城新区开发最初需要一个合适的“抓手”，而“产业”不仅是极佳的切入点，更能为新城全面发展提供不竭动力。②采取公私合营（PPP）的开发模式。新城项目分别由一个规模较大的企业集团与当地政府结成合作关系，共同负责新城融资、规划建设及运营，企业在特

① 汪波：“以产业为支撑打造现代化工业新城——兼论国外新城建设经验对哈南工业新城的启示”，《哈尔滨市委党校学报》，2010年第6期。

许经营期内享有新城开发权益。由于企业与市场和产业有着天然的联系，采用公私合营及企业主导开发的模式，更有利于对市场形成积极反馈，利用各方资源优势，发挥企业积极作用，与政府形成合力，“筑巢引凤”引入适宜产业。PPP 有多种合作模式，包括特许经营、外包和私有化（表 1）。

表 1　　PPP 模式合作形式①

分类	模式	含义
特许经营	转让－经营－转让	私人部门租赁或购买已有基础设施，经过一定程度的更新、扩建后经营该设施，期满后将该设施转交给公共部门
	建设－租赁－经营－转让	私人部门与公共部门签订长期租赁合同，有私人部门投资，建设基础设施，并在租赁期内经营该设施并获取利润，合同期满交还公共部门
	建设－拥有－经营－转让	私人部门投资、建设和经营基础设施，在特许期内拥有该设施所有权，特许期满交还公共部门
外包	服务协议	公共部门与私人部门签订服务协议，由私人部门提供某项公共服务
	设计－建造	私人部门按协议约定设计并建设基础设施，建成后将其交给公共部门经营管理
	设计－建造－主要维护	私人部门承担基础设施的设计、建造和项目建成后的主要维护
	经营和维护	私人部门和公共部门签订协议，代为经营和维护公共部门拥有的基础设施
	设计－建造－经营	私人部门除承担基础设施的设计、建造外，还负责经营该设施，但不涉及公共产权的转移
私有化	购买－建设－经营	私人部门购买现有基础设施，经过更新扩建后经营该设施，并拥有永久经营权
	建设－拥有－经营	私人部门投资、建设并永久拥有和经营某基础设施，接受政府的监督

（2）政策

政策，一般指政府为达到目标，在一定时期内出台的行动原则、措施方法和工作指导。政府直接以行政权力和行政手段干预，以“政策红利”鼓励和推动人、资金、技术等相关要素流动，达到其希望的目的。新城新区由于一开始就被赋予某种职责和

① 王岩、叶子菀：“PPP 模式下项目参与方的合作关系”，《中国电力教育》，2008 年第 6 期。

功能，这种职责和功能有时并非基于市场分析做出，有些可能还带有行政色彩。新城的成长与发展，一定阶段必须依靠行政力量和政策拉动，不能指望完全依赖市场的力量解决问题。这是由新城的职责和功能决定的，国内外许多成功的新城新区，尤其是国内新城，往往有其政策的保障和优势（如上海浦东新区、伦敦大象城堡等），其原因就在于此。

无论是从无到有的全新开发，还是对既有项目的更新改造，都需要政策的扶持和保障。案例中，中国的横琴新区开发开放，及瑞典斯德哥尔摩皇家海港的老工业区改造，都体现了政策在其中发挥的重要作用。党中央、国务院领导对横琴的开发寄予厚望，从中央到地方出台了许多鼓励、支持和优惠政策（如财政、税收、人才、安居、法律等政策），横琴的开发更是被纳入国家发展战略。横琴总体规划作为纲领性公共政策文件，高屋建瓴地提出新区的发展目标、定位和发展策略，指明了新区政策方向。斯德哥尔摩海港项目以“皇家”命名，本身就说明了该项目的政治重要性。斯市政府牵头进行改造，兴建公共设施，并出台激励政策，吸引企业和人口入驻。其中的一大亮点，是低碳环保政策理念的植入，将减排与环保要求强制性融入土地开发合同，并监督和规范其实施。其效果无疑是正向的、积极的，如今的皇家海港，已成为世界“共生城市”的样板。

（3）设施

主要是指基础设施和公共服务设施。设施建设带来巨额投资，拉动相关产业链发展，创造大量就业机会，便利居民生活，直接推进各项事业发展，是新城新区经济增长的主要动力之一。国内外新城建设主要有两种较为普遍的开发模式，一种是所谓TOD（Transit Oriented Development），即以基础设施，主要是交通基础设施的建设引导开发[①]；第二种是近年来逐渐流行的SOD（Service Oriented Development）模式，即以公共服务设施的建设引导开发。可见，设施在开发中的引导作用，已经被中外新城理论与实践所普遍接受。进一步分析发现，“设施”作为促进新城发展的动力，与其他动力源相辅相成、互为倚仗。有了完善的设施，更利于产业的导入和政策的实施；反之，产业的发展和政策的利好，也有利于促进设施建设。

---

① 胡映东、陶帅：“美国TOD模式的演变、分类与启示”，《城市交通》，2018年第4期。

香港荃湾新市镇和日本品川国际城，是设施引导新城开发的典范。香港和日本的新城建设，都曾受英国“田园城市”和新城思想的影响，“自给自足、自我平衡”是这种思想的核心。如果没有完善的设施，“自足”、“平衡”就无从谈起。为达到此目标，设施建设被摆在优先的地位。政府利用行政优势，调动各种资源投入设施建设。拿香港来说，其从上世纪70年代开始开发的9个新市镇（荃湾是其中之一），多以设施建设为引导，并获得了成功，成为接收市区人口和产业，服务一方的新城。日本的品川国际城面积较小，且位于东京都地区，人口密度很大。在这样小的规模内，以及如此复杂的既有建成环境中，仍能配建和整合各种设施，使其具备办公、居住、游憩、交通等独立的功能，其精细化程度可见一斑。

（4）功能

指新城新区被赋予或本身所能发挥的作用，其本质是新城具有满足某种或多种需求的能力，这种能力为新城的发展注入了持久的动力。例如某新城的核心功能是区域交通中心，则其必须具有满足区域性交通枢纽需求的能力，为维持、巩固和加强这种能力，政府会调动各种资源投入新城，使其保持繁荣活力。新城一旦被赋予某种功能，且这种功能是经过严谨的科学分析后得出，而且与区域内其他城市的功能形成互补互促，则其必将融入整个区域发展的大势中，成为推动区域经济增长的引擎。许多中外案例都能说明这一点，如北京通州新城，日本新宿副都心等。

本报告提到的两个案例，北京回龙观社区和首尔麻谷新城。两者都是由政府直接开发，开始就被赋予明确的功能，回龙观是“居住”，麻谷是“研发基地”。回龙观经20年发展，已成为亚洲最大的居住社区，接纳了逾40万居民；麻谷经10年开发，吸引了大批高端研发企业入驻，“研发基地”初具规模。可见，科学合理的功能可以引导新城发展。值得一提的是，许多新城新区的单一功能设计曾饱受诟病。如回龙观，建设之初以居住功能为主，被称为“睡城”。但不可否认，它满足了几十万劳动人口，特别是刚步入社会的青年人对居住的需求，这是很大的贡献和成就。受有限资源的限制，一些新城新区刚开始会集中发展单一功能，以满足某种需求。但随着发展的深入和时机的成熟，新的需求会不断产生，推动新城从单一功能发展到复合功能，以满足更多新需求。仍以回龙观为例，在新需求的推动下，北京市政府在今后3年，拟投入巨额资金优化提升该地区的基础设施和公共服务设施。①

以上提及了推动新城发展的四种动力：产业、政策、设施以及功能。在实践中我们发现，这些动力并不是孤立的，而是常以某种动力为主，其他动力与其互相配合，相辅相成，形成合力共同促进新城发展。以上案例都说明了这一点，如横琴新区，其主导动力是政策，但产业、设施和功能也起着推动作用。又如日本品川国际城，设施是其主动力，但我们也看到其产业（服务业）繁荣、功能完善。

三、启示

（1）产业引导开发

引入和发展适宜产业、特色产业和优势产业，逐步达到“产城融合”。①因地制宜，围绕自身优势和特色，做好产业规划，在“宜”、“特”、“优”上做好做足文章。新城新区由于资源禀赋、地理位置、区域职能、功能定位、现状基础以及发展条件等各不相同，其产业定位也不可能完全一致。成功的产业规划一定是对自身条件进行全面、客观、深入的研究和分析，基于自身独特的市情区情，并结合区域职能分工而做出，绝不是“拿来主义”的简单复制别人的成功模式，或是执行未经调研而下达的行政指令，这也是一些新城新区发展中存在的误区。产业结构选择应坚持“宜农则农”，“宜工则工”，“宜商则商”，“宜游则游”的原则，发展适合自身条件的产业。同时，即使发展同一产业，也应坚持自身特色和优势，只有这样，产业对新城的推动力才能持久。如旅游资源丰富的新城，应多考虑开发旅游业，而不应过多引入工业项目。另外，同样发展旅游，应多考虑开发一些有本地特色的项目，如农业旅游、生态旅游等。②避免“有产无城”倾向②，建设和完善新城其他功能空间。城市规划、土地利用规划应与产业规划相协调，为配建完备的公共服务设施、基础设施、居住、办公、商业、休闲等预留空间，再通过分步建设，最终达到“有产有城”，“产城融合”的状态。以

① 北京市人民政府办公厅：优化提升回龙观天通苑地区公共服务和基础设施三年行动计划（2018－2020）. 2018. 8. 16

② 冯奎：“中国新城新区现状与创新发展重点”，《区域经济评论》，2016 第 6 期。

产业引导开发的新城新区，既然称为“新城”、“新区”，则必须要有一定规模，那么发展产业以外的其他功能空间就十分必要，这也是吸引产业和人口入驻的必要条件。

（2）政策引导开发

因地、因时、因势施政用策，推动新城健康发展。①政策的出台，需要进行科学、全面的调研和可行性论证，充分考虑供需关系和市场条件。新城政策一般是由政府颁布的，其出台应是基于对市场和计划两种手段的了解和把控，特别应对供需关系的满足有很好的把握。应用于国内新城新区的各种政策，有时行政性偏强，而市场性偏弱，“拍脑袋”式决策时有出现。这种政策可能就无法有效调动和配置市场资源，不能解决供需矛盾，以政策推动开发的功能就会削弱甚至丧失。比如一些新城项目沦为“鬼城”，就是因为失误的政策导向，致使房地产过度开发而导致的。②充分考虑并结合当前国际国内形势，制定和调整相关政策。政策具有很强的时效性，应根据形势发展适时调整。当前，应对气候变化和可持续发展已成为国际社会关注的重点领域，经济全球化和“一带一路”倡议已得到世界各国广泛认可。国内来看，节能环保、绿色低碳、智慧化管理运营、创新驱动等已成为各界关注的热点。在这种形势下，新城新区政策应与此紧密配合，顺势而为，这样也会增强政策自身领导力和办事效率。③避免政策“打架”，政府各部门出台政策应相互协调相互配合，形成合力。新城新区管理机构应统筹协调政府各部门，理顺其“责”、“权”、“利”关系，保障相关政策的一致性、协调性和连续性。

（3）设施引导开发

坚持设施先行的开发原则，多渠道融资，加强建成后运营管理；统筹绿色基础设施和传统设施。①在新城开发建设中，“设施先行”原则已被业界普遍接受，但问题的关键是资金。由于新城建设涉及资金数额巨大，光靠政府投入难以维持，探索市场化的融资渠道才是长久之计。公私合营（PPP）是一种有效的融资及管理模式，为中外许多新城项目所采用，它可以有不同的操作方式（表1）。该模式如能合法、合规、合理运用，就能整合各种社会资源用于建设，达到政府、企业、民众三方共赢的局面。但在我国现行体制环境下，PPP模式应用时间不长，其本身操作又具复杂性，尚存在风险和缺陷，需要不断完善相关监管机制，总结运营经验。值得一提的是，如采用PPP模式，由企业负责建成后管理与运营，就可能加强设施的运营效率，一定程度上改变过去“重建设，轻管理”的局面。②应将绿色基础设施建设与传统设施建设结合起来。“绿色基础设施”（GI），是相对于传统工程项目如交通、市政设施等“灰色基础设施”，以及医院、学校等“社会基础设施”提出的，它是指一个相互联系的绿色空间网络，由各种开敞空间和自然区域组成，包括绿道、湿地、雨水花园、森林、乡土植被等，是城市自然生命支持系统的关键格局。GI 能为城市提供绿色空间、保护水源、改善空气质量、减少雨洪影响和绿岛效应、增强城市宜居度、提高对外来投资的吸引力、增加城市活力。相对于传统设施，GI 投资较少，产生的生态效益却很大，且其与我国当前加强环境保护的战略方向一致。规划师在设施规划阶段，应统筹 GI 与传统设施建设。

（4）功能引导开发

以供需定功能；从单一功能逐步发展为多重功能。①功能统携新城发展，决定发展路径和策略，影响政策方向和设施布局。科学的功能设置，应是基于供需关系，经严谨的科学论证而做出。在科学性、严谨性要求上，“功能”与“政策”十分相似，因两者本身就具有较强的内在联系。中国新城新区的功能，往往在城市总体规划中就已明确，而城市规划又是重要的公共政策。反之，功能也可以被看作是一种目标性政策。可见两者相互依存，关系密切。另外，供需关系的考量也是十分必要的。如果一个新城意在打造区域性创新产业基地，它就应具有创新产品的研发和生产能力，以及拥有区域内外广阔的市场需求和销售渠道。②在新城的成长阶段，可以专注于某一具体功能（如居住），并整合各种资源实现此功能。如能成功，那么新城建设也就取得了阶段性成果，其价值也得到阶段性体现。随着新城开发的继续深入，会产生新的需求，城市也会以发展多重功能的形式，不断整合并满足这些新需求。概言之，从单一功能逐步发展为多重功能是可行的，但需为这些功能预留空间。

谢鹏飞，C40 城市气候领导联盟中国首席代表，理学博士，副研究员，注册城市规划师，主要工作领域为低碳城市规划发展。

再城市化背景下的德国城市中心新城区开发研究

刘涟涟　高 莹

一、再城市化与德国城市中心更新发展

在20世纪后半期，德国经过了郊区化的发展之后，由于人口的变化，能源价格上涨，税收政策转变，以及往来城市与郊区的道路交通拥堵等因素的影响，进入21世纪，德国更多的人口向城市转移。近10年来，除鲁尔区和小部分前东德城市以外，德国主要城市人口都在增加。越来越多的迹象表明，德国正处于再城市化（Reurbanisierung）过程，其核心特征就是城市人口和就业的增加。

再城市化的表现首先体现在城市生活的吸引力明显增加，德国有孩子的家庭越来越多地搬回到城市居住①，而城市也是多数移民首选的目的地②。年轻人在城市可以获

---

① LISA NIENHAUS, Land, Stadt, Glück（2014－12－11）［2018－8－4］［EB/OL］http：//www.faz.net/aktuell/wirtschaft/neue－mobilitaet/landflucht－war－einmal－immer－mehr－familien－in－der－stadt－13306573.html

② Marcus Engler, Statistik：Migrantenanteil in deutschen Großstädten wächst（2012－11－13）［2018－8－3］［EB/OL］.http：//www.bpb.de/gesellschaft/migration/newsletter/148820/migrantenanteil－in－deutschen－grossstaedten－waechst。

得更好的教育和工作，50 岁以上的老人可以更多地在不依赖汽车的情况下使用城市便利的基础设施。①

城市中心是再城市化最为明显的区域，引发再城市化的动力之一即是城市中心更新。城市更新（Stadterneuerung），通常被理解为保护，改善，改造和发展城市现有部分和结构的目标过程。这个通用术语在德国被细分为两个方面的内容：①城市修复（sanierung）：狭义上保护原有结构，同时改善更新区的功能和一般用途；②城市重建（umbau）：结构基础的变化，城市功能和使用发生变化。②

城市中心是城市更新的主要目标。自 1975 年欧洲遗产年，保持欧洲城市的传统特质，德国城市中心以城市修复为主导。但是自 20 世纪 90 年代以后，受到经济结构变化、郊区化和人口下降的影响，城市中心和副中心的复兴成为主题，旧建筑、老城区和与城市周边地区的竞争问题一直困扰着城市中心的发展，因此，城市重建成为对抗城市中心功能丧失的手段③。为了增强对人们的吸引力，各个城市对商业、办公楼以及住房的需求不断增长，规划新区或开发有利于城市经济发展的地区，以更适合新用途，成为许多城市在城市规划过程中寻求旧城改造难的替代方案。新城区开发也因此看作是城市中心更新的逃避策略④。

不同的城市社会、经济、文化以及地理环境条件都会引发了不同的城市中心新区开发方向，以下研究即聚焦德国城市中心新城区开发的两个典型案例：斯图加特的欧罗巴区（Stuttgart Europaviertel）和海德堡火车新城（Bahnstadt Heidelberg），探讨再城市化发展下的德国城市中心的更新动因和新区规划特征。

---

① Peter Stroms, Aspekte der Reurbanisierung durch die Generation 50 + ［2018 - 8 - 3］［R/OL］. https：//www. lwl. org/westfalen - regional - download/PDF/179n_ Reurbanisierung. pdf

② Stadterneuerung［2018 - 8 - 4］［EB/OL］. https：//de. wikipedia. org/wiki/Stadterneuerung

③ Stadtumbau［2018 - 8 - 4］［EB/OL］. https：//de. wikipedia. org/wiki/Stadtumbau

④ Schmitt, Gisela, Schröteler - von Brandt, Hildegard. Stadterneuerung［M］. Springer Vieweg, Wiesbaden. 2016

二、德国城市中心的新城区开发案例

1. 斯图加特欧罗巴区

（1）区位特征

斯图加特市是德国巴登—符腾堡州的首府，拥有约63万居民，德国第六大城市。斯图加特地区拥有约270万居民，是德国第六大都会区。该市是全州的政治中心，巴登—符腾堡州政府和议会，以及各种国家机构的所在地，是重要的商业和金融中心，也是德国汽车公司戴姆勒和保时捷的故乡。欧罗巴区（Stuttgart Europaviertel）是依托斯图加特21世纪项目（Stuttgart 21）（以下简称：S21项目主要基于交通科学家Gerhard Heimerl提出的斯图加特铁路枢纽改造，其核心项目是将斯图加特火车总站的露天终端站模式改建为地下中转站。该项目于1994年向公众展示，施工于2010年2月2日开始①）。而开发的城市新区。欧罗巴区最大优势是位于城市中心，临近火车总站。新区聚集了银行机构、大型购物中心、图书馆和高档酒店公寓，意在成为城市中心经济扩展的新动力，在未来几十年推动城市发展。

（2）斯图加特欧罗巴新区开发概况

斯图加特欧罗巴区的前身是斯图加特市中心的前中央货物和编组站，该货运站于20世纪80年代关闭。1990～1996年，巴登—符腾堡州的州银行（Landesbank Baden－Württemberg）和储蓄银行（Sparkasse）的总部首先建于该地段内，都是在斯图加特21世纪项目总体规划的城市发展概念制定之前建成的。S21项目立项后，德国铁路房地产开发公司（DB Immobiliengesellschaft）从1997年开始拍卖地块。1998年，南部的三个地块出售给巴登—符腾堡州州银行，后在2001～2004期间，围绕巴黎广场（Pariser Platz）共建设3座办公楼。1998年8月，开始拆除轨道和共32座建筑物。仓库和转运大厅均被拆除。尽管斯图加特市长认为，应该根据S21项目总体规划确定地块发展，

① Stuttgart 21［2018－8－8］［EB/OL］. https：//de. wikipedia. org/wiki/Stuttgart_ 21

但是到1999年，大约一半的土地被拍卖。2001年12月，斯图加特市收购了德国铁路公司前中央车站周围的地区。

欧罗巴区是德国最重要的市中心开发项目之一，占地面积16公顷（79.6%），是S21项目总体规划的核心区域（A1），主要目的是促进贸易，服务，文化和住房的发展（图1）。欧罗巴区意在构建新的”斯图加特生活中心”的豪华新区（图2），主要包括：银行办公机构、大型购物中心，豪华公寓、办公室，高档酒店及斯图加特市图书馆。其中，大型购物中心米兰广场（Milaneo）于2014年10月9日开业，占地面积约43000平方米，它被认为是德国西南部最大的购物中心，租金收入每年应达2283万欧元①。2011年，城市图书馆（Stadtbibliothek Stuttgart）建成开放，在欧罗巴区建立了一个新的文化中心②。现已有超过260万游客被吸引到市图书馆。2013年，城市图书馆获得由德国图书馆协会和ZEIT基金会颁发的“年度图书馆”奖（Bibliothek des Jahres）③。

（3）综合交通发展

欧罗巴区紧邻火车总站，无论通过公交系统、步行或是开车，均可方便地抵达。现有5条轻轨线路，将该区与市中心相联。44号公交汽车在西侧市图书馆站停靠，距离火车站仅一站，并实现与轻轨车站的无缝对接。整个区域内所有街道和广场均是步行区。米兰购物中心紧邻西侧的B27公路，并提供了约1680个停车位④。待S21项目完成后，城市中心的新环城道路将和欧罗巴区现状道路连接，新城市环路长6.3km（图3）。该交通改造费用约6.5亿欧元，大约60%的费用由德国国家铁路承担，其余由斯图加特市承担⑤。未来，现城市中心和欧罗巴区将共同构成斯图加特新的城市核心区，内部完全实现步行化。

---

① Milaneo［2018－8－8］［EB/OL］. https：//de. wikipedia. org/wiki/Milaneo。

② Das Europaviertel［2018－8－8］［EB/OL］. https：//archive. is/20140128112352/http：//www. stuttgart. de/europaviertel#selection－1953. 0－1969. 217

③ “Wir heißen die Zukunft willkommen.” Stadtbibliothek Stuttgart ist “Bibliothek des Jahres 2013”.（2013－8－6）［2018－8－14］［EB/OL］. https：//www. bibliotheksverband. de/dbv/presse/presse－details/article/wir－heissen－die－zukunft－willkommen－stadtbibliothek－stuttgart－ist－bibliothek－des－jahres－2013. html

④ Milaneo Stuttgar［2018－8－17］［R/OL］. http：//www. ece. com/brochures/MOS/Milaneo_ Stuttgart_ EN. pdf

⑤ Schulz－Braunschmidt，Wolfgang（2013－3－12）［2018－8－12］［N/OL］. https：//www. stuttgarter－zeitung. de/inhalt. cityring－in－stuttgart－mehr－fahrspuren－ins－europaviertel. 2fe6983b－46a6－4f94－bf9e－8315f5a4e086. html

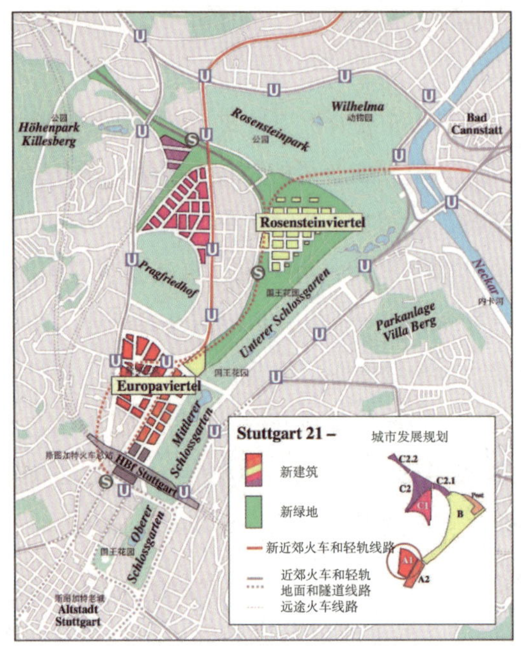

图 1　斯图加特 21 世纪项目的总体规划（资料来源：维基百科）

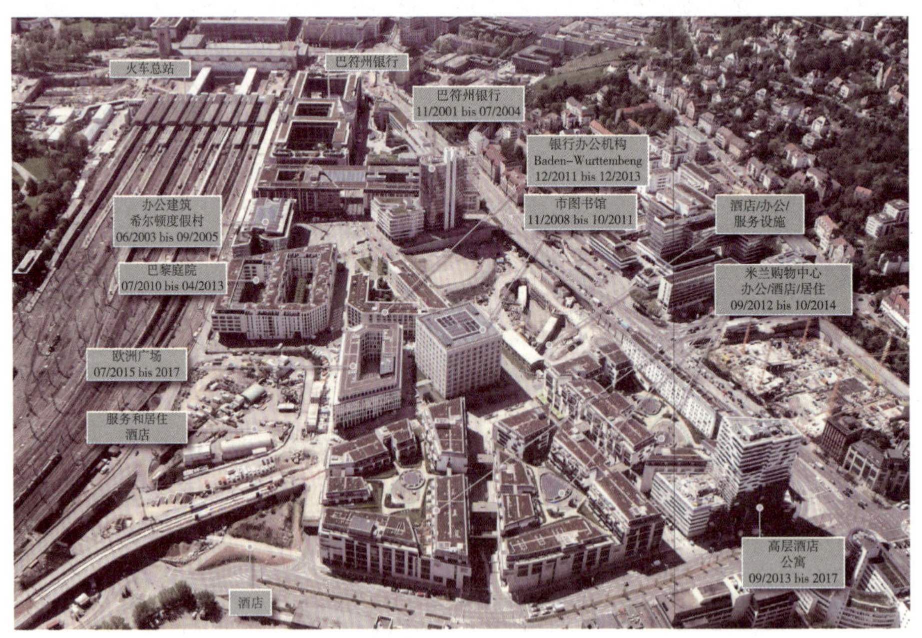

图 2　斯图加特欧罗巴区鸟瞰（资料来源：https：//motor－bw. de/das－europaviertel/）

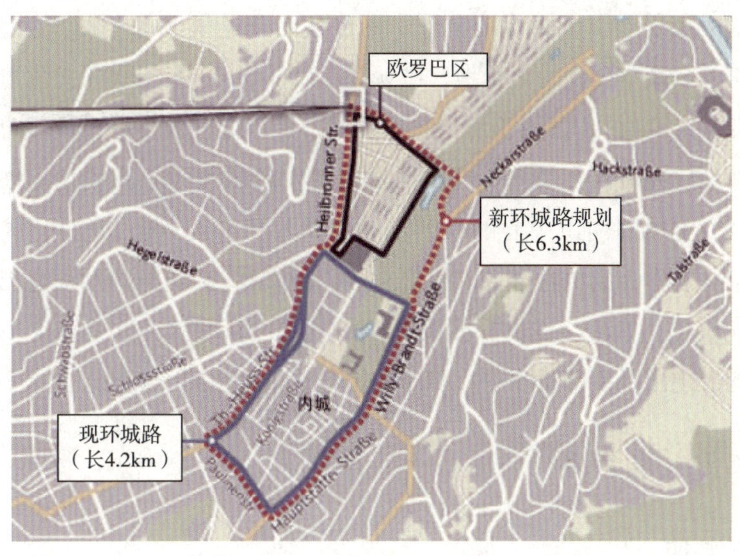

图 3　未来斯图加特市中心的新环路

资料来源：https：//www. stuttgarter - zeitung. de/inhalt. cityring - in - stuttgart - mehr - fahrspuren - ins - europaviertel. 2fe6983b - 46a6 - 4f94 - bf9e - 8315f5a4e086. html

（4）节能的规划与建筑设计

作为在欧罗巴区核心建筑群，米兰中心（Milaneo）从规划阶段到运营阶段，遵循可持续地规划理念和行动原则，其主要目标是节约能源并减少碳排放。例如，实现动态控制的光和能量，可以根据日光控制发光体，从而优化能量的使用。此外，还使用了最新的节能光源和经过认证的绿色能源。购物中心和整个欧罗巴区都获得了德国绿色建筑认证（DGNB）①。

（5）批评

从 S21 项目立项至今，从未停止争议。早在 1998 年，德国著名的工程师 Fritz Leonhardt（1909～1999）批评 S21 项目用房地产收入覆盖大部分项目成本的方法。这里需要的是一个密集和优化的街区规划，为 11000 名居民提供住房，并提供 24000 个工作岗位，在总体规划中并没有包含社会和文化基础设施②。S21 项目违背了多数市民的意

① Milaneo_ Stuttgart［2018 - 8 - 17］［R/OL］. http：//www. ece. com/brochures/MOS/Milaneo_ Stuttgart_ EN. pdf

② Rahmenplan Stuttgart 21［2018 - 8 - 10］［EB/OL］. https：//de. wikipedia. org/wiki/Rahmenplan_ Stuttgart_ 21

愿，欧罗巴区的规划也引来更多的批评。不仅是由于这里成为美国式大型购物中心、银行业办公机构和豪华公寓的汇聚地，被认为违背了自1975年欧洲文化遗产保护年之后推动的欧洲城市价值①；还由于所谓的推动城市零售业升级，将导致城市零售业发展的不平衡。而耗资耗时巨大的S21项目，及其引发的城市中心高档化发展趋势，使得整个城市生活成本加剧（市中心的单间混居公寓月租高达700欧元），成为富人的城市，而摧毁了之前作为成功融合各阶层带来的社会成就②。同样的批评也出现在与其类似的欧洲其他城市（如法兰克福、苏黎世）的欧罗巴新城区，这些在火车站附近区域的新建城区均展现出令人感觉冰冷、排斥和厌倦的城市空间。③

2. 海德堡火车新城

（1）区位特征

海德堡被认为是德国最美丽的城市之一，具有悠久的历史，和谐的自然和人文风光。它也是一座科学城，是德国最古老的大学的所在地，并拥有世界知名的研究机构和研究型公司。它是国际化城市，也是绿色之城。城市是气候保护的推动力。海德堡坚持可持续发展和气候保护的数十年承诺，成为全球榜样。海德堡于2015年获得“全球绿色城市奖”（Global Green City）④。

火车新城位于海德堡市中心西南部，毗邻中央火车站。总面积116公顷，规模比海德堡老城还要大，距离老城区等其他科学区仅有几分钟的公交车程。火车新城的建设旨在满足本土公民和移民对生活空间的巨大需求。

（2）火车新城的开发状况

火车新城是德国最大的城市发展项目之一，海德堡市与特别成立的海德堡开发公

---

① Kritik am Europaviertel，Zu schnell，zu opportunistisch（2014－4－9）［2018－8－10］［EB/OL］. https：//www. stuttgarter－zeitung. de/inhalt. kritik－am－europaviertel－zu－schnell－zu－opportunistisch. 3e0042ee－f918－44db－b248－1f231244e732. html

② Marc Steinau，Wer wissen will，was in deutschen Großstädten schief läuft，muss nach Stuttgart schauen.（2017－11－24）［2018－8－10］ https：//www. businessinsider. de/stuttgart－groessenwahn－veraergert－bewohner－2017－11

③ CHRISTOPH MÄCKLER，Von Haus aus missglückt（2016－9－1）［2018－8－18］［EB/OL］. http：//www. faz. net/aktuell/feuilleton/kunst/im－wuergegriff－des－bebauungsplans－14414241. html

④ Heidelberg ist“Global Green City”（2015－10－30）［2018－8－18］［EB/OL］. https：//www. heidelberg. de/hd，Lde/678891. html

司（EGH：Entwicklungsgesellschaft Heidelberg GmbH & Co. KG）合作，开发和营销大部分的土地①，信托发展机构是德国城市和房地产开发有限公司（DSK：Deutsche Stadt – und Grundstücksentwicklungsgesellschaft GmbH）。项目开发时间是 2008～2022 年。火车新城是一个开创性的项目②，旨在创建一个城市生活、知识和商业（Wohnen，Wissen und Gewerbe）综合发展一体的高品质和混合新城（图4）。未来，将有12000 人在此生活和工作。将生活、科研/教学、商业休闲与工作相互结合，这与持续了几个世纪的欧洲大学城古老城镇传统的生活模式相符合。新城包括：住宅区，创新型业，大型校园区，有吸引力的商店，数个市立和私立幼儿园和幼儿园，小学，游乐场，绿地，市民中心和多元影院。③

图4　海德堡火车新城鸟瞰

资料来源：https：//www. heidelberg. de/hd，Lde/953958. html

火车新城的开发规划始于20 世纪末，1997 年，海德堡的货运和编组站退役，1999 年地方议会批准在前货运站的未来住宅和商业区的初步计划，2003 年，举办了火车新城的城市规划竞赛，在 2004～2007 年陆续发布新区及其开放空间的规划等方案。新区最初计划第一批居民在 2006/2007 年入住，由于该市与最大的土地所有者（铁路房地产公司 Aurelis）之间的根本差异，最终推迟了该项目。2008 年 1 月，海德堡开发公司（EGH）成立，并收购了约 60 公顷的前铁路区域。拟 15 公顷住宅区，15 公顷工业建筑，6 公顷混合使用和 14 公顷绿色休闲开放空间。另外 20 公顷土地被海德堡市收购。美国武装部队共有 40 公顷土地仍由私人拥有或使用④。2010 年，新开发的住区销售启动。2012 年，第一批居民搬入新城 。2014 年，第一阶段建设项目完成。2017 年，火

① Bahnstadt – Wohnen，Wissen und Gewerbe（2017 –9 –6）［2018 –8 –13］［EB/OL］. https：//www. heidelberg. de/hd，Lde/HD/Leben/Heidelberg_ Bahnstadt. html

② Feierliche Einweihung des ersten Bauabschnitts der Heidelberger Bahnstadt（2014 – 7 – 19）［2018 – 8 – 12］［EB/OL］. https：//www. heidelberg. de/hd，Lde/981868. html

③ 2017 –09 –06_ bahnstadt_ factsheet_ final［2017 – 9 – 6］［2018 – 8 – 13］. https：//www. heidelberg. de/site/HD_ Satelliten/get/documents_ E – 1582661714/heidelberg/Objektdatenbank/Bahnstadt/heidelberg – bahnstadt. de/Pdf/2017 –09 –06_ bahnstadt_ factsheet_ final. pdf

④ Bahnstadt［2018 –8 –14］https：//de. wikipedia. org/wiki/Bahnstadt#cite_ note –3

车新城的80%的空间已被销售。①

（3）综合交通规划

火车新城提供了现代、环保和高效的交通基础设施。首先，规划了由公共汽车和有轨电车构建的密集公共交通网络，将新城与中央火车站和市中心连接起来，10分钟可达，22公里长的电车线，历时2年建设，将于2018年夏季完成（图5）。其次，住区内规划了完善的非机动路网（图6），其中，拥有3.5公里自行车道，可便捷抵达火车站和老城区。再是，这里与高速公路只有10分钟车程，与周边的主要城市曼海姆，卡尔斯鲁厄以及法兰克福机场，不到1小时车程。同时，这里为汽车使用者提供了共享汽车的4个站点。除了为电动汽车提供了一个公共充电站，并建议开发商在私人车库提供充电设施②。

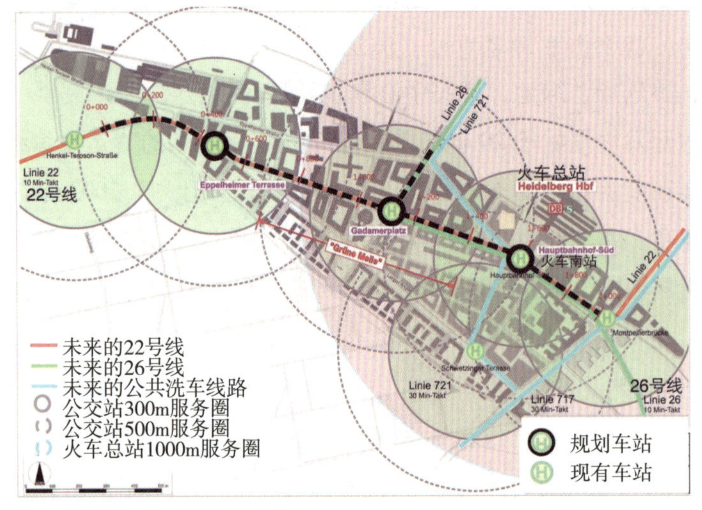

图5　火车新城的有轨电车线路规划

资料来源：海德堡火车新城官网。

① Chronik und Geschichte. [2018-8-18] [EB/OL]. https://www.heidelberg.de/hd, Lde/968124.html

② Engmaschiges ÖPNV-Netz [2018-8-18] [EB/OL]. https://www.heidelberg-bahnstadt.de/, Lde/967939.html

图 6　火车新城住区的非机动交通区

资料来源：海德堡火车新城官网。

（4）生态节能规划

火车新城是世界上最大的被动房屋定居点和最大的零排放聚落之一。火车新城设定了气候保护标准：所有建筑都按照被动房屋标准建造，墙壁，屋顶和窗户的密集隔热可以保持建筑物内部的热量，并获得 2014 年的被动房屋奖（“Passive House Award 2014”）。100% 的可再生能源提供电力和热能，尽可能多地使用太阳能来进行被动加热。精心设计的通风系统具有热回收功能，可提供新鲜空气和热量①。自 2013 年秋季，海德堡建造的燃木火力发电站，已连接到电网。火车新城采用 LED 灯具，提供了高效街道照明系统路灯系统，可根据实际亮度要求调节亮度，确保安全性，可视性和舒适性，并以此获得 2013 年的 Auroralia Award②。灯具是根据空间的不同用途设计的，例如，暖白色 LED 照亮行人区域，而中性白色 LED 照亮街道。灯具在夜间调暗到不同的水平，以将能耗降至最低，同时确保安全的环境。此外，自行车道由节能的 Piano LED 灯具提供动力，一旦骑车人或行人到达，他们就会被红外线传感器检测到，从而提供基于需求的最佳照明。一旦人走了，灯光再次从 90% 变暗到 30%。这一创新解决方案

---

① The Bahnstadt Project in Heidelberg（2017 - 9 - 20）［2018 - 8 - 14］［EB/OL］https：//www. c40. org/case_studies/the - bahnstadt - project - in - heidelberg

② 2017 - 09 - 06_ bahnstadt_ factsheet_ final（2017 - 9 - 6）［2018 - 8 - 13］［R/OL］https：//www. heidelberg. de/site/HD_ Satelliten/get/documents_ E - 1582661714/heidelberg/Objektdatenbank/Bahnstadt/heidelberg - bahnstadt. de/Pdf/2017 - 09 - 06_ bahnstadt_ factsheet_ final. pdf。

可节省 75% 的二氧化碳①（图 7）。

图 7　火车新城的灯具照明设计

资料来源：http：//internal. schreder. com/en – gb/projects/bahnstadt – heidelberg。

在微气候和生物多样性环境保护上，强调将生态技术融入到公共空间的景观规划中。在长廊开放空间（Promenade），通过干燥温暖的砂砾和沙质土壤形成对受保护的动物群体的特殊栖息地。并通过各类型的植被覆盖增加生态多样性改变小气候。在 Langen Anger，通过宽 9. 5m，5000 平米的水面，以及两侧的落叶树冠在海德堡炎热夏季，季节性地调节了住区的小气候。沿水岸软堤区，形成沼泽地和芦苇等绿植，用于雨水收集和渗透。②

（5）问题

火车新城最大问题是投资巨大，目前城市预算赤字近 4000 万欧元。但从长期看，到 2022 年全部建成，预计将减少到 1700 万欧元的赤字。绿党和左党批评该项目的高昂投资。未来将需要通过新居民的纳税来赚取利润。因此，取消了原规划中昂贵的基础

---

① Environmental lighting solution for sustainable urban development campus［2018 – 8 – 14］［EB/OL］. http：//internal. schreder. com/en – gb/projects/bahnstadt – heidelberg

② Bahnstadt Heidelberg – Konzept öffentlicher Raum mit den Teilprojekten " Promenade" und " Langer Anger"［2018 – 8 – 17］［EB/OL］. https：//www. akbw. de/architektur/beispielhaftes – bauen/praemierte – objekte/detailansicht/objekt/bahnstadt – heidelberg – konzept – oeffentlicher – raum – mit – den – teilprojekten – promenade – und – langer – anger. html

设施项目——行人和自行车桥。①

此外，也有质疑“火车新城是否成为只适合高收入者的地区”。由于火车新城的住宅均采用了统一的被动房屋标准，使得火车新城住房产生了高昂的租金和购买价格。尽管政府计划为买家和租户提供补贴计划，但具体实践中，仍出现了需要的家庭申请不到，可以申请的家庭并不需要补贴等问题，需要政府进一步完善住房补贴计划。②

三、德国城市中心新区开发的影响因素

在城市中心的复兴过程中，其中心的功能也需转型升级。基础设施改造、零售业发展和住房一直是城市中心更新的主要目标。在旧城旧建筑改造的普遍困境下，城市中心的新区开发成为满足上述目标的有效手段。

1. 城市中心功能转型和升级

早期的德国城市中心更新过程中，交通、商业和行政用途取代生活用途。历史上作为居住生活的老城区，已转变为城市的中心商业区③。进入 21 世纪，巨大的社会和经济结构变化改变着城市的社会和空间结构，并对城市中心的发展提出了新的挑战。一方面，随着社会和经济的发展，中心城区一些旧时功能已经失去功用；另一方面，需要创造新的用途和空间满足人们新的生活，文化和经济的需求。近 10 年间，随着再城市化的趋势，城市中心的多样性功能在不断完善，除了更新交通基础设施，文化、休闲娱乐设施，更为重要的是扩充城市中心的零售业和居住面积。德国城市中心停止运作的旧有基础设施（货运火车站、老港口、工业和军事基地等）的空置，恰为城市新区开发提供了合适的用地。新城区开发也更好地满足城市零售业经济发展和日益增

① Die Bahnstadt ist weiter im Minus（2018 - 6 - 25）［2018 - 8 - 12］［EB/OL］. https：//www. rnz. de/nachrichten/heidelberg_ artikel，- heidelberg - die - bahnstadt - ist - weiter - im - minus - _ arid，367995. html

② Blatt，Steffen. Heidelberger Bahnstadt：Ein Stadtteil nur für Gutverdiener?（2015 - 3 - 14）［2018 - 8 - 12］［N/OL］. https：//www. rnz. de/nachrichten/heidelberg_ artikel，- Heidelberg - Heidelberger - Bahnstadt - Ein - Stadtteil - nur - fuer - Gutverdiener - _ arid，82989. html

③ Innenstadt［2018 - 8 - 11］［EB/OL］. https：//de. wikipedia. org/wiki/Innenstadt

长的居住需求。

斯图加特城市中心的扩展一直受到斯图加特市区盆地地形的限制。斯图加特21世纪项目是斯图加特轨道交通服务系统升级的重大举措，通过将现有地面的火车终端站改建为地下运行的中转站，与已废弃的火车站前货物编组站，为城市中心补充了其经济发展需要的土地资源。其核心位置是新城区开发最为有利的条件。

同斯图加特的状况类似，城市中心退役的货运编组站和美国陆军前军区为海德堡进一步扩大其科技、创新、经济和文化影响力提供了可供使用的土地。火车新城开发成为城市成功结构变革的象征，代表着科学城市海德堡在传统与未来的成功结合。海德堡重新开创了一个现代生活、商业和科学以独特方式联合的地方。

2. 居住需求

近10年来，德国大城市人口一直在增长。2010到2015年间，德国78个大城市的人口增长4.9%，达120万人。五年间，德国最大的七个城市人口增长60万，涨幅为6.6%。同时，德国大城市的国外移民数量也明显增长，特别是核心城市，由于经济和文化吸引力、大都市区交通系统的改善，一直是吸引人口的主要地区①。以斯图加特为例，其市区人口约62.8万（2016年底），接近1962年的历史最高点（64万）。44%居民具有移民背景，年龄平均为41.5岁。斯图加特市的平均房租每平米9.92欧，是德国房价最贵的城市之一②。海德堡在二战后人口首次超过10万，此后人口持续增加，截至2016年底，人口15.9万达到历史最高位。26.9%居民具有移民背景，这也是海德堡发展速度超过其他德国城市的重要因素。

谁会搬进市中心？调查显示，一个城市在经济上的竞争力与它吸引受过高等教育的年轻人的能力有着密切的联系。调查发现，年轻人对通过功能混合的和街道活动形成的密集的、充满生气的邻里生活有着强烈的偏爱，他们能在那里找到和自己相似的伙伴，且对可参加的活动和可交往的人有着足够的选择③。

---

① 德国大城市的发展压力（2017－8－15）［2018－8－12］［EB/OL］. https：//www. sustainable－urbanisation. org/news/de－guo－da－cheng－shi－de－fa－zhan－ya－li

② Stuttgart［2018－8－12］［EB/OL］. https：//de. wikipedia. org/wiki/Stuttgart

③ 沃尔夫冈，克里斯特著，蒋薇译："城市购物中心——在城市中心应对城郊的繁荣"，《国际城市规划》，2010年第4期。

但是，由于斯图加特欧罗巴区的规划并未能优先解决城市已经严重的住房紧张问题，有限的高级公寓，在2014年仅入住居民405人。相比之下，作为海德堡最年轻的城区，大约有6800人将在这里居住，有6000人在此工作①。截至2018年6月，已完成2355套公寓，未来总共将建造约3700套公寓②，以缓解紧张的住房市场。当前，火车新城人口发展非常迅速，已有接近4000人入住新区。通过提供便利的短距离生活模式，绿色生态的生活环境和环保的建筑标准，在短时间内吸引了拥有孩子的年轻家庭。90%的女性在45岁以下，20%的居民在18岁以下，37%居民在18～30岁之间，每10个居民有1个10岁以下的孩子。火车新城2/3的居民来自于海德堡之外，25%的居民有国际背景③。

3. 扩大经济吸引力

21世纪初，由于出现的郊区化和城市人口减少的现象，威胁着核心城市的经济发展。城市中心零售企业的传统客户群正在不断流失，转向市区外围的购物中心、厂家直销店或电子购物，同时城市中产阶层底层群体的购物能力也逐步衰退。其影响因素可归结于社会价值观的转变、传统家庭产业的消亡，以及少数跨国企业统治市场的区位战略。因此，一些核心城市（如斯图加特、法兰克福等）都选择通过大型项目、公共空间的改善以及对投资商的各种让步，尽力阻止城市衰落这一恶性循环的出现④。特别是对大型购物中心的无节制引入和妥协，使得这些城市定位于购物城市，反而忽略了欧洲传统城市中心的特质。

海德堡促进经济增长的模式则不同于这些州首府城市，几个世纪以来，海德堡一直是“精神的居所”。时至今日，大学城仍是莱茵—内卡地区的科学服务中心。虽然近几十年来，与其他德国大多数城市的发展趋势类似，第三产业一直在增长。2013年，

① Bahnstadt：Lebendiger Stadtteil mit fast 4. 000 Bewohnern wächst weiter mit hohem Tempo（2018 -8 -7）［2018 -8 -11］［EB/OL］. https：//www. heidelberg - bahnstadt. de/，Lzh_ CN/1119260. html

② Daten und Fakten［2018 -8 -11］［EB/OL］. https：//www. heidelberg. de/hd，Lde/968135. html

③ Die Bahnstadt Heidelberg［2018 -7 -18］［EB/OL］. https：//www. heidelberg - village. de/die - bahnstadt/

④ 克劳兹·R. 昆斯曼、刘健、王纺：《德国城市：未来将会不同》［J］，国际城市规划，2007年第3期。

83.8%的人在服务业工作，只有16.1%在制造业工作①。但目前，大学城和大学医院仍是海德堡最大的雇主，提供了15000个工作岗位。旅游业也是海德堡的重要经济来源，2014年的游客和住宿总收入达到5.35亿欧元。②

四、德国城市中心新区规划特征

1. 多功能混合

混合用途作为城市规划目标，被视为可持续城市发展和短距离城市的“重要元素”。这一原则在德国已经实施了二三十多年，但直到2007年，莱比锡宪章确认了欧洲应发展“紧凑、功能混合和可持续的短距离城市”。多功能中心可以从功能多样性和特色中获取混合用途的吸引力，在整体的组合中各功能也更具吸引力。特别是在当前的技术支持下，实现生活、工作、休闲和护理等功能的紧凑发展，并通过良好的可达性而改善生活质量，因此降低了对移动性（mobility）的能源需求③，这就是短距离城市的含义。

在斯图加特的欧罗巴区，尽管以米兰购物中心为核心的综合体，包含了购物、居住、办公等功能，与市图书馆，形成了多功能的混合组合。但整体上，欧罗巴区呈现的是美国式城市中心的模式，以银行、高层高档酒店、购物中心汇集的商业中心（图8）。

---

① Sozialversicherungspflichtig Beschäftigte nach ausgewählten Wirtschaftsbereichen［2018-7-18］［EB/OL］. https：//archive. is/20151008234040/http：//www. statistik. baden - wuerttemberg. de/SRDB/Tabelle. asp? R = GE221000&H = &T = 03025014

② Barlen - Herbig，Anja. Touristen bringen eine halbe Milliarde Euro nach Heidelberg［2015-5-18］［2018-8-1］［EB/OL］. https：//www. heidelberg - marketing. de/b2b/presse/pressearchiv/news/detail/News/touristen - bringen - eine - halbe - milliarde - euro - nach - heidelberg. html

③ Bundesinstitut für Bau -，Stadt - und Raumforschung. Nutzungsmischung und die Bewältigung von Nutzungskonflikten in Innenstädten，Stadt - und Ortsteilzentren - Chancen und Hemmnisse［2017-3-31］［2018-8-11］［R/OL］. https：//www. bbsr. bund. de/BBSR/DE/Veroeffentlichungen/BBSROnline/2017/bbsr - online - 23 - 2017 - dl. pdf? __blob = publicationFile&v = 3

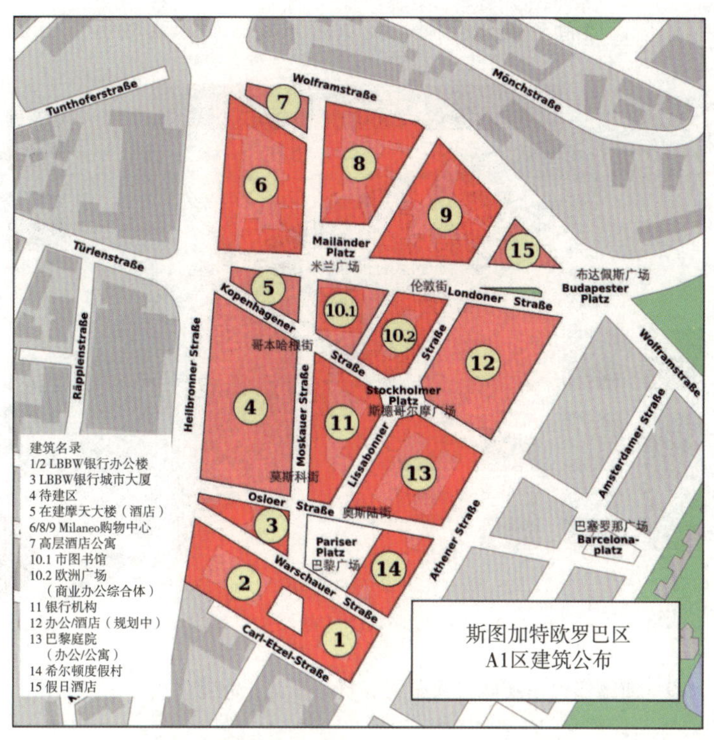

图 8　欧罗巴区 A1 建筑空间布局（资料来源：维基百科）

同样是在市中心的火车站核心地带，火车新城在“生活、研究和发展”的规划理念下，实现生活和商业，社会和教育，休闲和文化的城市多功能组合①（图 9），也确保了居民日常生活的短距离出行。火车新城处于具有高零售业和服务价值的城市核心地段，在面向未来的规划中，火车新城不仅创造了众多的就业机会，还结合校园的环境，为如生命科学，生物技术，信息和通信技术或能源和环境科学等科学和研究提供了坚实的环境。在零售业和企业方面，截至 2018 年，入驻新城大约有 100 家企业和商店，既有满足日常需求的商店，也有餐饮类商店。购物中心、折扣商店、专业家具中心和商住综合体也出现在火车新城规划中。在社会与教育方面，成立了社区中心，设有 6 个儿童日托中心，未来将提供约 400 个幼儿的入托位置。在休闲和文化方面，提供

① Die Bahnstadt – Urbaner Mix aus Wohnen und Wirtschaft, Soziales und Bildung, Freizeit und Kultur [2018 – 8 – 7] [2018 – 8 – 11] [EB/OL]. https://www.heidelberg – bahnstadt.de/, Lzh_ CN/1119290.html

了电影院、健身中心，体育与娱乐空间，儿童游乐场，周末市场等。①

图 9 海德堡火车新城空间布局（资料来源：海德堡火车新城官网）

2. 现代高效的轨道交通系统

早在 20 世纪 70 年代，德国城市中心就开始构建绿色交通模式：以轨道交通为主导，以公共汽车为辅的公共交通系统。机动车主道路环城而设，环城以内以非机动交通为核心，限制机动车穿越城区。时至今日，这仍然是德国新城区开发规划的基本原则。特别通过现代高效的轨道交通为导向，发展新区，是新城区开发的首要条件。

斯图加特欧罗巴区，在步行区—伦敦街的东西两端，设置了 2 个轻轨车站，共 5 条轻轨线路，将欧罗巴区与火车总站相联。其中，4 条轻轨线（U5/U6/U7/U15）经过位于西侧海尔布隆纳大街的城市图书馆站（地下车站），另一条线路（U12）停靠位于东侧伦敦街（Londoner Strasse）的布达佩斯广场地铁站（Budapester Platz）（地面站）（图 10）。从 2009 年到 2017 年，欧洲区周围的城市轻轨线经过改造和扩建，花费 9000

① Die Bahnstadt Heidelberg［2018－8－11］［EB/OL］. https：//www. heidelberg－village. de/die－bahnstadt/

万欧元①。

图 10　轻轨 U12 线穿过斯图加特欧罗巴区地下到达新的布达佩斯广场站

资料来源：http：//www. bahnbilder. de/bild/deutschland ~ stadtbahnen – und – u – bahnen ~ stadtbahn – stuttgart – haltestellen – und – strecken/1099204/in – der – haeuserschlucht – – ein – zug – der. html

2015 年，海德堡城市提出城市规划目标：依托有轨电车，保证城市所有地区的等效开发；促进环保、具有城市性和社会责任的交通；建立无障碍规划②。火车新城通过环境友好的交通基础设施：有轨电车和自行车网络，使得人们可以摆脱私人汽车的依赖。现代便捷的有轨电车网络正在得到广泛和可持续的扩展。优化的有轨电车网络，使得出行时间更短，更加节省时间，对通勤者更具有吸引力，从而为海德堡的环保移动性和减轻道路交通负担做出了重要贡献③（图 11）。火车新城在中轴线上规划了“绿色大道”（Grüne Meile），包括：宽阔的人行道，草坪轨道，停车道和双排道旁树，以及一个综合下水道。绿色大道工程的扩建成本预约为 395 万欧元④。新建的 3 个电车站

---

① Setzungen auch im U – 12 – Tunnel（2014 – 10 – 10）［2018 – 8 – 8］［EB/OL］. https：//www. stuttgarter – nachrichten. de/inhalt. stadtbahnbau – in – stuttgart – setzungen – auch – im – u – 12 – tunnel. c31a2f19 – c055 – 4298 – 99ff – 6cbc42ffa89f. html

② Mobilitätsnetz：Straßenbahntrasse durch die Bahnstadt［2018 – 7］［EB/OL］. http：//ww2. heidelberg. de/vorhabenliste/detail. php? title = Mobilitätsnetz：%20Straßenbahntrasse%20durch%20die%20Bahnstadt

③ Czernyring：Gleis – und Straßenbauarbeiten starten zwischen Czernybrücke und Max – Planck – Ring（2017 – 7 – 18）［2018 – 8 – 11］［EB/OL］. https：//www. heidelberg. de/hd，Lde/HD/service/18_ 07_ 2017 + czernyring_ + gleis – + und + strassenbauarbeiten + starten + zwischen + czernybruecke + und + max – planck – ring. html

④ Ausbau der Grünen Meile zwischen Langer Anger und Czernyring（2016 – 2 – 19）［2018 – 8 – 12］［EB/OL］. https：//www. heidelberg. de/hd，Lde/989044. html

均配备了现代化的乘客信息系统和无障碍设计。①

图 11　通行在火车新城中轴线“绿色大道”上的新型有轨电车

资料来源：https：//www. heidelberg. de/hd，Lde/967802. html

3. 多样化的居住组合

正如 christiaanse 教授所说，“生活变得更加复杂和多样化，因此，住宅项目不再是针对单个目标群体，而是针对具有不同需求概况的几种生活方式类型和年龄组。这种模式促进了城市的多样性。”

遗憾的是，在斯图加特的欧罗巴区是以高档酒店和高级公寓为主，严重的限制了入住的居民多样性。而在火车新城，生活和工作，研究和文化，科学和商业紧密相连，形成了极具吸引力的组合。并且为各类人群提供出租和出售的住房。“单身人士与有孩子的家庭有不同的需求，老年人的生活方式与学生不同。一家创意 IT 公司的年轻上班族与在实验室进行研究的经验丰富的科学家有着不同的休闲行为。他们都是火车新城的居民，并为此塑造了新的居住方式”②。海德堡火车新城不仅专注于为家庭提供住房，

① “Ein Meilenstein für den umweltfreundlichen Nahverkehr” （2016 - 7 - 15） ［2018 - 8 - 13］［EB/OL］. https：//www. heidelberg. de/hd，Lde/1034837. html

② Die Bahnstadt - Ihr Platz am Wissenschaftsstandort Heidelberg［2018 - 8 - 11］［EB/OL］. www. heidelberg - bahnstadt. de

还为学生提供了许多优惠①。校园公寓（Campus Viva）为学生提供了345间出租公寓，并配备了洗衣房、健身房、学习、娱乐和运动区。

4. 公共开放空间

公共空间是欧洲城市的重要特征。斯图加特的欧罗巴区虽然规划了3个广场（米兰广场、斯德哥尔摩广场和巴黎广场），但是绿地空间非常有限，主要集中在米兰广场和市图书馆周边。在米兰购物中心提供的购物、餐饮服务以及市图书馆的共同吸引下，由草坪、水池和简易的游乐设施组合的休闲空间——步行区（伦敦街和米兰广场），已经成为斯图加特市民新的聚会地点，并意外地成为孩子们嬉水的游戏场所（图12）。而由银行办公机和高级公寓构围合而成的另外2个广场，由于缺乏任何逗留的设计，则呈现出荒凉、冰冷空旷的景象（图13）。

图12　欧洲区的米兰广场

图13　欧洲区的巴黎广场

资料来源：https：//de. wikipedia. org/wiki/Europaviertel_ （Stuttgart）#/media/File：StuttgartPariserPlatz_ 2015－04. jpg

在火车新城的规划布局中，2005年规划公共空间的比例是46%。到了2007年，规划减少到42%。和其他类似的新城区相比，图宾根法国区的开放空间比例是40%，斯图加特21世纪项目的整个开放空间比例为54%，火车新城的交通和绿色空间的份额处于平均水平。火车新城的开放空间规划同样体现了综合的多功能性（逗留、游戏和通行），开放空间的多样性使得新城具有鲜明的特色和可识别性。“公园城市”（Parks-

---

① Die Bahnstadt－Urbaner Mix aus Wohnen und Wirtschaft，Soziales und Bildung，Freizeit und Kultur（2018－8－7）［2018－8－11］［EB/OL］. https：//www. heidelberg－bahnstadt. de/，Lzh_ CN/1119290. html

tadt）品质的休闲空间及其可持续的积极影响，不仅促进了新区的可接受度，也推动了新区的销售①。火车新城构建了多个多样化的大型绿色公共空间，依据火车轨道构成，创造性地开发了两个线性公共空间（“Promenade” und “Langer Anger”），将雨水管理、景观和街道空间相结合，并与住区道路相互连接，构建了新城环保、生态化、人性化的绿色开放空间系统②（图 14）。火车新城规划的长廊，共规划了 3 个主题的游乐场，为（2～14 岁）不同年龄段的儿童与青少年提供游戏体验，并激发了孩子创造性。以“消防站” （Feuerwehr－Spielplatz）主题的儿童游乐场，在 2017 德国游戏空间竞赛（Spielraumpreis 2017）中获得第一名③。新城中心规划的由槐树林形成的多功能城市广场（Pfaffengrunder Terrasse），成为适合各种年龄和用户群体的一个有吸引力的聚会场所④（图 15）。火车新城的绿色带状公园（Zollhofgarten），长 300m，宽 50m，种有超过 120 棵落叶树。在广阔的草坪上提供了满足各年龄段的休闲，游戏和体育设施。⑤

图 14　火车新城的 Langer Anger 绿色开放空间

资料来源：海德堡火车新城官网。

图 15　火车新城多功能城市广场

资料来源：Christian Buck 拍摄。

① Städtebauliche Rahmenplanung “Bahnstadt 2007” （2007－6－8） ［2018－8－13］［R/OL］. https：//www.heidelberg.de/site/HD_ Satelliten/get/documents_ E－628157503/heidelberg/Objektdatenbank/Bahnstadt/heidelberg－bahnstadt.de/Pdf/20180124_ heidelberg_ staedtebauliche_ rahmenplanung_ 2007.pdf

② Bahnstadt Heidelberg－Konzept öffentlicher Raum mit den Teilprojekten " Promenade" und " Langer Anger" ［2018－8－11］［EB/OL］. https：//www.akbw.de/architektur/beispielhaftes－bauen/praemierte－objekte/detailansicht/objekt/bahnstadt－heidelberg－konzept－oeffentlicher－raum－mit－den－teilprojekten－promenade－und－langer－anger.html

③ Heidelberger Kinderspielplatz gewinnt den ersten Platz beim Spielraumpreis 2017（2017－11－13）［2018－8－11］［EB/OL］. https：//www.heidelberg.de/hd，Lde/984385.html

④ Wettbewerb Pfaffengrunder Terrasse：Berliner Architektenbüro capatti staubach erhält ersten Preis（2016－5－6）［2018－8－14］［EB/OL］. https：//www.heidelberg.de/hd，Lde/983532.html

⑤ Zollhofgarten：Grün－ und Spielflächen sind für die Öffentlichkeit freigegeben（2014－6－25）［2018－8－14］［EB/OL］. https：//www.heidelberg.de/hd，Lde/981780.html

五、零售业在城市中心的扩张与变革

零售业是城市中心历史建筑的保存和更新是重要的经济基础，它也对城市生活有显著的贡献。城市中心作为零售业和服务位置的功能是确保城市性的重要前提，也是欧洲城市文化的重要支柱。许多游客调查也说明，城市的零售业供给依旧是城市参观最主要的理由之一。城市中心作为零售业和服务位置的功能是确保城市性的重要前提，也是欧洲城市文化的重要支柱。因此，自郊区化购物中心出现以来，零售业的扩张成为城市中心经济的主要推动力。以斯图加特为例，其零售空间的增加在德国是独一无二的。2000 年，斯图加特的销售面积仍然约为 841000 平方米。2016 年则已经达到了 111.5 万平方米。且零售业大部分位于市中心，比例大约为 58%。这远远超过其他大城市。相比之下，柏林为 12%，汉堡为 13%，法兰克福为 24%[①]。

1. 旧式百货在市中心的没落

21 世纪以后，旧式百货公司以原有的面貌已经失去了对客户的吸引力，在面临市中心高昂的租金和新的竞争对象（大型折扣店与购物中心），进而无法在市中心继续生存，正逐渐呈现衰落趋势。德国最著名的老牌百货连锁店考夫霍夫百货（Galeria Kaufhof GmbH）（1879 年成立），其发展变迁展现了城市中心的零售业发展的趋势变化。自战后到 1999 年，考夫霍夫百货一直处于扩张上升阶段。但是自 21 世纪以后，其销售开始显著下降。自 2009 年至 2014 年，陆续关闭了在德国西北部城市，以及柏林，奥根斯堡等地的分店。2015 年，由加拿大的哈德逊公司收购。2017 年 2 月至 7 月期间，考夫霍夫百货的损失达到了约 5000 万欧元[②]。再是，德国另一老牌百货公司连锁店卡尔施泰特（Karstadt Warenhaus GmbH）（1881 年成立），总部位于

---

① Sven Hahn, Bezirke leiden unter Handelsboom in der City（2017 - 7 - 26） [2018 - 8 - 11] [EB/OL]. https://www.stuttgarter - nachrichten.de/inhalt.einzelhandel - in - stuttgart - bezirke - leiden - unter - handelsboom - in - der - city.32644ffc - 7e83 - 4f95 - afcc - 058265fb9df9.html

② Neuer Ärger für Kaufhof: S. Oliver will früher Geld（2017 - 9 - 8） [2018 - 8 - 8] [EB/OL]. https://www.sueddeutsche.de/wirtschaft/galeria - kaufhof - auf - nummer - sicher - 1.3658331

埃森。2004 年 10 月宣布，卡尔施泰特百货连锁店（Warenhaus AG）及其整个集团面临财政困难①。2009 年，在多特蒙德，慕尼黑市中心和汉堡易北河购物中心均关闭了卡尔施泰特分店。由于销售不善，2009 年启动破产程序，2014 年由奥地利的 Signa Holding 公司宣布完全收购卡尔施泰特②。2015 年 5 月，在斯图加特著名购物商业街——国王大街（Königstraße）经营了 20 多年的卡尔施泰特分店也不得不关闭③。

2. 购物中心占领城市中心

自 20 世纪 90 年代，在德国各大中城市，大型购物中心作为推动城市经济发展的主要手段（见表 1），被引入市中心。特别近 10 年来，由德国各大中城市中心区的更新改造发展看，由于大型项目引进，传统的百货公司、具有保护价值的小市场以及各种小零售商，正不得不从最后充满市井生活气息的城市中心撤离④。这一现象持续地在德国各大核心城市中心上演。例如，2006 年，在斯图加特市中心，国王广场（Schlossplatz）标志性建筑之一——国王大厦（Königsbau）改造为购物中心⑤。在 2008 年，林贝克购物广场（Limbecker Platz）在位于埃森市老购物街林贝克街的北尽端开幕，它包含 200 多家商户，其前身是老牌百货公司 Karstadt。2009 年，法兰克福内城著名采尔购物大街上（“Zeil”）的采尔购物中心（myZeil）开张，聚集了约 100 家商户，提供了 4 层共 1390 个停车位，每天来访顾客约 4 万人（图 17）⑥。正在开发的法兰克福火车站北的欧罗巴区，天际线购物中心（skyline platz frank）在 2013 年开幕，引入约 170 商户。2014 年，斯图加特市中心，玛利亚大街（Marienstraße）的 Gerber 购物和欧罗巴区的米兰中心（Milaneo）两大购物中心相继开幕。2009 年，Glacis - Galerie 购物中心建在新乌尔姆（Neu - Ulm）车站北部，2015 年开幕。大型购物中心在城市中心取代百货公司已成势不可挡的趋势。

---

① Kaufhof [2018 - 8 - 8] [EB/OL] . https：//de. wikipedia. org/wiki/Karstadt

② Karstadt [2018 - 8 - 8] [EB/OL] . https：//de. wikipedia. org/wiki/Karstadt

③ Ulrike Ebner，Karstadt hat nun endgültig geschlossen（2015 - 5 - 13） [2018 - 8 - 8] [EB/OL] . https：// www. stuttgarter - zeitung. de/inhalt. koenigstrasse - in - stuttgart - karstadt - hat - nun - endgueltig - geschlossen. 678e4620 - 1f40 - 4988 - 97d3 - 8df521a94173. html

④ 佛朗茨·佩施著，蒋薇译：“德国城市中心的未来”，《国际城市规划》2010 年第 4 期。

⑤ Königsbau [2018 - 8 - 8] [EB/OL] . https：//de. wikipedia. org/wiki/Königsbau

⑥ A shopping gem in the heart of downtown Frankurt [2018 - 8 - 8] [EB/OL] . http：//www. ece. com/en/centers - projects/shopping/? tx_ eceprojects_ detail [project] = 1169&tx_ eceprojects_ detail [controller] = Detail&tx_ eceprojects_ detail [action] = index&cHash = a3201d4b2248e6d52d80b6e7048faaaf

表 1　　德国部分城市市中心的大型购物中心的信息

大型购物中心名称	所在城市	开幕时间	购物面积（m^2）
myZeil	法兰克福内城	2009	47000
skyline platz frank	法兰克福火车站	2013	38000
Limbecker Platz	埃森内城	2008	70000
Königsbau	斯图加特市中心	2006	27000
Gerber	斯图加特市中心	2014	25000
Milaneo	斯图加特市中心	2014	43000
Glacis – Galerie	新乌尔姆火车站	2015	27800
Aquis Plaza	亚琛市中心	2015	29200
Europa – Galerie	萨布吕克火车站	2010	25000

https：//de. wikipedia. org/wiki/Liste_ von_ großen_ Einkaufszentren_ in_ Deutschland

图 16　斯图加特欧洲区的米兰购物中心内庭

资料来源：http：//www. ece. com/brochures/MOS/Milaneo_ Stuttgart_ EN. pdf

图 17　法兰克福内城著名采尔购物大街上的采尔购物中心

3. 购物中心的利与弊

（1）购物中心的负面问题

自 1990 年代以来，欧盟规定必须将购物中心建在城市设计中的整合地区（integrierte Lage），原则上这类地区应该能承担起购物面积在 10000 平方米以上的购物中心所需的条件，即通过中心的协同作用实现大量居住、工作岗位和社区文化、教育及管理设施的统一①。而事实上，购物中心的选址和发展现状，并未能推动中心的协同作用。

① 沃尔夫冈，克里斯特著，蒋薇译：“城市购物中心——在城市中心应对城郊的繁荣，《国际城市规划》2010 年第 4 期。

购物中心自身以及对城市带来的负面影响具有普遍性。首先，就城市整体而言，购物中心在市中心的积聚，造成周边地区零售业下降趋势显而易见。在斯图加特市中心的 Geber 购物中心项目一直该存在争议。“虽然城市规划者预测 Geber 购物中心将带来该地区的经济复兴。但迄今为止，斯图加特市的郊外经济并没有特别的吸引力，批评者担心 Geber 购物中心会以牺牲市中心的零售商为代价进行毁灭性的竞争。而米兰购物中心在斯图加特欧洲区的同步开放将进一步加剧了这种竞争压力”①。再是，客流量不足是大型购物中心的一个共同点。无论是斯图加特的米兰购物中心的租户②，还是法兰克福的天际线与乌尔姆购物中心的零售商，都在抱怨客流量远低于预期。而 2015 年开幕的亚琛购物中心，在 2017 年，由于客流量少，关闭了 450 平米的餐饮空间，另有部分空间空置③。最后，人们常常诟病购物中心对历史城市中心及其传统经济和生活的破坏。在全球化的背景下，在大型购物中心和连锁商店的冲击下，城市中心正日趋呈现单调、乏味和千篇一律的购物城市景象。亚琛的购物中心（Aquis Plaza）被认为是灾难性的规划，在零售业结构，历史遗产和环境等方面存在着市民与政府开发之间的矛盾。此外，购物中心庞大的零售空间不仅造成市场掠夺性竞争，导致城市其他地方出现新的经济空缺，还促使市中心生活空间的拆迁与破坏，而新规划更新的生活空间不足之前的一半。④ 乌尔姆购物中心也出现更多来自居民的反对。购物中心的引入在经济利益的屈从下，也为当地居民带来了困扰⑤。法兰克福的天际线项目在建设过程中，取消了原来 30% 的住房比例，该住房份额将转移到欧洲区的其他地方。

（2）购物中心的有利方面

大型购物中心作为重建和振兴城市中心的重要推动力，有助于提升购物吸引力，增加贸易税收，创造新的就业机会，加强内城的经济基础，从而增加城市中心的重

---

① Martin Haar. *Wie stark schaden Milaneo und Gerber der City?* （2013 －3 －27） ［2018 －8 －11］［N/OL］. https：//www. stuttgarter －nachrichten. de/inhalt. einzelhandel －wie －stark －schaden －milaneo －und －gerber －der －city. 807f6968 －b196 －4e85 －8bc6 －d9d8249574cc. html

② Sven Hahn，Einkaufstempel schlecht bewertet ［2018 －1 －4］［2018 －8 －10］［N/OL］. https：//www. stuttgarter －nachrichten. de/inhalt. shoppingcenter －in －der －region －stuttgart －einkaufstempel －schlecht －bewertet. a69b435a －0ed1 －49e3 －b645 －41896a23120f. html

③ Aquis Plaza［2018 －8 －11］［EB/OL］. https：//de. wikipedia. org/wiki/Aquis_ Plaza

④ Jetzt droht Schlimmeres！Stoppt die desaströse Planung an der Adalbertstraße！［2018 －8 －11］［EB/OL］. http：//www. kaiserplatzgalerie －nein －danke. de

⑤ Glacis －Galerie［2018 －8 －11］［EB/OL］. https：//de. wikipedia. org/wiki/Glacis －Galerie

要性①。因而，购物中心也被认为是对抗郊区化和网络经济的有效手段。

由当前德国各大城市在市中心纷纷引入购物中心的事实可见，购物中心在促进城市经济、旅游和就业等方面具有明显的积极作用。杜伊斯堡的购物中心就是为了抵抗购买力的外溢而进行的更新措施②。斯图加特作为购物城市，国王广场上由历史建筑国王大厦（Königsbau）改造的购物中心，是购物中心融入城市历史中心的成功案例，有利地促进了市中心的零售业和旅游业。同时，欧罗巴区的米兰购物中心提供了1500个就业岗位，开幕以来，来访的顾客逐年增加，客流量明显由周边地区向斯图加特市区转移。但是，经过最初对大型购物中心的好奇心之后，米兰购物中心对斯图加特其他地区的零售业影响正在逐渐消退。周边城区，如路德维希堡（Ludwigsburger）和埃斯林根（Esslingen）的零售业正逐渐恢复增长③。

火车新城核心的购物市场规划了与其他大城市大型购物中心不同的模式。Westarkaden® Heidelberg 基于城市中的城市理念，构成了社区购物中心，扮演着“市场”的传统角色（图 18）。在这里，它包括一楼约 11700 平方米的零售和餐厅空间，两层的地下停车场，500 多个停车位，约 300 套家庭型的无障碍出行的公寓和一个日托中心。提供了居民生活，工作，购物和居住④⑤。

图 18　Westarkaden® Heidelberg 鸟瞰

① Mayer – Dukart，Anne. Handel und Urbanität：städtebauliche Integration innerstädtischer Einkaufszentren［M］. Detmold：Rohn，2010

② Forum Duisburg［2018 – 8 – 14］［EB/OL］. https：//de. wikipedia. org/wiki/Forum_ Duisburg

③ Rafael Binkowski，Wie Shoppingcenter unter dem Milaneo leiden［2018 – 1 – 30］［2018 – 8 – 10］［EB/OL］. https：//www. stuttgarter – nachrichten. de/inhalt. zehn – prozent – weniger – kunden – in – der – region – shoppingcenter – leiden – unter – dem – milaneo. 1b14f71c – 64f6 – 4403 – b754 – a70fab0fcc16. html

④ Vielfalt für die Zukunft – Baubeginn des Projekts“Westarkaden Heidelberg”（2017 – 3 – 15）［2018 – 8 – 11］［EB/OL］. https：//www. heidelberg. de/hd，Lde/HD/Arbeiten + in + Heidelberg/15_ 03_ 2017 + vielfalt + fuer + die + zukunft + _ + baubeginn + des + projekts + _ westarkaden + heidelberg_ . html

⑤ WESTARKADEN HEIDELBERG：DAS STADTTEILZENTRUM IN DER BAHNSTADT!［2018 – 8 – 11］［EB/OL］. https：//www. demand – immobilien. de/Objekt – Ladenlokal – SB – Markt – in – Heidelberg – Westarkaden – Heidelberg – Das – Stadtteilzentrum – in – der – Bahnstadt/DI – 5217. htm

六、结论与启示

目前，德国大城市城市中心更新面临的问题主要集中在以下两方面。

①国内人口迁移不平衡的问题。不少人想要像之前一样居住在大城市，但常常只有两个选择：他们或减少市中心的居住面积；或选择居住在市郊，忍受长途的通勤。不仅是长久以来便极具吸引力的市中心地区面临着高需求，周边地区的压力也与日俱增，这里常常是收入相对较低人群的选择。因此，为人民提供负担得起的住房以保证社会平衡，依旧是城市未来很长时间的核心任务。

②美国式的购物中心在欧洲和亚洲城市中心的入侵，被认为是过去50年来对城市发展最严峻的挑战之一。郊区化的商业模式对城市中心的“攻击”带来一系列后果：零售业竞争压力，大规模的搬迁和破坏，超大建筑体量，公共空间的私有化，对城市传统和历史遗产的无视，以及对城市现有空间结构的持续负面影响。市中心购物中心和城市的整合已经成为城市发展的重要任务。正如德国城市协会强调，控制综合地区的大型零售设施是“城市发展规划和战略空间管理的核心任务”之一。[①]

城市不仅是依赖于商业而生存，无论是过去还是现在，欧洲城市的发展潜力都建立在多功能和城市空间的品质上。在失去商业功能的同时，反而能越来越多地体验到城市中心的休闲和娱乐功能[②]。欧洲城市代表着紧凑的城市结构，不同时代的建筑，生活和工作的生动组合。在现有结构和空间条件下，对欧洲城市特质的保护，更新和进一步发展成为德国联邦，州和地方政府共同承担的任务[③]。城市中心代表着城市的未来，加强城镇和城市中心作为商业、文化、工作、生活和休闲的场所，才能获得人们认同。[④]

在城市规划的历史发展进程中，中国城市无疑正在或未来将经历着欧洲城市已经完成（郊区化和城市化）或正在进行（再城市化）的发展状态。如何科学合理引导减

---

① Mayer－Dukart，Anne，Handel und Urbanität：städtebauliche Integration innerstädtischer Einkaufszentren［M］. Detmold：Rohn，2010

② 佛朗茨·佩施著，蒋薇译：“德国城市中心的未来”，《国际城市规划》2010年第4期。

③ https：//sharingheritage. de/projekte/europaeische－stadt－wandel－und－werte－erfolgreiche－entwicklung－aus－dem－bestand/

④ Europäische Stadt：Wandel und Werte（2018－6－20）［2018－8－20］［R/OL］. https：//www. kongress－denkmalschutz. de/programm/

弱郊区化趋势，增强城市中心的凝聚力，德国斯图加特的欧罗巴区和海德堡火车新城展示了两个城市中心新区开发的不同模式。

无论在中国还是德国的大中城市，城市中心更新都陆续出现了斯图加特市中心的新区开发模式。一方面，依靠大型城市发展项目促进城市经济的提升；另一方面，大型购物中心、银行机构和豪华公寓的聚集导致的市中心的高档化。这种发展模式不是将人民的利益放在首位，而是对政绩的追求，以及对投资开发者过度妥协。不仅未能解决城市日益严重的居住问题，反而加剧了城市中心居住成本不断升高，在导致进一步居住郊区化发展的同时，使得城市中心成为富裕阶层的独享空间。相比之下，海德堡火车新城规划，一方面保持了欧洲大学城的科学、经济、社会、文化和生活的传统混合模式；另一方面，也通过创新的规划理念和节能技术创新，展现出面向未来的可持续欧洲城市发展模式。

面临全球化、郊区化、再城市化的全面冲击，我们应该如何维护城市中心的核心价值和地位？将大型购物中心作为核心的规划怎么可能胜任建筑与城市可持续发展？"为了阻止城市中心作为该地区的社会，经济，文化和政治中心的重要性丧失，应通过多样性和混合功能的组合，让城市中心成为相识、相聚活动的可识别场所，在城市中心更好的体验城市生活，而不是仅仅是在大型购物中心去购物。①" 城市中心更新是一项全面、不断调整的城市规划，整合所有利益相关者的过程将伴随着任何城市发展措施的实施。应促进受影响的公民积极参与总体发展措施的制定，所有参与者的协调与合作将有助于促进理解，优化城市更新的实施过程。②

总而言之，从德国城市中心的更新及新城区开发现状来看，我们在借鉴发达国家城市中心新区开发的成功经验同时，更要总结新区开发过程中出现的问题，汲取教训，开拓适宜我国城市中心的复兴之路。

刘涟涟，副教授，工学博士，大连理工大学建筑与艺术学院，斯图加特大学建筑与城市规划学院访问学者；高莹，副教授，大连理工大学建筑与艺术学院。
该研究获国家自然科学基金（51608089，51778099）资助；国家留学基金委支持。

① Stadterneuerung［2018－8－20］［EB/OL］. https：//de. wikipedia. org/wiki/Stadterneuerung

② Städtebauförderung［2018－8－12］［EB/OL］. https：//de. wikipedia. org/wiki/Städtebauförderung

循环经济带动新城新旧动能转换
——山东省的经验与启示

石 峰

我国正处在城镇化进程中，如何建设新城新区成为今后的重要任务。由此，本报告在介绍山东省的新城建设和循环经济发展情况的基础上，列举了3个案例介绍山东省循环经济促进新城新区新旧动能转换的典型模式和经验，最后，在总结山东省经验的基础上，提出了利用循环经济促进新旧动能转换，实现资源节约型、环境友好型新城新区建设的启示。

一、山东新城新区发展概述

新城新区的建设可以促进产业的聚集，促进城市经济发展和城市建设，是城镇化的重要推手。山东省近年来城镇化发展迅速，从图1和表1可以看出，从2001年到2016年的16年间，山东省建成区面积从1707.97平方公里增长到4795.47平方公里，增长了2.8倍，新城新区建设的效果显著。

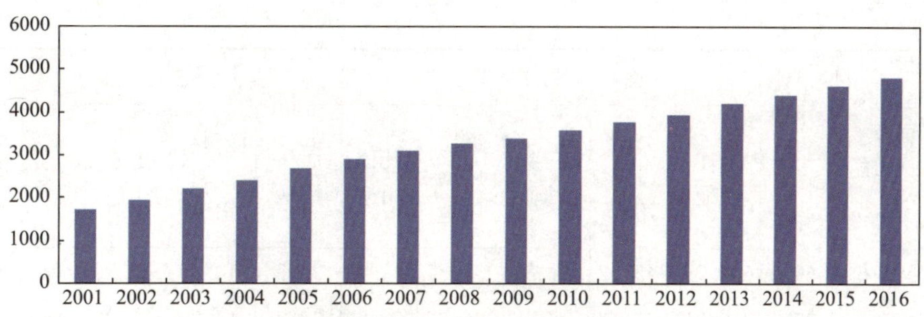

图 1　山东省建成区面积变化

图 2 以及表 1 显示了从 2001 年到 2016 年山东省城市建设用地分用途的面积变化情况，可以看出，居住用地、工业用地以及道路广场用地的面积增加较多，分别增长了 2.76、2.74 和 3.39 倍，公共设施用地面积增加了 1.99 倍。从 2001 年到 2016 年工业用地和居住用地之和的占比一直在 50% 以上。

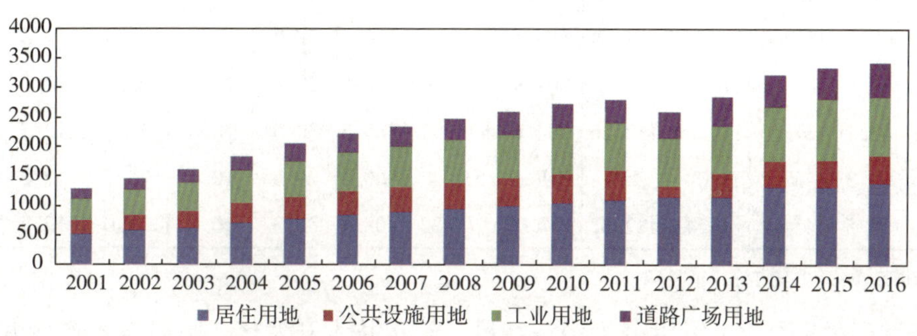

图 2　山东省城市建设用地分用途的面积变化

表 1　山东省城市建成区面积以及分用途建设用地面积变化

年份	建成区面积（平方公里）	城市建设用地面积（平方公里）	面积（平方公里）					占比（%）				
			居住用地	公共设施用地	工业用地	道路广场用地	其他用途	居住用地	公共设施用地	工业用地	道路广场用地	其他用途
2001	1708	1684.9	498.03	241.9	363.51	170.25	411.23	29.6	14.4	21.6	10.1	24.4
2002	1914.5	1893.7	568.01	268.18	413.5	188.33	455.68	30.0	14.2	21.8	9.9	24.1
2003	2195.4	2105.4	605.79	293.7	472.6	224.09	509.19	28.8	14.0	22.4	10.6	24.2

续表

年份	建成区面积（平方公里）	城市建设用地面积（平方公里）	面积（平方公里）					占比（%）				
			居住用地	公共设施用地	工业用地	道路广场用地	其他用途	居住用地	公共设施用地	工业用地	道路广场用地	其他用途
2004	2395.6	2369.6	694.95	343.12	537.52	252.52	541.47	29.3	14.5	22.7	10.7	22.9
2005	2675.5	2637.6	760.01	375.17	603	296.56	602.83	28.8	14.2	22.9	11.2	22.9
2006	2895.1	2848.5	824.29	416.08	643.66	329.66	634.77	28.9	14.6	22.6	11.6	22.3
2007	3081.9	3023.1	875.04	429.78	690.73	342.71	684.8	28.9	14.2	22.8	11.3	22.7
2008	3261	3191.5	928.68	451.92	733.55	350.76	726.59	29.1	14.2	23.0	11.0	22.8
2009	3373.6	3346.6	983.54	483.33	734.44	384.7	760.58	29.4	14.4	21.9	11.5	22.7
2010	3566.2	3526.4	1040.9	491.44	775.69	414.24	804.12	29.5	13.9	22.0	11.7	22.8
2011	3751.2	3680.7	1089.1	509.7	801.1	388.7	892.1	29.6	13.8	21.8	10.6	24.2
2012	3927	3854.4	1143.4	180.2	819.5	444.5	1266.8	29.7	4.7	21.3	11.5	32.9
2013	4187.5	3828.3	1139.3	407.1	807.9	493.2	980.8	29.8	10.6	21.1	12.9	25.6
2014	4400.1	4278.5	1302.9	442.26	934.6	533.54	1065.3	30.5	10.3	21.8	12.5	24.9
2015	4609.3	4407.7	1308	458	1044.1	537.4	1060.2	29.7	10.4	23.7	12.2	24.1
2016	4795.5	4540	1374	482.62	997.09	578.22	1108.1	30.3	10.6	22.0	12.7	24.4

数据来源：《山东省统计年鉴》。

新城新区从形式上可以分为经济特区、经济技术开发区、高新技术产业开发区、保税区、出口加工区、工业园区、产业新城、临港新城、空港新城等等，山东省的新城新区建设数量位居全国第二位[1)]，其中，青岛西海岸新区是国家级建设新区，面积含陆地面积2096平方公里和海域面积5000平方公里，人口约170万人。2014年6月3日经国务院批复同意设立青岛西海岸新区，成为中国第九个国家级新区，范围包括青岛市黄岛区全部行政区域，经济总量紧排上海浦东新区和天津滨海新区之后，位列第三。图3是山东省17地市的部分主要新城新区的分布图。青岛市除了国家级的西海岸新区外，还有红岛高新区、黄岛开发区、蓝色硅谷等其他各类型园区。烟台、济南等其他各地区都拥有各类的新城新区。

图 3　山东省部分新城新区分布图

图片来源：https：//qd. ifeng. com/special/sdjjxq/

2018 年 1 月 3 日，《国务院关于山东新旧动能转换综合试验区建设总体方案的批复》（国函〔2018〕1 号）；2018 年 1 月 15 日，国家发展改革委正式印发《山东新旧动能转换综合试验区建设总体方案》（发改地区（2018）67 号）；2018 年 2 月 13 日，山东省人民政府办公厅印发《山东省人民政府关于印发山东省新旧动能转换重大工程实施规划的通知》（鲁政发〔2018〕7 号）。《通知》明确要充分发挥济南、青岛、烟台三市经济实力雄厚、创新资源富集等综合优势，率先突破辐射带动，打造新旧动能转换主引擎。济南是高水平规划建设新旧动能转换先行区，集聚集约创新要素资源，发展高端新兴产业，打造开放合作新平台，建设现代绿色智慧之城，打造全国重要的区域性经济中心、物流中心和科技创新中心。青岛发挥海洋科学城、东北亚国际航运枢纽和沿海重要中心城市综合功能，突出西海岸新区、青岛蓝谷等战略平台引领，打造东部沿海重要的创新中心、海洋经济发展示范区，形成东部地区转型发展增长极。烟台发挥环渤海地区重要港口城市、国家创新型试点城市优势，积极培育新兴产业集群，打造先进制造业名城，建设面向东北亚开放合作新高地。以其他 14 个市的国家和省级经济技术开发区、高新技术产业开发区以及海关特殊监管区域等为补充，加强统筹规划，创新园区管理机制，明确产业发展定位和方向，打造若干经济增长点，形成区域新旧动能转换合力。新的政策给山东省新城新区建设提供的更为广阔的发展空间。同时，也同样明确了今后众多的新城新区开发建设必须实施新旧动能转换，必须走绿色发展、循环发展、低碳发展的道路。

二、案例

1. 案例一：潍坊滨海经济开发区的“以点带面模式”

循环经济发展从空间的角度，可以分为“点、线、面”。“点”是指企业，以企业为核心开展清洁生产、节能减排和循环经济技术创新和模式创新。“线”是指产业，通过产业间的共生关系，构建循环经济产业链，形成产业废弃物的有效资源化利用和减少废弃物的产生，达到资源节约和环境友好型发展模式。“面”是指区域，不仅仅包括工业，还包括社会的其他要素，通过垃圾分类回收、城市矿产开发和静脉产业的发展等实现区域的循环发展，形成循环型社会。山东潍坊滨海经济开发区是典型的“以点带面”的发展模式。

山东潍坊滨海经济开发区位于莱州湾南，是山东半岛与京津冀地区的重要连接点，是环渤海经济区的重要一环，距世界风筝之都潍坊市城区 30 公里，距青岛市 178 公里、济南市 200 公里，交通运输十分便利。1994 年山东省人民政府批准成立，总规划面积 106 平方公里。在开发区建设上，坚持循环经济发展优先的理念，重点培育一批循环经济示范企业，其中山东海化集团有限公司便是其中的一个“点”。

山东海化集团有限公司为“全国 120 家试点企业集团”和山东省重点培育的大型骨干企业集团之一，综合实力居全国同行业首位。集团主要产品有 40 多种，其中合成纯碱、硝盐、固体氯化钙三种产品居世界第一，原盐、三聚氰胺两种产品居亚洲第一，溴素、溴化物、水玻璃、灭火器瓶体、白炭黑、三单体、小苏打七种产品居全国第一，是全国最大的海洋化工生产和出口创汇基地。2005 年 12 月被国家发改委等六部委确定为全国首批 120 个循环经济试点单位之一。

首先，在循环经济建设方面，集团围绕产品深加工，完善产业链条。利用工业共生和生态“食物链”关系，围绕产品深加工，加大系列产品的研发和投入力度，不断进行产业结构调整，通过资源和能源循环链接，纵向一体化扩展延伸，形成了以碱系列、溴系列、苦卤化工系列、精细化工系列为主的四大动脉产业链条。

其次，紧跟循环经济理念，探索海（卤）水的资源梯次综合利用技术和模式。逐步实现了海（卤）水的“一水六用”，提高了海（卤）水资源的集约化利用程度和生态经济综合效益，最大限度地避免制溴废液和制盐母液外排对海域生态的破坏影响。

三是积极构建循环经济体系，将废弃物资源化利用与产业链条延伸扩展联系，实现废弃物再资源化。其中利用废水综合利用链网实现了制碱废液、制盐母液、酸性废水的综合利用以及纯碱厂新线中水化盐改造。构建了固废循环利用链网，实现了废渣、电石泥的综合利用。构建了废气循环利用链网，可对石化公司的火炬气、二氧化碳气、富余干气以及炭黑尾气回收。构建了废热循环利用链网，实施循环水供暖工程、输送原料卤水工艺冷却、热电公司回用工艺冷却清水。

在海化集团这个“点”的带动下，依托丰富的资源和科技优势，滨海经济开发区已初步构筑起以海洋化工为主体的产业框架，建成了以山东海化集团为龙头的海洋化工及相关循环经济产业，形成了以盐及苦卤化工系列、纯碱系列、溴系列、农药化工、精细化工、石油化工系列为主，上下游产品配套发展的产业链。包括世界知名企业日本伊藤忠株式会社、韩国东洋化学公司等400多家企业入驻园区。2007年，全区完成地区生产总值75亿元，规模以上工业销售收入200亿元，同比分别增长21%和35%；完成财政总收入16.7亿元，其中地方财政收入7.5亿元。

2. 案例二：烟台西部新港城的“静脉产业先行模式”

烟台西部新港城的规划面积约248.86平方公里，规划人口33万人，成为烟台西部地区的中心，具有影响力的现代化新城。结合地区发展基础和环境特点，规划形成九大发展片区，包括烟台港西港区、烟台新国际机场、烟台保税港区、国际综合物流园区、国际生态化工园区、临港产业园区、低碳环保产业园区、综合配套服务区和生态旅游休闲区。其低碳环保产业园区的基础就是“烟台资源再生加工示范区”，一个静脉产业园区。

烟台资源再生加工示范区于2005年8月由国家环保总局批复园区“圈区”建设，

2006 年被烟台市政府确定为烟台市循环经济试点示范园区，2007 年被山东省政府确定为山东省重点培育的循环经济型园区。烟台资源再生加工示范区园区规划面积 6.67 平方公里，按功能划分成生产加工区、管理服务区、污染处理区三大区域；按废旧物资类别，分设不同的专属加工区，形成了上下游产业相关联、同类型企业相聚集的产业发展格局。其中园区内企业把上海通用东岳汽车有限公司制造过程中产生的铁皮废料加工成钢垫、汽车配件等产品资源化利用；把收集起来的包装纸箱加工成纸箱垫板、造纸厂原料等；把众多水产加工企业产生的鱼皮、扇贝边等废料提纯加工成胶原蛋白等；把 ITO 废液经过萃取、反萃、技术置换等工艺制成 99.99% 的精铟，在经过铟、锡反应形成 ITO 导电粉，最后热压成靶材用于液晶显示板的纳米材料等资源再循环利用产业链。园区培育了海洋废弃物综合利用、工业企业废弃物综合利用、希贵金属提纯再生利用、汽车零部件再制造等静脉产业链条。2009 年 10 月，被山东省政府确定为第一批“山东省节能环保产业基地”。2014 年，园区正式进入第五批国家“城市矿产”示范基地名单，获中央财政无偿扶持资金 1.5 亿元。按照“城市矿产”示范基地建设要求，园区将落实回收体系网络化、产业链条合理化、资源利用规模化、技术装备领先化、基础设施共享化、环保处理集中化、运营管理规范化的建设任务。获批的 18 个项目已启动 16 个，试生产项目 3 个，严格按照项目建设投资进度，联合发改、财政共同监管，给予 10 万吨废电线电缆回收拆解项目、10 万吨废铜回收及无氧铜杆等 9 个项目专项资金扶持 1750 万元，占国家已拨付启动资金的 23%。2015 年，园区实现工业主营业务收入 30 亿元，利税 2 亿元，年均增长率分别达到 29.6% 和 21.7%，实际使用外资 2000 万美元，完成固定资产投资 5 亿元，废家电回收加工量超过 300 万台（套），入园企业在取得良好经济效益的同时，在促进地区就业、增加地方税收、加快产业结构调整、促进区域性节能减排等方面都发挥着非常显著的作用。

未来，将继续通过烟台资源再生加工示范区园的静脉产业支撑新城的再生资源利用，助力烟台西部新港城的资源节约型、环境友好型两型社会建设。

3. 案例三：新泰市的“旧城改新城模式”

新泰市隶属山东省泰安市，是煤炭产业基地，随着煤炭资源的减少以及煤炭市场的变化，新泰市作为资源枯竭性城市，面临了不得不转型发展的境地。但是作为新泰市的现实条件，转型不可能完全脱离现实令其炉灶，于是，新泰市立足改造“旧动能”变为“新动能”，其法宝就是循环经济。

例如新泰市的核心企业山东能源新汶矿业集团有限责任公司（原新汶矿业集团有限责任公司）是一家以煤炭、煤化工、装备制造、现代服务业为主体产业的大型企业集团。新矿集团积极“转方式、调结构”，按照“资源循环式利用、企业循环式生产、产业循环式组合”的思路，大力发展以煤炭产业为基础的矿区产业集群，推动产业结构的优化升级，构建了“煤—电—建”产业优势互补的循环经济发展模式。循环经济发展模式获得国家级管理创新成果一等奖，循环经济园区建设被列入山东省首批循环经济“123”工程。

新矿集团依托“国家级循环经济试点单位”平台，努力探索矿区绿色开采、循环经济链接、综合利用等关键技术，其中部分技术、工艺和理论研究水平达到行业领先水平。新矿模式是以矸换煤自主创新技术实现减量化、以煤伴生资源和废物资源综合利用实现资源化为特征，通过 4 个循环经济园区协同发展促进资源有效流动和充分利用；延伸煤炭生产及其深加工产业链条，打造“煤基”产业集群。煤炭产品除精煤外销，次煤和矸石、洗煤渣成为矿口电厂的原料；电厂电力供给煤炭生产、水泥制造等企业，其中粉煤灰等废弃物成为水泥厂的重要原料，余热成了供暖的热源；回收水泥生产过程中的废气进行余热发电，解决了生产系统 30% 的电力供应；矿井水净化处理后用于洗煤、发电、除尘，建立了煤炭开采加工过程中产生的副产品、废物、共伴生矿物、水资源等综合利用模式。截至 2015 年末，新矿集团固废综合利用率提高到 123.6%，矿井水综合利用率提高到 78.1%，煤炭采区平均回采率达 91%。通过能源资源的高效利用、再生资源的循环利用、废弃物的综合利用，不断培育接续性产业，发展外延型经济，减少了资源型企业对煤炭的依存度，为解决“四矿”问题提供了借鉴。

由新矿集团子公司山东能源机械集团和深圳大族公司合资成立的山东能源机械集团大族再制造有限公司 2013 年 2 月获得国家发改委批复，成为第二批国家级再制造试点单位。公司依托于国家级重点实验室的技术优势建立矿山机械再制造基地，利用激光熔覆技术开展各类零部件的再制造，已投产实现批量再制造的产品主要有截齿、不锈钢立柱、减速箱、轴类等各类不同规格、型号的零部件。年可处理各类零部件 11000 吨，减少新钢铁使用量 7000 吨，节约标煤 4200 余吨，减少 SO_2 排放量 14 吨，CO_2 排放量 1.05 万吨，综合节能率 60%。

新泰市 2013 年 12 月成功入围国家级循环经济示范市（县）建设名单。利用循环经济形成新动能，带动旧城变新城，新泰模式值得借鉴。

三、经验与启示

循环经济是新旧动能转换的一剂良药，可以促进新城新区的资源节约型、环境友好型两型社会建设。结合山东的经验可以总结以下几点。

（1）以点带面，推动新城新区生态文明建设、循环发展

新城新区建设需要产业作支撑、没有产业基础的新城新区很难持续发展，但是如何去做产业？产业应怎么做？最新的政策走向已经给出了答案，生态文明建设、低碳发展、循环发展的理念已经成为我国今后的基本国策，因此，企业要循环发展、绿色发展。山东潍坊滨海经济开发区的海化集团的经验也昭示从城市、产业的最小单元企业进行循环经济建设，通过“点—线—面”的循环经济发展模式，“以点带面”，进一步推动产业链的循环发展、区域的循环发展，最终对新城新区的两型社会建设和经济发展提供助力。

（2）静脉产业先行，推动新城新区生态建设

城市的循环经济建设离不开静脉产业，城市生活、工业生产等产生的废弃物需要资源化再利用以减少对环境的污染。而静脉产业的形成正是用于处理城市废弃物、同时可以促进垃圾分类的实施，形成新的产业和新的经济增长点，为新城新区的环境治理和经济增长做出贡献。日本北九州市最早的形成的静脉产业园区为北九州市的经济转型发展提供到有力的支撑，山东烟台市的资源再生加工示范区也将同样将为未来烟台西部新港城的建设提供坚实的基础。尤其是近期国家连续出台了禁止海外垃圾进口政策，静脉产业的成长将为解决区域，尤其是新城的资源节约型、环境友好型城镇化建设的重要抓手。

（3）循环经济新动能，推动旧城变新城

中国的新城新区建设往往走的是在未开发区域进行建设的路径，根据统计数据、山东省建成区面积的变化也昭示了这一趋势。通过新泰市的发展经验，可以告诉我们，新城新区的建设也可以在旧城的基础上进行建设，通过循环经济建设改造旧动能为新动能，增加新的经济增长点、焕发旧城新的活力，也不失为一个好的方法和途径。土地资源也已经成为制约我国发展的瓶颈问题，旧城改造为新城，同时也可以节约土地的利用，提高土地利用率，还可以减少新城建设的大量基础设施建设需要的资源，可以说是低环境成本的新城新区建设模式。也应和了生态文明发展的时代要求，值得推广借鉴。

（4）需要构建完善的政策保障体系

山东省的循环经济建设离不开完善的政策保障体系，自 2005 年山东省被列入国家循环经济示范省以来，出台了包括《山东省循环经济条例》的一系列政策，制定了“十一五”“十二五”“十三五”规划；构建了省、市、县的管理体系，有效地保障了循环经济工作落在实处。至 2016 年 9 月，全省已形成 44 个国家级试点、259 个省级试点的循环经济发展格局，在清洁生产、园区循环化改造、县市循环经济体系构建方面积累了丰富的经验，逐步形成了典型企业带动行业、行业发展带动区域、区域发展带动社会的态势。

因此，在新城新区建设中，首先，需要树立循环经济理念，以循环经济理论指导新城新区建设规划的设计和实施。循环经济的核心是 3R 原则、尤其是减量化优先和无害化原则。因此，在新城新区规划和设计时，第一需要考虑到节能、节材、节水、节地等，充分得利用土地等资源，提高资源效率、能源效率，实现水资源、土地等的高效利用；第二需要将静脉产业以及垃圾分类回收体系等融入新城新区建设规划中，发展新的产业、新的动能，带动新城新区的经济发展；第三要制定新城新区资源节约型、环境友好型两型发展的定量化发展目标。

其次，要紧扣国家的循环经济的政策和规划，将循环经济融入到新城新区的新旧动能转换过程中，实现新城新区的资源节约型、环境友好型两型发展。国家明确“十三五”期间在循环经济领域推动六项制度实施、激发五大新动能、完善五项保障措施、实施十大专项行动。六项制度包括生产者责任延伸制度、再生产品和再生原料推广使用制度、一次性消费品限制使用制度、循环经济评价制度、循环经济标准和认证制度和绿色信用管理制度。制度是实施循环经济的基础，其中生产者责任延伸制度明确了资源化的主体责任，促进生产者主体积极进行循环经济建设。新城新区建设时的紧紧围绕国家政策制定循环经济相关制度尤其重要。五大新动能为科技创新驱动力、分享经济、绿色消费、服务机制和模式和支持资源循环产业“走出去”。这里面指出了新动能的具体形态和内容，技术创新正是促进循环经济发展的重要引擎，分享经济是实现资源效率的具体体现，绿色消费、绿色服务等都是拉动新城新区的重要新动能。园区循环化改造行动、工农复合型循环经济示范区建设行动、资源循环利用产业基地建设行动、工业废弃物综合利用产业基地建设行动、“互联网+”资源循环行动、京津冀区域循环经济协同发展行动、再生产品和再制造产品推广行动、资源循环利用技术创新行动、循环经济典型经验模式推广行动、循环经济制度创新试验行动。这十项行动是十三五期间国家的重要工作。新城新区建设中也要抓住这个机遇，紧紧围绕十大行动开展工作，搭上政策的东风，尽快步入循环经济建设的快车道，形成新动能、新业态，促进新城新区又快又好建设。五大保障包括健全法律法规体系、理顺价格税费政策、优化财政金融政策、加强统计能力建设、强化监督管理。这也是新城新区建设必不可少的软环境建设。

第三，不能忽略旧城变新城的巨大作用。山东的实践证明，通过循环经济建设，旧城产业可以焕发新的活力称为区域经济发展的新动能，旧城同样可以腾笼换鸟变成新城，这昭示着新城新区建设不一定是从零开始的造城运动，通过引入循环经济，同样可以达到新区新城建设的目标，而且，原有旧城的存量（基础设施、住宅等）可以从新获得利用的价值。也避免了从零开始造城运动而引起的新的资源、能源和土地等的投入。

石峰，山东省科学院研究员，泰山学者海外特聘专家，名古屋大学（日本）客座教授；主要从事循环经济、产业生态学领域研究。本课题得到山东省泰山学者岗位资金支持。

新时代新园区新动能：武汉临空港经济技术开发区的蝶变之路

王 磊　蔡星林

本报告在介绍武汉推动城市复兴的背景和措施的基础上，选取武汉临空港经济技术开发区的典型案例，对其发展和转型过程进行实证研究，分析在新时代新动能背景下，我国临空经济区的形成过程，并指出其面临的挑战和跨越发展的政策建议，以期为中国未来临空新城的规划建设提供借鉴。

一、武汉推动城市复兴的背景和措施

1. 改革浪潮下，工业重镇的“失落”

武汉素有“九省通衢”之称，是中国内陆最大的水陆空交通枢纽，京广、京九等5条铁路干线在此交汇。以武汉为圆心，无论是北京、上海、广州、成都还是西安，都在直径为1000公里左右的圆周范围内，作为中国经济地理的“心脏”，武汉承东启西、衔南接北（图1）。

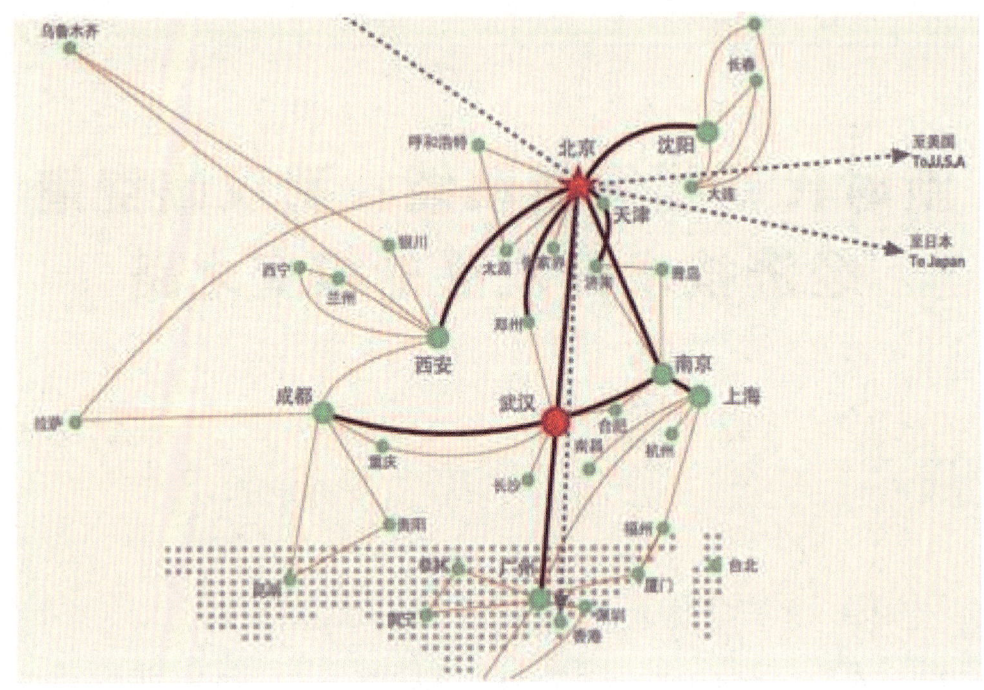

图 1　武汉市区位图

改革开放以来，随着国家积累方式向分权化、市场化和非均衡化转型，东部沿海地区率先发展。作为曾经的工业重镇，武汉对于中央和省市直属的大型国有工业企业的经济依赖度高。在国有大型企业主导的格局下，武汉市经济主体之间的水平联系比较缺乏，企业对于市场变化的反应不够灵敏，在面临经济转型时没有充分抓住机遇，缺乏创新，人才流失现象严重。此外，由于在 1984 年武汉成为“计划单列市”，能够绕过省级政府开展诸如对外贸易等经济管理活动，而且税收不与湖北共享，后者不得不通过控制省内其他城市在武汉的采购，限制省内其他城市向武汉供应原材料、能源，以及将外来投资引向省内其他城市等方法，以尽可能增加省级财政收入。这在很大程度上限制了要素集聚和城市化进程的推进，导致武汉的发展滞后。尽管武汉市 GDP 在 80 年代仍然处于全国 6 ~ 8 位，但深圳、杭州、青岛等后发城市与武汉的差距逐渐缩小，而武汉与一直处于领先位置的广州之间的差距却不断扩大（图 2）。1990 年，武汉市 GDP 降至第 10 位，1995 年和 2007 年继而分别落至第 15 位和第 17 位，逐步失去曾有的经济地位。

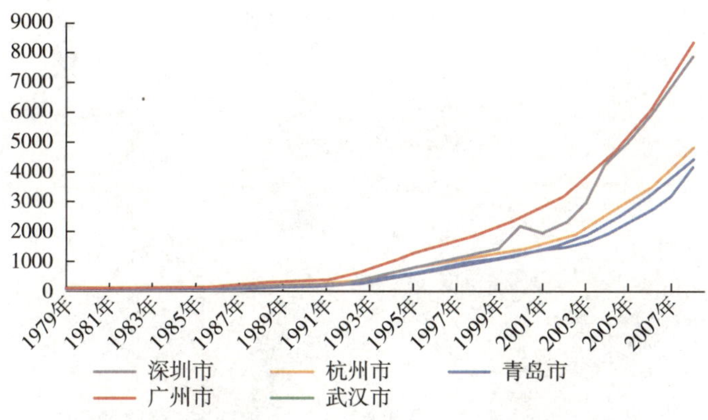

图2　1979～2008 年武汉市与广深青杭 GDP 发展对比图（亿元）

2. “光车空港”四大板块，助力推进工业倍增计划

中国近代史上唯一能和“大上海”并称的“大武汉”在改革开放的浪潮中经济地位逐步衰落，2003 年，武汉市长在全国人民代表大会上提出“武汉在哪里?”，指出武汉需要更高的定位和发挥更大的作用。随着 2006 年国家实施促进中部地区崛起战略，2010 年国务院在《武汉市城市总体规划（2010－2020）》中明确武汉在中部地区的首位性，武汉初步具备了实现城市复兴的政策基础。如何在新世纪的城市发展中获取经济增长新动力是武汉亟待解决的问题。

武汉坚持“城市经济实力最核心的问题是工业”的原则，在 2011 年提出“工业倍增计划”——到 2015 年，工业总产值预计达 1. 5 万亿元，力争突破 1. 6 万亿元，加快新型工业化进程，全面推动工业转型升级，发挥工业的支撑和带动作用，主动谋划和主动作为以追求中心城市的目标定位。

2014 年，为进一步推动“工业倍增计划”，强化工业对经济发展的支撑作用，武汉提出按“独立成市、产城联动、城城互动、园园互补”的思想建设“大光谷”、“大车都”、“大临空”和“大临港”四大板块（图 3），希望依托以光电子为核心的“东湖高新技术开发区”、以汽车制造为核心的“武汉经济技术开发区”、以临空经济为核心的“武汉临空港经济技术开发区”三个国家级开发区和武汉新港带动位于二环以外的 6 个新城区的发展，提升武汉在工业发展领域的竞争力。

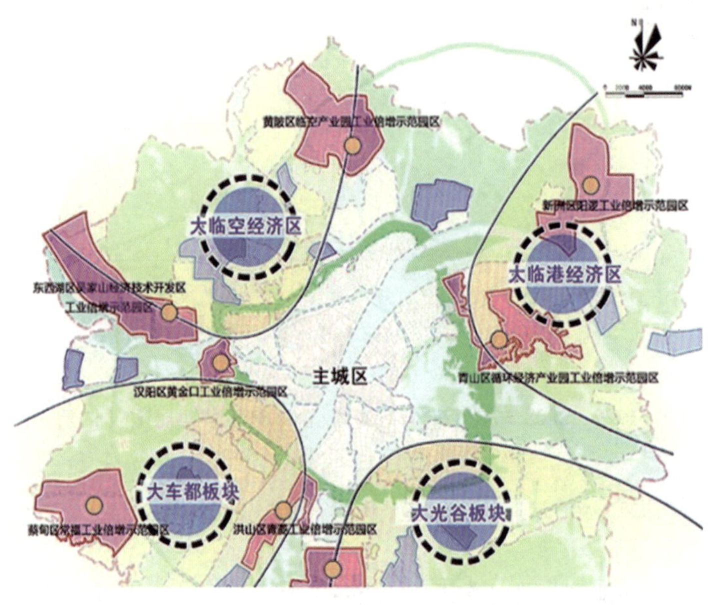

图 3　武汉市四大板块综合规划图

图片来源：武汉市国土与资源规划局网站。

此外，由于武汉市具有显著的单中心特征，即以中心城区为核心和新城区为边缘的城市空间结构。2005 年，6 个新城区的总人口占全市 44.4%，而 GDP 仅为全市的 23.8%，城市化率仅有 23.7%①。单中心格局意味着市域空间范围内分工程度不足，不仅造成了诸如交通拥堵等城市问题，而且也妨碍了城市功能的提升。武汉主城区面临交通拥堵、过江滩、停车难等烦恼，近郊区则为生活配套设施不足等所困，一系列“城市病”亟待求解。在这种情况下，武汉“十二五”规划提出，未来武汉推进“1 + 6”的城市格局（表 1），突出抓好工业发展“倍增计划”，城市发展扩张不再走层层建设环线——外扩式“摊大饼”的老路，改为“中心主城 + 六个卫星城”式，来做“小笼包”，形成“主城 + 新城组群”和以主城区为核，多轴多心的城市空间总体架构（图 4）。

① 王磊，水瑶君：“规制理论视角下的治理转型与城市复兴——以武汉市为例”，《中国名城》2015 年第 9 期。

表 1　武汉市 6 个新城组群发展规划

新城组群	发展规划
东部新城组群	以深水港口岸线资源为依托，建设以新港临港产业、重装制造和化工业为主导的现代化产业新城。阳逻新城是东部新城组群的增长极，是武汉市东向拓展、实现产业在空间上优化配置的重要战略支点
北部新城组群	以天河国际航空枢纽为依托，以航空物流、空港加工、高新技术、旅游主题园区等临空型产业为主导，兼有市场物流、农产品研发等产业功能，承接主城区人口和功能转移的外围综合新城
西部新城组群	以国家级吴家山经济技术开发区为依托，以食品加工、现代物流业为主导，以机电产业、轻纺制造为支撑的新型制造业基地，引领武汉市实现经济跨越发展的产业第三极，承接主城区人口和功能转移的外围综合新城
西南新城组群	以国家级开发区武汉经济技术开发区为依托，以通讯电子产业、机械汽配产业、环保新能源等产业为主导的现代制造业基地，也是武汉市西南部以生态宜居为特色的城市组团集群
南部新城组群	依托江夏区现有产业基础和劳动力、山水资源等优势，吸收东湖高新国家自主创新示范区辐射力，建设以先进装备制造业为主导的新城组群
东南部新城组群	以东湖国家自主创新示范区为依托，以光电子信息产业、生物工程与新医药产业、节能环保产业和高端装备制造业为主导，融研发、生产、服务、居住、游憩为一体的高品质城市新区

资料来源：根据“十二五”期间《武汉都市发展区“1 +6”空间发展战略实施规划》绘制。

图 4　武汉 1 +6 多中心城市格局

图片来源：中国交通技术局。

在“十二五”期间，依托大光谷、大车都、大临港、大临空四大板块支撑的6个新城区是武汉工业倍增的主战场，担当着武汉工业脊梁。全市工业增加值累计17582.66亿元，是“十一五”时期的2.3倍，年均增长12.1%，千亿元产业从1个增加到5个。通过大规模推进园区建设、大项目引进突破，一批新的武汉制造叫响全国，80万吨乙烯、上汽通用武汉基地、联想武汉基地、东风本田二厂、神农三厂等重大项目建成投产，武汉制造在计划经济的辉煌后迈上复兴之路。

3. 四大基地，孕育新一批武汉千亿产业集群

在过去的五年，武汉全市上下紧紧围绕建设国家中心城市、复兴大武汉的奋斗目标，主动适应新常态、抢抓多项国家战略机遇，圆满完成了“十二五”规划主要目标，但与此同时也存在一些问题。一方面，由于“十二五”期间的一大批项目接近尾声或已投产，亿元以上工业项目储备不足，经济没有新动能支撑，导致投资高位回落，2016年武汉工业投资出现负增长，同比下降16.3%①。另一方面，在城市规划上，虽然城市空间“大格局”初现雏形，但存在人地失衡的结构性矛盾。2015年，主城区人、地规模为638.2万人、427.2平方公里，分别为总规目标的127%、97%；新城组群人、地规模为219.7万人、383.6平方公里，分别为总规目标的58%、109%，呈现主城过密、新城过疏的人地指标“倒挂”现象。同时，从常住人口变化来看，2010～2015年二环线以内常住人口增加30.8万人，是增量人口的主要集聚区域，同期六大新城组群人口增长总体停滞。人口空间分布失衡，导致目前主城区交通拥堵、公共服务缺口加大，而新城难以“独立成市”。

在此背景下，武汉依托光谷、沌口、临空港与阳逻，分别建设国家存储器、智能网联汽车和新能源汽车、网络安全人才与创新、航天产业四大国家级产业基地。通过发展创新型产业和集聚创新型人才，在培育发展新动能的同时，也促进这些新城区的产城融合和“独立成市”，塑造进一步发展的新空间。具体而言，这四大基地包括：

位于武汉东湖高新区的国家存储器基地。瞄准国际一流半导体园区，将长江存储

① 应小莉：“武汉公布2016经济成绩单，GDP再破万亿居中部城市第1”，《武汉晚报》，2017年2月24日。

主厂房、配套产业园区和国际社区整体规划，吸引上下游相关企业以及生产配套企业入驻，打造从原材料、设备、设计、制造到封装测试的全产业链。加大海外“双招双引”力度，吸引全球芯片产业龙头企业和隐形冠军来汉发展。随着2018年4月首套芯片生产机台进场安装，我国首批拥有完全自主知识产权的32层三维NAND闪存芯片年内有望在光谷量产。据悉，该芯片多用于手机、高性能服务器等领域，此前市场话语权长期把持在美、日、韩等企业手里。该项目是我国集成电路闪存芯片产业规模化发展“零”的突破，更是打破外国技术垄断的重要抓手。

位于武汉临空港经开区（东西湖区）的网络安全人才与创新基地。积极贯彻落实全国网络安全和信息化工作会议精神，聚焦网络安全和数字经济两大领域，大力引进大数据、云计算、人工智能、安全硬件、安全软件、安全服务等相关企业，确保数字经济项目投资占全部投资50%以上，国内网安领域50%龙头企业在汉设立研发中心或区域总部。该基地目前已基本建立“硬件安全—通信安全—应用安全—数据安全”的网络安全产业链条，签约项目32个，协议投资达2350亿元，预计到2020年，产业链企业突破200家。

位于武汉经济技术开发区的新能源和智能网联汽车基地。紧紧抓住汽车轻量化、电动化、智能化、网联化发展趋势，细分产业方向，合理布局项目，瞄准重点企业，实行精准招商，按照《武汉智能网联汽车示范区规划建设总体方案》和《武汉氢能与燃料电池产业发展规划总体方案》有序推进。武汉智能网联汽车示范区正在紧张建设中。示范区建成后，通过小小的智能传感器，就能将汽车与城市各类设施连接，实现高度自动驾驶。东风本田、神龙汽车、上汽通用等5大乘用车企业，均已开展新能源汽车项目，汉产新能源汽车在市场上反响良好。

位于新洲的国家航天产业基地。该基地是继上海、西安之后，国家发改委批复的第三个国家级航天产业基地。优先发展航天运载火箭及发射服务、卫星平台及载荷、空间信息应用服务等主导产业，以快舟运载火箭为基础，面向微小卫星提供商业航天发展服务。目前该基地运载火箭总装总调中心施工已近尾声，“汉产”运载火箭有望在2018年底一飞冲天。

据2018年5月22日湖北省政府新闻办公室召开的新闻发布会发布的数据显示，武汉市依托存储器、航天产业、网络安全人才与创新、新能源和智能网联汽车4个国家新基地，累计吸引投资超过4000亿元。目前，武汉高新技术产业和现代服务业增加值占经济总量比重达到73.2%，高新技术产业增加值占规上工业增加值比重达70.8%，经济发展新动能不断释放。从存储器到智能汽车，从网络安全到商业航天，依托四大国家基地建设，武汉正加速培育千亿产业。

同时，武汉深入推进城市空间格局转变，在“十三五”规划中提出，全面巩固升级“1+6”城市格局，改善人地失衡结构问题。主要内容包括：适应并主动调控人口发展分布，主城区人口过快聚集初步遏制，新城组群人口过疏分布得到充实，镇村人口初步实现有序集中，在巩固“1+6”的城市空间格局的基础上，落实新一轮总体规划空间结构，突出未来重点发展方向，促进“1+6”向“1个主城+3个副城+3个新城组群”（简写“133”）全域城市体系转变。“133”城市空间格局主要包括：“1”指一个主城，即三环以内的中心城，准备打造成国家中心城市的现代服务业核心功能承载区。前一个“3”表示包括光谷、沌口、临空港在内的副城，分别承载科技创新中心、先进制造中心、综合交通枢纽等国家中心城市战略性功能。另一个“3”指将武汉市东部、南部、西部三个新城组群，作为城镇化发展空间拓展的重要地区。通过构建“133”的城市空间格局，促使武汉新城建设重点突出、循序渐进，以符合经济和人口梯度发展的规律。

二、临空经济与网安基地，迎接世界目光并担当国家使命

“十二五”时期，东西湖区按照武汉工业倍增计划稳步推进，利用支柱产业转轨升级赢得经济发展量质齐升，成为全国首个以“临空港经济”命名的国家级开发区。此外，由于东西湖区在省内率先实施开发区与行政区“区区合一”管理体制，初步实现开发区与行政区、产业园区和街道办事处职能的科学划分，着力推进审批体制改革，审批权限与全市其他两大国家级开发区基本相同，为临空港经开区在武汉城市格局地位的提升奠定了良好的基础。

随着《武汉市土地利用和空间布局“十三五”规划》的出台，武汉将充实升级六大新城组群，由原来的“1+6”城市格局转变为“133”城市格局，临空港经开区的地

位跃升为武汉工业经济增长的第三极，临空副城与光谷、沌口副中心同等重要，承载综合交通枢纽的国家中心城市战略性功能。因此，临空港经开区开始着力打造经济发展升级版，发挥临空经济新动能，用新经济的方式解决基于传统生产制造的经济类型辐射半径、影响能力有限的问题。此外，随着后期国家网络安全人才与创新基地的落户，临空港经开区担当国家使命，振翅起飞。

临空经济引领跑出时代加速度。2015 年，为配合全市大临空建设，抢占临空经济发展的先机，管理处从招商引资和产业布局两个方面积极谋划，并向区委区政府建议，筹划 3000 亩临空产业园建设，积极配合区发改委、区国土规划局，对园区功能重新定位并初步界定空间范围。当时正在策划的有两大项目：一个是武汉航达航空产业园项目，已经签约准备入驻；另一个是兴建通用机场策划通航产业园项目，准备与有关方面对接。武汉航达航空产业园总投资 30 亿元，用地面积 300 亩，产值 50 亿元，拟建 4 个功能区：飞机机载设备研发、制造与试验；飞机机载设备维修；航空培训；综合服务，主要为国产大飞机、运输机、直升机配套配制机载设备。通航产业园项目占地 10000 亩，主要是突出临空特色，为加快东西湖西部发展，拟在辛安渡选址建设一个通用航空机场，以此为契机，与富国富民中法航空产业并购基金合作，打造一个通航产业园。

国家网安基地助力产业布局。2016 年 9 月，中央网信办复函武汉市委，支持开展国家网络安全人才与创新基地建设，武汉临空港开发区全力建设网络安全产业港。2017 年 8 月，《武汉临空港经开区 B0306 编制单元（国家网络安全人才与创新基地核心区）控规导则》批前公示，东西湖将打造中部地区规模最大的大数据产业集群和国家网络安全高地事宜正式提上日程，网安基地迈出实质性建设步伐（图 5）。为开拓网安基地招商引资新局面，临空港开发区围绕全产业链、城市功能链、创新链招商，积极与大专院校、培训机构国内外网络安全领域知名企业开展深入洽谈，将招商引资“一号工程”做实做透，通过地方政府、企业及高校的战略合作，实现产、学、研、用一体化，力求打造成为世界网络安全高地，成为国家“网络领土”的江城“戍边人”。

图5　国家网络安全人才与创新基地

图片来源：湖北日报网，www.hubeidaily.net

在武汉临空港，国家网络安全人才与创新基地建设速度惊人：20个月内，基地签约项目37个，协议投资额2600亿元，国内网安企业前20强基本入驻，已基本建立“硬件安全—通信安全—应用安全—数据安全”的网络安全产业链条。预计到2020年，产业链企业突破200家。国家网安基地的落地，成为引领武汉临空港经开区新经济发展的“强磁场”。

2018年1月至5月，武汉市规模以上工业增加值增加8.3%，分别高于全国、全省1.4、0.6个百分点，创2015年以来同期最好水平。其中，临空港经开区表现抢眼：全区规模以上工业增长值增幅9.8%，工业投资增幅19.4%，招商引资到位资金总额达预期目标进度42.2%，均高于武汉经济开发区和东湖高新区，首次排名武汉三大国家级开发区之首，临空港经开区在新时代背景下蝶变飞翔，依托临空经济和国家网安基地，加速成长（图6）。

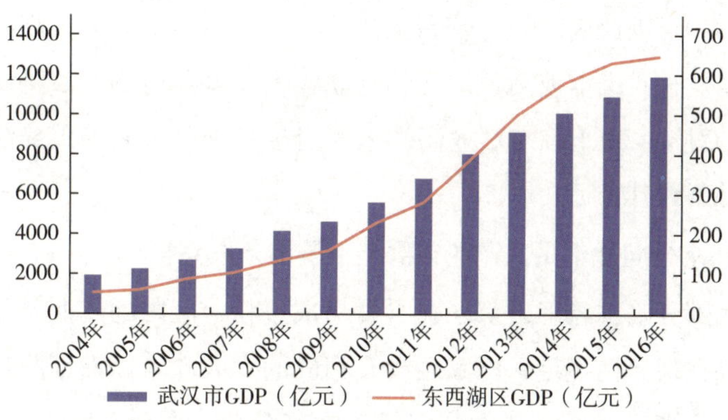

图6　2004~2016年武汉市与东西湖区地区生产总值

数据来源：武汉市及东西湖区统计公报。

三、临空港经开区面临的挑战

无论是武汉市由四大板块向四大基地的转型，还是东西湖区从龙头牵引到临空网安的聚焦，都体现了城市着力进行新旧动能转换的努力。然而，作为新兴产业门类，临空经济和网络安全发展的核心是人才，功能在于提升城市的辐射力和影响力。相较而言，临空港经开区当前面临以下主要挑战：专业化的临空经济及网安人才缺乏；相关的先进制造业和生产性服务业发展不足；综合交通体系不够完善。

（1）产业高端人才缺乏，长远发展支撑力不足

国外航空港发展经验表明，专业化和本土化的人才培养体系是临空经济发展的关键支撑。如，世界著名航空产业之都蒙特利尔通过高等院校培养航空专业人才；又如，路易斯维尔市专门设立了“都市大学”满足临空产业对航空物流人才的需求①。目前，武汉临空港经开区地处武汉主城区之外，区内医疗卫生及教育培养机构缺乏，全区每千人口仅拥有医生数2.6人，护士数2.8人，普通高中仅4所，中等职业学校1所；文化娱乐氛围尚待营造，第二产业比重较大，第三产业发展不足，2017年区内二三产业

① 曹允春、席艳荣：“临空经济发展的国际经验及对我国借鉴”，《商场现代化》，2009年第3期。

比重为74.7∶23.0。因此面对具有较高生活环境需求的高端人才，临空港经开区的吸引力还有待提高。且武汉本地高校缺乏临空职业人才培养机制，学科设置方面尚未实现与临空产业的对接。缺乏临空产业高端人才引进和培养机制导致武汉临空港经开区人才供应不足，制约其长远发展。

（2）产业临空指向性不足，产业集群上下游链条不完整

目前我国大部分临空经济区都还在自发形成过程，区内的产业是临空型产业与传统产业共存，临空指向性不足，国家还没有相应的发展政策以保证临空经济区的可持续发展。武汉临空港经开区在成为临空经济国家级功能区后，吸引了华润雪花啤酒、联邦、顺丰速递、中航货运航空有限公司等多个企业纷纷投资。同时，区内食品轻工业加工业规模不断扩大，以湖北中烟为代表的产业链延伸已实现食品加工工业总产值逾千亿元。走马岭保税物流园区、台商工业园区等协同发展，形成合力，使得临空港经开区成为打造武汉商贸物流中心的先行者。加之凌云科技、三江航天、航达科技等飞机维修、航空服务企业的加盟也促进着区内航空航天制造维修产业集群。当下临空港经开区已形成了食品饮料、机电和物流等三大传统优势产业，也聚集了一批临空偏好型企业。但总体而言，三大传统产业与航空关联度不高，亟待借助临空经济发展实现转型升级。同时临空港经开区内已有的临空企业为自然集聚而成，只是物理形式上的企业扎推，还没有形成“研发—生产—销售”上下游链条完整的产业集群，使得临空经济的可持续发展能力不足。此外，虽然临空港经开区一直在大力进行招商引资项目，但由于其不够完善的金融体系，无法提供金融、保险、信息、会计、咨询、法律等高附加值、高层次、知识型服务的中介机构，造成落户企业主要还是偏工业型，高端服务业发展不足。

（3）综合交通体系不完善，航空物流发展滞后

临空经济区是连接城市大区域与机场的重要节点，区内企业对运输的便利性要求很高，因此需要临空经济区内的地面交通网络通达性强①，配套物流体系完整。目前武汉临空港经开区与武汉主城区及天河机场的交通仍不够便捷，尚未形成内通外达的交通格局，且与黄陂区、孝感市孝南区没有实现一体化的综合交通枢纽，导致航空、公

① 曹允春、谷芸芸、席艳荣：“中国临空经济发展现状与趋势”，《经济问题探索》，2016年第12期。

路和铁路三者联运对接受阻，经济效益降低。此外，由于武汉临空港经开区物流产业结构同质化、园区发展碎片化，减弱了物流产业的集群效应，导致区内缺乏完整的物流链条、仓储配送体系，无法高效实现运输的无缝对接，制约航空物流业务的规模增长并提高了物流成本。

四、促进临空港经开区跨越发展的建议举措

（1）优化临空经济软环境，完善人才引进政策

人才是推动临空经济发展的重要推动力，营造良好的生活环境，完善人才引进政策，是吸引人才的重要手段。结合临空港经开区当下人才入驻情况，具体建议：一是加快学校、医院、高端商业、文化体育等生活性配套建设，在吴家山、金银湖、常青花园片区引入省市级知名医院、中小学等建设分院分校，加强滨水生态保护开发，建设疗养度假区、主题乐园等，加快建设国际社区、国际学校、国际休闲娱乐设施和举办国际赛事节庆，打造宜居宜业的“临空港宜居城”。二是强化“金山英才计划”对临空型人才引进，与联合国内外著名高校合作开设飞机维修、空港经济管理、航空装备、航空物流等相关特色专业，发展“一站式”订单培养和“对口式”培训项目。

（2）壮大临空产业集群，完善上下游产业链

目前，临空港经开区围绕建设具有临空特色的现代产业体系，已明确提出，推进先进制造业与现代服务业协调发展，促进高新技术产业和高附加值服务业快速发展，重点发展智能制造、生命健康、信息技术等战略性新兴产业，积极推动电子商务、智慧物流、互联网金融等产业转型升级。对此，建议：一是强化临空项目招商。要借鉴郑州航空港等地经验，加快转变招商与产业集聚方式，分类制定临空产业招商目录，综合运用股权、债券、激励等支持方式，探索基金入股、代建厂房租赁、专项基金支持等新招商手段。实施“全产业链招商，全生命周期服务”策略，抓好临空项目的引进、签约、落地、开工、建设和投产。大力开展存量招商、以商招商、中介招商和境外招商，探索驻境内外招商机构设立和功能发挥。尤其值得注意的是，通航产业是国

内外临空港经开区产业布局的重中之重，临空港经开区也需要主动作为，尽快制定发展通航产业发展规划，积极争取入围湖北省通航产业发展重点地区，争取全省通航产业项目布局倾斜。二是强化临空产业园区建设。建议借鉴北京、广州临空经济区“专业平台（专业园区和专班人马）、专业规划（空间规划和产业规划）、专项支持（专项政策和专项资金）”的“三专”思路，加快招商引资力度，尽快培育和引入过百亿级临空型项目入驻，并形成临空产业集群。三是强化临空产业及科技金融产业的政策支持。完善产业发展政策，按主导产业分门别类制定细分政策，明确产业发展目标、路线图和时间表，细化产业支持的门槛标准、支持力度。完善科技金融政策，对接《武汉城市圈科技金融改革创新专项方案》，积极制定金融机构集聚、金融产品及服务创新、区域资本市场建设、互联网金融发展等方面的政策。

（3）打造环形与辐射相结合的综合交通枢纽

以问题为导向，结合国内外临空经济区的发展情况，建设以机场为中心的环形和以此为中心向外辐射的公路布局结构将是未来临空经济区交通网络发展的趋势。从临空港经开区目前的交通布局情况来看，具体需要：一是完善内部交通体系。加快机场核心区与临空港经开区主路网项目及核心区内连接路建设。加快推进跨府河大桥建设，贯通临空港大道，建成临空港经开区全域至武汉天河机场的 25 分钟交通圈；建成武汉市区至天河机场的第三通道，并实行免费通行；加快吴家山传统物流外迁工作，对 107 国道临空港经开区段和金山大道段全面禁止货车通行，提升车辆通行效率。二是构建多元化临空交通体系。发挥临空港经开区独一无二的“铁、水、公、空”一体化综合交通优势和门户优势，建立多式联运的枢纽站体系，客、货运分离的道路体系和零换乘的客运衔接体系。积极谋划利用 BRT、轨道交通等手段，实现临空港经开区全域与天河机场、市内交通枢纽的快速通行。

王磊，武汉大学中国中部发展研究院/区域与城乡发展研究院区域经济学专业教授、副院长，美国哥伦比亚大学城市规划专业博士；蔡星林，武汉大学中国中部发展研究院/区域与城乡发展研究院区域经济学专业硕士研究生。

南京江北新区：新旧动能转换的经验教训与启示

于 涛　葛文慧

本报告聚焦新城新区新旧动能转换的模式转型与实施路径。以江苏省首个国家级新区南京江北新区为例，首先回顾其发展历程，从横向和纵向两个维度对其现状进行比较研究，归纳了南京江北新区当前取得的成绩和尚存的不足。其次阐明了南京江北新区在产业发展、空间规划、文化建设和生态保护等方面的实践经验，并反思了其在新旧动能转换实施过程中的各种教训。最后从资源集聚、城市建设、政府转型和区域联动等方面提出了南京江北新区体制机制创新建议，以期为我国新城新区动能转换的顺利推进提供实证借鉴。

一、南京江北新区发展概况

南京江北新区位于南京市长江以北，总面积 2451 平方公里，由南京市浦口区、六合区和栖霞区八卦洲街道组成，是南京的重要组成部分，具有重要的区域战略地位（图 1）。南京江北新区是华东面向内陆腹地的战略支点，拥有便捷的公路、铁路、水路和航空枢纽，是长江经济带与东部沿海经济带的重要交汇节点，同时也是长三角与南京北上连接中西部的综合门户（图 2）。

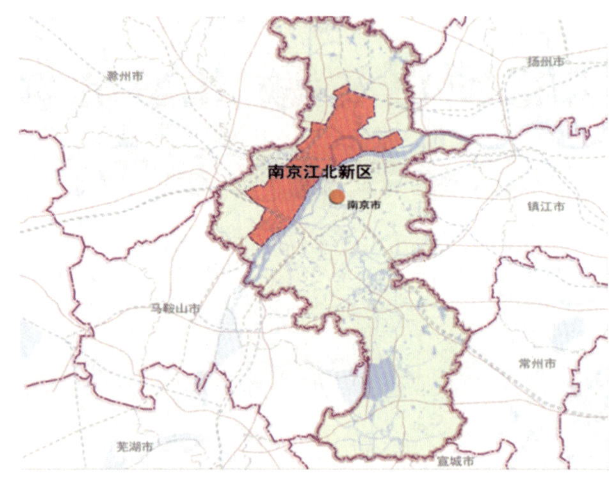

图 1　南京江北新区区位图

图片来源：南京江北新区总体方案南。

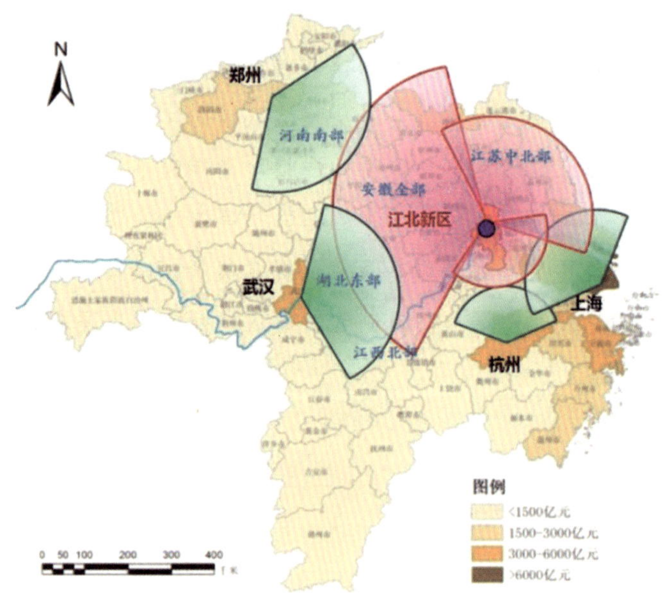

图 2　南京江北新区区域辐射范围图

图片来源：南京江北新区总体规划（2014－2030）。

在“三区一平台”的高位引领下，南京江北新区发展势头强劲，2018 年上半年以来地区生产总值同比增长 13%，全社会固投、工业投资均保持 20% 以上的增速，三产投资占比超过 50% 并实现投资增速的两位数增长，新兴产业逐步成为推动新区发展的强劲动力，南京江北新区新旧动能转换取得了良好开端。

（1）南京江北新区发展的纵向比较

南京江北新区过去以传统的重工业发展为主，经济总量小、发展基础薄弱，自设立国家级新区以来积极进行新旧动能转换，正逐步由政策红利导向向人力资本和制度创新导向转型，经济发展逐步由投资驱动型向创新驱动型转变。

①传统制造业发展趋缓，先进制造业不断集聚。随着国家层面产业政策调整，南京市人才和科技等优势不断显现，传统制造业向先进制造业加速发展。传统的石油、化工等重工业发展趋缓，以汽车制造、智能电网、生物医药、液晶显示等为代表的先进制造业快速发展。在此背景下，江北新区以先进制造业为引领的现代产业体系已初具雏形，凭借后发优势逐渐成为南京先进制造业集聚地。目前江北新区已拥有南钢、南化、扬巴、南汽、南车浦镇车辆厂五个百亿规模的龙头企业，并孵化和引进了一大批民营和科技创新型企业。目前南京江北新区拥有多个创新平台，科技创新水平居全国前列。如江苏膜科技产业园占地面积 196 亩，规划总建筑面积 24 万平方米，目前已建成 6 万平方米，入园企业 20 余家，年产值超过 3 亿元，未来预计将形成 80 家企业，5000 名从业人员，年产值上百亿元规模的新兴产业平台；还有江北新区北斗产业基地是国家认可的 7 个北斗基地之一，江北新区生物医药谷则已成为南京市生物医药产业高地。

②科技创新企业大量涌入，现代服务业逐渐起步。凭借政策优势南京江北新区快速吸引了大量的创新人才和中小科技型企业：一方面依靠本地高校实验室进行科技研发及转化。如南京工业大学依靠在生物、化学、材料等方面的学科优势，成立产业技术研究院为教授、创业学生及归国留学人员提供技术、载体支持；另一方面还通过南京市出台的科技创业特别社区建设计划、领军型科技创业人才引进计划、“科技九条”、“创新七策”等政策积极吸引科技创新人才，引进科技创新型企业。

江北新区以人工智能、软件研发、金融总部、商贸物流为代表的现代服务业亦开始起步，第三产业占南京全市的比重不断上升，满足创新人才集聚需求的商业服务配套设施逐渐完善，目前已经形成浦口、雄州、桥北等多个商贸中心。例如桥北商圈的弘阳广场，拥有商业面积55万平方米，包括游乐园、餐饮百货、国际超市等功能；澳林广场拥有7万平方米，依托周边居住板块发展成熟（南京江北新区近期建设规划2015—2020）。

③旅游业发展迅猛，城市特色风貌得以彰显。南京江北新区具有非常优越的自然生态本底，拥有良好的长江岸线资源和龙袍滨江、绿水湾等湿地资源。此外还有老山、平山、金牛山等郊野山林，其中老山国家森林公园有金陵最大“绿肺”的美称。人文景观方面，随着乡村旅游开发热潮的兴起，南京江北新区围绕休闲农业、美丽乡村和乡村文化旅游等热点建设了“六朵茉莉”“十颗珍珠”等乡村文化旅游示范点。其中“知青故里”“水墨大埝”“楚韵水庄”等已经形成了南京江北新区乡村文化的品牌。

南京江北新区在快速建设过程中设立了多个城市设计项目，并引入多家规划设计单位的引入，因地制宜、百花齐放，彰显出江北新区的城市特质：其中位于浦口区的江北新区核心区，由SOM、东大、新都市、南大四家单位进行竞标设计，通过引入国内外先进的设计理念打造集约高效、环境宜人的城市中心区；绿水湾国家级城市湿地公园由AECOM公司进行设计，对绿水湾湿地进行湿地修复、对整体景观进行策划设计；青奥文化体育公园凭借精致的景观设计、宜人的环境空间成为南京继紫金山之后最具吸引力的公共开放空间；佛手湖当代艺术湖区则汇聚多个建筑大师的作品，打造成为具有建筑艺术气息的湖滨区域。

（2）与国家级新区的横向对比

①经济发展转型升级趋势初显，但发展基础薄弱、总量差距明显。目前南京江北新区经济总量仍然较小，2016年末江北新区GDP规模达到1624.88亿元，占南京市19%（图3），三次产业结构为6.3%∶50.2%∶43.5%（图4），仍然处于快速工业化阶段。从龙头企业数量来看，世界500强企业南京江北新区仅有1家，上海浦东新区有308家，天津滨海新区有108家，重庆两江新区有110家，可见起步期的南京江北新区在企业规模和世界级企业吸引力方面与其他国家级新区还有很大差距。在发展效益方面，江北新区经济实力正逐年提升，但与浦东新区尚有较大差距①。根据历年统计数据显示，2014年江北新区人均GDP为9.73万元/人，约是浦东新区人均GDP的3/4。在

① 荆锐、陈江龙、田柳：“国家级新区发展异质性及驱动机制研究——以上海浦东新区和南京江北新区为例”，《长江流域资源与环境》，2016年第6期。

人均建设用地方面，2014 年江北新区人均建设用地为 371.03m^2/人，约是浦东新区人均建设用地的 2.6 倍，同时地均 GDP 浦东新区也高出江北新区的 3 倍有余（表 1）。这与浦东新区土地集约开发模式及产业发展门类关系密切。浦东新区以电子信息、生物医药、金融服务等高新技术和现代服务业为主，注重内部挖潜和资源的优化利用，相较之下，南京江北新区虽然开始推动产业转型升级，但传统重工业仍占有一定比例，同时多园区、多平台重复建设一定程度上造成了资源浪费。

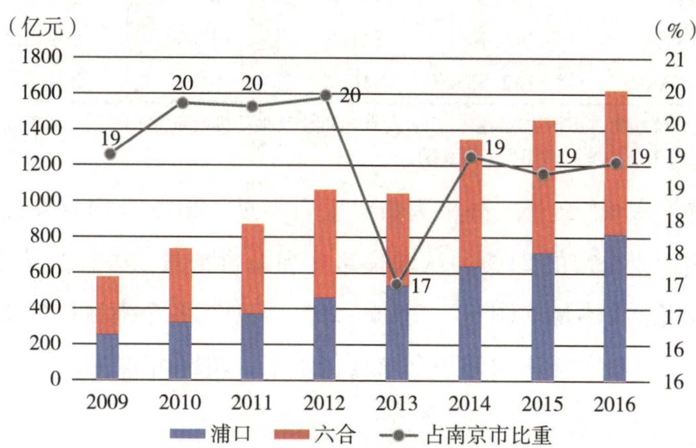

图 3　GDP 规模与占南京市比重变化

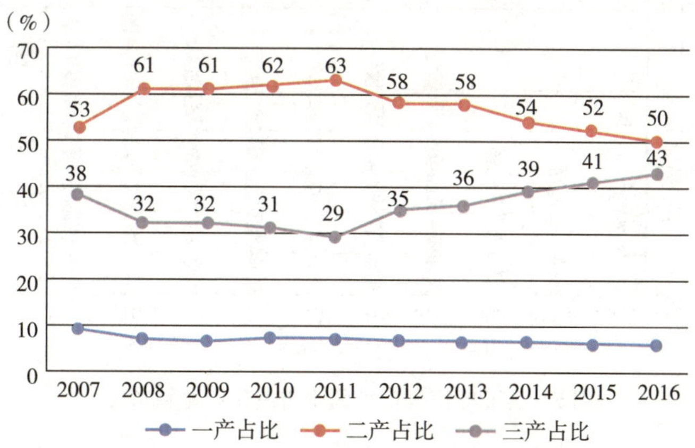

图 4　历年江北新区三次产业比重变化

数据来源：南京市历年统计年鉴。

表 1　　江北新区与浦东新区发展对比表

年份	上海浦东新区			江北新区		
	人均 GDP（万元/人）	人均建设用地（m^2/人）	人均 GDP（万元/km^2）	人均 GDP（万元/人）	人均建设用地（m^2/人）	人均 GDP（万元/km^2）
2009	9.5	148.0	645.2	3.6	372.5	96.5
2010	9.3	143.5	650.3	4.5	361.3	125.6
2011	10.6	144.3	734.5	5.4	366.7	146.0
2012	11.3	144.1	781.8	6.5	367.4	177.0
2013	11.9	141.7	841.5	7.4	369.8	199.6
2014	13.04	142.35	916.2	9.73	371.03	262.3

资料来源：荆锐、陈江龙、田柳："国家级新区发展异质性及驱动机制研究——以上海浦东新区和南京江北新区为例"，《长江流域资源与环境》，2016 年第 6 期。

②人口规模总体增长较慢，外来人口吸引力不足。2016 年南京江北新区常住人口 171.47 万人，占南京全市的 21%，从增长速度和总量来看，人口规模总体增长缓慢，对外来人口的吸引能力不足（图 5）。2006～2016 年南京各个地区历年常住人口变化表明，江北地区人口总量和增速均处于全市较低水平，2014 年以来江北地区人口增速才开始小幅上升。

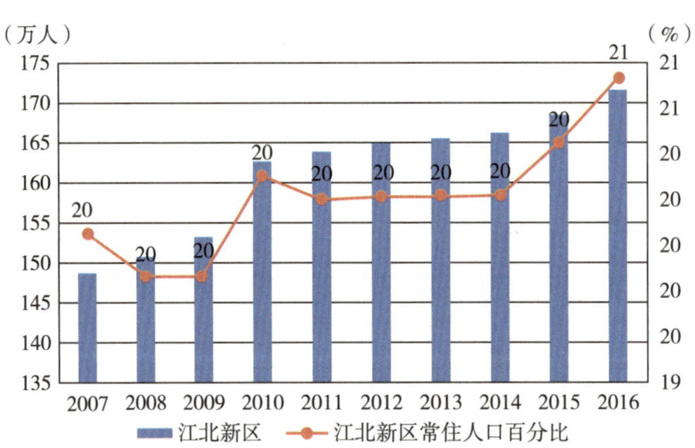

图 5　江北新区人口总量全市占比变化趋势图

资料来源：2007～2017 年南京市统计年鉴。

与其他国家级新区进行对比可以发现，南京江北新区人口总量基数较小，远远低于其他国家级新区，2016 年上海浦东新区人口总量 550.1 万人，天津滨海新区 299.42 万人，而江北新区总量仅 171.47 万人。从人口增速来看，2014 年之前上海浦东新区经过了高速发展阶段，受宏观人口政策的影响人口增速逐渐放缓，天津滨海新区人口增速一直保持平稳，南京江北新区自2014年以来才开始奋起直追，人口吸引力逐渐加强。

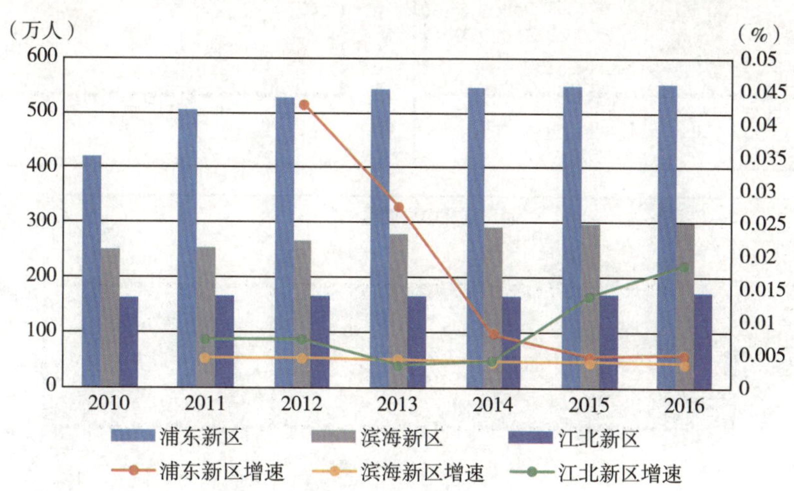

图6　国家级新区人口变化对比图

资料来源：南京市统计年鉴、上海统计年鉴、天津统计年鉴。

③用地空间布局零散、与主城区功能关系定位模糊。2014年南京江北新区人均建设用地371.03m^2/人，用地模式较为粗放。从产业布局来看江北新区存在多平台、多园区遍地开花的问题，以生物医药产业为例，江北新区多个生物医药园区的分散布局分散了医药企业的集聚度，不利于生物医药产业集群的整合发展，同时实验室、排污等厂房设施的重复建设也加大了投资压力，降低了产出效益。

此外南京江北新区城市建设用地呈带状沿长江布局，全长约50公里，比典型的带型城市深圳、苏州中心城区约30公里的跨度还大，并且与南京主城区隔江相对，如何实现跨江融合发展，与主城区功能整合，提升城市运行效率一直是困扰南京江北新区发展的难题（图7）。

二、南京江北新区新旧动能转换举措

南京江北新区成立以来，紧紧围绕“三区一平台”战略定位，积极推动新区新旧动

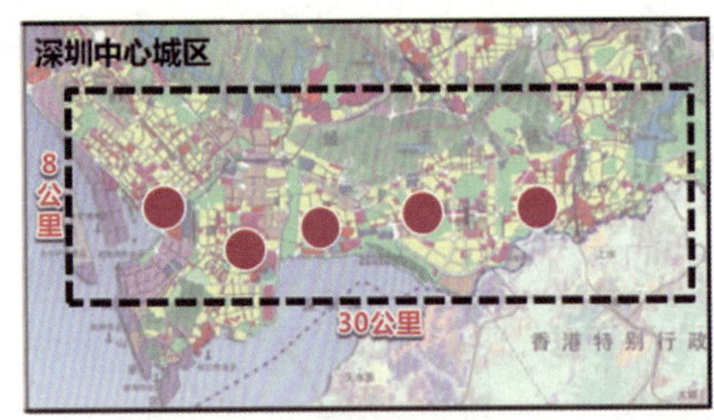

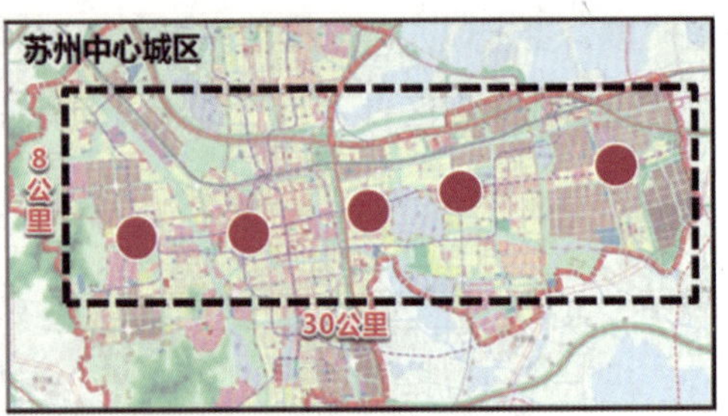

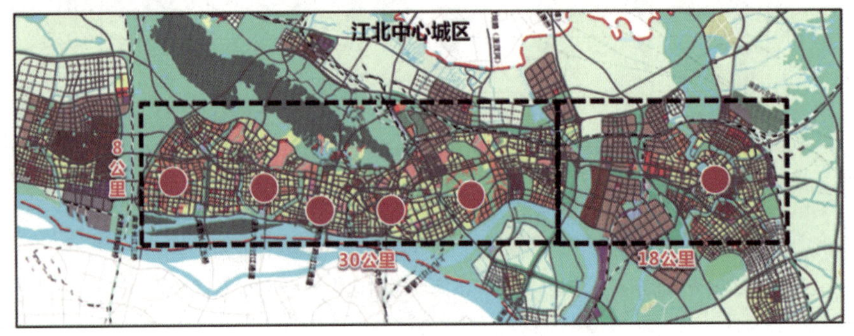

图 7　江北新区中心城区尺度对比

资料来源：南京市江北新区近期建设规划。

能转换，以自主创新引领产业转型升级、以制度创新促进区域协同发展，统筹推进规划编制、产业发展、城市建设、管理体制改革等各项重点工作。① 加快培育新动能、打造新平台、构建新机制，不断增强发展的动力和活力，充分发挥了在引领改革发展和创新体制机制方面的试验示范作用，经济社会发展总体呈现稳中有进的良好态势②。在产业发展方面，以存量产业调整和增量产业培育双线并举，加快产业结构和产业空间调整，规划构建“4 +8 +3”的三层次世界级产业结构体系。在社会空间建设方面，围绕“绿色、智慧、人文、宜居”的发展理念，不断优化城乡空间布局、完善城市功能及基础设施建设，由城市中心向外围依次布局“商业—居住—科创—工业—人文—生态”等功能，为建设和谐共生的人文新区描绘出美好蓝图。在创新发展方面，南京江北新区先后进行多次体制机制改革和政策创新，与国内外多家知名企业及机构签订合作协议、共建科技创新创业平台，为江北新区创新发展奠定了坚实基础。在生态环境

①② 臧建东、曹为忠、黄莉等：“以体制机制创新引领转型发展——南京江北新区创新驱动发展的回眸与展望”《群众》，2017 年第 11 期。

建设方面，结合江北新区丰富的自然资源条件，江北新区新版总规明确提出了全域管控的绿色空间规划思路，逐步形成“两带、三核、一廊、五楔、多园、多绿道”的绿地空间布局结构（图8）。

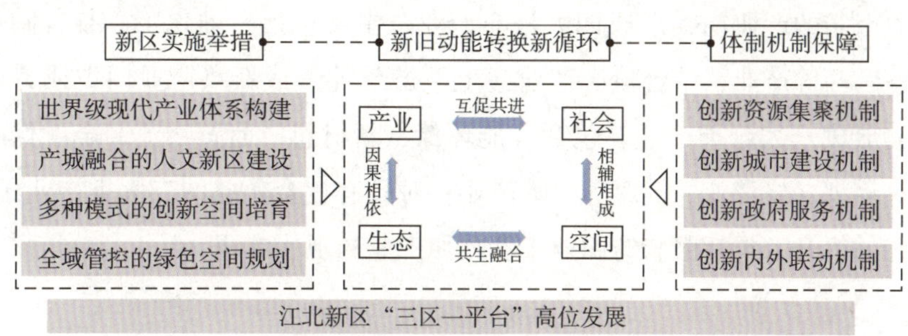

图8　南京江北新区新旧动能转换模式图

三、南京江北新区新旧动能转换的经验借鉴

1. 建立世界级现代产业体系

①存量产业调整与增量产业培育双线并举，加快产业结构调整[①]。第一产业发展以特色种植业、设施园艺业、生态休闲业和创意农业为主体，大力发展都市农业、观光休闲农业和有机生态农业，积极推进农业规模化、产业化、标准化、集约化和信息化[②]；第二产业发展注重推进装备制造、软件信息、生物医药、节能环保、新材料等新兴产业规模化，培育战略性新兴产业，积极推动高新技术产业与传统优势产业融合发展，建设全国重要的战略性新兴产业策源地，打造长三角地区现代产业集聚区；第三产业发展注重现代服务业集聚区和开发区配套建设，推动生产性服务业和先进制造业融合发展。积极突破生产性服务业，大力发展面向石化、高端装备与新型战略产业的

① 张成：“新常态语境中国家级新区发展路径转型和制度安排探讨——以南京江北新区为例”，《城市发展研究》，2017年第24期。

② 张鸿雁、何淼：“地域生产力交汇点的空间再生产理论与实践创新——‘宁镇扬同城化’的发展模式重构”，《南京社会科学》，2016年第7期。

科技服务、商贸物流、旅游休闲、健康服务等面向大区域的第三产业，推动江北新区服务业规模化、高端化、专业化，打造现代服务业高地。

②规划构建“4 +8 +3”的三层次产业结构体系。培育发展条件好、基础雄厚、未来有待着力夯实的产业门类形成四大核心产业，主要包括石油化工、装备制造、软件信息和生物医药等产业；结合核心产业向上下游延伸形成新兴产业门类或着力培育新兴产业门类形成八大延伸产业，包括节能环保、新材料、商贸物流、金融保险、研发设计、教育培训、旅游业、健康养生等产业；对具有社会效益的三大类产业予以技术、产品、业态的提升，包括服装纺织业、食品加工业和现代农业。

表 2　　江北新区产业门类一览表

四大核心产业		八大延伸产业	
石油化工	石油化工、基础有机化工、碳一化工、高端专用和功能性化学品	节能环保	环保装备、工业设计、研发服务
装备制造	精密机床、电力装备、化工装备、环保装备、交通装备（轨道交通装备、汽车及零部件、船舶等）	新材料	新信息材料、航空航天材料、高轨交通及新能源汽车材料、节能环保材料、生物医用材料、化工新材料等
软件信息	应用软件、动漫、卫星导航、物联网、服务外包、电子商务	商贸物流	交通运输、仓储、商贸服务、贸易服务、电子商务、商务会展
生物医药	疫苗、诊断试剂、创新药物和生物医学工程等	金融保险	区域性面向工业行业的投资银行业、证券业、保险业与信托基金业基地
三大提升产业		研发设计	基础研发、中试基地、工程技术研发、产品设计、工艺设计研发设计、教育培训、工艺设计
纺织服装业	成衣制造、工业织物、材料、纺织装备、工艺设计、服装设计、物流配送、服装展销、商贸交易、电子商务	教育培训	企业管理培训、职业教育、学历教育、IT 职业教育及其他专业技能培训行业
食品加工业	高效农业、食品加工、电子商务	旅游业	休闲农业、文化体验、度假休闲、山地运动、商务旅游
现代农业	都市区农业、旅游观光农业和设施有机农业	健康养生	温泉养生、医疗服务业、健康娱乐业、保健食品业、健康保险业和健康管理业

资料来源：南京江北新区总体规划（2014 -2030 年）。

2. 建设产城融合的人文新区

南京江北新区由城市中心向外围依次布局商业、居住、科创、工业、人文和生态等功能，层层嵌套、联系紧密，逐步形成和谐共生的人文新区。

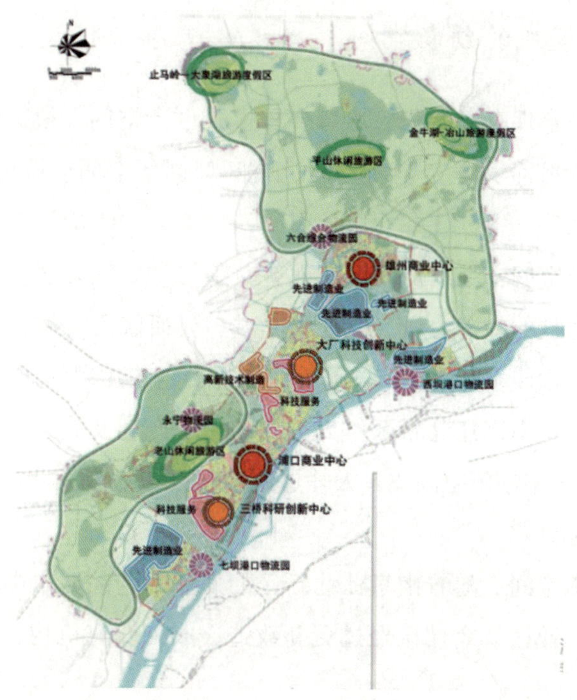

图 9　江北新区产业布局引导图

图片来源：南京江北新区总体规划（2014 – 2030 年）。

①商业体系布局：构建“新城商业中心—新市镇商业中心—社区便民中心”三级商贸市场体系，依托浦口商业中心、雄州商业副中心发展区域性的商贸服务业。在桥林、珠江、桥北、大厂、龙袍等地区中心发展服务各片区的商贸业。在新市镇内部配套社区及便民中心。

②科创产业布局：沿老山、龙王山形成高等教育集聚区，并依托高校、技术研究院、实验中心等资源构建南京江北新区现代化科技服务平台。

③工业体系布局：南京江北新区工业门类主要包括石油化工、装备制造、软件信

息、生物医药、新材料等，主要集中在六合经济开发区、南京化工园、南京高新区、海峡科技工业园、浦口经济开发区，并与科技服务平台、物流园区等联系紧密。

④人文生态产业布局：结合生态空间及人文资源的分布，以观光休闲、历史文化游览、旅游度假为主要功能构建江北生态休闲带，形成服务新区辐射江北的人文休闲带。

3. 培育多种模式的创新空间

南京江北新区结合现有资源积极培育多种模式创新空间，根据创新空间形成机制可分为四类，分别为校企共建型创新空间、园区型创新空间、城市更新型创新空间、规划引导型创新空间。

校企共建型创新空间：南京江北新区现有南京信息工程大学、南京工业大学等15所高等院校，具有优越的师资力量。依托大学城、科研院所等智力资源，相关企业及公司形成集聚效应并逐步发展为集产学研为一体的校企共建型创新空间。

园区型创新空间：南京江北新区作为重要的化工产业及先进制造业基地具有各类开发园区15家。园区型创新空间集聚人才层次高、投资力度大、创新能力强是新区创新空间的重要组成部分①。

城市更新型创新空间：随着南京江北新区的发展，老的城市中心区逐步进行功能置换，一些传统的工业区及仓储区经过更新改造，成为研究机构、科技服务企业的办公中心。

规划引导型创新空间：以政府为主导通过规划引领形成江北新区创新空间，具有政策扶持力度大、设施完善、专业化程度高等特点。

4. 形成全域管控的绿色空间

结合南京江北新区的丰富的自然基础条件，新版江北新区总规提出了全域管控的绿色空间规划思路，逐步形成“两带、三核、一廊、五楔、多园、多绿道”的绿地布局结构②：其中“两带”为山林风光体验带和田园风光休闲带。山林风光体验带为

---

① 陈家祥：“城市创新空间生成机理研究——以江北新区为例”，《江苏城市规划》，2017年第12期。

② 俞为妍：“基于全域视角的绿色空间规划探索——以南京江北新区为例”，《江苏城市规划》，2018年第5期。

“止马岭—平山—峨眉山”一脉，结合山水资源，串联多个森林公园和风景区。田园风光休闲带江北城区外围的田园地区，结合村庄、河流水系形成多个休闲旅游节点，培育郊野田园游憩功能；“三核”为老山、八卦洲、灵岩山—瓜埠山。以三个区域内的自然本底和资源条件为基础，结合临近城区的交通优势，构建临近城市的大型生态、景观、休闲、游憩核心；“一廊”即沿江休闲走廊，依托沿江岸线，打造连续生态廊道，展示江北都市形象并提供滨水活动空间；“五楔”包括三桥京沪高铁绿廊、朱家山河－铁路绿廊、马汉河绿廊、滁河西绿廊、滁河东绿廊，通过五条主要生态廊道，分隔城市板块、连通生态格局；“多园”指城市内部的公园体系。因地制宜、合理布局大型综合公园和专类公园，并与道路绿网、带状公园共同构建集建区绿地系统的内部基本架构，充分发挥结构性绿地在城市发展中的景观生态、空间结构、形象塑造方面的重要功能；“多绿道”主要指城市内部的绿色空间廊道，江北集中建设区内的绿道系统主要包括城乡风景绿道、城市休闲绿道和社区绿道三个层次。

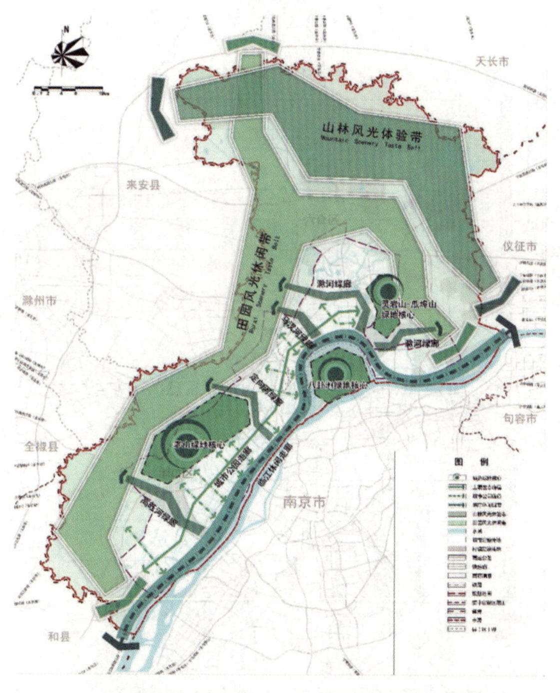

图 10　南京江北新区绿地系统结构图

图片来源：江北新区绿色空间及绿地系统专项规划（2014－2030 年）。

四、南京江北新区新旧动能转换的教训及反思

1. 产业转型升级相对缓慢，创新空间发育不足

江北新区产业转型升级较为缓慢，地均产出较低。从规上企业数量来看，全市规上工业企业数量2714家，其中六合区502家、浦口343家、在南京各区中排名前列，但是从建设用地地均产值来看六合区与浦口区均不足5亿元/平方公里；江北新区创新空间数量较多但是发展质量参差不齐。目前南京市科技服务机构布局呈现出以中心城区及新城区为主，科技企业孵化器发育较好的主要集中在秦淮区、雨花台区、栖霞区、江宁区、高淳区，浦口区与六合区等江北地区虽然孵化器数量较多，但发展质量普遍较低。

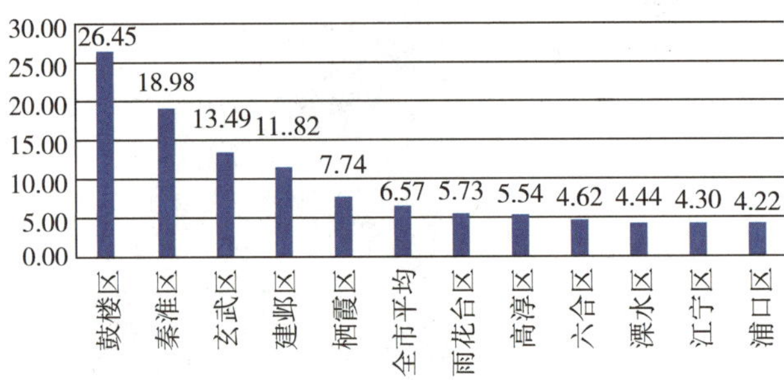

图11　2015年各区建设用地地均GDP（亿元/km²）

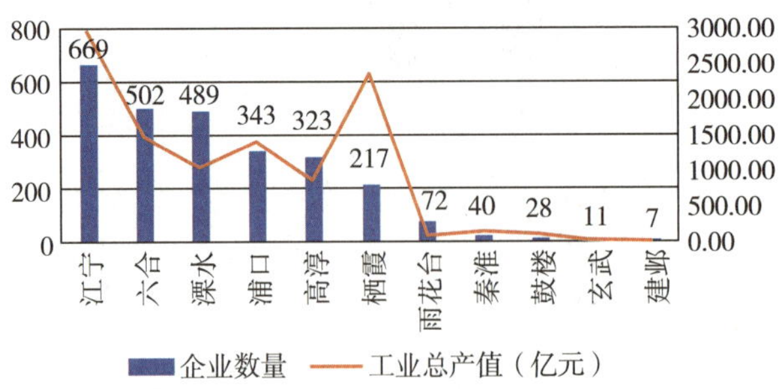

图12　2015年各区规上企业数量及总产值对比

数据来源：南京市历年统计年鉴。

表 4 南京市科技企业孵化器空间分布与数量

区县	孵化器数量	优良数量	区县	孵化器数量	优良数量
秦淮区	17	10	鼓楼区	8	4
玄武区	13	3	建邺区	6	1
雨花台区	25	7	麒麟	2	2
栖霞区	12	7	浦口区	6	2
高新区	9	4	高淳区	6	5
新港	2	1	六合区	6	1
化工园	3	2	溧水区	3	0
江宁区	24	13	—	—	

2. 公共服务体系滞后，生活宜居性不高

①医疗服务水平较低且分布不均衡。南京江北新区医疗体系分级较全，但卫生资源空间分布不均衡，规模与等级无法和老城区相比。整体来看，现状医疗卫生设施的总量不足，人均床位指标远低于南京平均水平。江北新区医疗资源建设的重点放在原有医疗卫生设施的扩建，未能随着城市的发展加强外围地区的医疗卫生设施建设，资源向城区集中的倾向较明显，外围地区缺乏高级综合医院。

②缺乏大型文化设施，各片区发展不平衡。南京江北新区文化设施按照“区级—街镇级（文化站）—村居级（文化室）”三级体系布置，共有文化设施包括区级文化馆 3 个，区级图书馆 3 个、区县级文化站 30 个①。但是作为南京的三个副城之一，南京江北新区尚缺乏服务百万以上人口的省市级文化设施和体现城市文化形象与品位的大型文化设施。

③教育设施分布不均，优质教育资源欠缺。从空间分布上看，南京江北新区教育设施主要集中在老城区。老城区内资源丰富、学校密集，而外围新建地区及郊区的教育设施则分布较为稀疏。局部地区出现学校服务盲区，部分学校服务范围过大，出现超负荷、超范围服务的现象，学生就近入学困难。南京现有优质教育资源主要分布在主城，江北新区内现有教育资源对人口的吸引力较弱，导致人口“回流”主城。

① 南京江北新区总体规划（2014 - 2030 年）。

3. 产业布局混杂分散，多平台条块分割

南京江北新区作为自主创新先导区、新型城镇化示范区、长三角地区现代产业集聚地、长江经济带对外开放合作重要平台，集聚了集成电路、生命健康及新能源汽车等三大千亿级产业集群，定位高远，政策红利丰厚，但是目前新区发展仍存在产业布局混杂，管理平台条块分割等体制问题。2017 年 5 月江北新区划定直管区、共建区、协调区，其中国家及新区直管区 386 平方公里，共下设 5 个平台，分别为化工转型示范区、健康产业园、中央商务区、产业技术研创园和国家级高新区，同时国家级高新区有下设智能制造园、卫星应用园、生物医药谷和南京软件园四个园区，此外在直管区内还有两个省级开发区分别为六合开发区和浦口开发区。平台及园区建设错综复杂，层层嵌套的管理主体造成许多管理盲区或重叠区域，造成管理低效，资源整合困难等问题。在空间上则表现为电子信息、生物医药企业布局混杂且分散，难以形成规模效应，新区开发建设效率低等问题。

4. 新区土地利用粗放，可持续发展性不足

南京江北新区城市建设框架已初步拉开，组团化发展态势明显，但是土地利用略显粗放，可持续发展性不足。整体来看，浦口片区和六合片区分别以居住（房地产开发）和工业用地扩张为主，用地功能缺乏整体统筹，分布相对零散，功能结构不甚合理，配套设施也尚待完善。

公共管理和公共服务设施较为匮乏，商业设施规模不足。江北新区现状公共管理和公共服务设施用地中去除教育科研设施用地，人均不到 7 平方米，仅占城市建设用地的 2.79%①，且现有文化设施存在规模小，布局分散利用率低等情况。现状商业服务业设施主要集中在江浦老城、浦口老镇、大厂及雄州地区，主要成带状沿街分布，规模小，缺乏大型商业综合体，随着人口的进一步集聚将不能满足居民生活需求，与江北新区战略定位不符。

工业用地布局混杂，环境污染严重。江北新区工业用地主要集中在浦口片区的高

---

① 南京江北新区总体规划（2014－2030 年）。

新区、浦口经济技术开发区、珠江路工业园、南京化工园与六合经济技术开发区，以发展化工、电子信息及软件、新能源新材料、生物医药、车辆制造产业、钢铁制造、纺织业等为主。目前部分地区工业产业结构中重工业占比较大，尤其是六合大厂和长芦地区，化工污染严重。在用地布局上存在工业用地与居住用地混杂等问题，对城市生活环境影响较大，此外滨江岸线上大量工业用地布局也影响了江北新区的城市景观环境。

生态资源环境优势尚未完全彰显。江北新区山脉、湿地、湖泊等生态资源优越，但是与城市建设结合不紧密，挖掘利用不足。城市内部绿地建设尚未形成网络体系，分布较为分散，便民型绿地普遍缺乏；大山大水大洲的生态格局彰显不足，绿地廊道与长江、老山关系不够紧密，未形成有效的生态廊道；用地建设与生态空间矛盾日趋增大，绿色生态空间用地需求增加，整体开发亟需控制；化工园周边环境污染状况严重，防护隔离情况有待改善。

五、南京江北新区新旧动能转换的启示

（1）创新资源集聚机制，助推产业转型升级

新时代背景下，人力资本集聚和制度创新是未来城市转型升级的重要路径选择①，也是现阶段南京江北新区的着力点。南京江北新区在“国家自主创新先导区”的定位下具有政策优势，在南京市颁布的“科技九条”、“创新七策”等引才创新政策的基础上，江北新区相继出台了“创业十条”等产业发展政策，不断进行政策优化与体制创新，对江北新区的科创企业进行了大力支持。目前南京江北新区已初步形成了一批科创空间及孵化器，科技型企业也初步形成了一定的集聚规模，当然综合来看南京江北新区的创新发展仍然处于初步阶段。从南京市域来看，南京江北新区创新空间及孵化器虽然在数量上存在优势，但是发展质量参差不齐，不利于未来形成高质量专业化的创新平台，此外在产业发展方面，江北新区多平台、多园区的发展环境也容易造成产

① 张成：“新常态语境中国家级新区发展路径转型和制度安排探讨——以南京江北新区为例”，《城市发展研究》，2017 第 24 期。

业布局散乱，从而不利于产业集群的专业化规模发展。

因此，为加快落实“国家自主创新先导区”的目标，南京江北新区进一步创新体制机制建设，集聚区域创新资源，助推产业转型升级建设：一方面制定更具可操作性的科创政策，有针对性的对大中小型科创企业提供支撑与激励措施，吸引相应的技术人才提升科创孵化器的发展质量；另一方面加快对平台及产业园区的整合与调整，根据产业发展条件及园区资源禀赋合理布局相关产业。为有效实现传统产业的转型升级，实现新旧动能的积极转变，始终坚持有舍有保、差异化帮助扶持的基本原则，坚持以市场为导向，向智慧化、融合化的方向坚决前进，采取有效措施，实现旧动能向新动能的持续转变。

为了实现新区新旧动能转换目标：第一，坚决清理失去发展活力的“僵尸企业”，抛弃落后产能。对于钢铁、煤炭、水泥、化工等行业的低效率、低产出的落后产业不能姑息，要坚决淘汰。转变发展方向，推进产业体系加快创新升级，实现智能化、绿色化、无污染的发展目标。第二，围绕支柱产业的产业体系集约化高端发展，如将装备制造业作为产业体系中的支柱产业，在推进产业发展转型升级的过程中，加大网络化发展投入，联合制造业、服务业进行产业协同发展，并致力于建设智能型制造业产业集群，实现制造业的联动发展。第三，明确传统产业的优势与劣势，立足传统产业的发展优势，避开传统产业的发展劣势，促进旧动能向新动能的转换。如整合当地资源，发展新能源产业，响应国家号召，建设绿色能源基地。第四，重视农业经济发展的新趋势，要深入探索农业经济发展的新动力，实现新旧动能转换过程中的产业链价值的最大化。高度重视产业链、价值链、供应链的联合价值，以此作为指引方向，实现智慧农业、循环农业、终端农业的发展目标，在一定程度上大力推进农业与其他产业的深入融合，促进产业体系全面升级。

（2）创新城市建设机制，优化城乡建设布局

南京江北新区长期以来以重化工产业为主，城区发展基础薄弱，城镇整体发展速度缓慢，发展质量参差不齐，城乡服务能力不足，村庄规模小且分布在城区外围，布局相对分散，总体来说城乡联系不够紧密。虽然近年来随着国家级江北新区的建设，江北中心城区获得较大发展，但长远来看，南京江北新区城乡发展不平衡问题将限制新区进一步发展。

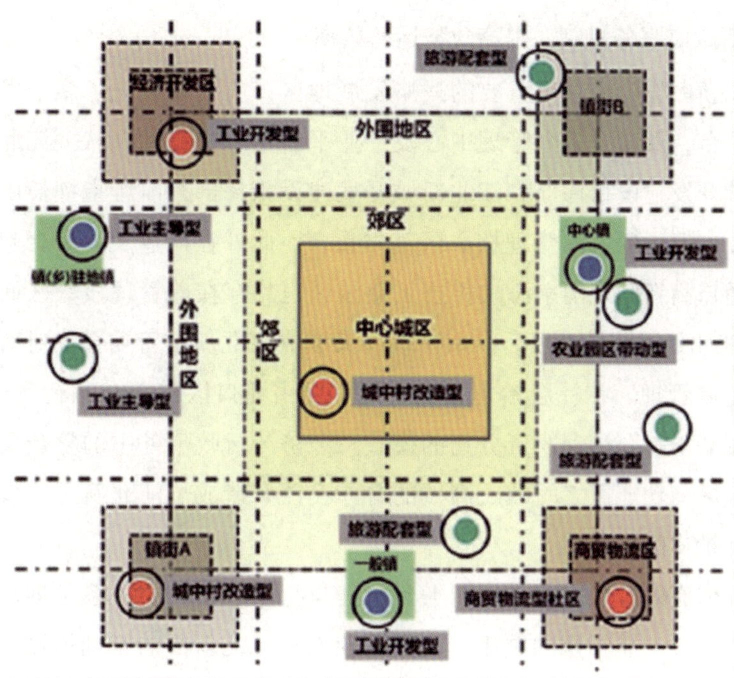

图 13　江北新区村镇模式图

图片来源：江北新区总体规划（2014－2030）。

因此，新区新旧动能转换，首先应创新城乡发展模式，优化城乡布局，注重生态文明与文化传承，培育发展“新城—新市镇—新社区（美丽乡村）”新型城镇化模式，促进城乡协调发展。一方面注重对新区城市功能的培育，突出浦口新城、雄州新城的主导地位，在建设过程中形成城区功能明确、各具特色的发展格局，推进江北新区城市核心区的快速发展，有效发挥江北新区的城市功能；另一方面要重点关注新市镇的建设，加强对新市镇政策与资源的有序投放，对旧有基础设施进行改造升级，发挥新市镇对周边乡镇的辐射带动作用。如完善桥林地区、高新区等地的基础设施配套，提升地区生活服务功能，对葛塘等老工业区进行市容市貌提升。周边乡村地区则依托丰富的人文资源及自然资源，引导外围乡村地区特色化发展，挖掘乡村的“十里温泉”、“百里老山”、“千年银杏”、“茉莉花源头”等旅游资源发展现代旅游业，并依托山水自然资源建设新区郊野公园，加强与城区互动，构建充满活力的新区城乡格局。

（3）创新政府服务机制，提高政务运行效率

南京江北新区作为南京市重要的战略发展地区，前后曾设立了多个发展指挥中心和产业发展平台，形成了多个管理中心及产业平台错综交织的现状。江北新区曾先后设立浦口新城开发建设指挥部和江北新城开发建设指挥部，前者指挥长由市长兼任后者由区长兼任，但是两者的管理核心区基本重合。此外在产业发展平台建设方面，浦口开发区、浦口高新区及南京海峡科技工业园区也均存在着管理核心区面积重叠的问题。2013 年江北新区获批成立后南京市政府又成立江北新区管委会，对新区的规划建设工作进行协调管理。在社会治理方面，则主要由浦口区和六合区行政区政府负责，形成了经济发展与社会治理职责分离的模式。经济与行政事务中的复杂关系使得南京市江北各行政区与功能区之间缺乏高效的合作交流，造成了江北新区建设发展过程中各自为政相互扯皮的现象①。

因此，如何有效理顺新区各功能平台及其与行政区之间的关系是推动新区资源有效配置，促进新旧动能转换的关键。如要理顺南京江北新区的管理体制，首先应加强新区管委会的领导权威，同时注重简政放权，明确各管理主体在经济建设与社会管理中的权责边界；其次对各平台的功能定位、产业布局及发展目标进行梳理，促进各主体错位发展，有序竞争；此外还应形成科学合理的投融资管理与收益分配制度，制定可持续发展的投融资方案，优化投融资环境，同时在公共服务领域坚持财权与事权相统一，并给予相应的财税支持。②

（4）创新内外联动机制，优化区域发展环境

南京江北新区在区域发展中具有重要的战略引领作用。从长三角地区来看，江北新区辐射腹地囊括了苏南、苏北、皖北地区，并且是长三角地区辐射中西部地区的重要支点。从国家发展战略来看，“一带一路”战略和长江经济带建设也都为江北新区建设带来了重大发展机遇。因此，南京江北新区应加强长江经济带及南京都市圈等区域平台的协调发展，积极探索区域基础设施及信息平台的共建共享，实现与上海浦东新

①② 徐勇，“国家级新区行政管理体制改革经验及对江北新区的启示”，《中共南京市委党校学报》，2015 年 3 期。

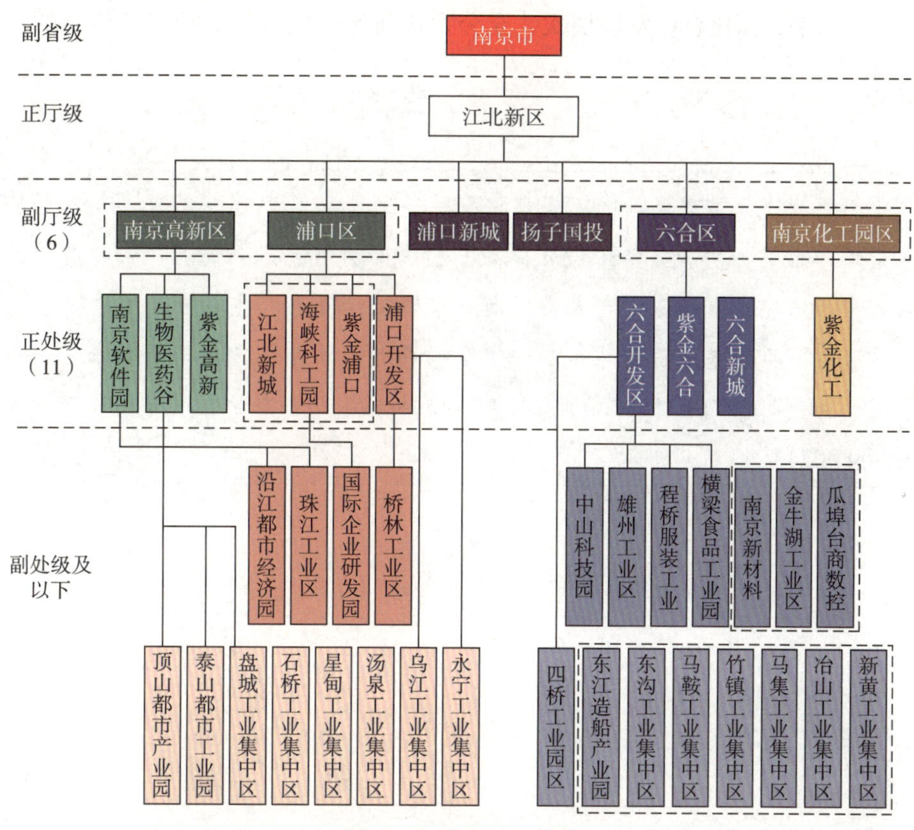

图 14　江北新区管理体系

图片来源：《江北新区近期建设规划》。

区、上海自贸区联动发展，加快产业转型升级，建设长三角地区具有较强自主创新能力和国际竞争力的现代产业集聚区。同时在交通方面，加强南京港与长江沿线港口联动，加快长江区域航运物流中心建设，打造江海联动、铁水联运、对接国内外的综合性开放平台，促进长三角城市群与长江中游城市群、皖江城市带等长江中上游地区的协同合作①。

总之，要顺利实现新区新旧动能转换，就应重点实现内外联动，优化区域发展，要加大新区对周边地区的影响辐射和带动作用。加强新区与周边街镇或城市功能板块的联系，实现产业联系深入发展、资源要素互补流动、基础设施共建合作，不断提高

① 黄莉新："高水平推进江北新区建设 争创南京转型发展新优势"，《群众》，2015 年第 9 期。

跨区的协作水平，深化合作发展层次，充分发挥新区在城市新旧动能转换中的辐射带动作用。

于涛，南京大学建筑与城市规划学院院长助理、副教授，中国城市规划学会城乡治理与政策研究学委会副秘书长、中国城市规划学会小城镇学委会委员、中国城市科学研究会生态委员会委员、南京市城市治理委员会委员。本研究基金项目：国家自然科学基金项目“中小城市高铁新城地域空间效应与机制研究——以京沪高铁为例”（NO. 51878330）；中央高校基本科研业务费专项资金资助（NO. 090214380024）。

基于产城融合的新城新区动能转换杭州经验研究

李明超　钱　冲

本研究在回顾总结杭州新城规划建设总体发展态势的基础上，通过对杭州新城产城融合、动能转化的发展模式与特征进行分析，探讨杭州新城发展新旧动能转换的内在机理与动力机制，以期对我国其他城市新旧动能转换提供参考借鉴。

一、基于产城融合的杭州新城新区动能转换情况

在政府和市场两股力量的共同作用下，新城新区在集聚优势资源方面具有独特的优势，对促进生产要素自由流动与高效配置有重要意义。杭州在长江三角洲城市群中处于副中心城市地位，经济的快速发展使杭州地区的城市化水平不断提升。杭州市委市政府根据杭州市区行政区划的调整、长三角地区协调发展的要求以及“沿江跨江”的跨越式城市发展战略实施，积极推动新城新区的规划建设，为城市发展提供了新的空间和动力，有力地推动杭州逐步迈向产城融合的新高度。杭州新城新区规划建设从空间上看，主要有卫星城和城中城两种发展模式，通过快速通道系统使整个杭州有机

的联系在一起，极大促进了城市新旧动能的转换。

1. 杭州新城新区规划建设类型

杭州按照城市有机更新模式，引入“紧凑型城市”发展理念，围绕“竞争力强、规模大、服务优、环境美、品质高”目标，加快新城建设，培育现代产业集群，推动产业集聚集群发展，使新城成为建立现代产业体系的重要平台，把新城打造成“紧凑型城市”发展模式的样板，实现从“建区”向“造城”的历史性跨越。

（1）集聚高端产业的杭州国家级高新区规划建设

杭州国家级高新区始建于 1990 年，启动区位于钱塘江北杭州老城文教区，面积 11.44 平方公里，是杭州高新技术的创新源和中小科技型企业的大孵化器。2015 年 8 月 25 日，国务院批复同意杭州高新（滨江）区和萧山临江高新区 2 个国家级高新技术产业开发区，统称杭州国家级高新区，建设国家自主创新示范区，这也是国务院批复的第 10 个国家自主创新示范区。国务院同意杭州国家级高新区享受国家自主创新示范区相关政策，同时结合自身发展特点，积极在跨境电子商务、科技金融结合、知识产权运用和保护、人才集聚、信息化与工业化融合、互联网创新创业等方面先行先试。杭州高新区（滨江）作为国家自主创新示范区和智慧杭州的核心区，2016 年实现信息经济规模 1589 亿元人民币，增长 25.0%。与此同时，一座年轻的新城区也在滨江崛起：智慧经济带动该区从农村跨向城市，从城区升级科技新城。而百姓获得感的提升，生活配套的完善，又助力产业源源不断的吸引人才到来，也积蓄着区域发展的未来。

（2）坚持创新创业，着力打造人才特区，建设产城融合发展的未来科技新城规划建设

杭州未来科技城（海创园）是中组部、国资委确定的全国 4 个未来科技城之一，是第三批国家级海外高层次人才创新创业基地。未来科技城秉承“人才引领、科技支撑、产城融合、绿色发展”的理念，按照“三生融合”（先生态、再生活、后生产），“四宜兼具”（宜居、宜业、宜文、宜游）的要求，创新创业大有作为，产城人文深度融合。未来科技城启动建设刚刚几年的时间，便已取得巨大的成效，注册企业数成功突破一万大关，累计引进培育“国千”计划专家 120 名，“省千”计划专家 169 名，浙江省领军型创新创业团队7支，5家企业成功上市，25家企业挂牌新三板，海外高层次人才争相集聚，产业发展风生水起。

（3）加快传统制造业改造提升，推进创新驱动发展大江东新城规划建设

大江东新城位于杭州最东处，钱潮入海口，是省级产业集聚区、国家级高新区和国家自主创新示范区“三区叠加”的产业集聚区，集聚了新型交通装备、高端装备制造、新能源、新材料等新兴产业，是未来浙江环杭州湾产业带的主战场。这里承担着“再造一个杭州工业、再造一个杭州新城”的使命。2016年10月，在国家发改委确定的全国首批58个产城融合示范区中，大江东作为唯一一个杭州产城融合示范区成功入选。这标志着大江东产业与城市融合之路渐走渐宽，成为杭州地区未来发展极具潜力的重要增长极和宜业宜居的又一个理想选择。

（4）承接城市中心功能的钱江新城规划建设

钱江新城位于杭州主城区的东南部，距西湖风景区约4.5公里，规划面积约21平方公里。钱江新城是杭州实施“城市东扩、旅游西进，沿江开发、跨江发展”战略的“桥头堡”，是杭州城市发展从“西湖时代”迈入“钱塘江时代”的重要标志。2001年，杭州围绕打造“中央商务区，天堂新地标，现代服务业主平台”目标，坚持“高起点规划、高标准建设、高强度投入、高效能管理”方针，开始实施钱江新城建设工程。目前，已建成了市民广场、波浪文化城等44个项目，总建筑面积达1000万平方米，累计投资达1000亿元。2008年9月底，钱江新城核心区建成开放。钱江新城及其对岸的奥体博览城是2016年G20峰会和2022年亚运会的主会场。特别是G20峰会后，钱江新城已成为全国新城建设的崭新标杆和杭州一日游的压轴目的地。

2. 杭州新城新区产城融合的发展动力

新城新区能够推动地区产业优化和产业转型从而促进区域经济发展，原因主要有三个关键方面，即国家政策支撑、产业集聚效应和创新驱动发展①。考察杭州新城新区产城融合的发展动力，同样得益于三个方面。

① 刘瑞明、赵仁杰：“国家高新区推动了地区经济发展吗？——基于双重差分方法的验证”，《管理世界》2015年第8期。

①作为政府推动地区产业升级和经济转型的重要手段，新城新区所享受的特殊政策待遇成为众多企业集聚园区、促进地区经济增长的重要原因。为鼓励和促进新城新区的发展，1991 年国家科委和国家税务局分别颁布《国家高新技术产业开发区若干政策暂行规定》和《国家高新技术产业开发区税收政策规定》，以法规的形式确立了高新区享有的政策待遇。其中，税收、信贷、土地和人才引进方面的政策优惠尤为明显。第一，税收优惠。这里列举几项基本的税收优惠规定：对于新办的园区企业，自投产日开始，两年内免征所得税。开发区企业自认定日开始，减按巧% 的税率征收所得税，如果出口产品产值超过了本企业总产值的 70%，另外减按 10% 的税率征收所得税。第二，资金信贷优惠。银行要给予高新区积极的资金支持，安排发行一定额度的长期债券，高新区根据自身条件可以申请办理风险投资公司，在地方政府批准的情况下高新区可以免购国家重点建设债券。第三，土地和人才引进政策优惠。新城新区政府为了吸引优质的企业和人才进入高新区，分别制定了建设用地优惠政策和高端人才引进计划。这一系列的政策优惠使得新城新区在创办的初期阶段吸引了大量企业进驻，对地区经济有着明显的带动作用。

②新城新区的设立为高新技术产业和关联产业的集聚提供了载体，同时推动了地区经济增长。首先，为吸引优质企业进驻，在新城新区的建设初期政府会进行大量投资来完成基础配套设施建设，同时外资企业的进入也会带来大量的 FDI（外商直接投资）。其次，产业集聚是推动区域经济发展的重要模式，它可以通过降低关联厂商间的交易成本，共用基础设施和形成规模效应来提升集聚企业的市场竞争力。新城新区为产业集聚提供了必要的平台，从要素集聚速度、产业集聚质量和集聚规模收益 3 个方面来衡量产业集聚状况，国家高新区的产业集聚已具雏形并且整体规模收益水平逐年提高[①]。最后，完善的基础设施和优质企业进驻也为产业集聚提供了基础条件，通过分工细化、知识溢出和共用基础设施等途径推动产业集聚，而产业集聚效应能够支持新城新区企业持续创新能力的提升，推动地区经济增长[②]。

③高新技术产业集聚的同时也具有一定的技术创新效应，创新驱动经济增长。技术创新能够带动新技术产业的快速发展，使得传统的要素驱动型经济增长方式转变为

① 李强、韩伯棠："我国高新区产业集聚测度体系研究"，《中国管理科学》，2007 年第 4 期。

② 朱斌、王渝："我国高新区产业集群持续创新能力研究"，《科学学研究》，2004 年第 5 期。

创新驱动型的发展方式。早期执行的过程中，新城新区往往以招商引资和投资优惠的外延式发展为主要形式。但是，高新技术产业的发展并不能依靠单纯的投资拉动，技术创新不足和创新效率低下成为了阻碍中国新城新区发展的重要问题。针对上述问题，2001 年科技部提出了新城新区要进行“二次创业”的思路，政府逐渐降低对新城新区的政策优惠，促进新城新区由外延式增长向内涵式发展的转变。从经验来看，新城新区的 TFP（全要素）增长率明显高于其所在省份水平，并且 TFP 的增长主要是由技术进步贡献的，新城新区通过促进产业集群等方式，促进了区域内企业间的竞争，改变了区域市场规模和需求收入结构，提高了产业的持续创新能力。从创新驱动经济增长的机制和方式来看，新城新区在技术创新基础上实现了高效经济增长①。

过去近 20 年，新城新区规划建设为杭州城市化进程顺利推进发挥了至关重要的作用，无论是国家级高新区、国家级开发区等各类产业功能区，还是代表杭州城市发展重心从西湖时代迈向钱塘江时代的钱江新城规划建设，都体现了产城融合的发展理念。迈入“十三五”，杭州确立了独特韵味别样精彩世界名城的发展目标，以历史文化名城、创新活力之城、生态文明之都、东方品质之城为基础的城市国际化成为了推动杭州新一轮发展的重大战略，其产城融合实践也有望继续为这座城市撑起有关未来的梦想蓝图②。杭州作为 2016 年 G20 峰会的举办城市，成功获得了 2022 年亚运会主办权，接连迎来重要的国际性盛会，为城市实施创新引领发展提供了契机，可以说杭州正处于城市发展史上最为关键的阶段。在杭州创新引领城市发展的关键阶段，杭州新城新区将继续肩负重任。

二、基于产城融合的杭州新城新区动能转换路径与成效

1. 杭州新城新区动能转换路径

在新一轮科技革命和产业变革背景下，经济发展的突破点就是产城融合。要以更

① 程郁、陈雪：“创新驱动的经济增长——高新区全要素生产率增长的分解”，《科技与经济》，2013 年第 11 期。

② 李明超：“基于区域竞争力的杭州城市国际化水平提升策略”，《现代管理科学》，2017 年第 8 期。

加开放的视野，以市场需求为导向，着眼于未来发展，来谋划信息与制造在技术研发、产品开发、市场拓展、产业衍生、技能提升、管理细化等多方面的融合。当前，中国已进入只有转变发展方式才能促进持续发展的关键时期。全国很多地方经济领域存在着产业“低、小、散”等结构性问题，城市发展领域同样存在着“低、小、散”问题，产业发展与城市发展中存在的问题呈现趋同性。推动杭州新城新区动能转换，要从城市抓起，关键在于转变城市发展方式，坚持处理好政府“有形之手”和市场“无形之手”的关系，以城市发展方式的转变推动经济结构调整和产业转型升级，进而推动经济发展方式的转变。

①以城市发展引领经济发展为动力推动新城新区发展。转变城市发展方式，必须坚持不懈地推进城市有机更新。新世纪以来，杭州在城市建设上既借鉴西方“城市更新”理论的合理元素，又吸取不少城市“拆旧建新”的现实教训，提出了以“保老城、建新城”为特征的城市有机更新理念，把生物学中的“生命”概念引入城市建设，以“保老城、建新城”为特征，把城市作为一个生命体来对待，突出“有机”二字，坚持以民为本、保护第一、生态优先、文化为要、系统综合、品质至上、集约节约、可持续发展八大原则，传承历史、面向未来，和谐发展、科学发展，让杭州这座古老的城市青春永驻、生命长存。新世纪以来，杭州先后实施了三轮城市建设“十大工程”，由点到面，由线到片，大力推进城市形态、街道建筑、自然人文景观、道路设施、城市河道、城市产业、城市管理的有机更新，进而不断推动杭州经济发展方式的转变。

②以智慧经济、智慧产业为抓手推动新城新区发展。近年来，杭州稳步推进创新引领发展模式，创新已成为经济增长的重要推动力，向知识与创新驱动型发展迈进的发展路径日益清晰，以信息经济为龙头的新经济正有力地推动杭州重返新的高增长①。以新一代信息技术为重要支撑、以智慧产业化和产业智慧化为主要内容、以扩大智慧应用和信息消费为主要导向、以信息化和工业化深度融合为主要表现形式的信息经济和智慧经济快速发展，尤其是集智慧产业和智慧应用为一体的新经济形态，已成为信息经济、智慧经济发展的主导方向和核心内容，给人类社会的生产方式和生活方式带

① 聂献忠：“新经济引领杭州迈向国家级中心城市”，《浙江经济》，2016 年第 18 期。

来了深刻变革[①]。优先发展信息经济、智慧经济，已成为全球和国内各地抢占未来发展制高点的战略选择，也是杭州市加快经济转型升级的必然选择。杭州市委十一届七次全体（扩大）会议审议通过《关于加快发展信息经济的若干意见》，为杭州新城新区产业布局上开出新的道路。

③以提高提城市生态环境质量为动力推动新城新区发展。杭州牢固确立“环境重于政策”“环境投入是回报率最高的生产性投入”理念，把“环境立市”作为城市发展的核心战略，努力营造一流的人文、体制、法治、治安、政策、政务、人居、生态、硬件环境，以一流的环境吸引一流的人才，以一流的人才兴办一流的企业，以一流的企业创造一流的业绩，使杭州真正成为劳动、知识、技术、管理、资本等要素集聚的“洼地”，成为各方人才投资创业的“天堂”，共建共享与世界名城相媲美的“生活品质之城”。强化科技支撑、创新驱动，充分运用节能减排和环境保护的倒逼机制，加快淘汰落后产能，推动杭州逐步走上绿色发展、循环发展、低碳发展的道路。夯实生态屏障保护与建设的基础，推动杭州在保护好生态的前提下加快发展、科学发展。以市域旅游资源为基础，构筑全市交通圈、旅游圈和经济圈，打响“游在杭州”品牌，把杭州建设成为国内外享有较高知名度的旅游集散中心和重要目的地，实现从“旅游城市”向“城市旅游”的历史性跨越。

④以公交、公园、文教、医疗、体育等公共服务为动力推动新城新区发展。产业型新城往往出现阶段性的产城融合度不足和职住失衡现象，在建设初期通常更侧重产业发展和经济建设，对于居住功能和公共服务功能的建设完善则相对滞后，从而导致新城的居住容量和公共服务水平无法满足快速增长的就业人口需求，城市综合发展水平与产业发展水平难以匹配[②]。杭州市较早意识到了这些问题，在新城新区建设中将产业和民生两项重点工作相结合，不但可以简化相关手续提高行政效率，而且在初期通过对产业园区的政策倾斜整合新城新区的土地资源，加速新城新区土地增值。此外，利用产业发展前期获得的经济积累可以为新城城区化发展创造条件，如公交、公园、文教、医疗、体育等综合设施更加完善，企业享受税收优惠，制定实施更加完善的人

① 陶青、赵军宝等：“加快推进智慧产业化和产业智慧化　杭州经济技术开发区抢占新一轮经济发展制高点”，《杭州日报》2014 年 7 月 24 日第 A03 版。

② 姜文婷、刘健、石晓冬：“北京亦庄新城：从职住关系看产城融合发展”，（冯奎主编）《中国新城新区发展报告：2016》，企业管理出版社 2016 年版，第 485 页。

才计划，都会助推新城新区的“二次创业”。

2. 杭州新城新区动能转换成效

①产业结构全面优化。坚持主导产业突出、高新特色鲜明的高新技术产业发展之路，全力壮大高新技术产业能级。杭州新城新区高新技术产业和战略性新兴产业快速发展，工业化和信息化“两化”深度融合，高新技术产业增加值占规上工业增加值的95.6%、高新技术产业利税占规上工业利税的96.3%、高新技术产业出口占规上工业出口总额的95.7%，信息经济增加值占地区生产总值的80.0%。围绕自主创新、网络安全和中国智造，打造了网络信息技术产业的完整产业链，形成了千亿级信息经济（智慧经济）产业，具备了可以代表国家参与全球竞争的优势，涌现了阿里巴巴、华三通信、海康威视、浙江中控、聚光科技等一大批行业领军企业，形成了电子商务、智慧互联、智慧物联、智慧医疗、智慧安防、智慧环保等“互联网+”的产业集群，电子商务、数字视频监控、宽带接入设备、集成电路设计产业、软件产业、动漫制作的整体水平居国内领先。

②创新能力全面提升。坚持实施知识产权战略，支撑创新驱动发展，推进国家知识产权示范园区、国家专利导航产业发展实验区建设。2015年杭州高新区（滨江）获批建设国家知识产权服务业集聚发展试验区，专利创造能力呈现量质并进，持续快速增长态势。2016年全区研究与试验经费（R&D）投入122亿元，占GDP的13.9%，占全省10%；规上工业总产值1300亿元，新产品产值率达到63%。2016年专利申请量达到14245件，同比增长62.38%，其中发明专利申请量达到5901件，同比增长87.27%，发明专利申请量列全省第一。以实施全区全域作为大孵化器建设为载体，实现孵化器投资多元化、管理专业化、服务精准化，形成了从科技创新到成果转化、产业培育、品牌塑造的创新产业链条，形成了企业从孵化到裂变到产业化、从小微到瞪羚到行业领军的创业扶持模式。

③人才集聚全面提速。坚持以人才带项目、以项目引人才的招商引智战略，探索人才经济良性循环之路。杭州新城新区推进实施新一轮海外高层次人才创新创业“5050计划”，进一步优化政策配套，完善动态评审机制，实行国际国内人才并举，持续放大人才招引效应。坚持以一流的环境吸引一流的人才、以一流的人才创办一流的

企业、以一流的企业反哺一流的城市。民生支出占一般公共预算支出的90%，建立健全公共基础设施，人才关心关注的生活配套得到有效解决。

④集约水平全面提高。坚持实施项目带动战略，提高产业用地的集约节约利用和综合效益水平。杭州通过加快城市化进程和优质公共资源配置，提升区域对高端产业人才和高新企业的承载力，走选商优商、集约高效的城市发展之路。树立节约集约高效利用土地的理念，力求“有限空间实现无限发展”，高新区坚持“3 +2”产业供地准入门槛（每亩投入600万元、产出1000万元、税收100万元，地下空间开发两层、企业员工300人），将城市工业项目容积率放宽到3.0，造就了现代科技新城的城市形态。持续推进节约集约用地改革，被国土资源部授予全国国土资源节约集约模范。

⑤体制机制全面激活。坚持以问题导向营造有利于产业发展的服务保障，推动体制机制改革创新。杭州连续推出两轮“1 + X”产业扶持政策体系，加大对不同类别产业、不同发展阶段企业和不同功能平台的差别化政策扶持。率先出台《关于进一步支持大众创新创业建设国家自主创新示范区的实施意见》，被称为“黄金十二条”。制定实施科技体制改革试点方案，推出12项重点改革举措，被列为省级科技体制改革试点。深入推进“四张清单一张网”改革；商事制度改革从1.0版本推进到3.0版本，探索试点的“五证合一”在全国推广。创新投资项目审批流程再造，压缩前期手续办理时间9个月，有效加快产业项目投资进程。

三、基于产城融合的杭州新城新区动能转换模式启示

新城新区作为城市中的一个功能区，具有较为丰富的科技创新资源、优惠政策资源，是城市或区域高新技术产业的聚集基地和产业集群的源头，在推动城市产业结构的调整和产业集群的升级、促进城市经济的发展、带动城市势能的提高和增强城市的辐射力中发挥着重要的推动作用。产城融合度较高的高新区在科技创新、经济规模等方面表现较好，加强科技创新区域系统化、促进科技创新、发展科技金融、产业集聚、提升经济规模与效率等举措已成为各高新区共识，但在城区功能即城镇化发展质量方

面仍有一些问题亟待解决①。杭州产城融合的实践经验表明，只有产业发展与城市发展相互协调、经济发展与生态文明建设相互兼顾，才能集聚更多的人才、技术、资金和信息等要素，在增强高新区可持续竞争力的同时，加速城市化的进程。

1. 评估发展阶段，编制多规融合和产城融合的战略规划

产城融合关键因素在于产业布局与各功能区布局的科学性，而布局是否科学合理又往往取决于发展规划的完善与否。为此，新城新区必须对以往的产业规划布局工作进行总结与反思，综合评估其所处的发展阶段，明确其发展定位。在此基础上，根据多规融合和产城融合的要求，整合、完善和优化各类规划，形成科学统一的规划体系，做到规划、布局、建设、管理相互统一，促进产业化与城市化协调发展。一方面，要注重做好产业规划与其他规划的有效衔接。产业发展与城市发展的融合强调的是两者的相互促进和渗透融合，在产业规划制定之时就首先要考虑两者规划是否能够衔接统筹。但现实中也确实存在部分产业园区游离于城市规划区之外，与城市总体规划相分离；或者尽管产业园区布局位于城市布局规划范围之内，但在用地指标、设施配套和功能安排等方面难以与城市规划衔接等问题。鉴于此，新城新区产业布局规划的制定必须跳出就产业论产业的局限，而是要把产业布局规划纳入城市发展规划，增强产业规划与城市规划、土地规划和园区规划等多种规划的衔接性，并保证上述各规划的实施②。另一方面，要增强产业区与各功能区的科学性、合理性与协调性，将高新区作为城市副城、组团、新城纳入城市总体规划体系。产城融合追求的是产业、城市与生态的一体化发展，其所折射出的是经济与社会、产业与城市、企业与环境、现状与未来等多方面、多层次的关系，应当用法定的城市规划体系加以落地实施。

2. 强化产业集群导向，构建支撑产城融合的政企合作模式

城市发展水平的提高离不开产业结构的优化，特别是城市要形成错位发展、凸显特色就必须形成优势特色主导产业。构建现代产业体系和产业集群，以产业优化提升

---

① 王霞、苏林、郭兵、李雪：“基于因子聚类分析的高新区产城融合测度研究”，《科技进步与对策》，2013年第16期。

② 徐代明：“基于产城融合理念的高新区发展思路调整与路径优化”，《改革与战略》，2013年第9期。

高新区发展的内生力和对城市的带动力。积极引导产业结构向两端延伸——前端的研发设计和后端的品牌培育，加快经济服务化步伐，推动先进制造业与现代服务业互动并进①。新城新区作为城市中的重要功能区、创新型新城或者现代科技新城，必须牢牢把握好产城融合的理念，坚持以产兴城、以城促产，产城互动、一体推进，以集群发展、产业聚集带动城镇发展。优势特色主导产业是高新区竞争力得以增强的一个重要支撑力，也是体现城市发展特征、代表城市形象的重要标志。在培育和发展优势特色主导产业的基础上注重整合和延伸产业链，发展和壮大产业集群②。杭州高新区（滨江）打造了一条网络信息技术完整的产业链，形成了以软件产业为核心、物联网产业为支撑的网络技术产业集群，打造了从关键控制芯片设计，到传感器和终端设备制造，物联网系统集成、网络通信设备、信息软件开发以及电子商务运用，再到网络运营服务、大数据平台的网络信息技术全产业链体系。与此同时，杭州高新区（滨江）建设了一批国家级的科技创新平台，科技支撑和保障能力以及科技成果产业化水平全国领先。高新区（滨江）拥有国家通信产业园、国家软件产业基地、国家集成电路设计产业化基地、信息产业国家高技术产业基地、国家新型工业化（物联网）产业示范基地等16个与网络技术产业发展相关的国家级产业基地（或园区），建有包括微软软件开发工具创新服务平台、英特尔软件创新服务平台等10多个公共技术服务平台，拥有国家、省、市级企业研发中心、技术中心、工程中心262家。通过各大创新和公共服务平台的建立，产业集群得到更好地保障，也节约了产业进一步发展的成本，从而获得较强的集聚效应。

3. 加强基础设施建设，完善产城融合的综合配套体系

产城融合的落脚点在于实现生产、生活、生态三大功能的合理平衡，以功能齐全化促进高新区与城市发展的融合。从现实来看，大部分的高新区都经历过产城分离、职住失衡的发展阶段，这是制约产城融合的重要因素，也是阻碍新城新区可持续发展和亟需解决的难题。实践证明，走以人为本的产城融合的道路是高新区未来发展的重要方向与选择。因为产业的发展需要研发、运营和融资等城市功能来支撑，招商引资

---

① 沈正平："新城新区产城融合的新途径"，《中国名城》，2015年第10期。

② 徐代明："基于产城融合理念的高新区发展思路调整与路径优化"，《改革与战略》，2013年第9期。

要靠配套居住、生活、生态和公共服务等投资环境作保障。新城新区发展还面临着土地资源制约瓶颈、外来务工人员聚集与规模扩大、失地农民权益保障及市民化难度大等诸多问题，这些也都需要发挥城市功能在更大范围内平衡才能得到解决。在创新基础设施建设投融资机制方面，积极探索“PPP（如BOT）+XOD（如TOD）”复合型新模式，在理念思路上，以XOD模式为导向，以PPP模式为手段，将PPP模式作为城市基础设施投融资“供给侧”改革的重要组成部分，引导社会资本从城市交通的TOD领域拓展到教育、文化、医疗、体育、生态等城市基础设施的XOD领域。通过XOD模式，激发社会资本参与城市基础设施的热情；通过PPP模式，解决城市基础设施建设的投融资问题，二者双管齐下，相辅相成，从而真正破解中国特色新型城镇化建设“钱从哪里来”的难题①。

4. 关注人力资源保障，做好产城融合的社会服务管理创新

区域经济的发展离不开人的发展，良好的生活配套设施和优越的人才吸引政策能够给一个区域带来丰厚的人力资本回报率。新城新区的发展同样依赖于高新技术人才的创造，依靠人力资本集聚带来的经济效应。推进城市治理导向的社区社会服务管理创新，强化以人为本的社区治理水平。随着城乡一体化进程的推进，新城新区的社区管理面对的不仅仅是原有的社区居民，而且还有企业员工、外来务工人员，在人口规模不断扩大和高新区快速发展的背景下，社区的服务管理内容也将呈现出多层性、多样化的趋势②。2004年以来部分沿海发达城市“民工荒”愈演愈烈，“刘易斯拐点”是否真正到来已经成为各界讨论的焦点，由于城镇劳动部门存在明显的技能偏向型用工需求，由此导致农民工需求和供给存在较大缺口，从而出现农民工短缺和工资大幅度上涨的所谓“刘易斯拐点”现象③。这就要求社区必须转变管理理念、完善管理职能、创新管理模式，促进社区服务社会化，实现社区服务、志愿服务与市场化服务等多种方式相结合，加强对社会公共服务中介机构的培养和引进，做到有偿服务、低偿服务和无偿服务相互促进、相互补充，拓展社区整体服务功能和增强其可持续发展能力。

① 李明超：“我国城市土地储备-出让管理改革研究述论”，《改革与战略》，2017年第9期。

② 李明超：“城市治理导向的社会服务管理创新刍议”，《当代经济管理》，2013年第11期。

③ 李明超：“基于待遇的古典二元经济结构思想演变与比较”，《技术经济与管理研究》，2017年第7期。

5. 重视自主创新提升，增强产城融合的内生动力

新城新区设立之初便是作为功能区而存在，以大力发展自主创新的高新技术产业为目的，但在产城融合之前，几乎所有新城新区都在为追求经济效益而依靠政策优势和土地优势等外生驱动力来维持发展。杭州新城新区规划建设在最初就计划培育一批具有国际竞争力的创新主体，以政府做城市、做环境带动市场做产业、做企业，以政府办好企业围墙外的事带动企业做好围墙内的事，构建以企业为主体的科技创新体系。产业集群和现代产业体系的形成必须有一批龙头企业来带动和作为支撑，强化自主创新能力，不断扩大产业规模和提升产业竞争力①。在利用自主创新优势提高城区综合受益的同时，杭州还根据城市发展规律，坚持空间留白、大疏大密、优地优用，提高土地的集约节约利用水平，为产城融合预留足够的发展空间。

李明超，博士，浙江省首批新型重点专业智库“杭州国际城市学研究中心（浙江省城市治理研究中心）”研究员，研究一处（城市学研究处）处长，城市学硕士研究生导师。

① 徐代明：“基于产城融合理念的高新区发展思路调整与路径优化”，《改革与战略》，2013 年第 9 期。

基于公共服务设施提升的村镇工业化地区转型升级路径研究

——以中山市西北部组团为例

李建学

本研究以中山市西北部组团为例，通过分析其公共服务设施配置水平，认为公共服务设施供需不匹配是“各自为政、经济最大化”发展模式的结果，借鉴国内外的公共服务设施配置经验，从分类发展、完善体系、优化选址、共建共享四方面提出以完善公共服务设施配置的策略，并提出空间配置指引，为珠三角村镇工业化地区实现转型升级提供可推广的策略。

一、研究背景

1. 问题缘起：城镇化滞后于工业化，公共服务供应不足

珠三角在改革开放后，依托低成本及区位优势，以“多个轮子一起转”的方式，快速实现工业化。产业发展也带来人口的集聚，推动人口城镇化的快速发展。传统“以业兴城”模式的负外部性体现在城镇化的“高低矛盾”，表现在人口城镇化率高，

公共设施配套标准低，以服务本地居民为主，呈现“城市体量、村镇配置”的特征；建设用地占比高、用地效率低；产业产能规模大，生产性服务业配置不足等。以东莞市厚街镇为例，作为家具及皮具专业镇，常住人口约43.8万人，其中外来人口占78%，建设用地量占镇域面积43.09%，地均GDP为7.1亿元/平方公里，高于珠三角平均水平，但人均公共服务设施为3.8平方米，人均公园绿地面积为7平方米①，距离国家标准尚有差距，未能满足产业发展及居民生活需求，凸显空间品质与经济发展不匹配。

空间品质低下主要表现在空间功能单一、配套水平低、“半城半乡”的混杂环境及村镇为主导、自下而上的发展模式与转型所需要的功能多元化、环境品质高、城镇服务完善的空间要求不匹配。以工业化推动城镇化的传统模式无法跳出“高水平非农化，低水平城镇化”的困局。其中，公共服务设施配置的水平是关系空间品质的核心要素。

党的十九大报告明确提出“完善公共服务体系，保障群众基本生活，不断满足人民日益增长的美好生活需要”。本研究目标是分析村镇工业化地区公共服务设施配置的现状及原因，借鉴其他地区公共服务设施配置的经验，以空间品质及城镇化质量提升为目标，提出适合珠三角村镇工业化地区的公共设施配置规划指引。

2. 研究对象：村镇工业化地区——中山市西北部组团

（1）村镇工业化地区

村镇工业化地区主要的空间载体是改革开放后依托地理区位优势及政策条件，以乡镇企业或外资企业为主体，发展成为“一镇一品”或“一镇多品”的工业镇。其空间特征呈现“村+厂+城”混杂的空间格局，功能碎片化明显。

（2）中山市西北部组团

研究范围为中山市西北部组团，包括小榄、古镇、横栏、东升、东凤、南头、阜沙等七镇，现状常住人口规模为103万人，总面积为387平方公里，GDP为932.81亿元，人均GPD为8.49万元/人，三次产业结构为2.36：54.40：43.24。

① 《东莞市厚街镇总体规划修改（2012－2020）》。

图1　西北部组团在珠三角的区位

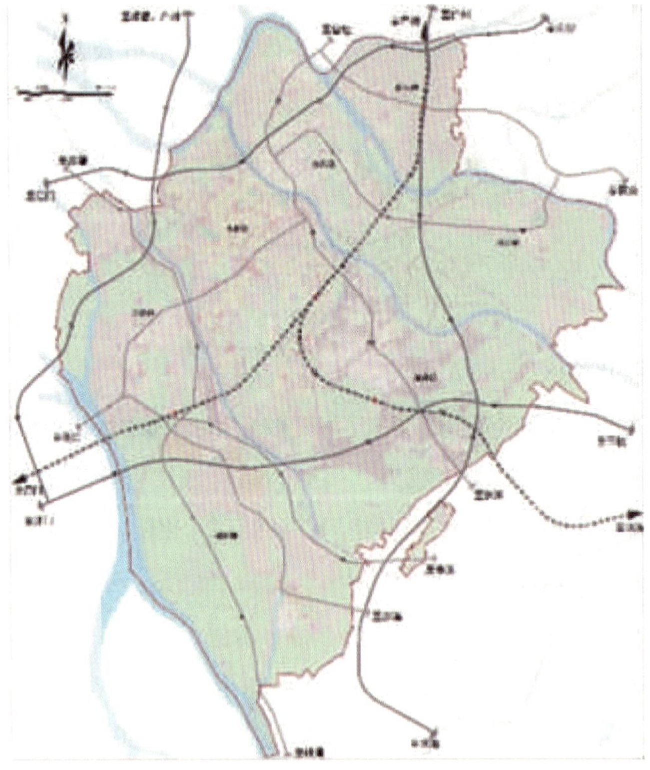

图2　规划范围图

3. 村镇工业化地区现状发展特征——以中山市西北部组团为例

（1）工业基础扎实，产业转型态势迅猛

西北部产业基础雄厚，在中山市具有举足轻重的地位。2016 年，西北部组团经济总量 932.81 亿元，占全市 29.1%，而占地面积占全市的 22%；工业基础扎实，西北部组团七镇的规上工业增加值 325.8 亿元，约占全市 23.5%，接近全市的四分之一；产业集群优势明显，西北组团制造业集群化发展，产业链上下游配套较为完善，形成了白色家电、五金制品、灯饰等三大产业集群；规模以上企业集聚，西北部组团制造业以优势传统工业为主，企业规模相对较大，具有区域竞争力的优质企业较多，2016 年七镇的规模以上工业企业 1189 家，占全市比重 40.1%；产业创新动力强劲，2016 年西北部组团七镇的专利授权数量占全市的 65.7%，其中古镇镇、小榄镇专利授权数量位于全市第三。

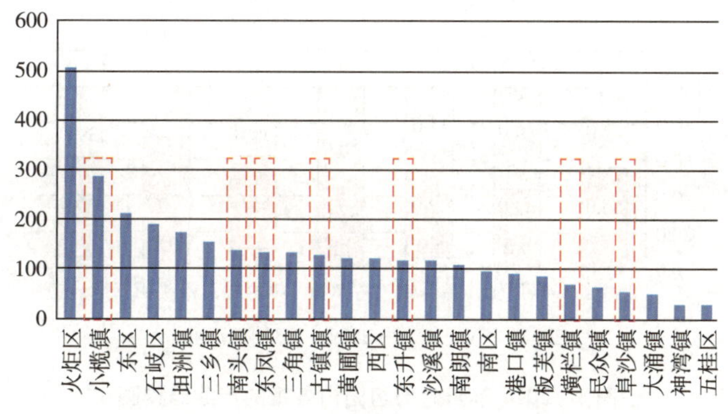

图 3　2016 年中山市各镇区生产总值对比（亿元）

（2）各镇产业特色鲜明，发展阶段差别大

不同发展阶段导致各镇的发展需求也不尽相同。西北部七镇总体上处于工业化中期，但内部发展极不平衡。其中小榄、古镇、南头等已进入后工业化转型期，重点在于发展新兴产业；东升、东凤和处于工业化快速发展时期，重在进一步促进产业集聚发展；横栏和阜沙尚处于工业化中期阶段，积极加强与周边镇区的产业协作，培育产业集群。

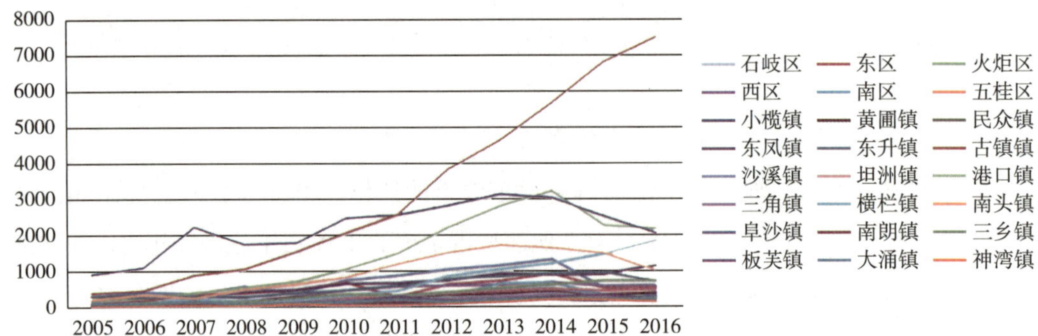

图 4　西北部各镇多年专利授权数量比较图

跨镇产业外溢及协作推动传统专业镇经济向块状经济转变。西北部组团形成多个“品牌镇 + 周边协作镇”的产业集群格局，例如灯饰产业集群是“古镇镇 + 横栏镇 + 小榄镇”为主，家电产业集群以“南头镇 + 东凤镇 + 阜沙镇”为主。产业协作进一步加快各镇在生产要素层面的整合，推动人员、资金等的流通，加快产业转型升级。

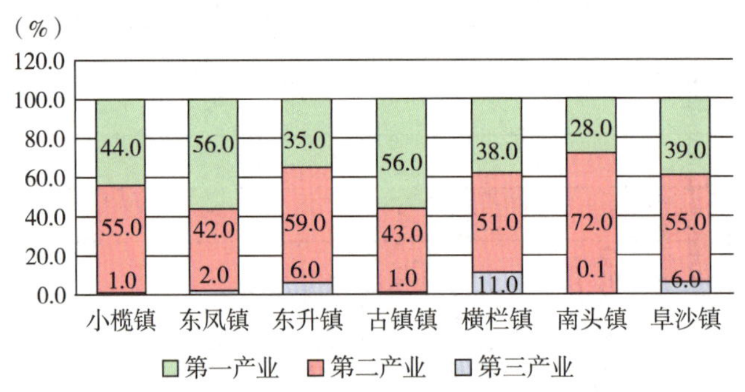

图 5　2016 年西北部组团内各镇的产业结构图

（3）外来人口比重大，户籍人口城镇化率低

近十年，西北部组团总人口从 96.47 万上升到 103.13 万，年平均增长率是 6.6‰，组团内部基本保持稳定而缓慢的人口增长，内部各镇之间常住人口增长情况差别大。其中南头、横栏的常住人口增量率最高，约 30‰；其次为阜沙镇，增量率为 13‰；小榄、古镇保持约 0.5‰的增长；东升常住人口基本保持稳定。

在城镇化水平上，2016 年，西北部组团户籍人口约 55.46 万，户籍人口城镇化率为 53.77%，外来人口约占人口总量的 50%，外来人口的城镇化水平不高。

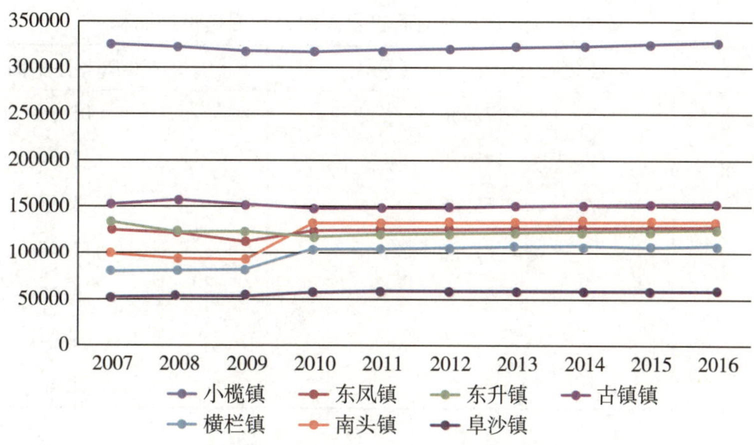

图 6　西北部组团各镇近十年人口统计变化一览表

二、公共服务设施供需不匹配

1. 公共服务设施供给现状

公共服务设施以《城市用地分类与规划建设用地标准》（GB 50137－2011）为标准，将公益性的公共服务设施作为主要研究对象，包括行政服务设施、行政办公设施、文化设施、教育科研设施、体育设施、医疗卫生设施、社会福利设施及公益性商业设施（农贸市场）等。

中山市西北部组团的公共服务设施类型齐全。在类型上，以中小学等教育及行政服务设施为主，缺乏面向区域、服务市域、高品质的公共服务设施；在设施用地规模方面，西北组团公共服务设施用地总量为 599.7 公顷，按常住人口计算，人均的公共服务设施用地为 5.8m^2，仅仅达到国家标准（人均 5.5m^2），各镇的设施差距较大，小榄、古镇、东凤、东升四个镇的公共服务设施供给量较大，阜沙、横栏等镇尚未达标。

表 1　各镇公共服务设施用地面积及人均公共服务设施面积

	公共服务设施用地（公顷）	人均公共服务设施面积（m^2）
东升镇	172.56	14.09
小榄镇	147.79	7.21
东凤镇	68.08	5.67
古镇镇	82.96	5.47
阜沙镇	29.39	5.02
横栏镇	52.45	4.94
南头镇	46.5	3.46

现状公共服务设施体系按“市级—镇—社区”三级设置，体现各镇各自发展特征。在设施布局方面，中山西北部组团市级的公共服务设施主要布局在小榄，核心初步形成以小榄为主体的公共服务中心，设施功能以医疗、司法、教育等功能为主。镇级公共服务设施布局主要布局在镇中心区，外围设施缺乏，布局零散，设施选址与交通设施、生态等要素结合不足。在可达性方面，组团北部的可达性相对较强，南部的镇区外围设施的可达性交差，大部分地区需要 20～30 分钟的步行时间方可到达设施集聚区。

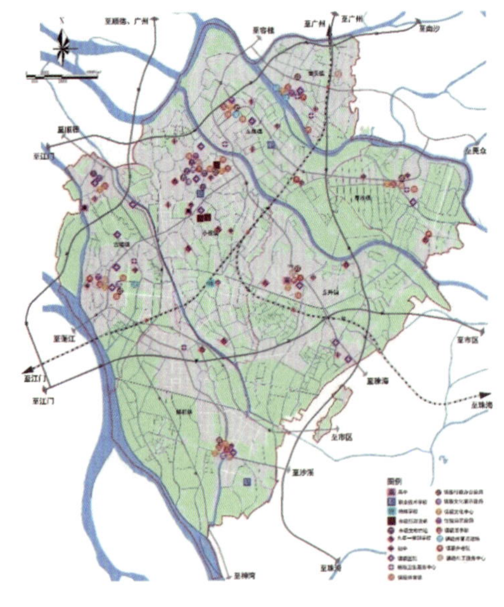

图 7　西北部组团各镇主要公共服务设施布局

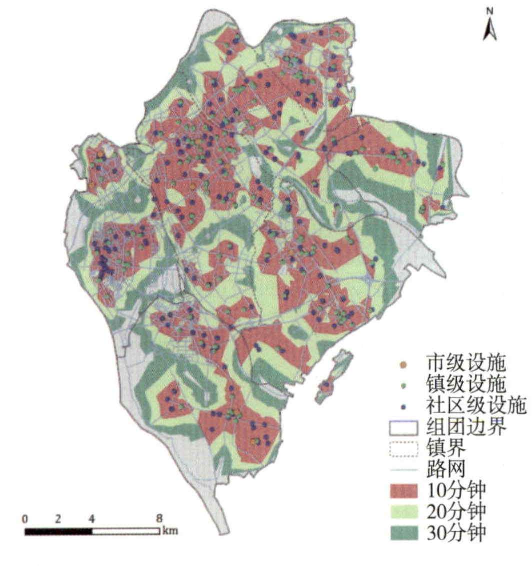

图 8　公共服务设施整体可达性

2. 公共服务设施供需情况评价

通过开展问卷调查，判断居民对现状公共服务设施的满意度，充分了解居民对公共服务设施在类型、空间布局、服务规模等需求。本次调研采取网络问卷及现场填写两种方式，有效问卷257份。以教育及文化设施为例，具体结论如下：

①教育设施学位不足且品质不高。目前西北部组团共有105所学校，其中各镇区共设有小学设施有70处，中学设施有27处，高中等级以上（包含高中设施）设施有8所。主要问题表现为幼儿园及小学的学位相对不足，高中及初中的优质学位缺乏，特别是外来子弟学校占地面积小，学生数量大。

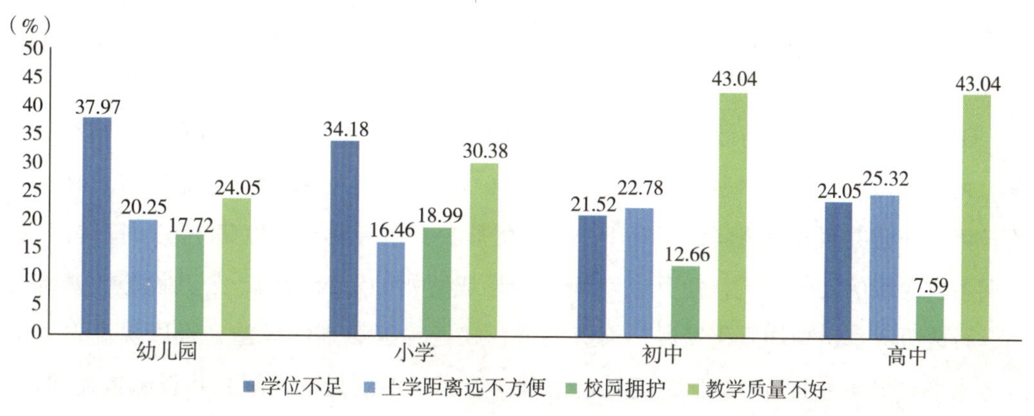

图9　教育设施的问题统计

②文化设施数量不足，分散布局且设施不够齐全。有超过一半的受访者表示文化服务设施相对缺乏，认为最需要增加的文化设施是青少年文化活动中心及图书馆。西北部组团各镇文化设施体系为“镇级—社区级”两级结构，镇级文化设施功能主要包括博物馆、文化馆、图书馆等设施，社区级文化设施包括社区文化活动室和社区图书馆，多与社区体育设施合并使用。社区级的文化设施较为简陋，难以满足居民的日常生活需求。人均文化设施用地规模0.25平方米/人，《城市公共设施规划规范》要求人均文化设施用地0.8～1.0m^2，西北部组团文化设施人均用地偏低。

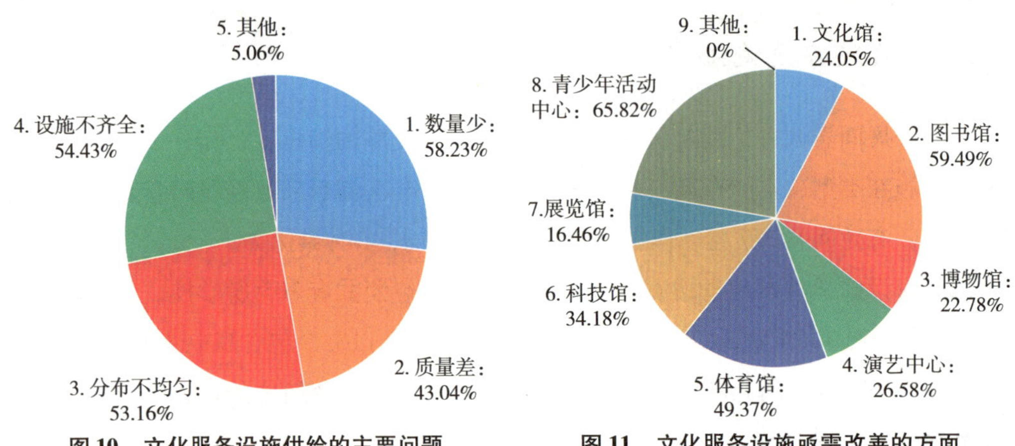

图 10　文化服务设施供给的主要问题　　**图 11　文化服务设施亟需改善的方面**

3. 公共服务设施供给问题

①“市—镇”两级行政架构，导致公共服务设施体系不完善。中山实行“地级市—镇”两级行政管理体制，基层社区则依托“居（村）委”承担部分设施配置责任，导致各镇区间公共服务设施建设相互不协调，优质公共服务设施过度集中在市区等问题。长期各自为政的发展模式，使其在空间上未形成鲜明的层级结构，公共设施、基础设施、行政服务都出现均质化发展，等级较低，缺乏片区级别的设施，难以提高自身的服务水平。另一方面，各镇区之间缺乏协调，造成了不同镇区之间公共设施重复建设，从而导致资源的大量浪费。

②公共服务设施规模缺口大且类型单一，设施配置滞后于城市发展需求。西北部组团相当于一个大城市的规模，但在公共服务设施供给方面严重的滞后。公共服务设施供给规模总体短缺，尤其在文化设施供给方面；同时设施类型单一，目前主要的公共服务设施为行政办公、教育、医疗卫生等基本生活办公型设施，仅能满足基本的生活生产需求，不能满足城镇居民对生活品质提升的需求。

③公共设施空间布局零落分散，组团内缺乏公共设施空间核心。扁平化的发展模式充分调动基层的发展积极性，但也导致城市土地快速扩张和开发建设的各自为政，设施建设相对滞后，空间布局过于集聚在镇区，且各镇设施空间布局仅仅考虑镇域情况，各镇之间用地布局缺乏协调，造成公共设施空间布局设施层次单一，镇区外围设施供给不足。

④用地规模不足，导致公共服务设施落地困难。西北部各镇发展初期土地资源利

用粗放，随着城市集约节约用地的推进，由增量时代转入存量时代，各镇缺少用地指标来落实新增的公共服务设施用地，存量改造由于成本高企难以推动。

总而言之，村镇工业化地区公共服务设施服务水平与经济发展水平倒挂，体现经济效益最大化与居民生活水平提升需求的矛盾，是“重经济，轻民生”的表现，公共服务设施建设滞后逐渐成为阻碍城镇转型发展的重要因素。

三、城镇发展路径及公共服务供给机制

1. 村镇工业化地区发展历程：转型升级关键在城镇品质提升

改革开放后至1995年，为工业化快速发展时期，工业化推动城镇化。珠三角地区凭借政策优势及区位条件，外贸易等外向型经济和乡镇企业迅速发展，出现“村村点火、户户冒烟”的景象，发展劳动密集型产业，外来人口迅速集聚，城镇化率快速提高，1993年珠三角城镇化水平为38.3%，比全国平均水平高出近10.7个百分点[①]。90年代后，伴随专业镇及产业集群的形成逐步出现专业市场。此时期工业镇的产业空间主要沿道路布局，如珠三角西岸地区的105国道的乐从镇、龙江镇、小榄镇等。

1995年至2008年，工业化转入中期阶段，平台推动产业发展及人口集聚。受国际经济环境及国内调控政策影响，“三来一补”产业不再占主导地位，高新技术类的产业平台出现，村镇产业逐步向工业园区集中。工业镇的服务功能有所提升，“村、厂、镇”混杂碎片化的空间格局形成。

2008年至今，进入转型阶段，创新驱动产业发展，城市服务品质引导人口集聚。产业发展动力要素转变为技术、人才、资金等，产业用地效率有所提升，企业选址更侧重生产性服务及生活性服务配套，产业升级伴随三旧改造快速推进。

珠三角村镇工业化地区从粗放发展转变为集约发展，从依托低成本劳动力及土地资源发展转变为依托技术创新发展，体现发展动力、发展主体、发展模式的转变，发

① 资料来源：《中国城市统计年鉴（1993－1994）》，中国统计出版社1995年版。

展动力的转变需要城市服务功能的支撑。

2. 公共服务设施配置的机制及其影响

（1）经济传统发展模式：依赖低成本的“多个轮子一起转”

珠三角在改革开发初期形成以工业化推动非农化的模式，推动乡镇和民营企业快速发展，企业集聚大量的外来人口，形成“半城市化”地区。其发展模式关键在于发展主体及发展路径。

村镇主导下的“多个轮子一起转”推动快速工业化。镇政府、村集体、村小组、村民等均为发展主体，自下而上形成的“多个轮子一起转”的发展模式激活村集体及村民等发展主体对于发展工业的积极性。村民与村集体形成“委托—代理”关系（杨廉，袁奇峰，2012），村集体与村民、镇政府等形成“增长联盟”，通过土地租赁、物业租赁等方式，迅速实现工业化。另一方面，用地性质的非农化形成“制造 + 租赁 + 展贸”的空间格局，居民生活品质及城镇建设水平呈现“半城半乡”的特征。

（2）公共服务设施供给模式：镇村为主体的两级供给

村镇工业化地区的公共服务设施供给以行政事权划分为基础，以镇、村为主体，公共设施配套标准低，目标是以服务本地居民为主，呈现“城市体量、村镇配置”的特征。镇负责镇级的公共服务设施供给，包括行政、医疗、教育等；村负责村级（社区级）的公共服务设施供给，包括体育场、卫生站等。在基层财政支出不足以支撑公共服务供给的情况下，社区公共服务设施建设长期滞后，难以满足村镇工业化地区大量外来就业人口的生活需求。

四、他山之石：以公共服务设施提升城镇化质量

1. 建构多层级的服务体系：跨行政区划推动公共服务设施共建共享——以顺德区为例

佛山市顺德区提出“一城三片区”的发展战略，把顺德区分成北部片区、东部片

区和西南片区。顺德北部片区东邻广州番禺区、北靠佛山禅城区和南海区，是顺德融入广佛都市圈和珠三角区域一体化的桥头堡。为了加强区一级对北部片区经济发展、公共服务配套等资源的统筹，2016 年，佛山市顺德区宣布成立北部片区管委会，率先启动“不是并镇的并镇”的新做法，为顺德区镇管理体制机制创新探路，同时也是为推动“四个一体化”进程（规划建设一体化、基础设施一体化、产业经济一体化、公共服务一体化）。北部片区管委会下设办公室、监察办、发展规划局、建设管理局、招商局、会展局、教育局，从片区招商、规划、公共服务设施等方面分担办资源配置权限。

在权责方面，管委会负责全面统筹，设置规划、建设、招商和教育等职能，进行全盘考虑，镇街层面上主要是负责落实。例如，管委会在区的指导下出台教育规划后，镇街负责建学校，管委会对教师资源进行合理调配。以这个思路优化医疗等公共功能资源配置。分片区管理的经验在北部试行基础上，逐步推行到东部片区和西南片区。

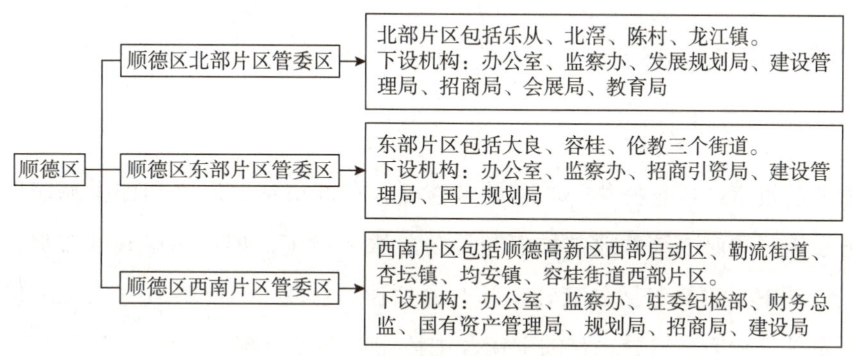

图 12　顺德区构建片区级管理架构

2. 以兼容性保障设施规模：用地功能兼容性破解公共服务设施选地困局——香港多功能的街市大厦

香港在用地紧张的情况下，街市（菜市场）的建筑形态采用大厦的形式。1979 年启用的鹅颈街市是现代化混合用途的街市大厦（市政大厦）①，此后新建的公众街市多根据社区需要和发展规划，结合市政大厦（社区中心），提供一站式公共服务。街市大

① 《广东特色社区公共服务中心规划建设纲要》。

厦可以兼容市政办公、社区康乐、公共图书馆、幼儿园等功能。这为珠三角村镇工业化地区解决公共服务设施增量不足的问题提供可行的办法。

8F	……
7F	社区部门办事处
6F	健身室、篮球馆等
5F	公共图书馆
4F	剧院、展览厅
3F	美术室、音乐室等文化设施
2F	餐厅
1F	菜市场

图 13　街市大厦公共服务设施功能兼容示意

图 14　香港鸭脷洲市政大厦

资料来源：http：//www. hk－place. com/index. php

3. 提升设施便利性：结合交通设施配置公共服务设施——新加坡淡宾尼公共服务中心

新加坡的轨道站点与公共中心相结合建设，在新市镇发展之初即推算居民所需的公共服务设施。政府围绕着地铁站点布局公共服务设施，形成圈层式的布局，引导人流聚集。公共中心主要包括公交转换站、商贸业、行政办公、医疗、文化、体育休闲等设施以及部分住宅。居民日常的工作及生活需求都可以在公共中心得到满足。例如，淡宾尼建于19世纪70年代，镇域总面积为12平方公里，约42%为居住用地，逐步发展为新加坡东部的政治、休闲、商业中心。

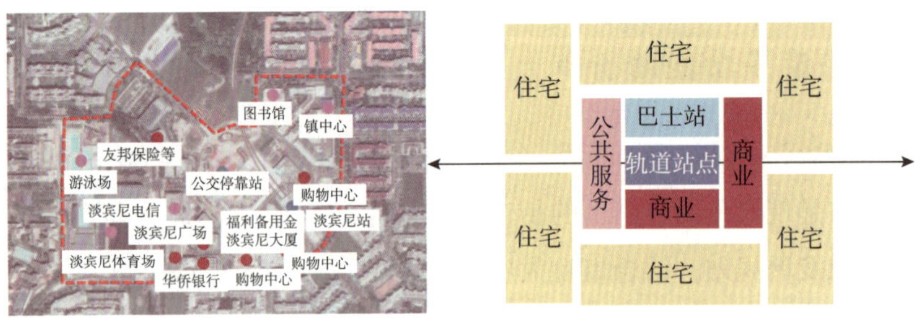

图 15　淡宾尼公共服务中心及布局其空间布局模式

五、以公共服务设施提升城镇品质的策略探索

以居民对公共服务的需求为依据，参考各类公共服务设施配置国家标准，借鉴国内外的经验，提出村镇工业化地区公共服务设施优化提升的策略，进一步提出公共服务设施配置及布局指引，实现以公共服务设施提升城镇化质量的目标。

1. 发展策略

（1）分类发展：形成基础型及品质型两大类

按照公共服务设施服务功能、服务对象的不同，可分为基础性和品质型两类，通过采取不同的发展策略，引导其实现综合效益最大化。

完善基础型设施建设，满足基本生活需求。基础型公共设施包括全部社区级以及镇级中的行政、教育、医疗、福利等设施，与居住人口数量及分布特征、日常生活直接相关，是建设公共设施体系的基本保障。基础型设施应该严格按照规范标准，依照各级生活圈常住人口规划均等配置，满足居民基本生活需求。

加强引导品质型设施建设，彰显西北部组团特色形象。品质型设施包括全部镇级及市级设施，服务覆西北部组团，辐射周边区域，其作用主要体现在两个方面：一是提供高端化、精品化公共服务，吸引高端人才及旅游人口集聚；二是提高西北部组团区域形象、展现西北部组团地区人文空间特色。

（2）完善体系：建构四级公共服务体系

结合城市总体规划要求以及中山市发展现实，规划中山市西北组团构建“组团级——镇级——社区级”三级的公共服务设置配置等级体系。

建设组团级公共服务中心：落实城市总体规划的要求，设置组团级公共服务中心，服务半径为5~10公里，服务人口50万~100万人，公共服务设施用地规模约50~80公顷。

建设镇（区）级公共服务中心：结合西北组团各镇行政辖区划分，强化镇级公共服务中心，服务半径为1.5~3公里，服务人口15万~30万人，公共服务设施用地规模约10~20公顷。

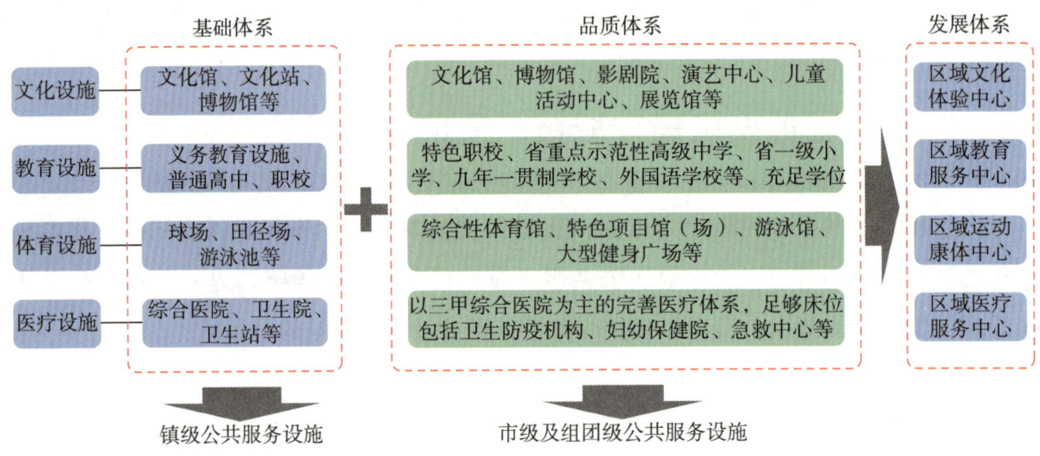

图 16　公共服务设施体系及目标

建设社区级公共服务中心：结合现状及未来居住人口布局，规划按 1 万 ~2 万人配置社区级公共服务中心，服务半径约 0.3 ~0.5 公里、公共服务设施用地规模约 2 ~5 公顷。

（3）优化选址：结合交通设施及生态资源选址

依托轨道站点建设片区服务中心，配置品质型设施，重点打造小榄城际轨道站地区、横栏高铁站地区、古镇城际轨道站地区、东升城市轨道站点地区、东凤及阜沙综合服务功能区、南头滨水综合服务功能区等，塑造西北部组团公共设施重要平台。

（4）共建共享：制定可持续运营政策保障

加快建立组团内部公共服务供给协调机制，强化公共服务设施资源整合，提高集约发展能力，促进公共服务设施配置均等化。建立适应于市场经济体制下的社会服务设施系统，建立必要的激励机制，积极引导企业、社会、民间等多种主题投资，对公益性的公共配套设施，利用公共财政扶持或非政府组织投资的机制，按规划进行配套建设。

2. 公共服务设施配置级布局指引

（1）整体布局指引

按照“西北部组团生活圈—城镇生活圈—社区生活圈”生活圈层式布局理念，构建“组团级—镇区级—社区级”三级公共服务中心体系，实现基本公共服务全覆盖。形成“一核、两带、七心、多片区”的公共服务设施空间配置格局。“一核”即组团级公共中心，结合小榄轻轨站布局，重点提供品质型设施，服务人口 100 万以上；“两带”即广珠际轨道沿线公共设施带，国道 105 公共设施集中带；“七心”即镇区级公共中心，结合各镇现状公共服务设施基础，配置基础型及品质型设施，服务人口为 50 万～100 万；“多片区”即依托社区级居住区，布置社区卫生服务站、社区体育活动中心等公共服务设施，服务人口规模为 3 万～5 万人。产业园区主要布置园区管理、文化体育活动中心、商业服务中心等公共服务设施。

（2）组团级公共设施空间布局

结合现状设施条件，在小榄轻轨站周边地区建设西北组团公共服务中心，集中配置商业商务中心、一站式政务服务中心、文化中心、体育中心、医疗卫生中心和社会福利中心，全面提升西北部组团的公共服务能力。

（3）镇级公共设施空间布局

根据各镇人口及各镇职能分工，根据实际需求，布置各镇公共服务设施。小榄镇依托原有公共服务设施基础，增加公共服务设施类型，在小榄轻轨站周边布局组团级公共服务设施，形成综合性的公共服务设施中心。其余各镇根据现状需求，补足缺乏的公共服务设施，结合自身特色，有侧重的重点布置特色公共服务设施。如古镇镇主要承担西北部组团会展职能，因此增加布置文化设施。横栏依托深茂高铁站横栏站 TOD 综合开发，因此增加文娱设施等。

图 17　组团级公共服务设施布局指引

图 18　镇级公共服务设施布局指引

六、结论

村镇工业化地区公共服务设施的服务水平及质量关系到城镇空间的品质，也是工业化转型及提升城镇化质量的关键。通过改变传统的公共服务设施供给方式，区分品质型及基础型的服务设施，并提出“分类发展、完善体系、优化选址、共建共享”的策略，提升村镇工业化地区公共服务设施的供应。通过鼓励设置镇级及组团级的设施，满足城镇发展所需的区域性公共服务功能；通过完善社区级的公共服务设施，提高居民使用公共服务设施的便利度；提升公共服务设施用地的兼容性，解决公共服务设施选址困难的问题，提供集中、高品质、高可达的城镇公共服务设施，提高城镇化的质量，满足居民日益增长的美好生活需求，推动村镇工业化地区的转型升级。

参考文献

[1] 曹现强，王超．公共性视角下的城市公共空间发展路径探究，城市发展研究，2013（08）

[2] 卢道典，黄金川．从增长到转型——改革开放后珠江三角洲小城镇的发展特征、现实问题与对策，经济地理，2012（09）

[3] 沈静，陈烈．珠江三角洲专业镇的成长研究，经济地理，2005（03）

[4] 李建学．从效率到品质：基于公共休憩空间的珠三角村镇工业化地区城镇更新路径探索．规划师，2017（10）

李建学，城乡规划工程师，中山大学城市与区域规划专业硕士，就职于广东省城乡规划设计研究院。

创新导向下的高科技园区开发与规划管控经验

——以新加坡纬壹科技城为例

魏成 张俊 谢漪 廖辉辉

1980年代以来，国际上广泛将高新技术企业较为集中的科技型园区作为集聚创新资源的战略平台和推动产业发展的有效途径。而新型产业业态的发展趋势及其强调创氛围的产学研一体化生产组织模式，对高科技园区的布局形态与规划管控产生了明显的冲击，使得传统规划管控方式越来越难以适应新时期高科技园区创新发展的需要。本报告以新加坡纬壹科技城高科技园区为例，在对纬壹科技城发展历程和现状进行简要回顾的基础上，深入剖析了纬壹科技城创新导向下的规划理念和规划管控经验，以期对我国高科技园区的升级改造与新时代规划管控有所借鉴。

一、新加坡纬壹科技城的建设历程与现状

1990年代中后期，伴随着知识经济时代的来临，生物医学、信息技术等高科技产业成为世界发达国家与地区争相发展的重点领域。受到外部环境逐渐转向知识经济发展的影响，为配合产业升级战略与抢占高新技术发展的制高点，新加坡开始加强知识和创新密集型产业的发展，研发与创新成为新加坡产业转型以及科技发展的重要方向。由此，

新加坡政府试图将生命科学、通讯技术成为新加坡的下一个经济支柱。为促成产业集聚与企业的研发创新，新加坡政府决定建设新加坡的“硅谷”——纬壹科技城（One - North），重点发展生物医学、资讯传媒和媒介业等知识密集型产业，打造新型产业发展服务平台和生产力孵化基地，培育新的经济增长点，以推动新加坡向知识型社会的转型。

1. 纬壹科技城的建设缘起与发展目标

纬壹科技城的规划缘起最早可以追溯至1991年新加坡的国家科技规划（National Technology Plan），其地点被指定为新加坡西南部的高科技走廊概念规划①中的“科学栖息地”或“商业公园”，以“满足知识密集型活动的经济需求”（Wong & Bunnell, 2006）②。纬壹科技城的发展由此被看作一项长期的战略规划，旨在促进新加坡经济发展向创新型经济的未来方向。作为新加坡第三代现代新型工业园区，纬壹科技城占地200公顷，选址位于新加坡中南部，靠近新加坡国立大学和科学园区，离新加坡中央商务区只有10分钟车程，具有非常良好的地理区位优势（如图1）。

2000年，裕廊国际被新加坡内阁政府任命为纬壹科技城的总体开发商，负责纬壹科技城的规划、开发、市场推广与管理。为使纬壹科技城的规划具有“创新”意识，裕廊主政者主要是前往欧洲和美国考察，研究硅谷等科技园区的规划实践。随后经过数轮评估，扎哈·哈迪德建筑事务所（Zaha Hadid Architects）被任命为纬壹科技城规划的总策划人，并于2001年底完成了纬壹科技城的规划设计。纬壹科技城采用了激进的“动态规划”手法，突破了现有工业园区的既定思维，以预见性地满足有机增长和创造充满活力的公共空间为理念（LIM, 2001）③，旨在成为创新领域、知识创造领域的一个“催化实验”（概念规划与功能分区见图2、图3）。

---

① 为促进科技研究与开发，改善基础设施和投资环境，新加坡于1980年在新加坡国立大学附近的肯特岗（Kent Ridge）创办了新加坡科学园区（Singapore Science Park），以促进研发机构集聚并与其他的研究机构、高科技公司产生协同效应。1991年，在国家科技规划（National Technology Plan）的指导下，新加坡政府拟在西南部建立高科技走廊，从而云集了众多高新科技产业和研究机构，包括新加坡国立大学、新加坡理工学院和南洋理工学院等新加坡主要的大学均位于此高科技走廊内。

② Wong, K. W., Bunnell, T. ‘New Economy’ Discourse and Spaces in Singapore: A Case Study of One - North. Environment and Planning A [J]. 2006, volume 38, pages 69 - 83.

③ Lim, N. C., 2001, “Welcome remarks at the launch of Science Hub”, speech given by JTC chairman, 4 December, http: //www. one - north. com/pages/pop ups/news/contents/speech5. htm.

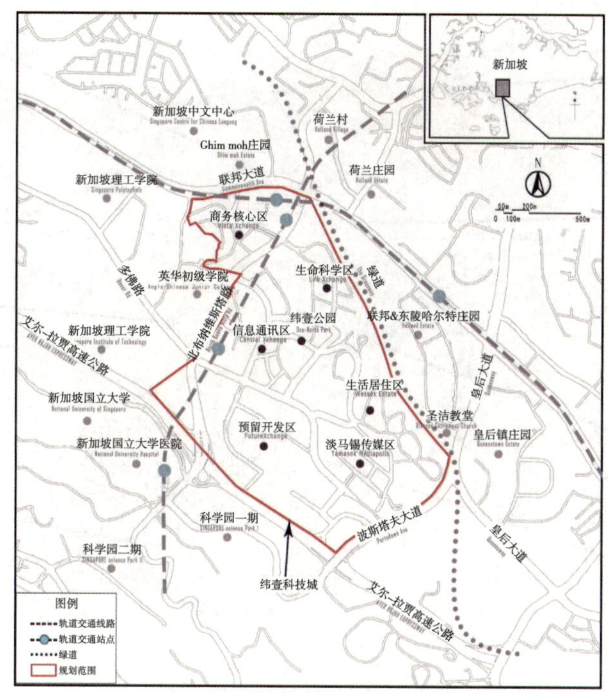

图1　纬壹科技城的区位

资料来源：本研究绘制。

图2　扎哈·哈迪德建筑事务所的概念规划

资料来源：http：//www. zaha - hadid. com/masterplans/one - north - masterplan/

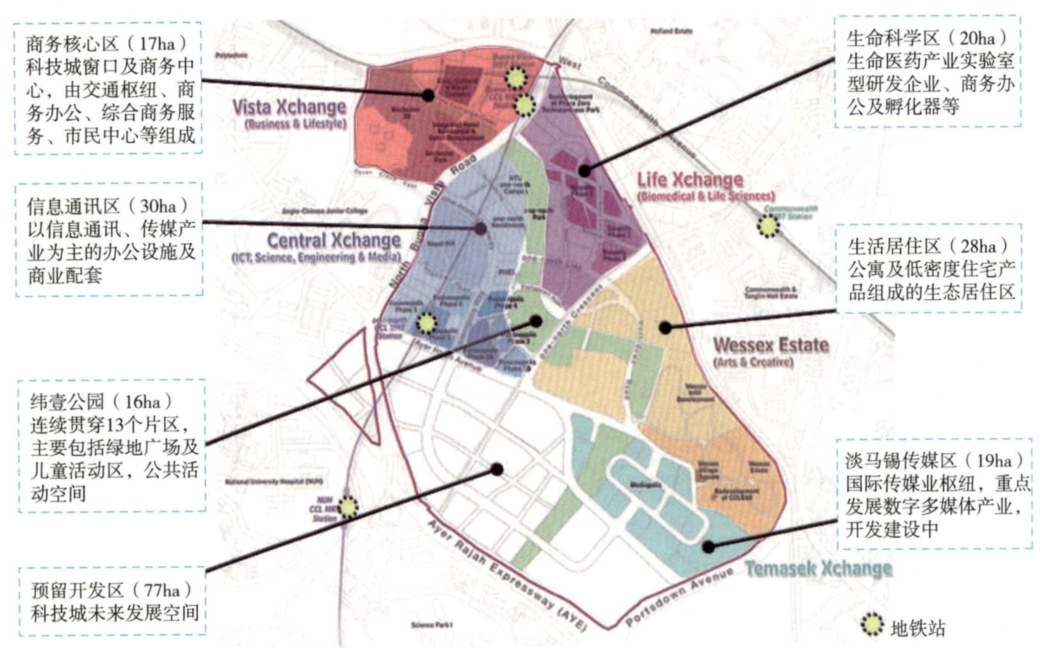

图 3　纬壹科技城功能布局图

资料来源：根据 www. fozl. sg 网站资料改绘。

纬壹科技城作为继新加坡外向型工业园、专业园区之后的第三代经济园区，确立了生命医药、资讯传媒两大核心产业，突破了传统园区的布局框架，综合考虑工作、学习、生活、娱乐等各方面需求，打造包括住宅、商业、写字楼、酒店、服务式公寓、公共配套等在内的综合功能体系，其目标是建设成为新加坡发展知识型经济的标志①。不同于以往的科技园区或工业园区，“纬壹科技城”的目标是构建一个充满活力和优美社区氛围的创新产业新经济体，在一小片土地上打造未来无限的产业发展空间；创造宜人的硬件环境，催化科学研究技术社群，发展知识密集型产业，为来自世界各国的企业家、科学家和研究人员提供一个具有新环境和交流氛围的园区，成为新加坡充满活力的技术研发和休闲娱乐中心。为此，纬壹科技城致力于打造一种全新的科技城发展模式，纬壹科技城规划贯穿集“工作、学习、生活、休闲于一体”，以汇集吸引各类科技人才、科研专家和创新型企业。

---

① 赵超：“新加坡产业发展及其对我国的启示”，《开发研究》，2010 年第 4 期。

2. 纬壹科技城的建设历程

纬壹科技城规划建设自1998年开始，拟耗资150亿新元，计划15至20年内完成开发，目前仍处于开发完善阶段。按照科技城建设发展的工作重心变化，其建设与发展历程可大致分为三个阶段："规划设计与筹备阶段"、"分区建设与培育阶段"、"功能完善与提升阶段"（见图4、图5）。

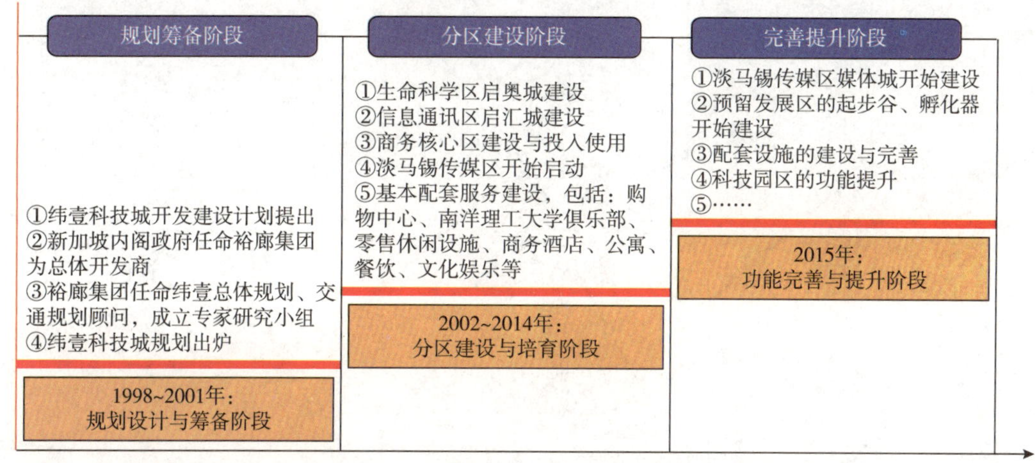

图4 纬壹科技城的建设发展历程

资料来源：本研究绘制。

（1）规划设计与筹备阶段（1998～2001年）

纬壹科技城从1995年开始筹备。1998年，纬壹科技城作为知识经济时代科技城的典型代表被正式提出，期望通过纬壹科技城建设，打造新型产业发展服务平台和生产力孵化基地，以推动新加坡向知识型社会的转型。2000年，由新加坡政府贸易与工业部牵头，科技发展局、经济发展局新加坡土地局等部门共同成立专门的委员会，开展纬壹科技城的规划工作，通过发展"产业计划"战略中的知识密集型产业来建设纬壹科技城。同年9月，裕廊国际被新加坡内阁政府任命为纬壹科技城的总体开发商，负责纬壹科技城的规划、开发、市场推广、管理。2001年，裕廊国际集团任命科技城总体规划、交通规划顾问，并成立了专家研究小组，就纬壹科技城的开发、建设开展相应的工作。2001年底，扎哈·哈迪德建筑事务所完成纬壹科技城的概念规划设计，

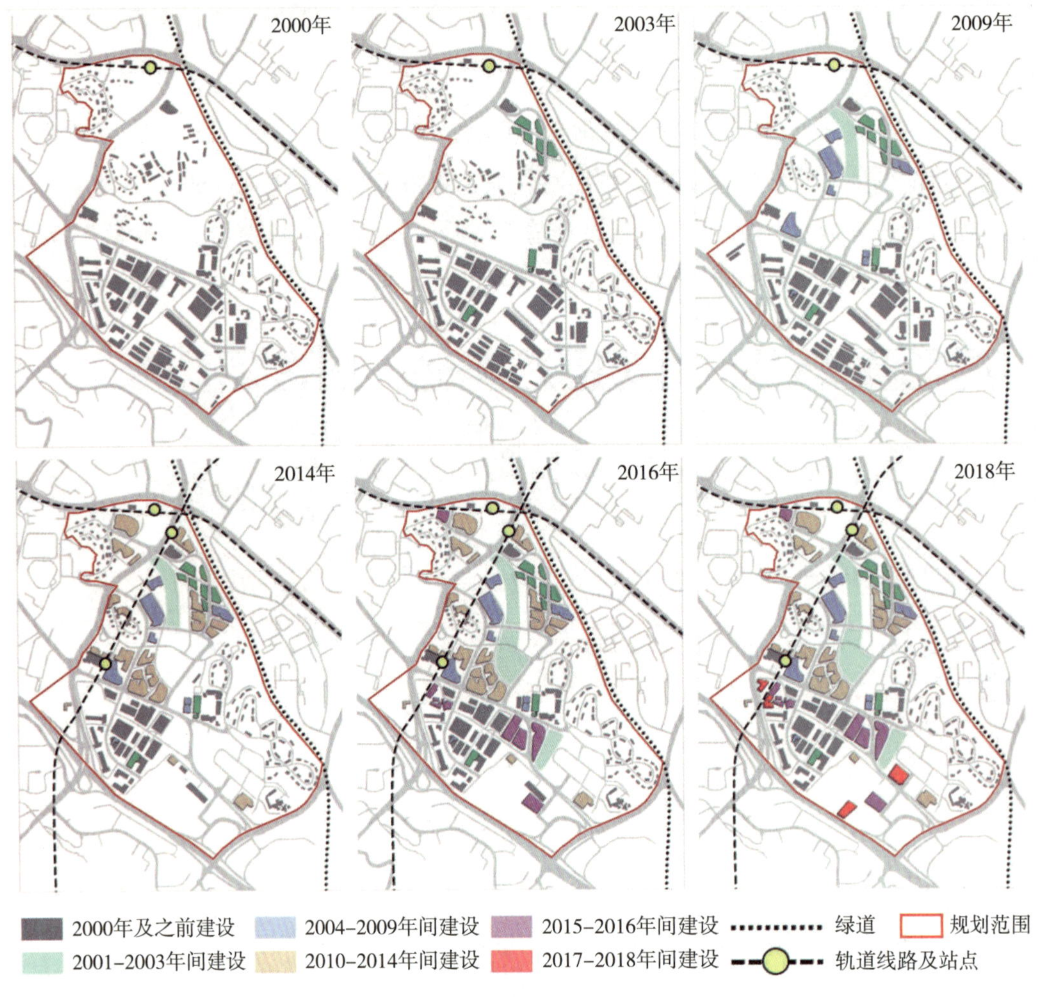

图 5　纬壹科技城建设空间演变

资料来源：根据 Google 地图改绘。

新加坡副总理兼国防部长陈庆炎博士参加并为科技城主持总蓝图推介仪式，纬壹科技城的开发建设工作正式开始破土动工。

（2）分区建设与培育阶段（2002 年 ~ 2014 年）

自 2002 年始，纬壹科技城着手启动生命科学区（Life Xchange）启奥城（Biopolis）的开发建设，随后的开发主要拓展至信息通讯区（Central Xchange）启汇城（Fusionopolis）、商务核心区（Vista Xchange）、生态居住区（Wessex Estate）等的开发。园区建设过程中有选择性的引入相关研究机构、企业及总部等，以强化各功能片区的产业集群创新效应。期间，纬壹科技城核心产业得到快速发展，世界著名企业与研究机构入驻科技城，使得生命医药、信息通信核心产业得以确立。同时，综合考虑园区内工作、学习、生活、消费等各方面需求，在生活性与生产性服务配套方面，除核心产业外地其他配套服务建设也在逐步培育，服务于纬壹科技城的生活、居住、商务、教育、娱乐项目在该时段内得到丰富，基本能够满足科技城内居民工作生活需要并形成了一定的人才吸引能力，如星悦会购物中心、零售休闲设施（Integrated Hub）、威塞克斯LOFT公寓与联排住宅、南洋理工大学毕业生俱乐部、商务酒店与服务式公寓、实验剧场等的建成使用，为纬壹科技城的创新发展提供了较齐全的配套服务。

（3）补充完善与提升阶段（2015年以来）

在经历了分区建设与培育之后，2015年以来，纬壹科技城在逐步补充完善生命科学区、信息通讯区及商务核心区的其它功能外，开始促进淡马锡传媒区（Temasek Xchange）媒体城（Mediapolis）的建设，并逐步小规模尝试介入预留发展用地的开发，如起步谷（Launch Pad）、孵化器等的建设。该阶段大规模的基础设施建设与改造已基本完成，主要发展重心集中在园区现有产业功能区的强化，核心产业由先前的生命医药、信息通信为主，逐步形成以生命医药、信息通信、传媒业三大核心产业。目前，纬壹科技城已凝聚了较好的人气，形成了良好的集聚示范效应，为后续的功能完善与园区提升奠定了良好的基础。

3. 纬壹科技城的开发现状

经过15年的开发建设，纬壹科学城已基本完成商务核心区、生命科学区、信息通讯区、生态居住区等第一阶段的开发与更新改造，第二阶段的淡马锡传媒区还在逐步填充与完善中，并保留有大面积（77公顷）的预留用地（“白地”）待项目后期开发（图6）。已建成几个功能区的现状与业态主要包括：

①商务核心区（Vista Xchange）。该功能区位于纬壹科技城北部，占地面积17公顷，占科技城总面积的8.5%。作为纬壹科技城核心的生活商务、市民文化中心、娱乐配套中心以及交通枢纽，主要汇集了商务办公、时尚生活、文化购物、交通联系等园区活动。该功能区依托波那维斯地铁站建成的项目包括罗切斯特公园、星悦汇、罗切

斯特酒店等。罗切斯特公园作为乡村魅力与都市魅力完美结合的典范，在更新改造的过程中11座殖民平房经过深思熟虑的保存，为中西主题餐厅、酒吧、SPA、企业家俱乐部以及医疗服务机构提供精品化场所。由音乐剧院与购物中心构成星悦汇，可以提供音乐剧、舞台剧巡演，也可成为公司活动的场地；购物中心以美食广场、快餐、咖啡茶点、酒吧、快餐、美容美体、时尚服饰为主。罗切斯特酒店、教育总部以及大都会（THE Metropoils）则为科技城提供商务办公、酒店公寓、商业零售等服务。另外，针对年轻客群，还拥有家居、书籍文创、健身馆、服饰零售等各类业态。通过对交通、生活休闲、文化等功能进行融合，商务功能区逐步发展成为纬壹科技城的窗口及商务中心。

②生命科学区（Life Xchange）。位于纬壹科技城东北部，占地20公顷，占纬壹科技城规划总面积的10%。功能定位为生命医药产业实验室型研发企业、商务办公及孵化器，旨在促进各组织和机构的合作，是生物医药公共研究机构及实验室的所在之地，致力于打造成为亚洲世界级的生物医药科学研发中心、专业的生物医药国际会展会议中心、生命科学与生物产业的管理中心、生命科学与生物产业的风险投资中心。生命科学区由10余栋商务办公楼组成，楼宇高度介于60～190米之间，标准层面积介于1580～2800平方米之间。该区集聚了政府部门与行业协会，其中包括新加坡科技研究局、生物医学研究理事会、科学技术研究理事会、生物伦理顾问委员会、经济发展局生物医学科学组、卫生科学局等管理机构与职能部门；高端企业与研究机构，包括有葛兰素史克（GlaxoSmithKline）认知与神经变性疾病研究中心、癌症科学研究院（CSI）、宝洁公司（Procter & Gamble）、国立大学医学医疗组织（NUHS）、Illumina公司、Invitrogen公司、Vanda公司、诺华（Novartis）热带疾病研究院、哈佛大学教授Daniel Tenen领导下的癌症科学研究院（Cancer Science Institute of Singapore）、龙头企业如阿斯利康（AstraZeneca）和拜耳先灵医药（Bayer Schering Pharma）等。除些之外，区内还配套集商业配套、会展设施以及科技配套设施与一体的产业外围服务设施，包括有茶餐厅、美食广场、银行、关窗、儿童教育、洗衣店、书店、诊所等，大礼堂、5个180座的小礼堂、12个会议室、视频会议室、生命科学共享设施（BSF）等。

③信息通讯区（Central Xchange）。位于纬壹科技城的西部，占地面积30公顷，旨在为信息和通信技术（ICT）、媒体、物理科学及工程工业的发展提供有利的环境，是

纬壹科技城首个结合工作、生活、消闲、学习为一体的综合性功能区。信息通讯区由10余栋商务办公楼组成，楼宇高度介于90～100米之间。作为私人企业和公共部门协同合作、科学研究交流与新技术试验平台的信息通讯区，该区由南洋理工大学俱乐部、公寓、欧洲工商管理学院亚洲商学院、尼泊尔山（Nepal Hill）、皮克斯（Pixel）以及主体项目启汇城10余栋商务办公楼群共同组成，提供超10万平方米的商业园和研发空间，拥有新加坡规模最大的研发洁净室、干湿实验室等试验平台。其中，尼泊尔山被设想为领导力培训的全球中心和人才发展中心；皮克斯迎合了数字媒体的发展，成为媒体内容创建者、所有者和游戏开发者的资源中心。目前，物理工程研究委员会，信息通讯研究机构、高性能计算研究机构、新加坡制造技术机构、数据存储机构、微电子机构、材料研究和工程学机构等陆续入驻园区并逐渐开始运营。在服务设施配套方面，功能区内配套有洽谈室、会议室、研讨室、视听工作室、卫星接收器接口、剧院等公共设施，服务公寓、健身房、游泳池、餐饮零售等服务设施，以及无尘空间、A－Star计算机资源中心、COVE集群虚拟操作、纳米分析中心、无回音室、研发空间等有偿科技服务设施。目前该区已聚集了6个科技和工程领域的研究院，吸引了14个当地和跨国公司的重点实验室落户。

④生活居住区（Wessex Estate）。韦塞克斯（Wessex）是纬壹科技城（one－north）认定的文化遗产之一，分布于纬壹科技城东南部的狭长地带，包括殖民地时期留存下来的1940年代的26幢公寓及58栋联排别墅，占地面积28公顷，属于低密度居住社区。纬壹科技城将公寓及别墅进行活化利用，建成低密度住宅产品组成的生态居住区，由公寓（主力户型为116平方米两居室）、联排别墅（平均面积150平方米，三居室，附送花园）与LOFT（平均面积116平方米，开放式工作室）构成，并进一步引入艺术和设计孵化器以及设计创意专业办公室，目标是将其活佛更新为一个鼓励创意产业、生活、工作一体化的居住场所，优选租予在纬壹科技城从事生物医药、信息通讯、传媒和物理科学工程产业的人，同时也吸引了像讲师、戏剧和戏剧演员和作家、设计师、建筑师和艺术家、工程师、医生、会计师、专业小丑和学生等人居住。部分房屋在2005年后被逐步翻新，并成为摄影、平面设计、广告、戏剧艺校、画廊等创意产业的工作室。

⑤纬壹公园。串联商务核心区、生命科学区、信息通讯区、生活居住区、淡马锡

传媒区以及未来的预留发展用地，占地约 16 公顷，是纬壹科技城的核心地带与室外公共活动空间。纬壹公园由绿地景观、绿色步道、开放广场、开放草坪区、儿童游乐广场构成，具有 WIFI 无限宽带网络全覆盖、流水幕墙景观、无花果森林、蝴蝶花园、农作物绿地等特色。

而正在建设的淡马锡传媒区媒体城（Mediapolis），旨在加强本地媒体业的基础设施建设，以便将最优质的内容推出给国际市场。媒体城将拥有可运用绿屏技术的高科技摄影棚，包括数码生产和广播设施、互动数码媒体（IDM）和研发活动，以及其他设施和服务在内的媒体生态系统。此外，为应对初创机构的需求，纬壹科技城也推进创业与起步公司集聚区起步谷（LaunchPad）的规划建设。起步谷占地 6.5 公顷，为初创企业提供了一系列的空间大小，以适应各种初创公司和推动者的要求，为生物医学科学、信息通讯、媒体、电子、工程工业的初创者和促进者提供了有利的环境。目前起步谷已经吸引了 500 个创业企业和 2000 名高端人才入驻，有望在未来发展成为创新概念的试验平台。

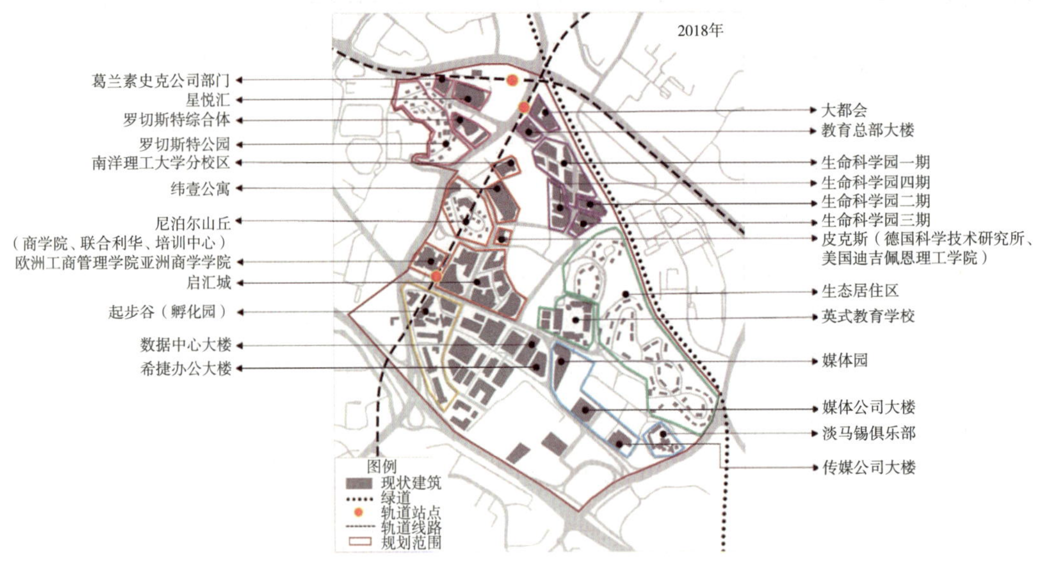

图 6　纬壹科技城已开发的项目分布

资料来源：本研究绘制。

经过上述三个阶段的开发建设，纬壹科技城作为新加坡在知识和创新密集型经济领域的突破点，成功推动了当地科研创新发展和产业结构升级，为当地经济带来了活力。纬壹科技城已成功吸引约70亿元投资，园区内有超过400家领先企业和环球机构、超过700家起步公司、16个公共研究机构，以及五所企业大学或学院，创造了4.3万个就业机会。其中包括英国最大制药公司葛兰素史克（GlaxoSmithKline）在亚洲的新总部和首个全球学习中心、宝洁公司（Procter & Gamble）的创新中心、美国希捷（Seagate）移动储存设备的新设计中心，以及卢卡斯电影公司（Lucasfilm）等。以生物科技为主的启奥城租用率超过80%，以信息通信为主的启汇城和为以起步公司为主的纬壹科技城起步谷，租用率则超过90%（许超，2018）①。纬壹科技城也逐步发展成为新加坡科技成果产业化的“孵化场”和“加速器”。

①产业发展成效显著。纬壹科技城尤其是启奥生物医药园的建设推动了新加坡生物医药研究和制造的发展。在启奥生物医药园的激励下，2012年新加坡生物医药行业产值达到294亿新加坡元，较10年前增长了4倍，占新加坡国内生产总值的5%；生物医药制造业创造的增值额达153亿新加坡元，占制造业增值总额的1/4，成为新加坡制造业增值最高的领域。在纬壹科技城的启奥生物医药园，研究人员能够使用最先进的科学设施和享受最全面的信息服务，降低了研发成本、缩短了研发周期。此外，启奥生物医药园还提供了各种可供企业使用的会议设施。截至2013年，启奥生物医药研究园供生物医药研发使用的空间已达到28万平方米②。

②信息通讯产业渐成规模。信息通讯产业历来受到新加坡政府的高度关注，其产值占2012年新加坡GDP的10%左右。纬壹科技城的建设发展为新加坡信息通讯产业注入了新的活力。纬壹科技城信息通讯区配备了最先进基础设施和设备，其开发建设目标是打造一个支持资讯通信技术、媒体、物理科学和工程等行业发展的乐园。区中既有研究机构、科技企业，又有居住公寓、科技孵化器、新加坡科技研究局、零售与休闲配套商业单位和政府服务部门，充分体现了综合创新社区的建设理念，吸引了众多国际一流研发机构落户，其中包括知名网络游戏“第二人生”的总部和研发中心。目前入驻的企业与机构还包括Edgilis公司、亚洲美食台（Asian Food Channel）、林登实

---

① “新加坡纬壹科技城15年吸资70亿元，添4万余就业机会”，《联合早报》，2016年11月14日（http://www.65singapore.com/news/sinnews/47546.html）

② 新加坡纬壹科技城，2015年6月30日，http://www.360doc.com/content/15/0630/20/22058307_481772899.shtml

验室（Linden Research）、新加坡科技研究局等。2011 年，启汇园已吸引超过 10 亿新加坡元的资金，企业签约入驻率已达到 90%。

③资讯传媒产业开始起步。纬壹科技城资讯传媒产业的发展主要以淡马锡传媒区为依托。随着媒体城的开发运营，区内可开展数码生产和广播设施、互动数码媒体（IDM）等的研发活动。备受赞誉的新加坡本地公司 Infinite Frameworks 率先在媒体工业园投资、建造新加坡第一个制片厂摄影棚大楼（Infinite Studios），目前有包括电视制作公司探索频道、日本电玩公司南梦宫万代（Namco Bandai）和 M&C Saatchi 广告公司等 17 家媒体公司和广告公司进驻。另外，星和公司、新传媒、迪斯尼公司和卢卡斯电影公司也将相继迁入淡马锡传媒区。

二、新加坡纬壹科技城的开发与规划管控经验

随着纬壹科技城的不断发展与推进，一个汇集科研精英和创新创业人才的科技平台开始浮现。纬壹科技城的开发建设被当作知识型经济的标志，是新加坡第三代工业园区发展的结晶，为科研创业人才提供方便舒适的生活、工作、交流和娱乐空间的新园区建设理念，代表一种全新的模式，是新加坡第三代工业园区发展的结晶与标志。纵观纬壹科技城的规划、开发、运营与管理，其开发与规划管控的经验主要包括以下五个方面：

1. 清晰的“活力社群”规划理念，集生产、办公、居住、休闲、娱乐、教育、学习等于一体

不同于以往的科技园区或工业园区，“纬壹科技城”的目标是构建一个充满活力和优美社区氛围的创新产业新经济体，在一小片土地上打造未来无限的产业发展空间；创造宜人的硬件环境，催化科学研究技术社群，发展知识密集型产业，为来自世界各国的企业家、科学家和研究人员提供一个具有新环境和交流氛围的园区，成为新加坡充满活力的技术研发和休闲娱乐中心。

为此，纬壹科技城致力于打造一种全新的科技城发展模式，按照创新社区的理念

打造科技园区，“一栋建筑就是一个创新社区”的理念，突破了传统产业园区的概念范畴，综合考虑了工作、学习、生活、消费等各方面需求，集成了传统工业园区特有的集中生产与城市的生活服务功能，贯穿融生产、办公、居住、休闲、娱乐、教育、学习等于一体的“活力社群”理念（图7），以汇集吸引并各类科技人才、科研专家和创新型企业，为他们提供方便舒适的工作、生活、交流和娱乐空间（图8）。

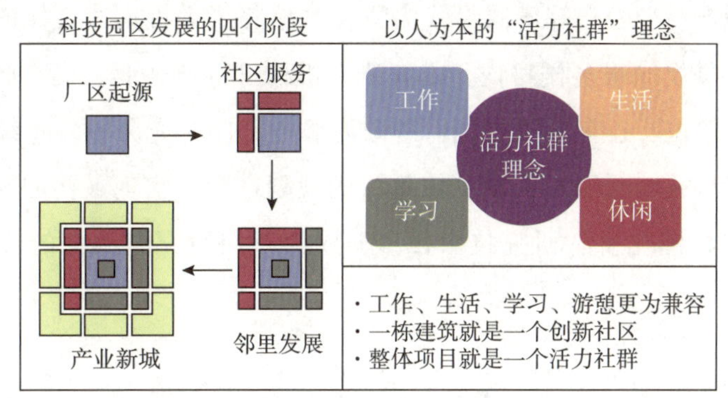

图7　纬壹科技城“活力社群”规划理念

资料来源：本研究绘制。

图8　纬壹科技城规划鸟瞰

资料来源：https：//www. jtc. gov. sg

纬壹科技城内的政府部门、科研院所、企业、居住区、学校、医院、零售行业等的汇集造就了良好的生产、生活和服务环境，为产业发展提供了一站式的服务，为人才聚集提供了全方位的保障，也为公私部门研究人员的合作提供了方便，充分体现了综合创新社区的建设理念，增加了不同专业科技研发主体的交流频率，从而促进了多学科交叉科技创新的成果产出。纬壹科技城内外的教育机构①不但参与科研成果的创新研究，还以全脱产、半脱产等不同形式为科技城培养了大批人才，保证了科技城的人才供应。在纬壹科技城很多楼房内，既有研究机构、科技企业，又有居住公寓、零售与休闲配套商业单位，还有科技孵化器和政府服务部门，充分体现了综合创新社区的建设理念。纬壹科技城这种“产城一体化”的规划理念已实现最初的发展目标：创造宜人的硬件环境，催化科学研究技术社群，成为新加坡充满活力的技术研发和创新高地。

2. 动态的精细化混合利用，支持工作、生活、娱乐和学习在水平和垂直空间上的充分融合

新加坡将无污染的以高新技术为主的工业生产、科技研发、普通办公和商业销售等用途被认为是相互兼容的，可以分配在同一个地块或同一座建筑物中。在其商业园“白色地段”（White Site）的规划管控中，占总楼面面积15%的“白色成分”比例可用于其他多种用途的混合开发，以适应现代产业融合发展和满足科技公司的需求②。

精细化混合利用的目的是为未来的科技人员创造一个创新、包容和充满活力的社区。纬壹科技城尽管各个功能区都有主导的功能，但采用精细化的混合分区，各功能区也可包含各种生活服务功能和部分其他配套产业（图9）。这种“精细化功能混合”的策略在园区内部每个功能区层面执行都有所区别。根据每个功能区的特性、同类型功能区不同产业特点与不同行业组合，在比例的执行过程、业态选择都有所不同。例

① 纬壹科技城入驻的教育机构包括全球四大商学院之一的英士国际商学院（INSEAD）、南洋理工大学分校区、新加坡领导网络与知识学院、定位于信息通讯技术产业半脱产学习的美国迪吉佩恩理工学院（DigiPen Institute of Technology）亚洲分校、为3～18岁孩子提供英式教育的Tanglin Trust School等。

② 孙翔：“新加坡‘白色地段’概念解析”，《城市规划》，2003第27期。

如，生命科学园希望创造一个更宁静的环境而被生物科技研究人员所青睐，而信息通讯区则期望拥有一个更大的休闲娱乐空间来支持媒体人群的生活方式，以此来促进企业与企业、人与人之间交流与合作。

纬壹科技城在“活力社群”规划理念的指导下，通过高度的工作、生活、娱乐和学习在水平和垂直空间的精细化混合利用，构建了融生产、办公、居住、休闲娱乐、教育学习于一体的多样性新型创新空间。混合使用的两个主要组成部分是工作或工业空间和居住或居住空间。工作空间分布在捷运站或有轨电车站等关键交通节点附近，以增强纬壹内外的业务可及性。规划将各种用途巧妙地混合在一起，以实现可持续的空间组合和在场地上的分配。精细化混合利用使商业生态和工作及生活之间建立了一种共生关系。这一精细的土地使用战略秉承互联网时代工作和生活的新趋势。

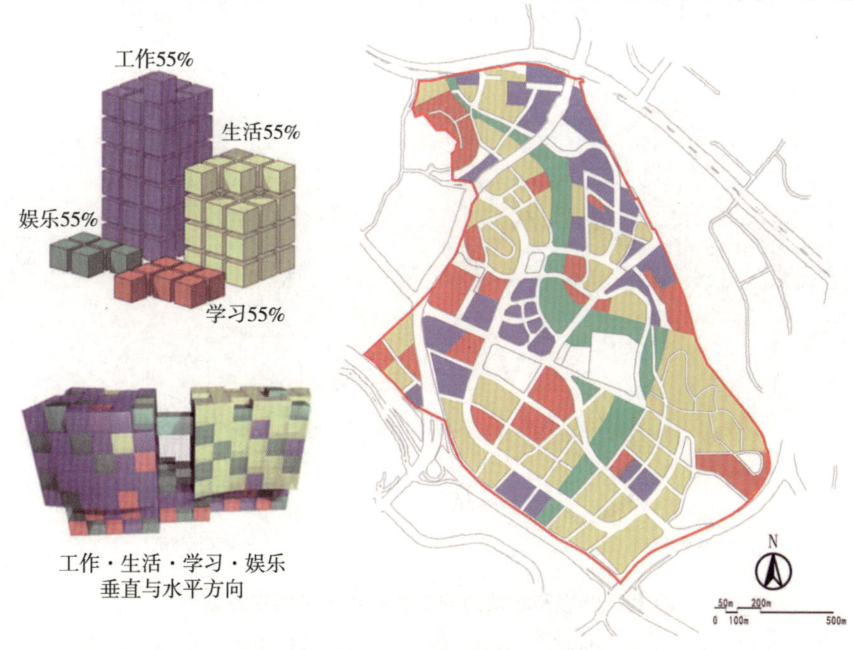

图 9　纬壹科技城精细化的混合利用分析

资料来源：https：//jtc. gov. sg/industrial – land – and – space/JTC% 20Concept% 20and% 20Price% 20Tender% 20Documents/20160601 – CPT – MP0116/CPT – Tender – Doc – for – ICM – Space. pdf

3. 通达且无障碍的道路交通与开放空间连接，提供了便利的出行选择和多样化的交往空间

传统上，新加坡的大部分道路都采用高流量标准来规划，以消除高峰时段的拥堵。纬壹科技城的规划认为，其道路交通系统对园区商业的发展与社区交往有着重要的影响，注重快速交通不仅减少了步行体系的活力，也减少了道路作为重要社区交往的功能。因此，纬壹的规划追求行人、汽车、公共交通和其他个人出行方式的平衡，并特别注重为人与人之间的交流创造机会和空间，增进互动和交流。纬壹的每个地块，取决于场地的用途，将需要提供一定比例的公共通行空间，以平衡其运营安全和隐私需求。在规划路网上叠加快速公交系统、停车策略，以及提供替代的个人交通工具，共同构成了一个完整的道路交通框架，不仅为所有地区提供了便利的交通连接，提供了各种不同的出行方式和体验，还可以激活开放空间的公共交往（图 10）。

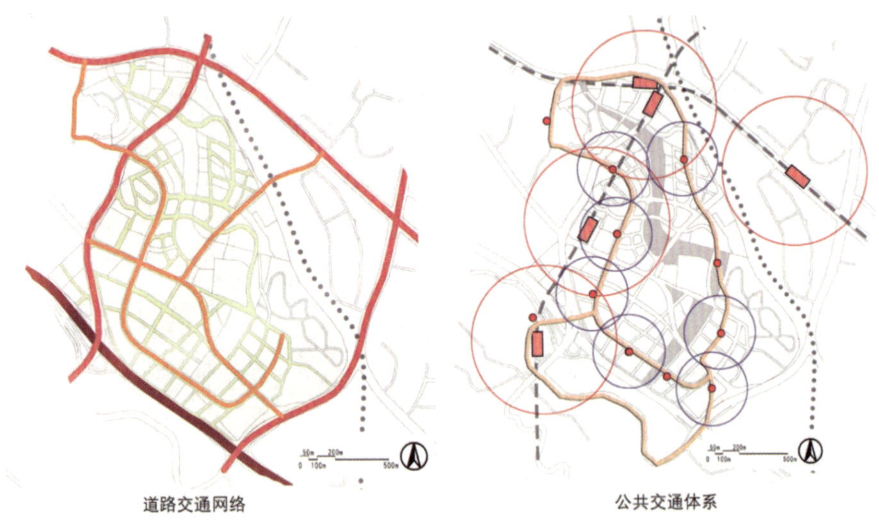

图 10 纬壹科技城道路交通网络与公共交通设计

资料来源：https：//jtc. gov. sg/industrial - land - and - space/JTC% 20Concept% 20and% 20Price% 20Tender% 20Documents/20160601 - CPT - MP0116/CPT - Tender - Doc - for - ICM - Space. pdf

经济生活不再仅仅局限于实验室或办公室，而是与社区建立了一种更加流动的关系。街道和开放空间成为追求经济活力的活跃资源。开放的广场、网吧、雕塑角等为个人提供工作、生活、娱乐、学习的同时选择。公共休闲空间不仅是一个用于娱乐目

的公共区域，而且是各功能区之间的有效连接。它为高密度开发的功能区提供多样化的平衡和娱乐机会，增加社会和文化融合的潜力。由北向南贯穿并环绕主要功能区的带状绿色空间是纬壹公园，行走在带状公园内，因地制宜、巧妙利用绿色植物装饰的休憩空间随处可见，办公楼底层则设有西餐厅和咖啡馆，在这里，专业技术人员和商务人士能获得有价值的信息，或可萌发创新思路。纬壹的规划旨在提供社区连接到世界范围内的无限资源，在纬壹公园、酒吧、广场等公共区域，具有 WIFI 无限宽带网络全覆盖，为人们访问信息与交流提供了便利（图 11）。纬壹也鼓励开发商委托当地或国际艺术家在他们的开发区域内参与艺术创作与公共空间融合，以活跃公共交往空间氛围，有利于创新氛围的形成。

此外，在高密度开发的功能区内，各建筑之间也建立较密集的廊道连接（图 12），为建筑内部工作、居住、娱乐的人们提供了便利的交通、交往与互动可能。

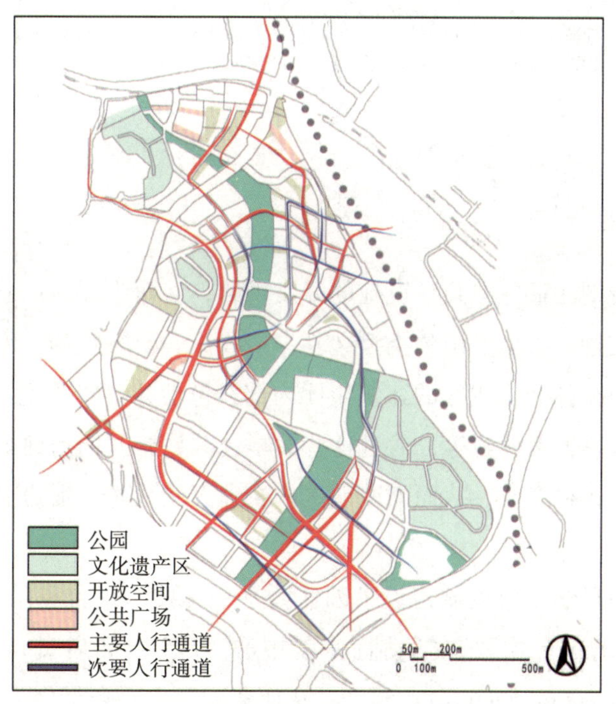

图 11　纬壹科技城开放空间与步行通道

资料来源：根据以下网站资料改绘。https：//jtc. gov. sg/industrial – land – and – space/JTC% 20Concept% 20and% 20Price% 20Tender% 20Documents/20160601 – CPT – MP0116/CPT – Tender – Doc – for – ICM – Space. pdf

图 12 生命科学区内的建筑外廊道连接

资料来源：https：//jtc. gov. sg/industrial - land - and - space/JTC% 20Concept% 20and% 20Price% 20Tender% 20Documents/20160601 - CPT - MP0116/CPT - Tender - Doc - for - ICM - Space. pdf

4. 完善的共享设施与平台建设，集约高效地利用空间资源，有效减少企业的运营成本

纬壹科技城特别注重各类共享设施的开发供给，从而为园区内新兴知识型产业的发展提供有力的支持。共享设施的类型包括办公设施、研发设施、专业设施以及商业服务设施等，分布在各个功能区的建筑组团内部，包括共享实验室及研发设施、共享办公及会议室、共享教育设施等，通过这些共享公共设施共同搭建成科技城的共享平台，用于服务园区各种企业，从而缩减园区内企业开支成本，促进企业与企业之间的沟通与交流。

例如，在生命科学区启奥城建设了园区共享科学技术平台和园区共享商务配套。园区共享科学技术平台主要包括动物实验中心（SPF）和启奥科学设备共享平台（Biopolis Shared Scientific Facility）；园区共享商务配套主要包括多处图书馆、报告厅、礼堂、会议室、咖啡厅等公共交流空间。这些科学共享平台和商务配套设置位于启奥城一栋名为 Matrix 的主体建筑，以此来增进了生命科学园区内企业之间以及研究人员之间的交流与互动。不仅如此，信息通讯区的启汇园与淡马锡传媒区的媒体城也都建有共享实验室、会议室等办公设施以及先进的数字屏幕工作室、录影工作室等专业共享设施等，从而有效地减少了企业的运营成本，集约高效地利用园区空间资源，为企业的研发与创新提供强有力的支撑。

5. 弹性的开发与规划管控，集政府引领和市场运作于一体，以保持动态规划的灵动性

纬壹科技城由裕廊集团负责开发，既代表了政府实施宏观规划，又行驶企业职责开发经营。不仅有利于创新体制机制和适时制定相关政策，以确保科技创新始终保持活力；而市场化的运作方式使园区开发及后期经营管理得以高效运作。纬壹科技城的开发上也因此突破了以往惯例，由裕廊集团负责整体规划和项目启动建设及各产业组团一期建设为主，同时就目标开发土地向全社会进行招标，通过招投标的方式引入私人企业参与各产业组团分期和配套设施的开发和建设①；在产业管理上，裕廊集团内部有关筛选企业入驻园区的规范与准则，通过对产业的开发与管控，纬壹科技城围绕清晰的产业定位进行严格的产业筛选，引入两大支柱产业相关的研究机构、研发基地、先进企业、行业协会、政府公共组织以及高等教育机构等以及相关配套的服务行业，从而实现知识经济背景下科技城产业创新集群。

在规划用地上，纬壹的预留发展用地以及新加坡极度灵活的用地分类，也为园区的发展塑造了极大的弹性发展空间。首先在园区的整体发展功能分区上，除了商务核心区、生命科学区、信息通讯区、淡马锡传媒区和生活居住区等五个主要功能分区外，园区还预留77公顷的后期开发用地，为日新月异的有潜力、高成长型的企业入驻预留了较大的弹性空间；其次，新加坡“白地”政策使得土地使用能够根据市场状况快速调整。“白色分区”是一种规划用途，开发商可以在无需获得部长批准情况下，将大楼

---

① 裕廊国际邀请私人机构参与纬壹科技城的建设，特别是这些私人机构擅长的项目和领域。在私人机构参与纬壹科技城建设的过程中，裕廊国际会首先划分地块的规划使用目标，就不同目标的地块面向社会进行招标。私人中标机构作为合作方参与纬壹科技城建设，并通过承租土地的方式进行科技城开发，承租期一般为60～99年。私人中标机构需要支付所开发土地的价格溢价、货劳税以及印花税。纬壹科技城建设的合作开发商包括：凯德集团（CapitaLand）、腾飞集团（Ascendas）、新加坡联合工程公司（United Engineers Singapore Pte Ltd）、华业集团（UOL Group Limited）、庆隆联合公司（Kheng Leong Company）、刘景发（新加坡）有限公司（Low KengHuat（Singapore）Limited）等。

的用途从酒店改建成商业写字楼。纬壹科技城可以在“白地”上，根据不同发展阶段所形成的新需求，开发新的项目；同时，针对某一不确定的片区，规划并不给出用地性质，而是直接服从相应的详细规划（subject to detailed planning），也大大提升园区开发建设的用地选择以及规划操作上面的灵活性。在这个弹性的动态规划过程中，需要规划者、开发人员、企业、用户和社区间的密切合作。

三、对国内高科技园区发展与转型升级的启示

纵观纬壹科技城的开发建设与规划管控，在清晰的活力社群规划理念下，纬壹科技城通过动态的精细化混合利用实现了工作、生活、学习与娱乐等的融合发展，并通过开放式空间设计与交流空间塑造，为企业与人群提供了良好的交往交流空间，通过公共设施的建设，促进资源的高效利用，同时在开发运营管控中以政府为引领，充分发挥私人企业的市场贴近性与应变效率，以保持动态规划与开发管控的灵活性与适应性。对我国高科技园区的开发管控启示包括以下四个方面。

（1）应以产学研一体化为原则，实现从“产城分离”向“产城融合”的转变，构建创新社区

产学研密切合作及高度融合、注重功能的相互混合及人与人之间的交流共享，是当前高科技园区布局的一个重要趋势。在我国科技型园区过去发展历程中，由于对企业创新与高新技术产业集群发展的规律认识不深，早期的高科技园区发展往往沿袭着传统的管控思路[①]，常出现诸如“重招商引资、轻规划管控；重生态环境、轻创新环境；重生产投入、轻社会服务”等取向[②]，普遍忽视产学研及生活一体化布局的正向效用。

而高科技园区的产业发展特性是以高新技术产品为主的生产及研发，对周边环境影响较小，而空间的邻近性可给上下游企业之间的交流与合作带来十分便捷的正向影

---

① 王缉慈：“关于中国产业集群研究的若干概念辨析”，《地理学报》，2004 年第 1 期。

② 吕政、张克俊：“国家高新区阶段转换的界面障碍及破解思路”，《中国工业经济》，2006 年第 2 期；郑国：“社会资本视角下的科技园区空间规划”，《地域研究与开发》，2013 年第 6 期。

响，可有效促进特色产业从研发到量产的全产业链的形成，并可与办公、公寓、会议会展、酒店、休闲等高度兼容和混合，以形成多功能组合的多元化空间布局形态。可借鉴纬壹科技城创新社区的“活力社群”理念，以产学研一体化为原则，创新园区更新布局与建筑形态规划管控，构建融生产、办公、居住、休闲娱乐、教育学习于一体的多功能社区，加大对单功能组团的用地盘整与逐步优化重组，强调园区组团的功能复合发展，创新新型产业用地分类，探索混合用地及兼容性用地的供给，例如，可允许工业地块更新中配置一定比例的商务、科研及生活用地（原有的工业用地允许补交地价完成土地转性），逐步植入从研发、服务到共享设施、生活配套等功能，适度松绑开发强度，注重空间的“立体开发”和垂直空间的多功能整合，逐步实现从“单功能组团”向“多功能组团”的转变，形成开放式一体化共享式布局（图 13），以满足新时期新兴产业的创新发展需要。

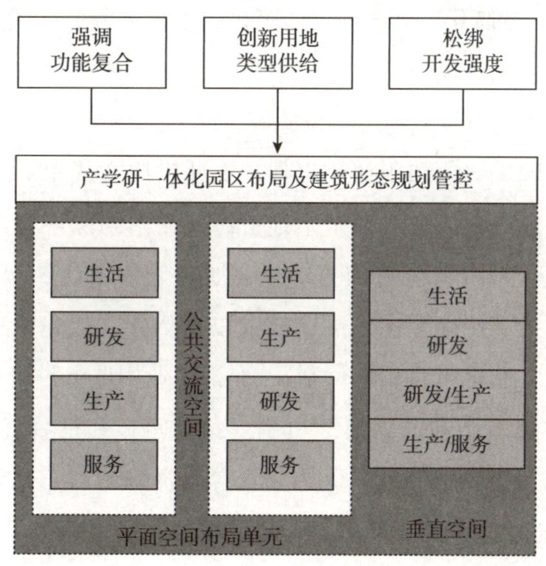

图 13　产学研一体化的高科技园区规划管控创新

资料来源：本研究绘制。

（2）以创新社区为导向，加强混合用地的供给，实现新型产业用地的精准投放

土地利用绩效评估与监管是科技园区产业不断活化的关键。一方面，由于企业对用地的需求逐步从单一性质向多功能复合用地转变，高科技园区对于混合用地的需求不断增长；另一方面，由于新型企业普遍对用地呈现多元化的需求，且用地期限存在较大的不确定性，企业的退出和淘汰逐渐成为常态，而传统的“单一的”“一刀切”的刚性土地供应和管理政策不仅容易导致土地低效利用和闲置，僵化的用地供给和企业隔离使得创新社区的形成举步维艰，难以适应新型企业的发展特性和园区的创新发展。这对园区的用地供应及规划管控等提出了更高的要求，用地供应及管控的创新对园区的创新发展具有重要影响。

为适应对新型产业用地的管控，新近国土资源部颁布实施的《产业用地政策实施工作指引》（国土资厅发〔2016〕38 号）已明确各类产业用地可采取长期租赁、先租后让、租让结合等多种土地供应方式。而一些地方也在新型产业用地供应与管理上探索了多方面的制度创新。例如，上海工业用地和经营性用地按全生命周期进行管理，并建立强有力的综合用地实际用途日常监管和违法处置机制；《杭州市工业用地规划管理若干规定》（2015）就简化了创新型工业项目的审批流程，在试点产业发展单元内新建、改建、翻建、扩建工业项目，无需规划许可，并可在产业发展单元内的工业用地上建设邻里中心、停车场以及其他公益设施等。

为有效扭转目前园区土地利用绩效不佳、土地供应方式单一以及规划管控粗放的状况，国内高科技园区应积极盘整存量土地资源，逐渐筛除不符合园区发展定位的产业项目，加大对园区空间资源配置的主动权，加快低效用地的回收与高效复合利用。可采取差别化用地政策支持新业态发展，鼓励以租赁方式或先租后让、租让结合等方式供应新型产业用地（租金可实行年付制），允许工业用地上科研用房的分割销售与转让，加快实施企业“进入”和“退出”机制（批前审核和批后监管），建立土地（用房）利用绩效监管与动态评估制度，保持存量空间资源的动态高效配置，实现对园区用地（用房）的精细化管控。

（3）突破政府主导的传统园区开发与运营模式，提高规划管控的灵活性与应变效率

科技园区作为区域发展增长极，承担着区域经济发展与创新突破引擎作用，但一直以来，我国绝大多数的高科技园区是以“政府主导”的模式进行，依托国有开发公司与平台进行开发与运营，对于企业与市场的需求关注不够，服务质量粗放，运营效率低下，科技园区的后续维护与运营相当乏力。政策优惠、税收减免的红利期过后，政府主导的科技园区发展面临着许多新的问题与挑战。由于园区与企业发展形势的不断变化，而对规划管控调整的需求日益迫切和频繁（建筑控高、开发强度等），但园区的开发运营仍沿袭传统的静态式僵化的规划编制与管控，忽视微观机构（企业）自身的成长规律和日益变化，规划管控工作十分被动，越来越无法适应新时期高新技术产业发展的需要。

伴随我国高科技园区向“创新突破”阶段转型升级，人们开始探索在新的创新形势与环境下，创新型科技园区的开发运营模式。纬壹科技城所采用的“政府引领、市场运作”的开发运营理念，由裕廊国际（JTC）作为总体开发商（一级开发商），既代表政府实施宏观规划，又行使企业职责进行开发经营。与此同时，就不同目标的地块面向社会进行招标，与二级开发商通过承租土地的方式对科技城进行共同开发，从而使科技城的开发建设、经营管理高效、有序，并实现了资源的高效配置与可持续发展。近年来，以产业园区开发为代表的产业地产正逐渐兴起，这种工业地产商开发运营模式为高科技园区的开发运营提供了一种新的模式。与传统政府主导的模式不同在于，园区开发主体为工业地产开发商，园区空间成为开发商的“运营产品”，通过将园区市场化运作方式，激发园区的活力与适应能力，适应企业创新的节奏与需求演化，提高规划管控的灵活性与应变效率。

（4）以开放式产业街区为引领，促进连接与交流，加强创新氛围的营造

我国传统的园区多数是“封闭式大院”的传统形式，不仅城市道路对于园区的隔离十分明显，而且对园区内部的交通连接与步行环境也普遍忽视，不恰当的空间形式与交通理念使得科技型园区往往生态绿地率偏高、公共空间羸弱、对慢行交通重视不够等问题。由此，多数“封闭式”科技型园区对创新的企业需求缺乏研究，对人群交往和公共空间统筹规划较为不足，公共服务配套建设十分滞后，导致园区创新主体之间的交流和互动非常有限，园区社会资本较弱、创新能力不强。

因此，高科技园区空间规划与环境氛围必须契合科技企业发展需求和人才工作及生活特点，以人与企业的需求为导向，融合居住、商业服务、工作间、公共游憩、绿色开敞、交通联系等空间于一体的开放式复合型空间。可借鉴纬壹科技城的开放式空间设计，统筹道路交通与公共交通体系的关系，综合考虑交通出行、生活、消费与休闲娱乐的关系，加强科技园区公共空间体系塑造，注重建筑垂直水平的廊道连接，促进企业和人群的无障碍交往。在建筑与功能布局上加强共享设施与共享空间的规划建设，营造良好的交往互动与创新氛围，增进人与人之间的互动与交流，易于企业与人群的信息交流与共享，促进知识外溢的频率与效率，从而激发园区的创新发展。

魏成，博士，华南理工大学建筑学院、亚热带建筑科学国家重点实验室，教授；张俊、谢漪、廖辉辉，华南理工大学建筑学院、亚热带建筑科学国家重点实验室，硕士研究生。本研究基金项目：亚热带建筑科学国家重点实验室自主课题（No. 2016KD21）以及国家自然科学基金面上项目（No. 41371138）。

晋江县域实体经济推动区域发展的路径研究

潘湖江　李越

改革开放近40年来，晋江市创造了“晋江模式”“晋江经验”等，取得了令人瞩目的成绩。本报告总结了通过实体经济动能不断升级推动地方经济发展的晋江经验。最后从加快建设国际化创新型品质城市、打造中小城市建设的样板、树立民营经济发展的典范三个方面提出了晋江市新时期发展的主要思路。

一、实体经济推动地方经济发展的晋江实践

1. 鲜明特色：紧紧咬住实体经济发展不放松，实体经济牢牢占据经济发展的主导地位

创业立业时期，晋江政府就成为实体经济的“保育员”。在改革开放之初，全国宏观政策层面对农民办企业、农村发展工业、走市场化道路等问题还不明确的时候，晋江政府就鼓励农民“联户集资”办企业。这一阶段，晋江政府基于本地情况和需要，

出台了一系列政策（表1），为晋江经济发展提供了力所能及的庇护和帮助。

表1　1980年代晋江政府出台的相关政策

年份	政策内容
1980年	颁布《关于加快发展多种经营和社队企业的若干问题的规定》、《关于当前农村若干政策问题的规定》，明确提出允许社员集资办企业，允许自主经营，允许股金分红，允许雇工，允许供销社人员按业务量提成，允许价格随行就市等措施，并且鼓励村一级非脱产干部带头集资办厂
1983年	出台《当前农村经济政策的若干问题》，允许青阳、石狮、安海3个镇开办小商品市场，允许长途贩运，允许乡镇企业和集资企业有人事自主权、经营自主权和分配自主权
1984年	颁布《关于大力发展乡镇企业若干问题的规定》，要求各部门单位大力扶持乡镇企业，变“管、卡、限”为“放、帮、促”
1987年	出台《关于核定乡、镇企业所得税代征率的几点意见》，激励了企业增加收入、降低成本。宽松的税收政策，更有利于激励企业扩大再生产

资料来源：陆学艺、朱明：《从贫穷到富裕，晋江的现代化之路》，社会科学文献出版社2000年版。

全面发展时期，晋江政府的职能在向监管服务型转变，开始引导实体经济发展。在创业立业初期（1978～1991年）阶段，晋江刚刚走上市场经济道路，晋江政府以尽量少干预市场经济行为为主，保护民营企业发展。发展到该阶段，晋江政府逐渐采取措施干预市场经济行为，开始强调“政府引导”的作用（表2）。通过政府引导，该段时期有效提高了实体经济的规模和产品质量，化解了民营企业在创业创新中遇到的发展瓶颈问题。

表2　政府主要改革政策以及措施

年份	政策以及改革措施
1995	提出“六五”规模工程，同年提出“质量立市”，大力推行产品质量体系认证活动，推动了晋江产品质量实现巨大飞跃
1996	提出“四个集中”，即耕地向规模经营集中、企业向工业园区集中、住宅向现代社区集中、人口向市区和集镇集中。提高了农业规模化经营水平，提高了产业空间集中度，促进了城镇化进程
1996	晋江政府先于全国1998年的改革而开始推进政府管理体制改革，在编公务人员1996年达到20204人，是1992年的两倍多，政府服务能力加强
1998	1998年8月出台《关于国有企业改革的若干规定》，1999年10月出台《关于甄别理顺企业经济性质的若干意见》和《关于扶持企业创新若干优惠政策》。政府出台相关政策，开展集体企业性质甄别理顺工作，帮助理顺企业产权关系
1998	提出“品牌立市”，同年成立“晋江市工业园区”

资料来源：作者整理。

创新转型时期，晋江政府开始引导实体经济改革，并发挥了引领者的作用。实体经济是晋江经济发展的主体，晋江市在不断优化实体经济发展环境的同时，加大扶持力度，支持企业品牌建设，鼓励民营企业“二次创业”（表3）。

表3　　政府主要改革政策以及措施

年份	政策以及改革措施
2002	出台了“品牌之都”的政策措施，给予品牌企业一定的优惠政策
2005	市党代会提出“引导实施品牌经营战略”，落实打造“品牌之都”优惠政策
2007	出台《关于进一步推进企业改制上市工作的意见》，对晋江企业改制上市制定了一系列的扶持措施，把引导企业上市作为今后晋江经济工作的重点
2012	制定《晋江市推进民营企业“二次创业”三年行动方案》，每年安排3亿元创业引导资金，采取参股、融资担保、跟进投资等方式，支持民营企业“二次创业”

资料来源：作者整理。

实体经济是立市之本已成为晋江社会共识。在创业立业阶段，晋江政府就鼓励农民“联户集资”办企业；在全面发展时期，晋江政府开始引导民营企业升级发展；到创新转型时期，政府又出台了“品牌之都”的政策措施。每到发展的关键时期，晋江都及时制定相关政策，保障鼓励企业坚守实业，牢牢守好实体经济这个“传家宝”。到2016年，晋江已建成纺织服装、制鞋2个千亿和建材陶瓷、食品饮料、纸制品、装备制造、化纤等5个百亿产业集群；亿元以上企业超过700家，安踏集团还成为国内体育产业中首个营收百亿集团。全市GDP总量中，来自实体经济贡献占比达60%以上，由实体经济创造出的产值、税收和就业岗位占比都在95%以上①。到2017年，晋江民营企业数量已多达4.8万个（图1）。

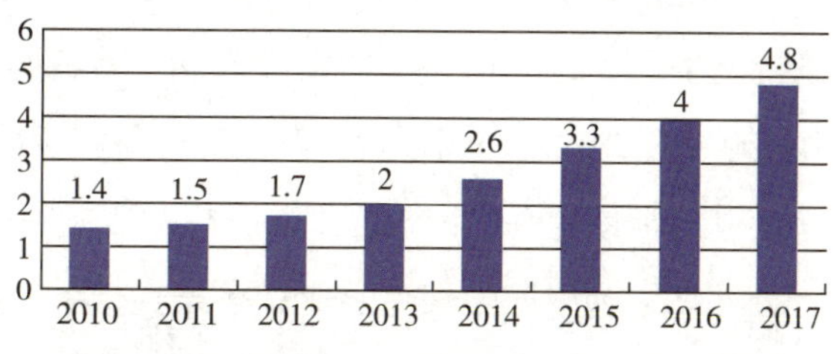

图1　晋江市民营企业数量情况（单位：万个）

资料来源：《晋江市统计年鉴》。

---

① 蒋升阳：晋江之路［EB/OL］. http：//cpc. people. com. cn/n1/2017/0318/c64387 – 29153101. html. 2017 – 03 – 18.

2. 核心内涵：统筹协调经济、民生、社会、生态各领域全面推进

经济为重，促进增收，是推动协调发展的根本途径。改革开放快40年来，晋江市始终以实体经济发展为重点，在全球消费市场需求疲软的背景下，晋江的第二产业经济仍保持了持续快速增长。2002～2017年，晋江市第二产业增加值从181亿元增加到1190亿元，年均增长13.9%（图2）。2017年晋江实现地区生产总值1981.50亿元，按常住人口计算，人均地区生产总值94470元（折合13992美元）。按照世界银行2011年的最新收入分组标准，晋江市的经济发展已达到世界高收入水平。经济总量已连续24年位居福建省县域首位，县域经济基本竞争力连续17届位居全国前5～7位。

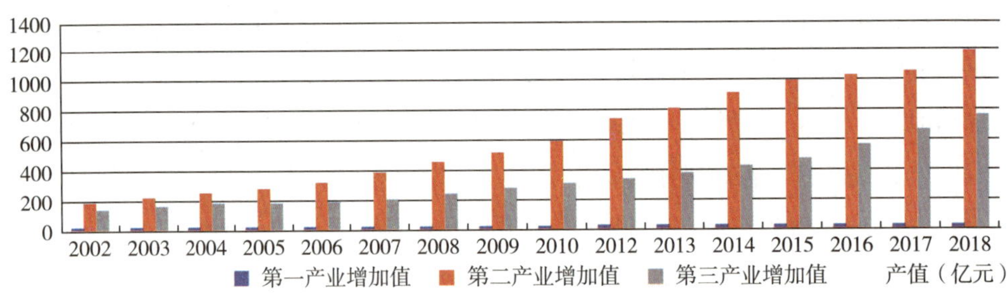

图2　2002～2017年晋江三次产业变化情况

资料来源：《晋江市统计年鉴》。

民生为本，和谐共享，是推动协调发展的根本追求。晋江始终将人民群众的根本利益放在发展首位，坚持民生优先，和谐共享的发展理念。晋江每年将60%以上本级财力用于民生建设，并在全省实现"七个率先"：率先实行新农合跨省异地结报；率先实现被征地人员养老保险"即征即保"；率先把治安巡逻队配到村一级；率先推行"居住证"制度；率先实行公办高中和中职学校免学费；率先实行乡村医生养老保障制度；率先实现城乡环卫保洁一体化①（表4）。至2017年，晋江市教育、卫生、科技、文体等四项主要民生事业的财政支出已分别高达24.87亿元、9.5亿元、3.43亿元、1.99

① 晋江：一座值得托付终身的文明宜居城［EB/OL］. http://wmf.fjsen.com/2017-11/22/content_20417778_all.htm. 2017-11-22.

亿元（图3~6）。近年来晋江市民生保障支出不断增多，2017 年全年民生保障支出 74.65 亿元，增长 7.8%，占一般公共预算支出 66.56%①。

表4　　晋江市部分民生事业改善措施

分类	内容
卫生事业	2005 年晋江市在福建省内率先启动新农合，规定凡持有晋江市户籍的农民和未参加城镇职工基本医疗保险、铁路医保及没有享受公费医疗的晋江社区居民均可参合。2016 年晋江市新农合筹资标准 560 元/人，新农合参合率达 98.93%
社会事业	推出视频巡逻新型警务模式，初步建立了市、镇、村、企业四级视频监控网络，"两抢"案件从日均 17 起下降到 0.5 起
教育事业	在全市全面落实"同城同等待遇"，将外来农民工子女纳入招生计划，不加收任何费用

资料来源：作者整理。

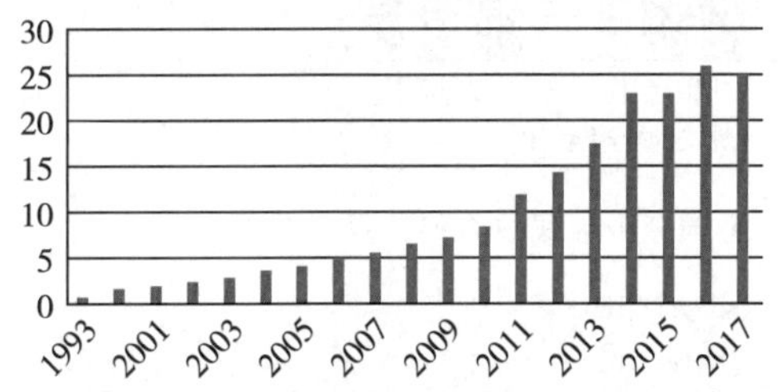

图3　教育事业财政支出（亿元）

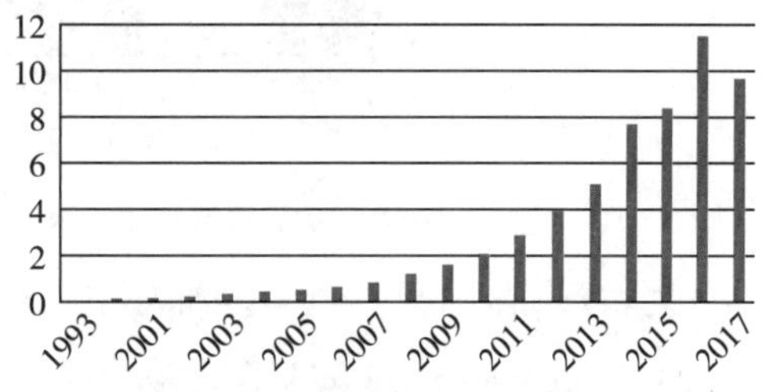

图4　卫生事业财政支出（亿元）

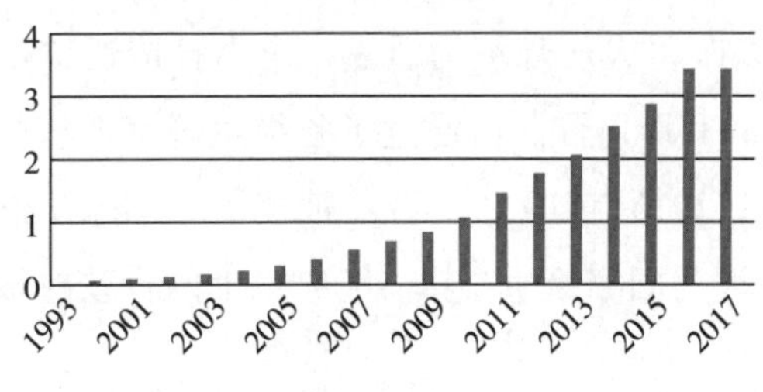

图5　科技事业财政支出（亿元）

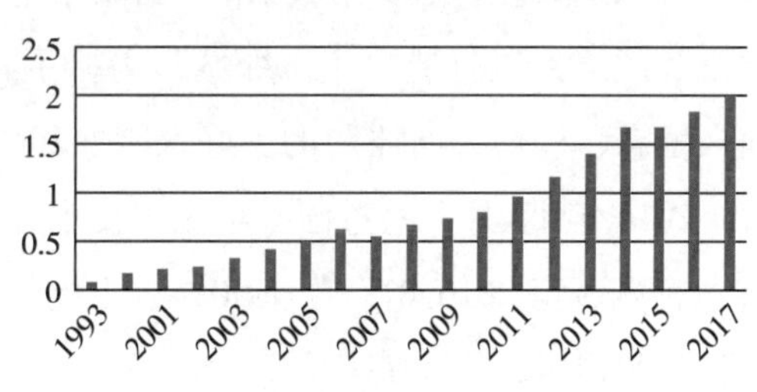

图6　文体事业财政支出（亿元）

资料来源：《晋江市统计年鉴》。

统筹城乡，社会和谐，是推动协调发展的基本目的。新时期以来，晋江高度重视统筹城乡发展，采取多种有效措施，推动经济与社会、城市与农村、发达地区与欠发达地区的协调发展。注重统筹城乡发展，积极探索新型城市化道路，大力推进新农村

① 晋江 2017 年一般公共预算总收入预计 211.1 亿元［EB/OL］. http://news.ijjnews.com/system/2017/12/28/011015245.shtml. 2017-12-28.

建设，坚持以城带乡、以工促农，不断缩小城乡差距，加快城乡一体化进程①。在2011年晋江总规修编的时候提出“全市一城，城乡统筹”的发展思路。在晋江的发展过程中，城市和农村一直处于相对均衡的状态，并且大量的工业企业以及工业园区分布在农村，容纳了农业剩余人口，并同时支撑了农村地区本地经济，避免了乡村地区空心化的问题。近年来晋江市城乡居民收入倍差逐渐缩小，至2017年城乡居民收入倍差缩小至2.10，低于泉州市（2.30）与全国（2.71）水平（图7）。

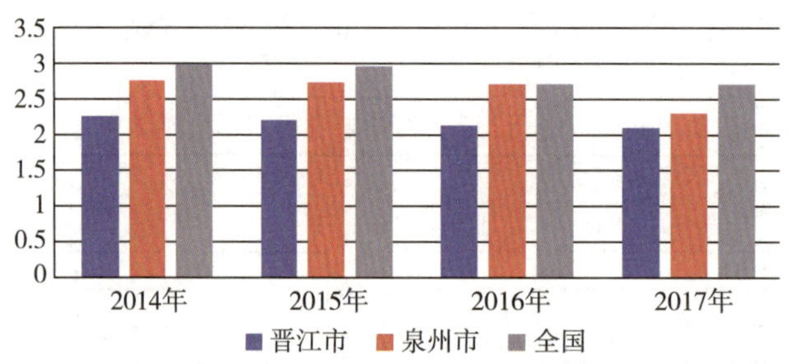

图7 2014～2017年晋江市、泉州市、全国城乡居民收入倍差变化情况

资料来源：《晋江市统计年鉴》《泉州市统计年鉴》《中国统计年鉴》。

生态立市，环保优先，是推动协调发展的有力保障。在2006年起，晋江市按照“现代产业基地、滨海生态城市”的城市定位，启动生态市创建工作，大力实施“生态立市”战略，以打造“生态绿城”为抓手，以改善人居环境为重点，全力打造让“本地人留恋、外地人向往”的美好家园。2013年1月，晋江市通过了省级生态市考核验收；2014年11月，通过国家生态市技术评估；2016年10月，晋江被授予“国家生态市”称号。至2016年，晋江90%以上的镇被评为国家级生态镇、80%以上的行政村被评为泉州市级以上生态村②。

3. 核心动力：改革创新，在改革中先行先试，在创新中做大做强

技术创新，提升企业的竞争能力。20世纪80年代，晋江主要的产品以“仿造生产”为主，企业搞贴牌生产，获得的利润微薄。随着大规模设备引进和技术改造，到

---

① 创新发展晋江经验推动县域跨越发展［EB/OL］. http：//www.docin.com/p-1582029977.html.

② 晋江被授予国家生态市，已建成12个国家生态镇［EB/OL］. http：//www.mnw.cn/jinjiang/news/1402026.html. 2016-10-13.

90年代中后期，制造业的技术装备水平已居于国内领先水平。晋江市不断利用高新技术和先进适用技术，改造传统产业，提高产品质量和经济效益。2011～2015年，晋江累计建立各类研发机构206家，其中国家级企业技术中心2家、国家级工业设计中心1家，省级以上技术研发中心、实验室55家[①]。目前，晋江大力推动的“石墨烯+”技术应用已研发出石墨烯陶瓷、高透气防水膜、鞋底、抗菌鞋垫等系列产品，为传统制造业加上了一份“黑科技”[②]。

制度创新，优化实体经济发展环境。在晋江实体经济发展历程当中，晋江不断进行制度创新，引导实体经济发展。在80年代末，晋江抓住国家实行治理整顿的机遇，通过嫁接外资、引进外资，改造和提升乡镇企业，大力发展“三资企业”，促使晋江企业迅速转入扩展发展阶段。1992年之后，通过各种政策鼓励企业增资扩营，走低成本扩张发展的道路。90年代后期，通过对民营企业的性质全面甄别，厘清了企业的产权性质。2013年后晋江市又按照《公司法》的规范，发布多项文件鼓励本地企业上市或将注册地迁至晋江。通过制度创新，促使晋江许多小工厂发展成为了现代化公司和企业集团[③]。

二、未来的晋江新动能

晋江当前的动力仍以第二产业为主，面临着用地空间紧张、城市环境品质不高、未来发展动力潜力不足等问题。晋江应在当前已有的工业产品设计研究能力较高的基础上，进一步探索新的发展动力，在品牌设计、技术研究、产品创新等领域发力。在城市总体建设上明确市场需求导向，跟从人才需求，提升环境品质。

---

① 晋江市“十三五”科技发展和创新驱动规划［EB/OL］. http：//www. jinjiang. gov. cn/htm/2017－05－23/98673. html. 2017－05－23.

② 为这个县级市的发展，习近平总结出一份经验［EB/OL］. http：//www. sohu. com/a/243807363_ 99938624.

③ 陆学艺：《晋江模式新发展：中国县域现代化道路探索》，社会科学文献出版社2007年版。

1. 加快建设国际化创新型品质城市

（1）推进“人才强市”战略，汇聚国际英才

提升综合引才优势。晋江有着扎实的产业基础，就业形势良好，具有较强的人才引进优势。晋江首先，应营造良好的社会氛围，倾力营造“尊重劳动、尊重知识、尊重人才、尊重创造”的氛围，激发人才工作活力。其次，应营造良好的的创新氛围，培养创新意识，建立人才激励基金，对在技术创新、管理创新中作出重要贡献的科技、管理人才进行重奖。最后，应营造良好的学术氛围①。

构建人才集聚平台。晋江位于经济开放度较高的东南沿海地区，人才竞争比较激烈，周边城市也对高层次人才求贤若渴。晋江应加强建设人才聚集平台，形成具有较强区域影响力的人才创新中心。要鼓励优秀人才向园区集聚，向技术中心集聚，以国家重点实验室、工程技术中心、企业技术中心、博士后科研工作站及重大建设项目为载体，形成高层次人才汇集中心。

完善人才培养机制。要坚持改革创新，不断制定和完善各项人才政策，以政策突破带动体制机制创新，为人才成长持续营造良好社会环境。首先，在人才培养模式上，应坚持以创新创业为导向的人才培养机制，完善“产学研用”相结合的协调育人模式。其次，在培养支持对象上，注重创新型科技人才、企业家、青年优秀人才培养支持，尤其注重培养技术技能人才②。

（2）推进全市生态品质提升，创建宜居城市

推行绿色低碳发展。从生产、生活两头入手，全力加快经济结构调整、生产生活方式转变。围绕建设资源节约型、环境友好型社会，推行装配式建筑、节能建筑、绿色建筑的广泛使用，打造绿色城市。

持续优化生态环境。完善市镇村三级污水处理设施建设，开展安全生态水系建设，加快推进湖库连通、凼湖水资源保护等工程。推进土壤污染治理修复，持续开展“全民动员、绿化晋江”活动，打造绿化造林精品工程。健全大气污染联防联控体系，加

① 建设人才强市，打造人才之都［EB/OL］. http：//www. docin. com/p－1933879060. html.

② 深入推进人才发展体制机制改革［EB/OL］. http：//www. ykkzzb. gov. cn/xinxidiaoyan/diaoyanyaodian/2017－08－04/22483. html. 2017－08－04.

快集中供热和燃煤锅炉整治，强化扬尘综合治理。

完善生态文明体制。坚持源头严防、过程严管、后果严惩。落实中央生态文明体制改革“1+6”方案①，逐步形成产权清晰、多元参与、系统完整、激励约束并重的生态文明制度体系。落实新环保法，以最严格的执法和最严厉的处罚，让环境违法行为无处遁形。

（3）推进基础设施国际化，完善城市配套

建立城市交通国际标准体系。抢抓国家铁路线网优化布局机遇，加快形成布局合理、功能完善的铁路网络。加快推进泉州南站的建设，全面融入厦漳泉区域网络，加强与厦漳泉的联系，打造半小时通勤圈和一日商务活动圈。对标国际一流标准，建立城市全域公共交通网络，发展旅游客运、包车客运、机场快线、商务快客、短途驳载等特色客运业务，丰富道路客运服务品种，满足市民多层次需求。晋江机场作为泉州地区唯一的综合型国际机场，近年来迎来跨越式发展，2017 年旅客吞吐量同比增幅高达40%以上，货运吞吐量同比增幅也达到19.3%。未来晋江机场将进一步加快建设，增加异地候机楼，形成国际机场客货“并驾”的形式，打造形成服务周边区域的高水平国际化空港。

打造具有国际化特色的体育城市。积极承办篮球、足球、马拉松等具有较高知名度与影响力的国际体育比赛和国内大型体育赛事。建设具有国际一流水准的体育设施，加快第二体育中心的建设，完善综合性运动场馆和训练中心功能，充分发挥其在承办大型赛事活动中的载体作用。建设面向市民的户外健身场地，满足群众多层次健身娱乐需求，丰富市民体育和健身活动内容。

建立国际城市医疗健康服务体系。以打造具有较强国际影响力和区域特色的国际健康城为目标，努力提升医疗服务国际化水平。有重点、多层次地建设一批具有国际国内领先水平的标志性医疗卫生机构，促进晋江医疗卫生机构的管理、技术和服务水平与国际接轨。

---

① 《生态文明体制改革总体方案》“1”就是《生态文明体制改革总体方案》，“6”包括《环境保护督察方案（试行）》《生态环境监测网络建设方案》《开展领导干部自然资源资产离任审计试点方案》《党政领导干部生态环境损害责任追究办法（试行）》《编制自然资源资产负债表试点方案》《生态环境损害赔偿制度改革试点方案》。泉州市已编制《泉州市生态连绵带统筹实施规划》，晋江市层面形成“一环、一湾、五廊”的生态安全格局。

（4）推进文化强市建设，提升国际影响力

拓展对外文化交流。晋江是文化大市，但不是文化强市。晋江应做好“海上丝绸之路”申遗工作，加快草庵、金交椅山古窑址等“海丝”重点文化项目建设，广泛开展文化教育、体育旅游等领域的对外交流活动，推动高甲戏、掌中木偶等非遗文化品牌拓展国际市场。加强城市形象宣传，拓展国际“朋友圈”，增进与国际友城的互动往来，提升城市文化影响力。

健全公共文化服务体系。首先，应加强晋江市基层文化设施建设，让广大群众享受更多的文化发展成果，建设镇级文化站等文体设施，促进公共文化服务标准化、均等化发展。其次，应加强市区文化设施覆盖力度，持续推动“书香城市”建设，持续完善中心市区“10 分钟体育健身圈”、“15 分钟文化生活圈”。最后，应营造城市特色文化环境，深入实施“文化惠民”工程，开展戏剧会演、南音会唱、国学讲堂等活动，创作推出一批文化精品力作，满足市民多元化精神文化需求。

深耕文化旅游品牌。坚持保护和利用并重，全面做好文物古迹、古镇名村、历史街区保护修缮，有序推进历史风貌区和传统建筑群的保护利用，推进文化遗产可持续发展①。整合各类文化古迹和滨海旅游岸线资源，深度挖掘闽越文化、海交文化、现代工业文明等丰富内涵，做强滨海、工业、宗教文化旅游，打造海上丝绸之路旅游目的地。

2. 树立经济动能不断升级发展的典范

（1）为民营经济创造充分施展的空间

优化产业结构，推动民营经济转型发展。优化民营产业经济结构，一方面要大力改造提升传统产业，另一方面要积极进入高技术产业、战略性新兴产业和现代服务业。首先，提升传统工业产业，继续发展晋江市纺织服装业、制鞋业、建材陶瓷、食品饮料、纸制品及包装印刷业等五大传统产业，要引导和帮助民营企业在调整结构、创新发展上下功夫。其次，要加大对晋江市新材料、智能装备及机械制造业、海洋生物业、

① 用活用好文化阵地，打造城市文化“升级版”［EB/OL］. http：//www. sohu. com/a/108632187_ 392749. 2016 -08 -02.

光伏电子、汽车制造及零部件业等新兴产业的投入。最后，要放宽政策限制、激发市场活力，最大限度地加快发展现代服务业。

增强内生动力，推动民营经济创新发展。首先，要大力提高民营企业的自主创新能力。鼓励民营企业加大研发投入，加大对民营企业科技创新的资金支持力度。积极引导民营企业参与组织实施重大科技计划项目和关键领域联合攻关，大力扶持民营企业工程技术研究中心建设。其次，继续推进晋江市“品牌战略”，加强名牌产品培育工作，强化民营企业质量。最后，完善民营企业内部管理制度。鼓励和引导有条件的民营企业按照现代企业制度要求，建立规范化、制度化的企业治理结构和决策管理机制。

促进“走出去”、“引进来”互动融合，推动民营经济开放发展。继续鼓励民营企业充分利用国内外两个市场和两种资源，优化配置生产要素，拓展民营企业的生存和发展空间。鼓励和引导民营企业加快转变外贸发展方式，开展海外品牌收购、研发中心、营销网络和经贸合作区建设①。

（2）持续推动实体经济创新

坚持“实体经济+互联网”发展方向，推动民营经济创新发展。当前晋江一些企业已经运用“互联网 +”改造产业，如盼盼携手用友软件启动企业信息化变革；百宏、龙峰的智能化生产线等，引发了行业的“全新革命”。今后，晋江将积极引导广大企业将智能化融入研发设计、生产销售、服务管理的每一个环节，积极抢占制造业发展的“智”高点②。

坚持“清”“亲”政商关系，推动民营经济健康发展。当前晋江市政企良性互动已常态化，已推广“党政+商会”联席会议制度，应继续推进“亲”“清”政商关系，并将“政企互动”从市级延伸到镇（街）层面③。首先，进一步优化政商沟通机制，畅通政府和企业沟通联系渠道，帮助企业协调解决在项目建设和生产经营中遇到的问题。其次，规范政商交往行为，促进政商关系健康发展。

① 赵洪祝：“推动民营经济大发展大提升”，《中国科技产业》，2012 年第 4 期。

② 晋江率先走出新实体经济发展之路［EB/OL］http：//www. quanzhou. gov. cn/zfb/xxgk/zfxxgkzl/qzdt/xsqdt/201704/t20170421_ 439219. htm. 2017 - 04 - 21.

③ 亲清新型政商关系的晋江实践［EB/OL］. http：//www. qstheory. cn/dukan/qs/2018 - 07/16/c_ 1123114399. htm. 2018 - 07 - 16.

坚持金融创新，为实体经济创新注入新动力。金融业与实体经济是共生共荣的关系。在当前供给侧改革和实体经济去产能、去库存、去杠杆、降成本、补短板的过程中，通过加快金融供给侧的改革和创新转型，既可为实体经济优化转型升级注入正能量和新动力，也开辟了自身适应新常态进而引领新常态的转型发展之路。晋江应提升金融服务实体经济的能力，为晋江民营企业“二次创业”创造良好金融支持环境，并有力支持晋江经济转型升级和稳健发展。

（3）不断促进县域经济动能升级

重点推进县域农村地区经济动能转换。县域经济是城乡经济的汇合点，县域经济的广大腹地在农村。所以，繁荣县域经济，要把转换农村的新旧动能作为重要任务。晋江应以乡村振兴为契机，实现农村地区新旧动能转换。晋江许多乡村原本就在发展农业的同时，还兴办了工业企业或形成了商品市场等，实现了三产融合发展，如东山村建材市场、玉湖和玉溪等电商集聚中心“淘宝村”的发展与壮大等。传统产业与新兴产业的共同发展，在改变村民工作与生活方式、打造村庄都市面貌的同时，也为村庄与村民的富裕生活提供了强有力的支撑①。

重点推进中小企业新旧动能转换。县域经济的企业规模是以中小企业为主体，而中小企业中又以传统产业居多。因此，如何抓住中小企业这个绝大多数，是县域经济实现新旧动能转换的关键。一是要改造旧动能，让知识、技术、数据等新生产要素进入传统产业，激发传统产业发展活力。二是要加大科技型中小企业的培育和支持力度。科技型中小企业是科技创新最为活跃和最具潜力的群体，地方政府一定要认识到，重视科技型中小企业的发展，就是重视一个地区经济的活力和未来②。

以重点项目建设推动新旧动能转换。晋江应突出创新发展，推动重点项目建设，让高科技项目成为实体经济发展主引擎。当前集成电路产业已成为晋江经济发展的新抓手，有“工业粮食”之称的集成电路产业是信息技术产业的核心，前景广阔，十分契合晋江当前的发展需求。

---

① 叶红玲：“福建晋江：土地制度改革撬动乡村振兴 ”，［EB/OL］. http：//www. zrzyb. net/shendu/20180702_114971. shtml. 2018－07－02.

② 徐建华，“县域新旧动能转换要扭住‘五大抓手’”，《当代县域经济》，2018 年第 1 期。

3. 打造中小城市建设的样板

（1）着力推进晋江市新型城镇化建设

加强规划引领，科学谋划。晋江市应优化城市布局，在厦漳泉一体化和泉州环湾同城大局中找准定位、凸显优势、主动作为、抢占先机。晋江市应坚持“全市一城、一主两辅”的规划战略，统筹全市建设，主城区注重核心功能聚集、创新体系建设、高端服务业发展；晋南辅城注重发展滨海旅游、科教研发、先进制造；晋西辅城注重对接厦门辐射，发展高新技术产业和现代物流业①。

坚持以人为本，协调发展。新型城镇化的核心是人的城镇化，必须把以人为本作为基本原则。晋江市在推进新型城镇化过程中，应合理引导人口流动，有序推进农业转移人口市民化②。在关注人的就业、住房、交通等物质层面需求的同时，加强对文化、教育等精神层面需求，使全体居民共享现代化建设成果，从而调动广大群众参与城镇化建设的积极性。③

坚持政府引导，有序推进。晋江在推进城镇化过程中，应着力建设“有效市场”和“有为政府”④。在具体城市建设的操作方面，应在坚持“市场主导、政府引导”的发展模式同时，发挥晋江民间资本充裕的优势，鼓励民间资本在城市基础设施、公共服务设施等领域加强投资，充分提高民间资本在新型城镇化中的作用。

（2）着力推进晋江市“城市双修”工作

①推进中心城区重点地区城中村改造。开展中心城区城中村现状摸底普查工作，确定近期重点改造示范区。当前如对晋江市中心城区的城中村全面进行改造，势必加大改造难度。因此，应基于对城中村现状的普查，明确近期需要改造城中村的核心区域，通过示范区的改造，积累经验，远期在中心城区范围内普遍推广。

---

① 黄祖祥：“‘十三五’：重塑晋江发展新优势”，［EB/OL］. http：//news. hexun. com/2016 - 01 - 01/181547894. html. 2016 - 01 - 01.

② 中央城镇化工作会议：推进以人为核心的城镇化［EB/OL］. https：//wenku. baidu. com/view/876ef9b0770bf78a65295490. html. 2014 - 05 - 10.

③ 积极探索中小城市新型城镇化之路［EB/OL］. http：//news. ifeng. com/a/20141222/42770284_ 0. shtml. 2014 - 12 - 22.

④ 晋江市推进新型城镇化的经验与启示［EB/OL］. http：//blog. sina. com. cn/s/blog_ 871dbadf0102vm7f. html. 2014 - 12 - 22.

明确示范区城中村改造更新的具体策略。应梳理空间肌理，保留城中村原有的街巷空间，对主要的街巷进行修缮和空间修补，并增加绿地、广场等开放空间[①]。提升城中村的活力，补充和承接城市功能转移。完善城中村配套设施，完善公共设施系统，提高环境质量，与城市生活衔接。复兴文化，彰显特色，保护和延续乡土建筑、历史要素，复原、展示民俗，彰显晋江市地域特色。

②推进中心城区废旧厂区改造。总结废旧厂区改造的本土经验。晋江市当前正处于产业的转型升级期，中心城区分布着众多的废弃厂房、仓库等。近年来晋江市对于废旧工业厂区的改造已取得一定的成果，积累了丰富的经验，如晋江市洪山文化创意产业园就是由原来的废旧厂区改造而来。废旧厂区的改造与再生应多积累当地经验，制定本土化的改造策略，积极吸纳社会资本参与，减轻政府投入与负担，提高社会综合效益。

图8　晋江市洪山文化创意产业园改造后现状及规划图

① 王伟娜：“‘城市双修’规划背景下谈城中村改造的技术路线”，《小城镇建设》，2017年第6期。

建立旧厂区信息库。中心城区以镇、街道为单位，针对现状厂区的企业进行全面梳理，摸清城区废旧厂区基本情况，建立旧厂房信息库。

编制废旧厂区改造规划。废旧厂区改造应注重与城市地区的整体平衡，按照“规划先行，综合平衡”的理念，与区域的上位规划相衔接编制改造规划。工业厂区的改造与再生，在新旧、尺度、体量、功能业态等方面，应与城市的整体空间发展相平衡①。

③推进中心城区海绵城市建设。综合评价海绵城市建设现状问题。晋江市境内地势由西北向东南倾斜，且西北降水量大，加之东南沿海排水容易受海水顶托，无法排出，极易发生内涝。晋江市属亚热带海洋性季风气候区，暴雨多与台风相伴，来势凶猛，雨量集中，洪涝灾害主要由4～6 月的锋面雨和 7～10 月的台风暴雨形成。因此，晋江市建设海绵城市十分必要。

明确海绵城市建设的目标和具体指标。确定中心城区海绵城市建设目标，明确雨水年径流总量控制率，确定中心城区近、远期要达到海绵城市建设要求的面积和比例。

落实海绵城市建设管控要求。根据雨水年径总量控制率的要求，将雨水年径流总量控制率目标进行分解。中心城区年径流总量控制率目标应分解到排水分区，在局部核心区域应分解到控制性详细规划单元。同时，确定低影响开发设施（LID）建设比例。针对建筑与小区、城市道路、城市绿地与广场、城市水系等方面提出具体管控要求与设计导则。

④推进市域生态修复。构建市域生态安全格局。保护现状山、水、田、林、海等生态资源，构建晋江市域“一环、一湾、五廊”的生态安全格局。应整合生态资源，形成与城乡发展协同的生态体系，从城镇自然山水脉络入手，串起山林、水体、湿地、农田、沿海滩涂等资源，形成互相连接的成片连绵带。

完善生态绿带廊道建设。加强生态隔离带、沿海基干林带、乡村风景林、林荫路、建设，同步推进城市慢行系统绿道绿廊建设。形成独具晋江特色的绿廊、绿环、绿楔、绿心有机联系的城市绿地系统及生态景观连绵带。

---

① “城市双修”中的工业遗产再生［EB/OL］. http：//www. urbanchina. org/n1/2017/1013/c410783 －29586298. html. 2017 －10 －13.

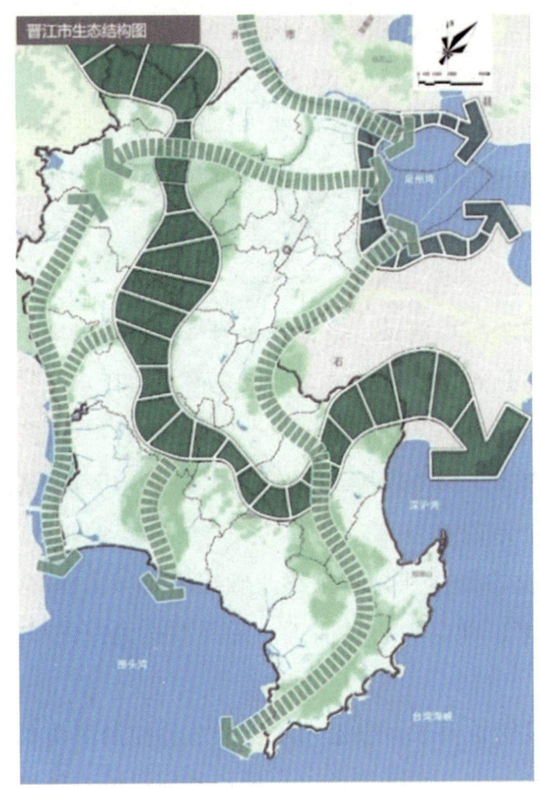

图9　晋江市生态空间结构

潘湖江，城市规划硕士，晋江市城乡规划设计研究院有限责任公司，规划师。主要从事城市规划与设计工作；李越，现任晋江市城乡规划设计研究院有限责任公司，总经理，高级规划师，国家注册城市规划师。

嘉善产业新城拉动县域经济动能升级路径研究

何莉莎　吴昊天

产业新城是大都市圈县域经济中的重要推动力。嘉善产业新城位于杭州大都市圈与上海大都市圈之间，对于承接两大都市圈的动能转换、提振嘉善县地方经济不可或缺。本研究论述了嘉善发展三大阶段，通过总结嘉善的发展现状的五大问题，提出嘉善产业新城在新时代下，县域经济具有跨越式发展的拉动作用。

一、嘉善县进一步提升发展动能的主要问题

1. 制造业占比较高，但已有转型态势

从1995年开始，嘉善的第二产业就始终保持在50%以上。从三次产业的结构来看，2017年全县三次产业结构比调整为4.22∶55.64∶40.14。嘉善产业基底为木业、新材料、设备制造、电力电子和纺织业为主导，与此同时，依托上海而发展的高端产业和现代服务业也在加速。据不完全统计，仅2015年，自上海转移至嘉善的新兴信息

电子、新能源、新材料、高端装备制造“三新一高”产业项目超过上百家，其中5个项目投资额超过10亿元，10个项目投资额超1亿美元。

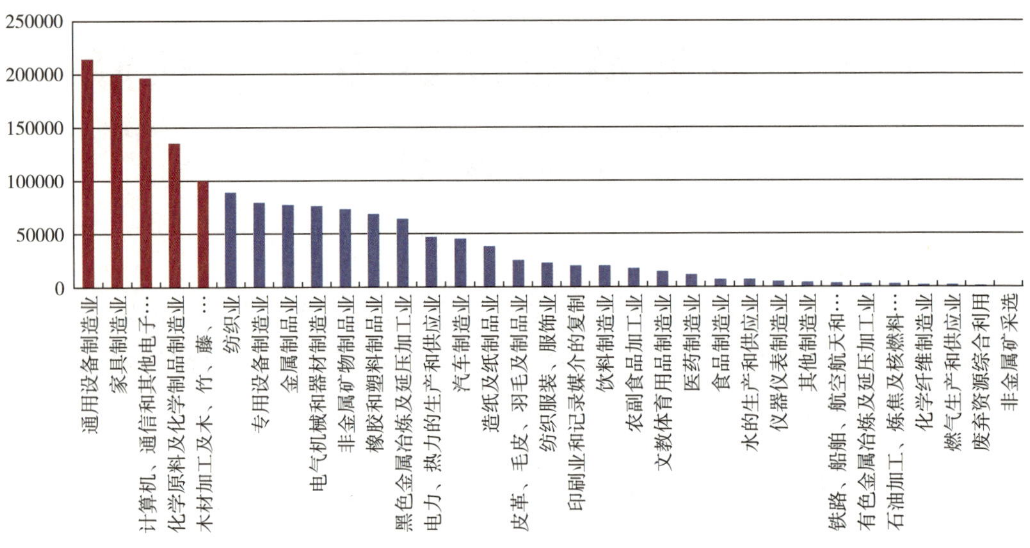

图1　2016年嘉善分行业总产值排行

资料来源：《2017年嘉兴统计年鉴》。

结合上述嘉善制造业重点领域，以及嘉善各细分行业制造业产值区位熵、全国、浙江省新增产业禁限目录等综合分析，可以看出，当前，木材加工、家具制造、计算机和电子设备制造、专用设备制造和通用设备制造是嘉善县既有较强竞争优势，又对全县制造业贡献较大的行业。与此同时，汽车制造和医药制造业作为新型产业，已经开始孵化发展。

表1　　2016年嘉善工业细分行业区位熵排序

细分行业	区位熵
木材加工房及木、竹、藤、棕、草制品业	9.86
家具制造业	6.8
黑色金属冶炼及延压加工业	2.49
计算机、通信和其他电子设备制造业	1.81
化学原料及化学制品制造业	1.75
非金属矿物制品业	1.72

续表

细分行业	区位熵
专用设备制造业	1.45
金属制品业	1.35
造纸及纸制品业	1.33
通用设备制造业	1.23
印刷业和记录媒介的复制	0.97
农副食品加工业	0.9
饮料制造业	0.87
橡胶和塑料制品业	0.81
废弃资源综合利用	0.77
皮革、毛皮、羽毛及制品业	0.72
其他制造业	0.69
电气机械和器材制造业	0.66
纺织业	0.61
水的生产和供应业	0.6
电力、热力的生产和供应业	0.44
食品制造业	0.36
纺织服装、服饰业	0.36
文教体育用品制造业	0.34
汽车制造业	0.27
医药制造业	0.25
燃气生产和供应业	0.19
有色金属冶炼及延压加工业	0.13
仪器仪表制造业	0.12
铁路、船舶、航空航天和其他运输设备制造业	0.11
石油加工、炼焦及核燃料加工业	0.09
化学纤维制造业	0.05

数据来源：《2017 年嘉兴统计年鉴》。

实体经济转型取得成效。实体经济是嘉善经济的根基所在。对于实体经济的转型升级也是最近这几年嘉善的发展重点。嘉善打出要素改革、“机器换人”“退散进集”

“四换三名”“两化融合”“小升规”“浙江制造”品牌培育试点等转型升级组合拳，工业“2+2+2”产业为代表的实体经济发展行稳致远，嘉善由此迈入高质量工业发展阶段。2016年嘉善县工业企业综合绩效评价成绩单显示，全县规模以上工业的亩均产值、亩均利税、亩均投资强度分别提高了8%、10%、18%，增长速度全国名列前茅。①

主导产业成为行业领跑。这五年，嘉善先进装备制造、电子信息产业两大主导产业的竞争实力从“跟跑者”到“并行者”，在向“领跑者”转变。富通集团（嘉善）有限公司智能工厂、浙江科比特、田中精机、景焱智能……这些行业排头兵带来的产品及技术，不仅在全国业界叫响，在相关技术领域甚至有了国际话语权。

新兴产业崭露新头角。这五年，嘉善积极培育节能环保等新兴产业，中节能（嘉善）环保产业园、爱德曼氢能源等项目让嘉善绿色产业新风劲吹。新兴产业将在未来全县经济发展中扮演更为重要的角色。2017年5月27日，省科技厅、省发改委正式批复同意嘉善县创建省级通信电子高新技术产业园区，实行现有的省级高新技术产业园区政策，园区规划内的通信电子、精密机械、节能环保等主导产业开始酝酿爆发期，“嘉善制造”借力大平台建设加快迈向高端。

2. 城镇化水平不高，具备较强后发潜力

城镇化是拉动区域经济增长的重要动力。区域城镇化发展，将带动区域投资的大量增长，同时能够吸引人口在城镇集聚，产生大量的消费需求，进而带动区域经济增长。嘉善城镇化水平相对较低，未来还有较大提升空间，其城镇化对区域经济拉动作用尚未发挥出来。

2013年嘉善县城镇化率为52.2%，2017年为61.7%，升高了9.5个百分点。与同类区县平均水平相比，比嘉定、青浦和松江少29个百分点，比昆山和太仓各少13.5和7.9个百分点。未来嘉善城镇化水平提高的空间还比较大，有望通过嘉善产业新城的发展，拉动城镇投资增长，对未来城镇投资带来利好。

---

① “经济换挡提速！嘉善晒出五年产业转型升级‘方略’”，《嘉兴日报》（嘉善版），2017年10月17日。

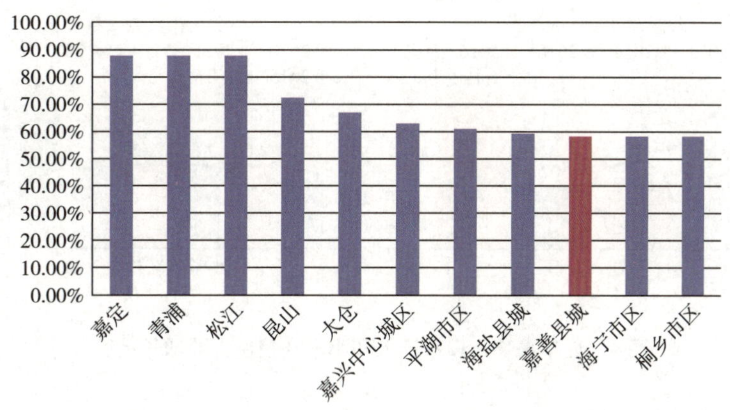

图 2　2016 年嘉善与其他区县城镇化率比较

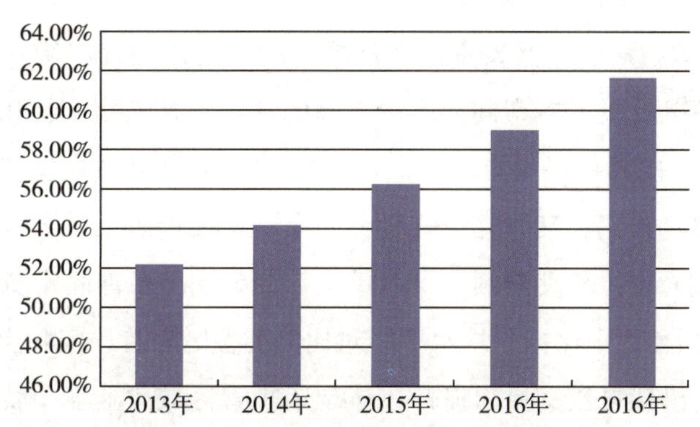

图 3　2013 至 2017 年嘉善城镇化率增长情况

从人口流动角度看，上海生活工作成本攀升倒逼人口外溢，嘉善近沪价值得以凸显，承接人口导入将加速城市服务业发展。从嘉善县的角度看，近 4 年来，人口保持持续净流入增长，特别是 2016 年上海新一轮房价攀升，大量人口快速推向郊区板块及以嘉善为代表的临沪城市。截至 2016 年，嘉善县常驻人口为 57. 25 万人，外来人口占一半。从嘉善产业新城看，嘉善产业新城内的住宅销售数据表明，新城内购房人群以嘉善域外人口为主，其中，上海与非上海客群比例接近 3∶7。从购房人群需求来看，投资与自住比例也大致为 3∶7。由此看出，嘉善产业新城即将进入以上海人群为代表的外部人口导入期，城市人气的增加也将带动现代生活性服务业和生产性服务业的大幅提升。

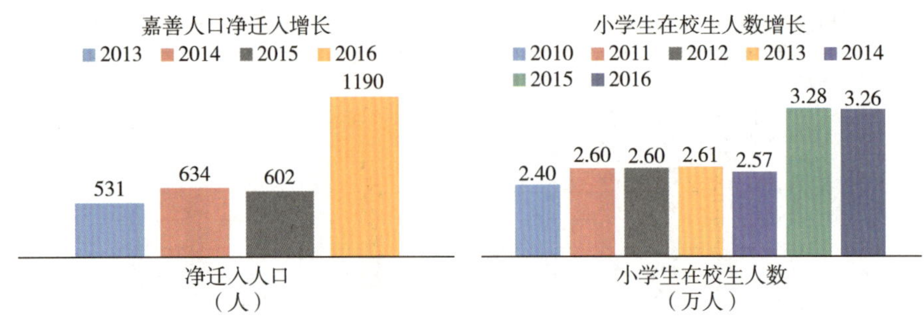

图 4　近年嘉善人口净迁入和小学在校生人数增长情况

3. 投资拉动力不稳，有条件引入市场资源

嘉善整体投资效益居中，但投资对经济增长的带动作用逐步增强。2016 年，嘉善固定资产投资占 GDP 比重是本市同类区中较高的地区，是嘉定和昆山的 3 倍，在同类区域中比重较高，仅次于嘉兴中心城区。固定资产投资效果系数反映单位固定资产投资对 GDP 增量的带动作用，其计算公式是：固定资产投资效果系数 =（报告期地区生产总值增量 ÷ 同期固定资产投资额）×100%。2016 年，嘉善固定资产投资效果系数（按现价计算）在同类区中保持平均水平，对比同类各区来看，实际上固定资产投资在 2015 年下降之后，出现强烈反弹和提升，体现了嘉善区域工业竞争优势在近几年强力提升，固定资产投资对经济增长的带动作用也相应在增加。

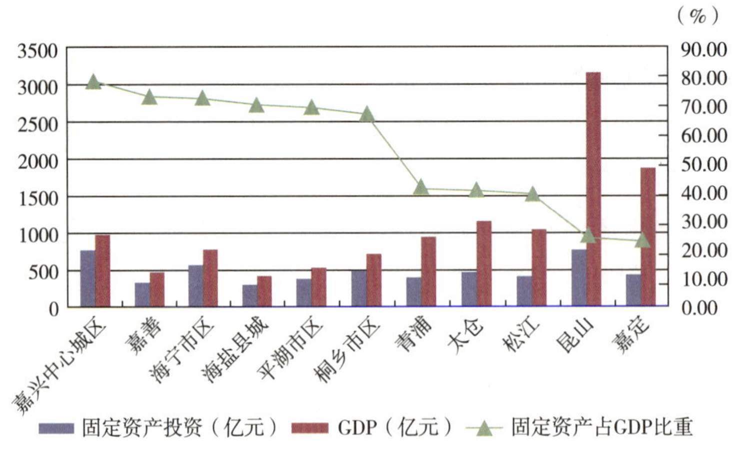

图 5　2016 年嘉善与同类区固定资产投资占 GDP 比重

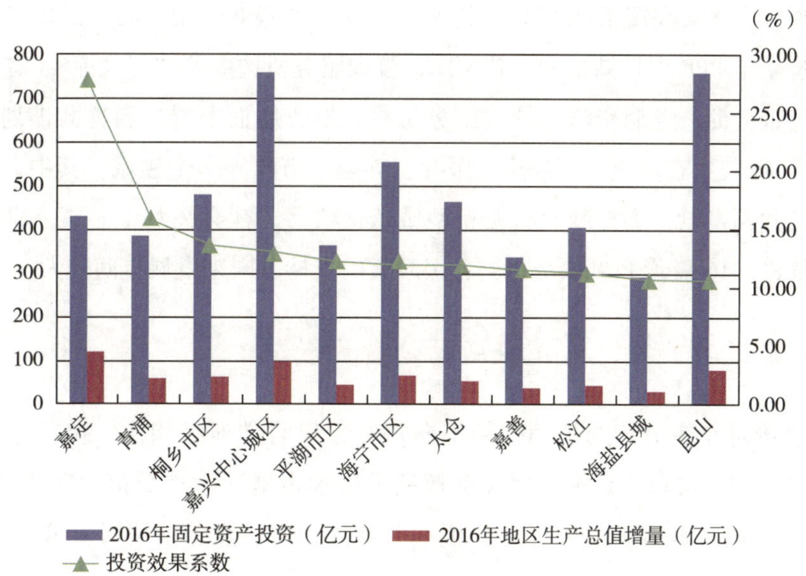

图 6　2016 年嘉善与同类区投资效果系数

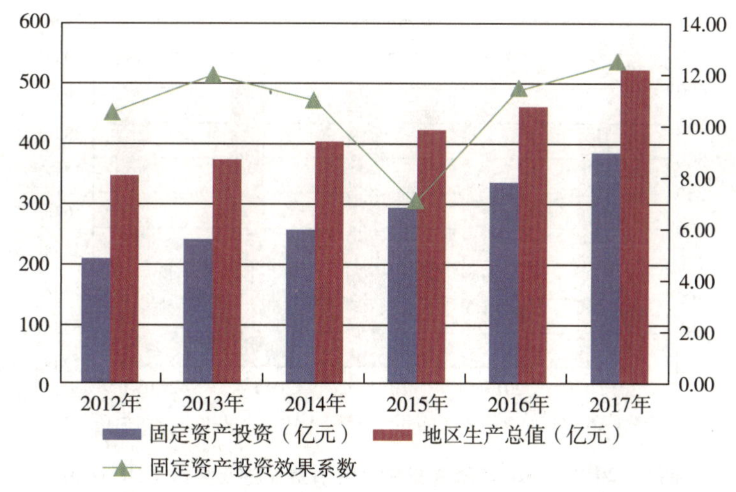

图 7　2012～2017 年嘉投资效果系数变化（%）

固定资产投资占比保持较高水平与嘉善最近几年大力发展 PPP 项目大有关系。从国家层面上看，2017 年，国家发改委、住建部联合下发《关于进一步做好重大市政工程领域政府和社会资本合作（PPP）创新工作的通知》，从全国遴选了 43 个中小城市作为国家“重大市政工程领域 PPP 创新工作重点城市”，嘉善县成为浙江省唯一入选的城市。近年来，嘉善县高度重视PPP创新工作，成立了PPP项目中心，制定了一系列规章制度，建立了PPP项目储备库、专家库、咨询服务机构库等"三大库"，建立健全辅导培训、疑难会商、定期交流等协调服务机制。地方层面上看，嘉善共谋划推介PPP项目56个，涵盖生态环境、保障房、医疗、养老、市政等多个领域。其中，生态能源发电项目已并网发电；嘉善产业新城新型城镇化项目、社会福利中心等一批示范项目正在加快推进。16嘉善PPP项目得到各级政策的支持，未来发展空间较大。

4. 消费驱动不足，需发掘新的消费增长点

嘉善消费对经济增长的拉动作用不断提高，但与其他区相比，拉动作用相对较弱。2012至2016年间，嘉善全社会消费品零售额占地区生产总值比重由2012年的34.9%逐年增加至2016年39.97%。但与其他区相比，嘉善消费对GDP拉动作用相对不足。

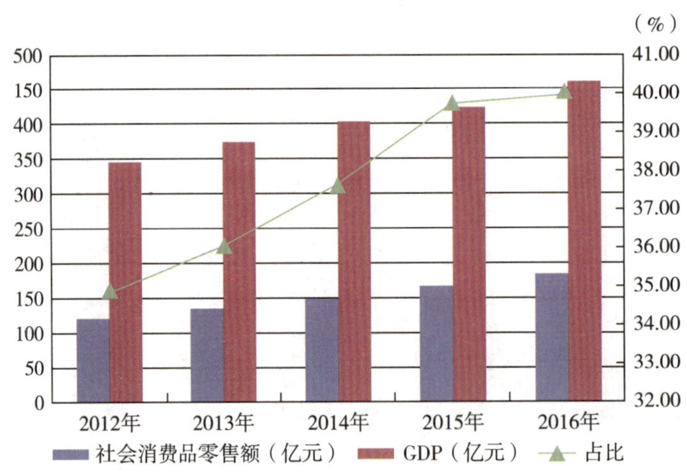

图8 2012~2016年嘉善县全社会消费品零售额占GDP比重

嘉善社会消费品零售额规模虽在几大副中心①中处于中等规模，但其增速与其他副中心保持一致，增长势头较快。2016年，嘉善社会消费品零售额达到184.54亿元，分别

---

① 嘉兴市总体规划提出建设一主六副，三带三区。其中一主指的是嘉兴中心城区；六副指的是嘉善县城、平湖市区、海盐县城、海宁市区、桐乡市区和滨海新区。

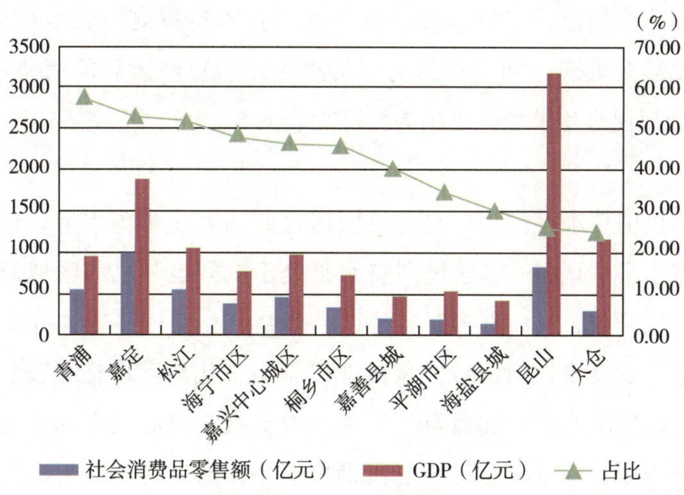

图 9　2016 年同类区域全社会消费品零售额占 GDP 比重

超过同类区的平湖市区和海盐县城 2. 88 亿元和 60. 17 亿元。与中心城区比较，尚未达到嘉兴中心城区的一半，仅相当于海宁市区的一半、桐乡市区的五分之三。中心城区社会消费品零售额规模较大主要得益于三个因素：一是中心城区拥有完善的商业设施；二是中心城区依赖优越的位置和交通条件，具有较大的市场覆盖面；三是中心城区自身具备较强的消费能力。

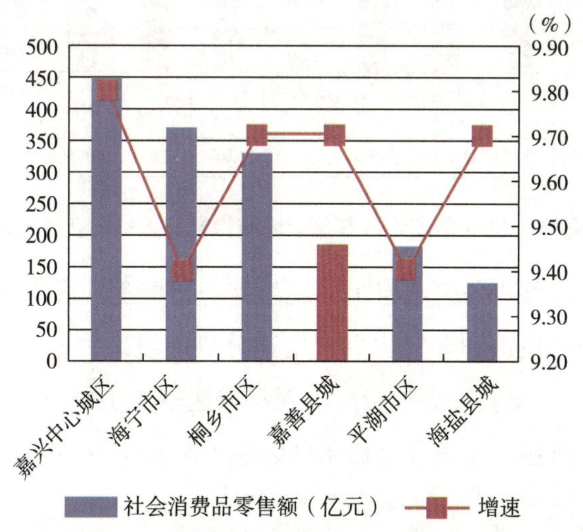

图 10　2016 年嘉善与嘉兴市 5 个区的社会消费品零售额

嘉善整体消费市场潜力未被激发，城镇化质量有待提高。受城镇消费水平影响，嘉善整体城镇化质量处于中间。与其他区县相比，嘉善城镇居民消费水平处于中间，2016 年嘉善城镇居民人均消费性支出为江苏太仓的 82.9%，为桐乡市区的 1.13 倍、昆山的 1.1 倍。

嘉善城镇居民消费水平说明：嘉善城镇居民收入处于中等水平，在一定程度上影响到居民的消费水平。嘉善城镇居民消费水平处于中间也与之前区域商业设施有待完善有一定关系。据调查，目前嘉善新城超市、菜站、小型连锁餐饮等商业设施能够基本满足居民日常消费需求，但新城大型商业设施、文化消费设施等较少，对城镇居民消费水平带来一定影响。针对此痛点，嘉善产业新城在核心区布局了比较集中的商业设施和文化消费设施，不仅能够提升居民消费水平，而且能够对上海的高端人口产生较强吸引力。

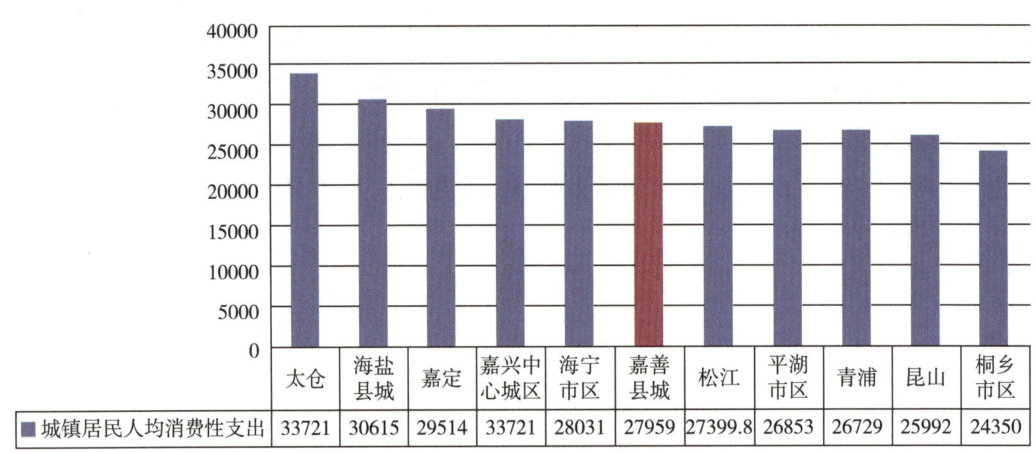

	太仓	海盐县城	嘉定	嘉兴中心城区	海宁市区	嘉善县城	松江	平湖市区	青浦	昆山	桐乡市区
城镇居民人均消费性支出	33721	30615	29514	33721	28031	27959	27399.8	26853	26729	25992	24350

图 11　2016 年嘉善与其他区域城镇居民人均消费性支出

与上海和江苏等省外竞争区域相比，嘉善由于起步慢，其社会消费品零售额较低，但其增速较快，仅位于昆山和嘉定之后，增速分别超过上海松江、江苏太仓和上海青浦 3、2 和 6 个百分点。嘉善社会消费品零售额增速较快主要得益于嘉善产业新城的不断完善的商业设施；优越的位置和交通条件以及不断崛起的本地消费能力。

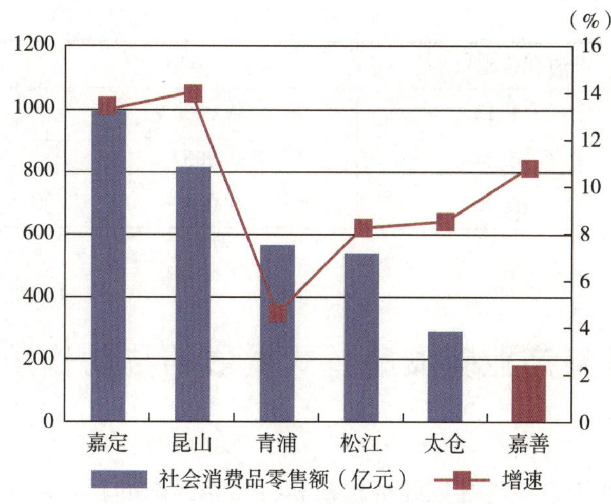

图12　2016 年嘉善与省外竞争地区的社会消费品零售额

5. 传统产业动力见顶，需创造新经济空间

从同类区域来看，嘉善县工业劳动生产率仍处于较低水平，单位产值能耗相对较低，盈利能力相对较低，单位产值税收贡献也处于中等水平，整体发展效益有待提高。

表2　　2016 年嘉善县工业劳动生产率和能源比较

	劳动生产率（元/人）	单位产值能耗（吨标准煤/万元）	单位产值水耗（立方米/元）
嘉兴市区	878830. 72	0. 18	0. 0013
平湖市区	891049. 47	0. 22	0. 0013
海宁市	907605. 2	0. 14	0. 0016
桐乡市	1026218. 26	0. 2	0. 0014
嘉善县	861401. 57	0. 12	0. 001
海盐县	1247390. 65	0. 17	0. 0016

表3　　2016 年嘉善与同类地区工业产值利税率和单位产值税收比较

地区	产值利税率（%）	单位产值税收	工业税收（万元）
嘉兴市区	8. 76	0. 006	108491
平湖市区	10. 15	0. 0091	120895
海宁市	9. 67	0. 0058	85098

续表

地区	产值利税率（%）	单位产值税收	工业税收（万元）
桐乡市	11.13	0.005	68149
嘉善县	6.24	0.0057	61832
海盐县	16.7	0.008	66258

二、新时代嘉善产业新城跨越式发展的拉动作用

嘉善产业新城大力发展与县域经济规模和特点相匹配的新兴产业，主要包括高端制造业和商务服务业，重塑嘉善的经济基础和发展动力，拉动嘉善经济发展已经初见成效。

1. 拉动力一：科创引领，产业协同

从2015年开始，上海加大了产业结构调整的速度和力度：一是将原来1000平方公里的工业用地压缩了393平方公里；二是把原有的326个开发区压缩到104个。这两个“压缩”意味着上海222个开发区的企业，以及393平方公里的企业要进行转移。以往多数生产型企业都会驻扎在上海西北方向，随着昆山、青浦土地使用趋于饱和，租金更是水涨船高。越来越多的企业在布局时，目光瞄准了西南方向。从经济和发展潜力看，嘉善正在迎接承接上海产业外溢的新机遇。

G60科创走廊借鉴国内外高科技园区成功经验的基础上，以G60高速为纽带，将沿线的上海市松江区、嘉兴市和杭州市等长三角重要城市和地区串联起来，以交通网络为基础，打破行政区划，让区域的创新要素自由流动，并集聚在G60科创走廊周围。以空间链构建产业内的协同创新体系培育空间。

G60科创走廊一方面瞄准世界先进技术，紧紧抓住产业创新，主攻大数据云计算、智慧安防、电子商务、物联网等先发优势明显且代表未来方向的产业，打造新一代信息技术产业集群；另一方面又重点培育若干支撑产业，强攻人工智能、生命科学、新能源汽车、新材料、科技服务、新金融等比较优势明显的中高端产业，形成新的创新产业链。2017年7月15日，松江、杭州、嘉兴三地在上海签订《沪嘉杭G60科创走廊

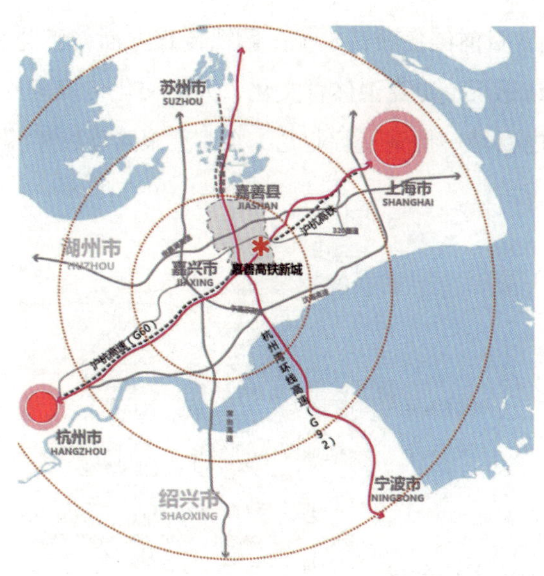

图 13　G60 科创走廊为嘉善发展带来新的机遇

建设战略合作协议》，松江、杭州、嘉兴三地将构建以战略性新兴产业、互联网经济为先导，先进制造业和现代服务业为支撑的“G60 科创走廊”产业体系。虹桥将成为上海能级最高，异地联动最强的长三角新 CBD；而嘉善精准定位了创新实业的科技转化环节，共建科创产业生态。以科创转化共建异地价值链协同，包括：合同研发、应用设计、中试小试、检验检测、数据支持等。

从第二产业的产业承接来看，闵行、浦东和嘉定三大研发轴是上海科创之核。嘉善产业新城积极对接紫竹、漕河泾、张江和安亭，重点协同发展汽车、生物医疗与电子信息三大产业。

从第三产业的产业承接来看，上海中心城区作为“四个中心”和社会主义现代化国际大都市建设的核心承载区，服务业发展以提升产业能级和国际化水平为重点。集聚发展金融、航运、商务、信息、文化、体育、知识产权等高端服务业。并对周边区域形成辐射，溢出众多服务业机会，嘉善对于生产性服务业的外溢承接有区位优势。

嘉善产业新城四大科创产业集群实现突破。截至 2018 年 6 月，嘉善产业新城共招引企业近 200 家。科技研发产业集群聚焦智能网联汽车产业方向，重点关注智能驾驶软硬件供应商。目前，储备高意向项目约 12 个，其中独角兽企业驭势科技已入驻嘉善产业新城；软件信息集群目前以 IT 人才实训孵化为先导，聚焦 ITO，完善服务平台，营造 IT 生活社区氛围，目前储备项目 8 个；影视传媒方面，已与上海东方卫视签订战略合作协议，同时浙江思行、史克浪体育文化、太颜文化传媒等相关企业已签约入驻；商贸服务方面，中晨电商等一批垂直行业龙头企业集聚嘉善，年营收额突破 60 亿元。

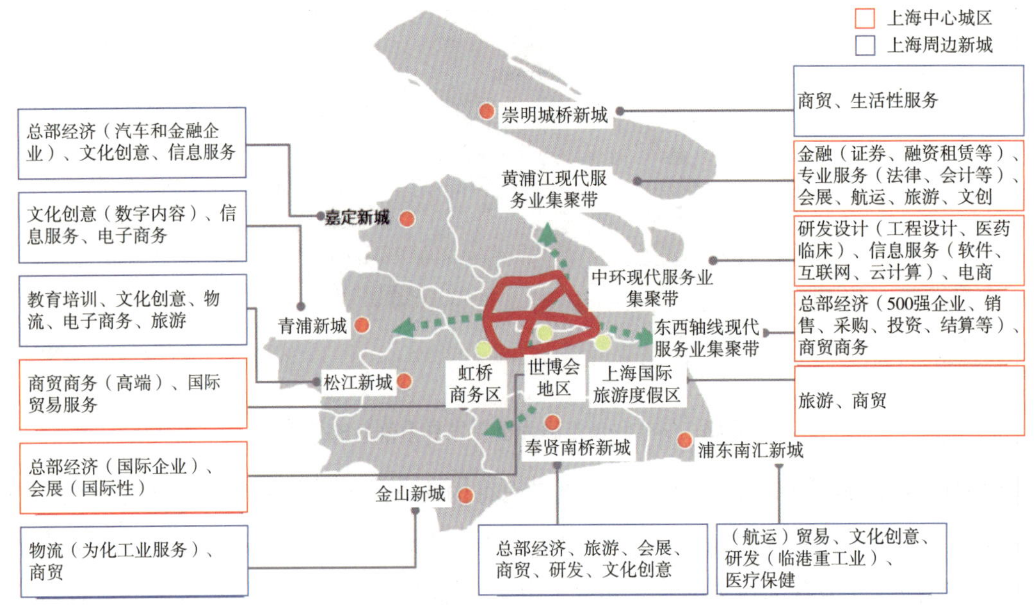

图 14　上海周边新城对生产性服务业的外溢的承接

资料来源：根据上海市服务业十三五规划整理。

2. 拉动力二：提升环境，聚集人才

知识经济时代背景下，魅力的城市环境休闲体验，成为先进生产力的重要支撑因素。精英人才并不缺乏在常规市场中获得丰富物质财富的能力，相对于一般财富，他们更重视生活质量、空间环境等舒适享受。哪里环境更好、体验更棒，精英人才就在哪里聚集。具有良好生活条件的地方更能赢得精英人才的选择。

上海 120 公里半径范围内沿沪杭线、沪宁线共有 7 座高铁新城，面临环沪新城竞争。依托上海，发展现代服务业，加快产业升级是所有新城的共同目标，如太仓科教新城、花桥国际商务城等。高速路网，尤其是高铁站点、使各个新城之间的交通区位条件扁平化，差异并不明显。

图 15　高铁新城和环沪新城分布

嘉善的主要竞争对手并不来自于浙江省内的平湖、桐乡，而是起步早、基础好，发展成熟的沪宁沿线产业地带，上海及苏南的县市区域在产业发展基础及经济总量上均具有明显的先发优势。嘉善城市起步晚、能级低，但嘉善产业新城正在努力培养新动力，直面上海、沪宁线成熟产业地带的竞争。

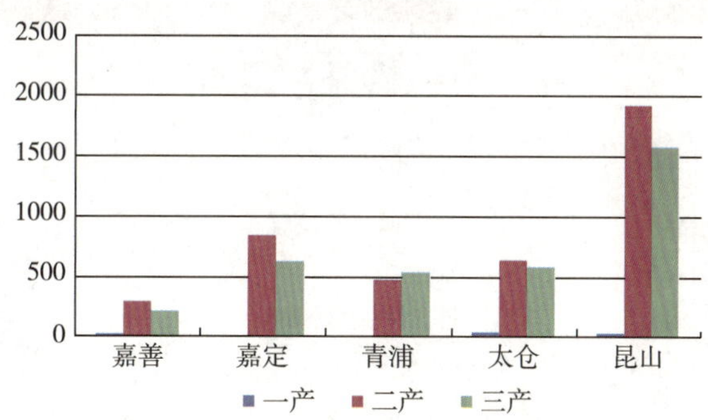

图 16　2017 年上海郊区县及周边市县区域产业增加值对比（亿元）

数据来源：2017 年各城市统计公报。

《太仓市鼓励国际服务外包产业发展若干政策意见实施细则》中明确表示企业建设公共服务平台，由太仓市政府基于高达 100 万元的资金扶持；银行等金融机构向服务外包企业政策倾斜；离岸外包业务享受出口补贴；服务外包企业所得税的太仓留成部分，前两年由财政全额奖励，后三年奖励50%。① 太仓"522"人才工程配套文件中提到：紧缺高层次人才，最高享受100万元安家补贴；"211工程"本科以上毕业生，实习期即可享受政府生活补贴；"985工程"本科以上毕业生，自签订劳动合同期，享受3年政府就业津贴。②

上海周边新城大多数仍沿用传统时代方式，发展新产业针对相应产业的企业，推出招商引资政策，给补贴、给优惠、给倾斜，力度巨大。囿于物质奖励不补贴的旧思维，未抓住精英人才的根本性需求。知识经济时代背景下，嘉善产业新城变被动承接为主动选择，变地缘客户为"新移民"客户，嘉善产业新城为高端人才打造了良好的办公环境。规划布局上，针对传统城市规划功能单一、尺度过大、公共空间少、配套服务缺乏等问题，突出宜人尺度，强化功能混合，增加交往空间，加强城市认同感和归属感。让新城由纯粹的宜业向宜居，向宜居、宜业、宜商、宜游转变，打造极具魅力的社区城市。以功能复合的商务社区作为主要组织方式，一个商务社区形成一个园区组团。

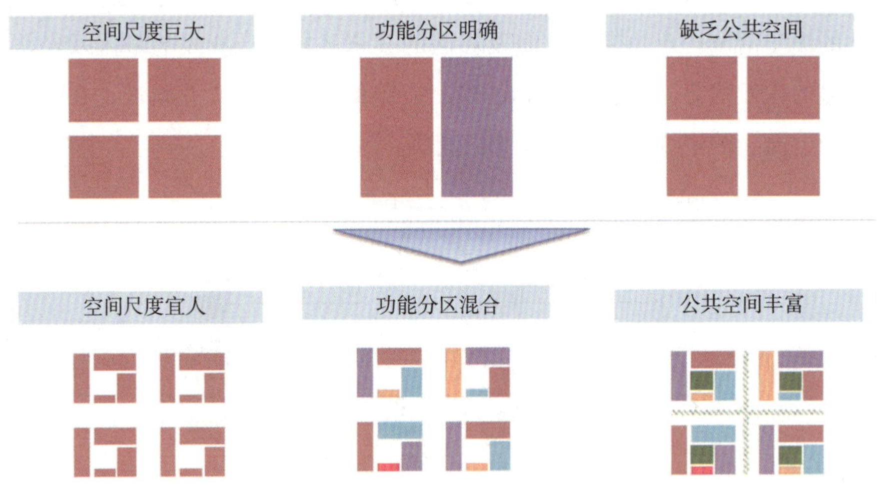

图17　嘉善产业新城规划理念的更新与升级

嘉善产业新城魅力核心区的打造奠定了楼宇经济发展环境。依托城市核，打造产

① 浙政办发：《太仓市鼓励国际服务外包产业发展若干政策意见实施细则》，2011年1月12日。

② 太委发：《关于贯彻落实"姑苏人才计划"实施太仓"522"人才工程的意见》，2010年。

业核：包括星级酒店、人才公寓、品质社区、水街商业、嘉善大剧院、市民行政审批服务中心等楼宇经济业态 本质属于现代服务业，依托魅力核心区的品质城市环境打造产业核心区环境，吸引了上海高端人才到此工作和居住。

3. 拉动力三：投资拉动，产城融合

投资对于地区经济的拉动型不言而喻。为实现产城融合，嘉善产业新城不断加大城市的公共服务和生活配套投入，打造宜居社区，有效导入人口，形成城市可持续发展的动力。公共基建重点项目已具雏形。截至目前，嘉善规划展示馆、新西塘越里一期、云湖公园一期、上海人才创业园等项目投入使用，已然成为嘉善县新的魅力点及对外展示的窗口。人才公寓、五星级酒店等一批项目 2018 年正全面投入建设，云湖公园二期即将完工投入使用。通过这些公共建筑的集聚建设、活力街区的精心营造，嘉善产业新城核心区功能将进一步完善、品质将进一步提升。

产业新城人流主要导入方向为规划新城门户区，由规划展馆、湖畔酒店、科创谷、新西塘越里，德善剧院、文化会馆、月塘公园、云湖公园、枕水酒店构成，展示门户形象。

除基础设施的九通一平，在公共服务设施方面，华夏幸福已建设嘉善规划展示馆、云湖公园等，其中上海师范大学附属嘉善实验学校、嘉善澳华（国际）幼儿园已于 2018 年 9 月正式开学；此外，作为嘉善产业新城文旅项目的新西塘越里于 2018 年开街时，吸引了周边大量微度假人群消费力。2017 年嘉善产业新城园区新增签约入园企业 93 家，新增签约投资额突破百亿，达到 135. 98 亿元。

4. 拉动力四：消费升级，文化兴城

嘉善产业新城的水街是新业态消费拉动地方经济的典型案例。对应着北部的老西塘，嘉善产业新城在南部的嘉善高铁产业新城打造新西塘。新西塘传承了水乡固有的河浜通航、水岸生活，传承西塘所特有的体系化滨水公共空间；传承了西塘享受生活的精神内涵；还传承了西塘大社区的空间布局理念，倡导“商、业、居、游”一体的悠闲生活。但新西塘更有突破，老西塘是小资的、旅游的，新西塘是精英的、产业的。植入新产业是新西塘的核心。新西塘，延续老西塘的社区生活理想——即在生活中工

作，风景中生活。西塘是悠闲的生活，而新西塘是在悠闲的生活中工作。

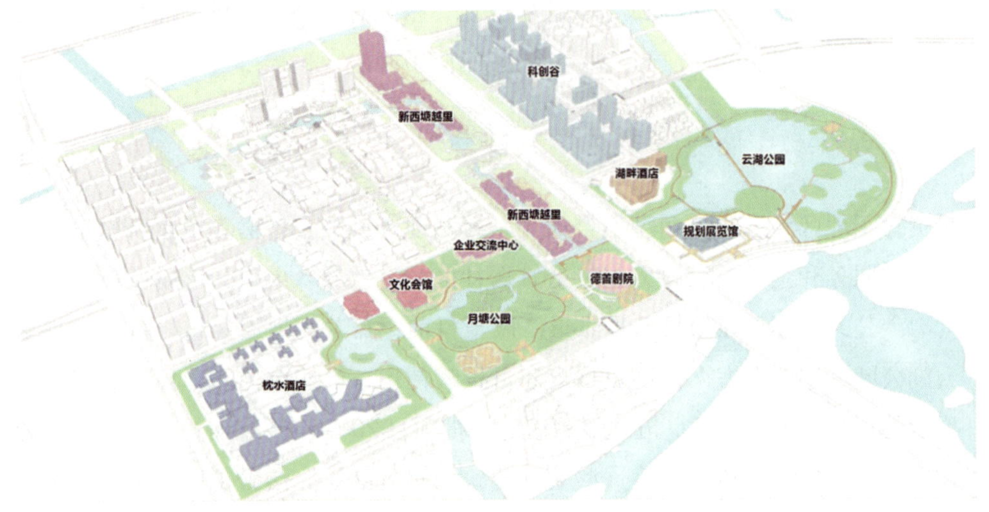

图 18　社会资本参与的新城门户区公共建筑投资群

作为嘉善县重要的商业配套项目，嘉善产业新城的水街构建了多元的商业业态，成为消费拉动嘉善县的经济发展的动力之一。高铁新城魅力核心，水乡魅力的现代演绎，延续江南水乡文化，以多元业态打造宜商、宜游的城市魅力度假休闲胜地。

图 19　嘉善产业新城新西塘水街实景

表 4　　嘉善新西塘水街不同商业业态面积统计表

	各类商业业态规模					总计
	餐饮（m^2）	休闲娱乐（m^2）	住宿（m^2）	零售（m^2）	展示（m^2）	
店铺数量（家）	50	30	8	32	4	124
面积（m^2）	15218.9	9893	15495.6	5532.1	2166.4	48007
百分比（%）	31.7	20.0	32.3	11.5	4.5	100

新西塘水街开节后，从四个方面拉动了嘉善产业新城消费升级。

（1）新西塘水街是嘉善产业新城的商业中心，为嘉善本地提供优质消费场所

2 公里长的蜿蜒水域脉络，二十余道一丝不苟的建筑工序，造就了新西塘越里收放自如的空间序列、高低错落的建筑肌理。“出则繁华、入则静幽”的江南别院，满足了中高端游客的度假需求。嘉善核心区的四条商业街功能多元化但突出各自的主题，每条街主要业态功能的建筑面积在该主题街区占比为 65% 以上。

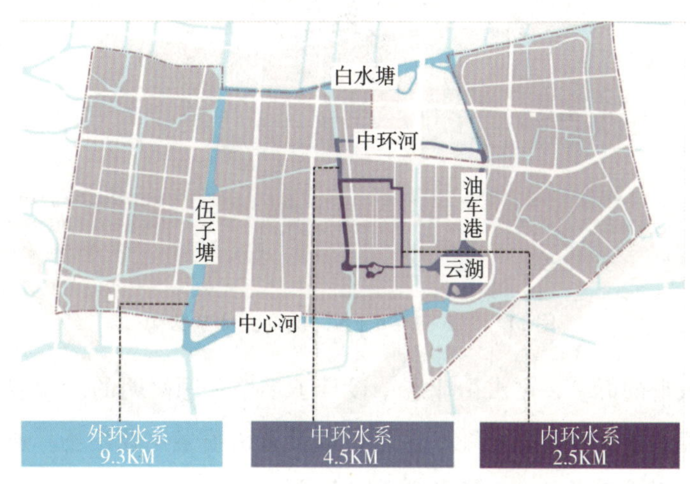

图 20　嘉善产业新城水系网络布局示意图

表 5　　沿水环网络商业功能类型

主题板块	主要业态	重点项目
时尚购物街	购物、餐饮	购物商场、高档餐厅、电商展示馆
风情酒吧街	住宿、餐饮、娱乐	酒吧、KTV、电玩城、客栈、精品街
文化休闲街	住宿、会所	客栈、高端会所、高档餐厅、画廊、艺术展示馆
民俗旅游街	购物、餐饮	特产小吃、特色小商品、民俗体验馆、棋牌室、电商展示馆

按照“新城级—片区级—社区级—邻里级”四级体系，形成“1+1+6+N”的商业体系结构。邻里中心由适宜设置在邻里中心的管理服务类设施、生活服务类设施和经营服务类设施及相应的空间场地构成。邻里中心与居住小区设置便利的步行及车行交通联系，并设置必要的无障碍设施。通过打造集市性社区，使商业活动成为嘉善产业新城重要的经济支柱。邻里中心是多种形式的组合，如线型街道、组团级社区服务设施以及大型的综合体。

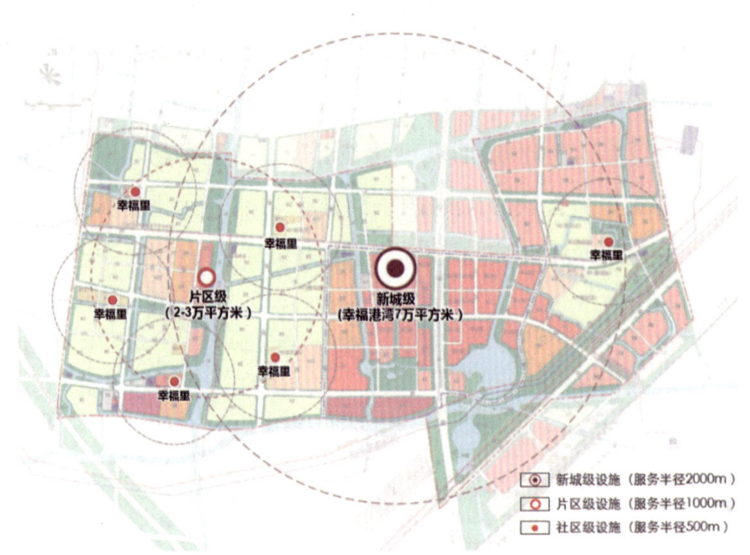

图21 “1+1+6+N”的商业体系结构

根据不同人群的诉求，在水街业态中设计了多个主题鲜明的“口袋广场”——有传统文化的属相主题，有未来感雕塑主题，以及音乐喷泉主题广场。通过贯穿街道的水系和两旁的步道进行串联，实现了线性耦合，增加了多元空间，优化了本地生活。

（2）水街的新业态提升了新城吸引力，对于消费升级具有示范带动作用

对于中高端消费人群来说，高品质体验、满足高层次需求的悠闲度假目的地契合了其消费需求。20万 m^2 的新西塘越里，恰可为人们提供难得的精神和物质的双重享受：江南水乡的清幽与安逸，都市娱乐的畅快与刺激。新西塘水街引领了长三角消费新业态，拥有全球首个驻场式“仙侠”题材大型实景沉浸式互动娱乐项目，以“电影+戏剧+游戏”的创新组合，开创IP沉浸式娱乐互动体验先河；新西塘越里·当代艺术馆，以戏剧、音乐演出、展览、艺术节等异彩纷呈的人文艺术活动，为江南文化注入新的内涵，将成为嘉善乃至长三角的文旅风向标。

（3）新西塘水街在旅游产业中称为新的增长点，与老西塘共同形成互相呼应的体系

2016 年，嘉善县被列入国家全域旅游示范县第二批创建名单。2017 年，西塘景区成功晋升为国家 5A 级景区。今后嘉善有望渐渐形成北有西塘、南有大云、新西塘的全域旅游龙头景区新格局。数据显示，2016 年嘉善共接待国内外游客 1339 万人次，是 2010 年的 2.1 倍，其中上海游客占比超过 70%，新西塘水街嘉善旅游业对当地经济社会发展的拉动和支撑作用将逐渐显现。

图 22　新西塘水街与西塘古镇共同支撑嘉善旅游业骨架

（4）生活环境提升，吸引更多人才与入住企业

嘉善产业新城通过塑造五大魅力体系，共同成就乐活中的现代水乡吸引更多人才和企业入住产业新城。

首先，水乡底板传承了西塘老河浜。在新西塘，蓝网同时也是绿网，蓝脉绿网镶翡翠，沿着水网和绿网，形成主次分明的绿色公园体系。新水乡，要延续西塘水的核心特质，结合现代生活，打造新水乡生活的环境底板。水岸办公是一道风景，岸边熙熙攘攘的人群，河中行走的船只，都增添了水岸商务的活力与魅力；新水乡居住营造出独特的水乡生活体验。

其次，塑造社区城市。社区城市是对西塘精神的回归与传承，整个城市就是一个大社区。社区城市，以职住混合的布局模式，践行“工作即生活”的理念；社区城市，回归传统的城市街区肌理和生活，整体环境是宜人的、步行友好的；社区城市，实现城市规划理念的更新与升级。完善医院、教育、交通等基本生活配套，打造与上海无差异化的产业社区，实现产城深度融合。

第三，形成产业磁场。以“产业社交”促进精英人才的聚集互动，从而形成紧密互动的产业磁场。新城通过自己的城市魅力，为产业搭建配套平台，以环境和配套优化社交导向，吸引精英人才，促成产业磁场，让精英人才在交流中频繁互动，发起技术创新，建立产业联系，从而引领市场变革以六大城市级配套项目服务商务社区组团，实现对产业的全方位支撑。迎合知识经济时代对基础设施的新要求，通过 Wi－Fi 全覆盖实现无障碍交互。

表 6　产业磁场组成部分

功能体系	分解体系	重点项目
产业磁场 社交主导，智慧平台	产业配套	O2O 电商平台 规划展示馆 嘉善大酒店 商务会所群 娱乐城
	智慧底板	社交公园体系 Wi－Fi 全覆盖 嘉善 APP

第四，精英生活空间打造。在嘉善产业新城打造一系列全息化的文化性功能载体，以文化场馆为核心，并社区内散落布置一些图书漂流亭、社区阅览室、咖啡书吧、移动剧院等小而精的文化设施，编织绘制形成精英社区的文化生活网。

第五，通过宜游核心和新名片，激活新产业。打造景区化的休闲核心，强化新城魅力与吸引力，树立新城自豪感、打造夜色新西塘，作为龙头景点强势带动，塑造反向磁极，吸引精英聚集。“人”形水系串联街区，河道两旁形成丰富的看与被看的空间。连续的水、连续的滨水公共空间、连续的街，共同组成连绵的水街串联起整个小镇。廊、弄、桥、石，展现西塘特色空间元素。以明清建筑为主体，分段采取不同的建筑风格，避免单调，根据现代功能的需要适当融入现代的元素。

5. 拉动力五：楼宇经济，持续盈利

由于意识到之前嘉善的产业效益不高的问题，近年来，嘉善产业新城着力打造力楼宇经济，希望通过楼宇经济的带动，促进地区产业效益的提高。楼宇经济是“隐藏”在楼宇中的城市新兴经济，代表着城市服务经济的新高度。近年来，嘉善正在大力发展楼宇经济，破除土地资源要素制约，变平面发展为立体发展，向空间求发展，向楼宇要效益。在地方政府政策导向上，市县两级政府高度重视楼宇经济发展，嘉善以现代服务业为主题，以楼宇经济作为对接上海的突破口，并出台了一系列相关政策鼓励楼宇经济的发展。提出建立重点楼宇“楼长制”工作制度，形成“政府—楼宇—企业”三方联动机制，开展“一所一楼”结对工作（与县司法局共同开展“律师事务所—楼宇”结对工作）；规划“一带三区”楼宇经济发展格局，主动助推楼宇“接轨上海”。以承接上海产业溢出为重点，依托上海静安区各地投资企业联合会、上海浙江商会、上海南西商会、普陀区上海天地软件园等合作交流平台，充分发挥驻点招商、以商引商等招商模式优势，全力打造上海人才创业园，打造楼宇“1 +4”政策体系，“1”是楼宇经济政策，“4”是文化创意、科技创新、金融服务和人才奖励政策等一系列扶持政策，出台了《盘活资源促进楼宇经济提质发展工作要点》《楼宇经济提质发展三年行动计划》等文件。

表 7　　嘉善楼宇经济发展相关支撑政策

文件名	发布时间
嘉兴市人民政府关于进一步促进楼宇经济提质发展的实施意见	2015
嘉兴市促进楼宇经济提质发展三年行动计划（2015～2017）	2015
嘉兴市重点楼宇认定和特色楼宇认定创建办法	2015
嘉善县人民政府关于进一步加快楼宇经济发展的若干意见	2015
嘉兴市级支持楼宇经济发展财政资金补助操作细则（试行）	2016

围绕楼宇经济，嘉善产业新城定位“一个核心、两大特色、一个基础”协同发展，重点打造的四大产业集群，不断实现新突破。“一个核心”指的是科技研发产业集群，突出研发创新能力，聚焦智能网联汽车（ICV），重点关注智能驾驶软硬件供应商，包括各类环境传感器、整车控制算法、转向系统、制动系统等，打造以科技创新为动力，面向未来出行与智慧城市的智能网联汽车产业集群。目前HUGER、UISEE、云鸟、众上集团、上海朗因等企业已入驻嘉善产业新城。

“两大特色”产业分别为软件信息、影视传媒两大产业集群，塑造产业新城新气质。软件信息集群发展方向以IT人才实训孵化为先导，聚焦ITO，完善服务平台，营造IT生活社区氛围。目前已经聚集了创客邦、太库、普朗克量子等众多软件实力派企业。视传媒集群聚焦综艺节目制作及关联产业，以综艺节目摄制、生产为核心，带动新媒体内容、设计、广告制作、动漫游戏、虚拟现实等关联产业发展。浙江思行、史克浪体育文化、太颜文化传媒等企业已签约入驻。

“一个基础”指的是发展金融商贸集群强支撑。商贸服务涵盖电子商务、商贸结算、大宗交易、生产型企业销售分支、营销中心等功能型总部等，营业额已经突破50亿元。金银岛、也买酒、中晨电商、化塑汇、快塑网等企业热情入驻。产业新城金融服务以嘉善县传统金融业务为先导，配套发展金融后台服务及总部商务服务业，中远期谋划以金融科技为核心，服务产业发展的创新金融业态。

定位精准，集聚发展，吸引众多高端优质产业项目落户嘉善产业新城。数据显示，2017年以来，产业新城四大产业集中发力，区域新增签约入园企业80余家，入驻率超过60%，实现营业收入超过50亿元。

嘉善产业新城坚持有所为有所不为，业态聚焦围绕“打造集群”选择 一批重点发展业态，支持整个楼宇经济协调健康发展。重点选择软件信息服务业、影视传媒产业、商贸流通服务业和科技研发服务业，打造智力密集型楼宇产业集群。

产业综合体、商务花园和总部楼宇三类楼宇形态对区位、产业、物业配比及平台服务要求不同，嘉善产业新城塑造楼宇形象需出“组合拳”。2018年，嘉善产业集群形象显现，楼宇商务环境完善，已经建成电视综艺主体楼宇1幢，软件信息主题楼宇1幢，提供农产业集成服务17余项，配套完善产业展厅、人才公寓和公共出行等设施。

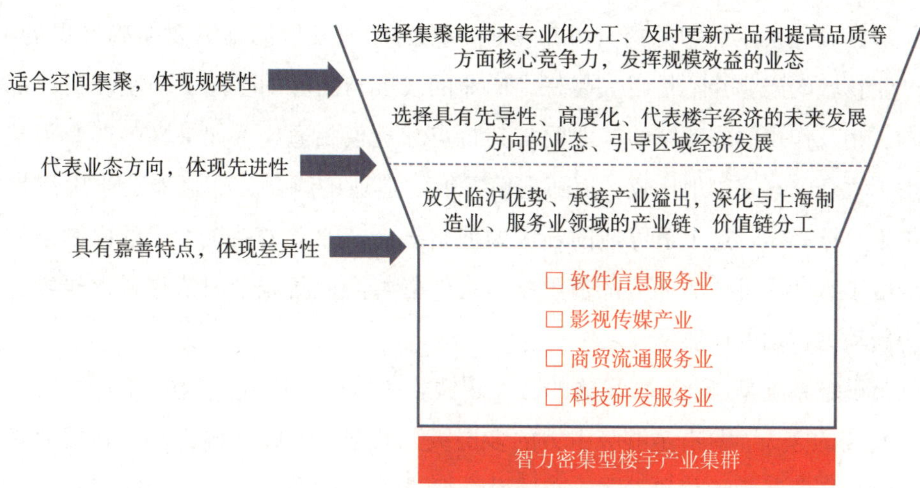

图 23　嘉善智力密集型楼宇产业集群

2018 年，楼宇经济现在预计将为嘉善产业新城带来 150 亿元的营业收入，并且创造了密集的产业主体活动，营造出浓厚的楼宇办公氛围。每年为嘉善产业新城导入办公人口 2000 多人，商务人流 4000 人次，影视活动 20 余场，创新创业活动 30 余场。

三、战略发展愿景

李克强总理在第十二届夏季达沃斯论坛开幕式上指出：“新一轮产业革命孕育兴起，全球创新活力竞相迸发，为世界经济发展注入了新动能。”从一定意义上说，这意味着我国经济发展阶段转换的攻关期与世界范围的新一轮产业革命兴起相叠加。抓住新产业革命的重大机遇，积极推进新旧动能转换，就成为新时代推进我国经济高质量发展的重要要求。从宏观视野看，嘉善产业新城只是中国产业新动能转换的一个范例。是基于供给侧和需求侧变化所共同塑造的“新常态”背景下，产业转型和承接大城市问题的空间策略，在工业化与城镇化两大引擎的驱动下，建立起适应“新常态”之下的发展规则、运行机制以及驱动模式。

通过本案例，我们建立起产业新城在新时代下的新认识。产业新城本身是一个系统，但这个系统本身又包括两个核心的子系统。产业是其发展的动力系统，通过产业，可以拉动区域经济水平，并提升城市功能。然而产业发展同样需要明确发展的上限，一个产业新城的产业并不是越大越好，产业的发展与新城的生态、环境和资源都是相互影响、相互作用的。新城的产业要与其特点和规模相适应。如果嘉善产业新城一味和昆山、太仓、嘉定等地比较，追随它们发展制造业的脚步，那可能会给山清水秀的环境带来消极影响，这个不可逆的环境阈值是嘉善产业动力系统发展的限制条件，但也恰恰由于这个不可逆的环境阈值限制，指引嘉善产业新城走向依靠科创研发、高端制造等新动力拉动的产业发展之路。

城市设施系统是产业新城发展的巨大磁铁。在城市发展从“GDP 导向”向“人本导向”转变的今天，具有足够吸引力的多层级公共服务设施已成为产业新城的必要条件。城市与产业互为承载和支撑，产城融合要求功能融合，功能融合能将生产区、居住区、服务区整合起来，实现职住平衡。在这一点上嘉善产业新城可以算是新常态下产城互动、产程融合的良好典范之一，其新动能的注入将帮助地区经济实现将康和可持续发展。

何莉莎，伦敦政治经济学院硕士，规划师，深圳市城市空间规划建筑设计有限公司北京研究中心资深研究员；吴昊天，清华大学硕士，博士（在读），高级规划师，国家注册城市规划师，华夏幸福城市规划研究院都市圈与城镇化研究中心主任规划师，深圳市城市空间规划建筑设计有限公司副总规划师。

新型城镇化背景下贵安新区行政体制改革与创新

柳映潇　林　震

国家级新区是协调区域发展的新模式，其建设发展的实质是城镇化的过程，是我国新型城镇化的重要载体。在新型城镇化进程中，新区的行政管理体制要适应新区的发展而演变和完善。西部国家级新区是包含新型城镇化战略在内的多项国家战略的共同区域，本文以贵安新区为研究对象，分析了行政体制改革与新型城镇化的关系，概述了贵安新区新型城镇化建设与行政体制现状，并对其行政体制存在的问题进行分析，探索贵安新区新型城镇化进程中的行政体制改革与创新路径。

党的十九大提出区域协调发展战略，推进新型城镇化建设，城市群是新型城镇化的主体形态。西部地区是国家新型城镇化建设的重点区域，《国家新型城镇化战略（2014－2020）》指出直辖市、省会城市和重要节点城市等中心城市是我国城镇化发展的重要支撑。而国家级新区所在的城市均为我国的直辖市、省会城市及在城市建设中的重要节点。贵安新区是黔中城市群贵安一体化建设的关键，以打造山地特色城镇化为发展道路。2015 年国家发改委公布的《发布关于公布第二批国家新型城镇化综合试点地区名单的通知》中，将贵安新区等列为第二批新型城镇化综合试点地区。

政府转型是我国新型城镇化的重要内容，《国家新型城镇化综合试点总体实施方案》提出“行政管理创新和降低行政成本”的要求，贵安新区也出台了《贵安新区国家新型城镇化综合试点实施方案》，提出“创新行政管理体制”的目标任务。因此，明确行政体制改革与新型城镇化的关系，通过行政体制改革推进贵安新区发展，以此带动城镇化建设。贵安新区也将为其他国家级新区推进新型城镇化建设提供借鉴。

一、贵安新区新型城镇化建设面临的行政体制问题

1. 贵安新区发展概况

贵州省长期滞后的省情促使2011年贵安新区的概念被提出，2012年贵安新区开始筹建工作，同年10月贵州省人民政府发布《省人民政府关于设立贵安新区管理委员会的通知》，成立贵安新区管理委员会，设置省直派驻单位、内设机构、直属事业单位。2013年贵安新区决定对直管区实行“管委会—乡镇”的二级扁平化管理。2014年1月正式批复同意设立贵安新区，同年9月黔府发［2014］27号文件《省人民政府关于创新贵安新区管理体制若干问题的意见》，进一步明确了贵安新区实行“统分结合”的管理体制。贵安新区管理体制的演变如图1所示。

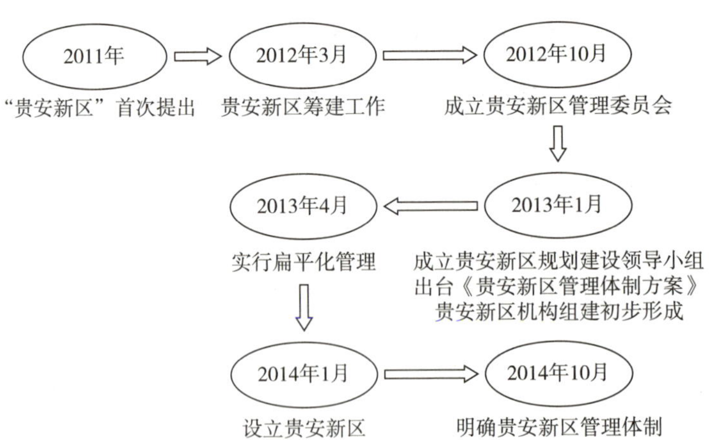

图1　贵安新区管理体制演变

贵州省地形破碎，城镇发展形态呈“小、散、弱”的特点，贵阳作为省会城市与其他省会城市相比较弱，需要集中一片区域做大做强以此拉动贵州发展。自2010年起，贵安新区提出的核心战略就是城镇化带动发展。2014年发布实施《贵安新区总体规划（2013－2030年）》，贵安新区2020年城镇人口达90万左右，城镇建设用地为94.5平方公里。2015年贵安新区成为国家新型城镇化综合试点地区，2016年贵安新区管理委员会发布了《关于印发贵安新区国家新型城镇化综合试点实施方案的通知》，明确了总体要求、具体任务、时间安排、保障措施。

2. 贵安新区新型城镇化建设现状

贵安新区山地特色的城镇化建设按照组团式、点状式的发展模式进行，为统筹城乡发展，贵安新区的城镇化建设以城中带村、村中带城的形式进行。贵安新区将示范核心的重点落于“人”，坚持推进以人为核心的新型城镇化，从民众就业、居住环境、文明素质等方面的提高让民众享受新型城镇化带来的红利。通过打造“互联网＋城市”的样板完善城市功能型基础设施建设，通过建设国家新型海绵城市加强环保型基础设施建设，通过各文化旅游项目的完成加强产业基础设施建设，通过对投融资模式的创新推进体制机制改革。“十三五”期间，贵安新区坚守创新、协调、绿色、开放、共享的五大发展理念，发挥贵安新区生态优势，努力建设最具特色的宜居的城市新区及现代化新兴城市。

3. 贵安新区行政管理体制现状

贵安新区采用管委会型管理体制，由贵州省书记、省长、副书记、常务副省长组成的“贵安新区规划建设领导小组”作为决策层，决定贵安新区建设发展中一系列的方针政策。“贵安新区党工委、管委会”作为管理层，拥有各项经济社会活动的管理权限。成立贵安新区开发投资有限责任公司作为开发运作层，负责新区的基础设施建设，由管委会负责对其进行管理。贵安新区分为直管区与非直管区，采用“统分结合”的管理原则，贵安新区管委会对直管区进行管理，贵阳市与安顺市对非直管区进行管辖。

在机构设置方面，按照垂直管理的原则，相关省直部门在贵安新区派驻了多家机构，其受省直部门和贵安新区党工委管委会的双重领导。根据“扁平化管理体制”的要求，按照大部制设立了党工委管委会内设工作部门，同时，党工委管委会下设 13 家直属事业单位。贵安新区管理体制与机构的设置如图 2 所示。

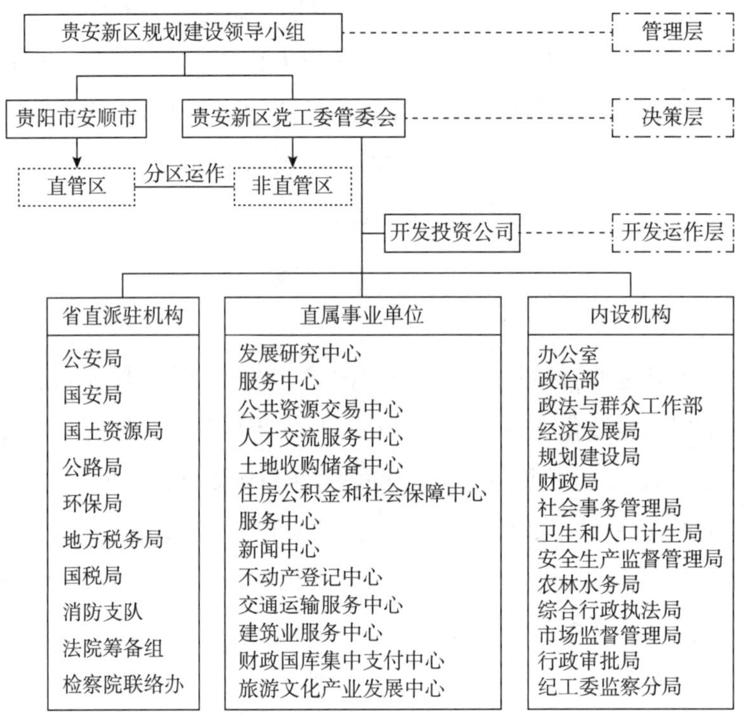

图 2　贵安新区管理体制与机构设置

注：此图根据贵安新区官方网站上的机构设置进行的总结。

4. 贵安新区行政管理存在的问题

（1）行政体制存在的问题

新区在管理体制上采取党工委管委会体制，对直管区的各项经济社会事务进行全面管理，但在国家法律中没有对新区明确的界定，导致新区的法律地位不明确。贵安新区管委会是贵州省政府的派出机构，而此派出机构在法律方面没有明确的表述及授权，因此新区没有行政主体的资格。由于缺乏合法的行政权力，使得新区管委会容易与贵阳市、安顺市发生权力冲突，地方政府与管委会之间条块分割，使得新区很难拥有综合统筹的能力。另一方面，由于没有行政主体的资格，新区工作没有充分授权，存在严重的“权责不对等”。

贵安新区在现行的行政区划下实行“统分结合”的管理模式，将贵安新区划分为直管区与非直管区并进行“分区运作”。而在现行的管理体制下，很难实现直管区与非直管区的同步建设，这对新区整体的规划建设产生影响。

（2）管理运行存在的问题

在组织机构设计方面，贵安新区的整体组织架构存在协调不畅的问题。贵安新区实行“大部门制”管理，在这样的管理体制下新区每一个内设部门所对应的是多个国家部委和省直部门，容易因协调不畅而发生工作冲突。新区乡镇与管委会的下属部门之间存在行政级别上的差异，这使得乡镇人员和管委会部门人员产生协调不畅的问题。管委会与乡镇、管委会与开投公司之间职责不明，造成组织运行不畅。

（3）机构职能运行存在的问题

部分岗位设置的不合理，岗责定位模糊不清，部门间信息传递不畅、工作内容交叉导致工作效率较低。另一方面，乡镇承担了大量行政管理事务，但乡镇却缺乏一定的执法权。通过成立综合执法部门以此简化审批流程，但在一定程度上却造成管理的幅度加宽、权限过窄的问题。没有很好的落实已经出台的各项利民、惠民的政策，基础服务设施还不完善、干部职工的工作效率也需要进一步提升，在整合利用外部资源的能力方面也有待于加强。

（4）人员配置方面存在的问题

人员编制较少而临时性工作较多，人均工作量大，人员紧缺问题突出，影响工作的有序开展和工作效率的提高。随着业务工作量的不断增加，工作要求提升，高素质、高层次的技术人才、复合型人才相对短缺，专业化人才队伍的建设速度跟不上新区的发展节奏，不能适应新区开发建设的需要。

二、国家级新区行政管理体制比较

1. 国家级新区行政体制比较

国家级新区的行政管理体制分为政府型、政区合一型、管委会型三种类型，依此对所有国家级新区进行分类，并总结三种行政模式的优缺点如表 1 所示。

表 1　国家级新区行政管理体制类型比较

行政模式	新区名称	优点	缺点
政府型	浦东新区 滨海新区	拥有行政主体地位，政府机构完善拥有较高权威	管理幅度大，管理成本高
政区合一型	舟山群岛新区、南沙新区、青岛西海岸新区、金普新区	既可按原行政区的体制进行建设管理，又可把省级权限下放提高新区的行政管理效率	管委会很难发挥统筹协调能力
管委会型	两江新区、天府新区、江北新区、湘江新区、福州新区、长春新区、哈尔滨新区、赣江新区、滇中新区、西咸新区、贵安新区、兰州新区、雄安新区	管委会拥有省市级部分管理权限，实行大部制，机构设置灵活	管委会没有行政主体地位，很少涉及社会事业发展与管理服务

实行政府型管理体制的浦东新区、滨海新区，实行政区合一型的舟山新区、南沙新区，实行管委会型的两江新区、兰州新区、西咸新区进行管理体制的比较如表 2 所示。

表 2　管理体制比较

新区名称	管理体制
浦东新区	第一阶段（1990～1992 年）成立浦东开发领导小组 第二阶段（1993～2000 年）成立浦东新区管理委员会 第三阶段（2000 年至今）设立区委、区人大、区政协等，实施一级政府体制
滨海新区	第一阶段（1994～2000 年）成立滨海新区领导小组 第二阶段（2000～2009 年）成立滨海新区党工委、管委会 第三阶段（2009 年至今）设立区委、区人大、区政协等，实施一级政府体制
舟山群岛新区	设立新区规划建设领导小组，新区党工委管委会与市委、市政府合署办公
南沙新区	广州市与南沙区政府实施行政管理，南沙新区管理机构负责南沙新区的开发、建设和管理工作
两江新区	成立新区开发建设领导小组，新区管委会同三个行政区一起推进新区建设
兰州新区	设立兰州新区党工委、管委会，设立直管区，实行“新区－乡镇”两级管理
西咸新区	新区党工委、管委会在省委省政府领导下负责新区开发建设，形成一省、两市、五城、多区县共同管理

2. 新区行政管理体制的特点与启示

①不同阶段要对新区行政管理体制实时改革创新。像浦东、滨海新区，在初期同样实行管委会体制，随着城市发展、社会管理服务要求的提升，要通过确定新区行政主体地位，实施一级政府管理体制，才能统筹经济、社会、城乡建设的协调发展。

②合署办公降低成本。为降低行政成本部分新区机构与市（区）政府部门合署办公，如舟山群岛新区党工委管委会与市委、市政府合署办公。南沙新区将职责相近的部门实行合署办公，提升管理能力。

③成立综合协调机构。两江、兰州新区等都成立了由主要领导担任组长的开发建设领导小组，来负责重大事项的决策。综合协调机构可对各开发主体间的关系进行协调，促进新区的开发建设。

贵安新区是推进西部新型城镇化的重要平台，在促进区域发展中具有重要的战略地位。新型城镇化强调的是从注重城市规模的扩大到改善居民生活环境质量的转变，城市新区的建设涉及多方面，而政府理顺各种关系的关键在于构建配套的行政管理体制。贵安新区山地特色新型城镇化的建设需要通过深化行政体制改革创新以适应经济社会管理方面的新要求，因此首先要根据新区现阶段的发展情况对行政体制进行创新，确定新区的法律地位，为行政体制创新提供法律保障。控制好行政管理幅度与管理层级，提高行政效率控制行政成本。

三、贵安新区新型城镇化进程中行政体制改革创新的对策思路

①贵安新区行政体制创新方向。贵安新区行政管理体制改革的内容是需要按照建立服务型政府的方向来进行的，首先是要设置合理的政府运作体系，提高行政服务能力与效率，以“大部制”为改革方向。其次，国家级新区的管理体制一般经历开发办公室到管委会到建制政府的历程，行政体制改革的完善必定要经历不断调整的过程。在这一过程中行政体制改革的着力点在于解决新区的法律和行政主体地位的问题；解决当前人员编制数量问题；解决乡镇区划调整与贵阳、安顺间的冲突问题。

②贵安新区行政管理幅度问题。行政效率与行政幅度之间存在紧密关系，行政管理的幅度设置应该根据工作性质、人员素质等因素寻求行政效率的最大化。对贵安新区的行政幅度进行优化应涉及几方面的内容，一是新区行政机构设置的数量，部门中的业务范围；二是二级管委会设置问题；三是新区权限下放问题，二级管委会与乡镇之间的权责分配问题。

③贵安新区行政管理层级问题。根据《贵安新区管理体制方案》，新区直管区实行两级管理。《贵安新区国家新型城镇化综合试点实施方案》中，关于行政体制改革方面要求探索“新区＋乡镇”的两级扁平化管理体制，对新区管委会和乡镇层级管理应确立一种合适的管理的模式。

④贵安新区行政管理改革创新路径。

一是明确贵安新区法律地位及管委会架构。贵州省人大要尽快出台《贵安新区工作条例》以落实贵安新区的法律主体地位，授予管委会行政处罚、行政复议、行政强制等相应权力，加强管委会在编制发展规划、完善基设施、解决重大问题等方面的领导职能，出台政府行政管理的政策、规定等。

对各部门之间的职能进行整合、分离，有序对应省委省政府工作，按照《贵安新区国家新型城镇化综合试点工作实施方案》，推动强镇扩权，调整相关乡镇范围，落实乡镇县级管理权限。在经济社会发展中，以城带镇，实行“镇城合一”模式，让机构、人员、工作统一设置、调配、协调。新城党工委管委会和乡镇党委政府合署办公，统筹城乡发展。

二是梳理管理体制与职能关系。参照浦东、滨海新区的建设历程，贵安新区的行政体制改革可分阶段进行。在建设发展阶段，要理顺新区管委会省派驻机构、内设机构、直属机构间的管理体制，新区与贵阳市、安顺市间的关系，新区管委会与非直管区间的管理体制。强化新区管委会行政管理的职能，解决管委会、乡镇及社区间的机构、职责的交叉重叠问题。整合新区的乡镇布局，在非直管区内同样实行“镇城合一”的形式，从而形成“新城＋乡镇”模式。下放给社区相应的社会管理职能，设立社区党工委管委会。乡镇与社区管理机构承担除经济开发功能之外的相关社会建设管理任务。培育社会组织，扩大其社会管理职能，承接部分原来由政府承担的社会管理职能。

三是统一区划，设立行政建制。到达成熟运行阶段，贵安新区可正式设立行政建制，建立副省级新区政府，建立新区—市辖区—社区的管理体系，撤销贵安新区党工委、管委会。按照大部门体制改革建立区委、区政府、区人大。通过实行扁平化管理建立分层分类的行政运行机制，强化市辖区的经济管理职能。对具有一定规模并由新区所管辖的乡镇，注重农民向市民的转变。设立镇级市提高政府公共服务水平，激励各类社会组织发展，通过社会组织参与社会管理，实现区域间的公共服务。

柳映潇，山东淄博人，北京林业大学人文社会科学学院博士研究生；林震，福建福清人，教授，博士生导师，北京林业大学人文社会科学学院院长，北京林业大学地方绿色治理研究中心主任。